HISTOIRE
DE LA
PHILOSOPHIE
CARTÉSIENNE

Tout exemplaire non revêtu de notre griffe sera réputé contrefait.

Charles Delagrave et Cie

HISTOIRE
DE LA
PHILOSOPHIE
CARTÉSIENNE

PAR

Francisque BOUILLIER

DIRECTEUR DE L'ÉCOLE NORMALE SUPÉRIEURE,
CORRESPONDANT DE L'INSTITUT

Troisième édition

TOME SECOND

PARIS

CH. DELAGRAVE ET Cⁱᵉ, LIBRAIRES-ÉDITEURS

78, RUE DES ÉCOLES, 78

1868

HISTOIRE
DE LA
PHILOSOPHIE CARTÉSIENNE

CHAPITRE PREMIER

Caractères généraux de la seconde période du cartésianisme français. — Antécédents de la philosophie de Malebranche dans l'Oratoire. — Constitution libérale de l'Oratoire. — Goût de l'étude et de la retraite. — Union des sciences et de la philosophie avec la théologie. — Éloge de l'Oratoire par Bossuet. — Esprit philosophique de l'Oratoire. — Prédilection pour saint Augustin et pour Platon. — Essais, antérieurs à Descartes, de philosophie platonicienne dans l'Oratoire. — Encouragements donnés à Descartes par le cardinal de Bérulle. — Les PP. de Condren, Gibieuf et La Barde introducteurs du cartésianisme dans la congrégation. — Le P. André Martin précurseur de Malebranche. — Descartes enseigné sous le nom de saint Augustin. — L'alliance de Platon et de saint Augustin avec Descartes trait distinctif du cartésianisme de l'Oratoire. — Fidélité de l'Oratoire à Descartes. — Contraste entre les tendances de l'Oratoire et celle des jésuites.

Avec Malebranche, que ses disciples ont appelé le second restaurateur de la philosophie en France, commence, dans l'histoire du cartésianisme français, une seconde période qui se distingue de la première par de nouvelles conséquences déduites des principes de Descartes et par un caractère plus marqué d'idéalisme, sous l'influence platonicienne de saint Augustin.

Malebranche, ce Platon du christianisme, comme a dit M. Cousin (1), cherchera à unir Descartes avec saint

(1) *Introduction aux Œuvres du P. André.*

Augustin, et prenant un vol hardi dans le monde de l'invisible et de l'absolu, entraînera à sa suite une partie considérable de l'école cartésienne. Du second rang la question des idées passe au premier. Les idées innées de simples modes de l'âme deviennent des types des choses, des vérités éternelles au sein de l'entendement divin. Descartes nous faisait voir les idées au dedans de nous, Malebranche veut nous les faire voir en Dieu.

Descartes n'avait fait qu'effleurer la question de la Providence; Malebranche aborde hardiment, non-seulement dans l'ordre de la nature, mais dans celui de la grâce, les plus grands problèmes sur la conduite de Dieu à l'égard des créatures. Descartes avait voulu séparer, Malebranche veut unir les vérités de la foi et celles de la raison, et sous prétexte de faire une philosophie chrétienne, trop souvent il embrouille la philosophie avec la théologie. De là des nouveautés téméraires, de là les alarmes de Bossuet et d'un grand nombre de théologiens, même de ceux qui s'étaient le plus hautement prononcés en faveur de Descartes.

Peut-être pourrait-on dire, pour la défense de Malebranche, qu'il ne faisait en cela que suivre l'exemple donné par les Pères de l'Église et par les plus grands docteurs du moyen âge, comme le remarque Fontenelle : « Le dessein qu'il a eu de lier la religion à la philosophie a toujours été celui des plus grands hommes du christianisme. Ce n'est pas qu'on ne puisse assez raisonnablement les tenir toutes les deux séparées, mais il vaut encore mieux réconcilier les puissances et les amener à une paix sincère. Quand on y a travaillé, on a toujours traité avec la philosophie dominante, les anciens Pères avec celle de Platon, saint Thomas avec celle d'Aristote, et à leur exemple, le P. Malebranche a traité avec celle de Descartes, d'autant plus nécessairement, qu'à l'égard de ses principes essentiels, il n'a pas cru qu'elle dût être, comme les autres, dominante pour un temps (1). »

---

(1) *Éloge de Malebranche.*

Il ne faut donc pas s'étonner si, à l'occasion de Malebranche, la division s'introduit parmi les cartésiens. Les uns considèrent la philosophie de Malebranche comme le magnifique et légitime développement des principes du maître, les autres, comme une défection manifeste, un tissu de rêves et de chimères. Pour les uns, c'est une éclatante démonstration, pour les autres, c'est la ruine des vérités fondamentales de la foi. Cependant, l'influence de Malebranche, plus grande que ne l'ont faite jusqu'à présent la plupart des historiens de la philosophie, s'étend jusque sur ses adversaires les plus illustres, parmi les cartésiens, sinon sur Arnauld, au moins sur Fénelon et peut-être sur Bossuet lui-même. Les plus véhéments contre sa providence générale, contre son optimisme, contre ses nouveautés en théologie, lui empruntent plus ou moins la doctrine de la raison et de la vue des vérités éternelles en Dieu, ou du moins, sans lui, ne les eussent peut-être pas retrouvées dans saint Augustin.

Malebranche est un enfant de l'Oratoire, en même temps que de Descartes. Montrons d'abord le lien entre sa philosophie et l'esprit de son Ordre, recherchons quels y furent ses antécédents et ses maîtres. « Allons donc, comme dit Bossuet, à cette maison où reposent les os du grand saint Magloire (1); là, dans l'air le plus pur et le plus serein de la ville, un nombre infini d'ecclésiastiques respire un air encore plus pur de la discipline cléricale; ils se répandent dans les diocèses et portent partout l'esprit de l'Église (2). » Avec la prière et l'étude, l'enseignement fut la vocation de l'Oratoire, non pas l'enseignement comme instrument de politique et de domination, mais l'enseignement pour le bien des esprits, pour le bien de celui qui enseigne et de celui qui est enseigné. Per-

---

(1) Saint Magloire, situé dans le haut du faubourg Saint-Jacques, à Paris, fut un des premiers et des plus considérables établissements de l'Oratoire. C'était un séminaire composé d'élèves envoyés par tous les diocèses de France.

(2) *Oraison funèbre du P. Bourgoing*, troisième général de l'Oratoire.

suadés qu'on sait mieux les choses dont on a été obligé d'instruire les autres, et que ceux qui ont été appliqués à l'instruction de la jeunesse, ont plus de disposition pour tous les emplois de l'Église où la connaissance des lettres est d'un grand usage, les chefs de l'Oratoire avaient établi cette règle, que nul n'entrerait dans la congrégation sans avoir passé par cette salutaire épreuve de l'enseignement.

Il faut voir, dans Bernard Lamy, quel idéal on se faisait à l'Oratoire des qualités requises chez celui qui enseigne (1). Chez les oratoriens, pas de constitution secrète dont on fit mystère, point de vœux solennels, autres que ceux du sacerdoce (2), pas d'autre juridiction que celle des ordinaires dans les fonctions du saint ministère. Comme la Société des jésuites était jointe au Saint-Siége, celle-ci était jointe aux prélats : «conformément à l'obéissance que leur promettent les prêtres quand ils sont consacrés, et qui semble essentielle à l'état de prêtrise (3). » A la différence des instituts monastiques du moyen âge ou même des ordres religieux du seizième siècle, ce n'étaient pas des religieux, mais des prêtres, réunis par l'amour de la piété et de la science, vivant en commun, suivant l'institution de la primitive Église. Quelques règlements, en petit nombre, n'avaient d'autre but que de maintenir entre eux une certaine uniformité. Pour cloître ils avaient l'amour de la retraite et de l'étude, et pour lien principal, la charité. « Il n'y a, dit Bernard Lamy, que le lien de la charité qui nous lie. Ce lien étant rompu, nous ne serons plus (4). »

---

(1) *Entretiens sur les sciences*, cinquième entretien, où il trace l'idéal d'une sainte communauté, in-12, édit. de 1683.

(2) *Histoire de Pierre Bérulle*, par le P. Tabaraud, 2 vol. in-8, Paris, 1817.

(3) Extrait du *Projet de la congrégation*, dressé par Bérulle et présenté à l'archevêque de Paris. (*Vie du cardinal de Bérulle*, par Habert, abbé de Cérizy, in-4, Paris, 1866, p. 333.)

(4) 5e *Entretien*.

En entrant dans l'Oratoire, on demeurait libre d'en sortir, comme on avait été libre d'y entrer. Chacun de ses membres gardait une honnête indépendance qui lui permettait de se livrer aux occupations et aux études pour lesquelles il se sentait le plus de goût. L'amour de l'étude, joint à celui de la retraite, l'union de la philosophie, des sciences et des lettres avec la théologie, voilà un des caractères fondamentaux de la congrégation de l'Oratoire. Son histoire tout entière justifie cet éloge de Bernard Lamy : « Nous aimons la vérité, les jours ne suffisent pas pour la consulter autant de temps que nous le souhaiterions. On a toujours eu cet amour pour les lettres dans cette maison, ceux qui l'ont gouvernée ont tâché de l'entretenir (1). » Cet esprit libéral de l'Oratoire paraît bien dans la règle qui dispensait de toute fonction, et de toute autre affaire, quiconque se signalait par son aptitude dans les lettres ou dans les sciences, parce qu'on était persuadé qu'ils ne pouvaient pas rendre de plus grands services à l'Église, qu'en continuant de librement étudier (2). Ainsi le P. Thomassin eut tout loisir pour composer ses savants traités sur les méthodes à suivre dans l'enseignement, sur les dogmes et sur la discipline de l'Église, et le P. Malebranche pour se livrer à ses hautes spéculations métaphysiques.

Mais Bossuet a tout admirablement dit, dans quelques

---

(1) *Ibid.* Voir aussi la lettre du P. Lelong au P. André sur les *Exercices imposés aux membres de l'Oratoire* et sur le temps dont ils pouvaient librement disposer, dans les *Fragments de philosophie moderne de M. Cousin*, 2ᵉ partie, 2ᵉ appendice, dernière édition, 1866.

(2) « Êtes-vous capable des grandes études ? La congrégation de l'Oratoire vous accordera du repos, des livres et des chaires même pour enseigner ? Aimez vous la retraite ? Elle a des maisons de silence et de solitude. Vous sentez-vous porté à la pénitence ? Vous trouverez chez elle des exemples de l'abstinence des Chartreux. Le zèle de la maison du Seigneur vous brûle-t-il le cœur ? Elle vous donnera des missions et des cures. Aimez-vous le chant et les cérémonies ? Elle vous donnera un ministère de chantre dans un chapitre. » (*Vie du P. Condren*, par le P. Amelotte.)

lignes qu'il faut citer, sur l'esprit et sur la sagesse des constitutions de l'Oratoire, et sur les traits distinctifs des enfants de Bérulle. « Son amour immense pour l'Église lui inspira de former une compagnie à laquelle il n'avait point voulu donner d'autre esprit que l'esprit de l'Église, d'autres règles que les canons, d'autres supérieurs que les évêques, d'autres liens que la charité, d'autres vœux solennels que ceux du baptême et du sacerdoce, compagnie où une sainte liberté fait le saint engagement, où l'on obéit sans dépendre, où l'on gouverne sans commander, où toute l'autorité est dans la douceur et où le respect s'entretient sans le secours de la crainte ; compagnie où la charité qui bannit la crainte opère un si grand miracle, et où, sans autre joug qu'elle-même, elle sait non-seulement captiver, mais encore anéantir la volonté propre ; compagnie où, pour former de vrais prêtres, on les mène à la source de la vérité, où ils ont toujours en main les livres saints pour en rechercher sans relâche la lettre par l'esprit, l'esprit par l'oraison, la profondeur par la retraite, etc. (1). »

Il semble que tous ces éloges soient autant de traits satiriques contre les jésuites. Ce que Bossuet célèbre dans l'Oratoire est précisément en contradiction avec les règles et la constitution des jésuites. Opposées par leur constitution, les deux congrégations ne le furent pas moins, dès l'origine, par leur esprit et par leurs tendances philosophiques. Tandis que l'Oratoire représente l'idéalisme, les jésuites représentent l'empirisme ; l'Oratoire est pour Descartes ou pour Platon, les jésuites sont pour Gassendi ou pour Aristote ; l'Oratoire croit, avec saint Augustin, que nous voyons la vérité en Dieu, les jésuites, avec saint Thomas, que nous la voyons dans notre propre esprit (2).

Pierre Bérulle, le pieux et illustre fondateur de l'Oratoire,

---

(1) *Oraison funèbre du P. Bourgoing.*
(2) Consulter *l'Oratoire en France au dix-septième et au dix-neuvième siècle*, par le P. Adolphe Perraud, 1 vol. in-8, Paris, 1865.

n'était pas un philosophe, et n'avait imposé à son ordre aucun système philosophique ancien ou moderne. Mais, à défaut d'une philosophie, il lui avait transmis des recommandations et des prédilections qui devaient déterminer ses tendances philosophiques. Il avait, d'ailleurs, dit le P. Tabaraud, une profonde vénération pour saint Augustin qu'il mettait au-dessus de tous les autres Pères; il l'honorait singulièrement comme le docteur de la grâce de Jésus-Christ, et il voulut que cette dévotion passât à ses disciples. Elle y passa, en effet; saint Augustin fut le théologien de prédilection de l'Oratoire, ce qui, en dépit de toutes les protestations et de toutes les signatures de formulaires, le rendit toujours plus ou moins suspect de jansénisme. Avec saint Augustin, et par saint Augustin, l'Oratoire goûta Platon qui déjà, avant Descartes, l'emportait sur Aristote au sein de la congrégation.

Les premiers Pères de l'Oratoire avaient, en effet, formé le dessein d'introduire parmi eux la philosophie de Platon qui leur paraissait avoir quelque chose de plus grand et de plus sublime, de plus accommodé aux mystères de la foi, que celle d'Aristote (1). Nous citerons le cours complet de philosophie du P. Fournenc qui parut en 1655. L'auteur annonce dans la préface qu'il veut unir avec l'esprit de Platon et les doctrines des Pères de l'Eglise la vraie philosophie d'Aristote (2). Dans la préface du tome deuxième sur la philosophie morale, il se défend ainsi contre le re-

(1) *Bibliothèque critique de Richard Simon sous le pseudonyme de M. de Sainjore*. Bâle, 4 vol. in-12, 1709. (Voir le tome IV, lettre 12.)

(2) *Universæ philosophiæ synopsis accuratissima, sinceriorem Aristotelis doctrinam cum mente Platonis passim explicata et illustrata, et cum orthodoxis SS. Doctorum sententiis breviter dilucideque concinnans.* Lutet., 1655, 3 vol. in-4. — Il dit dans la préface : Paranti mihi compendium in quo brevissime simul atque amplissime peripateticarum omnium quæstionum argumenta discuterentur, multa cum ex novis observationibus, iisque doctissimis quibus recentiores aliqui philosophiam nobilitarunt, tum vel multo uberius ex antiquis monumentis platonicorum excerpta occurrerunt, ex quibus non parum splendoris ac dignitatis elucubrationibus nostris accessurum putavi.

proche de citer trop souvent Platon : « At cur Platonem toties ? Imo cur tam sæpe Aristotelem alii citant ac demirantur? Philosophiam hic profiteor, non theologiam. » On y rencontre le nom de Descartes, dont la philosophie commençait à se répandre; mais en général le P. Fournenc paraît préférer Platon à Descartes, et il met les arguments du *Phédon* en faveur de la spiritualité de l'âme au-dessus de ceux des *Méditations*. Bientôt le développement de la philosophie de Descartes fit oublier, au sein de l'Oratoire, ces essais de platonisme; mais la trace cependant en est demeurée dans le cartésianisme oratorien, dont le caractère principal est l'alliance de Descartes avec saint Augustin et avec Platon.

Si, par saint Augustin, Bérulle avait préparé ses disciples à recevoir Descartes, il les y disposa peut-être plus directement encore par l'amitié dont il l'avait honoré, et par l'estime qu'il avait professée hautement pour ses doctrines et pour sa personne. Il avait fait la connaissance de Descartes chez le nonce du pape, dans une réunion de savants et de grands personnages, devant lesquels un sieur de Chandoux exposa un nouveau système de philosophie et de chimie (1). Descartes ayant pris la parole pour le combattre, Bérulle fut tellement frappé de la force de ses objections, de la nouveauté et de l'enchaînement de ses idées, qu'il voulut avoir avec lui des conférences particulières. Dans ces conférences Descartes lui exposa les premières pensées qui lui étaient venues sur la philosophie Le cardinal, dit Baillet, pénétré de leur importance, l'encouragea à mener à bonne et prompte fin son projet de réforme philosophique, et même lui en fit une affaire de conscience. Quand Descartes quitta la France, il le recommanda vivement aux prêtres de l'Oratoire de la Flandre. Aussi Descartes, dit encore Baillet, considérait Bérulle,

---

(1) Ce sieur de Chandoux fut depuis pendu pour crime de fausse monnaie. Voir la *Vie de Descartes*, par Baillet, liv. II, chap. xiv, et liv. III, chap. ix.

après Dieu, comme le principal auteur de ses desseins et de sa retraite hors de son pays, pour mieux les accomplir (1). Toutefois, ce ne fut pas Bérulle, mort en 1629, mais son successeur, le P. de Condren, qui introduisit la philosophie cartésienne dans l'Oratoire avec l'aide des PP. Gibieuf et (2) La Barde, qui s'étaient étroitement liés avec Descartes, pendant ses divers séjours à Paris. D'adversaire de Descartes, le P. La Barde en était devenu un zélé partisan, après lui avoir soumis ses difficultés, par l'intermédiaire de leur ami commun, le P. Gibieuf. Nous voyons Descartes le remercier d'avoir pris la peine de lire ses pensées métaphysiques, et de lui avoir fait la faveur de le défendre contre ceux qui l'accusent de mettre tout en état de doute : « Il a, dit-il, très-bien pris mon intention et si j'avais plusieurs protecteurs tels que vous et lui, je ne douterais pas que mon parti ne se rendît bientôt le plus fort (3). »

Voici un témoignage qui prouve combien les cartésiens devinrent nombreux dans l'Oratoire. Lorsqu'en 1678 les supérieurs furent obligés, pour préserver l'Ordre d'une ruine imminente, de proscrire eux-mêmes dans leurs maisons, l'enseignement du cartésianisme, des membres de la congrégation leur envoyèrent une protestation où ils disaient : « Si le cartésianisme est une peste, nous sommes plus de deux cents qui en sommes infectés (4). » La philosophie de Descartes doit beaucoup à l'Oratoire, mais l'Oratoire ne doit pas moins peut-être à la philosophie de Descartes. C'est d'elle qu'il tient cette jus-

---

(1) *Vie de Descartes*, liv. II, chap. xiv.
(2) Le P. Gibieuf est auteur d'un traité *De libertate Dei et creaturæ*, composé à l'instigation du cardinal de Bérulle et dont toute la doctrine est tirée de saint Augustin.
(3) Édit. Clersel., p. 512, 2e vol.
(4) Cette lettre est citée par le P. Daniel, troisième partie du *Voyage du monde de Descartes*, et dans le *Menagiana*. « J'ai vu, dit Ménage, une lettre imprimée en très-beau latin d'un de leurs plus jeunes frères qui demandait permission de la professer avec deux cents de ses confrères. » (*Menagiana*, édit. de 1741, 4 vol. in-12, 3e vol., p. 262.)

tesse, cette raison épurée, cette élévation des idées qui distinguent ses ouvrages ; c'est à elle enfin qu'il doit sa plus grande gloire, puisque c'est à elle qu'il doit Malebranche.

Malebranche a donc eu, au sein de l'Oratoire, des prédécesseurs et des maîtres animés du même esprit philosophique ; il n'y a pas introduit, il y a trouvé et il n'a fait qu'y affermir et développer à son tour, cette tendance idéaliste et platonicienne, unie au cartésianisme, dont sa philosophie devait être une si brillante manifestation. Le P. André Martin, plus connu sous le pseudonyme d'Ambrosius Victor, est le plus célèbre de ceux qui l'avaient précédé dans cette voie philosophique. Malebranche le cite avec éloge dans la *Recherche de la vérité* (1), et le P. Hardouin (2), dans ses *Athei detecti*, le signale comme le maître en athéisme de Malebranche. Entré dans l'Oratoire en 1641, et chargé d'enseigner la philosophie au collège d'Angers, André Martin fut, dit-on, le premier professeur de la congrégation qui introduisit Descartes dans l'enseignement philosophique. Il souleva contre lui toute l'université d'Angers par son attachement aux doctrines nouvelles, et bientôt il lui fut enjoint de se conformer à Aristote, dans son cours de physique. Peu de temps après, et pour la même cause, un autre oratorien, Bernard Lamy devait encore troubler cette même université. André Martin, malgré les censures de l'université d'Angers, n'abandonna pas Descartes, et il continua à répandre ses doctrines, en les dissimulant toutefois sous le nom et l'autorité de saint Augustin.

Mais s'il échappa à l'accusation de cartésianisme, c'est pour encourir celle, plus dangereuse encore, de jansénisme, qui le fit suspendre de la chaire de théologie de

---

(1) Voir l'éclaircissement relatif au IIIe livre, sur la Nature des idées et l'éclaircissement sur le VIe livre.

(2) Né à Bressuire, dans le Poitou, en 1621, mort à Poitiers, en 1675.

(3) Il y eut des discussions et des conférences avec les protestants. Il

Saumur. Son grand ouvrage, intitulé *Philosophia christiana* (1), publié sous le pseudonyme d'Ambrosius Victor, est un antécédent, par l'esprit et par les doctrines, quoique Descartes n'y soit pas nommé, de la *Recherche de la vérité*. Depuis la première édition qui n'a que trois vol. in-12, jusqu'à la dernière qui en a six, la *Philosophia christiana*, comme la *Recherche de la vérité*, s'est successivement agrandie et complétée. Sur Dieu, sur l'homme, sur la nature des bêtes, sur toutes les parties de la philosophie, toujours c'est saint Augustin lui-même qu'André Martin fait parler avec des citations de ses propres ouvrages. Mais, à la manière dont il choisit et dont il lie ces citations, et même par les titres qu'il place en tête de chaque chapitre, il n'est pas difficile de reconnaître que son saint Augustin est arrangé et ajusté d'après Descartes. Cela est surtout visible dans le livre consacré à la nature des bêtes (2), où il prétend donner, d'après saint Augustin, une foule d'arguments en faveur de l'automatisme.

Il annonce, dans la préface, que son intention est de substituer une philosophie vraiment digne de ce nom, une philosophie chrétienne, à ces subtilités misérables, dignes de mépris et de dégoût, qui ont cours dans l'enseignement des écoles. Cette philosophie chrétienne, tout entière tournée à la contemplation et à l'amour de la vérité éternelle, sera composée de ce qu'il y a de meilleur dans les écrivains sacrés et profanes, et surtout dans saint Au-

---

allait, dit le P. Adry, disputer à Saumur aux thèses des protestants et ceux-ci à celles de l'Oratoire.

(1) *Philosophia christiana Ambrosio Victore theologo collectore, seu sanctus Augustinus de philosophia universim*. Paris, 1671, 6 vol. in-12. La première édition, en 3 volumes, est de 1656; la deuxième, en 5 vol., de 1667. Une nouvelle édition, en 1 gros vol. in-8, Paris, Durand, 1863, vient d'être donnée par l'abbé Jules Fabre. La préface ne contient pas de détails nouveaux sur la vie et les ouvrages d'André Martin. L'éditeur dit n'avoir pu trouver le septième volume dont parlent quelques auteurs. Comme l'abbé Fabre, nous n'avons pu rencontrer ce volume.

(2) *Sanctus Augustinus de anima bestiarum*, volumen sextum.

gustin, le premier des philosophes, comme des théologiens. Qu'est-ce que la philosophie? C'est l'amour de la sagesse, comme il résulte de sa définition même; mais la sagesse étant Dieu lui-même, le P. André Martin en conclut qu'elle a pour objet Dieu en tant qu'il est connu par la raison, et qu'elle a pour fin la vie bienheureuse.

Tout d'abord on remarque en lui la même tendance que chez Malebranche à unir la foi et la raison, et même à subordonner la première à la seconde. En effet, il considère la foi comme un degré inférieur qui doit servir à nous élever un jour jusqu'à la raison et à la science. Si la foi est avant la raison, c'est, selon André Martin, dans l'ordre chronologique, et nullement dans l'ordre de la dignité et de l'excellence (1). Il démontre la spiritualité de l'âme comme Descartes, et il interprète le livre X du *de Trinitate* de saint Augustin avec les *Méditations*.

L'âme, dit-il, se connaît elle-même, elle connaît sa pensée, sa substance, sans rien voir en elle d'étendu, de coloré et de figuré; elle est certaine d'elle-même, de son existence, de sa pensée, tandis qu'elle n'est certaine de l'existence d'aucun corps. Qu'elle s'en tienne donc à ce qu'elle sait certainement d'elle-même, et qu'elle écarte de sa nature toutes les représentations trompeuses des sens et de l'imagination (2). D'un autre côté le P. André Martin s'éloigne de Descartes, pour demeurer fidèle à saint Augustin, en faisant de l'âme le principe de la vie comme de la pensée. Il n'en est pas moins un zélé partisan de l'automatisme, à la défense duquel il consacre tout le sixième volume de la *Philosophia christiana* qui est un traité complet sur la question (3). Si les bêtes souffraient n'ayant pas péché, Dieu serait injuste, voilà un des principaux arguments du

---

(1) Temporalis igitur medicina, id est fides quæ non scientes, sed credentes ad salutem vocat, non natura et excellentia, sed ipsius temporis ordine prior est quam ratio. Vol. I, cap. VI.
(2) Troisième volume, chap. XIV et XV.
(3) Ce volume est intitulé : *De anima bestiarum.*

P. André Martin. Malebranche, qui en fait aussi un assez grand usage, semble le lui avoir emprunté.

Le P. André Martin se montre surtout à nous comme un précurseur de Malebranche dans la manière dont il conçoit, d'après saint Augustin et Platon, la connaissance de Dieu et la vision des idées et des vérités éternelles dans son essence même. Quand nous voyons Dieu, c'est Dieu lui-même que nous voyons, selon le P. André Martin, parce qu'aucune image ne peut le représenter. On ne peut voir la lumière sans la lumière; or Dieu, avec qui nous sommes tous unis, d'une manière incorporelle, est la lumière éternelle. Il y a dans l'essence de Dieu des trésors infinis de rapports intelligibles qui, s'appliquant à des choses particulières, peuvent être connus les uns sans les autres. Les uns en voient plus, les autres en voient moins, suivant leurs progrès dans la connaissance des choses divines et le degré de leur union avec Dieu.

Quel homme religieux, dit-il d'après saint Augustin, peut nier qu'en chaque genre de choses tout vient de Dieu? Or Dieu n'a créé tel ou tel genre que parce qu'il en avai l'idée; les idées des créatures sont donc en Dieu, comme dans l'esprit de l'artiste, l'idée de l'œuvre qu'il a conçue. C'est seulement dans ces idées, et par ces idées, que les créatures sont éternellement présentes à Dieu qui ne peut emprunter sa connaissance des choses extérieures. Comme on dit qu'on voit les corps dont l'imagination nous représente seulement les images, quoique ces images n'aient rien de corporel, de même on dit qu'on voit les créatures, lorsqu'on voit leurs idées dans l'essence de Dieu, quoiqu'il n'y ait en elles ni étendue ni figure; et on les y voit mieux et plus clairement qu'en elles-mêmes (1). Nous voilà déjà bien près de la vision en Dieu de Malebranche.

Parmi les cartésiens qui ont précédé Malebranche dans l'Oratoire, il faut rappeler encore ici le commentateur du *Discours de la Méthode* et de la *Géométrie* de Descartes, le sa-

---

(1) Sanct. Aug., *de Deo*, cap. XXXI, XXXII, XXXIV, XXXVII.

vant P. Poisson, dont il a été déjà question parmi les disciples de Descartes. Quant aux autres cartésiens de l'Oratoire, dont les ouvrages sont postérieurs à la *Recherche de la vérité*, ils auront plus tard leur place dans cette histoire, à la suite de Malebranche.

Donc, dès son origine, l'Oratoire s'était signalé par ses tendances idéalistes, et avait pris parti pour Platon contre Aristote, pour saint Augustin contre saint Thomas. La persécution a bien pu le contraindre à taire le nom de Descartes, à dissimuler plus ou moins ses doctrines, mais non pas à y renoncer, et à être infidèle à son esprit dans lequel il croyait retrouver saint Augustin. Grâce à Platon et à saint Augustin, avant, comme après Malebranche, l'Oratoire inclinait à la doctrine d'une raison divine éclairant tous les hommes, il inclinait à la vision en Dieu, à l'union de la foi avec la raison. L'Oratoire ayant toujours été fidèle aux principes essentiels de la doctrine de Descartes, sauf à les allier, à les développer, à les dissimuler plus ou moins avec Platon et saint Augustin, le P. Tabaraud a pu dire avec vérité : « Quarante ans de persécution contre le cartésianisme et le jansénisme, confondus sous le même anathème, n'ont pu faire abandonner aux disciples de Bérulle cette philosophie que leur père leur avait recommandée (1). »

(1) *Biographie universelle*, article BÉRULLE.

CHAPITRE II

Malebranche, sa famille, son enfance. — Ses études de philosophie et de théologie. — Son entrée à l'Oratoire. — Circonstance qui lui révèle sa vocation philosophique. — Admiration et reconnaissance pour Descartes. — Comment il corrige Descartes avec saint Augustin. — Succès de la *Recherche de la vérité*. — Malebranche dans la polémique. — Fermeté dont il fait preuve contre de puissants adversaires. — Condamnation du *Traité de la nature et de la grâce* par la congrégation de l'Index. — Sentiment de Malebranche sur cette condamnation. — Malebranche mathématicien, physicien, entomologiste. — Les petits tourbillons. — Malebranche à l'Académie des sciences. — Dédain pour l'histoire et l'érudition. — Dédain pour la poésie. — Des deux vers ridicules qui lui ont été attribués. — Du style de Malebranche. — Sa vie à l'Oratoire, ses jeux, son adresse manuelle. — Son désintéressement. — Séjours à la campagne. — Il songe à quitter l'Oratoire. — Correspondance avec la princesse Élisabeth. — Trois jours à Chantilly, auprès du prince de Condé. — Renommée de Malebranche au commencement du dix-huitième siècle. — Sa dernière maladie et sa mort.

Nicolas Malebranche naquit à Paris, en 1638, de Nicolas Malebranche, secrétaire du roi, trésorier des cinq grosses fermes sous Richelieu, et de Catherine de Lauzon qui eut un frère vice-roi du Canada, intendant de Bordeaux, puis conseiller d'État (1). Les Lauzon étant originaires du Poitou, le P. Adry se plaît à remarquer que le second restaurateur de la philosophie française, tirait son origine maternelle du même pays que Descartes (2).

(1) Il fut baptisé à Saint-Merry, le 5 août 1630, comme il résulte de l'acte de baptême récemment retrouvé par M. Blampignon.
(2) Aux documents anciens que nous avions sur la vie de Malebranche, tels que l'*Éloge* de Fontenelle, le *Journal des savants* de 1715, la notice du *Traité de l'infini* créé, l'article du P. Tabaraud dans la *Biographie universelle*, sont venus s'ajouter, depuis notre dernière édition, deux docu-

Le dernier de nombreux enfants, Malebranche naquit avec un tempérament maladif et une conformation défectueuse (1) qui obligèrent de le retenir à la maison paternelle, tandis que ses frères allaient au collége, et qui lui valurent de

---

ments nouveaux d'une grande importance : 1° une partie considérable de cette histoire de Malebranche par le P. André, dont M. Cousin nous avait fait si vivement regretter la perte, récemment découverte par l'abbé Blampignon, dans les manuscrits de la bibliothèque de Troyes ; 2° une notice biographique du P. Adry, découverte aussi par l'abbé Blampignon, dans les *Archives impériales*, carton 630. Cette notice, composée par le P. Adry, dernier bibliothécaire de l'Oratoire, à la veille de la révolution, forme 2 vol in-12, d'une écriture peu serrée. M. l'abbé Blampignon a tiré le meilleur parti de ces découvertes dans son intéressante étude sur Malebranche, couronnée par l'Académie française. Nous avons eu nous-même entre les mains ces deux manuscrits, et nous avons pu ajouter quelques faits nouveaux, d'un certain intérêt, à ceux qu'il avait déjà mis en lumière. Nous renvoyons à deux articles que nous avons publiés dans le *Journal des Savants*, août et septembre 1863, sur cette *Vie de Malebranche* par le P. André. Enfin M. Cousin, dans sa dernière édition des *Fragments*, a publié plusieurs documents inédits qu'avaient eus entre les mains le P. André et le P. Adry, l'*Éloge du P. Malebranche*, par M. d'Allemans, les *Mémoires du P. Lelong*, les *Remarques du conseiller Chauvin sur sa vie*. (Appendice de la 2º partie de *Fragments d'histoire de la philosophie moderne*, 1866.)

(1) Il avait, dit le P. Adry, l'épine du dos tortueuse dans toute sa longueur et très-enfoncée dans le bas ; le cartilage xiphoïde n'en était pas séparé par plus de deux travers de doigt. Dès l'âge de trois ans, il avait eu plusieurs pierres dont les suites firent dire à Fontenelle, dans son *Éloge*, qu'il était appelé à l'état ecclésiastique par la nature et par la grâce. De vingt-cinq à quarante-cinq ans, son estomac se refusait à faire ses fonctions, et il eut de continuels vomissements. Au milieu d'infirmités de toutes sortes et de souffrances infinies, sa patience fut toujours inaltérable. Ajoutons encore, d'après le P. Adry, qu'il était grand de six pieds, sans être gros à proportion ; qu'il était si maigre qu'on sentait sous ses habits les battements de son cœur. Son ami, le P. Lelong, en fait le portrait suivant dans une lettre citée par le P. Adry : « Il avait la tête grosse, le visage long et étroit, à la parisienne, le front fort découvert, le nez long, les yeux assez petits et un peu enfoncés, de couleur bleue tirant un peu sur le gris, fort vifs ; c'était la partie de son visage qui marquait le plus d'esprit. Il avait la bouche grande et fort fendue, le menton un peu pointu, le col haut et long. » On peut voir, au Musée de Versailles, une bonne copie du portrait original peint par Santerre en 1713, qui est aujourd'hui dans l'établissement de Juilly. Il y a dans ses traits, d'une rare distinction, une admi-

recevoir plus longtemps les soins et les caresses de sa mère. Catherine de Lauzon, parente de madame Acarie qui, de concert avec le cardinal de Bérulle, introduisit en France l'ordre du Carmel, était une femme d'une grande piété, d'un goût délicat et sûr. C'est à elle que le P. André attribue non-seulement les sentiments religieux dont l'âme de Malebranche encore enfant fut pénétrée, mais le naturel exquis et la grâce de ses écrits. « C'était, dit-il, une dame d'un esprit rare et d'une grande vertu qui s'était appliquée particulièrement à le former, et l'on peut dire que c'est à elle qu'il a la première obligation de ce langage brillant et naturel qu'on observe dans ses écrits. »

A seize ans, le jeune Malebranche fit sa philosophie au collége de la Marche sous un zélé péripatéticien M. Rouillard, depuis recteur de l'université de Paris. Il éprouva une déception analogue à celle de Descartes au collége de la Flèche. « Après quelques jours d'exercice, dit le P. André, le jeune philosophe s'aperçut qu'on l'avait trompé, ne trouvant dans la philosophie qu'on lui enseignait rien de grand ni presque rien de vrai, subtilités frivoles, équivoques perpétuelles, nul goût, nul christianisme. »

Après la philosophie il fit sa théologie dont il ne fut guère plus satisfait : « La théologie de ce temps-là, selon le P. André, n'était qu'un amas confus d'opinions humaines, de questions peu graves, et remplie de chicanes et de raisonnements inutiles pour prouver des mystères in-

---

rable expression de finesse et de spiritualité. Au bas de la gravure qu'en a faite Édelinck, on lit ces vers :

> Simple, sage, pieux, savant sans vanité,
> Dans le sein de l'Être suprême,
> Il rechercha la vérité,
> Et loin de se croire lui-même
> Ou sa lumière ou son appui,
> Pour apprendre aux mortels comment Dieu veut qu'on l'aime,
> Il n'aima rien qu'en Dieu, ne connut rien qu'en lui.

compréhensibles. Tout cela sans ordre, sans principes, sans liaison de vérités entre elles. »

Sa théologie achevée, il refusa (1), comme un office trop mondain, un canonicat qu'avaient obtenu pour lui les amis de sa famille et, à l'âge de vingt et un ans, il entra à l'Oratoire qui convenait, mieux que tout autre établissement, à son goût pour la piété, la méditation et l'étude. D'abord pendant cinq ans, il se livra sans succès, sous la direction des P. Lecointe et Richard Simon, à des travaux d'érudition et d'histoire pour lesquels il ne se sentait aucun goût. Nous voyons le jeune novice vainement à la recherche de sa vraie vocation jusqu'au jour où, par un hasard heureux, un libraire de la rue Saint-Jacques lui présenta le *Traité de l'homme* de Descartes. Quoiqu'il ne connût guère Descartes, il l'acheta, dit le P. André, uniquement à cause de la singularité du titre. S'étant mis à le lire, il fut tellement saisi par la nouveauté et la clarté des idées, par la solidité et l'enchaînement des principes, par une mécanique si admirable du corps humain, que de violentes palpitations de cœur l'obligent plus d'une fois d'en interrompre la lecture. « L'invisible et inutile vérité, dit Fontenelle, n'est pas encore accoutumée à trouver tant de sensibilité parmi les hommes, et les objets ordinaires de leurs passions se tiendraient heureux d'y en trouver autant. » Ainsi le *Traité de l'homme* donna à Malebranche le coup de la grâce philosophique, et fut pour lui, ce qu'avait été, pour saint Augustin l'*Hortensius* de Cicéron.

Après le *Traité de l'homme*, Malebranche lut et médita tous les autres ouvrages de Descartes. Pour mieux les comprendre, il étudia les mathématiques. « A la faveur de cette lumière il envisagea, dit le P. André, la philosophie de M. Descartes par tous les côtés, et comme tout y est appuyé sur l'existence de Dieu créateur et moteur de la nature, sur la spiritualité de l'âme et son immortalité, son

---

(1) Il venait de perdre sa mère, et cette mort, dit André, lui avait fait faire des réflexions sur la vanité des choses de ce monde.

cœur était pénétré de joie de voir une philosophie si bien d'accord avec la religion (1). »

Quels ne sont pas l'admiration et l'enthousiasme de Malebranche pour le grand philosophe qui a fait briller à ses yeux une si vive et si pure lumière ! « Descartes, dit-il, a découvert en trente années plus de vérités que tous les autres philosophes ensemble (2). » C'est à lui seul qu'il fait honneur du peu d'ouverture qu'il a pour les sciences (3). Il est plein de vénération pour celui qui a démontré, d'une manière très-simple et très-évidente, non-seulement l'existence de Dieu et l'immortalité de l'âme, mais une infinité d'autres vérités qui avaient été inconnues jusqu'à son temps (4). « Ceux qui liront les ouvrages de ce savant homme, se sentiront une secrète joie d'être nés dans un siècle et dans un pays assez heureux pour nous délivrer de la peine d'aller chercher dans les siècles passés, parmi les païens, et dans les extrémités de la terre, parmi les barbares et les étrangers, un docteur pour nous instruire de la vérité (5). » Notons que les barbares dont il s'agit sont Platon et Aristote. Malebranche a platonisé, en quelque sorte sans le savoir, et sans remonter au delà de saint Augustin. S'il l'appelle *le divin Platon*, c'est par pure ironie. N'est-il pas étrange de voir ainsi le Platon français se moquer du Platon grec, sans paraître se douter de l'affinité de leurs doctrines et de leur génie ? Quant à Aristote, il en fait le prince des faux philosophes, et l'exemple le plus frappant des grossières erreurs dans lesquelles l'esprit humain peut tomber. L'enthousiasme de Malebranche pour Descartes rappelle parfois celui de Lucrèce pour Épicure.

Cependant, il ne le tient nullement pour infaillible : « Je

(1) Le P. André et le P. Adry racontent cette anecdote, dont la vérité ne nous paraît pas pouvoir être mise en doute.
(2) *Recherche de la vérité*, liv. Ier, chap. III.
(3) Préface du *Traité sur les lois du mouvement*.
(4) *Recherche*, IVe livre, chap. VII.
(5) *Recherche de la vérité*, VI, dernier chap.

crois pouvoir, dit-il, démontrer qu'il s'est trompé en plusieurs endroits de ses ouvrages. Mais il est plus avantageux à ceux qui le lisent de croire qu'il s'est trompé, que s'ils étaient persuadés que tout ce qu'il dit fût vrai. Si on le croyait infaillible, on le lirait sans l'examiner ; on croirait ce qu'il dit sans le savoir, on apprendrait ses sentiments comme on apprend des histoires, et l'on ne se formerait pas l'esprit. » D'ailleurs, Descartes ne nous avertit-il pas de ne pas le croire lui-même, à moins d'y être forcés par l'évidence : « Car il ne ressemble pas à ces faux savants qui, usurpant une domination injuste sur les esprits, veulent qu'on les croie sur parole (1). »

Le P. André nous apprend aussi ce qui tout d'abord ne plut pas à Malebranche dans la philosophie de Descartes, et comment il voulut le corriger avec saint Augustin. Il ne pouvait, dit-il, goûter certains endroits de sa métaphysique, principalement sur l'essence des choses, sur la nature des idées, sur les vérités éternelles. C'est en ces divers points qu'il réforma Descartes avec saint Augustin. « Il avait lu autrefois les ouvrages de saint Augustin où ces matières lui avaient paru mieux traitées et plus approfondies. Il les relut et, en effet, après une longue méditation, il trouva que le docteur de la grâce avait mieux connu l'esprit, et que Descartes, qu'on peut appeler le docteur de la nature, avait mieux connu le corps. Il crut donc que de l'un et de l'autre on pourrait faire quelque chose d'accompli (2). » Remarquons cependant que Malebranche attribuait aussi à Descartes d'avoir mieux distingué qu'on ne l'avait fait avant lui, y compris saint Augustin lui-même, l'esprit d'avec le corps, ce qui diminue l'exactitude de l'antithèse du P. André (3).

La recherche de la vérité ayant paru à Malebranche,

---

(1) *Recherche*, liv. VI, chap. IV.
(2) In-12, Paris, Prulard.
(3) « On peut dire avec assurance qu'on n'a point assez clairement connu la différence de l'âme et du corps que depuis quelques années. » (*Préf. de la Recherche.*)

comme à saint Augustin, d'une obligation indispensable à l'homme, ce fut d'abord la matière qu'il médita et dont il fit l'objet de son premier ouvrage, la *Recherche de la vérité*. Il publia en 1674 le premier volume qui contenait les trois premiers livres, sur les sens, l'imagination et l'esprit pur. Le second volume, avec les trois autres livres, sur les inclinations, les passions et la méthode, ne parut que l'année suivante. « Le premier volume avait fait dire au public que jamais homme n'avait si bien connu l'esprit humain que le P. Malebranche, et ce second faisait dire hautement que les replis du cœur humain n'avaient jamais été si bien développés (1). »

M. Pirot, docteur en Sorbonne, chargé de l'examiner avait refusé de l'approuver, non qu'il y trouvât, comme il le dit lui-même, quelque chose de contraire à la foi, mais à cause des opinions cartésiennes dont il était rempli. Heureusement l'abbé d'Aligre, qui tenait les sceaux à la place de son père le chancelier d'Aligre, en fut enchanté, et fit expédier à Malebranche un privilége *gratis* (2). Quoique la *Recherche de la vérité* soit, suivant nous, inférieure aux *Méditations chrétiennes* et aux *Entretiens métaphysiques*, c'est de tous les ouvrages de Malebranche, le plus lu encore aujourd'hui, et le plus universellement goûté, à cause des grâces piquantes, et du ton un peu cavalier du style, à cause surtout de cette analyse si fine et si délicate des causes de nos erreurs dont la vérité subsiste indépendamment de tous les systèmes. La *Recherche de la vérité*, lorsqu'elle parut, fut admirée même par ceux qui allaient bientôt devenir les adversaires les plus véhéments de l'auteur, tels qu'Arnauld, Bossuet et Fénelon, soit qu'ils n'y

(1) *Vie de Malebranche*, par le P. André, manuscrit de Troyes.
(2) *Ibid.* A partir du *Traité de la nature et de la grâce*, en 1680, Malebranche ne put obtenir aucun privilége en France et fut obligé d'imprimer tous ses ouvrages à l'étranger. En 1696 seulement, par le crédit de son ancien élève, Carré, membre de l'Académie des Sciences, cette interdiction fut levée en faveur des *Entretiens sur la mort* et de la 2e édition des *Entretiens sur la métaphysique*, en 2 vol. in-12.

eussent pas vu d'abord ce qu'ils crurent y découvrir plus tard, soit que les doctrines sur la providence et sur la grâce, contre lesquelles ils devaient bientôt s'armer, n'y fussent encore qu'indiquées, et reléguées sur le second plan. Malebranche reçut même des félicitations publiques de l'assemblée générale de son ordre présidée par le P. de Sainte-Marthe qui bientôt devait prendre parti contre lui, dans la querelle avec Arnauld au sujet de la grâce (1).

A partir de ce premier ouvrage, Malebranche fit paraître une série d'écrits (2) qui ajoutèrent à sa réputation

---

(1) La *Recherche de la vérité* a eu six éditions du vivant de l'auteur; la dernière et la plus complète est celle de 1712, 4 vol. in-12, Paris. Elle a été traduite en latin par Lenfant, ministre réfugié, prédicateur de la reine de Prusse, et membre de l'Académie de Berlin. *De inquirenda veritate, libri sex*, Genevæ, 1685, in-4. Malebranche lui écrivit une lettre de remerciments : « Je me trouve fort heureux, en ma qualité d'auteur, que vous ayez entrepris un dessein qui me fait honneur, et qui rendra immortel, ce qui pouvait au plus durer un siècle, à cause de l'inconstance des langues vivantes. » Cette lettre est une des plus curieuses de la *Correspondance inédite*, publiée par l'abbé Blampignon. Le même ouvrage a été traduit en anglais par le mathématicien Brook Taylor, secrétaire de la *Société royale*. Levassor, qui, après avoir quitté l'Oratoire et embrassé le protestantisme, passa en Angleterre, en a donné aussi une traduction dans la même langue, précédée d'une *Histoire abrégée de la polémique de Malebranche et d'Arnauld*.

(2) *Conversations chrétiennes, dans lesquelles on justifie la vérité de la religion et de la morale de Jésus-Christ*, in-12, Paris, 1676. Elles eurent sept éditions, dont la meilleure est celle de 1702, in-12, Paris, Anuisson. A la suite de cette édition, comme à la suite de celle de Cologne, 1693, et de celle de Rouen, 1695, on trouve les *Méditations sur l'humilité, la pénitence*, avec des considérations de piété pour tous les jours de la semaine, qui parurent pour la première fois, en 1677, in-24, Paris. — *Traité de la nature et de la grâce*, en trois discours, in-12, Amst., 1680. A la seconde édition, Rotterdam, 1694, Malebranche ajouta l'*Éclaircissement sur les miracles de l'ancienne loi*, pour prouver qu'ils ne supposent pas un Dieu des volontés particulières. Ce *Traité* eut six éditions du vivant de l'auteur; la dernière édition est de 1712, Rotterdam, Leers. Il fut censuré à Rome, en 1690, avec la plupart des écrits publiés par l'auteur pour sa défense. — *Méditations chrétiennes et métaphysiques*, in-12, Cologne, 1683. L'ouvrage fut tiré à 4,000 exemplaires, et néanmoins bientôt il en fallut faire une nouvelle édition. Ces *Méditations* eurent quatre éditions; la

comme philosophe et comme écrivain, mais qui l'engagèrent dans de nombreuses querelles, malgré son amour du repos et son aversion de la polémique. Son génie, dit Fontenelle, était fort pacifique, tandis que celui de M. Arnauld était tout à fait guerrier. Malebranche avoue quelque part que l'amour du repos, ou plutôt la paresse, est pour lui la plus séduisante de toutes les passions ; néanmoins il fut contraint de passer, pour ainsi dire, toute sa vie les armes à la main, toujours en guerre, tantôt contre Régis, tantôt contre François Lamy, tantôt contre le P. Valois, tantôt contre le P. Tournemine et les journalistes de Trévoux, tantôt contre Arnauld et le P. Boursier, c'est-à-dire contre les jésuites et contre les jansénistes. Mais une fois engagé dans la dispute, Malebranche

---

dernière est de 1707, Plaignard, Lyon, et Paris, David. — *Traité de morale*, in-12, Cologne, 1683, Eymand. Il eut aussi quatre éditions. L'édition de 1697, 2 vol. in-12, Lyon, Plaignard, est suivie du *Traité de l'amour de Dieu*. — *Entretiens sur la métaphysique et sur la religion*, 2 vol. in-12, Rotterdam, 1688. A la troisième édition, Paris, Rouland, 1666, Malebranche a ajouté trois *Entretiens sur la mort*. Cet ouvrage contient toute la doctrine de Malebranche dans son plus haut et son dernier développement. L'ouvrage eut cinq éditions, la dernière, de 1732, Michel David, Paris. — *Traité de l'amour de Dieu*, Lyon, 1697, in-12. — *Réflexions sur la prémotion physique*, contre le P. Boursier, 1715, Paris, in-12. — *Entretiens d'un philosophe chrétien avec un philosophe chinois sur l'existence et la nature de Dieu*, petit in-12, Paris, David, 1708. Il faut ajouter à cette liste, des traités et des mémoires scientifiques, tels que le Traité *des lois de la communication du mouvement*, in-12, Paris, 1692, publié de nouveau et fort retouché en 1699. — *Réflexions sur la lumière, les couleurs et la génération du feu* (*Mém. de l'Académie des Sciences*, 1699). Il faut ajouter encore un grand nombre d'ouvrages de polémique, de *Réponses*, de *Défenses*, telles que : *Défense de l'auteur de la* Recherche *contre l'accusation de Louis de la Ville*, in-12, Paris, 1679; *Réponse à M. Régis*, in-12, Paris, 1693; et *Réponse à l'avis de M. Régis*, 1694. Quant aux nombreux écrits relatifs à la contestation avec Arnauld, nous en donnerons la liste quand nous exposerons cette polémique. Nous dirons seulement ici que Malebranche les a tous réunis en 4 vol. in-12. (*Recueil de toutes les Réponses du P. Malebranche à M. Arnauld*, Paris, 1709.) — Les *Nouvelles de la République des lettres* contiennent aussi plusieurs articles de l'oratorien. Voir encore le *Recueil de quelques pièces curieuses concernant la philosophie de M. Descartes* (Bayle), Amsterdam, 1684.

s'y montre, à ce qu'il semble, d'autant plus aigre et plus opiniâtre, qu'il a été plus contrarié dans son amour naturel de la paix. Il est impatient de la contradiction, il abonde en son sens, et il répète sous des formes diverses, avec une inépuisable abondance, ses propres arguments, plutôt qu'il ne discute ceux de son adversaire. Admirable dans l'analyse de ses propres pensées, dans la méditation, dans les élévations au Verbe ou à la sagesse éternelle, il n'excelle pas au même degré dans la polémique et l'art de la dialectique. A tort ou à raison, sans cesse il se plaint qu'aucun de ses adversaires, ni Bossuet, ni Arnauld, ne le comprend, ce qui fit dire à Boileau : « Eh ! mon Père, qui donc voulez-vous qui vous comprenne ? » Aussi ses ouvrages de pure polémique, malgré des traits heureux et un assez vif assaisonnement de verve ironique, sont-ils en général inférieurs à ceux de pure spéculation.

Il fit preuve de beaucoup de fermeté dans sa lutte contre Arnauld, et surtout dans sa résistance à Bossuet (1). Attaqué non pas seulement au point de vue philosophique, mais au point de vue théologique, accusé de ruiner le surnaturel et les fondements mêmes de la foi, par son *Traité de la nature et de la grâce*, mis à l'index par la cour de Rome, Malebranche n'a jamais rien rétracté. On trouve dans l'histoire du P. André des détails, qui ne sont pas à l'honneur d'Arnauld, sur la condamnation du *Traité de la nature et de la grâce* par la congrégation de l'*Index*. C'est en effet par les intrigues d'Arnauld et de ses amis que l'*infortuné Traité*, comme dit Malebranche, fut mis à l'index, même sans l'adoucissement du *donec corrigatur*, le 29 mai 1690. Ainsi ce tribunal dont Arnauld méconnaissait l'autorité contre lui-même, il l'invoquait contre son adversaire, ce qui fait dire au P. André : « On sait assez que c'était sa coutume de faire valoir les censures de Rome qui lui

---

(1) Nous renvoyons aux chapitres sur Arnauld et sur Bossuet, les détails sur leurs relations et leurs controverses avec Malebranche.

étaient favorables, autant que ses amis méprisaient celles qui lui étaient contraires (1). »

Malebranche n'accueillit pas avec beaucoup de respect et de déférence la décision du saint Office, si du moins nous en jugeons par la lettre qu'il écrivit à un de ses plus intimes amis, l'abbé Barrand : « Je vous assure, Monsieur, que la seule peine que j'ai de cette nouvelle, c'est qu'il y aura peut-être quelques personnes, à qui mes livres pourraient être utiles, qui ne les liront pas, quoique la défense qu'on en a faite à Rome soit une raison pour bien des gens, même en Italie, de les rechercher. Ce n'est pas au reste que j'approuve cette conduite. Si j'étais en Italie où ces sortes de condamnations ont lieu, je ne voudrais pas lire un livre condamné par l'inquisition, car il faut obéir à une autorité reçue. Mais ce tribunal n'en ayant point en France, on y lira le *Traité*. Cela même sera la cause qu'on l'examinera avec plus de soin ; et si j'ai raison comme je le crois, la vérité s'établira de plus en plus. Aimons toujours, Monsieur, cette vérité et tâchons de la faire connaître *per infamiam et bonam famam* (2). »

Peu de temps après son entrée à l'Oratoire, en 1661 et 1664, Malebranche avait signé, avec toute la maison de Saint-Honoré, le formulaire de l'assemblée du clergé de France et celui d'Alexandre VII. Mais plus tard, à l'époque de la publication de la *Recherche de la vérité*, et lorsqu'il était encore lié avec Arnauld, il se fit scrupule d'avoir attesté, sans s'en être assuré par lui-même, que les fameuses pro-

(1) *Étude sur Malebranche*, par l'abbé Blampignon, 1re partie, p. 80. En même temps que le *Traité*, furent mis à l'index les divers écrits publiés par Malebranche pour le défendre contre ses adversaires. Un autre décret du même tribunal, en 1709, condamna le *Traité de morale*, les *Entretiens sur la métaphysique* et la Traduction latine de *la Recherche*, par Lenfant. Malebranche, quoique condamné de son vivant, n'eut pas même l'adoucissement du *donec corrigantur* qu'avait eu Descartes mort.

(2) Le P. André avait entre les mains le Rapport, aujourd'hui perdu, du consulteur chargé de l'affaire dans le sein de la congrégation. Ce sont, dit-il, des brouilleries perpétuelles, de fausses imputations, des méprises grossières, des calomnies.

positions étaient dans le livre de Jansénius, et il rétracta sa signature, en 1673, par un acte qui fut déposé dans les archives de Port-Royal, et qui ne fut publié que longtemps après sa mort. Suivant la remarque du P. Cloyseault, dans sa *Vie du P. Malebranche*, cette rétractation fait honneur à sa droiture et à la délicatesse de son amour pour la vérité (1).

Malebranche a dignement continué cette alliance entre

(1) Voici cette rétractation telle que nous la trouvons dans le P. Cloysaut, l'auteur déjà cité de *Vies de quelques pères de l'Oratoire*. (*Archives impériales*, cartons 220, 221.)

« Après avoir reconnu devant Dieu la faute que j'ai faite en signant deux ou trois fois, en différents temps, le *Formulaire* contre Jansénius, évêque d'Ypres, contre ma conscience, et, ce me semble, avec une croyance contraire à l'action que je faisais, et après avoir été, depuis ma dernière signature, assez souvent dans le trouble et dans l'inquiétude par cette action, quoique j'aie été délivré en partie de mes peines par les personnes auxquelles je me suis ouvert là-dessus, à cause que la paix ayant été rendue à l'Église, ils ont cru que je n'étais pas obligé de me dédire publiquement. Cependant, j'ai cru que je devais faire ce désaveu, ne sachant pas si les choses ne changeront point de face, en souhaitant de tout mon cœur de ne point contribuer à la condamnation de M. Jansénius. Je rétracte de par cet écrit le témoignage que j'ai rendu par mes signatures contre ce prélat en le confessant auteur des cinq propositions, défenseur des hérésies qu'elles renferment et corrupteur de la doctrine de saint Augustin, et je confesse aujourd'hui que j'ai signé contre lui des faits dont je ne suis point persuadé, et qui me paraissent au moins fort douteux et fort incertains. Je proteste donc que je n'ai souscrit aux formulaires simplement et sans restriction, principalement la dernière fois, qu'avec une extrême répugnance, par une obéissance aveugle à mes supérieurs, par imitation, et par d'autres considérations humaines qui ont vaincu mes répugnances ; qu'ainsi j'ai signé par faiblesse la nouvelle formule, comme on a voulu, sans excepter les faits qu'elle atteste contre cet auteur, bien que je ne fusse pas persuadé qu'ils fussent vrais. Si je ne puis faire passer cet acte par devant notaire, à cause des déclarations du roi, l'entends qu'il soit considéré comme la principale et la plus importante partie de ma dernière volonté ; et, pour cet effet, je l'écris et je le signe de ma main propre, afin que ceux qui le verront ne puissent prendre mes souscriptions qui sont au bas des formulaires comme un témoignage contre M. Jansénius, mais qu'ils regardent cet écrit comme une réparation de l'injure que j'ai faite à la mémoire d'un grand évêque, en lui attribuant des erreurs en la foi, lesquelles je ne pense pas qu'il ait enseignées, quoique alors je n'eusse rien vu de son livre intitulé, *Augustinus*. Je prie ceux entre les mains de qui cet écrit tombera, par ce qu'il y a de plus

la métaphysique et les sciences qui est un des principaux caractères de la philosophie de Descartes. « Il était, dit Fontenelle, grand géomètre et grand physicien... La géométrie et la physique furent même les degrés qui le conduisirent à la métaphysique et à la théologie, et devinrent presque toujours dans la suite ou le fondement ou l'appui ou l'ornement de ses plus belles spéculations. » Il semble n'avoir pas attaché une moins grande importance à la géométrie que Platon lui-même pour une bonne direction de l'esprit : « Il est rare, dit-il, que les vrais géomètres se trompent, à cause de la clarté de leurs idées et de la précision de leurs termes : les simples et ceux qui ne sont pas géomètres, prennent souvent pour certain ce qu'on leur dit être démontré (1). » Il fut l'un des promoteurs de la science des infiniment petits ; il engagea le marquis de L'Hôpital, son ami, à se plonger dans cette étude, et il fut même l'éditeur de son *Analyse des infiniment petits*, dont il traça les figures de sa main. Les mathématiciens Jean Prestet (2), Carré et Mairan furent ses élèves.

En physique il a modifié d'une manière ingénieuse la théorie des tourbillons de Descartes. Descartes avait imaginé les grands tourbillons qui composent cet univers et dont les mouvements s'ajustent les uns aux autres. Malebranche inventa les petits tourbillons dans lesquels chaque grand tourbillon se divise à l'infini. Il suppose qu'il en est

---

saint dans la religion, je leur commande, selon le pouvoir que j'ai sur eux en cette rencontre, enfin je les conjure, en toutes les manières possibles, s'il est nécessaire, pour la défense de la vérité et l'honneur de M. Jansénius, de faire que ce témoignage ait tout l'effet que je souhaite. »

Fait à Paris, rue du Louvre, le samedi 15 septembre 1673.

(1) *Réflexions sur la prémotion physique.*

(2) Malebranche prit d'abord avec lui Jean Prestet comme une espèce de domestique, mais ayant reconnu en lui un esprit ouvert pour les sciences et beaucoup d'application au travail, il lui rendit plus de soins qu'il n'en exigea, il cultiva son talent pour les mathématiques et le fit entrer à l'Oratoire. Prestet est l'auteur d'*Éléments de mathématiques* que Malebranche cite avec éloge dans le VIe livre de la *Recherche de la vérité*. Nous aurons plus tard occasion de parler de Carré et de Mairan.

de toute la matière subtile répandue dans un tourbillon particulier, comme de l'univers entier, et qu'elle est elle-même divisée en une infinité de tourbillons infiniment petits animés d'une grande vitesse et d'une force centrifuge presque infinie : « Voilà, dit Fontenelle, un grand fonds de force pour tous les besoins de la physique dont Malebranche les regardait comme la clef (1). » Par les petits tourbillons il remplaçait cette prétendue force d'inertie des parties d'un corps avec laquelle Descartes prétendait expliquer la dureté des parties et leur résistance à tout déplacement. Selon Malebranche, ce faux principe, que le repos a de la force, est ce qui gâte le plus la physique de Descartes (2).

Il a publié des *Réflexions sur la lumière, la couleur et la génération du feu* (3), où il rattache étroitement ensemble, comme n'étant également que des ébranlements du fluide lumineux, la lumière et les couleurs (4).

Malebranche ne fut pas seulement géomètre et physicien, il eut aussi, à l'exemple de Descartes, un grand goût pour l'anatomie. « De toutes les choses matérielles, il n'y en a point, dit-il, de plus digne de l'application des hommes que la structure de leur corps et la correspondance qui est entre toutes les parties qui le composent (5). » Dans plusieurs passages de la *Recherche de la vérité* il défend cette science, avec beaucoup d'esprit et de vivacité, contre les mépris et les dégoûts des gens du monde. Mais son

---

(1) La *Physique moderne* semble vouloir recourir de nouveau à ce grand fonds de force, comme dit Fontenelle, et faire revivre, sous d'autres noms, les petits tourbillons. « On a le droit, dit M. Laugel, de considérer chaque corpuscule matériel comme une sorte de petit monde, comme un tourbillon qui comprend un certain nombre d'atomes en mouvement les uns en face des autres. » (*Problèmes de la nature*, p. 93, in-12, Germer Baillière.)

(2) Voir le VI° livre de la *Recherche*, dernier chapitre, et le 16° Éclaircissement.

(3) *Mémoires de l'Académie des sciences*, année 1699.

(4) Goethe, dans son *Histoire des couleurs*, analyse et critique ce *Mémoire* de Malebranche. Voir dans les œuvres de Goethe, édition Hachette, le volume des œuvres scientifiques publiés par M. Faivre.

(5) *Recherche de la vérité*, liv. II, chap. v.

passe-temps favori, quand il voulait distraire son esprit d'études plus sérieuses, était l'étude des insectes. Il se plaît à décrire, en un style plein de charmes, les insectes, la magnificence de leur parure, la délicatesse et l'harmonie de leurs parties; il les préfère même, pour la démonstration de la divine Providence, à des merveilles plus éclatantes, à celles par exemple de l'astronomie, science pour laquelle, ce qui paraît étrange de la part d'un mathématicien, il n'avait nulle estime (1).

C'est comme mathématicien, et comme auteur du *Traité des lois de la communication du mouvement*, que Malebranche fut nommé membre honoraire de l'Académie des sciences, en 1699, à l'époque du renouvellement de la compagnie (2). Il se montra toujours assidu aux séances, et il eut un certain nombre d'amis et même, comme nous le verrons, de disciples, parmi ses confrères. L'Académie suivit avec intérêt la contestation qu'il eut avec Régis sur les causes la grandeur apparente de la lune à l'horizon, contestation qui se termina, à l'avantage de Malebranche, par un jugement motivé, signé des plus illustres mathématiciens de la compagnie (3).

Mais si, après la métaphysique, il estimait les mathématiques, la physique générale et quelques sciences expérimentales, il n'avait que du dédain pour les sciences historiques, pour l'érudition, pour l'étude et la critique des langues. Il semble pousser plus loin que Descartes lui-même ce mépris de l'antiquité et de l'histoire. Que de sarcasmes il prodigue contre ces vaines sciences qui enflent, dit-il, le cœur de l'homme et faussent son esprit!

(1) Sa *Bibliothèque de 1,200 volumes*, qu'il légua à l'Oratoire, se composait en grande partie d'*Ouvrages sur les Insectes*.
(2) D'après le règlement de 1699, les ecclésiastiques faisant partie d'une congrégation, ne pouvaient être admis à l'Académie que comme membres honoraires. « L'on m'a mis un des dix honoraires de l'Académie des sciences. » (*Lettre de Malebranche à M. l'abbé Barrand. Correspondance inédite*, p. 18.)
(3) Le marquis de L'Hôpital, Sauveur, Varignon, Catelan. Régis repoussa leur jugement avec beaucoup d'inconvenance et d'amertume.

Avant que d'être grammairien, poëte, historien, étranger, il veut qu'on soit homme, chrétien et Français (1). Il était plus touché, disait-il, de la considération d'un insecte que de toute l'histoire grecque et romaine et, dans un seul principe de physique ou de morale, il trouvait plus de vérité que dans tous les livres historiques (2). Daguesseau raconte qu'un Thucydide trouvé sur sa table fut pour Malebranche un sujet de scandale, et refroidit même singulièrement la bonne opinion que jusqu'alors il avait eue de lui. A un savant fort prévenu en faveur de l'histoire, il demanda un jour s'il croyait qu'Adam fût bien habile dans le paradis terrestre. Celui-ci répondit qu'assurément il l'était, puisque, d'après les théologiens, il avait toutes les sciences infuses. Hé bien, répliqua Malebranche, cet homme, qui savait tout, ne savait pourtant ni l'histoire, ni la chronologie. Quant à lui, il n'avait pas, ajoutait-il, la prétention d'en savoir plus qu'Adam avant sa chute (3). Dans la *Recherche de la vérité,* il reprend les personnes de piété, qui réprouvent toutes les sciences humaines, de ne pas excepter la métaphysique, la science de la nature et les mathématiques, mais il permet volontiers de condamner au feu tous les poëtes et tous les philosophes païens (4). C'est surtout Malebranche, comme nous l'avons dit, que Huet a en vue, quand il accuse les cartésiens de vouloir ramener le dix-septième siècle à la barbarie.

Naturellement poëte par la beauté de son imagination, il méprisait la poésie. On rapporte que jamais il ne put lire dix vers de suite qu'avec dégoût. Ce n'était pas par défaut de sentiment ou d'imagination, mais par une sorte de rigorisme philosophique. On connaît les deux vers ridicules qu'on lui attribue :

> Il fait en ce beau jour le plus beau temps du monde
> Pour aller à cheval sur la terre et sur l'onde !

---

(1) *Traité de morale,* II° liv., chap. x.
(2) *Éloge,* par Fontenelle.
(3) *Histoire du P. André.*
(4) *Recherche de la vérité,* IV° liv.

« On prétend, dit Voltaire, qu'il les fit pour montrer qu'un philosophe peut être poëte quand il veut. Mais quel homme de bon sens croira jamais que le P. Malebranche ait fait quelque chose d'aussi absurde (1)? » Nous sommes de l'avis de Voltaire, et nous croyons, avec l'abbé Trublet, que ces deux vers étaient une critique plaisante de tous ces sacrifices du bon sens, de la précision et de la justesse que font trop souvent les poëtes pour construire les vers et obtenir la rime (2). Voulait-il plaisanter à leurs dépens, il citait ces deux vers qu'il se vantait d'avoir composés. On ne manquait pas de s'étonner un peu qu'il mît ainsi les gens à cheval sur l'onde : « Je le sais bien, répondait-il, mais passez-le-moi en faveur de la rime ; tous les jours vous en passez, et de plus fortes, à de meilleurs poëtes que moi (3). »

« Si Malebranche, a dit Montesquieu, avait été un écrivain moins enchanteur, sa philosophie serait restée dans le fond d'un collège comme dans une espèce de monde souterrain (4). » Il est certain que le génie de l'écrivain et le charme du style ont beaucoup contribué au succès des ouvrages philosophiques de Malebranche. La beauté de son langage a été admirée par Fontenelle, Bayle, le P. André, Daguesseau, Arnauld, Bossuet, Diderot, Voltaire, par les amis et par les adversaires de sa philosophie. Bossuet se plaint des gens qui n'ont que des adorations pour ses belles expressions. Arnauld invite sans cesse à se tenir en garde contre les séductions et les agréments de son discours, contre cette vivacité, cette noblesse d'élocution, ce langage figuré et sublime, ces expressions relevées et magnifiques, cet air de spiritualité par où il éblouit un grand

---

(1) Préface de *Rome sauvée*.
(2) *Essais de littérature*, 4ᵉ vol. « Combien la rime, avait dit la *Logique de Port-Royal*, a-t-elle engagé de gens à mentir ? « (3ᵉ partie, chap. 20.)
(3) « On attribue au P. Malebranche, d'ailleurs si poëte en prose, d'avoir dit à votre sujet qu'il ne pouvait comprendre comment un esprit comme le vôtre s'y fût amusé. » *Lettre du P. André à Fontenelle.* (*Le P. André*, par M. Charma, 2ᵉ vol., p. 39.)
(4) *Discours sur les motifs qui doivent nous encourager aux sciences.*

nombre de personnes. « Il écrit, dit-il, d'une manière si noble et si vive, qu'il est à craindre que, contre ses propres règles, il ne surprenne souvent le lecteur par les agréments de son discours, lorsqu'il prétend ne l'emporter que par la force des raisons (1). »

A ce parfum de spiritualité, à cette grâce mystique par où il égale Fénelon, Malebranche a souvent joint, surtout dans la *Recherche de la vérité*, le trait vif et acéré de Pascal et de La Bruyère. Qui a analysé avec plus de finesse, de verve et de vérité les erreurs et les maladies morales de l'imagination et des passions? Avec quel art incomparable il sait revêtir des plus vives et des plus saisissantes couleurs, des plus riantes images, les choses les plus abstraites! Quelle beauté d'imagination il répand sur les plus arides régions de la métaphysique! Qui mieux que lui eut l'art d'animer les hautes spéculations sur l'être et l'infini, par les sentiments les plus tendres, comme dit le P. André, que la beauté de la sagesse éternelle puisse inspirer à ses amateurs! Malebranche, qui a tant déclamé contre l'imagination, « en avait une, dit Fontenelle, très-noble et très-vive, qui travaillait pour un ingrat malgré lui-même, et ornait la raison en se cachant d'elle (2). » Ajoutons enfin que le grand Condé, qui s'y connaissait, disait, d'après le P. André, que Malebranche était la meilleure plume de France (3).

Nulle part, à ce qu'il nous a semblé, Malebranche ne s'é-

---

(1) *Lettre à un disciple de Malebranche*, 11º vol., p. 109, édition Lefèvre.

(2) *Défense contre la réponse aux vraies et aux fausses idées.*

(3) Diderot dit la même chose en parlant de la *Recherche de la vérité* : « On y remarque du style, de l'imagination, et plusieurs autres qualités que le propriétaire ingrat s'occupait lui-même à décrier. » *Encyclopédie*, art. MALEBRANCHE. Dans son *Essai sur le beau*, le P. André prend la défense de l'imagination contre son maître, « qui lui a fait la guerre dans tous ses ouvrages, comme à une empoisonneuse publique. Mais s'il a remporté sur elle quelque victoire, comme nous n'en doutons pas, c'est à elle-même qu'il en est redevable, car on peut dire que jamais l'imagination ne l'a mieux servi que quand il l'a combattue. » « Vous avez trouvé le

lève plus haut comme écrivain que dans les *Méditations chrétiennes* (1). Au commencement du livre il adresse à Dieu cette prière : « Donnez-moi des expressions claires et véritables, vives et animées, en un mot dignes de vous et telles qu'elles puissent augmenter en moi et dans ceux qui voudront bien méditer avec moi la connaissance de vos grandeurs et le sentiment de vos bienfaits. » On dirait que cette prière a été exaucée, car ce langage digne de Dieu, Malebranche l'a parlé. Les *Méditations* sont un dialogue, sur un ton presque lyrique, entre le Verbe et la créature, à l'exemple des *Soliloques* de saint Augustin et de deux livres de l'*Imitation de Jésus-Christ*. La créature verse ses doutes dans le sein du Créateur, qui, la prenant en pitié, l'instruit et la réprimande avec bonté. Éclairée et touchée, elle s'abîme en son sein et entonne un hymne de reconnaissance et d'amour. Cette forme lyrique des *Méditations* (2), si élevée et si hardie, nous ravit, malgré les critiques et les railleries d'Arnauld, de Jurieu, du P. Dutertre et d'autres adversaires de Malebranche qui l'ont accusé de faire le Verbe malebranchiste. Ni dans Bossuet, ni dans Fénelon, on ne trouve de plus belles élévations de l'âme à Dieu. « L'art de l'auteur, dit Fontenelle, a su y répandre un certain sombre auguste et majestueux propre à tenir les sens et l'imagination dans le silence, la raison dans l'attention et dans le respect, et si la poésie pouvait prêter des ornements à la philosophie, elle ne pourrait pas lui en prêter de plus philosophiques. » Voltaire lui-même propose Malebranche comme le modèle du style philosophique : « Ce n'est point, dit-il, avec la familiarité du style épistolaire, c'est avec la dignité du style de Cicéron qu'on doit traiter la philosophie. Malebranche, moins pur que Cicé-

secret, lui écrit Leibniz, de rendre les choses les plus abstraites, non-seulement sensibles, mais agréables et touchantes, et d'en montrer l'influence sur la morale, laquelle est fondée sur la véritable métaphysique. »
(*Correspondance de Leibniz et de Malebranche.*)
(1) *Manuscrit de Troyes.*
(2) *Conseils à un journaliste*, édit. Beuchot, t. XXXVII, p. 394.

ron, mais plus fort et plus rempli d'images, me paraît un grand modèle en ce genre, et plût à Dieu qu'il eût établi ses vérités aussi solidement qu'il a exposé ses opinions avec éloquence. » Enfin c'est, au jugement de M. Cousin, un écrivain d'un naturel exquis et d'une grâce incomparable (1). Il n'a manqué en effet à Malebranche que plus de soin, de pureté et de correction pour prendre place à côté des écrivains de premier ordre du dix-septième siècle (2).

Ajoutons ici quelques détails d'après le P. André et le P. Adry, sur sa vie à l'Oratoire. Il a passé cinquante ans dans la maison de la rue Saint-Honoré, remplissant d'une manière édifiante tous ses devoirs de prêtre et de religieux. Pendant plusieurs années il s'acquitta avec exactitude des assujettissantes fonctions de maître des cérémonies, dans lesquelles nous avons quelque peine à nous représenter l'auteur de la *Recherche de la vérité*.

Autant il se montrait fier et, pour ainsi dire intraitable, dans le domaine des idées et des discussions philosophiques, autant il était doux, simple et accommodant dans le commerce ordinaire de la vie. Il jouait avec les enfants de chœur et les frères de l'Oratoire, il leur faisait même, avec une prodigieuse facilité, des contes pour les égayer. De même que Spinoza, il préférait des jeux enfantins, qui ne laissent après eux aucun trouble dans l'esprit, à ceux qui appliquent davantage. Il se délassait aussi par des travaux manuels des travaux de l'esprit ; il construisait lui-même ses instruments d'observation, taillait des verres, comme Spinoza, avec cette différence, que ce qui n'était

---

(1) Introduction aux *Œuvres du P. André*.

(2) Une fois le manuscrit remis au libraire, il ne s'en occupait plus et ne revoyait jamais les épreuves. « Il travaillait beaucoup ses livres, dit le P. André, mais il ne s'occupait guère de l'impression. » (*Manuscrit de Troyes.*) — Voici comment M. Sainte-Beuve juge Malebranche, écrivain : « Excellent écrivain, facile, harmonieux, lumineux, spécieux, spacieux, il tenait autant qu'aucun des illustres, sa place dans le siècle. » (*Hist. de Port-Royal*, 5ᵉ vol., p. 215.) Il dit ailleurs, à la page 269 : « Malebranche a une belle langue, facile et pleine d'ampleur, mais qui n'est pas strictement correcte. »

qu'un passe-temps pour lui, était un gagne-pain pour l'auteur de l'*Éthique* (1). Il travaillait aussi avec une adresse extrême le fer et le bois, et il avait le goût des mécaniques ; souvent même il était consulté par des ouvriers et des inventeurs de machines. Mais il conservait intacte toute la force de son esprit pour l'attention aux grandes vérités, pour la méditation des choses divines. Il était fier du surnom de *méditatif* que lui donnaient ses adversaires et quelques beaux esprits railleurs. « Ceux qu'on appelle méditatifs et visionnaires sont ceux, dit-il, qui rendent à la raison les assiduités qui lui sont dues (2). »

Pour méditer, il cherchait à s'isoler entièrement du monde extérieur, à fermer son âme à toutes les distractions des sens, à tous les spectacles et à tous les bruits de la nature. Aussi ne place-t-il pas la scène de ses *Dialogues*, comme Platon et Cicéron, sur les bords frais et riants de l'Ilissus ou du Fibrène, ni dans des lieux enchantés qui partagent cette attention que l'âme doit à la seule vérité, mais dans une chambre obscure, où rien ne peut distraire l'esprit de l'invisible vérité. « Bien donc, mon cher Ariste, dit-il, au début des *Entretiens métaphysiques*, pour vous enlever dans la région heureuse toute remplie des beautés intelligibles, puisque vous le voulez, il faut que je vous entretienne de mes visions métaphysiques. Mais pour cela, il est nécessaire que je quitte ces lieux enchantés qui charment nos sens et qui, par leur variété, partagent trop un esprit tel que le mien... Allons nous renfermer dans votre cabinet, afin que rien ne nous empêche de consulter l'un et l'autre notre maître commun, la raison universelle (3). » Il avait, dit Fontenelle, si bien acquis la pénible

---

(1) Selon le P. Adry, il était fort agile et fort adroit de ses mains et de son corps dont il faisait tout ce qu'il voulait ; il a été même un des meilleurs joueurs de billard de son temps.

(2) 4e *Entret. mét.*

(3) 1er *Entret. mét.* « C'est un devoir, dit-il encore, dans le même *Entretien*, de fermer avec soin les avenues par lesquelles l'âme sort de la présence de Dieu et se répand dans les créatures. »

habitude de l'attention que, quand on lui proposait quelque chose de difficile, on voyait dans l'instant son esprit se pointer vers l'objet et le pénétrer.

Dans diverses circonstances de sa vie il fit preuve du plus grand désintéressement. Il donna à l'Hôtel-Dieu, en se réservant seulement une modique pension, une maison qu'il possédait rue Saint-Honoré, et un de ses frères l'ayant fait son héritier, il écrit, en 1703, à l'abbé B. rand : « à l'égard des affaires que me laisse la mort de mon frère, je ne sais point de meilleur expédient pour m'en délivrer que de renoncer à sa succession. J'ai assez de viatique pour le chemin qui me reste à faire (1). »

Pendant l'été, il quittait le cloître de la rue Saint-Honoré pour aller méditer aux champs, soit dans quelque maison de campagne de l'Oratoire, à Marine, près de Pontoise, à Raray dans le diocèse de Meaux, à Perseigne dans le diocèse du Mans (2), soit dans les terres de quelques grands seigneurs, ses disciples et ses amis, tels que le marquis d'Allemans (3) ou Pierre de Montmort (4) ; c'est à la campagne qu'il a composé ou du moins achevé quelques-uns de ses plus beaux ouvrages.

La plus grande gloire de l'Oratoire, avons-nous déjà dit, c'est Malebranche. Malheureusement pour l'honneur de l'Ordre, nous savons aujourd'hui que, lors de sa querelle avec Arnauld, il eut à y subir de la part de ses chefs et d'un certain nombre de ses confrères, attachés au jansénisme, des contrariétés et de petites persécutions qui le

---

(1) *Correspondance inédite*, publiée par l'abbé Blampignon.

(2) C'est à Raray qu'il écrivit son *Traité de morale* et ses *Entretiens sur la métaphysique ;* c'est à Perseigne qu'il acheva les *Méditations*.

(3) Le marquis d'Allemans était un grand seigneur fort ami des lettres et de la philosophie, et aussi un des amis les plus fidèles et les plus zélés de Malebranche. Dans la *Correspondance inédite*, publiée par l'abbé Blampignon, il y a des lettres du marquis d'Allemans à Malebranche.

(4) Pierre de Montmort, membre de l'Académie des sciences, disciple de Malebranche. C'est chez lui que Malebranche composa l'*Entretien d'un philosophe chrétien et d'un Philosophe chinois*. (Voir son *Éloge*, par Fontenelle.)

firent songer pendant quelque temps à quitter la congrégation (1).

Cependant, au milieu de ces tracasseries intérieures, le nombre de ses disciples augmentait, et sa renommée allait en grandissant. L'amie et l'élève de Descartes, la princesse Élisabeth, lut et admira, dans son abbaye de Hervorden, la *Recherche de la vérité*. Depuis Descartes, dit le P. André, elle n'avait rien vu de si beau ; elle écrivit à Malebranche une lettre pour le complimenter. C'est à son instigation que celui-ci composa son *Traité de morale* (2).

Comme la princesse Élisabeth, le prince de Condé lut et goûta les ouvrages de Malebranche. Pour mieux comprendre le *Traité de la nature et de la grâce*, il voulut en causer avec l'auteur, et le manda à Chantilly. Malebranche, dans une de ses lettres, parle de son séjour auprès du prince : « M. le prince me manda, il y a environ trois semaines, où j'ai demeuré deux ou trois jours ; il souhaitait de me connaître à cause de la *Recherche de la vérité* qu'il lisait actuellement. Il a achevé de la lire et en est extrêmement content, et du *Traité de la nature et de la grâce*, qu'il trouve si beau que jamais livre ne lui a donné plus de satisfaction. Il m'écrit qu'il me fera l'honneur de m'en écrire encore plus parti-

---

(1) On lui causa, dit le P. André, mille chagrins qui, nonobstant la fermeté de son courage, lui firent naître l'envie d'en sortir. Le P. Adry dit, de même, que son général lui causa des chagrins, qu'il n'a jamais voulu révéler, mais qui lui firent penser quelque temps à sortir de l'Oratoire.

(2) Elle fut, dit le P. André, ravie de la *Recherche*. « Depuis Descartes elle n'avait rien vu de si beau, elle en voulut connaître l'auteur, pour cela elle s'adressa à madame l'abbesse de Maubuisson, princesse Palatine, sa sœur ; c'est ce qui la fit résoudre à honorer l'auteur d'une lettre de compliments dans laquelle cette grande princesse lui témoignait une estime, une confiance, une bonté extraordinaire. Malebranche touché lui répondit en exprimant sa reconnaissance dans les termes les plus tendres, parlant de philosophie, passant de la philosophie à la religion, pour essayer de le convertir. » Quelques lettres, malheureusement perdues, furent échangées, entre cette princesse et Malebranche.

culièrement. M. le prince est un esprit vif, pénétrant, net et que je crois ferme dans la vérité, lorsqu'il la connait; mais il veut voir clair. Il m'a fait mille honnêtetés ; il aime la vérité et je crois qu'il en est touché (1). »
Au nombre de ces honnêtetés, il faut mettre, d'après le P. Adry, un bénéfice que le prince donna à Malebranche, et que celui-ci, avec la permission du prince, abandonne immédiatement à sa congrégation.

Telle était d'ailleurs la réputation de Malebranche qu'aucun étranger, pourvu qu'il ne fût pas tout à fait ignorant en philosophie, ne venait à Paris sans le visiter. Il reçut dans sa cellule de la maison de la rue Saint-Honoré les visites des plus grands personnages, entre autres, celle de Jacques II. C'est seulement dans les premières années du dix-huitième siècle, lorsque la querelle avec Arnauld fut terminée, lorsqu'il eut regagné par sa modestie et par sa douceur le cœur, sinon l'esprit, de la plupart de ses confrères, que Malebranche goûta enfin le calme et le repos, en même temps que sa renommée parvenait à son comble, en France et en Europe; alors seulement, suivant l'expression du P. André, Malebranche posséda la terre.

Mais déjà vieux, et toujours souffrant, il ne devait pas jouir longtemps de ce saint et glorieux repos, de cette méditation paisible de la vérité. Il était à la campagne, à Villeneuve-Saint-Georges, chez un ami de sa famille, le président de Metz, quand il ressentit les atteintes de sa dernière maladie. On se hâta de le transporter à l'Oratoire de la rue Saint-Honoré. Il voulut être mis à l'infirmerie commune à cause de l'autel qu'il voyait de son lit (2). Après une maladie de quatre mois et des souffrances aiguës, auxquelles avait succédé un grand affaissement, il mourut, le 13 octobre 1715. Pendant cette longue maladie, il s'était affaibli de jour en jour, et son corps s'était

(1) L'abbé Blampignon, *Correspondance inédite.*
(2) Ces détails sont empruntés à la *Notice du P. Adry.* La partie du manuscrit du P. André, découverte par l'abbé Blampignon, ne va que jusqu'en 1713, à l'affaire du P. de Tournemine.

desséché jusqu'à n'être plus qu'un vrai squelette : « Son mal, dit ingénieusement Fontenelle, s'accommoda à sa philosophie, le corps qu'il avait tant méprisé se réduisit presque à rien, et l'esprit, accoutumé à la supériorité, demeura sain et entier. Il n'en faisait usage que pour s'exciter à des sentiments de religion, quelquefois par délassement pour philosopher sur le dépérissement de la machine. Il fut toujours spectateur tranquille de sa longue mort dont le dernier moment, qui arriva le 13 octobre, fut tel qu'on crut qu'il reposait (1). »

(1) Tel aussi nous le montre le P. André, dans le récit de sa grande maladie de 1696, contractée à la suite des soins donnés à l'édition de l'*Analyse des infiniment petits* du marquis de L'Hôpital : « Dans les égarements de son esprit aliéné, il revenait sans cesse à ses pieuses méditations, toujours un peu philosophiques, mais, à leur ordinaire, toujours édifiantes. Le sentiment de ses vives douleurs, au lieu d'exciter ses plaintes, ne faisait, le plus souvent, que lui rappeler des idées qui lui étaient si familières, de la structure du corps humain. » — Voici son article dans le *Nécrologe de l'Oratoire*, p. 80 : « Il a été des plus célèbres philosophes de son siècle ; mais sa grande réputation ne lui a rien fait perdre de sa douceur dans la conversation. Il a su allier une grande piété avec les études les plus abstraites et les plus profondes recherches de la philosophie. »

CHAPITRE III

But de la *Recherche de la vérité*. — Erreurs que Malebranche se propose de combattre et vérités qu'il veut faire triompher. — De la cause et des occasions de l'erreur. — Illusions des sens et règle à suivre pour s'en préserver. — Erreurs de la vue. — Incertitude des moyens par lesquels nous jugeons de la distance des objets. — Erreurs des sens au sujet des qualités sensibles. — Erreurs indirectes dont ils sont la cause. — Visions de l'imagination. — Influence de l'imagination de la mère sur l'enfant. — Causes physiques et morales de la diversité des imaginations. — Travers des personnes d'étude, des personnes d'autorité et des théologiens. — Contagion des imaginations, puissance des imaginations fortes. — Entraînements des inclinations et des passions. — Comment la pensée d'un mal éternel fausse l'esprit. — Mauvais effets de l'admiration. — Contre la passion du savoir mal réglée. — Attaques contre les érudits. — Abstractions de l'entendement. — Chemins qui nous conduisent à la vérité. — Règles pour ne se tromper jamais. — Parallèle de Descartes et d'Aristote. — Avis pour se conduire par ordre dans la recherche de la vérité.

Nous allons d'abord étudier la partie logique et morale de la *Recherche de la vérité* qui nous servira d'introduction à la philosophie de Malebranche. Le sujet de cet ouvrage, dit Malebranche, est l'homme tout entier, l'homme considéré en lui-même, et l'homme dans son rapport avec le corps et avec Dieu. Mais, en étudiant l'homme et ses facultés, il a seulement pour but d'expliquer nos erreurs et de remonter à leur principe : « Je n'ai jamais eu dessein, dit-il, de traiter à fond de la nature de l'esprit, mais j'ai été obligé d'en dire quelque chose pour expliquer les erreurs dans leur principe (1). »

En effet, il se propose de faire la guerre à l'erreur, cette

---

(1) Fin du 5ᵉ livre.

cause de toutes les misères de l'homme, de dissiper les illusions, les préjugés qui naissent de l'union avec le corps, et de purifier, pour ainsi dire, l'entendement, afin de le préparer à recevoir la vérité. Cette vérité, à laquelle il veut ouvrir les intelligences, c'est, comme on le voit à chaque page, la vérité de la philosophie de Descartes. Entre toutes les maladies de l'esprit humain, celles auxquelles, de préférence, il déclare la guerre, les erreurs contre lesquelles il déploie le plus de verve et d'ironie, sont celles qui faisaient alors obstacle dans les esprits à la philosophie de Descartes. Sans cesse, de même que la *Logique de Port-Royal*, il cite Aristote en exemple de toutes les erreurs où l'entendement mal dirigé peut tomber, et Descartes au contraire comme le modèle de toutes les vérités où, par la vraie méthode, l'esprit humain peut atteindre.

Pour nous engager à le suivre dans cette voie étroite qui conduit à la vérité, Malebranche, comme le remarque finement M. Sainte-Beuve (1), annonce son dessein de la façon la plus insinuante et la plus modeste. On dirait un moraliste qui se propose de faire rentrer l'homme en lui-même et de l'amender, plutôt qu'un métaphysicien qui prétend substituer au monde réel un monde intelligible. Cet effort nécessaire, que l'homme doit faire sur lui-même pour combattre l'erreur, cause de la misère des hommes, il tâche de nous le représenter comme moins difficile qu'on n'a coutume de le croire. « Il ne faut pas s'imaginer qu'il y ait beaucoup à souffrir dans la recherche de la vérité; il ne faut que se rendre attentif aux idées claires que chacun trouve en soi-même, et suivre exactement quelques règles que nous donnerons dans la suite. » D'ailleurs, ajoute-t-il, quand cet effort n'aurait pas tout l'effet qu'on pourrait en attendre, il ne serait pas inutile; si les hommes ne deviennent pas infaillibles, ils se tromperont beaucoup moins, et, s'ils ne se délivrent pas

---

(1) *Histoire de Port-Royal*, 5º vol.

entièrement de leurs maux, ils en éviteront au moins quelques-uns.

Mais Malebranche ne se contente pas de dire que l'esprit humain est faible, de montrer qu'il est faillible, il veut surtout nous faire bien sentir ses faiblesses, et nous découvrir en quoi consistent ses erreurs. De là cette longue énumération des causes de nos erreurs qui remplit cinq livres, sur six, de la *Recherche de la vérité*. La vérité saisissante de cette analyse, si fine, si piquante, si délicate, des égarements de l'esprit et du cœur, où Malebranche souvent rivalise avec La Rochefoucauld et La Bruyère, subsiste et subsistera toujours, indépendamment de toutes ses hypothèses métaphysiques ou théologiques. Aussi a-t-elle été unanimement admirée par les adversaires, comme par les disciples de Malebranche, par le dix-huitième comme par le dix-septième siècle (1).

L'union de l'âme avec le corps, union fortifiée par le péché, voilà, selon Malebranche, la raison première et la cause de l'erreur, le principe de toutes les misères des hommes. Ce n'est pas Dieu qui nous trompe, c'est nous qui nous trompons par le mauvais usage de notre liberté, par la précipitation de nos jugements; toute erreur est donc répréhensible. Mais s'il n'y a qu'une cause réelle, il y a plusieurs occasions de l'erreur, qui sont toutes nos manières d'apercevoir, jointes à nos inclinations et à nos passions. Les sens, l'imagination, les inclinations, les passions, l'entendement pur lui-même, voilà les cinq chefs auxquels Malebranche rapporte toutes nos erreurs. Il passe donc en revue les illusions des sens, les visions de l'imagina-

---

(1) Voici, par exemple, le jugement qu'en porte Condillac : « Quand il saisit le vrai, personne ne peut lui être comparé. Quelle sagacité pour dévoiler les erreurs des sens, de l'imagination, de l'esprit et du cœur! Quelle touche quand il peint les différents caractères des gens qui s'égarent dans la *Recherche de la vérité*. Se trompe-t-il lui-même, c'est d'une manière si séduisante qu'il paraît clair jusque dans les endroits où il ne peut s'entendre. » (*Traité des Systèmes*, chap. VII.)

tion, les abstractions de notre esprit, qui nous trompent à chaque instant, les inclinations de la volonté, et les passions de notre cœur, qui nous cachent presque toujours la vérité.

Quoique Malebranche fasse une guerre très-vive aux sens, il ne les condamne pas d'une manière absolue. Il les trouve même si bien proportionnés à leur véritable fin qu'il ne peut se résoudre à croire qu'ils aient été entièrement corrompus par le péché originel (1). En effet, à ne les considérer que par rapport au but pour lequel ils nous ont été donnés, qui est uniquement la conservation du corps, on voit qu'ils s'acquittent merveilleusement de leur fonction, avec un ordre et une exactitude qu'on ne saurait croire une suite du péché. Ce ne sont pas nos sens qui nous trompent, mais notre volonté par ses jugements précipités. Comment faut-il donc en user pour éviter l'erreur? Voici, selon Malebranche, la règle à suivre : « Ne juger jamais par les sens de ce que les choses sont en elles-mêmes, mais seulement du rapport qu'elles ont avec notre corps. » Mais si les sens sont excellents pour tout ce qui regarde la conservation de notre être sensible, ils sont de faux témoins par rapport à la vérité. Pour les convaincre d'illusion et d'infidélité, il s'en prend particulièrement au sens de la vue. Comme de tous nos sens c'est le plus noble et le plus étendu, il suffira, dit-il, de ruiner l'autorité des yeux sur la raison pour nous porter à une défiance générale de tous nos sens.

(1) Afin de justifier ce sentiment, Malebranche fait diverses hypothèses, que nous n'examinerons pas, sur les changements et les désordres survenus dans la nature de l'homme par le péché, et sur ce qu'était Adam avant la chute. Bornons-nous à la conclusion, qu'Adam a dû avoir les mêmes sens que nous, et être affecté d'une manière analogue par les objets. Tout le changement aurait consisté dans l'affaiblissement du ressort par où il dominait les sens pour s'attacher à Dieu. On voit, dès le début, comment la théologie égare Malebranche. Le philosophe qui proclame avec tant de force l'évidence comme règle souveraine, pour nous apprendre ce qu'est l'homme, ce que sont les sens, commence par rechercher ce qu'a été Adam, par quelle secrète inclination il est tombé, et quels sont les effets de cette chute, au lieu de consulter exclusivement l'observation et l'expérience.

Dans cet examen critique des erreurs dont la vue est l'occasion, ce qu'il faut remarquer, au double point de vue de la psychologie et de l'optique, c'est l'analyse des divers moyens par lesquels nous jugeons de la distance des objets, analyse que Berkeley semble avoir empruntée en grande partie à Malebranche, quoique Reid lui en fasse exclusivement honneur. Malebranche a raison quand il montre l'incertitude des divers moyens par lesquels, sur la foi des yeux, nous apprécions la distance des objets, mais il a le tort de paraître confondre les perceptions des sens, qui sont infaillibles, avec les jugements que nous portons à leur occasion, dans lesquels seuls gît la possibilité de l'erreur. Si nous sommes exposés à l'erreur, en jugeant par les yeux de la distance des objets, c'est uniquement parce que nous demandons à la vue ce que le tact seul pourrait nous donner avec certitude. Faute de faire cette distinction entre les perceptions et les jugements qui en sont la suite, ou les sentiments si variables qu'elles font naître en nous, Malebranche rejette d'une manière absolue l'autorité du témoignage des sens.

La grande tromperie dont ils se rendent coupables à notre égard, c'est, selon lui, de nous montrer dans les objets les qualités sensibles qui n'ont d'existence que dans l'âme elle-même. Il insiste beaucoup sur cette prétendue cause d'erreur, afin de justifier la philosophie de Descartes sur un des points où elle était le plus attaquée, et d'achever de ruiner les formes substantielles de l'École.

Ces formes imaginaires étaient en effet fondées sur de prétendues différences essentielles perçues par les sens entre les objets. Mais si le témoignage des sens est réduit à sa véritable valeur, ces différences s'évanouissent pour ne laisser subsister que la seule étendue, avec la diversité des figures et du mouvement des parties, par où s'explique la diversité infinie des choses matérielles.

Le moraliste, succédant au psychologue, énumère les erreurs dont les sens sont la cause indirecte par l'impuissance où ils mettent l'âme, toujours extrêmement appliquée à leurs objets, d'être attentive à ce que l'entendement lui représente au même moment. Une personne explique-t-elle quelque vérité, au lieu d'être attentive à ses raisons, l'âme le sera davantage à l'air et à la manière de celui qui parle. Quelqu'un s'exprime-t-il avec facilité, a-t-il l'air d'un honnête homme et d'un homme d'esprit, est-il suivi d'un grand train, en un mot, est-il assez heureux pour plaire, il aura raison dans tout ce qu'il avancera, « et il n'y aura pas jusqu'à son collet et ses manchettes qui ne prouvent quelque chose. » Est-il assez malheureux pour avoir les qualités contraires, il aura beau démontrer, il ne prouvera jamais rien. Ce collet sale et chiffonné fera mépriser celui qui le porte et tout ce qui peut venir de lui. Voilà quels sont, selon Malebranche, les jugements des hommes. Ce n'est pas la raison, ce sont leurs yeux et leurs oreilles qui jugent de la vérité, même dans les choses qui ne dépendent que de la raison. Les personnes sages doivent toujours se mettre en garde contre cette séduction des manières sensibles. « Ils imitent ce fameux exemple des juges de l'Aréopage qui défendaient rigoureusement à leurs avocats de se servir de ces paroles et de ces figures trompeuses, et qui ne les écoutaient que dans les ténèbres, de peur que les agréments de leurs paroles et de leurs gestes ne leur persuadassent quelque chose contre la vérité et la justice, et afin qu'ils pussent davantage s'appliquer à considérer la solidité de leurs raisons. » Mortifier et combattre les sens, afin d'ôter de ce poids qui nous entraîne vers les choses sensibles ; ne jamais juger par les sens de ce que sont les choses en elles-mêmes, mais seulement par rapport à nous, voilà les grandes règles de logique et de morale recommandées par Malebranche contre les erreurs des sens.

Faire taire l'imagination n'importe pas moins que de régler les sens. Quelle n'est pas la vivacité et la verve de Malebranche contre l'imagination ! Avec quelle vérité, avec quelle abondance et quelle finesse, il en décrit toutes les formes, toutes les espèces, tous les effets directs ou indirects sur nous-mêmes et sur les autres, suivant les âges, les sexes, les conditions, et tous les dangers qui en résultent par rapport à la vérité ! Que d'originalité, quelle délicatesse et quelle exactitude d'observation, à travers les hypothèses philosophiques et théologiques les plus téméraires, que d'excellents préceptes d'éducation, de lecture des auteurs et de critique littéraire, dans le livre sur les erreurs de l'imagination ! L'imagination dépend des sens, elle participe à leurs défauts, mais elle a sa malignité particulière ; elle dénature plus profondément les choses, elle étend plus au loin ses ravages.

Dès le ventre de notre mère, l'imagination, selon Malebranche, commence à exercer sur nous sa pernicieuse influence. Toutes les impressions du cerveau de la mère se communiquent à celui de l'enfant, et cette communication influe à la fois sur son corps et sur son esprit. Par cette mystérieuse communication il a la prétention d'expliquer, non-seulement la transmission héréditaire d'un même type dans la même espèce, mais le péché originel lui-même. Avec les traces de leur cerveau, les mères déposent dans les enfants les germes de leurs propres passions, et corrompent pour ainsi dire, par avance, leur esprit et leur cœur. Peu d'enfants, selon Malebranche, arrivent au monde qui déjà n'aient l'esprit mal tourné en quelque chose, et qui ne portent des germes d'erreurs. De là aussi il fait dériver ces bizarreries et ces faiblesses d'imagination héréditaires qu'on remarque dans certaines familles.

La rectitude de la raison de l'enfant est donc déjà compromise dans le sein de sa mère, mais lorsqu'il vient au monde, combien le péril n'est-il pas encore plus grand ! Tout conspire autour de lui pour dérégler son imagination ; tout lui est nouveau, étrange, terrible, tout blesse profondément et bouleverse ce cerveau encore si tendre. Or, parmi tant de blessures, il en est qui ne guérissent pas, et de ce premier bouleversement, comme de celui causé par l'action du cerveau de la mère, dérivent une foule d'inclinations, ou d'aversions, dont plus tard on ne peut se rendre compte. Qu'on ajoute la conversation, les contes ridicules des mères, des nourrices, qui achèvent de perdre l'esprit de l'enfant, en y jetant les semences de toutes les appréhensions et de toutes les faiblesses.

En outre, l'état physique du cerveau, d'où dépend celui de l'esprit, donne à chaque âge et à chaque sexe une différente nature d'esprit et d'imagination. La trop grande délicatesse des fibres du cerveau rend les femmes en général incapables de découvrir des vérités un peu cachées. Une bagatelle les détourne, un rien les effraye ; la manière, non la réalité des choses, remplit leur esprit. La dureté des fibres rend les vieillards incapables d'apprendre des choses nouvelles, parce qu'elles ne peuvent recevoir de nouvelles traces.

Outre les causes physiques, il y a des causes morales, non moins puissantes, de la diversité et des travers des imaginations qui dépendent des conditions et des emplois de chacun dans la société. Les esprits animaux, qui ne jouent pas un moins grand rôle dans la physiologie de Malebranche que dans celle de Descartes, vont d'ordinaire naturellement dans les traces les plus frayées, les plus souvent parcourues du cerveau, c'est-à-dire, dans les traces des idées les plus familières. De là l'influence décisive sur la manière de voir les choses et sur l'esprit, de l'emploi et de la condition dans lesquels on vit ; de là la cause la plus ordinaire de la confusion et de la fausseté des idées. Ainsi on croit apercevoir un visage dans la lune, quoique les taches qu'on y voit n'y ressemblent guère, parce que les traits de la figure humaine nous sont plus familiers que tout autre objet. Une maladie nouvelle fait-elle des ravages, elle imprime des traces profondes dans tous les cerveaux, et désormais partout c'est elle qu'on reconnaît dans toutes les maladies. Qu'un seul de ses symptômes apparaisse, on ne tiendra nul compte de l'absence de tous les autres. Si c'est le scorbut, toutes les maladies nouvelles seront le scorbut pour les imaginations épouvantées.

Au premier rang des manières de vivre qui faussent le plus l'imagination, Malebranche place l'emploi des personnes d'étude. Quelle sévère et piquante critique des travers des érudits et des savants dont les préjugés étaient le principal obstacle aux nouvelles doctrines ! Semblables à celui qui fermerait ses yeux pour se conduire par les yeux d'un autre, ils se servent de leur mémoire plutôt que de leur esprit. Paresse naturelle, incapacité de méditer, sotte vanité de passer pour savant, respect de l'antiquité ; telles sont les causes principales de ce renversement de l'esprit. Pour se faire agréer de ces personnes, il faudrait, dit-il spirituellement, que les vérités nouvelles vinssent avec de la barbe au menton. Les anciens n'étaient-ils donc pas des hommes comme nous ? Selon Malebranche, comme selon Bacon, Pascal et Descartes, c'est nous qui sommes les vrais anciens du monde : « Au temps où nous vivons, le monde est plus âgé de deux mille ans ; il a plus d'expérience, il doit être plus éclairé, c'est la vieillesse et l'expérience du monde qui font découvrir la vérité. »

Sous l'empire de ce respect aveugle, les personnes d'étude emploient leur temps à la lecture des anciens ; de là deux mauvais effets sur l'imagination, la confusion dans l'esprit et l'incapacité de penser par soi-même. On lit sans méditer, on ne fait que se charger la mémoire, au lieu de se former l'esprit. Ne voit-on pas que les personnes qui ont beaucoup de mémoire ont, en général, peu de jugement ? C'est aux sciences de mémoire que Malebranche applique ces paroles de saint Paul, *scientia inflat*, parce qu'elles ont plus d'éclat et donnent plus de vanité que la vraie science.

Voici encore la description, non moins vive et fidèle, d'un autre travers des personnes d'étude ; elles s'entêtent de quelque auteur et ne s'inquiètent plus de ce qu'il faut croire, mais seulement de ce qu'il a cru. On est plus curieux de savoir ce qu'Aristote a pensé de l'immortalité de l'âme que de savoir si l'âme est immortelle. Que s'il n'est pas fort utile de savoir ce qu'Aristote a pensé là-dessus, à plus forte raison ce que d'autres ont pensé qu'il en pensait. Cependant, il s'est trouvé des érudits pour composer des volumes touchant l'opinion de tel ou tel commentateur sur l'opinion d'Aristote. En matière de foi, suivant une distinction qui revient souvent dans Malebranche, ce n'est pas un défaut de rechercher ce qu'on a cru, et il faut aimer l'antiquité, car la vérité s'y trouve; mais, en philosophie, il faut au contraire aimer la nouveauté, parce que la raison veut que nous jugions les anciens plus ignorants que les modernes.

Ce ne sont pas seulement les personnes d'étude, mais les personnes d'autorité, suivant l'expression de Malebranche, telles surtout que les théologiens, que leurs habitudes d'esprit prédisposent à l'erreur. A ces personnes vénérables il reproche respectueusement de ne pas faire usage de leur esprit pour les vérités spéculatives, d'incliner à se croire infaillibles parce qu'on les écoute avec respect, de condamner trop librement tout ce qu'il leur plaît de condamner. Qu'elles soient d'autant plus circonspectes que leur autorité peut jeter un plus grand nombre d'esprits dans l'erreur; qu'elles se gardent donc de faire mépriser la religion par un faux zèle, et en donnant cours à leurs propres opinions.

Non-seulement nous sommes trompés par les fantômes de notre propre imagination, mais aussi par l'imagination des autres, dont notre esprit reçoit le dangereux contre-coup. La description de cette contagion des imaginations est un des plus curieux et des plus intéressants chapitres de la *Recherche de la vérité* (1). Malebranche la fait dépendre de l'inclination naturelle à imiter ceux qui nous entourent, pour nous en faire bien venir, et de l'empire qu'exercent les imaginations fortes sur les esprits faibles. Absorbés par la vive impression des objets les moins considérables, les hommes à imagination forte sont incapables de juger sainement des choses difficiles et compliquées. Excessifs en tout, jamais ils ne voient les choses telles qu'elles sont. Ils admirent tout, se récrient sur tout, se

---

(1) Liv. II, 3e partie, *de la Communication contagieuse des imaginations fortes.*

repaissent des plus vaines espérances, bâtissent des châteaux en Espagne. Se font-ils auteurs, ce ne sont qu'emportements et mouvements irréguliers; guindés, forcés, hyperboliques, ils n'imitent jamais la nature. Mais ils agissent sur les autres, ils persuadent, plaisent et touchent par certaines qualités, par le don de s'exprimer d'une manière forte et vive, par la hardiesse des figures, par leur air, par leurs gestes ; de là les déréglements contagieux de l'imagination, et une des causes les plus générales de l'erreur. Cette contagion de l'imagination se fait surtout sentir des supérieurs aux inférieurs, des parents aux enfants, du maître aux serviteurs, du prince aux courtisans. Les enfants imitent jusqu'aux défauts physiques de leurs parents. Si la mère grasseye, la fille grasseye; si Alexandre penche la tête, les courtisans penchent la tête. Pour changer la science en basse pédanterie, l'impiété et le libertinage en force et en liberté d'esprit, il ne faut qu'un mot, un geste du prince. Tertullien, Sénèque, et surtout Montaigne, sont les auteurs que Malebranche donne comme exemples du pouvoir, qu'ont les hommes à imagination forte, de persuader sans aucune espèce de raison.

Ainsi l'imagination se rend maîtresse de la plupart des esprits et se révolte contre la raison. C'est une folle, dit Malebranche, qui se plaît à faire la folle (1), qui nous montre partout des fantômes à la place de la réalité, qui change et détruit la nature de toutes choses, qui trouble et dissipe toutes les véritables idées, qui corrompt le cœur en une infinité de manières, qui nous absorbe par les images des choses sensibles, d'autant plus dangereuse qu'elle a plus de vivacité, de force et d'étendue.

Dans cette revue générale des causes de nos erreurs, Malebranche donne une place considérable aux inclinations et aux passions (2) qui égarent aussi l'entendement. De l'in-

---

(1) 5e *Entretien métaphysique*. Quant à l'expression de folle du logis qu'on attribue si généralement à Malebranche, nous ne l'avons trouvée nulle part dans ses ouvrages.

(2) Le 4e et le 5e livre de la *Recherche* traitent des inclinations et des passions.

clination pour le bien en général, qui est suivant lui, mère de toutes les autres inclinations, découlent deux causes d'erreurs, l'inconstance de la volonté, et le goût pour le grand et l'extraordinaire. Toujours inquiète et ne trouvant rien qui remplisse sa capacité d'aimer, la volonté n'applique l'entendement qu'à ce qui paraît se rapporter à notre bien, sans lui permettre de s'arrêter longtemps aux mêmes choses, tandis que la vérité n'est qu'au prix d'une longue application. D'un autre côté, ne trouvant pas, dans les choses ordinaires, ce bien qu'elle cherche, l'âme se porte aux choses grandes et extraordinaires. Mieux vaut sans doute cette curiosité naturelle et nécessaire que le repos dans le mensonge, mais elle a grand besoin d'être réglée. Ainsi il ne faut ni chercher la nouveauté dans la foi, ni prendre la nouveauté pour signe de la vérité, ni poursuivre des vérités si cachées qu'il n'y ait pas d'espérance de les découvrir, ou des biens si minces, qu'il ne vaille pas la peine de travailler à les conquérir.

L'amour de nous-mêmes est la source de plus d'erreurs encore que l'amour du bien en général. Malebranche le divise en amour de l'être et du bien-être, ou amour de la grandeur et amour du plaisir. L'amour de la grandeur nous porte à désirer toutes les choses qui nous donnent autorité et indépendance, comme la science, la vertu, les richesses. Non-seulement nous désirons les posséder, mais surtout paraître les posséder, à cause des avantages qu'elles nous procurent.

L'inclination pour la vertu peut elle-même nous engager dans l'erreur. Ici encore le P. Malebranche n'épargne pas les travers des personnes de piété. Les personnes de piété s'appliquent aux bonnes œuvres, aux choses du salut, en quoi elles font bien sans doute, mais ce qui est mal, c'est qu'elles dédaignent toutes les sciences humaines. Cependant elles devraient en excepter au moins certaines parties de la métaphysique, car la certitude même de la foi, dit Malebranche, dépend de la connaissance que la raison nous donne de Dieu.

Le désir de la science nous égare aussi en nous poussant, malgré les bornes étroites de notre esprit, à vouloir tout embrasser, à savoir toutes les sciences, et à dédaigner celles qui réellement ont le plus d'importance pour les études qui donnent le plus d'éclat à celui qui les cultive. La plupart des hommes ne recherchent pas ce qui peut leur être le plus utile, mais ce qui peut le mieux les faire passer pour savants ; ce qu'ils veulent savoir, c'est ce que tout le monde ne sait pas. Ce désir de paraître savants achève de renverser leur esprit, et de leur faire perdre le sens commun, pour ne dire que sottises et paradoxes. Tels ils se montrent dans les conversations, et aussi dans les livres, qui cependant ne méritent pas la même indulgence que des conversations improvisées. C'est une faute grave de faire un méchant livre, mais c'est une faute dont on est plutôt récompensé que puni, car on regarde les auteurs comme des hommes rares et extraordinaires et on les révère, au lieu de les punir. Ces mauvais auteurs n'ont pas pour but de perfectionner et d'instruire les autres, mais simplement de les étourdir ; ils parlent pour se faire admirer, non pour se faire entendre. De là le dédain de la langue commune, ou même d'un latin simple, qu'on puisse comprendre sans interprète ; de là des citations en toutes langues, sans raison, sans discernement, dans le seul but de prouver qu'on a beaucoup lu. Telle personne de trente-un ans cite plus de livres qu'on n'en pourrait lire en un siècle. Dans ces faux savants, dont Malebranche tourne en ridicule les études oiseuses et l'esprit de polymathie, comment ne pas reconnaître en première ligne les ennemis de Descartes et les partisans de la philosophie de l'École ?

L'inclination pour les dignités, les richesses et le plaisir absorbe l'esprit, et l'empêche d'être attentif aux idées pures de l'entendement, en qui seules est la vérité. Telle est, selon Malebranche, la cause du peu de succès de l'algèbre, la plus belle des sciences, de la métaphysique et de la preuve de l'existence de Dieu de Descartes. Ainsi l'inclination pour le plaisir, cause principale du déréglement des mœurs, l'est aussi du déréglement de l'esprit. La pensée des biens et des maux futurs, et surtout la pensée du mal éternel contribue elle-même à fausser l'esprit : « Elle fait naître dans l'esprit une infinité de scrupules, elle étend, pour ainsi dire, la foi jusqu'aux préjugés et fait rendre le culte, qui n'est dû qu'à Dieu, à des puissances imaginaires. Elle arrête l'esprit à des superstitions vaines ou dangereuses ; elle fait embrasser avec ardeur et avec zèle des traditions humaines et des pratiques inutiles pour le salut, des dévotions juives et pharisaïques que la crainte servile a inventées. Cette crainte étend souvent la foi et le zèle jusqu'à des choses indignes de la sainteté de la religion, comme les accidents réels, les formes substantielles, l'immobilité de la terre. » Malebranche fait ainsi la guerre aux scrupules religieux qui empêchaient certains esprits d'accueillir les idées nouvelles.

Enfin, l'inclination pour les autres, et pour tout ce qui nous environne, la sympathie universelle, que Dieu a mise en nous pour le maintien de la société, devient elle-même aussi une cause d'erreurs, parce qu'elle nous porte à approuver les pensées d'autrui, surtout de ceux qu'on aime, et à les tromper par la flatterie.

Ce que Malebranche a dit contre les sens, l'imagination et les inclinations, s'étend naturellement aux passions. Les sens, l'imagination, les passions, vont toujours de compagnie et présentent des obstacles analogues à la découverte de la vérité. Il distingue, à la différence de Descartes, les passions des inclinations. Les inclinations nous sont communes avec les pures intelligences, ce sont des mouvements de l'âme, des impressions de Dieu qui nous portent à l'aimer comme le souverain bien, et notre prochain par rapport à lui ; elles n'ont pas de rapport au corps, ou du moins, si le corps y a part, il n'en est qu'indirectement la cause et la fin. Les passions, comme les inclinations, sont des impressions de l'auteur de la nature, mais elles ont le corps pour objet, elles nous portent à l'aimer, et elles dépendent de l'union de l'âme avec le corps. On voit que Malebranche n'entend pas par passion un certain degré, plus ou moins violent, d'excitation des inclinations, mais les inclinations inférieures qui se rapportent au corps, et dépendent du mécanisme des esprits animaux.

Distinctes des inclinations, les passions en sont inséparables. Nous ne sommes capables d'amour et de tristesse sensibles que parce que nous sommes capables d'amour et de haine spirituels. Par suite de l'union de l'esprit avec le corps, nous sommes unis avec ce qui nous paraît le bien et le mal de l'esprit, comme avec le bien et le mal du corps. L'amour de la vérité, de la vertu, de Dieu même, ne va jamais sans quelque mouvement des esprits qui y mêle quelque chose de sensible. Il n'est donc rien sur quoi l'empire des passions ne s'étende; mais il varie à l'infini, suivant les âges, le sexe, les emplois, suivant l'habitude de les combattre ou de s'y abandonner. Laissant à la morale à découvrir toutes les erreurs particulières où nos passions nous engagent sur la nature du bien, Malebranche ne veut traiter que des erreurs de l'esprit, et s'il passe par le cœur, c'est que le cœur, comme il le dit, est le maître de l'esprit. De même que nous attribuons nos sensations aux objets, de même nous attribuons toutes les dispositions de notre cœur, bonté, malice, etc., aux objets qui les causent ou semblent les causer. Un amour passionné pour quelqu'un nous fait trouver tout aimable en lui, tandis que la haine produit un effet contraire. Non-seulement nos passions nous déguisent leur objet principal, mais encore toutes les choses qui y ont rapport. Elles nous font trouver aimables les amis de nos amis, et odieux les amis de nos ennemis. Leur domination est si vaste qu'il est impossible d'en marquer les bornes. De là vient qu'il y a des erreurs de certains lieux, de certains temps, de certaines communautés. « Ce qui est certain chez les jacobins est incertain chez les cordeliers, ce qui est indubitable chez les cordeliers semble être une erreur chez les jacobins. »

L'admiration, qui est la plus faible des passions, a quelques bons effets, mais elle en a aussi de mauvais. Ainsi l'admiration pour l'antiquité se rend maîtresse de la raison et inspire un zèle aveugle contre les vérités nouvelles : « J'ai vu Descartes, disait un de ces savants qui n'admirent que l'antiquité, je l'ai connu, je l'ai entretenu plusieurs fois, c'était un honnête homme, il ne manquait pas d'esprit, mais il n'avait rien d'extraordinaire. » Ce défenseur des anciens s'était fait une idée basse de la philosophie de Descartes, parce qu'il en avait entretenu l'auteur, quelques moments, et n'avait rien reconnu en lui de cet air grand et extraordinaire qui échauffe l'imagination.

La passion du savoir mal réglée donne l'occasion à Malebranche d'attaquer de nouveau ces érudits et ces faux savants que partout il poursuit de ses sarcasmes. Il n'y a point de bagatelles dont quelques esprits ne s'occupent, abusés par une fausse idée de grandeur. Telle est, suivant lui, l'étude des mots et des langues. « On peut excuser la passion de ceux qui se font une bibliothèque de toutes sortes de dictionnaires..... Mais comment justifier la passion de ceux qui font de leur tête une bibliothèque de dictionnaires ? »

Mais les plus dangereuses passions, celles qui corrompent le plus la raison, sont celles qui ont le mal pour objet, parce que les maux touchent l'âme plus vivement que les biens. La haine, la crainte et les autres espèces d'aversion qui ont le mal pour objet, sont les plus violentes, elles pénètrent jusque dans le plus secret de l'âme et, renversant la raison de son siége, elles prononcent sur toutes sortes de sujets des jugements d'erreur et d'iniquité pour favoriser leur tyrannie. Dans leurs funestes effets, nos passions se survivent, pour ainsi dire, à elles-mêmes. Lors même que la passion qui nous anime se sent mourir, elle ne se repent pas de sa conduite, et elle dispose toutes choses, ou pour mourir avec honneur ou pour revivre bientôt après. Nous regrettons de ne pouvoir suivre plus avant Malebranche dans ce détail des causes d'erreurs propres à chaque passion en particulier, afin d'achever l'esquisse de cette merveilleuse connaissance des plus secrets ressorts du cœur humain, qui lui mérite une place à côté des La Rochefoucauld et des La Bruyère.

Enfin, il y a des causes d'erreur jusque dans cette faculté dont l'objet propre est le vrai, et qui seule est capable de le saisir, c'est-à-dire, dans l'entendement pur lui-même. Notre pensée est limitée, et cependant nous voulons tout embrasser, tout comprendre, même ce qui dépasse la portée de notre esprit, même les effets de la toute-puissance incompréhensible de Dieu ; de là une première source d'erreurs et d'hérésies. Non-seulement l'esprit est borné, mais, sous l'empire de l'inconstance et de l'inquiétude de la volonté, il va sans cesse d'un objet à l'autre, plus ou moins incapable d'une longue et sérieuse application. L'idée excellente de l'être, dont la présence est ineffaçable, devient aussi une occasion d'erreur parce qu'elle le pousse à donner l'être à ce qui ne l'a pas et à toutes les abstractions les plus déréglées. Sous l'influence de cette idée, tellement familière que nous n'y prenons pas garde, on se contente de définitions qui ne font que rapporter l'idée vague d'être à l'effet produit et n'apprennent rien. C'est ainsi qu'on imagine une foule d'entités, telles que les formes substantielles de la physique scholastique.

Telles sont les illusions des sens, les visions de l'imagination, les entraînements du cœur, les abstractions de l'entendement qui nous voilent la vérité, ou ne nous la laissent apparaître que teinte des fausses couleurs de la concupiscence. Indiquer le mal, c'est donner en même temps le remède. Néanmoins Malebranche a consacré le dernier livre de la *Recherche*, qui est comme le but et la conclusion de tout l'ouvrage, à tracer les chemins qui nous conduisent à la vérité. Comme toute perception claire et distincte est au prix de l'attention, il expose, dans la première partie, la théorie des secours pour rendre l'esprit attentif, et, dans la seconde, il trace les règles qu'il faut observer pour ne se tromper jamais dans la recherche de la vérité. Il ne veut donner qu'un essai ; car un tel dessein porté à sa perfection ne serait rien moins, dit-il, que la science universelle.

La théorie de ces secours est fondée sur la nature de l'esprit qui s'applique plus aux choses qui le touchent qu'à celles qui ne s'adressent qu'à l'entendement pur. Malebranche, si ennemi des sens, enseigne cependant comment on peut se servir des sens et des passions pour rendre l'esprit attentif, et remédier au défaut d'application à des vérités qui ne le touchent pas, en le rattachant à des choses sensibles qui le touchent. Mais il prescrit de n'y recourir qu'avec sobriété et de ne pas couvrir, suivant ses expressions, les objets de tant de sensibilité qu'on en soit plus occupé que de la vérité même. Il faut, dit-il, se servir de quelque chose de sensible, mais qui n'ait point trop d'éclat et ne nous arrête point au sensible, que nous puissions dissiper à plaisir, et qui seulement soutienne la vue de notre esprit.

Après avoir indiqué les moyens qui rendent l'esprit plus attentif et plus étendu, il donne, dans la seconde partie, les règles pour la résolution de toutes les questions. La première est de conserver toujours l'évidence dans ses raisonnements, et en conséquence de commencer par le plus simple, et de ne raisonner que sur des choses dont nous avons une idée claire. Les six règles qui suivent ont pour but d'aider l'esprit dans la découverte de la vérité cherchée (1). La physique de Descartes et l'hypothèse des tourbillons, qu'il expose de la manière la plus claire et la

---

(1) Voici ces six règles : 1° concevoir clairement l'état de la question et de ses termes pour en trouver les rapports ; 2° quand on ne peut les découvrir immédiatement, chercher les idées moyennes qui servent de commune mesure ; 3° retrancher du sujet toutes les choses qu'il n'est pas nécessaire d'examiner pour découvrir la vérité cherchée ; 4° cette réduction faite, diviser le sujet par parties et les considérer toutes, les unes après les autres, selon l'ordre naturel ; 5° toutes ces choses étant devenues familières par la méditation, en abréger les idées et les ranger dans son imagination ou les écrire sur le papier, afin qu'elles ne remplissent plus la capacité de l'esprit ; 6° toutes les idées du sujet étant ainsi familières, abrégées sur le papier, il faut les comparer suivant toutes les règles des combinaisons et arriver successivement par l'élimination des rapports inutiles à la découverte du rapport cherché.

plus spécieuse, voilà l'exemple qu'il donne des vérités qui sont le prix de l'observation stricte de ces règles. En regard, il place la physique d'Aristote, comme un exemple insigne des grossières erreurs où l'on tombe, quand on les néglige.

Veut-on faire une vraie physique, il faut procéder comme Descartes, commencer par les rapports les plus simples pour aller aux plus composés, considérer par ordre les propriétés de l'étendue et du mouvement. De là la simplicité et la clarté des principes de la philosophie de Descartes. Cette simplicité et cette clarté sont si grandes que, pour plusieurs, c'est une cause de discrédit. Point de termes obscurs et mystérieux dans cette philosophie, des femmes, et des personnes qui ne savent ni le grec et le latin, sont capables de l'entendre. Il faut donc, pensent quelques-uns, que ce soit peu de chose, et il n'est pas juste que de grands génies s'y appliquent.

Afin qu'on ne dise pas qu'il ne fait que détruire, sans rien établir, Malebranche termine par un avis pour se conduire par ordre dans la recherche de la vérité et dans le choix des sciences. La première des connaissances est celle de l'existence de l'âme dont l'évidence irrésistible triomphe de tous les doutes, et même de l'imagination d'un Dieu trompeur. Y eût-il un Dieu trompeur, il n'y pourrait rien, ni aux choses dont l'évidence est actuellement vue. Mais, selon Malebranche, qui suit fidèlement Descartes en ce point, il faut s'assurer de l'existence de Dieu pour raisonner sûrement, lorsque nous ne faisons que nous rappeler l'évidence des principes, au lieu de la voir actuellement. C'est seulement après avoir reconnu que Dieu ne peut nous tromper, qu'il nous est permis de raisonner sur toutes choses. Pour raisonner par ordre nous ne devons point rechercher d'abord, si nous avons un corps, question, selon Malebranche, pleine de difficultés (1), et qui

---

(1) Nous verrons plus tard comment il la résout par l'intervention de la révélation.

n'est nécessaire ni pour la physique, ni pour la morale. Mais il faut d'abord faire usage de notre esprit sur les idées de nombre et d'étendue, car ce sont les idées les plus claires où sont contenues des règles immuables, mesures communes de tout ce que nous connaissons, et de tout ce que nous pouvons connaître. Il ne veut pas cependant qu'on s'arrête trop longtemps aux mathématiques, et recommande de passer bientôt à la physique et à la morale, plus utiles, quoique moins propres à rendre l'esprit pénétrant. Enfin, après divers exemples, tous cartésiens, de l'application des règles particulières à des questions de métaphysique et de physique, il exprime en terminant l'espérance qu'on aura été convaincu, par cet essai de méthode, de la nécessité de ne raisonner que sur des idées claires et de procéder par ordre. « On méprisera, dit-il, Aristote qui ne les a pas suivies, on reconnaîtra la solidité de la philosophie de Descartes. »

Telles sont les vues critiques et morales, avec les principales règles logiques, par lesquelles Malebranche veut préparer les voies à la philosophie de Descartes, plus ou moins modifiée par son propre génie. Nous connaissons le but que se propose l'auteur de la *Recherche de la vérité*, et l'esprit philosophique dont il est animé ; nous allons maintenant après cette introduction, commencer une étude approfondie des doctrines qui lui sont propres.

CHAPITRE IV

Tendance fondamentale de la philosophie de Malebranche. — Rapprochement avec Spinoza. — Double union de l'âme avec Dieu et avec le corps. — Précepte de travailler de toutes nos forces à affaiblir la seconde et à fortifier la première. — Essence de la matière. — Réponse au P. Valois touchant l'eucharistie. — Essence de l'esprit. — Comparaison des deux facultés de l'âme, entendement et volonté, avec des propriétés de la matière. — Double fonction de l'entendement, sentir et connaître. — Du sentiment. — Impuissance des corps à produire en nous aucun sentiment. — Existence des qualités sensibles dans l'âme. — Dieu, auteur du plaisir. — L'imagination. — Explication physiologique de l'imagination. — Les sens et l'imagination, sphère de l'erreur et des ténèbres. — La lumière dans les seules idées. — Dieu unique acteur dans la sensibilité. — Dieu auteur des idées comme des sentiments. — Vision en Dieu. — Deux parties dans la vision en Dieu. — Variations de Malebranche. — Première forme de la vision en Dieu. — L'idée seul objet immédiat de la perception. — Les petits êtres représentatifs. — Origine et lieu des idées. — Le monde intelligible, seul monde habité et connu par notre esprit. — Malebranche met-il le particulier en Dieu ? — Seconde forme de la vision en Dieu. — L'étendue intelligible substituée aux petits êtres représentatifs. — Deux modes, l'idée et le sentiment, suivant lesquels nous connaissons les choses. — Part du sentiment et de l'idée dans toute connaissance sensible. — Le principe éternel des corps existe seul en Dieu. — Ce qu'entend Malebranche par l'étendue intelligible. — Est-elle en Dieu éminemment ou formellement ? — Difficultés et obscurités au sujet de l'étendue intelligible en Dieu.

Le système de Malebranche, comme dit Fontenelle, est plein de Dieu. Sa tendance fondamentale, qui lui est commune avec Clauberg et Geulincx, et plus encore avec Spinoza, est de mettre en Dieu seul toute activité et toute réalité, pour ne laisser à l'homme que la privation et le défaut. La comparaison de l'homme, aux mains de Dieu, avec l'argile, aux mains du potier, convient à Malebranche, non moins bien qu'à Spinoza. Quelles que soient d'ailleurs les diversités profondes qui les séparent, ils s'accordent tous les deux à donner à Dieu toute la réalité de l'être et de la cause. Néanmoins Malebranche repousse avec indignation le seul soupçon d'une parenté quelconque avec l'auteur maudit du *Tractatus theologico-politicus*. Quand Mairan le presse, comme nous le verrons, au sujet des analogies qu'il croit découvrir entre certains points de sa doctrine et celle de l'*Éthique*, il prodigue les marques d'horreur et de dédain contre le philosophe, l'athée (1), le misérable (2), le fou, l'impie (3), auquel on le compare, et contre « l'épouvantable et ridicule chimère » de son système (4). Cependant, Malebranche n'a-t-il pas été attiré par cette épouvantable chimère? Cette tentation dont la créature, dans les *Méditations*, fait confidence au Verbe, n'est-ce pas la grande tentation contre laquelle il a dû lui-même lutter? « Je me sens porté à croire que ma substance est éternelle, que je fais partie de l'être divin, et que toutes mes diverses pensées ne sont que des modifications particulières de la raison universelle (5). » Sans doute il repousse cette pensée ; mais on sent qu'elle l'obsède, qu'elle l'entraîne, pour ainsi dire, malgré lui. Tout donner à Dieu, et cependant laisser quelque chose à l'homme, voilà la contradiction fatale dans laquelle il se débat. Nous allons voir, en effet, que la science de l'homme lui-même n'est réellement, dans son système, que la science de Dieu.

L'homme, selon Malebranche, subsiste par une double union, de l'âme avec Dieu, et de l'âme avec le corps (6). De ces deux unions, la plus naturelle et la plus essentielle est celle avec Dieu, quoiqu'elle paraisse imaginaire à ceux qui

---

(1) 8e *Entretien mét.*
(2) 9e *Médit. mét. et chrét.*
(3) « Le P. Lamy a publié son livre contre Spinoza. Je ne sais si ce fou et cet impie méritait cette réponse. » (*Correspondance inédite*, publiée par l'abbé Blampignon.)
(4) Voir le 8e et le 9e *Entret. mét.*
(5) 9e *Médit. mét. et chrét.*
(6) Préface de la *Recherche*.

suivent les sens et les passions. Dieu, en effet, ne pouvait créer des esprits que pour lui-même, tandis qu'il a pu ne pas les unir à des corps. Mais, en affaiblissant notre union avec Dieu, le péché a tellement fortifié celle avec le corps, que nous sommes portés à croire que le corps est, sinon l'unique, au moins la principale partie de notre être. Cependant, de même que l'union avec notre corps ne peut jamais être entièrement rompue, pendant cette vie, de même l'union avec Dieu n'est jamais entièrement effacée ; nous ne cessons de recevoir par elle quelque chose de la vérité éternelle, de connaître notre devoir et aussi nos déréglements. La lumière de la vérité luit dans les ténèbres, quoiqu'elle ne les dissipe pas toujours. L'esprit devient plus lumineux, plus fort, plus étendu, à proportion de l'union avec Dieu, et, au contraire, plus obscur et plus stupide, à proportion de son union avec le corps. Lutter sans cesse contre le joug que fait peser le corps sur l'esprit, se tourner à Dieu, en qui seul se trouvent toute vérité et toute lumière, en d'autres termes, ne consulter que les idées pures de la raison, voilà le précepte fondamental de la logique et de la morale de Malebranche. Voyons maintenant ce qu'il entend par âme et par corps.

Comme Descartes, il définit le corps par la seule étendue, et l'âme par la seule pensée. Il est impossible d'être plus cartésien que Malebranche au sujet de l'étendue essentielle. Aussi est-il au premier rang de ceux que le P. Valois accuse de ruiner l'eucharistie. Malebranche a eu le tort de chercher à se défendre en donnant, lui aussi, une prétendue explication de la transsubstantiation. Il avait dit, dans la *Recherche de la vérité*, que, s'il croyait à propos d'expliquer comment sa doctrine se concilie avec la transsubstantiation, il le ferait peut-être d'une manière assez nette et assez distincte, et qui ne choquerait en rien les décisions de l'Église. Après cette avance, nous dit le P. André, Malebranche ne fut plus le maître de s'arrêter ; on le somma de tenir sa parole, on le pria, on le fléchit. Il publia, mais sans y mettre son nom, un mémoire pour expliquer la possibilité de la transsubstantiation (1). Il eut sans doute mieux valu s'en tenir aux piquantes récriminations de sa *Défense* contre le P. Valois (2). Si on peut avec justice, disait-il, traiter d'hérétiques tous ceux qui soutiennent des principes, où quelques théologiens croient apercevoir des conséquences impies, quoiqu'on les désavoue hautement, il faudra traiter d'hérétique toute la terre, et le P. Valois en particulier. Il faisait voir, en effet, que des principes, opposés par le P. Valois à Descartes, on tire facilement des conséquences dangereuses pour la foi. Or, que dirait le P. Valois si on lui imputait ces conséquences?

Malebranche place l'essence de l'esprit dans la pensée, comme celle du corps dans l'étendue. La pensée a deux modes, l'entendement et la volonté. L'entendement est la faculté de recevoir plusieurs idées, et la volonté la faculté de recevoir plusieurs inclinations. Pour rendre plus sensibles ces idées abstraites d'entendement et de volonté, il les compare, comme Geulincx, à la double capacité de la matière, de recevoir différentes figures et d'être mue. Il distingue, il est vrai, la volonté, qui est à la fois active et passive, de la simple capacité d'être mue, qui est purement passive (3). Mais, malgré toutes les restrictions qu'il apporte à ce singulier parallélisme, déjà dans ces dé-

---

(1) Ce *Mémoire* a été publié à Paris, petit in-12. Il se trouve aussi dans le *Recueil des pièces curieuses*, touchant la philosophie de Descartes. Bayle, auteur de ce *Recueil*, l'attribue à un ami de Malebranche, tandis qu'il est de Malebranche lui-même. D'après le récit du P. André, l'authenticité n'en saurait être douteuse. Le P. Adry le met aussi dans le *Catalogue des œuvres de Malebranche*.

(2) Défense de l'auteur de la *Recherche de la vérité* contre l'accusation de M. de La Ville, in-12, Paris, 1679. Elle a été aussi publiée avec l'édition de la *Recherche* de 1688, et avec les éditions de 1684, 1703, 1712, du *Traité de la nature et de la grâce*.

(3) Il pousse encore plus loin cette comparaison. De même que l'étendue est capable de recevoir deux sortes de figures, la figure extérieure et la figure intérieure, ou configuration, de même l'âme a des perceptions de deux sortes, les unes superficielles, qui sont les perceptions pures, et d'autres qui la pénètrent plus vivement, et qu'on appelle sensibles.

finitions et dans cette comparaison, on aperçoit une manifeste tendance à exclure de l'âme toute activité et toute causalité, dont les suites se développent dans toute sa philosophie.

Sentir et connaître, telle est la double fonction de l'entendement, que Malebranche divise en trois facultés, le sens, l'imagination et l'entendement pur. Voici comment il définit le sens et l'imagination : « On appelle sens, ou imagination, l'esprit, lorsque son corps est cause naturelle ou occasionnelle de ses pensées; et on l'appelle entendement lorsqu'il agit par lui-même, ou plutôt lorsque Dieu agit en lui, et que sa lumière l'éclaire en plusieurs façons différentes, sans aucun rapport nécessaire à ce qui se passe dans le corps (1). » Les pensées qui nous viennent par les sens ou l'imagination, et dans lesquelles le corps a quelque part, il les appelle des sentiments (2), et il les oppose aux idées qui sont du domaine de l'entendement pur. Parmi les sentiments, il place le plaisir et la douleur avec les qualités sensibles, pures modifications de l'âme, qui correspondent à certains arrangements des parties des corps en relation avec nous.

Selon Malebranche, ce n'est pas le soleil qui répand cette lumière qui nous éclaire, ce n'est pas le feu qui nous échauffe. Toutes ces couleurs qui nous réjouissent, toutes ces beautés qui nous charment, n'appartiennent qu'à nous (3). Nous humanisons les objets en répandant sur eux ce qui n'est qu'en nous. Quel rapport, en effet, y a-t-il entre ces impressions et le corps, tel que nous le connaissons par idée, c'est-à-dire, la simple étendue à trois dimen-

---

(1) *Recherche de la vérité,* livre V, chap. i.
(2) 6e *Médit.*
(3) « Que les biens sensibles sont méprisables, s'écrie-t-il, que les corps me paraissent impuissants ! Non, ce soleil, quelque éclatant qu'il paraisse à mes yeux, il ne possède ni ne répand point cette lumière qui m'éclaire. Toutes ces couleurs qui me réjouissent par leur variété et par leur vivacité, toutes ces beautés qui me charment, lorsque je tourne les yeux sur tout ce qui m'environne, m'appartiennent à moi. » (4e *Entret. métaph.*)

sions ? Toutes les modalités des corps n'étant que le corps même, de telle ou telle façon, comment se transformeront-elles en modalités de l'esprit? D'ailleurs, comme nous le verrons plus tard, les corps ne peuvent agir sur nous, d'après le grand principe de Malebranche, qu'aucune créature ne peut agir sur une autre. « Si les corps étaient capables d'agir en moi et de se faire sentir de la manière que je les sens, il faudrait qu'ils fussent d'une nature plus excellente que la mienne, doués d'une puissance terrible et même quelques-uns d'une sagesse merveilleuse (1). » S'il était en leur pouvoir de nous rendre heureux ou malheureux, il faudrait les craindre et les aimer, même les adorer. Supposez que le soleil réellement nous éclaire et nous échauffe, ne serait-ce pas la dernière des ingratitudes de recevoir de cette excellente créature l'abondance de tous les biens sans reconnaissance ? Ne devrions-nous pas même l'adorer comme nos premiers pères (2)? Malebranche prétend nous faire voir le paganisme comme une conséquence nécessaire de la croyance que les objets peuvent agir sur nous. Si les Israélites avaient été persuadés du contraire, ils auraient, dit-il, moins regretté les oignons de la terre d'Égypte.

Les sentiments n'appartiennent qu'à nous et ne sont qu'en nous, mais ce n'est pas nous qui nous les donnons à nous-mêmes. Nous sentons qu'ils ont une cause étrangère, car ils sont en nous malgré nous. Quelle est cette cause étrangère? Ce n'est pas le corps, ce n'est pas le monde extérieur. Selon Malebranche, Dieu seul nous les donne, Dieu seul nous modifie, Dieu seul est la cause du plaisir et de la douleur ; c'est donc lui seul que nous devons craindre et aimer.

Les sentiments ne sont bons que pour la conservation de notre corps et pour nous faire agir par instinct, au défaut de la raison ; ils nous apprennent, non pas ce que les corps sont en eux-mêmes, mais ce qu'ils sont par rapport à

---

(1) 2ᵉ *Entret. mét.*
(2) 16ᵉ *Éclaircissem. à la Recherche.*

nous. Les corps en eux-mêmes n'ont rien de semblable aux sentiments que nous en avons; tandis que les sentiments nous montrent, dans les corps des couleurs, du chaud et du froid, et toutes ces qualités sensibles que nous leur attribuons sur leur témoignage, la raison ne nous y découvre que des rapports de distance, des changements de parties. Quoi! ne serions-nous donc pas assurés que les hommes n'ont pas de bec au bout du nez et une crête sur la tête? A cette plaisante objection, qu'il se fait à lui-même, Malebranche veut bien avouer qu'il ne croit pas avoir une crête ou un bec; mais cependant, à n'en juger que par les sens, il prétend qu'il n'en sait rien (1). Il faut, dit-il, se garder de confondre l'évidence qui résulte de la comparaison des idées avec la vivacité des sentiments qui nous touchent et nous ébranlent. Plus nos sentiments sont vifs, et plus ils répandent de ténèbres, loin de nous éclairer.

L'imagination n'est qu'une suite et un retentissement des impressions des sens. Elle est aussi produite par l'ébranlement des nerfs, et des fibres du cerveau où ils aboutissent, mais avec cette différence que, dans la sensation, l'ébranlement vient du dehors, tandis que, dans l'imagination, il vient du dedans. Les fibres du cerveau étant moins agitées, nous croyons ne voir que les images des objets, et non les objets eux-mêmes. Malebranche définit donc l'imagination: « la puissance qu'a l'âme de se former des images des objets en produisant des changements dans la partie principale du cerveau.

Par les sens et par l'imagination, nous ne connaissons pas, nous ne faisons que sentir. Les sens et l'imagination sont la sphère de l'erreur et des ténèbres; il n'y a de lumière que dans les idées, et de connaissance que par l'entendement pur. Ne pas confondre entre sentir et connaître, voilà le plus grand des préceptes, selon Malebranche, pour éviter l'erreur. Qu'est-ce donc que connaître, et qu'entend

---

(1) *Recherche*, t. III, p. 55 de l'édition de 1712.

Malebranche par les idées? Nous venons de voir que Dieu produit en nous directement les sentiments, sans nul concours des objets de notre activité propre ; nous allons voir qu'il est aussi l'unique acteur dans l'entendement pur, l'unique cause de nos idées.

Que sont les idées? Comment Dieu les contient-il, et comment nous les découvre-t-il en son sein? Comment connaissons-nous toutes choses, les corps, les âmes et Dieu, le particulier et le général, le contingent et l'absolu? Malebranche résout toutes ces questions par la doctrine fameuse de la vision en Dieu. On peut y distinguer deux parties, l'une qui a pour objet la connaissance des choses matérielles et contingentes, l'autre les vérités immuables et éternelles.

Malebranche a certainement varié, quoiqu'il prétende le contraire, dans la manière dont il entend et explique la vision des choses matérielles en Dieu. La vision en Dieu, dans le troisième livre de la *Recherche de la vérité*, n'est pas entièrement conforme à la théorie exposée dans les *Éclaircissements* et dans les ouvrages ultérieurs. Considérons-la d'abord sous sa première forme, puis nous montrerons les changements considérables que Malebranche lui a fait ultérieurement subir. Le désir de terminer à Dieu toute connaissance, comme à son principe et à son objet, et d'attribuer exclusivement toute efficace sur les esprits et les corps à la substance divine, la doctrine de Descartes qui ôte aux objets les qualités sensibles, pour en faire de pures modifications de l'âme, voilà les principales raisons qui ont poussé Malebranche à la singulière imagination, comme dit Arnauld, de cette nouvelle spiritualité, que nous voyons les corps en Dieu.

Tout le monde convient que l'âme n'aperçoit que ce qui est intimement uni avec elle ; tel est le principe sur lequel Malebranche s'appuie, comme sur un axiome qui n'a pas besoin d'être démontré. Cependant nous connaissons le soleil et les étoiles qui sont bien loin de nous ; or il n'est pas vraisemblable que notre âme sorte du corps pour aller se promener dans les cieux; l'objet de l'âme, quand elle aperçoit le soleil, ne peut donc être le soleil sensible. D'ailleurs, ne voyons-nous pas les corps, même quand ils ne sont pas, comme dans le rêve et dans la folie? L'objet immédiat de la perception de l'esprit n'est donc pas le corps, mais quelque chose qui est intimement uni à l'âme, quelque chose sans quoi jamais la perception ne peut avoir lieu, à savoir, l'idée. Malebranche distingue l'idée d'avec la perception, comme ce qui est perçu d'avec ce qui perçoit. L'objet immédiat de l'esprit, lorsqu'il aperçoit quelque chose hors de lui, voilà la définition qu'il donne de l'idée. Nous ne pouvons apercevoir un objet qu'autant que s'offre à notre esprit l'idée qui le représente ; mais ce n'est nullement à dire qu'il doive exister réellement en dehors de nous un objet correspondant à cette idée. Dépourvus de toute efficacité pour agir sur notre esprit, les objets réels, par delà les idées, nous demeurent à jamais inaccessibles; ils sont pour nous comme s'ils n'étaient pas, et ils n'ont, au regard de la raison, qu'une existence problématique. Nous avons au contraire la certitude de l'existence de l'idée, objet immédiat de la perception, quoique la plupart des hommes, abusés par les sens, s'imaginent que l'objet seul existe, tel qu'ils le voient, et que l'idée n'est rien. Mais comment les idées ne seraient-elles rien, puisqu'elles ont un si grand nombre de propriétés? Malebranche leur accorde donc une réalité, en dehors de notre entendement, et les transforme en je ne sais quels êtres représentatifs, tandis que les corps n'ont qu'une existence problématique. Cette transformation des idées en êtres représentatifs caractérise la première forme donnée par Malebranche, dans la *Recherche de la vérité*, à son sentiment de la vision des corps en Dieu.

Si telle est la nature des idées, d'où viennent-elles, où résident-elles, et comment se communiquent-elles à nous? Ou les idées viennent des corps, ou l'âme a la puissance de les produire, ou Dieu les produit avec elle en la créant, ou il les produit toutes les fois qu'on pense à quelque objet, ou l'âme a en elle, et voit en elle toutes les perfections qu'elle croit voir dans les corps, ou enfin elle est unie à un être tout parfait qui renferme les idées des êtres créés ; voilà, selon Malebranche, toutes les hypothèses possibles sur les idées. Il examine tour à tour chacune d'elles, et, par une élimination successive, il ne laisse subsister que la dernière qui, selon lui, est la seule vraie.

D'abord il combat un peu longuement la vieille doctrine, de Démocrite, conservée dans la scholastique, d'après laquelle les idées sont des images matérielles qui s'échappent des corps, qui voltigent dans l'air et viennent frapper nos organes. Tout au contraire, il a le tort de passer beaucoup trop légèrement sur la seconde hypothèse qui fait dériver toutes les idées de l'âme elle-même excitée par les impressions du dehors. En effet, tout d'abord, et sans examen, il la condamne comme une de ces mauvaises pensées que le Père des lumières ne nous a pas données, mais qui viennent de notre esprit vain et superbe, parce qu'elle élève l'homme en lui attribuant quelque pouvoir. Les idées sont des êtres, selon Malebranche, et des êtres qui ne sont pas si minces et si méprisables, puisqu'ils sont des êtres spirituels ; si donc l'âme les produisait, elle aurait la puissance créatrice qui n'appartient qu'à Dieu. L'habitude où nous sommes de juger qu'une chose est cause d'une autre, quand elles sont toujours jointes ensemble, voilà l'origine de ce préjugé qui fait de l'âme la cause de nos idées. Nous avons, d'ordinaire, les idées des objets, dès que nous le souhaitons. Nous sentons que la lumière se répand dans notre esprit, à proportion de notre désir et de notre attention, mais qui nous assure de l'efficacité de cet effort ? Nous devrions nous borner à affirmer que, selon l'ordre de la nature, notre volonté est l'antécédent ordinaire, et non qu'elle est la cause de nos idées.

Mais ne se pourrait-il pas que toutes nos idées eussent été créées avec nous ? Cette hypothèse, selon Malebranche, est contraire au principe de la simplicité des voies qui joue un si grand rôle dans sa théologie naturelle. Le nombre des idées est infini, Dieu serait donc obligé de créer un nombre infini d'idées en dépôt dans chaque esprit. Quand même l'âme aurait en elle un si vaste magasin d'idées, comprend-on qu'elle pût à chaque instant y puiser à propos, et rencontrer, à point nommé, celles dont elle a besoin ? Pour échapper à cet inconvénient, ne pourrait-on supposer que Dieu, au lieu de les créer toutes à la fois, les crée au fur et à mesure que nous apercevons des choses différentes ? Mais il est certain que nous pouvons vouloir penser à une foule de choses, et même à toutes choses ; or comment cela serait-il possible, si déjà nous ne les apercevions pas confusément et si, en tout temps, nous ne pouvions en contempler les idées ?

Croire que l'esprit n'a besoin que de lui-même pour apercevoir les objets, et qu'il découvre dans ses propres perfections toutes les choses du dehors, c'est encore une de ces pensées d'orgueil, inspirées par l'esprit des ténèbres, que Malebranche repousse avec une sorte d'horreur. Ne dites pas, s'écrie-t-il, avec saint Augustin, que vous êtes à vous-mêmes votre propre lumière. L'âme n'aperçoit en elle-même que ses sentiments et ses propres modifications, mais non les choses du dehors. Elle connaît tous les êtres, elle connaît des choses infinies ; comment, étant limitée, les contiendrait-elle éminemment ? Être particulier et contingent, comment apercevrait-elle en elle-même le général et le nécessaire ? Dieu seul, qui a tout créé, voit en lui-même, d'une manière spirituelle, l'essence de toutes les créatures, et leur existence dans les décrets de sa volonté.

Que reste-t-il donc, sinon de croire que nous voyons toutes les idées en Dieu ? Dieu a certainement en lui les idées de tous les êtres, puisqu'il les a tous créés ; nos esprits sont certainement unis avec lui, puisque nous avons toujours présente l'idée de l'infini, qui est Dieu même, puisque nous apercevons le fini dans l'infini. Dieu est étroitement uni à nos âmes par sa présence, il est le lieu des esprits comme l'espace celui des corps; donc l'esprit peut voir en Dieu tous les ouvrages de Dieu, supposé que Dieu veuille qu'il les y découvre. Or, Malebranche ne craint pas d'affirmer qu'il le veut indubitablement parce qu'il agit par les voies les plus simples. Dieu peut faire voir aux esprits toutes choses, en voulant simplement qu'ils voient ce qui est au milieu d'eux-mêmes, c'est-à-dire ce qui, dans lui-même, a rapport à ces choses et les représente : « il veut que ce qui est en lui qui les représente nous soit découvert. » Remarquons que Malebranche cherche ici déjà à se mettre en garde contre le reproche, qu'il prévoit, de mettre le particulier en Dieu : « Nous croyons, dit-il, que l'on connaît en Dieu les choses changeantes et corruptibles, parce qu'il n'est pas nécessaire pour cela de mettre quelque imperfection en Dieu, puisqu'il suffit que Dieu nous fasse voir ce qu'il y a en lui qui a rapport à ces choses (1). »

Si nous voyons toutes choses en Dieu, ce n'est pas non plus à dire, selon Malebranche, que nous voyons son essence même. Nous ne voyons pas la substance divine prise absolument, mais seulement en tant que relative aux créatures et participable par elles. Ce que que nous voyons en Dieu est très-imparfait, divisible, figuré, multiple, tandis que Dieu est infiniment simple et parfait. Malebranche et ses disciples n'en seront pas moins accusés d'admettre, dès ce monde, une vision intuitive, une vue immédiate de Dieu réservée aux bienheureux dans le ciel.

Ainsi, d'après l'auteur de la *Recherche de la vérité*, nous ne voyons pas les objets en eux-mêmes, nous ne voyons que leurs idées en Dieu et par Dieu. Le monde qu'habite notre esprit, le seul monde que réellement nous voyions et sentions, est le monde des idées, ou le monde intelligible. Ce n'est pas l'homme réel, le cheval réel, l'arbre réel, ce n'est pas même notre propre corps, mais un

---

(1) *Recherche*, 3ᵉ livre. — Il dit aussi : « Les idées particulières que nous avons des créatures ne sont que des limitations de l'idée du Créateur. » *Ibid.*, chap. vi.

homme, un arbre, un cheval, un corps intelligibles, résidant en Dieu, qui sont l'objet de nos perceptions.

Telle est, dans la *Recherche de la vérité*, la première forme de la vision en Dieu. De là l'accusation de placer en Dieu autant d'objets intelligibles qu'il y a d'objets réels, c'est-à-dire d'introduire dans son essence la figure, le particulier, le contingent. Pressé par Arnauld sur ce point capital, Malebranche a cherché à présenter sous un meilleur jour la manière dont il entend que nous voyons toutes choses en Dieu, sans nuire à sa simplicité et à son infinité. C'est pourquoi il a considérablement modifié cette première forme de sa doctrine, non pas dans le texte même des éditions suivantes de la *Recherche de la vérité*, mais dans les *Éclaircissements* qu'il y a ajoutés, dans les *Conversations chrétiennes*, dans les *Méditations*, dans les *Entretiens*, et surtout dans sa polémique avec Arnauld. Lui-même, par allusion à ces changements, nous avertit : « que c'est principalement dans les dernières productions d'un auteur qu'on doit s'instruire à fond de ses sentiments, car à cinquante ans, on est moins ignorant qu'à trente, ou l'on aurait bien mal employé son temps : *Fateor me ex numero eorum esse conari qui proficiendo scribunt et scribendo proficiunt* (1).

En répondant aux attaques d'Arnauld, Malebranche proteste que jamais il n'a eu la pensée de mettre autant d'objets intelligibles en Dieu qu'il y a d'objets réels dans le monde. C'est désormais dans une seule idée, l'étendue intelligible, dont le nom même ne se trouve pas dans le IIIe livre de la *Recherche*, qu'il prétend nous faire voir la multitude des figures et des corps. Pour comprendre cette nouvelle forme de la vision en Dieu, il faut se rappeler qu'il distingue deux manières dont nous connaissons les choses, par lumière ou par sentiment.

Nous connaissons par lumière ce dont nous avons une

---

(1) Préface des *Entretiens métaphysiques*. Ces paroles sont de saint Augustin, lettre 143, à *Martellinus*.

idée claire, et, par sentiment, ce qui est confus, ou ce dont il n'y a pas d'idée que nous puissions consulter pour en découvrir les propriétés. C'est par idée claire que l'esprit voit l'étendue, les essences des choses, les nombres, le général, l'absolu. L'idée nous représente l'essence de la chose, elle nous fait connaître la nature essentielle des objets sensibles, les rapports qu'ils ont, ou qu'ils peuvent avoir entre eux ; le sentiment ne nous informe que de leur existence. Nous ne voyons les ouvrages de Dieu comme actuellement existants que par les impressions sensibles, la couleur, la chaleur, etc. C'est encore le sentiment qui nous informe de leurs différences sensibles et de ce qu'ils sont, non pas en eux-mêmes, mais, comme il a été déjà dit, par rapport à la commodité et à la conservation de la vie (1). Dans la connaissance des objets sensibles, il y a donc toujours ces deux choses, idée et sentiment. Or le sentiment est en nous, et l'idée seule est en Dieu. Mais si le sentiment est en nous, c'est Dieu qui le produit, à la présence des objets, par une action qui n'a rien de sensible et qui le joint à l'idée, lorsque les objets sont présents, afin que nous les croyions présents, et que nous entrions dans les sentiments nécessaires pour notre conservation. Ainsi donc le sensible, le particulier, le contingent, voilà la part du sentiment, voilà ce que nous voyons en nous-mêmes, et non en Dieu. Au contraire, l'immuable, le général, voilà ce que nous voyons en Dieu, et non en nous, c'est-à-dire, voilà la part de l'idée. N'oublions pas qu'idée, ou essence éternelle, intelligible, nécessaire, des choses, sont pour Malebranche des termes synonymes. Dans la perception d'un arbre ou du soleil, dans toute perception d'un objet quelconque, il y a nécessairement une modalité de couleur, et une idée pure, l'étendue intelligible. La modalité de couleur est en nous, l'étendue intelligible est en Dieu. Nous ne voyons donc pas en Dieu les corps parti-

---

(1) 10e *Éclairciss. de la Recherche,* 5e *entret. mét., Convers. chrét.,* 3e *entret.*

culiers, mais seulement leur principe éternel. Nous ne voyons les corps en Dieu que par ce qui nous les représente en lui ; or, ce qui nous les représente en lui, c'est l'étendue intelligible, avec les rapports immuables et éternels qu'elle contient.

Qu'est-ce que cette étendue intelligible, qui a donné lieu à de si longues et si vives discussions, à tant de moqueries, et à la redoutable accusation d'Arnauld de faire un Dieu corporel, ou un monde pure modification de Dieu? Si l'étendue intelligible n'est pas absolument inintelligible, suivant la plaisanterie d'Arnauld, avouons qu'elle présente plus d'une obscurité, soit qu'on la considère en elle-même, soit comme l'unique objet de toutes nos perceptions, comme la matière, en quelque sorte, des figures intelligibles et sensibles, quoique n'enfermant rien en elle de figuré et de sensible. Essayons cependant de rendre aussi claire que possible la pensée de Malebranche.

L'idée d'étendue intelligible peut d'abord être entendue comme la perception de cette étendue nécessaire, infinie que notre esprit conçoit, indépendamment de toute donnée de l'imagination et des sens. Mais ce qu'il importe le plus de connaître, c'est l'objet même de cette perception de notre esprit, ou, pour parler comme Malebranche, c'est l'idée même de l'étendue. Une telle étendue existe-t-elle réellement et quel est son rapport, soit avec Dieu, soit avec l'étendue créée et matérielle? Est-elle en Dieu, de telle sorte que l'étendue matérielle n'en soit qu'une modification? Est-elle hors de Dieu, de telle sorte que le monde soit infini et nécessaire? Si l'étendue et la matière sont identiques, d'après la doctrine cartésienne, comment mettre en Dieu l'étendue nécessaire et infinie, même décorée du nom d'intelligible, sans encourir le reproche de faire Dieu corporel, et de confondre, en dépit de toutes les distinctions, cette étendue intelligible avec l'étendue matérielle et créée? Malgré toutes les oppositions qu'il énumère entre l'étendue intelligible et l'étendue créée, Malebranche, il faut en convenir, ne réussit pas à dissiper tous les doutes et toutes les obscurités sur ce point fondamental. D'abord il prouve la nécessité d'admettre cette idée de l'étendue dans l'entendement divin. Dieu n'a pu créer l'étendue sans la connaître ; il a donc nécessairement en lui l'idée de l'étendue, de même que les idées de toutes les choses créées. L'idée de l'étendue, qui est en Dieu, ou l'idée de tous les corps créés et possibles, l'archétype de toutes les idées du corps, voilà un premier sens, une première face de l'étendue intelligible de Malebranche.

Mais, par étendue intelligible, il entend quelque chose de plus, à savoir la perfection ou la réalité même qui, dans l'essence divine, correspond à cette idée. Il n'est pas certain, selon Malebranche, que cette idée ait aucun objet, en dehors de Dieu et en dehors de nous, mais il est certain qu'il doit y avoir en Dieu toute la perfection qu'elle représente. L'étendue n'existe pas en Dieu seulement d'une manière idéale, répond-il à Arnauld, comme elle pourrait exister en notre esprit, mais elle y existe effectivement. Comment nier que ce qu'il y a de positif dans l'étendue matérielle soit contenu en Dieu, cette source de toute réalité, et que les corps soient éminemment dans son essence, à moins de les faire dériver du néant ? L'étendue intelligible est ce qui en Dieu représente l'étendue ; elle consiste dans les perfections de sa substance qui ont rapport aux perfections de l'étendue créée, elle est la substance divine, dont tous les êtres créés, ou possibles, ne sont que des participations infiniment limitées, en tant qu'elle est nécessairement représentative des corps. C'est la matière, dit encore Malebranche, selon l'être qu'elle a dans le verbe de Dieu, c'est-à-dire, moins toutes les imperfections et les limites sensibles (1), ou enfin c'est l'objet immédiat que contemple le géomètre, quand il pense à des corps qui ne sont point, et quand il les regarde comme privés de couleur et de qualités sensibles. Voilà quelques-uns des tours obscurs et mystérieux dont se sert Malebranche

---

(1) 1re Lettre contre la *Défense d'Arnauld*.

pour signifier que tout le réel de l'étendue est en Dieu.

On voit que, quoiqu'il ne veuille pas mettre l'étendue en Dieu d'une manière purement idéale, il ne l'y met pas formellement, comme Arnauld l'en accuse. Pour nous servir de son expression, il l'y met éminemment, c'est-à-dire seulement avec ce qu'elle a d'essentiel, moins les imperfections et les bornes. Aussi repousse-t-il avec indignation l'accusation d'avoir fait Dieu étendu à la manière des corps, ou d'avoir mis l'étendue en Dieu d'une manière formelle.

Voici comment il distingue cette étendue intelligible de l'immensité divine et de l'étendue créée. L'étendue intelligible n'est qu'un point de vue de l'immensité divine, en tant que représentative des corps. D'un autre côté, l'étendue intelligible est nécessaire, infinie, incompréhensible, quoique, suivant lui, parfaitement claire, tandis que l'étendue est créée, contingente et bornée. Il multiplie ainsi les oppositions, sans réussir toutefois à expliquer comment Dieu, contenant en lui l'essence et l'archétype des corps, ne sera pas lui-même étendu et sujet à distinction de parties. Obligé d'admettre des parties dans l'étendue intelligible, il veut que ces parties elle-mêmes soient purement intelligibles. C'est intelligiblement, et non localement, qu'elles sont plus grandes les unes que les autres, parce que l'essence divine, répandue en tous lieux, n'est nulle part, dit-il, ciron. Ici nous ne chercherons pas à comprendre Malebranche, puisqu'il avoue lui-même que tout cela est incompréhensible (1).

que dans un localement, ni plus grande dans tout l'univers

Cependant, pour éviter l'accusation, soit de faire Dieu étendu, soit de faire le monde infini et nécessaire, il n'hésite pas à rompre toute espèce de lien entre l'idée de l'étendue et son objet, c'est-à-dire à sacrifier la réalité du monde. Nous pensons voir la matière, mais, suivant lui, elle est invisible, tandis que nous voyons l'étendue intelligible, laquelle seule fait impression sur notre esprit. Nous voyons

---

(1) *Réponse à la 3ᵉ Lettre d'Arnauld.*

l'étendue intelligible, et nous la voyons éternelle, nécessaire, infinie. Mais gardons-nous bien d'attribuer au monde ce qui n'est vrai que de l'idée de l'étendue. Croyons, dit Malebranche, ce que nous voyons, croyons-le de l'étendue intelligible, à laquelle il appartient, mais n'attribuons pas au monde ce que nous apercevons, puisque ce n'est pas lui que nous apercevons, et que nous ne voyons rien qui lui appartienne. C'est par là que Malebranche se défendra contre Mairan d'aboutir au spinozisme. Il ne prend pas garde, à ce qu'il semble, que cette séparation entre l'idée et l'idéat de l'étendue renverse le principe, que ce qui est clairement contenu dans une idée peut en être affirmé, et ébranle le fondement même de la preuve de l'existence de Dieu par son idée. Voici, d'ailleurs, comment il fait parler le Verbe à la créature : « N'attribue pas à la créature ce qui n'appartient qu'au Créateur, et ne confonds pas ma substance, que Dieu engendre par la nécessité de son être, avec mon ouvrage que je produis par une action entièrement libre. » C'est, ajoute-t-il, pour avoir fait cette confusion, entre ce qui est vrai du monde et ce qui est vrai de l'étendue intelligible, que le *misérable* Spinoza a jugé que la création était impossible (1).

Idée de l'étendue qui est en Dieu, de même que les idées de toutes les choses qu'il a créées, essence de l'étendue contenue en Dieu, moins toutes les imperfections et les bornes, comme dans la source de toute réalité et de toute perfection, voilà donc le double sens de l'étendue intelligible. Quelles que soient les obscurités de l'étendue intelligible considérée en elle-même, nous aurons encore plus de peine à comprendre comment Malebranche en fait l'unique objet de toutes nos perceptions matérielles, le miroir où nous voyons toutes choses, la toile où, sans laisser aucune trace, se peignent à nos yeux toutes les figures, non pas seulement les figures générales et géométriques, mais les figures particulières et sensibles.

(1) 9e *Méditation.*

CHAPITRE V

Vision, dans l'étendue intelligible, des figures intelligibles et générales, des figures sensibles et mobiles. — Le palais des idées réduit à l'étendue intelligible. — Comparaison de cette seconde forme de la vision des corps en Dieu avec la première. — Autorité de Descartes et de saint Augustin invoquée par Malebranche. — Pas d'idée de Dieu. — Dieu immédiatement intelligible. — Pas d'idée de l'âme. — Malebranche d'accord avec Gassendi. — Vision en Dieu du général et de l'absolu. — De la raison. — Sa nature divine. — Unité, universalité de la raison. — Sans la raison, point de vérité absolue. — Double manifestation de la raison, vérité et ordre. — Rapports de grandeur et rapports de perfection, vérités spéculatives et vérités pratiques. — De la nature et des caractères de l'ordre. — L'ordre immuable entre les perfections de Dieu loi absolue de Dieu même et de tous les êtres raisonnables. — L'amour de l'ordre principe de toutes les vertus et de tous les devoirs. — Du sentiment de Malebranche sur le plaisir. — Accusation d'épicuréisme. — Antériorité de la loi naturelle de l'ordre sur toute loi positive et religieuse. — L'amour de Dieu identique avec l'amour de l'ordre.— *Traité de morale*. — Principe de la souveraineté. — La raison loi suprême des rois et des peuples comme des individus. — Impiété de croire que la raison puisse nous tromper. — Jésus-Christ raison incarnée et rendue visible. — L'eucharistie symbole de la nourriture divine dont se repaissent toutes les intelligences. — Jugement sur la vision en Dieu. — Influence de Malebranche sur l'école cartésienne.

Tout autant dans le monde matériel il y a d'objets réels, tout autant il doit y avoir d'objets intelligibles correspondants dans le monde intelligible ; au cheval sensible correspond un cheval intelligible, un soleil sensible, un soleil intelligible. Telle est la doctrine qu'il semble bien difficile de ne pas attribuer à Malebranche, quoiqu'il l'ait désavouée, si du moins on ne tient compte que du IIIe livre de la *Recherche de la Vérité*. Mais, dans les *Éclaircissements*, et les ouvrages ultérieurs, c'est l'étendue intelligible qui seule prend la place de cette multitude d'objets intelligibles, et qui seule, désormais, sans variété et mouvement en Dieu, représente soit des figures intelligibles et générales, soit même des figures sensibles, particulières, mobiles, suivant les rapports partiels sous lesquels nous la considérons, ou plutôt suivant les applications que Dieu en fait à notre esprit, et suivant les sentiments qu'il y attache, en vertu des lois de l'union et de l'âme et du corps.

L'étendue intelligible ne varie pas, ne se modifie pas ; elle ne cesse pas d'être une, infinie, comment donc pourrons-nous y découvrir les choses particulières? Voici l'explication subtile qu'en donne Malebranche. Par là même que l'esprit peut apercevoir telle ou telle partie de l'étendue intelligible, il pourra y apercevoir toutes les figures, puisque les figures ne sont que des termes de l'étendue. L'étendue intelligible se présente-t-elle sous une limite quelconque à notre esprit, elle devient une figure intelligible. Toute portion finie de l'étendue intelligible est nécessairement une figure intelligible (1). J'apercevrai un cercle, si je vois une portion intelligible dont toutes les parties soient à égale distance d'un même point. La même portion de l'étendue étant susceptible de recevoir une limite quelconque, est apte à représenter non-seulement un cercle, mais toutes les figures intelligibles, quoiqu'elle-même elle ne soit pas figurée. Les figures intelligibles sont donc toutes contenues, mais en puissance seulement, dans l'étendue intelligible, et elles s'y découvrent à nous, selon que cette étendue se représente diversement à l'esprit, conformément à des lois générales. Elles y sont contenues, suivant la comparaison de Malebranche, comme en un bloc de marbre toutes les figures qu'en peut tirer le ciseau du sculpteur (2). « De même qu'on

---

(1) 10e *Éclaircissement*.
(2) 1re *Lettre contre la défense d'Arnauld*.

peut par l'action du ciseau former d'un bloc de marbre toutes sortes de figures, Dieu peut nous représenter tous les êtres matériels par les diverses applications de l'étendue intelligible à notre esprit (1). »

Ainsi, par les diverses applications que Dieu en fait à notre esprit, par les diverses limites sous lesquelles elle se découvre à nous, l'étendue intelligible devient l'exemplaire de toutes les figures intelligibles générales que notre entendement aperçoit. Qu'on y joigne maintenant les sentiments que Dieu excite en nous, à l'occasion de ces figures intelligibles générales, et elle nous représentera également les figures sensibles particulières. La couleur, selon Malebranche, est le principal sentiment par lequel Dieu nous les fait paraître particulières et sensibles; c'est à la couleur qu'appartient le privilége de particulariser et de rendre sensible l'étendue intelligible. Cette toile uniforme, pour ainsi dire, de l'étendue intelligible se diversifie et s'anime par les couleurs que nous y fait apparaître le peintre divin. De la seule diversité des couleurs naît la diversité des corps visibles. Les couleurs que l'âme attache aux figures, suffisent seules à les rendre particulières pour celui qui les voit. Nous voyons le soleil dans l'étendue intelligible rendue sensible par le sentiment de lumière que Dieu cause dans l'âme. Il semble que l'esprit affecté par les corps prenne le pinceau, dit Malebranche, pour se peindre à lui-même une infinité d'objets particuliers sur un objet général et parfaitement uniforme. C'est ainsi que la figure intelligible, que nous concevions, devient particulière et sensible par le seul sentiment, que Dieu, à propos de cette figure, veut exciter en nous et qu'il nous y fait rattacher. Malebranche n'est ni moins ingénieux, ni moins inventif pour expliquer comment, dans cette étendue immobile, on verra des figures en mouvement. Supposez qu'une figure sensible soit prise de différentes parties de l'étendue intelligible, ou que nous attachions successivement le même sen-

---

(1) 1er *Entret. mét.*

timent de couleur à ces différentes parties, nous verrons successivement cette figure en divers lieux, et elle nous apparaîtra en mouvement, quoique l'étendue demeure immobile.

L'étendue que mon esprit conçoit est donc la même que celle que je presse du pied, sauf que celle-ci est devenue sensible par quelque sentiment que Dieu a produit en nous (1). Croire que l'étendue sentie est d'une autre nature, qu'elle a plus de réalité, c'est prendre le relatif pour l'absolu, c'est juger de ce que les choses sont en elles-mêmes par le rapport qu'elles ont avec nous. C'est ainsi qu'on arrive, dit Malebranche, à donner à la pointe d'une épine plus de réalité qu'à tout l'univers, qu'à l'être infini lui-même. Telles sont les singulières affirmations, les tours nouveaux, les imaginations bizarres, par où Malebranche croit échapper à l'objection de mettre le particulier en Dieu, tout en continuant de nous y faire voir les choses particulières (1).

Voilà donc toutes les idées que nous voyons en Dieu réduites en une seule, celle de l'étendue intelligible : « Je vois, dit-il, en Dieu l'étendue intelligible ou l'idée de la matière, c'est en cela seul que consistent tous ces êtres représentatifs et ce magnifique palais d'idées que M. Arnauld bâtit en ma faveur (2). » Mais combien, selon Malebranche, cette idée unique n'est-elle pas vaste et féconde ! Elle comprend toutes les idées des figures intelligibles, tous les rapports de grandeur et toutes les vérités géométriques; c'est elle seule enfin qui est l'inépuisable fonds sur

(1) « La même idée d'étendue peut se faire connaître, se faire imaginer et se faire sentir, selon que la substance divine qui la renferme l'applique diversement à notre esprit. » (2e *Entret.*) Ainsi, selon Malebranche, on aperçoit un cercle en trois manières : on le conçoit, on l'imagine, on le sent.

(2) 1er *Entretien.* Voir sur cette question les *Éclaircissements* sur les idées à la suite de la *Recherche,* les deux premiers *Entretiens métaphysiques,* toute la polémique avec Arnauld et surtout la *Réponse au livre des vraies et des fausses idées,* et la 1re *Lettre contre la défense d'Arnauld.*

(3) 1re *Lettre contre la défense.*

II.

lequel nous voyons toutes les figures sensibles, par les sentiments que Dieu produit en nous, à l'occasion des figures intelligibles.

Telle est la seconde forme donnée par Malebranche à sa vision des corps en Dieu. Comme dans la première, le soleil qui frappe nos yeux, l'homme que nous voyons, le corps que nous sentons, ne sont pas le vrai soleil, ne sont pas un homme, un corps réels, mais un soleil, un homme, un corps intelligibles. Il n'est donc pas devenu plus favorable au monde réel, qui demeure invisible pour nous, et comme s'il n'existait pas, pour faire place au monde intelligible. Mais, d'un autre côté, il n'est plus question de cette multitude infinie de petits êtres représentatifs, correspondant à chaque objet de ce monde, tant maltraités par Arnauld. L'idée seule de l'étendue intelligible est comme la commune étoffe où se taillent, se découpent, pour ainsi dire, toutes les figures abstraites et sensibles. Chaque être particulier n'est plus, comme le dit spirituellement M. de Sainte-Beuve, qu'une sorte de découpure et d'enluminure que nous faisons arbitrairement d'un quartier de l'étendue infinie.

Malebranche voudrait bien mettre, sous la double protection de saint Augustin et de Descartes, son sentiment sur la vision des corps en Dieu. De saint Augustin, il a, dit-il, appris que l'idée de l'étendue éternelle est en Dieu, de Descartes, que les qualités sensibles des corps n'ont d'existence qu'en nous. Ainsi a-t-il été conduit à penser que nous voyons toutes les figures intelligibles des corps dans cette étendue éternelle, et que les sentiments qui nous les rendent sensibles et particuliers sont produits en nous par Dieu.

Les êtres matériels sont, d'ailleurs, les seuls, d'après Malebranche, que notre esprit voie par leurs idées en Dieu. Ni Dieu, en qui nous les voyons, ni notre âme qui les voit, ne nous sont connus par idée. Dieu est immédiatement intelligible par lui-même, et l'âme ne nous est que confusément connue par le sentiment intérieur. Rien de fini, selon

Malebranche, ne peut représenter l'infini, donc pas d'idée de l'infini, ou plutôt l'infini est à lui-même sa propre idée, et ne se voit qu'en lui-même. Nous sommes immédiatement unis, sans l'intermédiaire d'une idée, avec la substance de Dieu même (1); nous connaissons Dieu par lui-même, et tout le reste par Dieu, soit qu'il nous éclaire par une idée, soit qu'il nous touche par un sentiment. Cette union immédiate avec Dieu est, d'ailleurs, le fondement même de toute la vision en Dieu.

Quant à l'âme, qui n'est pas, comme Dieu, intelligible par elle-même, elle n'est pas connue par une idée claire, mais, d'une manière obscure et confuse, par le sentiment intérieur; nous ne la connaissons pas, nous ne faisons que la sentir. On s'étonne de voir Malebranche s'éloigner ici de Descartes pour suivre Gassendi. L'âme est plus certaine et plus claire que le corps, selon Descartes; selon Malebranche, comme selon Gassendi, c'est le corps qui est plus clair que l'âme. Mais tous deux arrivent à ce même résultat par les voies les plus opposées, Gassendi par la préoccupation du sensible, Malebranche par la préoccupation du divin qui lui fait perdre le sentiment de l'évidence et de la réalité de la conscience.

Il a soutenu jusqu'au bout cette grosse hérésie cartésienne contre les objections les plus pressantes d'Arnauld et de tous les purs cartésiens, en s'obstinant à confondre le clair et irrésistible témoignage de la conscience avec les impressions vagues et confuses du sentiment. Je sais, dit-il, que je suis, que je pense, que je veux, parce que je me sens. Je suis plus certain de l'existence de mon âme que de celle de mon corps, cela est vrai; mais je ne sais pas ce que c'est que ma pensée, mon plaisir, ma douleur. Nous savons bien que l'âme est distincte du corps, mais nous ne savons pas ce qu'elle est en elle-même, tandis que

---

(1) Il place, dans sa polémique avec Arnauld, les nombres nombrants et les vérités arithmétiques dans la catégorie des choses intelligibles par elles-mêmes. (*Réponse à la 3ᵉ Lettre d'Arnauld*).

nous savons ce qu'est l'étendue : « Je suis sûr que j'ai l'intelligence de l'étendue, et qu'en contemplant l'idée des corps, j'y découvre clairement qu'ils peuvent être ronds, carrés, etc. ; je puis méditer éternellement sur les rapports de l'étendue et découvrir sans cesse de nouvelles vérités en contemplant l'idée que j'en ai. Mais je sens fort bien que je ne puis faire de même à l'égard de l'âme. Je ne puis, quelque effort que je fasse, connaître que je sois capable de douleur ni d'aucun autre sentiment, en contemplant son idée prétendue (1). » En faveur de cette thèse anti-cartésienne, Malebranche invoque les discussions, dont la nature de l'âme a été, et dont elle est encore l'objet, de la part des matérialistes et des cartésiens eux-mêmes. Les cartésiens, en effet, ne discutent-ils pas entre eux sur la question de savoir si les modifications de couleur lui appartiennent ou ne lui appartiennent pas ? Nous n'avons pas d'idée de l'âme, puisque nous ne la connaissons pas clairement ; nous connaissons distinctement son existence, mais non pas sa nature, voilà ce qu'oppose Malebranche à Arnauld. Aussi ce n'est pas en nous-mêmes, sous le prétexte que notre nature est corrompue, et que nous ne sommes que ténèbres à nous-mêmes, mais en Dieu, qu'il ira chercher la connaissance des inclinations de l'homme, abandonnant la méthode psychologique de Descartes, pour suivre la méthode ontologique de Spinoza (2).

Mais pourquoi Dieu, qui nous a accordé l'idée claire de l'étendue, nous a-t-il refusé l'idée bien plus importante de l'âme ? Malebranche en donne une singulière raison. Si nous voyions notre âme en Dieu, absorbés par la beauté de ce spectacle, nous ne pourrions plus penser à autre chose, et nous cesserions de prendre soin de notre corps (3). « Dieu ne nous a pas donné une idée claire de

---

(1) *Réponse au livre des vraies et des fausses idées.*
(2) *Recherche de la vérité*, liv. IV, chap. 1.
(3) 10ᵉ *Méditation*.

notre âme, de peur que nous ne nous occupassions trop de son excellence. Nous ne connaîtrons clairement ce que nous sommes, que lorsque la vue des perfections divines ne nous permettra pas de nous enorgueillir de l'excellence de notre être (1). » Il dit encore ailleurs : « Nous ne la verrons clairement que lorsqu'il plaira à Dieu de nous manifester dans sa substance l'archétype des esprits, l'idée sur laquelle l'âme a été formée (2). »

Il faudrait ici répéter contre Malebranche, en faveur de la clarté et de la certitude de l'âme, par opposition au corps, les raisonnements de Descartes dans les *Méditations*. La nature de la matière n'a-t-elle donc pas aussi donné lieu à de nombreuses discussions ? S'il y voit tant de clarté, dit Arnauld, c'est qu'il la prend pour la pure et simple étendue. Qu'il fasse de même pour l'âme; qu'il n'y cherche pas autre chose que la pure et simple pensée, et la clarté de l'âme cessera de lui paraître inférieure à celle du corps; car quoi de plus clair et de plus certain à la pensée que la pensée elle-même ?

Toutefois, pour être juste à l'égard de Malebranche, il importe de remarquer que l'obscurité, qu'il attribue à la connaissance de l'âme, ne s'étend pas jusqu'à son existence, ni jusqu'à sa distinction d'avec le corps, qu'il tient pour aussi certaines que Descartes lui-même. C'est par là qu'il espère, dit-il, accorder ceux qui disent qu'il n'y a rien qu'on connaisse mieux que l'âme, et ceux qui disent qu'il n'y a rien qu'on connaisse moins. Tout en reprochant à Malebranche de ne point trouver d'obscurité dans la notion du corps, nous lui pardonnerions d'en avoir trouvé dans celle de l'âme, si nous étions assurés qu'il a voulu seulement dire que bien des choses peuvent s'y passer à l'insu de la conscience. Nous sommes en effet disposés à croire avec lui : « qu'il ne suffit pas, pour connaître parfaitement l'âme, de savoir ce que nous en savons par le seul senti-

---

(1) *Traité de l'amour de Dieu.*
(2) *Réponse à Régis.*

ment intérieur, puisque la conscience, que nous avons de nous-mêmes, ne nous montre peut-être que la moindre partie de nous-mêmes (1). »

Mais si Malebranche n'a pas réussi à nous faire voir en Dieu les corps et les choses particulières, peut-être réussira-t-il mieux à nous y faire contempler le général et l'absolu, les vérités éternelles, principes de la science et de la morale, sublime manifestation d'une raison qui n'est pas la nôtre, mais celle de Dieu même. Ici est le côté platonicien et augustinien de la vision en Dieu. C'est dans l'étendue intelligible, selon Malebranche, que nous voyons les idées de toutes les figures intelligibles, mais c'est en voyant Dieu lui-même, immédiatement, et sans idée, que nous voyons, en une certaine mesure, ses perfections infinies et leurs rapports. Ces rapports de grandeur et de perfection constituent des vérités éternelles, immuables, absolues. Malebranche fait une distinction entre les vérités et les idées; les vérités ne sont pas les idées elles-mêmes, elles expriment les rapports entre les idées ; elles sont, d'ailleurs, immuables et absolues comme les idées elles-mêmes. Cette union des esprits avec Dieu, cette vue en Dieu des idées et des vérités éternelles, voilà ce qu'il appelle la raison. Pour décrire et célébrer cette raison divine, la belle langue de Malebranche prend un nouveau degré d'élévation et de grandeur, et souvent même s'élève jusqu'à la plus haute poésie et jusqu'au lyrisme. C'est ici surtout de saint Augustin qu'il s'inspire ; c'est avec saint Augustin qu'il se sépare de Descartes et qu'il le combat (2).

Y a-t-il une raison universelle qui éclaire toutes les intelligences immédiatement et par elle-même, ou bien la raison est-elle individuelle, et chaque esprit peut-il découvrir, dans les modalités de sa propre substance, la nature de tous les êtres créés et possibles, voilà la première ques-

---

(1) *Recherche*, 3e livre, 2e partie, chap. vii.
(2) « Ce que je dis ici, que c'est la sagesse éternelle qui nous éclaire, et le reste, est tout pris de saint Augustin. » (*Traité de la nature et de la grâce*, 1er *Discours*, art. 7, addition.)

tion. Il n'y en a pas, dit Malebranche, qui nous regarde de plus près, quoique bien des gens ne s'en embarrassent guère; il s'agit, en effet, d'une chose qui entre dans la définition ordinaire de l'homme, *animal rationis particeps*, et dont dépendent tous les fondements des sciences spéculatives et pratiques (1). La raison est le rapport de tous les esprits avec une même source de lumière, avec Dieu lui-même; il n'y a qu'une raison, qui est la raison, la sagesse ou le verbe même de Dieu, suivant le nom que Malebranche aime à lui donner, pour rapprocher la philosophie de la théologie. Un même soleil intelligible éclaire toutes nos intelligences, comme un même soleil sensible éclaire tous nos yeux. Que de belles pages de Malebranche il faudrait citer sur l'unité, sur l'universalité de la raison ! Toute créature est un être particulier, et la raison qui éclaire l'esprit de l'homme est universelle. Ma douleur m'est personnelle, mais non la vérité, bien commun à tous les esprits : « Tous les esprits la contemplent sans s'empêcher les uns les autres. Elle se donne à tous et tout entière à chacun d'eux, car tous les esprits peuvent, pour ainsi dire, embrasser une idée dans un même temps et en différents lieux, tous la posséder également, tous la pénétrer et en être pénétrés... bien qui ne se divise pas par la possession, qui ne s'enferme point dans un espace, qui ne se corrompt point par l'usage (2). »

Par la raison nous sommes en une société spirituelle avec tous les hommes et avec Dieu lui-même, nous sommes assurés qu'il n'y a pas d'homme au monde ni d'esprit qui n'aperçoive les mêmes vérités que je vois, par exemple, que $2 + 2 = 4$, ou qu'il faut préférer son ami à son chien. Par la raison nous sommes tous en participation de cette même substance intelligible du Verbe, et tous les esprits peuvent s'en nourrir. « Elle est la même dans le temps et dans l'éternité, la même parmi nous et chez les étrangers,

---

(1) *Réponse à Régis.*
(2) *Traité de morale*, livre II, chap. III.

la même dans le ciel et dans les enfers (1). » L'union avec la sagesse éternelle est essentielle à tous les hommes. Au milieu des plus grands désordres on entend encore sa voix, et elle nous donne en même temps la connaissance de notre devoir et celle de nos déréglements (2). Que celui-là, par exemple, qui sacrifie tout aux richesses, rentre un moment en lui-même, qu'il fasse taire les sens et l'imagination pour consulter la raison, il entendra : « une réponse claire et distincte de ce qu'il doit faire, réponse éternelle qui a toujours été dite, qui se dit et qui se dira toujours, réponse qu'il n'est pas nécessaire que j'explique, parce que tout le monde la sait, ceux qui lisent ceci et ceux qui ne le lisent pas, qui n'est ni grecque, ni latine, ni française, ni allemande, et que toutes les nations conçoivent, réponse enfin qui console les justes dans leur pauvreté et désole les pécheurs dans leurs richesses (3). » Malebranche ne peut pas concevoir que les damnés et les démons eux-mêmes n'aient pas quelque union avec la sagesse éternelle, et que sa lumière ne pénètre pas jusque dans les abîmes : « Ils sont morts en un sens, mais ils ne sont pas anéantis. Ils se nourrissent du Verbe, s'ils ont encore quelque vie, parce que c'est lui seul qui est la vie, mais ils ne se nourrissent qu'avec dégoût d'une vérité qu'ils n'aiment pas et souhaitent le néant (4). »

On ne peut, dit-il, nier cette raison universelle et absolue sans donner gain de cause au pyrrhonisme. S'il n'y a qu'une raison particulière et personnelle, chaque individu sera la mesure de toutes choses, nul ne pourra s'assurer que la vérité qu'il voit est la même que celle que voient les autres hommes, et que la géométrie est la même à la Chine et à Paris. Nous ne sommes assurés qu'il y a une seule vérité, la même au regard de tous et au regard de Dieu

---

(1) *Entret. mét.*
(2) Préface de la *Recherche.*
(3) *Recherche,* 3ᵉ livre, dernier chap.
(4) *Convers. chrét.,* 3ᵉ entretien.

même, que parce que Dieu lui-même est cette vérité et cet ordre que nous contemplons : « De là il est évident qu'il y a du vrai et du faux, du juste et de l'injuste, et cela à l'égard de toutes les intelligences. Ce qui est vrai à l'égard de l'homme est vrai à l'égard de l'ange et à l'égard de Dieu même, que ce qui est injustice ou déréglement à l'égard de l'homme est aussi tel à l'égard de Dieu même; car tous les esprits contemplant la même substance intelligible, y découvrent nécessairement les mêmes rapports de grandeur, les mêmes vérités spéculatives. » Ils y découvrent aussi les mêmes vérités de pratique, les mêmes lois, le même ordre, lorsqu'ils voient les rapports de perfection qui sont entre les êtres intelligibles, que renferme cette même substance du Verbe, substance qui seule est l'objet immédiat de toutes nos connaissances (1).

Il critique Descartes (2) pour avoir fait de ces lois éternelles des décrets de la volonté libre de Dieu. « Si les vérités et les lois éternelles dépendaient de Dieu, il me paraît évident qu'il n'y aurait plus de science véritable. Voit-on clairement que Dieu ne puisse cesser de vouloir ce qu'il a voulu d'une volonté libre et indifférente? »

Malebranche distingue dans la raison deux points de vue, le point de vue spéculatif et le point de vue pratique, suivant la manière dont elle se montre et s'impose à nous. La raison est l'ordre aussi bien que la vérité. Tantôt la raison se manifeste à nous comme vérité, et tantôt comme ordre, selon la nature des rapports et des vérités que notre esprit y contemple. Ces rapports sont, ou des rapports de grandeur qui se mesurent exactement entre des êtres de même nature, ou des rapports de perfection entre les idées des êtres de diverses natures. Les rapports de grandeur engendrent les vérités abstraites et métaphysiques, purement spéculatives; les rapports de perfection engendrent les vérités pratiques, c'est-à-dire des vérités qui, en même temps

---

(1) *Traité de morale*, livre I.
(2) Voir le 8ᵉ et le 10ᵉ *Éclaircissement de la Recherche*.

qu'elles sont des vérités, sont aussi des lois immuables et nécessaires, des règles inviolables de tous les mouvements de l'esprit. Ces vérités constituent l'ordre immuable que nous devons suivre, et que Dieu lui-même consulte dans toutes ses opérations.

Expliquons plus amplement ce que Malebranche entend par ordre, et comment cet ordre devient notre loi inviolable, la loi de Dieu lui-même, car là est le principe, non-seulement de toute sa morale, mais de sa doctrine de la providence et de l'optimisme. L'ordre consiste dans les rapports des perfections qui sont en Dieu. Toutes les perfections de Dieu, sans doute, sont infinies, mais non pas toutes égales. Malebranche, en effet, admet des infinis inégaux ; ainsi une infinité de dizaines est dix fois plus grande qu'une infinité d'unités. On peut donc concevoir que les perfections qui sont en Dieu, et qui représentent tous les êtres créés ou possibles, quoique toutes infinies, ne sont pas toutes égales. Celles qui représentent les corps ne sont pas aussi nobles que celles qui représentent les esprits, et, parmi celles qui représentent soit les corps, soit les esprits, il y en a de plus parfaites les unes que les autres à l'infini. Malebranche fait dire au Verbe : « Si ce qui est en moi représentant corps était en tout sous la même perfection que ce qui est en moi représentant esprit, tu vois bien que je ne pourrais pas savoir la différence qu'il y a entre un esprit et un corps, puisque je ne puis découvrir les différences de perfection des créatures que par les différences qui se trouvent dans leurs idées (1). » Il y a donc une sorte de hiérarchie entre toutes les perfections et entre tous les êtres que Dieu renferme en lui, d'une manière intelligible. De là cette définition, donnée par Malebranche, de la loi suprême de l'homme et de Dieu : « Ordre immuable et nécessaire qui est entre les perfections que Dieu renferme dans son essence infinie auxquelles participent inégalement tous les êtres (2). » Les perfections des êtres sont les perfections

---

(1) 4e *Méditation.*
(2) *Traité de morale.*

divines, auxquelles ils participent plus ou moins, selon le rang de leurs idées archétypes dans l'entendement divin ; l'ordre qu'elles constituent n'est pas différent de l'ordre même des perfections de Dieu.

Cependant jusqu'ici cet ordre nous apparaît plutôt comme une vérité spéculative que comme une loi nécessaire. Nous voyons bien qu'un esprit est plus noble qu'un corps, mais non que ce soit un ordre qui ait force de loi. Pour le comprendre, il faut, avec Malebranche, considérer que Dieu s'aime par un amour nécessaire, qu'il aime davantage ce qui représente en lui plus de perfection, ou qu'il aime plus sa substance, en tant que participable par un être plus noble, qu'en tant que participable par un être moins noble. Si l'esprit intelligible est cent fois plus parfait que le corps, il l'aimera cent fois davantage. Il devra aimer plus l'homme que le cheval, le juste que le méchant. Ainsi l'ordre a force de loi par rapport à Dieu, ainsi Dieu lui-même est obligé de le suivre, par l'excellence même de sa nature, et non par aucune contrainte, sans nulle ressemblance avec le Saturne enchaîné par les destins dont parle Descartes. Or, cette loi éternelle, qui est en Dieu, qui est Dieu même, est notifiée à tous les hommes par l'union, quoique maintenant fort affaiblie, qu'ils ont avec la souveraine raison, ou en tant que raisonnables (1) : « Loi terrible, dit Malebranche, menaçante, inexorable, que nul homme ne peut contempler sans crainte et sans horreur, même dans le temps qu'il ne veut point lui obéir. »

Dieu veut que nous aimions les choses comme lui-même il les aime. Tel est le fondement de la morale, telle est l'essence de la raison pratique qui, toujours la même, a commandé à tous les hommes de tous les temps et de tous les lieux. Avant toute autre loi positive, ou même religieuse, Malebranche place cette loi universelle de vérité et de justice. Avec quelle force ne réfute-t-il pas ceux qui prétendent que la révélation est la source unique de toute notion

---

(1) *Entretien avec un philosophe chinois.*

du juste et de l'injuste ! Comment s'y prendront-ils pour réfuter les plus dangereux sophismes et condamner les actions les plus infâmes des païens ? Pour tous ceux qui auront vécu en dehors de cette loi, il n'y aura donc plus ni vérité, ni justice ! Il n'y aura plus de différence morale entre Socrate buvant la ciguë et Néron assassinant sa mère ! « En ne méditant que sur des principes évidents, on découvrira les mêmes vérités que dans l'Évangile, car c'est la même sagesse qui parle par elle-même à ceux qui découvrent la vérité dans l'évidence des raisonnements, et qui parle par les Écritures à ceux qui en prennent bien le sens (1). » Le juste et le faux ne sont point, dit-il encore, des inventions de l'esprit humain, ainsi que le prétendent certains esprits corrompus. Il se moque de ces rares génies qui croient avoir trouvé dans l'amour propre les vrais principes de la morale naturelle (2).

L'obéissance à l'ordre, l'amour de l'ordre, amour naturel à l'homme quand il n'est pas sous l'empire de la passion, voilà le principe qu'il donne à toutes les vertus et à tous les devoirs. Non-seulement c'est la principale des vertus morales, mais l'unique vertu, la vertu mère, la vertu fondamentale, universelle, qui seule rend vertueuses les habitudes ou les dispositions d'esprit, et toutes les actions, quelles qu'elles soient. Le soldat, dit Malebranche, qui se précipite dans le danger par ambition ou par ardeur de tempérament n'est pas généreux. Qu'est-ce que cette prétendue noble ardeur, sinon de la vanité ou un jeu de machine ? Celui qui donne son bien aux pauvres par vanité ou par compassion n'est pas charitable, celui qui souffre les injures par paresse ou par dédain, n'est ni modéré ni patient. Ce sont vertus fausses ou vaines, dépendantes de la disposition du corps, indignes d'une nature raisonnable qui porte l'image de Dieu même. Amour libre, habituel et dominant de l'ordre immuable, voilà la vraie définition de la vertu. Tous

---

(1) *Recherche*, 6° livre.
(2) 8° *Entret. mét.*, part. 11. Il fait sans doute allusion à *Régis*.

sans doute nous aimons naturellement l'ordre; les méchants, les démons eux-mêmes en ont quelque amour, et ils s'y conformeraient s'il n'en coûtait rien ni à leur passion ni à leur intérêt. Mais, pour être vertueux, il ne suffit pas d'aimer un peu l'ordre, de l'aimer de temps à autre, il faut l'aimer toujours, il faut l'aimer à tout prix.

L'amour de l'ordre ne se sépare pas de l'amour de Dieu; on ne peut aimer l'ordre, sans aimer Dieu par-dessus toutes choses. L'ordre en effet ne veut-il pas que nous aimions les choses à proportion qu'elles sont parfaites, et Dieu n'enferme-t-il pas en lui-même, d'une manière infiniment parfaite, les perfections de toutes choses? La charité ou l'amour de Dieu est donc une suite de l'amour de l'ordre. Rien, d'ailleurs, n'est plus propre, selon Malebranche, que l'idée de Dieu, comme ordre ou justice suprême, à régler notre amour envers lui; cette idée étant moins susceptible que toute autre d'être corrompue par l'imagination et de nous faire illusion. Il est fâcheux que la théologie la plus aventurée, et les plus subtiles discussions sur la grâce, se mêlent trop souvent, dans ce beau livre de morale, aux plus incontestables vérités de la raison.

Comment ne pas s'étonner que l'auteur d'une morale si sévère et si pure, que le philosophe dont la doctrine pousse si loin le détachement des choses sensibles, ait eu à se défendre contre l'accusation d'épicuréisme de la part d'Arnauld et de Régis lui-même (1)? Malebranche, il est vrai, semble, au premier abord, traiter assez favorablement le plaisir. Il n'hésite pas à dire que tout plaisir est un bien, que le plaisir est un instinct de la nature, ou plutôt une impression de Dieu même qui nous incline vers quelque bien, qu'il est le caractère naturel et incontestable du bien, comme la douleur du mal (2). Mais il ajoute, ce qui n'a rien

---

(1) M. Ritter, dans son *Histoire de la philosophie du dix-septième siècle*, a le tort de renouveler cette vieille accusation. Il est difficile, dit-il, d'absoudre Malebranche d'avoir, par sa doctrine, donné la main à l'eudaimonisme.

(2) *Recherche*, 2ᵉ livre, chap. v.

d'épicurien, qu'il est souvent avantageux de fuir le plaisir et de supporter la douleur, quoique l'un soit un bien et que l'autre soit un mal. En outre il combat, comme le dernier aveuglement, la maxime perverse et impie, que suivre les passions, c'est obéir à Dieu et à la voix de la nature (1). Cela n'est nullement contradictoire, répond-il à Régis, car si le plaisir est un bien, ce n'est pas le souverain bien, et s'il nous rend actuellement heureux, ce n'est pas à dire qu'il nous rende solidement heureux. Mais comment Dieu a-t-il pu nous exciter par le plaisir aux choses sensibles et en même temps nous défendre de les aimer ? N'est-ce pas un piége tendu par le Créateur à la créature ?

Il fallait, selon Malebranche, qu'il en fût ainsi pour le bien et pour la conservation du corps. Otez ce sentiment prévenant du plaisir ou de la douleur qui nous avertit, sans le secours de la réflexion, de ce qui nous est nuisible ou salutaire, notre esprit serait absorbé par le soin du corps, et un seul moment de distraction nous serait fatal.

Mais, quoique nous sentions du plaisir dans l'usage des choses sensibles, Malebranche interdit de les aimer, parce qu'elles n'ont rien d'aimable en elles-mêmes, parce qu'elles ne sont pas la cause, mais l'occasion du plaisir. Il faut, dit-il, aimer la cause du plaisir, d'accord ; mais cette cause est Dieu qui seul est aimable. On peut s'unir aux objets sensibles, mais on ne doit pas les aimer, et lorsque l'obligation que nous avons de conserver notre santé et notre vie, nous contraint de jouir de quelque plaisir, il faut faire de nécessité vertu, et n'en user qu'avec crainte, qu'avec une espèce d'horreur (2). Est-ce donc là le langage d'un épicurien, et Malebranche n'est-il pas tout aussi éloigné de l'épicuréisme en morale qu'en métaphysique (3) ?

(1) *Recherche*, 4e livre.
(2) *Conversat. chrét.*, 8e entret.
(3) Bayle intervint contre Arnauld, en faveur de Malebranche, dans cette querelle des plaisirs. Fontenelle y touche avec finesse et un peu d'ironie dans l'*Éloge* de Malebranche : « Ainsi, malgré sa vie plus que

Qu'est-ce que la beauté? De même que la justice, Malebranche la ramène à l'ordre. Si tous les hommes aiment naturellement la beauté, c'est parce que toute beauté est visiblement une imitation de l'ordre. Non-seulement cela est vrai de cette beauté qui est l'objet de l'esprit, mais même des beautés sensibles. Les beautés sensibles ne sont belles que par l'ordre et par la vérité, quoique l'ordre et la vérité y soient plus difficiles à découvrir (1). Telle est la pensée fondamentale, ingénieusement développée par le P. André dans ses *Discours sur le beau*.

Malebranche rattache étroitement la politique à la morale. C'est de la seule raison qu'il fait dériver toute autorité légitime. D'où vient que la raison seule ne règne pas sur les hommes et que la force soit devenue la maîtresse? C'est au péché originel qu'il attribue la première origine de ce règne de la force et de l'inégalité parmi les hommes. La nature humaine étant égale dans tous les hommes, et faite pour la raison, il n'y a que le mérite, qui aurait dû nous distinguer et la raison nous conduire : « mais par suite du péché et de la concupiscence, les hommes, quoique naturellement tous égaux, ont cessé de former entre eux une société d'égalité sous une même loi, la raison. La force ou la loi des brutes, celle qui a déféré au lion l'empire parmi les animaux, est devenue la maîtresse parmi les hommes, et l'ambition des uns, la nécessité des autres, a obligé tous les hommes à abandonner, pour ainsi dire, Dieu, leur roi naturel et légitime, et la raison universelle, leur loi inviolable, pour choisir des protecteurs visibles qui pussent par la force les défendre contre une force ennemie.... La raison même le veut ainsi, parce que la force est une loi qui doit ranger ceux qui ne suivent plus la raison. » Travailler à faire régner la raison, d'où ils tiennent toute leur

philosophique et très-chrétienne, il se trouva le protecteur des plaisirs. A la vérité, la question devint si subtile et si métaphysique, que leurs plus grands partisans auraient mieux aimé y renoncer toute leur vie, que d'être obligés à les soutenir comme lui. »

(1) 4ᵉ *Méditation*.

autorité, voilà la mission des rois, des puissants, des supérieurs de toute sorte. Le père lui-même ne peut commander à son enfant qu'au nom de la raison. Malebranche appelle admirablement, des vicaires de la raison, tous les hommes revêtus de quelque autorité sur les autres : « Que les supérieurs se regardent donc comme les vicaires, pour ainsi dire, de la raison, loi primitive, indispensable, et n'usent de leur autorité que contre ceux qui refusent d'obéir à cette loi. Qu'ils ne se servent de la force, loi des brutes, que contre les brutes, que contre ceux qui ne connaissent point de raison et qui ne veulent point s'y soumettre (1). »

La loi de la force n'est légitime que pour ramener à la loi de la raison. « Dieu même, si cela était possible, n'a pas le droit de se servir de sa puissance pour soumettre les hommes, faits pour la raison, à une volonté qui n'y serait pas conforme (2). »

Ainsi Malebranche établit la souveraineté absolue de la raison à l'égard de toutes les volontés, à l'égard des individus et des peuples, des particuliers et des rois, à l'égard de Dieu même. Il n'est pas moins convaincu de son infaillibilité que de sa souveraineté : « Ne jamais donner de consentement qu'aux propositions qui paraissent si évidemment vraies qu'on ne puisse le leur refuser sans sentir une peine intérieure et des reproches secrets de la raison; » voilà la règle suprême de sa logique, règle qu'il défend admirablement contre les attaques soit des sceptiques, soit des théologiens ennemis de la raison. S'il nous arrive de nous tromper, c'est que nous nous contentons de la vraisemblance, sans attendre l'évidence, ou que nous précédons la lumière au lieu de la suivre, c'est que nous avons le pouvoir de nous décider, sans attendre le jugement infaillible du juste juge, car si nous faisions toujours à la raison cet honneur de la laisser prononcer en nous ses arrêts, elle

---

(1) *Traité de morale*, 2ᵉ partie, chap. IV.
(2) *Traité de morale.*

nous rendrait infaillibles. Non-seulement la raison ne nous trompe pas, mais, selon Malebranche, c'est une impiété de soutenir qu'elle nous trompe : « C'est une impiété que de dire que cette raison universelle à laquelle tous les hommes participent et par laquelle seule ils sont raisonnables, soit sujette à l'erreur ou capable de nous tromper. Ce n'est point la raison de l'homme qui le séduit, c'est son cœur; ce n'est point sa lumière qui l'empêche de voir, ce sont ses ténèbres; ce n'est point l'union qu'il a avec Dieu qui le trompe, ce n'est pas même, en un sens, celle qu'il a avec son corps, c'est la dépendance où il est de son corps, ou plutôt c'est qu'il veut se tromper lui-même, c'est qu'il veut jouir du plaisir de juger avant de s'être donné la peine d'examiner, c'est qu'il veut se reposer avant d'être arrivé au lieu où la vérité repose (1). »

Il n'épargne pas les personnes de piété qui, de son temps, comme aujourd'hui, faisaient la guerre à la raison : « Il y a même des personnes de piété qui prouvent par raison qu'il faut renoncer à la raison, que ce n'est point la lumière, mais la foi seule qui doit nous conduire, et que l'obéissance aveugle est la principale vertu des chrétiens. La paresse des inférieurs et leur esprit flatteur s'accommodent souvent de cette vertu prétendue, et l'orgueil de ceux qui commandent en est toujours très-content. De sorte qu'il se trouvera peut-être des gens qui seront scandalisés que je fasse cet honneur à la raison de l'élever au-dessus de toutes les puissances, et qui s'imagineront que je me révolte contre les autorités légitimes à cause que je prends son parti et que je soutiens que c'est à elle à décider et à régner (2). »

Toujours préoccupé de rattacher sa philosophie à la théologie, Malebranche se plaît à représenter la raison comme le verbe de Dieu sans la chair, et Jésus-Christ lui-même comme cette même raison rendue visible et incarnée, pour

---

(1) 12ᵉ *Éclairciss. à la Recherche.*
(2) *Traité de morale,* 2ᵉ partie, chap. ii.

frapper davantage les hommes sensibles et charnels et les conduire, par une autorité sensible, jusqu'à l'intelligence de la vérité. Dans l'eucharistie, il voit un symbole de la nourriture divine, de la manne céleste, dont se repaissent toutes les intelligences, par leur participation avec la substance divine (1).

Telles sont les deux parties de la doctrine de la vision en Dieu, l'une relative au particulier, l'autre à l'absolu. Il importe de ne pas les confondre. Dans la première, qui appartient en propre à Malebranche, il n'y a qu'erreur et chimère; dans la seconde, où il s'inspire de saint Augustin, et, par saint Augustin de Platon, il y a, suivant nous, une certaine part de vérité. L'erreur consiste à imaginer que les corps en eux-mêmes sont invisibles pour nous et que nous ne pouvons les voir qu'autant que Dieu nous les montre dans sa substance même. Toutes ces inventions, si subtiles et si bizarres, de Malebranche, pour nous faire voir les corps en Dieu, ont pour origine, comme nous l'avons vu, ce prétendu axiome de sa métaphysique, que toute efficace appartient à Dieu seul. De là, d'abord, tous ces objets intelligibles qui leur correspondent en Dieu; de là, ensuite, l'étendue intelligible qui, par ses diverses applications à notre esprit, et par les sentiments que Dieu excite en nous, à leur occasion, nous découvre en elle tout le figuré et le sensible, quoiqu'elle ne renferme rien de sensible et de figuré.

Comment comprendre que nous apercevions des figures intelligibles sur cette étendue uniforme, infinie, où rien n'est figuré? Comment y découper telle ou telle figure, si déjà, par devers nous, nous n'en avons pas le patron et le modèle? Ou si ce n'est pas nous qui limitons, qui découpons l'étendue, si c'est l'étendue intelligible elle-même qui s'applique à notre esprit, sous telle ou telle limite, quelle est la raison de cette limite? Comment l'étendue in-

(1) Cette interprétation du sacrement de l'eucharistie est développée dans la 20e *Méditation*.

telligible se circonscrit-elle à notre regard en cercle ou en carré, sans cesser de nous apparaître comme infinie ? Quoi de plus obscur et de plus chimérique que toutes ces imaginations pour concilier, avec l'uniformité de l'étendue intelligible, la variété infinie de nos perceptions sensibles ! Enfin, si l'étendue intelligible, avec le sentiment, suffit à nous donner tous les spectacles et toutes les impressions du monde extérieur, si nous ne sommes réellement en rapport qu'avec ce monde intelligible, à quoi bon supposer l'existence d'un monde réel, et quoi de plus contraire à ce grand principe de la simplicité des voies, sans cesse invoqué par Malebranche? Nous continuerons donc de croire, en dépit des axiomes métaphysiques de l'auteur de la *Recherche*, que nous voyons le particulier en lui-même, sans prétendre expliquer comment nous le voyons, ou que la perception d'un objet, comme Arnauld le soutient avec tant de force et de bon sens, est la vue directe et immédiate de cet objet en lui-même, que l'arbre que nous voyons, que notre corps, que nous touchons, est un arbre réel, un corps réel, et non un arbre et un corps intelligibles aperçus en Dieu.

Mais la vision en Dieu a un sens plus plausible quand il s'agit de la connaissance de l'immuable et de l'absolu.

Nous voyons, sans doute, en eux-mêmes les objets matériels, mais on peut dire en un certain sens, avec Malebranche, que nous les voyons à la lumière des idées divines, et non à leur propre lumière. Nous ne voyons en effet le fini que sous la condition et à la lumière de l'infini, que dans l'infini, comme le dit Malebranche. Le fini et l'infini, ou le relatif et l'absolu, sont deux termes corrélatifs dans notre intelligence, qui ne peuvent être ni séparés, ni même conçus indépendamment l'un de l'autre. Malebranche a donc raison de dire que Dieu ne nous fait rien connaître sinon par la manifestation d'une nature immuable, ou même encore, que nous ne sommes pas notre lumière à nous-mêmes, et que Dieu seul est le père de toutes les lumières. Ainsi, s'il n'est pas vrai que nous voyons tout en

Dieu, il est vrai que nous ne verrions rien sans lui, pas même les choses particulières et contingentes; ainsi il est vrai que c'est lui que nous voyons, quand nous voyons les vérités éternelles et nécessaires, l'ordre absolu.

Quel philosophe, mieux que Malebranche, a saisi ce côté de notre intelligence qui regarde l'infini? Qui mieux que lui a mis en lumière, soit dans l'ordre de la spéculation, soit dans celui de la pratique, l'universalité, la nature divine de cette raison commune qui éclaire tous les hommes? Cette doctrine était sans doute en germe dans la preuve de l'existence de Dieu par l'idée de l'infini; mais ce germe a été admirablement développé par Malebranche. La manière dont Descartes entend les idées innées, la dépendance où il les place à l'égard des décrets arbitraires de la toute-puissance divine, avaient favorisé la tendance empirique de Régis et de quelques autres cartésiens. Malebranche y apporte le remède; il restitue aux vérités premières de la science et de la morale leur caractère d'universalité et d'immutabilité, il replace leur siége, avec Platon et saint Augustin, dans l'entendement divin, il les fait dépendre de l'essence même de Dieu, et non des caprices de sa volonté. Nous verrons les cartésiens les plus illustres, ceux-là mêmes qui, sur d'autres points, ont fait la guerre la plus vive à Malebranche, revenir à son exemple, à saint Augustin, et modifier la doctrine du maître, en y faisant entrer une partie de la vision en Dieu.

CHAPITRE VI

De la volonté. — Confusion de la volonté et de l'inclination. — Inclination fondamentale de notre nature. — Définition de la volonté. — Part de Dieu et part de l'homme dans la volonté. — Inconséquences de Malebranche au sujet de la liberté. — Rapports de l'âme avec le corps. — Rapports de toutes les substances créées les unes avec les autres. — Scepticisme de Malebranche au sujet de l'existence des corps. — Doctrine des causes occasionnelles. — Rapports des corps les uns avec les autres. — La force mouvante des corps est l'efficace de la volonté divine les conservant successivement en différents lieux. — L'âme et le corps simples causes occasionnelles à l'égard l'un de l'autre. — Union de l'âme et du corps par la seule réciprocation de nos modalités sur le fondement des décrets divins. — Illusions de Malebranche sur les avantages religieux et moraux de cette doctrine. — Les volontés particulières augmentées, et non diminuées en Dieu, par les causes occasionnelles. — Rouage inutile des causes occasionnelles imaginé pour dissimuler la substitution du Créateur à la créature.

De l'entendement passons à la volonté et aux grandes questions qui s'y rattachent, à la liberté, aux rapports de l'âme et du corps, puis à la question plus générale des rapports de toutes les créatures les unes avec les autres, c'est-à-dire, à la théorie des causes occasionnelles. Ici encore Dieu va nous apparaître comme l'unique acteur. Nous allons le voir opérer en nous le vouloir, de même que le sentir et le connaître. L'homme ne voit, selon Malebranche, que parce que Dieu l'éclaire, et il ne veut que parce que Dieu l'aime et le fait aimer (1).

La volonté, d'après la définition de Malebranche, est la faculté de recevoir des inclinations, faculté qu'il compare, comme nous l'avons déjà dit, à la capacité de la matière de

(1) *Traité de morale*, 1er livre, chap. II.

recevoir des mouvements. De même, dit-il, que les mouvements de la matière font la variété et la beauté du monde matériel, de même les inclinations des esprits font la variété et la beauté du monde spirituel. Elles nous manifestent non-seulement la profondeur de la sagesse de Dieu, mais encore sa justice, sa bonté, et tous ses autres attributs. De même encore que tous les mouvements, imprimés par Dieu à la matière, sont primitivement en ligne droite, de même, ajoute Malebranche, qui semble ici jouer sur les mots, toutes les inclinations venant de Dieu sont naturellement droites. Il reconnaît, il est vrai, que la volonté est à la fois passive et active, tandis que la matière est purement passive, mais cette activité, comme on le verra de plus en plus clairement, est celle de Dieu et non la nôtre.

Malebranche ne distingue donc pas la volonté des inclinations, quoique les inclinations soient des impressions de la volonté de Dieu, et qu'elles ne dépendent nullement de nous. Quelles sont nos inclinations? Il semble que, pour le savoir, il n'y ait d'autre voie que celle de l'observation de nous-mêmes. Mais, sous le prétexte que la connaissance de l'âme est obscure, et que la corruption de notre nature ne permet pas de s'y fier, c'est dans l'idée même de Dieu que Malebranche prétend les découvrir. Voici comment, par une méthode semblable à celle de Spinoza, il laisse la conscience de côté, pour déduire de la nature même de Dieu les inclinations de l'homme. Comme nous sommes incapables de nous modifier nous-mêmes en aucune façon, nos inclinations ne peuvent être que des créations et des impressions continuelles de la volonté du Créateur. Sachant quelles sont les inclinations de Dieu, nous saurons donc quelles sont les nôtres, car Dieu ne peut vouloir que nous aimions autrement qu'il n'aime lui-même. Or, d'après un principe dont Malebranche fait un grand usage dans sa théologie naturelle, Dieu en toutes choses a lui-même pour fin principale et pour fin seconde, la conservation des êtres créés par rapport à lui et à sa gloire. Il ne peut donc créer aucune créature sans la tourner vers lui, ni mettre en nous des inclinations dont il ne soit pas lui-même la fin. De même qu'il n'y a qu'un seul amour en Dieu, à savoir l'amour de lui-même, de même en nous il n'y aura qu'un seul amour, l'amour du bien indéterminé, du bien en général, qui, au fond, est l'amour de Dieu. Voilà l'inclination fondamentale de notre nature, laquelle engendre immédiatement l'amour de nous-mêmes par rapport à Dieu, et l'amour des autres par rapport à nous, d'où découlent à leur tour toutes nos autres inclinations.

La volonté étant la faculté de recevoir des inclinations, et toutes les inclinations se ramenant à cette inclination fondamentale, il la définit encore, d'une manière plus précise : « le mouvement naturel qui nous porte vers le bien en général. » L'esprit ne désire, ne hait ou n'aime qu'en vertu de cette impulsion ; qu'elle s'arrête un seul instant, il demeure indifférent et immobile. Mais, dans ce mouvement naturel vers le bien, Dieu seul agit et non pas l'homme (1). Voici néanmoins comment Malebranche, à côté de la part de Dieu, entend faire aussi celle de l'homme. Dieu nous incline sans cesse au bien en général par une impression invincible, il nous représente l'idée d'un bien particulier, il nous y pousse en vertu de l'impulsion générale vers le bien ; telle est la part de Dieu et de la prémotion physique dans la détermination de la volonté. Quant à l'homme, il voit ce bien particulier, il se sent attiré vers lui, mais il est libre de s'y arrêter ou de passer outre. Avec la réflexion, il voit que ce bien n'est pas le bien suprême, il sent qu'il peut le laisser derrière lui pour poursuivre la recherche du vrai bien par la force générale de l'impulsion qui l'y pousse. « Dieu te porte invinciblement à aimer le bien en général, mais il ne te porte point invinciblement à aimer les biens particuliers. Ainsi tu es le maître de ta

---

(1) Voici un passage très-significatif : « Nous n'agissons que par le concours de Dieu, et notre action considérée comme efficace et capable de produire quelque effet, n'est point différente de celle de Dieu. » (15e Éclaircissement.)

volonté à l'égard de ces biens (1). » Discerner les vrais biens des faux biens, suspendre notre amour à l'égard de chaque bien particulier, voilà donc le champ de la liberté. De là ce grand précepte de morale : « Ne jamais aimer un bien absolument, si sans remords on peut ne le point aimer. » Ce précepte est en parfaite harmonie avec la règle suprême de la logique : « il faut ne jamais consentir qu'aux propositions qui paraissent si évidemment vraies qu'on ne puisse leur refuser son consentement sans une peine intérieure et des reproches secrets de la raison. »

Dans tous ses ouvrages, particulièrement dans le *Traité de morale* et dans le *Traité de la nature et de la grâce*, Malebranche s'efforce de conserver à l'homme cette part de liberté. En dépit de ses principes métaphysiques, il voudrait nous faire entrer pour quelque chose dans l'œuvre de notre mérite et de notre salut. Si l'homme, dit-il, dans le *Traité de morale* (2), fait ce qui dépend en quelque sorte de lui, c'est-à-dire, s'il mérite, en se rendant parfait, Dieu fera en lui, ce qui n'en dépend en aucune manière, en le rendant heureux. Dans sa polémique sur la grâce contre Arnauld, en opposition à la grâce efficace et à la prédestination gratuite de son adversaire, il cherche non-seulement à maintenir, mais même à augmenter cette part de notre liberté, au point de s'attirer l'accusation de pélagianisme de la part d'Arnauld, de Fénelon et de Jurieu, accusation qui semble aussi peu convenir à sa doctrine que celle d'épicuréisme.

Mais ce n'est qu'au prix d'une grave inconséquence, comme le remarque Fénelon, que Malebranche peut accorder une part, quelque faible qu'elle soit, à la liberté. Que va devenir en effet le grand principe, sans cesse invoqué par lui, que la créature est incapable de se modifier elle-même, de produire un effet, un acte quelconque, et que Dieu seul est l'auteur de toute modification, comme de

---

(1) 6ᵉ *Méditation*.
(2) Liv. Iᵉʳ, chap. I.

toute réalité? Malebranche a conscience de cette contradiction, et de peur de se rendre coupable, de donner à l'homme une partie de cette causalité qui n'appartient qu'à Dieu, il traite de pouvoir misérable, de pouvoir de pécher cette faculté d'aimer différents biens, en laquelle il fait consister toute notre liberté (1). On dirait qu'il a hâte de retirer le peu qu'il vient d'accorder à la créature et de le réduire à un pur néant. Ce n'est pas même, dit-il, une modification que nous nous imprimons à nous-mêmes, ce n'est ni un acte, ni un produit de l'homme, mais quelque chose qui est purement négatif et dépourvu de toute réalité. S'il a accordé que le consentement de la volonté n'a pas besoin de la prémotion physique, c'est uniquement parce que ce consentement est un simple repos de la volonté dans ce qui lui paraît le meilleur, et non une action, suivant la distinction qu'il oppose au P. Boursier qui rapportait tout à la prémotion physique, jusqu'à la détermination même de la volonté (2). Mais arrêter un mouvement n'est-ce pas un acte tout aussi réel que le continuer et le suivre? Ainsi, ou Malebranche se contredit, ou la part qu'il veut faire à l'homme n'est qu'une part illusoire, et tout, dans la volonté elle-même, demeure l'œuvre directe de Dieu, comme dans la sensibilité et l'entendement. Nous allons voir que tout aussi est l'œuvre de Dieu dans les rapports de l'âme avec le corps.

Après avoir considéré l'âme en elle-même, Malebranche la considère dans ses rapports avec le corps; mais ici une première question se présente, celle de savoir s'il y a des corps, et si même nous avons un corps. D'après la théorie de la vision en Dieu les corps sont invisibles, ils sont pour nous comme s'ils n'existaient pas, nous ne découvrons que des corps intelligibles en Dieu; il n'est donc pas étonnant que Malebranche déclare la raison im-

---

(1) 6ᵉ *Méditation.*
(2) *Réflexions sur la prémotion physique.* — Voir le chap. XVI, où est exposé le système du P. Boursier.

puissante à démontrer leur existence, et fasse appel à la foi. Descartes avait invoqué l'argument de la véracité divine; Malebranche le loue de n'avoir pas voulu supposer démontrée l'existence des corps, ni la prouver par des preuves sensibles, et d'avoir mieux aimé se rendre ridicule aux petits esprits, par des doutes qui leur paraissent extravagants, que d'assurer des choses qui lui paraissaient incertaines. Avec la seule raison on ne pouvait, dit-il, donner de preuves plus fortes de l'existence des corps, mais néanmoins il n'a pas réussi à la démontrer.

Il y a en effet en nous une tendance naturelle à croire que les corps existent, et que Dieu n'est pas trompeur, mais cette tendance n'est pas irrésistible, et, d'ailleurs, Descartes ne prouve nullement que Dieu nous ait assuré qu'il y a effectivement des corps. Nulle démonstration de l'existence des corps n'est possible, parce qu'on ne peut montrer la liaison nécessaire du monde avec son principe, qui est Dieu. Les idées ayant une existence éternelle et nécessaire, pour nous assurer de l'existence du monde intelligible, nous n'avons qu'à consulter la raison. Il n'en est pas de même du monde corporel, puisque l'idée de Dieu se suffit à elle-même, et ne renferme aucun rapport nécessaire avec aucune créature. Le monde n'est pas une suite nécessaire de Dieu; il n'existe que parce qu'il a plu à Dieu de le créer, nous ne pouvons donc être assurés de son existence qu'autant que Dieu nous la révèle. Viendrait-il à être anéanti, nous ne nous en apercevrions pas, pourvu que Dieu continuât à nous faire voir en lui les mêmes idées, et à produire en nous les mêmes sentiments. Mais la foi nous apprend, selon Malebranche, ce que la raison toute seule ne peut nous démontrer, à savoir que Dieu a créé le ciel et la terre, et que l'Écriture est un livre divin. Or, ce livre divin, ou son apparence, me dit nettement et positivement qu'il y a mille et mille créatures, qu'il y a eu des miracles, des apôtres, des prophètes, etc. Donc voilà toutes nos apparences changées en réalités; donc il y a des corps : cela est démontré en toute rigueur, la foi supposée (1). C'est ainsi que Malebranche prétend sauver, à l'aide de la Bible, le monde extérieur que la raison ne peut nous donner.

Assurés par la foi de l'existence des corps et des autres créatures, voyons comment il explique leurs rapports mutuels, et en particulier ceux de l'âme avec le corps. Selon Malebranche, nulle créature ne peut agir sur une autre par une efficace qui lui soit propre, il n'y a entre elles qu'une simple correspondance, par l'intervention continuelle de Dieu, seule vraie cause; les créatures ne sont pas de vraies causes, mais seulement des occasions, à propos desquelles l'unique vraie cause entre en exercice. Veut-on néanmoins leur donner le nom de causes, il faut ajouter qu'elles ne sont que causes occasionnelles. « Dieu ne communique sa puissance aux créatures qu'en les établissant causes occasionnelles, pour produire certains effets, en conséquence des lois qu'il se fait, pour exécuter ses desseins d'une manière constante et uniforme, par les voies les plus simples et les plus dignes de ses autres attributs (2). » Tel est le fondement de la célèbre théorie des causes occasionnelles. Déjà elle était en germe dans les tendances de la métaphysique de Descartes, déjà Delaforge et Cordemoy en France, Geulincx en Hollande, l'avaient plus ou moins appliquée aux rapports de l'âme et du corps. Mais Malebranche va plus avant et il veut expliquer par les causes occasionnelles l'harmonie de l'univers entier.

Les corps, selon Malebranche, n'ont aucune puissance les uns sur les autres. Croire qu'il y ait communication du mouvement par le choc, c'est prendre un simple rapport de succession pour un rapport de causalité. Leur rencontre ou leur choc n'est pas la cause réelle, mais seu-

---

(1) Voir le 6º *Éclairciss. à la Recherche* : « qu'il est très-difficile de prouver qu'il y a des corps, » et le 6º *Entret. mét.*
(2) 5º *Méditation.*

lement la cause occasionnelle de la distribution du mouvement. « L'esprit ne concevra jamais qu'un corps, substance purement passive, puisse transmettre dans un autre la puissance qui le transporte (1). » Il n'y a que le créateur des corps qui ait assez de force pour les mouvoir; chaque corps ne peut exister, un seul instant, qu'autant que Dieu le veuille, et de nouveau le crée en cet instant. Or, Dieu ne peut ni concevoir ni vouloir que ce corps qu'il crée ne soit nulle part, il le place donc toujours là ou là, par cette volonté de créer. Un corps est en repos, parce que Dieu le crée toujours dans le même lieu; il est en mouvement, parce qu'il le crée et le conserve successivement en des lieux différents. En quelque instant, en quelque lieu que vous preniez un corps, il est toujours là où Dieu veut qu'il soit. Donc il y a contradiction à supposer qu'un corps puisse en remuer un autre. Quelle puissance pourra le transporter où Dieu ne le transporte pas? Il y a contradiction non-seulement à ce qu'un autre corps, mais à ce que tous les anges, à ce que tous les démons ensemble puissent ébranler un simple fétu (2). L'efficace de la volonté divine, voilà en quoi consiste toute la force mouvante des corps.

Ce n'est pas la première boule qui met la seconde en mouvement par le choc, mais Dieu, à l'occasion de ce choc; ce n'est pas le soleil qui envoie la lumière, mais Dieu qui répand la lumière de tous côtés, dans l'instant que le soleil se lève. Comme rien ne se fait dans le monde matériel que par le mouvement des parties, visibles ou invisibles, il suit que Dieu seul est cause véritable de tous ces effets naturels que certains philosophes attribuent à une nature aveugle, à des formes, des facultés, des vertus dont ils n'ont nulle idée.

Malebranche résout de la même manière le problème des rapports de l'âme et du corps, qui n'est qu'un cas parti-

---

(1) 5e *Éclaircissement.*
(2) 7e *Entret. mét.*

culier de la règle générale de la communication des substances. L'âme et le corps ne sont aussi que causes occasionnelles à l'égard l'un de l'autre. De même que toutes les autres créatures, l'âme est incapable d'action; lui attribuer une efficace quelconque, sur la foi du sentiment obscur de la conscience, c'est supposer en elle ce qu'elle ne peut avoir; car toute efficace, quelque petite qu'on la suppose, est quelque chose d'infini et de divin. L'âme n'est pas plus capable de produire des mouvements que des idées. D'ailleurs, dit Malebranche, de même que Geulincx, peut-on faire, ou même peut-on vouloir, ce qu'on ne sait point faire? Peut-on vouloir que les esprits animaux se répandent dans certains muscles, quand on ignore qu'on a des esprits animaux et des muscles? Ce qui nous induit en erreur, pour les mouvements comme pour les idées, c'est que d'ordinaire ils suivent nos volontés. Mais autre chose est l'effort, autre chose est l'efficace, et ici encore nous prenons l'occasion ou la condition pour la cause elle-même. On invoque l'expérience, mais à tort, car l'expérience nous apprend bien que les modalités du corps et de l'âme sont réciproques, et non que l'âme agisse sur le corps. « Ne juge jamais à l'égard des effets naturels qu'une chose soit l'effet d'une autre, à cause que l'expérience t'apprend qu'elle ne manque jamais de suivre. Car de tous les faux principes c'est celui qui est le plus dangereux et le plus fécond en erreurs (1). »

A plus forte raison le corps n'agira-t-il pas sur l'âme, c'est-à-dire, ce qui est moins noble sur ce qui l'emporte infiniment par le prix et par la dignité. Nul changement, ni sentiment ni idée, n'arrive dans l'âme par la vertu du corps. Si, en présence du feu, j'éprouve de la chaleur, ce n'est pas le feu, c'est Dieu qui la produit en moi, de même que si, lorsque je veux lever mon bras, mon bras se lève, ce n'est pas moi, mais Dieu, qui le lève et qui accommode l'efficace de son action à l'inefficace des créatures, suivant une loi générale qu'il s'est prescrite à lui-même. Toutes

---

(1) 6ᵉ *Méditation.*

les choses qui se passent dans le corps, tous les mouvements des esprits animaux, ne sont qu'une occasion, et non une cause, à l'égard de toutes les manifestations de l'âme. « Dieu a donné aux âmes, à l'occasion de ce qui se passe dans le corps, cette suite de sentiments qui est le sujet de leurs mérites et la matière de leurs sacrifices, et de même il a donné aux corps, à l'occasion des désirs et des volontés de l'âme, cette suite de mouvements nécessaires à la conservation de la vie (1). »

L'alliance entre l'âme et le corps ne consiste donc pas en une réciprocité d'action, mais en une correspondance naturelle et mutuelle, continuellement entretenue par Dieu, des pensées de l'âme avec les traces du cerveau, et des émotions de l'âme avec les mouvements des esprits animaux. A proprement parler, il n'y a d'union entre l'âme et le corps. Il n'y a entre eux d'autre lien que la seule efficace des décrets divins. C'est à Dieu seul, et non au corps, que l'âme est unie (2). Si Dieu ne venait sans cesse à notre secours, nous n'aurions jamais que vains désirs, efforts impuissants ; s'il ne voulait accorder ses volontés, toujours efficaces, avec nos désirs impuissants, nous demeurerions dans le monde, immobiles comme un roc, stupides comme une souche. Réciprocation de nos modalités appuyée sur le fondement éternel des décrets divins, voilà, selon Malebranche, tout le secret de l'union de l'âme et du corps. Dieu donc seul est le médiateur de tout commerce entre l'âme et le corps.

Après avoir ainsi dépouillé l'homme de toute causalité et, en conséquence, de toute liberté, après avoir achevé de l'anéantir dans les mains de Dieu, Malebranche se raille de ces puissances imaginaires que les hommes, égarés par une fausse philosophie, attribuent si largement à eux-mêmes et à la nature, il chante un hymne à ce Dieu qui est la cause unique de tout ce qui arrive au dedans comme

---

(1) 11e *Méditation*.
(2) 9e *Entret. mét.*

au dehors de nous : « Non, Seigneur, la puissance qui donne l'être et le mouvement aux corps et aux esprits, ne se trouve qu'en vous. Je ne reconnais point d'autre cause véritable que l'efficace de vos volontés. Toutes les créatures sont impuissantes, je ne les crains point et je ne les aime point. Soyez l'unique objet de mes pensées et la fin générale de tous les mouvements de mon cœur (1). »

La théorie de la volonté, à laquelle se rattache celle des causes occasionnelles, vient donc aboutir exactement au même résultat que celle de la sensibilité et de l'entendement. C'est en Dieu, et par Dieu seul, que notre esprit veut et aime, comme c'est en Dieu, et par Dieu seul, qu'il sent, qu'il connaît et qu'il comprend. Il ne peut rien sentir, si Dieu ne le modifie ; rien connaître, si Dieu ne l'éclaire ; rien vouloir, si Dieu ne l'agite vers lui. En un mot, tout vient de Dieu, et rien de la créature ; Dieu est tout, l'homme n'est rien, voilà l'esprit, voilà la conclusion, à peine dissimulée, de toute la doctrine de Malebranche sur l'homme. Malebranche reproche spirituellement au P. Boursier, champion à outrance de la prémotion physique, de faire Dieu semblable à un ouvrier qui aurait construit une statue dont la tête se meut par une charnière, et s'incline respectueusement devant lui, pourvu qu'il tire un cordon. Toutes les fois qu'il le tire, la statue salue, et il est content de ses hommages. Mais, un jour, ayant oublié de le tirer, la statue ne le salue pas, et de colère il la brise. Le système de Malebranche ne mérite-t-il donc pas aussi la même critique ? N'est-ce pas Dieu qui tire seul le cordon (2) ?

(1) 6° *Méditation.*
(2) Les causes occasionnelles ont eu encore de nos jours quelques rares partisans. M. Cauchy a soutenu, pensant servir la théodicée chrétienne, que les forces physiques, tout à fait étrangères à la matière, ne sont autre chose que Dieu même agissant immédiatement d'après certaines lois, sur l'étendue. (*Comptes rendus des Séances de l'Académie des Sciences*, 1845, tom. XXI, p. 134.) M. le docteur Garreau, dans divers articles et brochures, a voulu rétablir en physiologie et opposer à l'animisme de Stahl, les causes occasionnelles dégagées, dit-il, du mysticisme de Malebranche.

Malebranche n'en célèbre pas moins, avec une sorte d'enthousiasme, les prétendus avantages moraux et religieux de sa doctrine. Par-dessus tous les autres, il met celui de nous ôter la crainte ou l'amour des créatures, pour nous apprendre à n'aimer et à ne craindre que Dieu seul. Si les causes secondes étaient efficaces, il faudrait les aimer ou les craindre, tandis qu'il ne faut aimer et craindre que Dieu. Ainsi, selon Malebranche, il n'y aurait qu'un pas de la croyance d'une efficace quelconque des causes secondes à l'adoration des créatures et au paganisme. Supposons qu'en effet la foi à la réalité des causes secondes exclue l'adoration de la cause première, et qu'à moins d'être païen, on ne puisse, comme il le veut, rechercher ou fuir l'action attribuée à une cause seconde, il nous semble que les causes occasionnelles elles-mêmes ne pourraient faire éviter un semblable danger. Si les créatures ne sont pas des causes, ne sont-elles pas néanmoins, comme le remarque Arnauld, des occasions qui déterminent à notre avantage, ou à notre désavantage, l'efficace de l'unique vraie cause efficiente? Or il importe peu aux hommes, qui ne regardent que leur intérêt, qu'on leur fasse le bien occasionnellement ou réellement. Ils aimeront certainement mieux, et avec raison, la cause occasionnelle que la volonté générale indifférente, déterminée par cette cause occasionnelle. Ainsi la doctrine de Malebranche donne lieu d'aimer les créatures, non moins que celle de l'efficace des causes secondes; ainsi n'a-t-elle pas même ce chimérique avantage auquel son auteur attache un si grand prix.

Après cet avantage, Malebranche place celui d'épargner des volontés particulières à Dieu, qui n'entre plus en action que selon des lois générales, à propos de ces causes occasionnelles, sans qu'il soit besoin d'un décret particulier pour chaque circonstance semblable. Mais cet avantage n'est pas moins chimérique que le premier, puisqu'il n'est pas donné à la créature de produire elle-même

(Voir trois articles, 24 avril, 1er et 15 mai 1858, de la *Gazette médicale*, sur le *Traité du mécanisme de Stahl*.)

ces occasions par son activité propre. Si les occasions elles-mêmes sont les effets d'une volonté de Dieu, comment épargneront-elles à Dieu une seule volonté particulière ? Le choc est la cause occasionnelle du mouvement, mais qui fait le choc, sinon celui-là même qui fait le mouvement ? Le désir, l'attention, la volonté sont causes occasionnelles des idées de notre entendement et des mouvements de notre corps, mais qui produit en nous le désir, l'attention, la volonté, sinon celui-là même qui nous montre les idées et opère le mouvement ? Chaque cause occasionnelle étant ainsi elle-même l'effet d'une volonté particulière de Dieu, loin de diminuer le nombre des volontés particulières en Dieu elle ne fera que l'augmenter. Si les créatures intelligentes ne sont pas causes réelles, mais seulement causes occasionnelles de leurs désirs, on a un cercle qui va à l'infini. Il faudra que la créature ait donné à Dieu occasion de former en elle chaque désir, par un désir précédent, et celui-là par un autre, ainsi de suite à l'infini. Les causes occasionnelles ne semblent donc, dans le système de Malebranche, qu'un rouage inutile, imaginé pour dissimuler l'anéantissement de la créature et de la volonté de l'homme. La cause occasionnelle étant un acte de Dieu, comme l'effet qui la suit, Malebranche devait dire que Dieu, suivant une loi générale, produit toujours certains phénomènes à la suite les uns des autres, et ne considérer les causes occasionnelles que comme des moyens employés par Dieu pour produire tel ou tel effet. N'accordons donc pas à Malebranche, pas plus qu'à Spinoza, ces prétendus avantages moraux et religieux, qu'ils croient l'un et l'autre découvrir dans des doctrines qui annihilent la personnalité humaine.

Voilà ce qu'est l'homme, d'après Malebranche, voyons maintenant ce qu'est Dieu. A vrai dire, nous n'avons pas cessé un seul instant de considérer Dieu, même en étudiant l'homme et le jeu de toutes ses facultés. Néanmoins il nous reste à le considérer directement en lui-même dans ses attributs et dans le gouvernement du monde.

CHAPITRE VII

Théologie naturelle de Malebranche. — Modification de la preuve de l'existence de Dieu de Descartes. — En quel sens, selon Malebranche, Dieu est l'être universel. — Immensité et éternité de Dieu. — Distinction de l'immensité de Dieu et de l'étendue intelligible. — Attributs moraux. — Dieu substance même de la sagesse et de la justice. — De sa béatitude souveraine et de son amour infini. — Objet de cet amour infini. — Source de l'amour de la créature pour le Créateur. — De la nature de l'amour de Dieu. — *Traité de l'amour de Dieu.* — Malebranche du parti de Bossuet contre l'amour désintéressé. — Immutabilité de Dieu. — Conciliation de son immutabilité avec sa liberté et sa sagesse. — Critique de la liberté d'indifférence. — De la création. — Impossibilité de l'éternité du monde. — Impossibilité de son anéantissement. — De la conservation des créatures. — Création continuée.

Élevons-nous, comme dit Malebranche, jusqu'au trône de la majesté souveraine à qui appartient, de toute éternité cette terre heureuse et immobile où habitent nos esprits.

La vaste et magnifique idée de l'être souverainement parfait, voilà où il veut puiser tout entière la théologie naturelle. S'il attaque Spinoza qui a fait de l'univers son Dieu, il attaque aussi ceux qui, tout en ayant pour Dieu, non pas l'univers, mais le créateur de l'univers, le défigurent par d'indignes superstitions. Malebranche fait la guerre à l'anthropomorphisme presque aussi vivement que Spinoza lui-même, et comme la plupart des théologiens cartésiens, il n'admet pas une interprétation littérale des Écritures, quand il s'agit de la nature et des attributs de Dieu: «L'Écriture étant faite pour tout le monde, pour les simples aussi bien que pour les savants, elle est pleine d'anthropologies. Non-seulement elle donne à Dieu un corps, un trône, un chariot, un équipage, les passions de joie, de tristesse, de colère, de repentir, et les autres mouvements de l'âme, mais elle lui attribue encore les manières d'agir ordinaires aux hommes, afin de parler aux simples d'une manière plus sensible (1). » Il désapprouve que les théologiens parlent de Dieu suivant ces anthropologies et suivant le langage populaire : « Il est permis à tout le monde de dire, avec l'Écriture, que Dieu s'est repenti d'avoir créé l'homme, ou qu'il s'est mis en colère contre son peuple; mais ces expressions, ou de semblables, ne sont pas permises aux théologiens lorsqu'ils doivent parler exactement (2). » Il gémit sur cette quantité de bonnes gens qui, faute de philosopher un peu, ont des sentiments de Dieu bien indignes, qui dénaturent l'idée de l'être incompréhensible, qui limitent naturellement l'infini, qui mesurent sur l'humanité la substance infinie, qui humanisent toutes choses, et dépouillent Dieu de ses caractères essentiels, pour le revêtir de leurs qualités propres (3). Quelle différence entre ce Dieu et celui que la raison nous révèle par la notion, si profondément gravée en notre âme, de l'être infiniment parfait! Mais, comme cette notion ne frappe pas les sens, on s'imagine qu'elle est une pure fiction de l'esprit. Cependant c'est à elle seule qu'il faut s'attacher, c'est elle seule qu'il faut suivre sans restriction, si on ne veut pas grossièrement errer sur la nature de Dieu et sur ses attributs.

Malebranche, qui est si fort embarrassé pour démontrer l'existence des corps, ne l'est en aucune façon pour prouver l'existence de Dieu. Dieu se peut, dit-il, prouver en mille manières : le plaisir, la douleur, chaque idée de l'esprit, chaque mouvement du corps peut servir à le démontrer. Mais il se découvre directement à nous dans son essence même par l'idée de l'infini. Si Malebranche emprunte à Descartes la preuve par l'idée de l'infini, ce n'est pas sans la

---

(1) 1er *Discours sur la nature et la grâce.*
(2) *Ibid.*
(3) 8e *Entret. mét.*

modifier profondément. Descartes s'élève de l'idée de l'infini à l'être infini, comme on va de l'effet à la cause. Selon Malebranche, au contraire, l'idée de l'infini et Dieu sont une seule et même chose, rien ne peut représenter l'infini, si ce n'est l'infini lui-même. A rigoureusement parler, il n'y a même pas d'idée de l'infini. Tout autre être se peut penser, sans qu'il soit, tout autre être laisse voir son essence sans son existence, son idée sans lui. Il n'en est pas de même de l'être infini. Comme il est à lui-même son idée, comme il n'y a pas d'idée qui le représente, il existe nécessairement par cela seul qu'il est connu et pensé. « S'il est pensé, il faut qu'il soit (1). » Cette simple démonstration est, selon Malebranche, la plus claire et la plus solide de toutes celles que la métaphysique peut fournir, et place l'existence de Dieu, pour la clarté et la certitude, au même rang que le *Je pense, donc je suis*.

Selon Descartes, l'idée de l'infini est un effet par où on démontre la nécessité d'un être infini qui seul a pu la mettre en nous; selon Malebranche, l'idée de l'infini est la vue directe, immédiate de Dieu lui-même. Dans Descartes, la preuve par l'idée de l'infini s'appuie sur un raisonnement, dans Malebranche, c'est une preuve de simple vue.

Si l'objet de notre esprit, quand nous pensons à l'infini, est Dieu même, ce n'est pas à dire que la perception, qu'en a notre esprit, soit elle-même infinie. La réalité objective dans laquelle se perd mon esprit, n'a point de bornes, dit Malebranche, mais la perception que j'en ai est bornée. Si nous voyons la substance de Dieu même, c'est d'une manière confuse. Nous voyons plutôt qu'il est la source et l'exemplaire de tous les êtres que nous ne voyons sa pro-

---

(1) *Entret. mét.* — Arnauld lui reproche de se contredire, tantôt disant qu'il n'y a point d'idée de Dieu, tantôt prétendant le démontrer par son idée. Malebranche répond : « Ne doit-on pas juger que je prends quelquefois le mot d'idée généralement pour ce qui est l'objet immédiat de l'esprit ? L'idée de Dieu et Dieu même sont une seule et même chose. »
(Réponse au *Livre des vraies et fausses idées*.)

pre nature ou ses perfections en elles-mêmes. Pour savoir tout ce que nous en pouvons savoir, consultons attentivement l'idée de la perfection souveraine, et, en lui attribuant tout ce que nous découvrirons dans cette idée, ne craignons pas de faillir, puisque le mot Dieu n'est qu'une expression abrégée d'être infiniment parfait. « Tout jugement, qui n'est pas formé sur la notion de l'être infiniment parfait, de l'être incompréhensible, n'est pas digne de la Divinité. Si les païens n'avaient abandonné cette notion, ils n'auraient pas fait des dieux de leurs chimères, et si les chrétiens la suivaient toujours, ils ne parleraient pas de Dieu comme quelques-uns en parlent (1). »

Dieu est l'être par excellence, il est celui qui est en même temps un et toutes choses, composé, pour ainsi dire, d'une infinité de perfections différentes, et tellement simple qu'en lui chaque perfection renferme toutes les autres sans distinction réelle. Il est l'être universel, l'être des êtres (2), non l'être fini composé, pour ainsi dire, de l'être et du néant, il est la source de toute réalité. « Pour juger de l'être, il faut sans cesse écarter de l'être la notion de tels ou tels êtres (3). » Tout ce qu'il y a de positif dans les créatures, qui toutes sont des participations plus ou moins imparfaites de son être divin, il le renferme éminemment; en conséquence il n'est formellement ni corps, ni esprit, ni rien de semblable à tout ce qu'il peut produire (4). Le terme lui-même d'esprit ne saurait être univoque à l'égard de Dieu et des créatures. Ces expressions d'être universel, d'être des êtres, ont attiré sur Malebranche, de la part du P. Hardouin, du P. Dutertre, des journalistes de Trévoux (5), et même de Régis, des accusations d'athéisme

---

(1) 8e *Entret. mét.*

(2) Dans son dernier ouvrage, *Réflexion sur la prémotion physique*, il rejette comme propre à induire en erreur ce terme d'être des êtres.

(3) 9e *Entret. mét.*

(4) *Sur l'existence et les attributs de Dieu*, consulter les *Entretiens métaphysiques*, et surtout le 2e et le 8e.

(5) Voir dans les *Mémoires de Trévoux*, juillet 1708 et les numéros suivants, la polémique au sujet de l'*Entretien avec un philosophe chinois*.

et de spinozisme. Ils l'accusent de dire que Dieu est l'être universel, en ce sens que tous les êtres créés sont ses parties intégrantes ou composantes, et qu'il en est le tout, soit actuel, soit potentiel. Mais Malebranche entend que Dieu est le principe, et non la somme des créatures. Tous les êtres créés et possibles, avec toute leur multiplicité, ne sauraient, dit-il, remplir la vaste étendue de l'être; Dieu peut en augmenter le nombre à l'infini, sans que jamais ils égalent la réalité qui les représente.

De même qu'il est tout, il est partout, il est immense. Mais n'étant pas corporel, comment peut-il être répandu partout? Selon Malebranche, c'est précisément parce qu'il n'est pas corps, qu'il peut être partout, sans que sa substance soit étendue localement (2). L'immensité, c'est la substance divine partout répandue, non-seulement dans l'univers, mais infiniment au delà, partout tout entière, et remplissant tous les lieux sans extension locale (3). Elle est tout entière partout où elle est, et elle ne tient pas plus d'espace dans l'éléphant que dans le ciron. Quoique la matière soit divisible à l'infini, Dieu est à la fois tout entier dans son immensité et dans chaque partie de la matière. Malebranche essaye d'éclaircir cette notion si obscure de l'immensité divine par la comparaison avec l'éternité. L'étendue créée est à l'immensité divine ce que le temps est à l'éternité; tous les corps sont étendus dans l'immensité de Dieu, de même que tous les temps dans son éternité. Comme sa durée est tout entière dans chacun des moments qui passent au sein de son éternité, de même son immensité est dans chacun des points de l'étendue. Dieu n'est point en partie dans le ciel, et en partie sur la terre, il n'est pas tant dans le monde que le monde est en lui. C'est en lui que nous sommes, plutôt que lui

---

(1) 8º *Entret. mét.*
(2) *Ibid.*
(3) 9º *Entret. mét.*

en nous. C'est en lui seul que nous avons le mouvement et la vie, c'est en lui, c'est dans sa substance que son ouvrage subsiste. Malebranche distingue, comme nous l'avons déjà vu, entre l'étendue intelligible et l'immensité. L'étendue intelligible n'est qu'un point de vue de l'immensité de Dieu; son immensité est sa substance même, et l'étendue intelligible n'est sa substance qu'en tant que représentative des corps.

Mais ne pourrait-on pas entendre que Dieu est partout, par sa simple opération, et non par sa substance? Malebranche n'admet pas cette distinction. Il lui semble impossible de concevoir que l'opération de Dieu se sépare de sa substance. Son opération est l'acte même par lequel il opère, et non l'effet qui s'en suit; or comment Dieu lui-même ne serait-il pas où est son acte? Si l'acte, dit-il, pour lequel Dieu produit ou conserve ici ce fauteuil est ici, assurément Dieu lui-même y est, et s'il y est, il faut qu'il y soit tout entier, et ainsi de tous les autres endroits où il opère (1).

Il veut bien avouer que tout cela n'est pas clair, mais il prie de prendre garde que les perfections de Dieu, étant infinies, sont incompréhensibles. Qui croit clairement les comprendre, ou s'abuse, ou les dénature. Pour juger dignement de Dieu, il ne faut lui attribuer que des attributs incompréhensibles (2).

Passons des attributs métaphysiques aux attributs moraux, à la sagesse, à la justice, à la béatitude souveraine. Le Dieu de Malebranche non-seulement est sage et juste, mais il est substantiellement la sagesse et la justice mêmes. Il est sage par sa propre sagesse; il n'est pas éclairé, il est lui-même la lumière, il contient et voit dans sa substance les idées ou essences de tous les êtres, avec toutes leurs modalités possibles, et, dans ses décrets, leur existence et

---

(1) 8ᵉ *Entret. mét.*

(2) « Je vous avertis, une fois pour toutes, que, lorsque je parle de Dieu et de ses attributs, si vous comprenez ce que je vous dis, ou c'est que je me trompe alors, ou c'est que vous n'entendez pas ce que je veux dire. »

toutes leurs modalités actuelles. Il voit tout en lui, tandis que nous ne voyons rien qu'en lui et à sa lumière. « C'est dans sa propre lumière que vous voyez ce que je vois et qu'il voit lui-même ce que nous voyons tous deux (1). » Ce n'est pas à dire, comme déjà il a été expliqué, qu'il voit en lui-même, et que nous voyons en lui, le changeant et le corruptible. Il ne voit dans sa sagesse que l'essence immuable des choses; quant aux choses changeantes et corruptibles, il ne les voit que dans les décrets de sa libre volonté, par lesquels il les fait exister (2).

Il est juste essentiellement et par lui-même. La justice, qui est l'ordre immuable, consiste en effet dans les rapports des perfections et des idées renfermées dans sa substance; il ne peut pécher, car il ne peut pas ne pas rendre justice à ses divines perfections, à tout ce qu'il est, à tout ce qu'il renferme; il ne peut pécher, car il ne peut agir contre ce qu'il est. Il ne peut même vouloir positivement et directement produire quelque déréglement, comme on le verra dans la doctrine de la providence. Il n'est donc ni bon, ni miséricordieux, ni patient, selon les idées vulgaires; il peut différer la récompense ou la peine, selon que l'exige l'ordre de sa providence, mais il ne peut se dispenser de rendre tôt ou tard à chacun selon ses œuvres. Il est toujours sévère, toujours observateur exact des lois éternelles, toujours agissant selon ce qu'il est : « Quoique cela ne s'accorde nullement avec les idées grossières de ces pécheurs stupides et endurcis qui veulent un Dieu humainement débonnaire et indulgent, ou un Dieu qui ne se mêle point de nos affaires et soit indifférent sur la vie que nous menons (3). »

Comme il est la justice, il est aussi la béatitude souveraine par la plénitude éternelle de son amour infini. Quel est l'objet de cet amour infini ? Rien que ce qu'il y a de

---

(1) 8º *Entret. mét.*
(2) *Conversat. chrétienne*, 3º Entret.
(3) 8º *Entret. mét.*

plus parfait, en conséquence, rien autre chose que lui-même. S'il aimait autre chose que lui-même, son amour ne serait pas raisonnable. En Dieu, à la différence de l'homme, tout autre amour que l'amour-propre serait un amour déréglé (1). N'aimant que lui-même, n'aimera-t-il donc pas les créatures? Il les aime, mais parce qu'elles sont des participations de son être divin; il les aime suivant qu'elles en participent plus ou moins, suivant qu'elles sont plus ou moins parfaites. S'il les aimait autrement, il cesserait d'être souverainement parfait. Ainsi, dans son amour infini pour lui-même, se trouvent immuablement le principe, la règle et la mesure de son amour pour les créatures (2). Là aussi est le principe de l'amour de la créature pour Dieu.

En effet, cet amour de Dieu pour lui-même, en s'imprimant sur notre âme, y produit le mouvement qui nous ramène vers Dieu comme vers notre fin suprême. Quelle est la nature de cet amour que l'homme, en vertu de ce mouvement d'en haut, doit rendre à Dieu? Cette question agitait alors les esprits, au point de troubler à la fois l'Église et l'État. D'un côté, étaient les partisans de l'amour mercenaire, fondé sur notre propre intérêt; de l'autre, les partisans de l'amour pur, fondé sur la perfection infinie de Dieu, et sans retour sur nous-mêmes. Malebranche fut amené, malgré lui, à prendre parti dans ce débat, parce que le bénédictin Lamy, un de ses disciples, partisan de l'amour désintéressé, l'avait cité en faveur de son opinion.

L'amour désintéressé était alors fort décrié; un grand nombre de théologiens le combattaient comme le principe du quiétisme, comme un monstre dangereux. Aussi Malebranche s'empressa-t-il de réclamer contre la doctrine que lui attribuait le P. Lamy, et contre la citation dont il prétendait s'autoriser. Il soutint que Lamy avait mal pris sa pensée, et Lamy soutint, dans sa réplique, que Malebran-

---

(1) 9º *Entret. mét.*
(2) Saint Thomas donne la même règle de l'amour de Dieu pour les créatures, *Summa theol.*, 1ª pars, quæst. 20, art. 2.

che avait changé de sentiment (1). A cette occasion, Malebranche publia le *Traité sur l'amour de Dieu*, où, sans nommer personne, il exposait son vrai sentiment et tâchait d'éclaircir la matière (2). Comme Bossuet, il s'y prononce à la fois contre les deux excès de l'amour mercenaire et du pur amour. Sans nul doute, notre amour doit se terminer à Dieu, et non à notre propre félicité; mais Dieu étant la source de toute félicité, comment séparer notre félicité de l'amour même qui en est la source? Notre volonté, par qui seule nous pouvons aimer Dieu, n'est-elle pas l'amour de la béatitude? Nous ne pouvons donc aimer Dieu que par amour de béatitude, et l'amour de Dieu, même le plus pur, est intéressé, selon Malebranche, en ce sens, qu'il est excité par l'impression naturelle que nous avons pour la perfection et la félicité de notre être (3).

(1) Le passage de Malebranche, cité par Lamy dans le dernier chapitre du 4e vol. de la *Connaissance de soi-même*, est extrait du 8e entretien des *Conversations chrétiennes*; mais il est incomplètement reproduit, et Malebranche nous paraît avoir raison de réclamer contre cette citation tronquée.

(2) Voici comment le P. André raconte cette affaire : « Le P. Lamy le cita dans un ouvrage publié en faveur du pur amour. C'était, dans les circonstances, une sommation en forme de prendre parti. Le P. Malebranche haïssait mortellement la dispute. Il aimait M. de Cambrai qui s'était montré favorable à son système sur les idées. Il craignait M. de Meaux qui menaçait son *Traité de la nature et de la grâce*. Il craignait encore plus le moindre soupçon de quiétisme, qui était alors l'accusation à la mode; il fallut donc rompre le silence. Il composa son *Traité de l'amour de Dieu* où, sans nommer personne, il tâcha d'éclaircir la matière à la satisfaction des deux partis. Mais, après tout, il y soutient que la volonté n'étant autre chose que l'amour naturel de la béatitude, nous ne pouvons rien aimer ni rien faire que par le motif de cet amour. » (1er *Discours sur l'amour désintéressé.*)

Le P. Lamy répondit au traité de Malebranche par trois lettres ajoutées au tome V de la *Connaissance de soi-même* de l'édition de 1698. Malebranche répliqua par trois lettres à la fin de l'édition des *Méditations chrétiennes* de 1698. Lamy répliqua à son tour par de nouvelles lettres, auxquelles Malebranche répondit encore, à la suite des *Méditations chrétiennes* de 1699.

(3) Leibniz se prononce aussi, dans le même sens que Malebranche, en faveur de Bossuet.

Par suite de l'indissoluble union de sa puissance avec sa sagesse et son amour, Dieu est immuable, quoique souverainement puissant et libre. L'immutabilité, d'accord avec la liberté souveraine, est une des perfections essentielles de la nature de Dieu. Déjà nous avons vu que l'immutabilité n'appartenait à la raison que parce que la raison appartient à Dieu. Dieu est indépendant, aucun changement ne peut arriver en lui, que par lui et par ses propres décrets. Mais ses décrets, formés sur sa sagesse immuable, règle de toutes ses volontés, sont éternels et immuables. Il a si bien su ce qu'il faisait, il a si bien tout prévu, qu'il ne peut vouloir les révoquer. Il suit nécessairement l'ordre ou la raison, non par contrainte, mais au contraire par l'excellence même de sa nature. Il est assujetti à l'ordre comme il est assujetti à lui-même. Ainsi Malebranche se sépare de Descartes sur la question de la liberté de Dieu; il repousse la liberté d'indifférence, non-seulement en elle-même, comme indigne de Dieu, mais par ses conséquences dans la science et dans la morale. « Certainement si les vérités et les lois éternelles dépendaient de Dieu, si elles avaient été établies par une volonté libre du Créateur, en un mot, si la raison que nous consultons n'était pas nécessaire et indépendante, il me paraît évident qu'il n'y aurait plus de science véritable... Voit-on clairement que Dieu ne puisse cesser de vouloir ce qu'il a voulu d'une manière entièrement libre et indépendante? Pour moi, je ne puis concevoir de nécessité dans l'indifférence (1). » Avec cette indifférence tout devient désordre et confusion dans la science et dans la morale. « Ce faux principe que Dieu n'a pas d'autre règle en ses desseins que sa pure volonté, répand des ténèbres si épaisses qu'il confond le bien avec le mal, le vrai avec le faux, et fait de toutes choses un chaos où l'esprit ne connaît plus rien (2). » Dieu, en vertu de sa perfection infinie, ne peut faire que ce qui est le plus

---

(1) 10ᵉ Éclairciss. à la *Recherche*.
(2) 3ᵉ *Entretien mét.*

conforme à l'ordre ou le meilleur ; tel est le principe de l'optimisme de Malebranche.

Après avoir considéré Dieu en lui-même, Malebranche nous le représente sortant, pour ainsi dire, de lui-même, et prenant le dessein de se répandre au dehors dans la production des créatures. Il défend d'abord l'idée de la création, jugée impossible par Spinoza. Le monde n'est pas une émanation nécessaire de Dieu, car Dieu se suffit à lui-même. Il n'y a point de rapport entre l'être et le néant; c'est de Dieu que toutes les créatures reçoivent leur existence. La négation de la création lui semble la source de toutes les erreurs du *misérable* Spinoza. Cependant, de ce que nous sommes, est-il nécessaire de remonter à un Dieu créateur? Nous sommes, objecte Ariste dans le neuvième entretien, cela est constant, mais peut-être nous ne sommes point faits, notre nature est éternelle, nous sommes une émanation nécessaire de la Divinité, et nous en faisons partie. L'être infiniment parfait, c'est l'univers, c'est l'assemblage de tout ce qui est. A cette pensée qui, plus d'une fois sans doute, est venue troubler son esprit, Malebranche semble éprouver une sorte d'horreur. Il ne peut croire que ceux qui soutiennent de semblables chimères en soient réellement persuadés. L'auteur, dit-il, qui a renouvelé cette impiété convient que Dieu est l'être infiniment parfait; « et cela étant, comment aurait-il pu croire que tous les êtres créés ne sont que des parties ou des modifications de la Divinité ! »

Il est vrai que nous n'avons aucune idée de cette efficace infinie par laquelle Dieu donne l'être et le conserve. Comment l'aurions-nous, puisque n'ayant aucune puissance, nous n'avons nulle idée d'une efficace quelconque? D'ailleurs, à défaut de preuves positives de la création, on peut du moins en donner de négatives. A supposer que la matière ne fût pas créée, Dieu ne pourrait ni la mouvoir ni l'arranger. Pour la mouvoir et l'arranger, il faut en effet qu'il la connaisse ; or, comme il ne tire ses connaissances que de lui-même, il ne peut la connaître, s'il ne lui donne l'être. Si les hommes ne comprennent pas la force de cette raison, s'ils imaginent que Dieu peut mouvoir la matière sans l'avoir créée, c'est qu'ils se persuadent faussement, d'après eux-mêmes, que mouvoir et créer sont deux choses différentes. Une autre raison, selon Malebranche, qui les porte à juger la matière incréée, c'est qu'en songeant à l'étendue, ils la conçoivent comme nécessaire ; or, comme la matière n'est que de l'étendue et de l'espace, ils la confondent avec cette idée d'une étendue éternelle et nécessaire. Mais il faut distinguer l'étendue intelligible, qui seule est nécessaire, de l'étendue matérielle qui l'est si peu, que la foi seule nous révèle son existence. Il ne faut pas attribuer au monde matériel ce qui n'est vrai que du monde intelligible, ni à la créature ce qui n'est vrai que du Créateur. Ne faut-il donc pas juger des choses par leurs idées? Oui, répond Malebranche, quant à ce qui regarde leur essence ; non, quant à ce qui regarde leur existence. Sur la foi de l'idée de l'étendue intelligible nécessaire, éternelle, infinie, nous n'avons pas raison de croire qu'il existe même un seul pied carré d'étendue matérielle (1).

Non-seulement le monde, selon Malebranche, est créé, mais il est créé dans le temps. Il avoue cependant que création et éternité ne s'excluent pas nécessairement. A ne considérer, dit-il, que sa puissance, Dieu a sans doute pu créer le monde de toute éternité, car jamais il n'a été sans puissance ; mais, à consulter sa sagesse, il n'a pas dû conférer à ce qui est dépendant une existence éternelle. A la matière dépendante l'éternité ne peut convenir. Si l'éternité ne renferme pas l'indépendance, l'indépendance renferme l'éternité (2). Quoique éternelle et immuable, la volonté de créer n'a rien de nécessaire. Dieu a pu, il a dû former, de toute éternité, le conseil de créer le monde, mais de le créer dans le temps (3). Puisqu'il fallait que

---

(1) 9e *Méditation.*
(2) 1er *Discours sur la nature et la grâce*, art. 4.
(3) 7e *Entret. mét.*

l'éternité précédât le monde, peu importe le tôt ou le tard dans le temps de la création.

Mais si Malebranche veut que le monde ait commencé, il ne veut pas qu'il finisse. Il nie l'éternité du monde *a parte ante*, sous prétexte qu'une éternité, même dérivée, lui enlève la dépendance, mais il lui accorde, de même que Descartes, l'éternité *a parte post*. Au point de vue de la puissance, Dieu, dit-il, a pu créer le monde de toute éternité, et il pourrait aussi l'anéantir; il le pourrait sans doute, mais, au point de vue de sa sagesse, il n'en fera rien. L'éternité des substances marquerait une indépendance qui ne leur appartient pas, mais leur anéantissement marquerait de l'inconstance dans celui qui les a créées (1). Enfin si Dieu anéantissait une substance, il y aurait en lui une volonté aboutissant au néant, ce qui est indigne de sa perfection infinie.

Voyons maintenant comment Dieu conserve le monde, après l'avoir créé. Avec toute l'école cartésienne, Malebranche ne distingue pas entre la création et la conservation des créatures. L'instant de la création, dit-il énergiquement, ne passe pas. Il ne faut pas croire qu'un corps une fois créé, il suffise que Dieu le laisse là pour qu'il continue d'exister, car il n'en est pas des ouvrages de Dieu comme de ceux des hommes. L'architecte mort, la maison subsiste, il est vrai, mais l'architecte n'a pas donné l'être aux matériaux qu'il emploie, tandis que notre être dépend essentiellement du Créateur. Dieu fait tout et il ne suppose rien. Un corps existe, parce que Dieu veut qu'il soit, et il continue d'exister, parce que Dieu continue de le vouloir. Imaginez qu'il puisse continuer d'être, Dieu ne continuant pas de vouloir qu'il soit, et vous le rendez indépendant, tellement indépendant, que Dieu ne pourra plus l'anéantir. En effet il ne le pourrait qu'au moyen d'une volonté positive, ayant le néant pour terme, ce qui est indigne de lui. Supposez même que Dieu puisse détruire les créatures

---

(1) 1er *Discours sur la nature et la grâce*, art. 4.

quand il voudra; si elles peuvent subsister sans l'influence continuelle du Créateur, elles n'en seront pas moins essentiellement indépendantes. Elles ne seront par rapport à lui que ce qu'est par rapport à nous la maison, à laquelle nous pouvons bien mettre le feu, quand il nous plaît, mais qui subsiste sans que nous la soutenions, et qui, à parler exactement, ne dépend pas de nous, parce qu'elle subsiste sans nous. Or quelle plus grande marque d'indépendance que de subsister par soi-même et sans appui? A chaque instant nous sommes ce que nous sommes, parce que Dieu nous crée tels que nous sommes. Hors de cette dépendance, tout semble à Malebranche orgueil diabolique, prétention impie de la créature à l'indépendance à l'égard du Créateur.

Mais si Dieu se suffit à lui-même, pourquoi s'est-il décidé à créer? Comment celui auquel rien ne manque a-t-il pu vouloir quelque chose? Nous avons maintenant à chercher quel est, d'après Malebranche, le motif de la création et à quelles conditions le monde sera digne de la perfection infinie de son auteur.

CHAPITRE VIII

Du motif de la création du monde. — Tout monde fini et profane indigne de Dieu. — L'incarnation nécessaire dans le plan du monde. — Justification de l'ouvrage de Dieu. — Distinction de l'ouvrage et des voies. — Simplicité et fécondité des voies de Dieu. — Distinction de la perfection des voies et de celle de l'ouvrage. — Les volontés générales seules dignes de Dieu. — Grandeur et sagesse infinie des lois générales par lesquelles Dieu règle tout dans l'univers. — Désaccord entre Malebranche et Descartes sur la formation des êtres organisés. — Accord sur les causes finales. — La providence générale triomphe des objections sous lesquelles succombe une providence particulière. — Application du système des volontés générales à l'ordre de la grâce. — Contradictions de Malebranche au sujet de la grâce. — Accusations de pélagianisme. — Essai de conciliation des volontés générales avec les jugements ordinaires sur les desseins de Dieu, avec les prières de l'Église, avec les miracles. — Accusation de ruiner le surnaturel. — Croyance de Malebranche à l'unité essentielle de la raison et de la foi. — Subordination de la foi à la raison.

On ne peut s'imaginer que l'abondance divine rende Dieu impuissant, sans aller, selon Malebranche, contre un fait constant. De ce que Dieu se suffit pleinement à lui-même, il résulte que le monde n'en est pas une émanation nécessaire, mais non qu'il ne pourra pas le créer, s'il lui plaît, avec une liberté entière, et par un motif digne de lui. Quel sera ce motif vraiment digne de Dieu? Est-ce en vertu de sa bonté infinie qu'il se déterminera à sortir de lui-même et à créer le monde? Malebranche, contrairement à Platon, repousse ce motif qu'il regarde comme indigne de Dieu. En effet la volonté de Dieu n'est que l'amour qu'il se porte à lui-même, et c'est en lui seul que doit se trouver la fin de tous ses décrets. Nous pouvons bien dire que Dieu nous a faits par pure bonté, en ce sens qu'il nous a faits sans avoir besoin de nous, mais il ne nous a faits que pour lui. C'est humaniser la Divinité que de chercher hors d'elle le motif et la fin de son action (1).

A défaut de la bonté, quel sera donc le motif, digne de Dieu, qui le déterminera à créer le monde? Nul autre que la considération de sa propre gloire. Malebranche prévoit, et il met lui-même dans la bouche d'Ariste, un des personnages de ses *Entretiens métaphysiques*, l'objection qui se présente naturellement à l'esprit contre un semblable motif. Dire que Dieu a créé le monde à cause de la gloire qu'il devait en retirer, n'est-ce pas supposer qu'il est déterminé à agir par un motif tiré du dehors? N'est-ce pas là aussi une pensée humaine indigne de l'être souverainement parfait? Ritter, reprenant pour son compte l'objection d'Ariste, reproche à Malebranche, dont la philosophie lui semble imbue de tous les préjugés de son temps, de faire agir Dieu à la façon d'un Louis XIV. Voyons ce qu'entend Malebranche par cette gloire en vue de laquelle Dieu a créé le monde, et si elle a quelque chose de commun avec la gloire des hommes, suivant le reproche du philosophe allemand.

Voici la comparaison dont Malebranche se sert pour faire comprendre sa pensée. Lorsqu'un architecte a fait un bel édifice, il en a une secrète complaisance. La beauté de son ouvrage lui fait honneur, elle porte le caractère des qualités qu'il estime et qu'il aime. Que s'il arrive que quelqu'un s'arrête pour contempler et admirer cet édifice, l'architecte en tire une seconde gloire, toujours fondée sur l'amour et l'estime des qualités qu'il possède, et qu'il serait bien aise de posséder à un degré plus éminent. C'est d'une façon analogue, selon Malebranche, que nous devons concevoir Dieu créant le monde pour sa gloire. Il s'aime nécessairement lui-même et toutes ses perfections; il ne peut agir que selon ce qu'il est, donc son ouvrage,

---

(1) 9ᵉ *Entretien métaphysique.*

portant la marque des attributs dont il se glorifie, ne peut pas ne pas lui faire honneur. Dieu s'aimant et s'estimant invinciblement, il a de la complaisance et il trouve sa gloire dans un ouvrage qui exprime en quelque manière ses excellentes qualités. Quant à la seconde gloire, il la tire, comme l'architecte, des spectateurs et des admirateurs de son édifice. Mais cette seconde gloire n'est qu'accessoire, et elle dépend entièrement de la première qui seule est essentielle. Supposez qu'il n'y ait point d'intelligences qui admirent son ouvrage, qu'il n'y ait que des hommes insensés et stupides qui n'en découvrent pas les merveilles, qui le méprisent, qui le blasphèment, Dieu n'en a pas moins cette gloire dont le principe est l'amour et l'estime qu'il a pour lui-même. Ainsi cette gloire de Dieu qui, d'après Malebranche, est le motif de la création, n'est pas tirée du dehors, elle n'a rien d'humain, elle s'identifie avec l'amour et l'estime qu'il a pour lui-même (1).

Mais il s'agit maintenant de voir à quelles conditions Dieu tirera de son ouvrage la plus grande gloire possible. Suivons donc, suivant les belles expressions de Malebranche, le Créateur prêt à sortir de lui-même, hors de son sanctuaire éternel, prêt à se mettre en marche pour la production des créatures, et voyons quelles seront les voies et la magnificence de ce monde digne de lui. Dieu ne produira pas le monde s'il ne trouve le secret de le rendre divin, et proportionné à son action divine, sinon il n'en tirerait pas toute la gloire qu'il peut en tirer. Mais l'univers, quelque grand, quelque parfait que nous puissions le concevoir, sera toujours indigne de Dieu, tant qu'il sera fini. Tout monde fini et profane étant nécessairement indigne de Dieu, comment donc prendra-t-il le dessein de le produire? Voilà la grande difficulté. Il semble qu'on puisse la lever en composant l'univers d'un nombre infini de tourbillons, ce qui était le sentiment de la plupart des cartésiens? Mais Malebranche repousse cette

(1) 9ᵉ *Entret. mét.*

infinité de l'univers, non pas, comme il a soin de le remarquer, qu'elle lui semble porter nécessairement préjudice à l'infinité de Dieu, mais parce qu'elle ne suffit pas à faire le monde digne de lui. « Il n'y a point de substance plus imparfaite, plus éloignée de la Divinité que la matière, fût-elle infinie... Une étendue corporelle infinie n'aurait rien de divin, car Dieu n'est pas l'infini en étendue, mais l'infini tout court (1). » Ajoutons cependant que Malebranche a peur qu'un univers, infini en extension et en durée, ne porte pas assez la marque de sa dépendance, et qu'une œuvre éternelle ne paraisse pouvoir se passer d'ouvrier. Ainsi il ne veut ni d'un monde fini ni d'un monde infini ; quel est donc son secret pour faire le monde digne de Dieu?

Ce secret il l'emprunte à la théologie. Il fait intervenir ici d'une manière fort peu philosophique, et aussi, à ce qu'il paraît, fort peu orthodoxe, le mystère de l'incarnation. En effet c'est seulement par l'union avec une personne divine, c'est-à-dire par l'incarnation, que le monde, selon Malebranche, peut cesser d'être profane et devenir digne de Dieu. Aussi Dieu a-t-il mis Jésus-Christ en tête de son ouvrage et de ses desseins, afin que tout y fût divin : « L'incarnation du Verbe est le premier et le principal des desseins de Dieu, c'est ce qui justifie sa conduite, le seul dénouement de mille et mille difficultés, de mille et mille contradictions apparentes (2). » Ailleurs il dit : « Toutes les fois que Dieu agit, il agit selon ce qu'il est, et il prononce le jugement éternel et immuable qu'il porte de ses attributs. Mais Dieu ne prononce jamais parfaitement ce jugement qu'il porte de lui-même, que par l'incarnation de son fils, car c'est seulement en unissant son Verbe à son ouvrage qu'il prononce l'infinité de ses attributs. Tout est profane par rapport à Dieu et doit être consacré par la divinité du fils. Il n'y a que l'Homme-Dieu qui puisse joindre la créature au Créateur (3). » Il a fallu, dit-il,

---

(1) 8e *Entret. mét.*
(2) 9e *Entret. mét.*
(3) 14e *Entret. mét.* Il y donne une preuve originale de la vérité de

dans le *Traité de la nature et de la grâce*, que Dieu créât l'univers pour l'Église et l'Église pour Jésus-Christ. C'est en Jésus-Christ que tout subsiste, car il n'y a que lui qui puisse rendre l'ouvrage de Dieu parfaitement digne de son auteur; c'est lui qui est la clef de voûte, le commencement et la fin des voies du Seigneur.

Ariste, dans les *Entretiens métaphysiques*, reproche à Théodore, qui est Malebranche, d'avoir toujours recours aux vérités de la foi pour se tirer d'affaire, disant que ce n'est pas là philosopher. Que répond Théodore? « Que voulez-vous, Ariste? c'est que j'y trouve mon compte, et que sans cela je ne puis trouver le dénouement de mille et mille difficultés. Quoi donc! est-ce que l'univers sanctifié par Jésus-Christ, et subsistant en lui, pour ainsi dire, n'est pas plus divin, plus digne de l'action de Dieu que tous vos tourbillons infinis (1)? »

Si les philosophes ne se sont pas tenus pour satisfaits de cet emprunt à la théologie, les théologiens eux-mêmes ne l'ont pas été davantage. En effet Malebranche, dans l'intérêt de son système, donnait un tour particulier et nouveau au dogme de l'incarnation.

Au lieu d'un fait miraculeux, subordonné par la bonté infinie de Dieu au péché de l'homme, au lieu d'un grand remède à un mal qui aurait pu ne pas avoir lieu, il change l'incarnation en une partie essentielle du plan de l'univers. Quoique l'homme n'eût point péché, une personne divine, selon Malebranche, n'aurait pas laissé de s'unir à l'univers pour le sanctifier, et l'univers réparé par Jésus-Christ, vaut mieux que l'univers sans la chute, sans Jésus-Christ. Avec une hymne ancienne de l'Église, Malebranche s'écrie : *O certe necessarium Adæ peccatum, felix culpa quæ talem redemptorem meruit* (2). Arnauld et Fénelon ont

---

la religion chrétienne, fondée sur ce qu'elle joint le ciel avec la terre, le fini et l'infini par l'Homme-Dieu.

(1) 9ᵉ *Entret. mét.*, 5.
(2) *Conversat. chrét.*, 2ᵉ entret. Leibniz, dans ses *Essais de Théodicée*, fait cette même citation en faveur de son optimisme.

tous deux vivement attaqué cette nouveauté théologique.

Après avoir ainsi justifié le dessein de la création, Malebranche entreprend de justifier la création elle-même, telle qu'elle est, par l'examen de ses voies, par la démonstration de sa magnificence, par la réfutation des diverses objections tirées des imperfections de ce monde. « Tâchons, dit-il, de découvrir quelque chose dans la conduite que Dieu tient pour l'exécution de son grand dessein (1). » A un premier regard jeté sur le monde, il semblerait qu'il soit l'ouvrage d'une nature aveugle et sans dessein. Si quelquefois cette nature agit avec une intelligence infinie, combien souvent aussi ne semble-t-elle pas abandonner les choses au désordre et au hasard ! Dieu veut faire l'ouvrage le plus parfait qui se puisse, ne serait-il donc pas plus parfait, s'il était exempt de mille défauts qui sautent aux yeux de tous ? Quel mystère se cache donc sous une conduite aussi peu régulière ? La contradiction, selon Malebranche, disparaît par la distinction de l'ouvrage et des voies.

Il a d'admirables pages sur la magnificence du monde, sur les merveilles de l'infiniment petit et de l'infiniment grand, où notre esprit se perd également. Mais pour juger l'auteur du monde, il ne s'agit pas seulement de considérer son ouvrage en lui-même et de contempler ses merveilles, il faut considérer aussi les voies par où il les a produites et par où il le conserve ; de même que pour juger de l'habileté de celui qui a tracé un cercle parfait et du mérite de son ouvrage, il faut que je sache comment il l'a tracé, avec la main ou le compas. Un peintre n'a-t-il pas cru autrefois donner une preuve suffisante de son habileté en traçant un cercle avec la main, sans le secours d'aucun instrument ? Dans l'examen de la création, il ne faut donc pas séparer les voies de l'ouvrage, de même que Dieu lui-même ne les a pas séparées dans ses conseils éternels sur le monde le plus digne de lui. Non

(1) *Traité de la nature et de la grâce*, 1er disc., art. 6.

content que l'univers l'honore par son excellence et sa beauté, il veut aussi que ses voies le glorifient par leur simplicité, leur fécondité, leur universalité, leur uniformité, par tous les caractères qui expriment des qualités qu'il se glorifie de posséder. Il n'a pas voulu faire l'ouvrage le plus parfait possible considéré en lui-même, mais l'ouvrage le plus parfait qui se puisse, joint aux voies les plus parfaites et les plus dignes de lui. Il ne veut pas que ses desseins l'honorent et que ses voies le déshonorent, mais il veut que ses voies soient sages aussi bien que ses desseins; il veut agir en tout le plus divinement qu'il se puisse. « Dieu a vu de toute éternité tous les ouvrages possibles et toutes les voies possibles de produire chacun d'eux, et comme il n'agit que pour sa gloire, que selon ce qu'il est, il s'est déterminé à vouloir l'ouvrage qui pouvait être produit et conservé par des voies qui, jointes à cet ouvrage, peuvent l'honorer davantage que tout autre ouvrage produit par toute autre voie. Il a formé le dessein qui portait davantage le caractère de ses attributs, qui exprimait le plus exactement les qualités qu'il possède et qu'il se glorifie de posséder... Un monde plus parfait, mais produit par des voies moins fécondes et moins simples, ne porterait pas tant que le nôtre le caractère des attributs divins (1). »

Sans cesse Malebranche oppose à toutes les objections contre son optimisme cette distinction des voies et de l'ouvrage, c'est-à-dire l'impossibilité d'un monde meilleur, jointe à la simplicité et à l'universalité des voies, suivant lesquelles Dieu a dû agir et régler toutes choses, par suite de sa perfection infinie. Les voies simples ou, ce qui revient au même, les voies générales, voilà les seules voies dignes de lui. Lui demander quelque chose qui ne puisse s'accomplir que par des voies particulières et com-

---

(1) 9ᵉ *Entret. mét.* Saint Thomas avait dit de même : Ad prudentem gubernatorem pertinet negligere aliquem defectum bonitatis in parte, ut faciat argumentum bonitatis in toto. *Contra Gent.*, lib. II, cap. LXXI.

pliquées, c'est lui demander ce qui est contraire à sa perfection et à sa sagesse. Oui, sans doute, dit Malebranche, Dieu aurait pu corriger telle ou telle imperfection de son ouvrage, il aurait pu faire en sorte qu'il n'y eût pas de monstres, mais ce ne pouvait être qu'au prix de la perfection de ses voies.

Il a ainsi le tort d'établir une antithèse entre la perfection des voies et celle de l'ouvrage, et de sacrifier la seconde à la première. Par là il s'attire, de la part d'Arnauld et de Fontenelle, le reproche de représenter Dieu comme subordonnant la fin aux moyens, ce qui assurément n'est digne ni de sa sagesse ni de sa perfection infinie. Il ne fallait donc pas opposer la perfection des voies à celle de l'ouvrage, mais chercher à ramener ces deux avantages à un avantage unique, celui de la plus grande perfection possible; il fallait, comme Leibniz, fondre ensemble, dans la loi du meilleur, la perfection des voies et celle de l'ouvrage. La limitation des créatures, la nécessité de subordonner, non pas l'ouvrage aux voies, mais les détails à l'ensemble, à la généralité des lois, voilà les meilleures raisons que l'optimisme puisse opposer aux imperfections de l'univers. Malebranche les fait, il est vrai, parfaitement valoir, surtout la dernière, mais en supposant toujours que Dieu, avec d'autres voies, aurait pu faire un monde meilleur. Toutefois l'erreur est ici plutôt dans la forme, que dans le fond même de la pensée, et son optimisme, sauf l'intervention du dogme de l'incarnation, se ramène, dans tout ce qui est essentiel, à celui de Leibniz, d'après le témoignage de Leibniz lui-même (1).

Malebranche prouve avec une grande force que les volontés générales conviennent mieux que les particulières aux attributs de Dieu. C'est parler de Dieu d'une manière humaine que de lui donner autant de volontés qu'il y a de brins de paille qui voltigent au gré des vents (2). Agir

---

(1) *Théod.*, 2e partie, § 208.
(2) *Réponse aux Réflexions philosophiques et théologiques d'Arnauld.*

par des volontés particulières est le propre d'une intelligence incapable de tout prévoir et de tout régler à l'avance. Attribuer à Dieu des volontés particulières, c'est porter atteinte à son immutabilité, c'est en faire un ouvrier malhabile sans cesse obligé de retoucher son ouvrage, comme une mauvaise montre qui s'arrêterait à tous moments sans le secours d'un horloger. Au contraire, les volontés générales sont le propre d'une intelligence infinie qui prévoit tout, qui embrasse tout, à l'avance, dans un décret général. Ceux qui prétendent que Dieu fait tout par des volontés particulières, laissent à Dieu sa souveraineté et à la créature sa dépendance, mais ils ôtent au Créateur sa sagesse et rendent son ouvrage digne du dernier mépris (1). Malebranche se plaît à développer tout ce qu'il y a de grandeur et de sagesse infinie dans ces quelques lois générales par lesquelles Dieu, de toute éternité, a réglé et combiné les choses. C'est par les deux grandes lois du mouvement (2), qu'il a fait et qu'il conserve le monde, les planètes, les comètes, l'air, l'eau, le feu, le ciel et la terre, et qu'il règle la diversité infinie des phénomènes physiques. Par elles il produit la vicissitude admirable du jour, de la nuit, des saisons, par elles il couvre la terre de fleurs, il donne aux animaux et aux plantes leur accroissement et leur nourriture. Dans la première impression du mouvement donnée par Dieu, étaient contenues et déterminées toutes les formes, toutes les combinaisons des êtres, toutes celles du physique et du moral. Notre raison demeure confondue de tant de grandeur et de tant de prévoyance ! En même temps, par les lois générales de l'union de l'âme et du corps, Dieu gouverne les hommes, il forme les sociétés, il ne fait qu'un seul corps de tout un peuple. Enfin, c'est aussi par des lois générales, qu'il distribue la grâce, qu'il punit et qu'il récompense tous les hommes dans l'é-

---

(1) *Méditat.* 1, 21.
(2) Ces deux lois sont : que tout le mouvement se fait ou tend à se faire en ligne droite, et que dans le choc les mouvements se communiquent selon la proportion des corps qui sont choqués.

ternité. Avec quelle éloquence ne célèbre-t-il pas cette providence générale, qui se manifeste dans l'infiniment grand et dans l'infiniment petit, dans la construction d'un insecte, non moins que dans les révolutions des astres, dans les merveilles de l'âme et du corps et dans les déterminations de l'unique cause efficiente par les causes occasionnelles (1) !

Malebranche n'ose pas cependant pousser aussi avant que Descartes l'action de ces lois générales du mouvement. Il leur attribue l'accroissement, mais non la production même des êtres organisés, à cause de l'infinité de ressorts de ces êtres et de l'appropriation de chacun à un usage particulier. « On ne comprendra, dit-il, jamais que les lois du mouvement puissent construire des corps composés d'une infinité d'organes..... L'ébauche de ce philosophe (*Traité de la formation du fœtus*) peut nous aider à comprendre comment les lois du mouvement suffisent pour faire croître peu à peu les parties de l'animal; mais que ces lois puissent les former et les lier toutes ensemble, c'est ce que personne ne prouvera jamais. Apparemment M. Descartes l'a bien reconnu lui-même, car il n'a pas poussé fort avant ses conjectures ingénieuses (2). » Malebranche donne pour origine aux êtres organisés des germes créés par Dieu, et non une action purement mécanique.

Mais cette hypothèse de la création des germes semble en contradiction avec le principe de la généralité des voies. Vous faites la vie d'un insecte digne d'une volonté particulière de Dieu, objecte Arnauld, pourquoi pas la vie ou le salut d'un homme? Malebranche se défend d'avoir jamais dit ni pensé, que Dieu forme tous les jours, par des volontés particulières, les animaux et les plantes. Son sentiment est que tous les germes des êtres organisés

(1) Voir principalement la 1re partie du *Traité de la nature et de la grâce*, la 7e *Méditation*, le 9e et le 10e *Entretien*, et l'abrégé de son sentiment sur la providence dans sa *Réponse aux Réflexions théologiques et philosophiques d'Arnauld*.

(2) 11e *Entret. mét.*

ont été créés par Dieu, en même temps que le monde, de telle sorte qu'ultérieurement ils n'eussent besoin, pour croître et se développer, que des lois du mouvement. Il suppose même que le premier germe de chaque être organisé contenait, enchâssés les uns dans les autres, à l'état d'infiniment petits, tous les germes de la même espèce qui se sont développés, et qui doivent se développer encore, dans tous les temps et dans tous les lieux : « Au temps de la création Dieu a construit, pour les siècles futurs, les animaux et les plantes, il a établi les lois des mouvements nécessaires pour les faire croître. Maintenant il se repose, parce qu'il ne fait plus que suivre ces lois (1). »

A la différence de Descartes, Malebranche cherche à pénétrer les esprits de la sagesse et de la bonté de la divine providence, par la considération des causes finales et des merveilles du monde. Il reproche à Descartes d'avoir pensé que c'était témérité de vouloir découvrir les fins de Dieu dans la construction du monde. Y a-t-il de la témérité à juger que Dieu a placé des dents dans la bouche afin de broyer les fruits, ou les yeux au haut de la tête dans le dessein qu'on vît de loin ? Cela est si évident que c'est plutôt une témérité ridicule d'assurer que c'est le hasard qui arrange de cette sorte les parties du corps humain. Mais, tout en insistant sur la nécessité de conserver les causes finales pour la religion et pour la morale, il ne blâme pas Descartes de les avoir proscrites du domaine de la physique où, comme lui, il les estime inutiles et dangereuses (2).

En même temps que le système des volontés générales nous donne la plus haute idée possible de la Providence, il la justifie contre les objections, les plaintes, les blasphèmes, qu'arrachent aux hommes grossiers et stupides, comme dit Malebranche, la vue et le sentiment du mal

---

(1) *Réponse aux Réflexions d'Arnauld.*
(2) *Convers. chrét.*, 3ᵉ entretien, et 11ᵉ méditation.

en ce monde. Ces hommes ne considèrent que l'ouvrage de Dieu, et non la manière dont il a été construit ; ils voient ses défauts visibles, et ils ne voient pas la sagesse des voies par lesquelles Dieu l'a créé et le conserve. Or, ces imperfections et ces misères sont une suite nécessaire des lois admirables qui produisent l'ordre et la beauté de l'univers. Dieu assurément ne les a pas établies en vue de ces imperfections, mais parce qu'étant extrêmement simples, elles ne laissent pas de former un ouvrage admirable, ce dont l'homme ne peut juger qu'à la condition de ne pas tout rapporter à lui. Malebranche ne condamne pas moins sévèrement que Descartes et Leibniz cette prétention ridicule de l'homme de se poser comme le centre et le but de l'univers : « Si l'homme se regarde comme le centre de l'univers, sentiment que le corps inspire sans cesse, tout l'ordre se renverse, toutes les vérités changent de nature, un flambeau devient plus grand qu'une étoile, un fruit plus estimable que le salut de l'état. La terre, que les astronomes regardent comme un point, est l'univers même. Mais cet univers n'est encore qu'un point par rapport à notre être propre (1). »

Si Dieu agit par une providence particulière, et en vue de l'homme, pourquoi plus de mers que de terres ? La terre aurait-elle donc été faite pour les poissons ? Pourquoi la pluie tombe-t-elle sur le roc, et non sur le champ ensemencé qui se dessèche ? Pourquoi la grêle ravage-t-elle les moissons ? Pourquoi la pierre écrase-t-elle en tombant l'homme juste ? Pourquoi le méchant est-il épargné, tandis que le juste succombe ? Pourquoi enfin tant de fléaux, tant de monstres, tant de damnés ? A toutes ces objections Malebranche ne voit rien à répondre dans le système d'une providence particulière. Dira-t-on que ces fléaux, ces monstres sont destinés à punir les méchants ? Mauvaise et dangereuse réponse, en face d'une expérience de tous les jours qui nous montre que le juste est frappé

---

(1) *Traité de morale.*

non moins souvent que le méchant. Dira-t-on que ce sont comme des ombres à un tableau, et que les monstres contribuent à l'harmonie et à la beauté de l'ensemble de l'univers? Malebranche se moque de cette prétendue solution que lui oppose Arnauld, et déclare ne pas concevoir comment des imperfections et des monstres peuvent augmenter la perfection et la beauté de l'univers. Ainsi les partisans d'une providence particulière ont beau entasser les sophismes, le monde, à leur point de vue, serait sujet à la critique et digne du dernier mépris. Mais, avec une providence générale, Malebranche est convaincu que tout s'explique et se justifie.

Si la grêle ravage les champs, si le feu brûle des villes, si la peste emporte les populations, si un enfant naît difforme, ce n'est l'effet ni d'une nature aveugle, ni d'un Dieu inconstant, mais une suite nécessaire des lois établies, en vue de la plus grande perfection possible de son ouvrage. Dieu n'a pas fait ces lois à cause de tels effets, il ne les a point faites à cause de leur stérilité, mais à cause de leur fécondité. « S'il y a des défauts dans son ouvrage, des monstres parmi les corps, et une infinité de pécheurs et de damnés, c'est qu'il ne peut y avoir de défauts dans sa conduite, c'est qu'il ne doit pas former de desseins indépendamment de ses voies. Il a fait pour la beauté de l'univers et le salut des hommes, tout ce qu'il peut faire, mais agissant comme il doit agir, agissant pour sa gloire, selon tout ce qu'il est (1). » Si Dieu agissait par des volontés particulières, comme les intelligences bornées, il n'y aurait point de monstres dans la nature (2). Il pouvait sans doute faire un monde où il y eût moins d'imperfections, point de monstres, mais en renonçant à la simplicité et à l'universalité des voies, ce qui eût détruit, entre l'action de Dieu et son ouvrage, cette proportion, seule digne de sa sagesse infinie.

(1) 2º *Entretien mét.*
(2) 1ª *Médit.*, 20. « Pensez-vous que si Dieu ne faisait qu'un homme, il en fît un monstre ? » *Conversat. chrét.*, 2º entret.

Quoique ces lois générales aient des effets contradictoires, quoiqu'elles fassent tour à tour naître et périr, on ne saurait accuser Dieu d'inconstance. Celui qui, ayant bâti une maison, en jette un pavillon par terre, découvre son ignorance; celui qui après avoir planté une vigne, l'arrache aussitôt, montre sa légèreté. Mais on ne peut pas dire que Dieu agisse par caprice ou par ignorance, lorsqu'un grain de grêle fait tomber un fruit presque mûr. Ce n'est pas en effet que Dieu veuille, et qu'ensuite il ne veuille plus, mais c'est qu'il n'agit pas par des volontés particulières. Ce sont les mêmes lois du mouvement qui répandent la vie et la mort, qui détruisent et qui réparent, toujours admirables et bonnes au regard de l'ensemble, quoique accidentellement fâcheuses au regard des détails et des individus.

La généralité des voies nous donne aussi la réponse à l'objection que, si Dieu fait tout, il fait aussi le mal. Dieu fait tout sans doute, les biens et les maux; il écrase, sous les ruines d'une maison, le juste qui va secourir son semblable, tout comme le scélérat qui va égorger un homme de bien; il fait tout, il règle tout, mais non pas de la même manière. Il veut directement la perfection de son ouvrage, il ne veut qu'indirectement l'imperfection qui s'y rencontre; il fait le bien, et permet seulement le mal, comme une conséquence nécessaire, attachée à ces lois les meilleures qu'il a choisies entre toutes. Voilà pourquoi il est permis, sans impiété, de chercher à se soustraire au mal qui nous menace. Supposé que Dieu fît tout par une volonté particulière et directe, il faudrait, sous peine d'impiété, se laisser mouiller par la pluie ou dévorer par la maladie, il faudrait ne résister à aucun fléau, ne se mettre en garde contre aucun danger, car c'est péché de résister à la volonté de Dieu. Prendre les plus simples précautions serait une défiance injuste. Que les hommes sont impies de s'amuser à plaider et à chercher des témoins pour assurer les juges de la justice de leur cause! Que ne prennent-ils Dieu pour seul juge? Se défient-ils donc de la divine providence? Pourquoi intenter des procès criminels? Le duel est la plus sainte des procédures. Que l'accusé et l'accusant se battent religieusement ; quelle impiété de craindre que Dieu puisse favoriser le crime ! Le criminel succombera certainement (1). C'est ainsi que Malebranche justifie la providence par la généralité des voies, c'est ainsi qu'il montre toutes les faiblesses et toutes les contradictions du système des volontés particulières.

Il se plaît à représenter le cours majestueux de cette providence générale, à en montrer les suites avantageuses à la religion et à la morale, par l'accord des désordres qui nous choquent, des maux qui nous affligent, avec la bonté et la justice de celui qui règle tout. Il est remarquable qu'un théologien ait plaidé avec tant de force, dans l'intérêt de la Providence, la cause de la généralité des voies. Comment ne pas donner ici raison à Malebranche contre Arnauld, et ne pas croire avec lui que les volontés générales sont seules dignes de Dieu, qu'elles nous donnent la plus haute idée possible de la providence, qu'elles renferment la meilleure réponse aux objections qui naissent du spectacle des imperfections et des misères de ce monde ?

Mais Malebranche ne fait pas seulement l'application de cette doctrine à l'ordre de la nature, il la transporte jusque dans l'ordre de la grâce et du surnaturel. Dieu ne peut agir d'une autre manière dans l'ordre de la grâce que dans l'ordre de la nature, telle est la thèse fondamentale du *Traité de la nature et de la grâce*, qui a si grandement alarmé l'orthodoxie d'Arnauld et de Bossuet. En effet, selon Malebranche, les lois de la grâce, comme celles de la nature, doivent porter les caractères de la cause qui les a établies. Cause générale dans l'ordre de la nature, Dieu le sera donc aussi dans celui de la grâce. Entre ces deux ordres, il établit un ingénieux parallélisme. De même que la pluie terrestre, en vertu de lois générales, tombe tout aussi bien sur le roc et sur le sable que sur la bonne terre,

---

(1) *Réponse à la Dissertation sur les miracles de l'ancienne loi.*

de même, la pluie de la grâce tombe tout aussi bien sur les cœurs endurcis que sur les âmes préparées à la recevoir (1). De là tant de grâces inefficaces, et en conséquence tant de réprouvés. Il raisonne sur les réprouvés, pour justifier la providence, comme sur les monstres et les désordres physiques. Si Dieu agissait par des volontés particulières, n'est-il pas visible que toujours la grâce aurait son effet, et qu'il pourrait sauver tous les hommes? Dieu veut véritablement sauver tous les hommes, sans exception ; l'Écriture et la raison sont d'accord pour nous le persuader. D'où vient donc que les hommes ne sont pas tous sauvés, si ce n'est qu'il en est empêché par sa sagesse, qu'il aime plus que son ouvrage, et qui ne lui permet pas d'agir autrement que par des volontés générales ? Malebranche veut faire dépendre la prédestination elle-même, non de décrets particuliers, mais d'une loi générale. Les saints et les élus, les prédestinés, ne sont pas tels par l'effet de quelque prédilection particulière, mais parce qu'ils se trouvent renfermés dans ces voies simples et fécondes, que la sagesse de Dieu a dû choisir, pour élever le temple spirituel. Leur prédestination est l'effet d'une volonté générale, et non d'une volonté particulière.

Dieu agissant comme cause générale dans l'ordre de la grâce, s'y détermine également suivant des causes occasionnelles qui lui épargnent des volontés particulières. Mais quelles sont ces causes occasionnelles de la distribution de la grâce? Elles ne sont pas dans les volontés des hommes, dans nos efforts et nos désirs ; en effet, selon Malebranche, ce serait fonder la prédestination sur les mérites humains, et tomber dans l'erreur des semi-pélagiens.

(1) Malebranche affectionne fort cette comparaison, qu'il justifie par saint Augustin : « Saint Augustin entend de la grâce : pluviam voluntariam dabit Dominus. Il y a cent endroits dans ses ouvrages qui disent la même chose, et je suis bien aise que vous l'ayez remarqué, car il y a effectivement des gens qui ont trouvé à redire à la comparaison que je fais de la pluie et de la grâce dans le *Traité de la nature et de la grâce*. »

(Correspondance inédite, publiée par l'abbé Blampignon, p. 7.)

Comme il n'y a que Jésus-Christ qui puisse nous mériter la grâce, de même il n'y a que les pensées et les désirs de Jésus-Christ, en tant qu'homme, qui puissent être les causes occasionnelles de sa distribution dans les âmes. Malebranche ne craint pas de rejeter sur Jésus-Christ, sur les bornes de son intelligence, en tant qu'homme, les difficultés relatives à la distribution de la grâce; de là le reproche ironique, qui lui a été adressé, de justifier le père aux dépens du fils.

Ce n'est qu'ensuite des désirs de Jésus-Christ que les grâces sont données aux pécheurs ou aux justes par Dieu, qui s'est fait une loi d'obéir à l'âme de Jésus-Christ dans tout ce qui regarde le gouvernement de son Église. Or, les pensées et les désirs de l'âme de Jésus-Christ, en tant qu'homme, de même que ses connaissances, sont bornés. Il ne peut penser à toutes choses, ni à tous en même temps, d'où il résulte que ses grâces ne se répandent que successivement, tantôt sur certaines personnes, tantôt sur d'autres, et que souvent elles sont inutiles, n'étant pas proportionnées aux dispositions de ceux qui les reçoivent, parce que Jésus-Christ ne les connaît pas toujours (1). Par là Malebranche s'attire, de la part d'Arnauld, l'accusation d'attribuer de l'ignorance à l'âme sainte de Jésus-Christ et

---

(1) Mais, avant la venue de Jésus-Christ, quelles étaient, selon Malebranche, les causes occasionnelles de la grâce ? C'est aux désirs des anges et surtout de l'archange Michel, préposé à la conduite du peuple juif, qu'il imagine de faire jouer, dans l'ancienne loi, le même rôle qu'aux désirs de Jésus-Christ dans la nouvelle. Dieu exécutait leurs désirs et par eux ses propres desseins, selon certaines lois générales. C'est sur quoi il se fonde pour soutenir contre Arnauld que les miracles de l'ancienne loi ne marquent nullement que Dieu ait agi souvent par des volontés particulières. Nous nous bornons à indiquer cette autre imagination théologique de Malebranche, plaisamment qualifiée de Michaélocratie par Faydit. Si Dieu a choisi l'archange Michel pour ce rôle, c'est qu'il a prévu qu'il exigerait de lui, pour le gouvernement de son peuple, un moins grand nombre de miracles que les autres anges. De là ce bon mot de Nicole : Dieu a donné à l'archange Michel la conduite du peuple juif au rabais des miracles. (Voir le dernier éclaircissement de la 2ᵉ édition du *Traité de la nature et de la grâce*, et la *Dissertation d'Arnauld sur les miracles de l'ancienne loi*.)

de tomber dans des pensées nestoriennes. L'âme de Jésus-Christ sait tout, mais elle ne pense pas à tout actuellement, voilà la distinction par où il cherche à se défendre contre cette autre accusation d'hérésie. De là cette spirituelle et vive critique de Bossuet : « Nous serions donc tous sauvés, s'il n'y avait point de Sauveur. »

Dans le *Traité de la nature et de la grâce*, Malebranche place entièrement en dehors des mérites humains la raison de la sagesse et de la prédestination, d'accord en ce point essentiel avec le jansénisme, auquel plus tard il fera la guerre. Aussi a-t-il été loué, par Arnauld lui-même, d'avoir reconnu, que ce qui met la différence entre les hommes, au regard de la grâce, n'est pas en nous, mais en Dieu. Mais plus tard dans son opposition, de plus en plus vive, à Arnauld, on le voit attaquer la doctrine janséniste, et chercher à faire une part à la liberté à côté de la grâce gratuite. Il se déclare en effet du parti de ceux qui croient qu'il dépend de nous, non de mériter la grâce, ce que soutenaient les pélagiens, mais d'en faire un bon usage ou de la rejeter, lorsqu'elle nous est donnée (1), ce que repoussaient les partisans de Jansénius. Tout en faisant des désirs de Jésus-Christ les seules causes occasionnelles de la distribution de la grâce, il suppose en lui un désir général de la donner à ceux qui sont bien préparés à la recevoir, et ainsi il accorde que nous pouvons, au moins d'une manière indirecte, contribuer à attirer sur nous la grâce qui nous est nécessaire pour contre-balancer la concupiscence. « Les grâces de lumière et de sentiment qui, selon saint Augustin, sont les moyens dont Dieu se sert pour former en nous nos bons mouvements et nous faire consentir au bien, nous laissent le pouvoir de suspendre notre consentement, de délibérer, de choisir, afin que n'étant point déterminés d'une manière invincible, nous ayons quelque part aux bonnes œuvres qu'il nous faut faire et que nous en méritions quelque ré-

---

(1) 2ᵉ *Lettre contre la Défense d'Arnauld.*

compense... Il dépend de nous de consentir ou de ne pas consentir aux mouvements de la grâce. Encore un coup, Dieu opère en nous jusqu'aux premiers désirs de notre conversion, et *ipsum vellere credere*. Mais comment les opère-t-il? C'est que sans sa grâce nous ne pouvons les avoir... Ce n'est point que l'acte de notre consentement soit l'effet physique et immédiat de son secours, mais celui de notre volonté déterminée ou inclinée à le donner par un attrait auquel actuellement elle peut résister (1). »

Contre Arnauld, il soutient que la non-invincibilité est essentielle à la liberté. Il ira jusqu'à dire, ce qui est un scandale aux yeux de Fénelon (2), que, pour mériter, nous devons dépasser le mouvement qui nous est imprimé par la grâce, et avancer de nous-mêmes librement vers le bien. Dans sa polémique contre le P. Boursier, comme dans sa polémique contre Arnauld, la tendance de Malebranche est de relever la liberté aux dépens de la grâce efficace.

Il se sépare encore davantage du jansénisme, en plaçant à côté de cette grâce dont Jésus-Christ est la cause méritoire ou occasionnelle, une autre grâce qu'il appelle grâce du Créateur et lumière de la raison, en tant qu'elle a rapport au salut. Or, les mouvements de la volonté sont les causes occasionnelles de la distribution de cette grâce, qui fait partie de l'ordre de la nature, et qui est due à tous les hommes pour l'intelligence et la recherche du bien, quoique insuffisante pour le salut. Voilà ce qui a valu à Malebranche, de la part de Jurieu, d'Arnauld, et surtout de Fénelon, le reproche de pélagianisme ou de semi-pélagianisme dont nous avons déjà parlé. Quant à nous, nous lui reprocherions plutôt d'être inconséquent avec ses principes métaphysiques qui suppriment absolument la liberté de l'homme, soit dans l'ordre de la nature, soit dans celui de la grâce. Nous ne voulons pas, d'ailleurs, discuter le sys-

---

(1) *Lettre contre le 3º livre des Réflexions théol. et phil.*
(2) *Réfutation du Système de Malebranche.*

tème de Malebranche sur la grâce, mais seulement montrer comment il prétend le rattacher à son système sur l'ordre de la nature.

Cette Providence générale, dans l'ordre de la grâce, comme dans l'ordre de la nature, met encore Malebranche aux prises avec d'autres difficultés théologiques non moins graves. Comment concilier la généralité et la simplicité des voies avec les jugements ordinaires des personnes de piété sur les desseins de Dieu, avec les prières de l'Église et avec les miracles? Malebranche ne dissimule pas qu'il a fort peu d'estime pour les jugements ordinaires sur les desseins de Dieu contraires à l'idée de la Providence générale, mais il n'ose entièrement les condamner. Il les tolère, pourvu toutefois que ces jugements ne soient pas trop affirmatifs, pourvu qu'ils soient exempts de passion et d'intérêt, et conformes aux attributs de l'être infiniment parfait. Il ne craint pas de blâmer l'impertinence de ces historiens passionnés qui, dans la mort d'un prince, voient un jugement de Dieu, d'après leurs passions et les intérêts de leur nation. Il faut bien, dit-il, que les écrivains espagnols ou les français aient tort, ou peut-être les uns et les autres, lorsqu'ils décrivent la mort de Philippe II. Ne faut-il donc pas que les rois meurent, comme les autres hommes [1]? Il approuve cependant de croire que Dieu, dans ce qui arrive, a le dessein général de récompenser les bons et de punir les méchants, quoiqu'on ait tort de supposer qu'il le fasse par une volonté particulière. Mais, en établissant les lois naturelles, Dieu a dû tellement combiner le physique et le moral, qu'elles soient dignes aussi de sa bonté et de sa justice, et produisent de semblables effets.

En ce sens, il permet de dire, ce qu'il estime vrai au fond, que Dieu a voulu punir le scélérat qui périt d'une manière terrible. S'agit-il d'un homme de bien qui meurt avant l'âge, qui meurt, alors qu'il se dévouait pour secourir un

---

[1] 13° *Entret. métaph.*, 2.

malheureux, on pourra dire aussi, fût-il frappé par la foudre, que Dieu a voulu le récompenser, ou que la mort l'a enlevé, de peur que le siècle ne lui corrompît l'esprit et le cœur. De tels jugements sont, sans doute, susceptibles d'erreur ; mais, quoique téméraires, ils n'ont point de mauvais effets, ils renferment une vérité générale, et ils sont propres à nous faire adorer la sagesse et la bonté de Dieu. Pourvu qu'au fond on ne se trompe pas sur les choses essentielles, qu'importe, dit-il, que les esprits se contredisent et s'embarrassent, selon leurs fausses idées ?

Malebranche recommande donc de recevoir avec charité, plutôt que de les embarrasser par d'inextricables contradictions, ce que la plupart des hommes ont coutume de dire des desseins de Dieu, afin de les affermir dans l'idée qu'ils ont de la providence, puisqu'ils ne sont point en état d'en avoir une meilleure. Mieux vaut, dit-il, attribuer à Dieu une Providence humaine que de croire que tout se fait au hasard ; mieux vaut encore que les hommes parlent de Dieu humainement que de n'en dire jamais rien, et de la laisser effacer de leur esprit par un silence pernicieux. « Voudriez-vous qu'il n'y eût que les philosophes qui parlent de la providence, et, entre les philosophes, ceux qui ont l'idée que vous en avez maintenant ?... On ne peut guère plus mal parler de la providence que de n'en dire rien (1). » Telles sont les raisons par lesquelles Malebranche fait grâce aux jugements ordinaires sur les desseins de Dieu, pourvu qu'ils ne soient pas portés par la passion, et contradictoires avec ses attributs, tout en ne les regardant pas comme en complète harmonie avec l'idée vraie de la divine providence.

Il n'est pas moins clair que Malebranche ne fait qu'une médiocre estime des prières pour la pluie et le beau temps, ou pour obtenir des volontés particulières, quelles qu'elles soient, à notre profit. Il ne les croit bonnes que pour ce grand nombre de chrétiens qui ne méritent pas de plus grandes

---

(1) 13ᵉ *Entret. mét.*

grâces et qui ont, dit-il, conservé l'esprit juif ; il ne les tolère que quand elles ont pour objet l'intérêt de tout un peuple, et non d'un individu : « Que les Juifs regardent comme de vrais biens les fruits de la terre, c'est là leur bénédiction. Mais, pour toi, demande-moi les vrais biens et la grâce de les mériter... L'Église ordonne des prières publiques pour obtenir la pluie du ciel. Mais cela regarde tout un peuple, dont il y en a beaucoup qui ne peuvent supporter les maux extrêmes, et entre lesquels il y a bien des pécheurs qui ne méritent pas de plus grandes grâces. Cette conduite apprend aux hommes que Dieu seul est maître. Elle est proportionnée au plus grand nombre des chrétiens, qui sans doute ont l'esprit juif (1). » Demander les biens éternels et la grâce de les mériter, anéantir son âme à la vue de la grandeur et de la sainteté de Dieu, voilà la seule prière qu'il estime digne du chrétien.

Malebranche traite sévèrement ces personnes de piété qui, non contentes d'une providence générale, veulent une providence particulière à leur service, et s'imaginent que Dieu, en toute occasion, doit les protéger d'une manière spéciale. « La piété de ceux qui prétendent être sous une protection de Dieu toute particulière et tout extraordinaire peut souvent être sincère, mais elle n'est ni sage ni éclairée. Elle est presque toujours remplie d'un amour-propre et d'un orgueil secrets, car l'orgueil et l'amour-propre rapportent à soi toutes choses, Dieu même et tous ses attributs, sa puissance, sa bonté, sa providence. Il semble même aux hommes que Dieu n'est bon qu'autant qu'il veut leur faire du bien, et qu'il ne doit point s'arrêter aux règles de sa sagesse lorsqu'il s'agit de les secourir. Mais souviens-toi que Dieu suit constamment les lois générales qu'il a très-sagement établies, et que si tu veux qu'il te protége, tu dois te soumettre à ces mêmes lois (2). »

L'embarras de Malebranche est grand à l'endroit des mi-

---

(1) 8e *Méditation.*
(2) *Ibid.*

racles. Il ne peut les nier, comme Spinoza, et il ne peut les admettre sans porter préjudice à sa grande règle de la généralité des voies. Cependant il est bien obligé de faire à cette règle un certain nombre d'exceptions, sous peine d'hérésie et d'impiété. Mais il s'attache à diminuer le nombre et l'importance des miracles, et même il prétend les ramener, ce qui est les détruire dans leur essence même, à des lois générales inconnues. A ceux qui l'accusent de nier les miracles, il répond que la généralité des voies n'est que la marche ordinaire suivie par Dieu, que l'ordre lui-même peut exiger des infractions à l'ordre, c'est-à-dire des volontés particulières et des miracles. Mais ces miracles, commandés par une nécessité supérieure de l'ordre, Malebranche, par une sorte de contradiction, ne les considère que comme des témoignages de la sagesse et de la puissance de Dieu, bien inférieurs à l'action d'une loi générale quelconque. Il blâme ceux qui veulent bien que Dieu soit auteur de certains effets extraordinaires, peu dignes de sa grandeur et de sa sagesse, tandis qu'ils rapportent à une nature imaginaire ces effets constants et réglés que les sages seuls savent admirer (1). Ainsi, dans les *Méditations*, il s'écrie : « O mon unique maître, j'avais cru jusqu'à présent que les effets miraculeux étaient plus dignes de votre Père que les effets ordinaires et naturels, mais je comprends présentement que la sagesse et la puissance de Dieu paraissent davantage, à l'égard de ceux qui y pensent bien, dans les effets les plus communs, que dans ceux qui frappent et qui étonnent l'esprit, à cause de leur nouveauté. Vous êtes bien plus admirable lorsque vous couvrez la terre de fruits et de fleurs, par les lois générales de la nature, que lorsque, par des volontés particulières, vous faites tomber le feu du ciel pour réduire en cendres des pécheurs et des villes. Malheur aux impies qui ne veulent pas des miracles, à cause qu'ils les regardent comme des preuves de la puissance et de la sagesse de Dieu ! Mais pour toi,

---

(1) 15ᵉ *Éclairc. de la Recherche.*

ne crains pas de les diminuer, puisqu'en cela tu ne penses qu'à justifier et à faire paraître la sagesse de sa conduite (1). » Ainsi Malebranche refuse aux impies, mais permet aux croyants de diminuer, tant qu'il leur plaira, le nombre des miracles.

Ajoutons que ces rares exceptions seraient encore plutôt apparentes que réelles, puisqu'il fait rentrer les miracles eux-mêmes dans l'action des lois générales, et ne les distingue des effets naturels que par l'ignorance où nous sommes de ces lois qui les produisent. « Lorsque Dieu fait un miracle et qu'il n'agit point en conséquence de lois générales qui nous sont inconnues, je prétends, ou que Dieu agit en conséquence d'autres lois générales qui nous sont inconnues, ou que ce qu'il fait alors, il y est déterminé par certaines circonstances, qu'il a eues en vue de toute éternité, en formant cet acte simple, éternel, invariable, qui renferme, et les lois générales de sa providence ordinaire, et toutes les exceptions de ces mêmes lois (2). » Ailleurs il déclare qu'il appelle miracle : « non-seulement tout ce que Dieu fait par des volontés particulières, mais encore tout ce qui n'est point une suite nécessaire des lois naturelles qui nous sont connues et dont les effets sont communs (3). » Aussi l'abbé Faydit l'accusera-t-il d'avoir dérobé à Spinoza sa définition des miracles.

Malebranche lui-même a fait plusieurs applications, singulièrement hardies, de cette doctrine à quelques-uns des faits miraculeux qui jouent le principal rôle dans les traditions et les dogmes du christianisme. Déjà nous l'avons vu chercher à expliquer le péché originel, d'une manière naturelle, par les esprits animaux et la transmission des traces du cerveau de la mère à celui de l'enfant; nous l'avons vu aussi convertir l'incarnation en une des lois éternelles et nécessaires de la création du monde. De même il tente de

---

(1) 7e *Méditation.*
(2) 15e *Éclaircissement à la Recherche.*
(3) 8e *Entret. mét.*, 3.
(4) 8e *Méditation chrét.*, 10.

ramener à des lois générales le déluge d'eau universel du commencement du monde, et aussi le déluge de feu de la fin des siècles. En effet il fait dire par la créature au Verbe : « Si vous aviez tellement combiné le physique avec le moral que le déluge universel et les autres événements considérables fussent des suites nécessaires des lois naturelles, qu'il y aurait, ce me semble, de sagesse dans votre conduite (1) ! » Enfin, il soumet également tous ces faits miraculeux à une règle générale, que Dieu se serait prescrite, d'exécuter les désirs des anges, dans l'Ancien Testament et, dans le Nouveau, ceux de Jésus-Christ, causes occasionnelles de l'exercice de sa volonté toute-puissante. C'est ainsi que Malebranche s'est fait accuser par Arnauld, Bossuet et Fénelon, de ruiner le surnaturel, de ruiner le fondement même de la religion chrétienne, et de chercher la science des choses divines, beaucoup plus dans ses méditations philosophiques, que dans l'étude des Écritures et des saints Pères.

Partout, dans Malebranche, nous avons retrouvé, poussée à l'excès, cette tendance à concilier la raison avec la foi, la philosophie avec la religion. Avec quelle hardiesse, quelle subtilité, et en même temps avec quelle candeur, il travaille à les unir (2) ! Partout se montre en lui le théologien, en même temps que le philosophe, mais le théologien raisonnable, qui veut unir essentiellement la foi et la raison. « Il ne faut pas dire, répond-il à Arnauld, que j'agis tantôt en théologien et tantôt en philosophe, car je parle toujours ou je prétends parler en théologien raisonnable (3). »

Le dessein de Descartes avait été de mettre la religion à l'écart, le dessein de Malebranche a été au contraire de les unir. « On doit, dit-il, faire servir la philosophie à la théologie. Croire qu'il n'est pas permis de concilier les

---

(1) 7e *Méditation chrét.*, 22 et 23.
(2) Il a une passion, dit l'abbé de Lignac, de lier les dogmes de la foi aux principes de la raison humaine.
(3) Réponse au 1er livre des *Réflexions théol. et phil.*

dogmes de la foi avec la raison, c'est condamner la conduite de tout ce qu'il y a de théologiens et de Pères... Il a toujours été permis de faire servir tous les principes de la raison, nouveaux ou non, certains ou douteux, à l'éclaircissement des dogmes de la foi, pourvu qu'on bâtisse toujours sur ces dogmes et qu'on ne soit pas assez téméraire pour les révoquer en doute. Non-seulement il est permis, mais il y a obligation, d'appuyer par la raison les dogmes que l'Église nous propose (1). » Il s'autorise de l'exemple de saint Thomas qui s'est servi d'Aristote, dans l'intérêt de la foi, comme lui, à bien meilleur titre, il prétend se servir de Descartes.

Malebranche est persuadé non pas seulement de l'accord, mais de l'unité fondamentale et essentielle des principes de la philosophie et de la foi. Il faut, dit-il, être bon philosophe pour entrer dans l'intelligence des vérités de la foi; plus on est fort dans les vrais principes de la métaphysique, plus on est ferme dans les vérités de la religion. Pour établir cette grande unité, il n'hésite même pas à subordonner la foi à la raison ou à l'intelligence. On ne peut, suivant lui, renoncer à la raison universelle, sans renoncer à l'auteur même de la foi qui est la raison rendue sensible. La certitude de la foi ne dépend-elle pas de la connaissance que la raison nous donne de l'existence de Dieu? « Ne voyez-vous pas que la certitude de la foi vient de l'autorité d'un Dieu qui parle et qui ne peut jamais tromper? Si donc vous n'êtes pas convaincu par la raison qu'il y a un Dieu, comment serez-vous convaincu qu'il a parlé? Pouvez-vous savoir qu'il a parlé sans savoir qu'il est (2)? » La foi ne peut donc se passer de la raison; elle n'est pas, d'ailleurs, son but à elle-même, mais une préparation des âmes à la raison ou à l'intelligence, en laquelle tôt ou tard elle doit se convertir. La foi est, dit-il, un don de Dieu qui ne se mérite pas, mais l'intelligence ne se

---

(1) Réponse au 3e livre des *Réflexions théol. et phil.*
(2) *Conversat. chrét.*, 1er Entretien.

donne ordinairement qu'au mérite. Tandis que la foi est pure grâce, il faut mériter l'intelligence par le travail et par la coopération à la grâce.

Peut-on élever plus haut la raison au-dessus de la foi? « L'évidence, l'intelligence est préférable à la foi; car la foi passera, mais l'intelligence subsistera éternellement. La foi est véritablement un grand bien, mais c'est qu'elle conduit à l'intelligence... La foi n'est point contraire à l'intelligence de la vérité, elle y conduit, elle unit l'esprit à la raison, et rétablit par elle pour jamais notre société avec Dieu. Il faut se conformer au Verbe fait chair, parce que le Verbe intelligible, le Verbe sans la chair est maintenant une forme trop abstraite, trop sublime et trop pure pour former ou réformer des esprits grossiers et des cœurs corrompus... Mais l'intelligence succédera à la foi, et le Verbe, quoique uni pour toujours à notre chair, nous éclairera un jour d'une lumière purement intelligible (1). »

Pour ceux qui consultent la raison avec tout le respect et l'application nécessaires, la foi peut déjà, dès ce monde, se convertir en intelligence, et Malebranche fait dire au Verbe : « Je montre souvent à l'esprit d'une manière purement intelligible plusieurs vérités qui appartiennent à la foi. Car lorsque mes disciples rentrent en eux-mêmes et me consultent avec tout le respect et l'application nécessaires, je découvre à leur esprit avec évidence plusieurs vérités qu'ils savaient seulement avec certitude à cause de l'infaillibilité de ma parole (2). » Ainsi la philosophie se confond avec la religion, ou comme le dit encore Malebranche, la religion est la vraie philosophie. La distinction qu'il admet entre les vérités de la raison et celles de la foi, n'est que relative, et non absolue, elle n'existe qu'au regard des esprits vulgaires et seulement dans ce monde. C'est un état inférieur des âmes d'où, par l'attention à

---

(1) *Traité de morale*, 2ᵉ partie, chap. v.
(2) 3ᵉ *Méditation*.

consulter la raison, nous pouvons, dès à présent, sortir pour nous élever jusqu'à l'intelligence qui seule ne passera pas, tandis que la foi passera.

On comprend donc l'attachement de Malebranche à la métaphysique et à la libre discussion philosophique. Citons, en témoignage de son amour de la liberté philosophique, ces belles paroles de sa *Défense* contre le P. Valois : « La liberté de philosopher ou de raisonner sur les notions communes ne doit point être ôtée aux hommes, c'est un droit qui leur est naturel comme celui de respirer (1). »

Nous terminerons ici l'exposition de la philosophie de Malebranche. Cette philosophie tout entière est un commentaire, comme l'a dit Malebranche lui-même, des fameuses paroles de saint Paul : In ipso enim vivimus, movemur, et sumus. Nous avons vu que le commentaire renchérit sur le texte, au point de ne laisser rien à la créature, pour tout donner au Créateur. A cette tendance générale, se rattachent les causes occasionnelles et même la vision du particulier et du contingent au sein de l'étendue intelligible, c'est-à-dire de Dieu. Mais il y a de grandes vérités dans d'autres parties de la vision en Dieu, dans la doctrine de la raison impersonnelle, par où il a surpassé Descartes, et dans la théologie naturelle, par où il a devancé Leibniz. Soyons d'ailleurs indulgents pour les erreurs de Malebranche, puisqu'il y a été poussé par le désir de placer l'homme dans la dépendance absolue de Dieu, par un excès de piété, et appliquons-lui, avec Arnauld, ce que dit saint Ambroise de la mère des Zébédées : Et si error est, pietatis tamen error est (2). Mais nous n'en avons pas fini encore avec Malebranche ; nous allons passer en revue ses principaux adversaires et ses principaux disciples. Nous allons voir la vision en Dieu et la providence générale aux prises avec Arnauld, avec Fénelon et avec Bossuet.

---

(1) Défense de l'auteur de la *Recherche de la vérité contre le P. Valois*.
(2) *Livre des Idées*, chap. XVIII.

CHAPITRE IX

Cartésiens qui combattent Malebranche. — Arnauld. — Arnauld, un des premiers disciples de Descartes en France. — Son cours de philosophie au collége du Mans à Paris. — Ses divers travaux philosophiques. — Talent pour la dialectique. — Attachement à Descartes. — Traces de cartésianisme même dans ses ouvrages de pure théologie. — Caractère particulier de son cartésianisme. — Défend Descartes contre tous ses adversaires et surtout contre les théologiens, contre Huet, contre le P. Valois. — Éloquente apologie de Descartes contre M. Lemoine, doyen de Vitré. — Défense de la philosophie contre l'assimilation à l'hérésie. — Contre la thèse de la corruption naturelle et de l'aveuglement progressif de la raison. — Contre la prétendue incertitude de toutes les opinions humaines. — Indignation contre le reproche, adressé à Descartes, d'avoir trouvé l'art de séparer, plutôt que d'unir l'âme et le corps. — Reconnaissance pour les services rendus par la philosophie cartésienne à la croyance en Dieu et à l'immortalité. — Mission providentielle de Descartes. — Rapports d'Arnauld et de Malebranche. — Estime d'Arnauld pour la Recherche de la vérité, et amitié pour son auteur. — — De l'origine et des diverses circonstances de leur querelle au sujet de la grâce. — Qualités et avantages de l'un et de l'autre des deux adversaires dans cette lutte. — Du ton de la discussion. — Injures, personnalités, railleries. — Deux phases principales de cette controverse. — Pourquoi Arnauld attaque Malebranche sur les idées, avant de l'attaquer sur la grâce. — Des vraies et des fausses idées. — Descartes opposé à Malebranche.

Avant de passer aux disciples particuliers de Malebranche, nous devons nous arrêter à plusieurs cartésiens illustres, ses contemporains qui, tout en étant fidèles à Descartes, ont plus ou moins vivement combattu quelques-unes des doctrines particulières de l'auteur de la *Recherche de la vérité*. Cette polémique est le complément nécessaire de l'exposition de la philosophie de Malebranche. C'est au sein même du cartésianisme que Malebranche a rencontré ses plus redoutables adversaires. Les uns rejettent, sans exception, tout ce qui appartient en propre à Malebranche; les autres retiennent quelques-uns de ses sentiments sur la vision en Dieu et les causes occasionnelles, et, même en le combattant, subissent plus ou moins l'influence de ses doctrines et de son génie.

Celui de tous les cartésiens qui se montre le plus opposé aux doctrines particulières de Malebranche, c'est Arnauld. Déjà nous l'avons rencontré plusieurs fois, dans cette histoire, intervenant en faveur de la philosophie nouvelle, soit qu'il accrédite les *Méditations* par ses bienveillantes objections, soit qu'il s'élève contre l'arrêt des censeurs de Rome qui la condamne, ou qu'il prenne sa défense dans un mémoire adressé au Parlement de Paris. Malebranche lui reproche à tort de n'avoir pas l'intelligence ouverte aux choses métaphysiques, s'étant mis à philosopher sur le tard. En effet, dès l'âge de vingt-six ans, Arnauld avait, pendant deux ans, enseigné la philosophie au collége du Mans à Paris, conformément à une prescription du règlement de la maison de Sorbonne, imposée à tous ceux qui aspiraient à en faire partie, en un temps où la philosophie était en honneur parmi les théologiens, comme parmi tous les esprits cultivés (1). Bayle dit qu'Arnauld a été jansé-

(1) Arnauld n'ayant pas accompli cette condition au temps voulu, c'est-à-dire avant sa licence, mais seulement l'année suivante, Richelieu s'opposa à son admission définitive en Sorbonne, Arnauld n'y fut reçu qu'après la mort du cardinal. Voici ce que dit l'auteur de la *Vie du P. de Condren*, second supérieur de l'Oratoire, sur ce règlement de la Sorbonne : « C'est une des lois de la célèbre maison de Sorbonne que ceux qui aspirent à l'honneur de sa Société doivent enseigner publiquement un cours de philosophie dans l'université de Paris. Cette étude produit beaucoup d'effets excellents, car elle oblige ses docteurs de se rendre maîtres dans les sciences humaines, afin de le pouvoir devenir dans la sagesse divine. Elle les rend avisés et adroits contre les impostures des sophistes et les embûches des ennemis de la foi. Elle leur fournit une riche moisson de tous les arts et de toutes les connaissances qui peuvent naître sur le champ de la raison humaine, afin qu'étant fortifiés de tant de clartés inférieures, ils puissent mieux s'élever à la contemplation de la lumière souveraine et infinie. » (In-8, Paris, 1657.)

niste avant Jansénius et cartésien avant Descartes (1). Si Arnauld, ce que nous ignorons, a été janséniste avant Jansénius, nous pouvons du moins affirmer qu'il n'a pas été cartésien avant Descartes. Mais il a l'honneur d'avoir été un des premiers cartésiens en France. Dans les thèses philosophiques, *Conclusiones philosophicæ* (2) qu'il fit soutenir, sous sa présidence, à la fin des deux années de son cours, on trouve, il est vrai, déjà des principes cartésiens, surtout en physique; mais ces thèses sont de 1639, c'est-à-dire postérieures de deux années au *Discours de la Méthode*. Le cours de philosophie d'Arnauld laissa une trace profonde dans l'université de Paris ; il commença la réforme de l'enseignement péripatéticien, et forma des maîtres qui devaient, à leur tour, le modifier plus profondément encore. Parmi eux fut Pierre Barbay, un des plus célèbres professeurs de cette université, dont les cahiers, les plus estimés de son temps, sont en partie ceux qu'il avait reçus d'Arnauld, et dont le péripatétisme mitigé sert d'intermédiaire entre l'ancien enseignement scholastique, et l'enseignement nouveau de Pourchot, où déjà domine le cartésianisme.

On s'étonne qu'au milieu de tant de travaux, de tant de controverses théologiques, de tant d'affaires et de négociations, comme chef de parti, de tant de luttes et de persécutions, Arnauld ait pu faire une part aussi grande à la philosophie. Indépendamment de ses longs et nombreux écrits contre Malebranche, il est l'auteur de la réfutation d'un *Traité de l'essence des corps* par un adversaire de Descartes, Lemoine, doyen de Vitré, d'une dissertation latine en deux parties, *Dissertatio bipartita*, contre Huygens, théologien de Louvain, qui soutenait la doctrine de la vue des vérités éternelles en Dieu, et des *Règles du bon sens* contre

---

(1) En 1635, cinq ans avant le *Livre de Jansénius*, il avait déjà soutenu, puisée à la source commune de saint Augustin, cette doctrine de la grâce dont pendant toute sa vie il devait être l'intrépide et opiniâtre confesseur.

(2) Préface historique et critique des *Œuvres philosophiques*, tome XXXVIII des *Œuvres complètes*.

Dom Lamy qui avait pris le parti du théologien de Louvain. Enfin il a composé, avec Nicole, la célèbre *Logique de Port-Royal*. Tous ces ouvrages remplissent trois volumes in-4°, qui se trouvent comme perdus au milieu des quarante-trois volumes in-4° dont se composent ses œuvres complètes (1).

Puissant et solide réfutateur, comme dit Bossuet, dialecticien ferme et habile, Arnauld a mérité l'éloge qu'en fait Daguesseau, dans ses *Instructions à son fils*: « Il pourrait suffire seul pour donner un modèle de la méthode avec laquelle on doit traiter, approfondir, épuiser une matière, et faire en sorte que toutes les parties d'un même tout tendent et conspirent également à produire une entière conviction. La logique la plus exacte, conduite et dirigée par un esprit naturellement géomètre, est l'âme de ses ouvrages. Mais ce n'est pas une dialectique sèche et décharnée, qui ne présente que comme un squelette de raisonnement. Elle est accompagnée d'une éloquence mâle et robuste, d'une abondance et d'une variété d'images qui semblent naître d'elles-mêmes sous sa plume et d'une heureuse fécondité d'expressions. C'est un corps plein de suc et de vigueur, qui tire toute sa beauté de sa force, et qui fait servir ses ornements mêmes à la victoire. On trouve dans les écrits d'un génie si fort et si puissant tout ce qui peut apprendre l'art d'instruire, de prouver et de convaincre. » Toutefois il a, suivant nous, le tort de trop faire usage des formes extérieures de l'école et de la méthode des géomètres, de trop retourner dans tous les sens un même argument, de multiplier les divisions et les subdivisions, et d'employer un appareil scholastique, qui trop souvent n'ajoute rien à la clarté des idées et à la rigueur du raisonnement. De là une certaine prolixité, que lui reproche Malebranche, et dont lui-même il semble convenir : « J'ai

---

(1) *Œuvres complètes* d'Arnauld, 43 vol. in-4, Lausanne. Le premier volume, de 1775, n'a paru qu'après l'expulsion des Jésuites, le dernier est de 1783. La *Vie d'Arnauld* est dans le dernier volume.

de plus ce défaut que j'ai trop d'attache à faire en sorte autant que j'en suis capable, que ce que je crois vrai soit expliqué d'une manière qu'il soit facile de le bien comprendre et d'en être persuadé. C'est cela seul, ce me semble, qui me fait être plus long que je ne voudrais, car c'est malgré moi que mes livres ne sont pas très-courts (1). »

De tous les grands hommes du dix-septième siècle, il n'en est peut-être pas un seul dont l'attachement à la philosophie de Descartes ait été plus ferme et plus profond. Sans doute Arnauld ne mérite pas le reproche de Jurieu, d'être plus attaché au cartésianisme qu'à la foi (2), mais nul n'a été plus fermement convaincu des services rendus à la religion par la nouvelle philosophie. Loin qu'il la juge contraire à la foi, il estime qu'elle lui prête un précieux appui contre les libertins, par ses démonstrations de la distinction de l'âme et du corps et de l'existence de Dieu. Jusque dans ses ouvrages de pure théologie on trouve des traces nombreuses de la philosophie cartésienne, si bien qu'un de ses adversaires lui reproche de l'avoir tellement mêlée au *Traité de la perpétuité de la foi*, que Descartes lui-même aurait pu en être l'auteur, sans rien avancer de contraire à la philosophie (3). En effet, Arnauld fait souvent intervenir, dans ce traité de pure théologie, des principes évidemment cartésiens, tels que ceux-ci : Tout dans les corps n'est que l'effet de l'arrangement divers des parties ; les qualités sensibles n'ont d'existence que dans l'âme ; les animaux sont des machines, etc. Quelques-uns de ses amis de Port-Royal le blâment de perdre un temps précieux, et de déployer tant de zèle pour une cause purement philosophique. Il se justifie en montrant le lien qui rattache la théologie à la philosophie, et les avantages qu'elle doit recueillir de l'alliance du cartésianisme.

(1) Conclusion de la *Défense* contre la *Réponse au Livre des idées*.
(2) *Esprit d'Arnauld*, 2 vol. in-12. Deventer, 1684.
(3) *Discours adressé à Monsieur *****, contenant plusieurs réflexions sur la philosophie de Descartes* (dans un *Recueil*, n° 351, de la Bibliothèque Sainte-Geneviève).

Le cartésianisme d'Arnauld se distingue par un caractère particulier, que déjà nous avons remarqué dans quelques cartésiens hollandais et français, et surtout dans Régis. Arnauld suit fidèlement la doctrine du maître ; mais il interprète en un sens empirique ce que Descartes a laissé de vague et d'indécis dans sa doctrine des idées. Ainsi le verrons-nous signaler parfaitement ce qu'il y a de faux, mais ne pas saisir toujours ce qu'il y a de vrai dans Malebranche. Il a défendu avec une grande force la méthode et les principes des *Méditations* contre tous les adversaires de Descartes, et particulièrement contre les théologiens. La puissance de Dieu est infinie, et notre raison est finie ; donc Dieu peut faire ce que nous ne pouvons comprendre ; voilà ce qu'oppose Arnauld à toutes les déclamations des théologiens sur l'incompatibilité du cartésianisme et de la foi. En vertu de ce principe, toute philosophie raisonnable s'accorde, dit-il, avec la foi et, sans ce principe, nulle ne peut s'accorder avec elle. C'est par là seulement qu'on a accordé Aristote avec l'Église ; c'est par là que Descartes, selon Arnauld, s'accorde bien mieux encore avec elle. Déjà nous avons vu qu'il traite assez rudement Huet et sa *Censure*. Il lui fait la guerre en plusieurs passages de ses lettres et de ses ouvrages. La passion souvent empêche, dit-il, qu'on ne se rende aux vérités les plus claires, lorsqu'on est prévenu d'un sentiment opposé ; il en donne, comme un terrible exemple l'auteur de la *Censure*, « que la passion de contredire Descartes a porté jusqu'à soutenir, par un aveuglement inconcevable, ce ridicule pyrrhonisme que cette proposition, *Je pense, donc je suis*, n'est pas évidemment vraie (1). »

A l'occasion du livre du P. Valois il prend la défense du cartésianisme, même sur le sujet délicat de la compatibilité avec l'eucharistie. Il tient : « non-seulement pour fort mal réglé et fort mal entendu, mais aussi pour très-préjudiciable à la religion, le zèle de ces anticartésiens qui vou-

---

(1) Préface de l'*Écrit géométrique sur la grâce générale*, t. X, p. 102.

draient faire dépendre la foi catholique à l'eucharistie de leurs imaginations philosophiques, et fermer l'entrée de l'Église à tous ceux qui philosopheraient d'une autre manière qu'eux, quelque profession qu'ils fissent de croire tout ce que le concile de Trente a décidé. » Il dit encore avec non moins de sens : « N'est-ce pas donner des armes aux calvinistes, que de prétendre prouver que grand nombre de catholiques soutiennent une doctrine incompatible avec l'eucharistie, et leur donner lieu de répandre ce bruit malin qu'il y a bon nombre de gens dans l'Église qui ne croient pas à la transsubstantiation non plus qu'eux (1). » En effet, comment se persuader, disait Jurieu, que ceux qui approuvent M. Descartes touchant l'essence des corps, croient de bonne foi la transsubstantiation possible? Le P. Valois l'a démontré, un homme qui tient de bonne foi la doctrine de Descartes sur la nature des corps, ne peut croire et enseigner de bonne foi la transsubstantiation. Or il est notoire combien M. Arnauld y est attaché ; il est donc impossible qu'Arnauld, Port-Royal et l'Oratoire ne s'entendent pas avec les calvinistes (2).

Mais, en dépit de toutes ces accusations, Arnauld n'en demeure pas moins ferme dans sa foi philosophique, et même dans son sentiment cartésien sur la matière. Il accorde qu'en faisant de l'étendue l'essence des corps, on peut être mauvais philosophe, mais non qu'on soit nécessairement ennemi de la foi. Il défend le cartésianisme, soit par l'incompréhensibilité des mystères, soit en distinguant les propriétés de la nature corporelle, qui lui appartiennent par son être propre, de celles où elle pourrait être élevée par la toute-puissance de Dieu. « Les cartésiens expriment ce que nous connaissons de la matière et ce qu'elle possède par les principes de son être, mais ils n'ont pas dessein par là de mettre des bornes à la puissance de Dieu, ni de définir précisément ce qu'elle

---

(1) Examen d'un *Traité sur l'essence des corps*, 36ᵉ vol. des Œuvres.
(2) *Esprit d'Arnauld*, 2 vol. in-12, Deventer, 1684.

peut opérer par ses créatures. » Citons encore ce passage du même ouvrage : « Enfin on voit, par une expérience sensible que ces principes de physique peuvent subsister dans un même esprit avec la créance de la présence réelle et de la transsubstantiation, soit que ces auteurs les aient expressément restreints à l'ordre de la nature, soit qu'ils n'aient pas fait une réflexion expresse sur la contrariété de ces principes avec ce qu'ils croyaient de l'eucharistie, soit que, pour allier ensemble et ces principes et cette créance, ils se soient formé une manière de nuage par laquelle on allie souvent des choses qui paraissent contraires, en supposant que Dieu sait bien faire subsister la vérité de ces mystères avec ces principes naturels, s'ils sont véritables, quoique nous n'en voyions pas l'accord (1). » Enfin il exhorte tous ceux qui suivent cette philosophie, pour couper court à ces accusations, de déclarer publiquement qu'ils ne sont pas contraires à ce que l'Église enseigne touchant l'eucharistie, quand on aurait de la difficulté à comprendre le tour qu'ils prennent pour accorder la foi avec leurs sentiments, les manières philosophiques d'accorder nos mystères avec les opinions de physique n'étant pas de foi (2). En même temps, il condamne sévèrement les essais de philosophie eucharistique tentés par Desgabets et quelques cartésiens, commentateurs téméraires des lettres au P. Mesland. Toutefois nous ne pouvons nous empêcher de remarquer encore ici qu'Arnauld, le premier, avait poussé le cartésianisme dans cette voie dangereuse en pressant Descartes de lui donner une manière de concilier, avec le concile de Trente, non-seulement l'indistinction de la substance et des accidents, mais encore l'indistinction du corps et de l'extension locale.

(1) *Perpétuité de la foi*, 3e vol., livre III, chap. x. Voir l'*Apologie pour les catholiques*, part. 2, chap. v et vi, où il résume tout ce qu'il a dit ailleurs sur cette question.
(2) *Lettre* 415 (1683).

Mais Arnauld ne s'est pas borné à réfuter en passant quelques objections de théologiens contre Descartes; il a pris, pour ainsi dire, corps à corps un anticartésien de la famille de Huet et du P. Valois, et il l'a réfuté, d'un bout à l'autre, dans un ouvrage trop peu connu, où se trouve une des meilleures apologies qui jamais aient été faites de Descartes et de la philosophie. Cet anticartésien est M. Lemoine, doyen de Vitré en Bretagne, qui avait attaqué le cartésianisme, avec non moins de perfidie et de violence que le P. Valois, dans un ouvrage intitulé : *Traité de l'essence du corps et de l'union de l'âme avec le corps contre la philosophie de Descartes*. Ce traité fut envoyé de Port-Royal à Arnauld par sa nièce, la mère Angélique Saint-Jean, en 1680, lorsqu'il était en Hollande. Il en fit, sous forme d'une longue lettre, adressée à la mère Angélique, une réfutation qui ne fut imprimée qu'après sa mort. Elle était en quelque sorte perdue et nous ne l'avons retrouvée, disent les éditeurs de ses œuvres, que par un coup de la Providence (1). Arnauld n'y laisse sans réponse aucune des déclamations de l'auteur contre la philosophie en général, et contre Descartes en particulier.

La philosophie et l'hérésie sont sœurs, disait le doyen de Vitré, étant filles d'une même mère, la raison humaine aveuglée par le péché. Grossier sophisme, répond Arnauld, où l'on argumente de l'espèce au genre. Cela est vrai d'une mauvaise philosophie, telle que celle d'Épicure, qui ruine l'immortalité et la providence, mais non d'une philosophie solide, enseignée par un philosophe chrétien qui révère tous les mystères de la foi, en même temps qu'il a poussé plus loin qu'aucun philosophe avant lui, ce qu'on peut découvrir des vérités naturelles par les seules lumières de la raison. Dans le parallèle de l'auteur entre la philosophie et l'hérésie, qu'y a-t-il de vrai? Un seul point, à savoir, que ni l'une

---

(1) Examen d'un écrit qui a pour titre : *Sur l'essence du corps et l'union de l'âme et du corps contre la philosophie de M. Descartes* (38ᵉ vol. des *Œuvres d'Arnauld*).

ni l'autre ne tient compte de ce qui est généralement cru et de l'antiquité. Mais où l'hérésie a tort, la philosophie a raison. La raison d'un homme, en tant qu'homme, n'a aucune autorité sur la mienne, l'un et l'autre nous n'avons que Dieu pour maître; il est tout à fait ridicule de vouloir que j'en croie un autre homme sur les choses que je puis voir par ma propre lumière, parce qu'il aura vécu deux mille ans avant moi, et parce qu'il aura plu à d'autres de lui donner le nom de prince des philosophes : *Quod scimus*, dit saint Augustin, *debemus rationi, quod credimus, auctoritati.*

Mais, selon l'auteur, la raison des modernes serait encore plus fautive que celle des anciens, parce que la corruption générale de la nature humaine, au lieu de diminuer, augmente avec les siècles, et en même temps l'aveuglement de la raison naturelle. Arnauld réfute vivement cette thèse déplorable, encore chère à quelques théologiens, du progrès de l'aveuglement, et lui oppose, sous l'influence de l'esprit de Descartes, la doctrine contraire du progrès de la raison. Rien, dit-il, n'est moins solide que ce discours. Il ne s'agit pas de savoir si la raison est aujourd'hui plus grande qu'autrefois, peut-être est-elle égale dans tous les hommes, et la seule manière de l'appliquer fait-elle la différence. Mais, à ne considérer que l'habileté dans les sciences, quel ridicule paradoxe de soutenir que, par suite du progrès de l'aveuglement de la raison naturelle, les modernes sont au-dessous des anciens ! A ce compte il faudrait dire qu'avant le déluge il y a eu des médecins, des mathématiciens, des astronomes plus habiles qu'Hippocrate, Hipparque ou Archimède. N'est-il pas visible, au contraire, que ce sont les savants et les philosophes anciens qui ne sont pas comparables aux modernes, et que les sciences se perfectionnent avec le temps? Cela est si évident que je ne daigne pas, ajoute-t-il, m'étendre là-dessus.

Le doyen de Vitré veut qu'on n'accorde aucune certitude aux opinions des philosophes, par cela seul que ce sont des opinions humaines, et non des révélations divines. Arnauld ne traite pas mieux ce pieux scepticisme. C'est renouveler l'erreur des pyrrhoniens et des académiciens, réfutés par saint Augustin, que de soutenir qu'il faudrait qu'un homme ne fût pas purement homme, mais apôtre ou prophète, pour être assuré que ce qu'il dit dans les sciences humaines est absolument vrai. Ces sortes de déclamations, qui semblent favoriser la religion, trouvent facilement créance parmi les personnes de piété ignorantes de sciences naturelles, et qui ne sont pas plus capables de juger de leur certitude qu'un sourd de la beauté de la musique. Mais c'est exposer la religion au mépris des libertins que de prétendre que rien n'est certain en géométrie, s'il n'a été confirmé par les Écritures. L'Église elle-même n'a-t-elle pas consulté les astronomes, et non les évêques, pour fixer dans le calendrier la fête de Pâques? Cela devrait ouvrir les yeux à ceux qui veulent attribuer à l'Église une autorité de juger des choses qui ne sont pas de son ressort : « maxime erronée qui est même préjudiciable à la religion, quelque air de spiritualité qu'on lui donne. »

Non content de la prétendue incompatibilité avec l'eucharistie, l'auteur en avait imaginé une autre, dont l'invention lui appartient en propre, entre la doctrine de l'Église sur l'état des corps bienheureux et le sentiment de Descartes sur la nature des corps. Arnauld ne daigne y répondre qu'en raillant. Mais il s'indigne contre le reproche que le doyen de Vitré, en compagnie du P. Daniel et de la plupart des jésuites, adresse à Descartes d'avoir fait de l'homme un esprit pur, et d'avoir trouvé l'art de séparer, plutôt que d'unir, l'âme et le corps. « Qui peut souffrir avec patience qu'on choisisse, pour décrier Descartes, ce que tous les philosophes éclairés, pour peu qu'ils soient équitables, doivent avouer être sa plus grande gloire? Oui, on le lui avoue, s'il y a quelque chose qui rende M. Descartes recommandable, c'est d'avoir si bien séparé notre âme de notre corps. Quand on pourrait dire qu'il conduit à croire, comme les platoniciens, que l'âme est seulement comme un pilote dirigeant le corps, ce serait comme une piqûre d'épingle en comparaison de la plaie importante qu'il guérit, en ruinant par cette distinction le sentiment impie de la mortalité de l'âme. Les hommes sont assez convaincus de l'union de l'âme et du corps, et il y a bien plus lieu de craindre qu'ils ne la portent trop loin, que d'appréhender qu'ils ne croient que leur âme soit à leur corps ce qu'un pilote est à son vaisseau. »

Mais d'ailleurs Arnauld ne craint pas d'affirmer que Descartes a aussi bien expliqué qu'aucun autre philosophe l'union de l'âme et du corps. Lui-même il expose ce qu'est cette union, non pas d'après Descartes seul, mais aussi d'après la *Recherche de la vérité*, qu'il cite plusieurs fois avec de grands éloges, dans cet ouvrage antérieur à la polémique allumée par le *Traité de la nature et de la grâce*. En effet, il fait consister toute leur union dans une correspondance naturelle des pensées de l'âme et des traces du cerveau. Ces traces et les mouvements des esprits animaux sont-ils la cause ou seulement l'occasion des perceptions de l'âme? Est-ce l'âme qui se donne ces perceptions à elle-même, ou bien est-ce Dieu qui les produit en elle? A toutes ces questions Arnauld répond comme d'après Malebranche et la doctrine des causes occasionnelles. Le mouvement corporel ne peut être cause de nos perceptions, car tout effet doit avoir rapport à sa cause, et il n'y a aucun rapport entre l'âme et le corps. Un corps ne peut que remuer un autre corps; encore même peut-être, selon Arnauld, ne le peut-il pas. Une autre question est celle de savoir si c'est l'âme qui se donne ses perceptions à elle-même. Sur ce point Arnauld pense encore comme l'auteur de la *Recherche*. L'âme ne se donne pas ses perceptions quand elle veut, elle ne connaît pas les mouvements organiques qui en sont les conditions, et pourrait-elle se les donner, comment comprendre qu'elle pût se les donner aussi promptement? Plus tard, dans sa polémique contre Malebranche, nous verrons Arnauld abandonner ce sentiment, rejeter les causes occasionnelles et défendre l'efficacité des causes secondes.

Ce principe, que Dieu est l'auteur de la correspondance de l'âme et du corps et la cause efficiente de toutes nos perceptions, lui fournit une nouvelle preuve de l'existence de Dieu qui doit plaire à un chrétien. Les preuves de l'existence de Dieu, et la distinction de l'âme et du corps, voilà par où la philosophie de Descartes se recommande, entre toutes les autres, à Arnauld : « Il n'y a point de philosophie humaine qui donne tant de preuves de l'existence de Dieu et dont les sectateurs doivent être moins suspects de ne l'établir que par feinte, comme on a soupçonné les épicuriens. Car ce n'est pas seulement dans la métaphysique qu'ils prouvent qu'il y a un Dieu ; mais toute leur physique et surtout le *Traité de l'homme* est tellement appuyé sur l'existence de Dieu, qui en est, pour ainsi dire, comme la clef de voûte, que la supposition du contraire est le renversement de tout leur système. »

Aussi Arnauld croit-il à une sorte de mission providentielle de Descartes. Il faut citer en entier le remarquable passage où Arnauld représente Descartes comme suscité par la Providence pour arrêter les progrès du libertinage, de l'athéisme et du matérialisme. Avec de légères variantes, il a reproduit cet éloge dans divers autres de ses ouvrages, et à diverses époques de sa vie (1).

« On doit regarder comme un effet singulier de la providence de Dieu ce qu'a écrit M. Descartes pour arrêter la pente effroyable que beaucoup de personnes de ces derniers temps semblent avoir à l'irréligion et au libertinage, par un moyen proportionné à leur disposition. Ce sont des gens qui ne veulent recevoir que ce qui se peut connaître par la lumière de la raison ; qui ont un entier éloignement

---

(1) Il le cite dans une lettre à M. Du Vaucel. *Lettre* 830, tome III. Il le répète avec quelques variantes dans la 9ᵉ partie des *Difficultés proposées à M. Steyaert*. (94ᵉ *Difficulté*, exemple 14.)

de commencer par croire; à qui tous ceux qui font profession de piété sont suspects de faiblesse d'esprit, et qui se ferment toute entrée à la religion par la prévention où ils sont, et qui est en la plupart une suite de la corruption des mœurs, que ce qu'on dit d'une autre vie n'est que fable, et que tout meurt avec le corps. Il semble donc que ce qu'il y avait de plus important au salut de tous ces gens-là, et pour empêcher que cette contagion ne se répande de plus en plus, était de les troubler dans leur faux repos qui n'est appuyé que sur la persuasion où ils sont, qu'il y a de la faiblesse d'esprit à croire que notre âme survit à notre corps. Or, Dieu qui se sert comme il lui plaît de ses créatures, et qui cache par là les effets admirables de sa providence, pouvait-il mieux leur causer ce trouble, si propre à les faire rentrer en eux-mêmes, qu'en suscitant un homme qui avait toutes les qualités que ces sortes de gens pouvaient désirer pour rabattre leur présomption et les forcer au moins d'entrer dans de justes défiances de leurs prétendues lumières; une grandeur d'esprit tout à fait extraordinaire dans les sciences les plus abstraites, une application à la seule philosophie qui ne leur est point suspecte, une profession ouverte de se dépouiller de tous les préjugés communs, ce qui est fort à leur goût, et qui par là même a trouvé moyen de convaincre les plus incrédules, pourvu qu'ils veuillent seulement ouvrir les yeux à la lumière qu'on leur présente, qu'il n'y a rien de plus contraire à la raison que de vouloir que la dissolution du corps, qui n'est autre chose que le dérangement de quelques parties de la matière qui le compose, soit l'extinction de notre âme. Et comment a-t-il trouvé cela? En établissant par des principes clairs et uniquement fondés sur les notions naturelles dont tout homme de bon sens doit convenir, que l'âme et le corps, c'est-à-dire, ce qui pense et ce qui est étendu, sont deux substances totalement distinctes; de sorte qu'on ne saurait concevoir, ni que l'étendue soit une modification de la substance qui pense, ni que la pensée soit une modification de la substance étendue. Cela seul étant bien prouvé (comme il l'est dans les *Méditations* de M. Descartes), il n'y a point de libertin qui ait l'esprit juste, qui puisse demeurer persuadé que nos âmes demeurent avec nos corps. »

Arnauld ne supporte guère mieux qu'on accuse la philosophie de Descartes de se composer de quelques vraisemblances, mêlées à un grand nombre d'erreurs, de joindre de mauvaises conséquences à de bons principes, de ne rencontrer la vérité que par hasard, et d'être plus féconde en discours qu'en doctrine. « Pour se faire une idée vraie de la philosophie de Descartes, on n'a qu'à prendre le contre-pied de tout cela, jamais philosophie n'a raisonné plus nettement, ni plus juste, n'a plus évité les grands discours, n'a dit plus de choses en moins de paroles, ne s'est moins contentée de vraisemblances et de conjectures incertaines, et n'a eu plus de soins de bâtir sur le roc et non sur le sable, et de ne rien établir que sur des principes certains. » Cette excellente réfutation du doyen de Vitré nous montre en quelle estime Arnauld tenait Descartes et sa philosophie, et combien son cartésianisme, si ferme et si sage, était également éloigné de toute faiblesse et de tout excès. Nous avons vu le disciple et le défenseur de Descartes, voyons maintenant l'adversaire de Malebranche.

C'est dans la dernière partie de sa vie, et lorsqu'il était caché en Belgique, qu'Arnauld a commencé sa longue polémique contre Malebranche. Pendant sept ou huit années, ils avaient été liés ensemble à Paris, et Arnauld, dans plusieurs de ses ouvrages, cite avec éloge la *Recherche de la vérité*. Comment tout d'abord n'y vit-il pas les sentiments bizarres et les erreurs qu'il y releva plus tard avec tant de vivacité? « Lorsque la *Recherche de la vérité* parut, dit l'auteur de sa vie, M. Arnauld lut cet ouvrage, estima l'auteur et se lia avec lui. Le P. Malebranche ne lui sembla qu'un cartésien distingué, digne de la réputation que la *Recherche* lui fit, mais il ne s'occupa point des systèmes particuliers à l'auteur et qui auraient demandé une attention que d'autres occupations ne lui permettaient pas d'y donner. » De là plus tard bien des récriminations de Malebranche contre Arnauld. Comment se fait-il que, pendant ce temps de leur intimité, Arnauld ne lui ait rien touché de toutes ces prétendues énormités qu'aujourd'hui il y découvre? A quoi Arnauld réplique, avec non moins de raison : « Comment se fait-il que Malebranche, pendant le même temps, ne l'ait pas charitablement averti de ces hérésies dont aujourd'hui il l'accuse ? »

La question de la grâce mit aux prises les deux anciens amis. Arnauld avait été mécontent de la part, suivant lui trop grande, laissée par Malebranche à la raison, dans les *Conversations chrétiennes*, et bien plus mécontent encore de quelques doutes que l'oratorien s'était permis sur l'identité de la doctrine de Jansénius et de celle de saint Augustin. Quelques amis communs les mirent en présence l'un de l'autre dans une conférence où ils ne purent s'entendre (1). Ils se séparèrent, Malebranche s'engageant à mettre par écrit ses idées sur la grâce, et Arnauld à les examiner sérieusement. C'était, suivant la malicieuse remarque de Fontenelle, se promettre la guerre. En deux mois Malebranche avait tenu parole ; il avait composé le *Traité sur la nature et la grâce* et s'était empressé de l'envoyer à Arnauld qui venait de se réfugier en Hollande. Mais le manuscrit ne parvint pas tout d'abord à son adresse, ou bien, occupé par d'autres travaux et d'autres querelles, Arnauld ajourna l'examen sérieux qui lui était demandé, si bien que Malebranche, impatient d'un trop long délai, se décida à passer outre, sans son approbation. Cependant, dans un voyage à Amsterdam, Arnauld apprend qu'Elzevier imprime l'ouvrage de Malebranche sur la grâce. Il prend alors rapidement connaissance du manuscrit, et il écrit aussitôt à un ami de Malebranche pour le prier d'obtenir qu'il suspende l'impression, l'avertissant qu'il se croirait en conscience obligé d'écrire

---

(1) Voir le récit de cette conférence, d'après le manuscrit du P. André, dans l'*Étude sur Malebranche*, de l'abbé Blampignon, p. 54.

contre lui. Malebranche, nullement intimidé de cette menace, s'y refuse, et trouve étrange que des sentiments qui lui paraissaient, et à tous ceux qui les avaient conçus, avantageux à l'Église, et propres à concilier toutes les difficultés contre la sagesse et la bonté de Dieu, fussent ainsi condamnés après une lecture faite à la hâte, de l'aveu d'Arnauld, tandis qu'on attendait de lui, ce qu'il avait promis, un examen sérieux. Était-il juste qu'il exigeât que ceux qui avaient jugé dans les formes se rendissent à son jugement superficiel et précipité? Dans tout le cours de cette longue polémique, ces diverses circonstances de la querelle sans cesse sont rappelées, et diversement commentées et envenimées, par chacun des deux adversaires.

Nous allons donc contempler aux prises l'un avec l'autre ces deux illustres adversaires, les deux premiers philosophes du temps, comme dit Bayle, qui suit attentivement la querelle, et juge des coups dans ses *Nouvelles de la République des lettres*. « On ne se souvenait pas, dit le P. André, d'avoir vu sur la scène deux adversaires d'un aussi grand mérite et d'une réputation si bien établie. M. Arnauld, connu depuis quarante ans par ses beaux ouvrages, l'était encore par tant d'événements mémorables qu'il lui suffisait d'avoir paru dans une affaire pour attirer les regards les moins curieux. Le P. Malebranche n'avait pas encore une renommée si étendue, mais il en avait assez pour se faire craindre du grand Arnauld lui-même qui jusqu'alors n'avait craint personne. » Arnauld place la réputation de l'auteur parmi les préjugés en faveur de la nouvelle philosophie des idées qu'il faut combattre (1); Malebranche se plaint d'avoir sur les bras deux puissants adversaires; Arnauld et sa

---

(1) « L'auteur de la *Recherche de la vérité* s'est acquis une si grande réputation dans le monde, et avec raison (car il y a dans ce livre un très-grand nombre de belles choses), qu'il y aura bien des gens qui auront de la peine à croire qu'un si grand esprit et si pénétrant puisse être repris avec justice d'avoir avancé tant de choses peu raisonnables. » (*Vraies et fausses idées*, chap. XVIII.)

renommée, la terreur des pauvres auteurs (1). Avec moins de force de dialectique, Malebranche n'apporte pas moins de dureté, de véhémence, d'ironie dans la discussion, avec plus d'élégance, de finesse et d'imagination. « Le vol sublime de cet esprit, dit Bayle, vers les matières les plus abstraites ne l'empêche pas de toucher finement et agréablement M. Arnauld. L'auteur a des manières inimitables sur ce sujet, et qui charment ceux qui n'ont du goût que pour les jolies choses. »

Arnauld a une dialectique plus sévère, mais il abuse des formes extérieures de l'École, il multiplie les démonstrations, les syllogismes en règle, avec les axiomes, les demandes, les lemmes, les majeures et les mineures. Il divise, il compte les arguments, les preuves, les réflexions, les exemples. Chez l'un et chez l'autre, les redites et les longueurs abondent. De part et d'autre, le ton et la convenance de la polémique, à mesure qu'elle se prolonge, laissent beaucoup à désirer. « Est-ce que deux chrétiens et deux prêtres, dit Arnauld, ne pourront de nos jours donner l'exemple d'une dispute tranquille, où on ne pense qu'à éclaircir les choses de bonne foi, et à éviter les contestations inutiles qui les pourraient embrouiller, où on ne recherche point d'autre victoire que celle de la vérité, ni d'autre gloire que celle de Dieu? » On est bien obligé d'avouer que ni Malebranche ni Arnauld n'ont donné cet exemple. Dans l'aigreur croissante de la discussion, le mot d'ami qu'ils échangeaient d'abord, avec plus ou moins de sincérité, a bientôt disparu. Quoiqu'en commençant Arnauld s'efforce de garder les convenances, il y a déjà quelque chose de dur et d'ironique dans le livre des *Vraies et des fausses idées*. Il semble à Jurieu, non sans quelque raison : « qu'on ne saurait s'empêcher de croire qu'un ami soit plus maltraité par

---

(1) « Il n'y a que la vérité qui puisse me soutenir contre un adversaire aussi puissant et aussi aguerri que M. Arnauld, et s'il me trouvait un peu à l'écart, il m'aurait bientôt mis en pièces, car assurément c'est l'auteur le plus véhément et le plus terrible de nos jours. » (*Rép. à la Dissertation de M. Arnauld.*)

son ami. » Tout d'abord Malebranche s'en irrite et ne garde plus ni ménagement, ni mesure. Mais Arnauld renchérit encore sur l'aigreur et les emportements de Malebranche, et la querelle se continue jusqu'à la fin presque sur le même ton.

Plusieurs des amis d'Arnauld, et surtout Nicole, blâmèrent vivement, mais en vain, les duretés de sa polémique contre Malebranche (1). A la discussion des plus hautes questions de la métaphysique se mêlent déplorablement les personnalités et les injures. Réciproquement on s'accuse d'absurdité, de mauvaise foi, de folie, d'hérésie, d'impiété ; de part et d'autre on s'avertit qu'on est un objet de scandale, qu'on soulève l'indignation des honnêtes gens. Accusé de répandre, par ses artifices, le poison de l'impiété, de mettre l'étendue formelle en Dieu, de ruiner la providence, Malebranche se venge aux dépens de l'hérésie de Jansénius : « de ce dogme rare et précieux, dit-il ironiquement, qui lui a acquis tant de gloire. » Arnauld n'a pas pu ou n'a pas voulu le comprendre et se prend à des fantômes qu'il a créés lui-même ; ce n'est pas le vrai P. Malebranche, c'est un P. Malebranche imaginaire, le fantôme du P. Malebranche qu'il a combattu, voilà la plainte qu'il fait enten-

---

(1) Voir une lettre d'Arnauld à Nicole et la réponse de Nicole sur ce sujet. *Lettre* 472, mai 1684. « Pour les prétendues duretés, répond Arnauld, j'ai deux grâces à demander à nos amis, l'une qu'ils ne me tourmentent plus sur cela, car il n'en sera pas autre chose. Je crois en conscience devoir en user comme je fais envers un homme que je crois plus dangereux que MM. Mallet et Desmaret... La prétendue modération de ma polémique ne ferait que le rendre plus insolent. Il a besoin qu'on l'humilie et qu'on fasse voir combien il a l'esprit faux, c'est une correction fraternelle qu'on lui doit... La seconde grâce que je demande à mes amis est que, s'ils ne peuvent pas approuver ma manière d'écrire, ils aient au moins la bonté de s'en taire et de ne pas prévenir contre moi le jugement du public. »

Nicole répond : « Vous ne concevrez jamais assez les effets que font les duretés des écrits sur l'esprit du monde et principalement des amis.. quelque chose de dur et d'aigre dans les personnes qu'on aime met les gens au désespoir et cause des afflictions plus sensibles que je ne vous le saurais exprimer. » (5 mai 1684.)

dre presque à chaque page. Aux accusations et aux invectives se mêlent les railleries; Arnauld les prodigue sur les méditatifs, sur le maître intérieur, sur la consultation de la vaste et magnifique idée d'être. Mais ce qu'il y a de plus triste, c'est un mélange, qui paraît peu sincère, des formes humbles et des doux préceptes de la charité chrétienne, avec tant d'orgueil, d'amertume et de violence. Voilà pour l'extérieur de la querelle, entrons maintenant dans le fond.

Il y a deux phases principales à distinguer dans cette polémique; les idées, dans la première, la providence et la grâce, dans la seconde, sont le principal objet de la discussion. On peut s'étonner, avec Malebranche, qu'au lieu d'aller droit au *Traité de la nature et de la grâce*, principe et objet de la querelle, Arnauld ait jugé à propos de commencer l'attaque par les idées, sans néanmoins lui prêter le dessein perfide de surprendre le public, et de faire passer son adversaire pour un visionnaire dans une matière abstraite et à la portée d'un petit nombre, afin de mieux discréditer ensuite ses idées sur la grâce. Malebranche, en tête de la seconde édition de son *Traité*, avait dit, il est vrai, que, pour bien le comprendre, il fallait d'abord avoir compris ce qu'il avait enseigné sur la nature des idées; mais il n'avait en vue que quelques principes accessoires sur la liberté, les causes occasionnelles, la providence, et non ce qu'il y a d'essentiel dans sa doctrine de la grâce. Voici, d'ailleurs, comment Arnauld explique ce changement inattendu dans le sujet de la polémique : «Il m'a semblé que je ne pouvais mieux faire que de commencer par là à lui montrer qu'il a plus de sujet qu'il ne pense de se défier de certaines spéculations, afin de le disposer par cette expérience sensible à chercher plutôt l'intelligence des mystères de la grâce dans les lumières des saints que dans ses propres pensées. » Mais, selon Malebranche, Arnauld a d'abord voulu tout simplement le faire passer pour ridicule, afin de le faire passer ensuite pour impie.

Le livre *Des vraies et fausses idées* est donc la première

pièce de ce grand procès philosophique (1). Les idées distinguées des perceptions, et considérées comme leur objet, voilà quelles sont les fausses idées auxquelles Arnauld fait la guerre ; les perceptions représentatives des objets, directement, et par elles-mêmes, voilà les vraies idées qu'il leur oppose. Dans cette discussion, Arnauld rappelle justement Malebranche, sur plus d'un point, aux principes et à la mé-

(1) Voici la liste complète, par ordre chronologique, des écrits qu'Arnauld et Malebranche publièrent l'un contre l'autre : *Des vraies et fausses idées*, par Arnauld (Cologne, 1683, in-12). — *Réponse de Malebranche au Livre des vraies et fausses idées* (300 pages in-12). — *Défense d'Arnauld contre la Réponse de Malebranche* (plus longue que le livre des Idées, Cologne, 1684). — *Trois lettres contre la Défense d'Arnauld*. Ces trois lettres forment un volume ; la première est sur l'étendue intelligible, la deuxième sur le reproche de dogmatiser touchant la matière de la grâce, la troisième sur la justification de certains faits avancés dans la *Réponse au Livre des idées*. — *Dissertation d'Arnauld sur les miracles de l'ancienne loi, en réponse à un Éclaircissement du Traité de la nature et de la grâce* (70 p. in-4). Elle a été imprimée, en 1685, après le 1er volume des *Réflexions théologiques et philosophiques*, mais elle avait été auparavant communiquée manuscrite à Malebranche. — *Réponse de Malebranche à la Dissertation d'Arnauld* (250 pages in-12). — *Réflexions théologiques et philosophiques d'Arnauld*. Le premier livre a paru en 1685, le deuxième et le troisième en 1686. — *Neuf Lettres d'Arnauld à Malebranche*, écrites entre la publication du premier et des deux derniers livres des *Réflexions*. Les quatre premières sont une réplique à la *Réponse* de Malebranche à la *Dissertation*, les trois suivantes sont une défense contre l'accusation de promulguer des dogmes nouveaux, les deux dernières traitent de l'étendue intelligible. — *Trois Lettres de Malebranche en réponse au premier livre des Réflexions* (la première est de 130 pages in-12). — *Deux Lettres de Malebranche en réponse au 3e livre des Réflexions*. Elles ont exclusivement pour objet la matière de la grâce (200 pages in-12). — *Quatre lettres de Malebranche en réponse aux neuf d'Arnauld* (246 pages in-12). — *Avis d'Arnauld, à l'auteur de la République des Lettres, sur ce qu'il a dit en faveur de Malebranche sur les Plaisirs des sens*. Cet *avis*, de quelques pages, est suivi d'une *Dissertation sur le prétendu bonheur des sens*, pour servir de réplique à la réponse qu'a faite M. Bayle pour justifier ce qu'il a dit sur ce sujet, dans ses nouvelles de la *République des lettres*, août 1685, en faveur de Malebranche contre Arnauld (Cologne, 1687). — La polémique directe entre Arnauld et Malebranche, interrompue depuis la fin de 1686, recommence en 1691 par quatre lettres d'Arnauld, où il revient sur la question des idées et des plaisirs, à l'occasion de la discussion sur le même sujet entre Régis et Malebranche. Aux deux

thode de leur maître commun. Tout ce qui est de Descartes dans Malebranche, il le juge excellent, et il juge mauvais tout ce qui s'en éloigne. « J'ai remarqué depuis longtemps que quand vous êtes uniquement appliqué à enseigner et à confirmer les opinions de M. Descartes, vous faisiez merveilles, mais qu'il n'en est pas de même quand vous vous en écartez (1). »

premières de ces quatre lettres, Malebranche répond par deux autres de juillet 1694. Aux deux dernières, il ne répondit que cinq ans plus tard, et, après la mort d'Arnauld, s'excusant sur ce qu'il ne les a pas connues plus tôt. — Enfin il a aussi publié contre Arnauld, après sa mort, un écrit *contre la prévention* (180 pages in-12). — Tous ces écrits d'Arnauld se trouvent dans les tomes XXXVIII, XXXIX et XL de ses Œuvres, et tous ceux de Malebranche se trouvent dans le *Recueil de toutes ses réponses à Arnauld*, 4 vol. in-12. Paris, 1709.

(1) 3ᵉ *Lettre* à propos de Régis.

CHAPITRE X

Malebranche accusé de mettre en Dieu le particulier et le contingent. — Variations et contradictions signalées dans sa doctrine. — Indignation de Malebranche contre l'accusation de faire Dieu étendu. — Railleries d'Arnauld contre les figures et les corps au sein de l'étendue intelligible. — Clarté de l'idée de l'âme défendue contre Malebranche. — Théorie d'Arnauld sur la connaissance. — Comment nos modalités finies nous représentent le général et l'infini. — Comment l'esprit aperçoit les objets présents ou absents. — Origine des idées dans l'activité de l'âme. — Double contradiction, en sens contraire, d'Arnauld et de Malebranche au sujet de l'activité et de la liberté, dans l'ordre de la nature et dans l'ordre de la grâce. — Conjectures d'Arnauld sur les idées qui viennent de Dieu. — Polémique d'Arnauld contre le sentiment que nous voyons la vérité en Dieu. — *Dissertatio bipartita*. — *Règles du bon sens*. — Tendance empirique d'Arnauld en morale, comme en métaphysique. — Critique des causes occasionnelles et de leurs prétendus avantages religieux et moraux. — *Réflexions théologiques et philosophiques*. — Réfutation de la providence générale de Malebranche. — Double critique de l'ambiguïté des termes et de la subordination des desseins de Dieu à la simplicité des voies. — Distinction des voies par lesquelles Dieu exécute ses volontés et des causes qui les déterminent. — Reproche de placer la variété des événements humains dans la dépendance de notre volonté. — Opposition de Malebranche aux Écritures et à l'Église. — Critique de son optimisme. — Critique du système sur la grâce. — Querelle incidente au sujet des plaisirs des sens et du bonheur. — Intervention d'Arnauld dans la polémique entre Malebranche et Régis. — Pamphlets de Malebranche contre Arnauld après sa mort. — Jugement général.

Arnauld rejette la vision en Dieu tout entière, sans nulle distinction de la vision de l'infini, et de celle des corps, de ce qui appartient à saint Augustin, et de ce qui est en propre à Malebranche. Sa critique s'exerce de préférence sur les côtés les plus défectueux et les plus bizarres, et s'attache particulièrement à l'exposition du troisième livre de la *Recherche de la vérité*. Quant aux modifications des *Éclaircissements* et des *Conversations chrétiennes*, il ne fait qu'en prendre avantage pour lui reprocher des variations et des contradictions de toute sorte, où il voit une preuve nouvelle du peu de solidité de sa doctrine.

Impitoyable pour les petits êtres représentatifs, il déploie contre eux un beaucoup trop grand appareil de logique; il les écrase, pour ainsi dire, à coups de massue. Le prétendu principe, emprunté à la philosophie commune, que l'âme ne peut connaître que ce qui lui est intimement uni, voilà, selon Arnauld, ce qui a conduit Malebranche à dire des choses si peu raisonnables. De là, en effet, l'impossibilité d'apercevoir par elles-mêmes les choses matérielles, puisqu'elles ne peuvent être intimement unies à notre âme; de là, la nécessité d'êtres représentatifs qui les lui représentent; or, où mieux loger ces êtres représentatifs qu'en Dieu, en qui notre âme les voit, étant unie avec lui? Mais Malebranche, qui a tant déclamé contre les préjugés, subit lui-même l'influence du plus grossier de tous, en assimilant la vue matérielle à la vue de l'esprit. Les hommes, encore enfants, ont remarqué que la vue matérielle avait pour condition la présence de l'objet ou de son image, et trompés par la plus grossière analogie, certains philosophes ont supposé que l'esprit, comme l'œil, ne pouvait voir, si ce n'est par des images les objets qui ne sont pas présents. Telle est la raison pour laquelle, à défaut du vrai soleil, Malebranche imagine un être représentatif du soleil, un soleil intelligible, que seul nous percevons, parce que seul il est intimement uni à notre esprit. Arnauld se raille fort de ce prétendu principe de la présence locale, sur lequel Malebranche semble fonder tout son système, sauf à le mettre lui-même en un singulier oubli, quand il nous enlève la connaissance de notre propre corps, non moins que celle des corps étrangers. Qu'est-ce à dire en effet? Dieu eût-il permis à notre âme de sortir de notre corps, pour aller se mettre en contact avec le vrai soleil, ce serait bien inutilement qu'elle aurait fait un si grand voyage, car, en fût-elle aussi rapprochée que de son propre corps, elle ne verrait jamais qu'un soleil intelligible. Ainsi la philosophie des idées, comme l'appelle Arnauld, nous condamne à ne voir jamais aucun objet, qu'il soit proche, comme nos organes, ou éloigné comme le soleil. Sans doute l'objet perçu doit être présent à l'esprit, mais seulement en tant qu'aperçu et conçu par lui, et non par un contact matériel. Arnauld reproche à Malebranche d'avoir confondu la présence locale avec la présence objective, la seule requise pour la perception d'un objet.

Contrairement à toutes les règles, Malebranche s'est appuyé sur un principe vague, non démontré, qui suppose ce qui est en question, et multiplie les êtres sans nécessité. A quoi bon ces entités philosophiques dont on peut facilement montrer qu'on n'a que faire? Dieu apparemment n'a pas voulu créer l'âme au milieu des corps sans lui donner la faculté de les connaître. Quoi donc de plus simple que de la rendre capable de le faire? Ici Arnauld retourne contre Malebranche le principe de la simplicité des voies. Opposera-t-on que les corps sont trop grossiers pour être les objets directs de la connaissance, mais il s'agit de les faire connus et non pas connaissants. Or où a-t-on pris que ce qui est connu doive égaler en dignité ce qui connaît? Placer en Dieu ces êtres représentatifs, c'est mettre en lui tout ce qu'il connaît, non pas seulement idéalement, mais formellement, c'est attribuer à son essence infinie le particulier, le figuré, le mobile? Ne faudra-t-il donc pas y placer aussi des puces et des moucherons, puisque, d'après le système, c'est en lui seul que nous les voyons?

Enfin les êtres représentatifs n'expliquent pas, ce qu'il s'agit précisément d'expliquer, à savoir, comment nous voyons les corps. Le dessein de Malebranche est de nous expliquer comment nous les voyons, et tout au contraire il explique comment nous ne les voyons pas, semblable à celui qui, après avoir annoncé qu'il va montrer l'accord de la providence et de la liberté, nierait la liberté. Les êtres représentatifs étant des chimères, Arnauld estime fort inutile de discuter touchant les différentes voies par lesquelles ils peuvent arriver à notre esprit. Mais Malebranche, comme nous l'avons vu, a modifié cette première forme de la vision en Dieu, en substituant l'étendue intelligible infinie aux êtres représentatifs, par où il s'attire de son adversaire le reproche de varier sans cesse et de se contredire. Il a tort de ne pas vouloir convenir qu'il a changé, et de recourir, pour le prouver, à des raisons fort peu convaincantes. D'abord il s'était, dit-il, seulement proposé de démontrer qu'on voit toutes choses en Dieu, et non d'expliquer la manière dont on les voit (1). S'il a avancé que nous voyons en Dieu même les choses corruptibles, il a ajouté que nous les voyons sans mettre en Dieu aucune imperfection, et qu'il suffit que Dieu nous fasse voir ce qu'il y a en lui qui se rapporte à ces choses. N'a-t-il pas toujours, d'ailleurs, distingué l'idée du sentiment? Que s'il ne s'est pas servi du mot d'étendue intelligible, c'est par l'appréhension de blesser la délicatesse de certains esprits (2). « J'ai parlé d'une autre manière, mais on doit juger que ce n'était que pour rendre quelques-unes de mes preuves plus convaincantes et plus sensibles, et l'on ne doit pas juger par les choses que je viens de dire que ces preuves ne subsistent plus. Je dirais ici les raisons des différentes façons dont je me suis expliqué, si cela était nécessaire (3). » Quoi qu'il en soit, on se rappelle, qu'après nous avoir fait voir tous les corps en Dieu, par autant d'idées particulières qui nous les représentent, Malebranche prétend nous les faire voir dans une seule et même idée, celle de l'étendue intelligible.

Mais Arnauld ne traite pas mieux cette étendue intelligible que les êtres représentatifs. Tout à l'heure il reprenait Malebranche de paraître mettre en Dieu formellement les choses particulières, il le reprend maintenant de ne plus vouloir

---

(1) *Réponse au Livre des idées*, chap. xv.
(2) 1re Lettre contre la *Défense*.
(3) *Éclairciss. sur les idées*.

les y placer, même objectivement. C'est lui qui maintenant prend la défense des idées en Dieu, mais dans un sens tout autre que celui de Malebranche. A chaque chose de ce monde doit nécessairement correspondre en Dieu une idée qui la représente, non pas à nous, mais à Dieu. Le monde intelligible n'est que le monde matériel, en tant qu'il est connu de Dieu, donc entre l'un et l'autre il doit y avoir, selon Arnauld, une parfaite correspondance. Un crapaud n'est pas formellement en Dieu, sans doute, mais il y est objectivement. Tout de même qu'il ne s'ensuit pas qu'une pierre soit formellement dans mon esprit parce que je connais cette pierre. Il n'y a donc pas seulement en Dieu l'idée de l'étendue, mais aussi de toutes les choses particulières, sans exception, quoiqu'il n'y ait en lui ni ces choses, ni l'étendue elle-même.

De toutes les accusations d'Arnauld, contre Malebranche, la plus grave est de mettre en Dieu l'étendue formelle, c'est-à-dire, une vraie étendue, avec des parties d'inégale grandeur. Il n'avait fait que l'insinuer dans le *Livre des idées* ; plus tard il l'affirme, dans la *Défense*, en s'appuyant sur l'identité du corps et de l'étendue, d'après la doctrine même de son adversaire, sur la distinction de parties dans cette étendue, et surtout sur une note marginale de la *Réponse* de Malebranche, qui joue un grand rôle dans cette discussion(1). Voici cette note malheureuse où Malebranche aurait fourré, selon l'expression d'Arnauld, son sentiment impie, afin de surprendre les lecteurs : « C'est une propriété de l'infini, incompréhensible à l'esprit humain, d'être en même temps un et toutes choses, composé, pour ainsi dire, d'une infinité de perfections, et tellement simple que chaque perfection qu'il possède renferme toutes les autres, sans aucune distinction réelle. Car, comme chaque perfection est infinie, elle fait tout l'être divin. Mais l'âme, par exemple, étant un être borné et particulier, elle serait

---

(1) Cette note marginale est elle-même une citation tirée de l'*Éclaircissement des idées*.

composée de deux substances différentes, esprit et corps. » Arnauld prétend que Malebranche veut faire entendre par là, qu'à la différence de l'âme, Dieu peut être étendu, sans être matériel, et que l'étendue, dont il s'agit, est la même au regard de Dieu et au regard de l'âme. Ici Arnauld nous semble se laisser égarer par les entraînements de la polémique. Mais déjà nous avons justifié Malebranche contre l'accusation de mettre l'étendue en Dieu formellement, en l'approuvant de l'y mettre éminemment, et non pas seulement d'une façon idéale, comme le voudrait Arnauld.

Il repousse, avec une éloquente indignation, « cette accusation atroce, » prenant à témoin celui qui pénètre le fond des cœurs, qu'il n'est pas vrai que jamais il ait cru, ni qu'il ait eu le dessein de persuader aux hommes que Dieu fût répandu dans le monde à la manière des corps : « Anathème, s'écrie-t-il, à quiconque met en Dieu l'étendue formelle, je le prononce du fond de mon cœur (1) ! » Arnauld, d'ailleurs, a reconnu qu'il était allé trop loin. Du moins a-t-il cherché à expliquer et à atténuer la dureté et l'injustice de cette accusation. Il veut bien croire, avoue-t-il, un peu tardivement, que son serment est sincère et qu'il s'est seulement trompé en parlant d'une manière embarrassée de choses qu'il a mal comprises. Il ajoute même, ce qui est peu conforme à l'apparence, qu'il n'a pas voulu réellement l'accuser de faire Dieu étendu à la manière des corps, mais seulement montrer que c'était une suite de son opinion. Enfin, il assure que l'étendue, qu'il lui reproche de mettre en Dieu, n'est pas l'étendue matérielle, mais une étendue semblable à l'étendue immobile et sans figure des gassendistes. Arnauld, qui n'a pas d'abord fait cette distinction, ne prend pas garde qu'il n'y a aucun rapport entre l'espace de Gassendi, simple récipient des corps, et l'étendue intelligible de Malebranche qui en est le principe et la source.

(1) *Lettre* du 7 juillet 1694.

Mais si, dans cette accusation, il se laisse entraîner au delà des bornes de la vérité et de la justice, avec combien de raison il se raille de la façon dont Malebranche prétend nous faire voir dans l'étendue intelligible toutes les figures intelligibles et sensibles? Comment, sur ce fonds uniforme, taillerons-nous les figures que nous apercevons? Afin de borner l'étendue intelligible de façon à y tracer la figure que je veux y voir, ne faut-il pas que déjà je connaisse cette figure? Il rend cette objection sensible par le piquant apologue d'un sculpteur qui, pour satisfaire un ami curieux de contempler les traits de saint Augustin, lui apporte un simple bloc de marbre, l'assurant qu'il n'y a qu'à ôter tout le superflu pour y découvrir la figure qu'il cherche.

L'Écriture a dit que le monde est visible et que Dieu est invisible, mais, d'après Malebranche, c'est tout le contraire; nous ne voyons que Dieu seul, et jamais nous ne verrons le monde réel. Ce n'est pas un vrai soleil, un vrai homme, ce n'est pas même réellement notre propre corps que nous voyons, mais un soleil, un homme, un corps intelligibles. Arnauld tourne spirituellement en ridicule le système de ce monde imaginaire, substitué au monde réel, dans un dialogue qu'il imagine entre un docteur et un jeune abbé, grand partisan de Malebranche. «Cela me donne, dit le docteur, une plaisante pensée; je me représente l'effroyable armée des Turcs devant Vienne, et une autre fort nombreuse de chrétiens qui la vient attaquer. Nous autres grossiers nous aurions cru que les chrétiens apercevaient les Turcs, et les Turcs les chrétiens. Mais M. l'abbé nous fait bien voir que c'est en juger comme le peuple qui n'a pas soin de rentrer en soi-même pour écouter le maître intérieur. Il nous apprend que les chrétiens n'apercevaient qu'un nombre prodigieux de Turcs intelligibles, couverts de turbans et de vestes intelligibles, c'est-à-dire un nombre innombrable de parties quelconques de l'étendue intelligible, qui est l'immensité de l'être divin, taillées et formées en Turcs, en vestes, en turbans, en chevaux, en tentes, auxquelles l'âme de chacun des spectateurs appliquait les couleurs convenables, qu'elle avait reçues de Dieu à l'occasion des Turcs invisibles, des turbans invisibles, etc., qui étaient devant ses yeux (1). »

Au regard de la connaissance de l'âme par la conscience, Arnauld se montre le vrai disciple de Descartes contre un disciple infidèle. Si nous voyons toutes choses en Dieu, pourquoi, de toutes les créatures, excepter notre pauvre âme? Pourquoi, quoique créée à l'image de Dieu, n'aura-t-elle pas le privilége de se voir elle-même en voyant Dieu? En méconnaissant la clarté de la connaissance de l'âme, Malebranche ne ruine-t-il pas toute sa philosophie? Avec Descartes, Arnauld soutient que la nature de l'esprit, qui connaît tout le reste, nous est plus connue que celle de toute autre chose. Selon qu'il s'agit de la clarté de l'âme, ou de celle de l'étendue, Malebranche a deux poids et deux mesures. S'agit-il de l'âme, il fait l'idée claire synonyme d'une idée adéquate, tandis qu'il distingue très-bien la clarté et l'adéquation quand il s'agit de l'étendue. Pour être claire, il n'est pas nécessaire qu'une idée renferme tout ce qui convient à son objet, mais seulement ce qui lui est essentiel; or telle est l'idée de l'âme. « Que s'ensuit-il de tout cela, conclut Arnauld, dans la *Défense*, sinon que ce palais d'idées, qu'on s'imagine avoir élevé à la gloire de Dieu, est un édifice d'erreurs qui le déshonore, puisqu'il a pour fondement cette pensée chimérique, que les ouvrages de Dieu ne peuvent être l'objet de nos connaissances, et pour son comble et sa perfection, cette impiété, voilée d'une fausse apparence de piété, qu'il y a en Dieu une vraie et formelle étendue, qui ne pourrait être en notre âme sans qu'elle fût corporelle. »

A la doctrine de Malebranche sur les idées, Arnauld oppose la sienne. Entre l'esprit qui connaît, et l'objet qui est connu, il n'admet aucun intermédiaire, soit l'espèce impresse de l'École, soit l'idée distinguée de la percep-

---

(1) Voir le commencement de la *Défense*.

tion, comme dans le système de Malebranche. Le fait seul de la perception lui suffit pour expliquer la connaissance des objets. Malebranche distingue profondément la perception, pure modification de l'âme, de l'idée qui est son unique objet. Pour Arnauld, au contraire, idée et perception sont une seule et même chose, avec deux rapports, l'un à l'âme qu'elle modifie, l'autre à la chose aperçue, en tant qu'elle est objectivement dans l'âme. Le mot de perception marque plus directement le premier rapport, celui d'idée le second, mais ce ne sont que deux rapports, enfermés dans une même modification, et non pas deux entités différentes. En même temps qu'elles sont des modifications de notre esprit, les idées ou perceptions sont représentatives des choses, en ce sens que les choses que nous concevons sont objectivement dans notre pensée. La pensée d'un carré, qui est une modification de notre âme, est représentative, car elle est ce par quoi le carré est objectivement présent dans notre esprit.

Malebranche a tort d'imputer à son adversaire de vouloir dire par là que nous voyons les choses dans nos propres modalités. Ce n'est pas, en effet, selon Arnauld, le carré que j'aperçois en moi, mais la perception que j'en ai, laquelle est une modification de notre âme. Mais comment, objecte Malebranche, nos modalités particulières et finies représenteront-elles le général et l'infini ? Selon Arnauld, comme selon les conceptualistes du moyen âge, le général n'a d'existence que dans notre esprit, *universalia tantum in mente*. Quant à la modalité par laquelle nous voyons l'infini, elle n'a pas besoin d'être infinie par essence, mais seulement par représentation, *in repræsentando et non in essendo*. Malebranche lui-même n'est-il pas obligé d'admettre une perception finie de l'infini ?

Arnauld allègue divers passages des *Méditations* où les idées sont entendues comme des perceptions représentatives des choses. Malebranche conteste l'autorité de Descartes en cette matière des idées, et discute sur le vrai sens des passages cités. Il reproche à Descartes, ce qui est vrai à quelques égards, de n'avoir jamais traité à fond des idées. Cependant, comme on ne trouve rien dans Descartes qui ressemble à l'idée distinguée de la perception, ni aux êtres représentatifs, Arnauld est bien en droit de se prévaloir contre Malebranche de l'autorité du maître. Comment donc l'esprit peut-il apercevoir les corps présents ou absents ? A cette question, Arnauld déclare ne pas connaître d'autre réponse que celle-ci : « C'est que ma nature étant de penser, je sens, par ma propre expérience, que les corps sont du nombre des choses auxquelles Dieu a voulu que je pusse penser, et que m'ayant créé et joint à un corps, il a été convenable qu'il m'ait donné la faculté de penser aux choses matérielles aussi bien qu'aux spirituelles. » Il dit encore : « La nature de l'esprit, étant d'apercevoir les choses, il est ridicule de demander pourquoi notre esprit aperçoit les objets. Autant vaut demander pourquoi la matière est divisible. » Qui ne se contente pas de cela ne peut que s'égarer (1). Reid rend justice à Arnauld, lorsqu'il le signale comme son devancier (2), dans la guerre contre les idées représentatives.

Sur l'origine des idées, et relativement à la question de savoir si elles viennent de Dieu ou de nous-mêmes, Arnauld est moins affirmatif, et ne prétend pas combattre Malebranche d'une manière aussi convaincante. Il se contente de faire voir qu'on ne peut prouver, par aucune bonne raison, que Dieu n'a pas donné à notre âme la faculté de former des perceptions, et de produire la plupart des idées par son activité. Si l'âme est active au regard de la volonté, comme l'admet Malebranche, pourquoi pas au regard de nos perceptions? Les facultés de l'âme n'étant que le même être diversement considéré, si l'âme est active en une seule, elle devra être active absolument et par sa nature. La matière est incapable de se donner diverses

---

(1) *Les vraies et les fausses idées*, 2e chapitre.
(2) *Reid*, trad. de M. Jouffroy, 3e vol., p. 223.

figures, parce qu'elle est incapable de se donner divers mouvements; on ne peut donc, comme le fait Malebranche, comparer l'âme avec la matière. Mais n'est-ce pas accorder à l'âme le pouvoir de créer? Oui, sans doute, si les idées étaient de petits êtres, mais il a été prouvé qu'elles ne sont que des manières d'être. Arnauld ne se laisse pas toucher par la grande dépendanse à l'égard de Dieu où nous placerait cette nouvelle spiritualité. En effet quelle dépendance, dit-il, pourrait ajouter quelque chose à la dépendance essentielle de la création continuée? Cette autre prétendue raison, que nous serions notre propre lumière à nous-mêmes, ne séduit pas davantage. Dieu ne demeure-t-il donc pas toujours l'unique cause efficiente, et n'est-ce pas à lui seul qu'il faut rapporter l'activité productrice de nos perceptions? Ainsi Arnauld s'efforce-t-il, en métaphysique, de relever contre Malebranche l'activité, de même que, par un effort contraire, Malebranche s'efforce de la relever contre Arnauld, dans l'ordre de la grâce, nous donnant ainsi tous les deux le curieux spectacle d'une double contradiction. Arnauld a même écrit en philosophie d'excellentes choses sur la liberté, qu'il ruine en théologie par son jansénisme. Ainsi il soutient contre Nicole, que le pouvoir physique est inséparable du libre arbitre, et qu'une impuissance physique dans la volonté, à l'égard de ses actes particuliers, est une aussi grande chimère qu'une montagne sans vallée (1).

Quelle que soit la tendance d'Arnauld, à faire dériver, en opposition à Malebranche, toutes les idées de l'activité de l'âme, il n'ose cependant affirmer qu'aucune ne nous vienne de Dieu; mais ne croyant pas avoir assez de lu-

---

(1) Voir, dans le tome X des *Œuvres*, les écrits sur le pouvoir physique et sur la liberté. Malebranche relève cette contradiction dans sa dernière lettre contre Arnauld : « Étrange préambule! disais-je, on se raille ouvertement d'un sentiment que saint Augustin a soutenu toute sa vie, de l'aveu de tous ceux qui ont lu ses ouvrages, et l'on prétend que c'est par respect pour ce saint docteur qu'on a soutenu les sentiments sur la grâce qu'il n'eut jamais. »

mière pour déterminer celles que nous en tenons nécessairement, il propose comme une simple vraisemblance le peu qu'il en dit. L'idée que l'âme a d'elle-même, l'idée de l'infini, dont il admettra tout ce que dit Malebranche, pourvu qu'on l'entende au sens de perception, les perceptions des qualités sensibles, des objets fort simples, tels que l'étendue, la ligne droite, les premiers nombres, telles seraient, suivant Arnauld, les idées qui viennent de Dieu. De même que Descartes, auquel cette liste est empruntée, il n'assigne à ces idées aucun caractère commun qui les rapproche, et qui en même temps les distingue de celles qui viennent de l'âme elle-même. On y voit l'idée du son et de la douleur à côté de celle de l'infini.

Arnauld rejette, d'ailleurs, la vision en Dieu des vérités éternelles et de l'ordre immuable, non moins que la vision des corps dans l'étendue intelligible. En dehors même de sa polémique contre Malebranche, il a attaqué avec une singulière vivacité la doctrine augustinienne de la vue des vérités éternelles en Dieu, à l'occasion d'une thèse de Huygens, théologien de Louvain, *De veritate æterna, de sapientia et justitia æterna*. Dans cette thèse Huygens, s'autorisant de saint Augustin, défendait ces deux sentiments : 1° que nous voyons les vérités nécessaires dans la vérité incréée qui est Dieu ; 2° que lorsque nous voyons quelque vertu par elle-même, c'est la forme éternelle et primitive de cette vertu en Dieu que nous aimons. De là il tirait la conséquence, que les païens n'ont pas toujours nécessairement péché et qu'ils ont pu avoir de bons mouvements, parce qu'ayant aimé la justice ou quelque autre vertu, ils en ont aimé la forme éternelle qui est Dieu.

Arnauld combat ces deux principes dans une dissertation latine, *Dissertatio bipartita*, où il abandonne saint Augustin pour saint Thomas. Nicole, qui s'était servi de ces principes pour appuyer son système de la grâce générale, se trouvant embarrassé de répondre à la dissertation d'Arnauld, la fit passer à François Lamy, leur ami commun, qui répondit avec beaucoup de vivacité. Arnauld fit une réplique assez longue, sous le titre de *Règles du bon sens* (1). Chaque article a pour texte une de ces règles du bon sens, dont Arnauld veut montrer que Lamy s'est écarté. Les *Règles du bon sens* ne sont qu'un développement de la *Dissertatio bipartita*, et se divisent de la même manière. Il importe de connaître cet ouvrage pour bien apprécier le véritable caractère de la philosophie d'Arnauld. Il retourne, il critique en tous les sens, le principe, que nous voyons en Dieu toutes les vérités nécessaires, soit celles d'arithmétique et de géométrie, soit même celles de morale. Sans nier que la vérité proprement dite ne soit dans l'entendement divin, il soutient qu'il y a aussi de la vérité dans l'entendement créé, et que nous voyons cette vérité dans notre propre esprit. N'avons-nous donc pas en nous tout ce qu'il faut pour former les propositions nécessaires? N'avons-nous pas des idées, la vertu de les lier, la faculté de consentir à cette liaison, la vertu d'inférer une proposition d'une autre? Mais si nous voyons tous deux, objecte Lamy, que ce que vous dites est vrai, où le voyons-nous? Je ne le vois pas en vous, ni vous en moi ; c'est donc dans la vérité immuable, qui est au-dessus de nos esprits et qui est Dieu. Nous ne le voyons, en effet, répond Arnauld, ni vous en moi, ni moi en vous, mais chacun nous le voyons dans notre propre esprit. Il ne peut concevoir qu'on mette en Dieu les vérités géométriques, et il se moque de ce miroir divin où les géomètres verraient la géométrie. Comment donc se fait-il que tous ceux qui le regardent n'y voient pas la même chose? Cent fois il a vu des propositions géométriques sans avoir aucune pensée de la vérité incréée. Enfin, pourquoi excepter les vérités contingentes? pourquoi ne les voit-on pas dans la vérité éternelle, tout aussi bien que les vérités nécessaires, puisqu'elles y sont aussi? On verra donc en Dieu les plus basses vérités d'arithmétique, et on n'y verra pas les plus impor-

---

(1) Tome XL.ᵉ des Œuvres complètes.

tantes vérités de la religion qui sont des vérités de fait.

Il ne traite pas mieux la vision en Dieu des vérités immuables de la morale. Comme Gassendi et Locke, à l'universalité et à l'immutabilité qu'on leur attribue, il oppose les lois injustes, les coutumes barbares, l'ignorance des devoirs fondamentaux de la morale, chez tous les peuples de l'antiquité, et encore chez un grand nombre de peuples modernes où le christianisme n'a pas pénétré. Il prend ses exemples dans les récits des missionnaires, et particulièrement chez les Iroquois, avant qu'ils eussent été évangélisés. Après avoir rappelé toutes ces coutumes immorales ou barbares, telles que la prostitution, l'anthropophagie, le meurtre des enfants, etc., qui ont été, qui sont encore en honneur chez certains peuples, il s'écrie, comme plus tard Locke, dans l'*Essai sur l'entendement humain :* Où sont donc ces prétendues lois universelles de la morale, et quelle différence les sépare de ces lois humaines qui varient suivant les législateurs, les temps et les lieux? « Il faut donc que notre ami reconnaisse qu'il n'y a rien de plus faux que ce qu'il a dit des lois naturelles, en les opposant aux lois humaines, que notre esprit voit et sent l'impossibilité de les changer, de les désavouer, de les condamner, puisque tant de peuples en ont changé les plus importantes en d'exécrables superstitions, et qu'une secte entière de philosophes les a toutes désavouées et condamnées, en soutenant que rien n'est juste ni injuste par sa nature, mais seulement par institution des hommes. »

Où donc, suivant Arnauld, puisons-nous l'idée de nos devoirs? Ce n'est pas dans une nature immuable de la justice, mais dans l'enseignement chrétien avec le secours de la grâce. Les simples fidèles se conduisant par la lumière de la foi, font le bien et fuient le mal, non parce qu'ils ont vu dans les raisons éternelles, dont ils n'ont jamais entendu parler, qu'il faut fuir le vice et embrasser la vertu, mais parce qu'ils ont cru très-fermement, par le secours de la grâce, que Dieu nous a révélé dans sa parole ce qu'il faut que nous fassions pour lui plaire. Cependant, Arnauld ne va pas jusqu'au bout de cette doctrine qui le conduirait à nier, avec Pascal, toute connaissance naturelle du bien et du mal. Il déclare n'avoir en vue que la voie ordinaire par laquelle les chrétiens connaissent ce qu'ils doivent faire, et, tout en attaquant l'existence de vérités immuables de la morale, il conserve, par une évidente inconséquence, une loi naturelle et une justice naturelle dont la seule raison peut nous instruire. Mais si cette loi naturelle n'est ni universelle ni immuable, comment la distinguer des lois humaines? Si elle ne vient ni de l'expérience ni de la révélation, d'où vient-elle, puisque l'idée de justice ne se rencontre pas parmi les idées qu'Arnauld suppose pouvoir venir de Dieu? Ainsi la tendance empirique d'Arnauld se prononce de plus en plus, en opposition avec l'idéalisme de Malebranche, non-seulement dans la métaphysique, mais encore dans la morale.

De la question des idées, passons maintenant à celle des causes occasionnelles. Arnauld les a plus particulièrement attaquées dans la *Dissertation sur les miracles*, et dans les *Réflexions théologiques et philosophiques*. On se rappelle le singulier système, imaginé par Malebranche, pour prouver que les fréquents miracles de l'Ancien Testament ne supposent pas de volontés particulières en Dieu, grâce aux causes occasionnelles qu'il a établies dans les désirs des anges. Non-seulement Arnauld tourne en dérision cette théologie, mais en même temps il fait la critique du système des causes occasionnelles et des prétendus avantages religieux et moraux qu'y croit découvrir Malebranche. Contre Malebranche, il soutient l'activité des causes secondes. Non-seulement il croit que l'âme peut se modifier elle-même, mais il ne juge pas impossible qu'elle ait la vertu d'agir sur le corps : « Il n'est peut-être pas aussi certain que l'auteur se l'imagine, que Dieu n'ait pas donné à notre âme une vertu réelle de déterminer le cours des esprits vers les muscles des parties de notre corps que nous voulons remuer. M. Descartes l'a cru, et il ne paraît pas si facile de démontrer le contraire. »

Il n'a nulle estime pour tous ces prétendus avantages religieux et moraux, que sans cesse fait valoir Malebranche en faveur de ses causes occasionnelles. D'abord il montre qu'elles multiplient, loin de les diminuer, les volontés particulières en Dieu. N'est-ce pas Dieu, en effet, qui produit l'occasion elle-même, comme l'effet qui la suit, les créatures étant dépourvues de toute efficace ? En outre, quoi que prétende Malebranche, les causes occasionnelles ne préservent nullement les hommes du danger d'aimer, de craindre, d'adorer autre chose que Dieu. N'auront-ils pas autant de raison d'aimer et de craindre les causes occasionnelles qui déterminent, contre eux, ou en leur faveur, l'efficace de la seule vraie cause, que s'il s'agissait de causes secondes directement efficaces par elles-mêmes ? N'est-il pas même à craindre qu'ils n'aiment mieux la cause occasionnelle que la volonté générale et indifférente de Dieu qu'elle aura déterminée dans tel ou tel sens (1)?

Enfin, Arnauld arrive à la question de la providence et de la grâce dans les *Réflexions théologiques et philosophiques*, ainsi intitulées pour signifier qu'il veut combattre à la fois le théologien et le philosophe, double rôle que Malebranche mêle sans cesse l'un à l'autre. D'après les propres maximes de son adversaire, il appliquera la règle de l'autorité au théologien et celle de l'évidence au philosophe. Les *Réflexions théologiques et philosophiques* se composent de trois livres : dans le premier, Arnauld se propose de prouver que Dieu n'agit pas, comme le veut Malebranche, dans l'ordre de la nature ; dans le second, qu'y agirait-il de cette façon, il n'en résulterait pas qu'il dût agir de même dans l'ordre de la grâce ; dans le troisième, il réfute ce qu'a avancé Malebranche sur Jésus-Christ considéré comme cause occasionnelle de la distribution de la grâce. La philosophie domine dans le premier livre et la théologie dans les deux derniers. Arnauld traite d'abord de la conduite de

(1) Premier livre des *Réflexions théologiques et philosophiques*.

Dieu dans l'ordre de la nature, qui est le fondement de tout le système. Malebranche en effet transporte ensuite à la grâce ce qu'il croit d'abord avoir établi pour l'ordre de la nature (1).

Le sujet de ce nouveau débat n'est pas moins grand que le premier. Il s'agit en effet de savoir ce qu'est la providence, et comment elle gouverne le monde et les hommes. Elle est générale, selon Malebranche; elle est particulière, selon Arnauld. Toutefois ni l'un ni l'autre ne soutiennent ces deux thèses opposées d'une manière absolue. Malebranche veut concilier les volontés générales avec les miracles, et Arnauld les volontés particulières avec les lois générales. Malebranche s'appuie principalement sur la raison, sauf à prouver qu'elle n'est pas contraire à l'Écriture; Arnauld au contraire s'appuie principalement sur l'Écriture, sauf à prouver qu'elle n'est pas opposée à la raison.

Arnauld s'en prend d'abord à l'ambiguïté de certains termes, tels que volontés et lois générales, cause universelle, voies simples, que Malebranche emploie sans cesse dans sa théorie de la providence. Il lui reproche de ne pas distinguer les lois, c'est-à-dire, l'ordre suivant lequel les choses se font, des volontés qui sont ce par quoi elles se font. La loi est en effet générale, suivant Arnauld, mais non pas la volonté, car tout ce qui se fait est fait particulièrement. Mais il nous semble qu'une connexion nécessaire existe entre la volonté générale de Dieu et la loi, qui est l'application au monde de cette volonté? Une loi générale n'est que l'expression d'une volonté générale, ce qui paraît rui-

(1) Le 1ᵉʳ volume des *Réflexions* parut vers le milieu de 1685. Voici, d'après le manuscrit du P. André, l'effet qu'il produisit : « Applaudissement de la part des amis d'Arnauld, excitation contre Malebranche qu'on faisait regarder comme le destructeur de la providence de Dieu et le nouveau protecteur de la grâce molinienne. M. de Meaux, qui était grand thomiste, se déclarait ouvertement contre lui, et ses disciples, se joignant aux amis de M. Arnauld, formèrent un parti si nombreux et si puissant qu'il fallait un courage intrépide pour entreprendre seulement de leur résister. »

ner la distinction d'Arnauld, entre les lois générales, suivant lesquelles Dieu agit, et les volontés particulières par lesquelles il fait tout ce qu'il fait. Qu'il soit indigne de Dieu de vouloir positivement chaque effet particulier, c'est, selon Arnauld, une conséquence insoutenable. Mais Malebranche n'hésite pas à défendre cette insoutenable conséquence, et il demeure ferme dans ce sentiment, que si Dieu veut chaque chose en particulier, ce n'est jamais que suivant les lois générales qu'il a établies.

Arnauld croit aussi découvrir quelque équivoque dans le terme de cause universelle qui peut signifier, ou qu'on agit seulement au regard du général, comme un roi, ou qu'on prend un soin immédiat de toutes choses. Il incline à penser que Malebranche l'a pris au premier sens, contrairement à l'idée de l'être souverainement parfait, et par un reste de préjugé d'enfance qui nous fait croire que c'est un embarras d'avoir plusieurs desseins pour une même chose. Mais Malebranche a expliqué assez clairement, à ce qu'il nous semble, que son Dieu est bien la cause unique, immédiate de toutes les choses particulières, quoique suivant des lois générales. On ne peut donc, comme le prétend Arnauld, lui appliquer justement le *non curat de minimis prætor*.

Arnauld reprend l'avantage quand il reproche à Malebranche de paraître subordonner les desseins de Dieu à la simplicité des voies, et non pas la simplicité des voies à ses desseins, ce qui serait plus conforme à sa perfection. Qu'entend-il, d'ailleurs, par cette simplicité des voies ? Il n'explique pas en quoi elle se distingue de la généralité des volontés, et on ne peut y voir qu'une même maxime sous des formes diverses. Comment juger de cette simplicité des voies de Dieu ? La simplicité se mesure sur les desseins, or les desseins de Dieu nous sont inconnus. On ne peut donc rien établir sur ce fondement pour juger de la conduite de Dieu.

Où Malebranche a-t-il vu que Dieu n'a pas d'autre dessein que de suivre des lois générales, et qu'il n'a de volonté particulière pour aucune chose? Assurément ce n'est pas dans cette idée de l'être souverainement parfait qu'il recommande sans cesse de consulter. Comment y découvrir avec évidence la simplicité des voies et la généralité des volontés, si, comme il l'avoue, les lois du mouvement, par lesquelles Dieu produit le monde, sont arbitraires, et si, entre le monde et lui, il n'y a aucun rapport nécessaire? Cela seul, selon Arnauld, suffit à renverser tout le système, et pourrait dispenser, le principe ruiné, de passer à la critique des détails. S'il consent à continuer la discussion, c'est par égard pour son adversaire et en quelque sorte par pure générosité. Peut-être se hâte-t-il un peu trop de triompher. Dieu, il est vrai, d'après Malebranche, peut agir ou ne pas agir, créer le monde ou ne pas le créer; mais, supposé qu'il se décide à agir, il faudra qu'il agisse toujours de la manière la plus digne de lui, c'est-à-dire, par des volontés générales, en vertu de sa perfection infinie.

Arnauld entre ensuite dans l'examen des preuves particulières, que donne Malebranche en faveur de la simplicité des voies, preuves qu'il lui reproche de tirer, non pas de l'idée de l'être parfait, mais de comparaisons avec les hommes, et d'idées populaires qui ne prouvent rien.

L'exemple de l'ouvrier excellent, qui ne fait pas par des voies composées ce qu'il peut faire par des voies simples, se tourne contre lui; car il montre que Dieu a dû se déterminer à créer d'abord tel monde, puis ensuite choisir les voies les plus simples pour l'exécuter. Le bon ouvrier ne proportionne pas l'ouvrage à l'action, mais au contraire l'action à l'ouvrage. Les comparaisons de l'ouvrier infini avec les ouvriers de la terre ne prouvent donc rien, ou prouvent contre. Malebranche, en effet, semblait d'abord établir, comme nous l'avons remarqué, une sorte d'antithèse entre la perfection de l'ouvrage et les voies, mais, dans sa réponse à Arnauld, il change un peu de langage et se borne à dire, ce qui est plus plausible, que Dieu s'est déterminé sur le plus grand rapport de sagesse et de fécondité qu'il trouve entre telle voie et tel ouvrage.

Si Dieu agissait par des volontés particulières, comment l'absoudre, selon Malebranche, d'inconstance et de légèreté, lorsqu'il détruit, avant maturité, le fruit qu'il a fait pousser, ou qu'il fait tomber la pluie sur la mer? Mais, selon Arnauld, le changement n'est pas toujours preuve d'inconstance dans les hommes, à plus forte raison dans Dieu. Dieu a détruit par la grêle le fruit à demi mûr, peut-on dire qu'il ne veut plus ce qu'il a voulu? Oui, à supposer qu'il ait voulu en effet faire mûrir ce fruit, mais ne peut-on pas dire que la preuve qu'il ne l'a pas voulu, c'est précisément que le fruit n'a pas mûri? Si la pluie tombe sur la mer, c'est que peut-être elle a une autre fin que de rendre la terre fertile. Mais comment, avec les volontés particulières, expliquer les monstres et les défauts de ce monde? Arnauld est visiblement embarrassé de cette objection des monstres. Il blâme, comme une témérité, qu'on ose relever des défauts dans l'œuvre de Dieu, et il affirme qu'il n'y a rien dans le monde, pas même les monstres, qui soit un défaut réel, par rapport à l'ensemble et à la durée des êtres. Ces prétendus défauts n'existent qu'au regard de l'ignorance des hommes. N'est-ce donc pas un défaut visible, réplique victorieusement Malebranche, quels que soient les desseins de Dieu, qu'un enfant vienne au monde avec des membres superflus qui l'empêchent de vivre? Or, avec des volontés particulières, comment ne pas sacrifier la perfection de Dieu?

De l'idée de l'être parfait, Arnauld descend au monde. Si l'on considère la manière dont, suivant lui, il a été formé, ainsi que les animaux qui l'habitent, on s'assure que Dieu y a suivi une marche tout opposée aux principes de Malebranche. D'après ces principes, le monde aurait dû lentement se former par l'action des lois du mouvement, or cela est contraire à la Genèse. Malebranche, pour se défendre, allègue l'obscurité du récit de Moïse, qui est telle, dit-il, qu'on pourrait l'accorder aussi heureusement avec Descartes qu'avec tout autre philosophe.

Arnauld entreprend ensuite de démontrer que Dieu ne fait rien dans le monde sensible par des volontés générales, qu'il n'ait pu faire également par des volontés particulières. Même par rapport aux natures corporelles, pour commencer par le plus simple, on ne peut dire que les volontés générales de Dieu soient déterminées à des effets particuliers par des causes occasionnelles. On le concevrait, tout en condamnant le principe, si Malebranche était de ceux qui croient que le monde, une fois créé, subsiste indépendamment de Dieu, en ayant reçu tout ce qui est nécessaire pour sa conservation ; mais c'est le contraire qu'il établit avec la plus grande force. Or n'y a-t-il pas une visible contradiction entre ces deux principes, que Dieu fait tout, et qu'il n'agit que comme cause universelle dont les volontés générales sont déterminées par les divers changements qui arrivent aux créatures? Prendre les voies, par lesquelles Dieu exécute ses volontés, pour des causes occasionnelles qui déterminent ses volontés générales, voilà l'erreur de Malebranche. Ne recherche-t-on que la cause prochaine d'un effet produit, on peut dire que le choc est la cause occasionnelle du mouvement. Mais il est étrange, objecte très-bien Arnauld, de vouloir que ces causes, occasionnelles au regard des effets qui les suivent, le soient aussi au regard de Dieu, et qu'elles déterminent à chaque effet particulier ses volontés générales, en vue de cette seule fin de rejeter sur elles ce qu'on ne veut pas attribuer à Dieu. Pour justifier Dieu des irrégularités qui se rencontrent en ce monde, Malebranche imagine de dire, que Dieu seul remue les corps, mais qu'il ne les remue que lorsqu'ils se choquent; un corps vient-il à être choqué, Dieu ne manque jamais de le remuer. Il y aurait à cela, répond très-bien Arnauld, quelque apparence de raison si les corps se choquaient d'eux-mêmes. Mais comme ils ne se choquent que parce que Dieu les fait s'entre-choquer, c'est sa volonté seule qui fait qu'ils se choquent, comme c'est sa volonté seule qui fait qu'ils se remuent. Eût-il fallu une combinaison de cinq cents millions de causes occasionnelles pour déterminer la chute d'un fruit, Dieu n'en serait pas moins l'auteur direct de sa chute. Ainsi Arnauld a suffisamment prouvé que, les causes occasionnelles, au regard du monde corporel, sont les divers moyens employés par Dieu pour produire des effets particuliers, et qu'elles ne sont causes occasionnelles qu'au regard de ces effets, et non au regard de Dieu.

Mais, dans le monde moral, il y a d'autres causes occasionnelles que les mouvements, à savoir les volontés libres des créatures intelligentes qui, selon le système, déterminent effectivement à des effets particuliers les volontés générales de la cause universelle. Ici la théologie et la morale paraissent en cause à Arnauld, et sa critique redouble de vivacité. S'il en est ainsi, toute la variété des événements humains devra être rapportée à ces causes occasionnelles, qui sont nos volontés, tandis que la volonté de Dieu n'aura en partage que le général et l'indéterminé. Ce ne sera plus par la volonté de Dieu, mais par la nôtre, que telle chose arrivera plutôt qu'une autre, sinon sa volonté sera particulière. Des personnes s'embarquent et font naufrage, il faudra dire que c'est un hasard, au regard de Dieu même, dont la volonté générale aura été nécessairement déterminée par les volontés libres de ceux qui se sont embarqués. Selon une ingénieuse comparaison d'Arnauld, la volonté de Dieu serait semblable à l'air qui produit tous les sons de l'orgue, mais la volonté de l'homme serait semblable à la main de l'organiste qui les diversifie. Il accuse ce système de ruiner la foi et la raison qui ne permettent, ni l'une ni l'autre, de douter que la providence embrasse tout, le corruptible et l'incorruptible, le vil et le noble, l'individuel et le général, et surtout les événements humains. Mais, dit Malebranche, selon moi, Dieu fait tout. Ce n'est pas assez, réplique Arnauld, de le faire agir, il faut le faire agir en Dieu. Il y a deux choses dans le gouvernement, exécuter et ordonner; quant à exécuter, il est impossible de donner plus que Malebranche à la providence. Il pousse même, dit-il, cela jusqu'à l'excès. Mais, il n'en est pas de même quant à ordonner, qui est le plus noble des deux, puisque rien n'arrive qui soit réellement le fait de sa volonté directe et immédiate (1). Enfin Arnauld oppose sans cesse à son adversaire les Écritures, la Genèse, les Pères, les prières, les actions de grâces de l'Église. Les oreilles chrétiennes ne peuvent supporter qu'on dise que la mort du juste écrasé arrive sans dessein de Dieu. Que deviennent les consolations chrétiennes aux malheureux, dont la plus forte est que Dieu l'a voulu? N'est-il pas incomparablement plus digne de se représenter Dieu agissant, surtout à l'égard des choses humaines, avec des desseins particuliers, que de l'astreindre tellement aux lois générales, qu'on veuille nous obliger de croire que, hors les miracles, il n'a point d'autre dessein que celui-là?

Contre ces objections théologiques Malebranche tâche de se mettre à couvert par l'exception qu'il a faite aux volontés générales en faveur des miracles. Il se plaint amèrement qu'Arnauld sous-entend presque toujours cette exception, voulant faire croire sans doute qu'il nie absolument une providence particulière. Aux passages des Écritures et des Pères, allégués par son adversaire, il en oppose d'autres, qu'il interprète en son sens, tandis qu'il traite d'anthropologies, au grand scandale d'Arnauld, ceux qui lui sont le plus évidemment contraires. Jusqu'ici, dit Arnauld, on avait restreint les anthropologies de l'Écriture, là où elles sont évidentes, comme lorsqu'il est question de la droite de Dieu ou de son chariot, etc., mais voilà qu'il lui plaît de l'étendre à tous les passages qui signifient des volontés particulières : « Je tremble quand je considère les suites funestes de cette manière d'expliquer l'Écriture, si on la souffrait; car de quoi ne pourra-t-on point faire des anthropologies? » Telles sont les principales objections philosophiques et théologiques du premier livre des *Réflexions*. A part la critique de l'optimisme, qui est dans

---

(1) 1er livre, chap. xiv.

le deuxième livre, tout le reste de l'ouvrage est la réfutation du système de la grâce.

Arnauld n'attaque pas seulement le gouvernement de la providence par des lois générales, mais aussi le principe même de l'optimisme de Malebranche, avec cette nouvelle pensée, que Dieu n'a pu avoir d'autre dessein, dans la création du monde, que l'incarnation de son Fils. Pour lui, il ne voit pas clairement, dans l'idée de l'être parfait, que Dieu ne peut agir au dehors que pour se procurer un honneur digne de ses perfections souveraines. N'est-ce pas supposer en lui une sorte de vue intéressée, par laquelle, au lieu de l'élever, on le rabaisse? Il n'agit pas par le désir d'acquérir un nouveau bien dont il manquerait encore, mais par le désir de faire part de ses biens infinis; il n'agit pas *per indigentiæ necessitatem*, mais *per abundantiam benevolentiæ*. Arnauld n'accorde pas davantage qu'un honneur, pour être digne de Dieu, doive être nécessairement infini. Ne peut-on dire que l'ange, que le saint l'honorent, quoiqu'ils ne lui rendent pas un honneur infini? Il n'est donc pas besoin d'imaginer que le monde doive avoir un prix infini par l'union nécessaire avec une personne divine. A cette prétendue nécessité de l'union avec une personne divine, il oppose l'Écriture et les Pères qui subordonnent l'incarnation au péché d'Adam.

En outre il accuse Malebranche d'asservir Dieu en l'assujettissant dans toute sa conduite à la loi de l'ordre immuable, de soumettre sa liberté à deux servitudes, par la double obligation de produire l'ouvrage le plus parfait, et par les voies les plus simples, de justifier la bonté de Dieu aux dépens de sa puissance, et de renverser ainsi le premier article du *Credo* (1). « Avez-vous bien pensé qu'en avançant de telles choses, vous entreprenez de renverser le premier article du symbole par lequel nous faisons profes-

---

(1) Madame de Sévigné fait aussi ses objections contre la Providence générale : « Je voudrais bien me plaindre au P. Malebranche des souris qui mangent tout ici. Cela est-il dans l'ordre, etc. ? » (*Édit. Montmerqué*, t. VI, p. 407.)

sion de croire en Dieu le Père tout-puissant?» Ainsi Arnauld rejette cette nécessité morale, au sein de laquelle seule s'allient la liberté et la puissance souveraines de Dieu avec sa sagesse infinie.

Malebranche conclut cette discussion de la manière la plus hautaine : « Que M. Arnauld juge de la providence divine sur l'idée qu'il a d'une providence humaine, cela lui est permis s'il ne peut pas s'élever plus haut. Car il vaut mieux admettre en Dieu une providence humaine que de lui ôter toute providence. Mais qu'il nous laisse suivre, conduits et soutenus par la foi, l'idée d'être infiniment parfait (1). »

Nous n'avons pas à suivre Arnauld dans la critique du système de la grâce de Malebranche où il combat certainement avec plus d'avantage les lois générales par des arguments théologiques que, par des arguments philosophiques, dans l'ordre de la nature. Il traite de prédestination fantastique, dont on n'a jamais entendu parler, la prédestination imaginée par Malebranche, en accord avec les volontés générales. A son plan de la grâce il oppose celui des saints Pères, de saint Paul, de saint Augustin, interprétés au sens le plus rigoureux de la prédestination gratuite et de la grâce efficace. Dans le système de Malebranche il ne trouve à louer que ce qui s'en rapproche, que ce qui met en Dieu seul, et non dans les mérites humains, la différence des hommes au regard de la grâce. Partout où Malebranche veut faire une place à la liberté, quelque petite qu'elle soit, il s'attire les épithètes de semi-pélagien, et même de protecteur de la grâce molinienne. Jésus-Christ, considéré comme cause occasionnelle de la distribution de la grâce, l'ignorance attribuée à son âme, en tant qu'homme, pour expliquer la stérilité ou l'efficacité des grâces, sont tout autant d'inventions théologiques non moins mal traitées par Arnauld. Il prodigue les railleries sur le choix que Dieu aurait fait de saint Mi-

(1) *Deuxième Lettre* contre le premier livre des *Réflexions*.

chel pour être le conducteur des juifs et épargner à Dieu des volontés particulières et des miracles, ce qui revient à dire, selon la plaisanterie d'Arnauld, qu'il a donné le peuple juif à gouverner à ses anges, au rabais des miracles, et qu'ayant trouvé que saint Michel s'en acquitterait à meilleur marché, il l'a préféré à tous les autres.

Enfin il condamne Malebranche au nom de cette règle, si hautement proclamée par lui-même, que la nouveauté en théologie porte le caractère de l'erreur, et il lui applique ces paroles de saint Augustin : *Nova sunt quæ dicitis, mira sunt quæ dicitis, falsa sunt quæ dicitis. Nova cavemus, mira stupemus, falsa convincimus.* Accusé d'hérésie, Malebranche ne se fait pas faute de récriminer contre le jansénisme, dans lequel Arnauld persévère, malgré les condamnations de Rome et de la Sorbonne, et de l'accuser à son tour de chercher à introduire dans l'Église des dogmes nouveaux. Les hérésies imaginaires qu'Arnauld lui attribue, il les nie hautement, tandis qu'Arnauld se fait gloire de son hérésie janséniste. « Je condamne les erreurs que vous m'attribuez et vous soutenez celles que je vous attribue, où est donc la parité? » Dans les emportements de cette controverse, Arnauld eut cependant la délicatesse de ne pas faire usage de cette rétractation de la signature du formulaire, dont nous avons parlé, et que Malebranche, dix années auparavant, avait déposée entre ses mains (1).

Il faut dire encore quelques mots d'une autre question philosophique, celle des plaisirs des sens et du bonheur, qui fut incidemment mêlée par Arnauld à celle des idées et de la providence, dans les derniers chapitres du premier livre des *Réflexions*. En opposition aux exagérations du stoïcisme, Malebranche avait dit, qu'on ne peut nier que les

---

(1) « J'ai bien songé, écrit-il au P. Quesnel, au papier qu'il a donné il y a dix ou douze ans, mais j'aimerais mieux qu'on m'eût coupé la main que de lui en faire aucun reproche; rien ne serait plus malhonnête que d'abuser de cette confiance. Mais, sachant cela, comment ose-t-il dire, dans un livre imprimé, qu'il n'a jamais été dans nos sentiments touchant la grâce ? » (*Lettre* 460.)

plaisirs des sens ne rendent actuellement heureux celui qui les goûte, sans aller contre la conscience du genre humain. Arnauld prétend que cette proposition contient l'épicuréisme, et que Malebranche a entendu, par ce bonheur que procurent actuellement les plaisirs des sens à celui qui les goûte, le vrai bonheur, *quod est per se expetendum*. Nous sommes de l'avis de Bayle, qui juge ainsi cette nouvelle chicane : « On ne trouvera pas très-raisonnable la longue dispute où est entré M. Arnauld avec le P. Malebranche sur les plaisirs des sens. Ceux qui auront tant soit peu compris la doctrine de Malebranche, s'étonneront qu'on lui en fasse des affaires, et s'ils ne se souviennent du serment de bonne foi que M. Arnauld vient de prêter dans la préface de ce dernier livre, ils croiront qu'il a fait des chicanes à son adversaire, pour le rendre suspect du côté de la morale. » Bayle prenant lui-même le parti de Malebranche, engagea contre Arnauld une polémique directe sur cette question des plaisirs (1). Quant à Malebranche, indigné de cette accusation, plus que de toutes les autres, il ne voulut pas se défendre : « parce qu'il n'a pu les lire (les derniers chapitres des *Réflexions*), sans être ému et sans craindre de blesser la charité en y répondant. » Il n'y fit de réponse que lorsqu'elle eut été reproduite par Régis.

Suspendue à partir du dernier livre des *Réflexions*, en 1685, la polémique philosophique se rallume en 1694, à l'occasion de la discussion de Malebranche avec Régis qui, plus encore qu'Arnauld, diffère de Malebranche par ses tendances philosophiques. Indépendamment d'attaques indirectes répandues dans la plupart de ses ouvrages, Régis a publié contre Malebranche divers articles dans le *Journal*

---

(1) *Avis à l'auteur de la République des lettres sur ce qu'il dit en faveur de Malebranche sur les plaisirs des sens.* Cet avis, de quelques pages, est suivi de : *Dissertation sur le prétendu bonheur des sens pour servir de réplique à la réponse qu'a faite M. Bayle pour justifier ce qu'il a dit sur ce sujet dans ses Nouvelles de la République des lettres du mois d'août 1685, en faveur de M. Malebranche, contre M. Arnauld.* Cologne, 1687.

des Savants de 1693 et de 1694. Les idées et les plaisirs sont le principal objet de cette nouvelle polémique. C'est à l'occasion de la réponse de Malebranche à Régis, qu'Arnauld croit devoir de nouveau intervenir, par quatre lettres, touchant *les deux plus insoutenables opinions de Malebranche, sur les idées et les plaisirs*. Le ton d'Arnauld, après cette longue trêve, ne s'est pas adouci. Il s'étonne que Malebranche, réduit par lui au silence, pendant une dizaine d'années, sur l'un et l'autre point, s'avise de les soutenir de nouveau contre un philosophe qui ne les a traités qu'en passant, sans avoir honte de recourir à des faussetés insignes, pour ôter à ce nouvel adversaire l'avantage qu'il avait cru pouvoir tirer de leur polémique sur les mêmes questions. Notons cependant qu'il donne raison à Malebranche contre Régis dans la discussion, qu'ils eurent l'un contre l'autre à l'Académie des sciences, sur les causes de la grandeur apparente de la lune. Malebranche ne le cède pas davantage à Arnauld, dans cette dernière phase de la querelle, pour l'aigreur des récriminations. Tous deux, d'ailleurs, renvoient à ce qu'ils ont déjà écrit sur le fond des questions, et cette nouvelle polémique, rallumée sans nécessité par Arnauld, n'ajoute aux discussions précédentes que des reproches et des injures, sans aucune lumière nouvelle.

Arnauld était mort depuis cinq ans, lorsque Malebranche répondit à ses deux dernières lettres par une longue réplique, où il résume assez bien son sentiment sur les idées, et ses diverses réponses aux objections d'Arnauld. Quant à la question des plaisirs, il s'attache à dissiper l'équivoque du mot « heureux ». Il n'a pas dit que les sens nous rendent heureux absolument, mais seulement *en quelque manière*, restriction que Régis a le tort de dissimuler. Enfin, à Arnauld et à Régis, il oppose dom Lamy qui lui impute de tomber dans l'excès contraire, et qui le juge si opposé à toute espèce de plaisir, qu'il ne veut pas même qu'il en mette dans l'amour de Dieu, et le suppose un partisan du pur amour.

Mais il est triste de le voir injurier un ennemi qui ne peut plus répondre. Que de dureté et de haine dans ces paroles par où il termine : « Il n'y a plus moyen, que la honte de critiques mal fondées retombe sur lui ; la confusion ne peut maintenant lui être salutaire ! » Peut-être cependant se rend-il coupable d'un outrage encore plus grand à la mémoire d'Arnauld, dans un dernier écrit intitulé, *Contre la prévention.* A supposer qu'Arnauld ait eu de l'équité, de la bonne foi, de l'esprit, pour le moins autant qu'un autre, il est impossible qu'il soit l'auteur d'aucun des écrits qu'on lui attribue contre Malebranche, car partout on y trouve des preuves d'inintelligence et de mauvaise foi ; voilà l'ironie longuement développée par Malebranche qui prouve de la sorte que, ni le *Livre des idées,* ni la *Défense,* etc., ne peuvent être d'Arnauld, et que l'auteur, quel qu'il soit, n'est digne d'aucune créance.

Nous avons fait connaître ce qu'il y a de plus remarquable dans cette grande polémique. Les plaisirs, la providence, les idées, voilà les trois questions philosophiques qui, tour à tour, sont l'objet principal de la discussion. Sur les plaisirs des sens, nous venons de reprocher à Arnauld d'abuser de l'équivoque des mots pour lancer l'accusation d'épicuréisme contre la moins épicurienne des philosophies. Au sujet de la providence, nous nous sommes mis aussi du parti de Malebranche contre Arnauld. Sauf quelques détails, sauf l'imagination de l'union nécessaire d'une personne divine avec le monde, son système nous a paru renfermer la meilleure réponse à de redoutables objections et concilier, mieux que celui d'Arnauld, la toute-puissance et la bonté de Dieu avec les imperfections de ce monde.

Pour la vision des corps en Dieu, soit au moyen de la multitude des petits êtres représentatifs, soit au moyen de l'étendue intelligible, Arnauld a cent fois raison contre son adversaire. Mais il n'en est pas de même quand il s'agit de l'absolu, des vérités et des idées éternelles communes à tous les hommes, et de la raison universelle. C'est par là que Malebranche, s'inspirant de Platon par saint Augustin, a exercé une influence féconde sur les cartésiens les plus illustres de son époque, et sur ceux du dix-huitième siècle. L'auteur de la *Vie d'Arnauld*, quoique peu favorable à Malebranche, est lui-même obligé de le reconnaître. Sur les matières de la providence et de la grâce, il ne saurait, dit-il, avoir de partisans parmi les théologiens éclairés; mais il en eut, de son vivant, un nombre considérable sur la nature des idées, et il en a encore quelques-uns, parmi lesquels il cite particulièrement le cardinal Gerdil.

Nous avons suffisamment montré que le rôle philosophique d'Arnauld, quoique moins considérable que son rôle théologique, n'a pas été cependant sans importance. On peut dire qu'après saint Augustin et Jansénius, c'est Descartes qu'il a le plus aimé, le plus admiré, et pour lequel il a combattu avec le plus d'ardeur, à cause des avantages qu'il espérait de sa philosophie pour défendre contre les incrédules les vérités fondamentales de la religion.

CHAPITRE XI

Nicole. — Influence d'Arnauld sur Nicole. — Nicole moins ferme qu'Arnauld dans son attachement à la philosophie et à Descartes. — Tendance à rabattre la confiance de la raison en ses propres forces et la présomption des philosophes. — Du peu de goût de Nicole pour les *Pensées* de Pascal. — *Discours sur les preuves naturelles de l'existence de Dieu et de l'immortalité*. — De la partie philosophique des *Instructions sur le symbole*. — Attributs de Dieu. — Nature de l'homme. — Nicole, partisan des causes occasionnelles et de la vue des vérités éternelles en Dieu. — Nicole et dom Lamy défendent contre Arnauld l'universalité des premières vérités de la métaphysique et de la morale. — Les pensées imperceptibles. — Système de la grâce générale, fondé sur la doctrine d'une raison universelle. — Nicole plus janséniste qu'Arnauld. — Accord avec Arnauld contre la providence générale et contre les essais de philosophie eucharistique. — Différence entre le cartésianisme de Nicole et celui d'Arnauld. — De la part d'Arnauld et de Nicole dans l'*Art de penser*. — Ce qu'ils empruntent aux logiques antérieures. — Des mérites propres et du succès de cette nouvelle logique. — Divisions. — Esprit général. — Guerre à Aristote. Continuel plaidoyer en faveur de la philosophie de Descartes. — But pratique. — Variété des exemples. — Excellentes analyses des causes morales de l'erreur. — Réfutation de Gassendi. — Lacunes.

Il est impossible de séparer Nicole d'Arnauld. De tous les solitaires de Port-Royal, nul, plus que Nicole, n'a subi l'ascendant du caractère, du génie et des doctrines d'Arnauld. Plus jeune de quelques années, il eut pour lui, pendant toute sa vie, les plus vifs sentiments d'amitié et d'admiration, en même temps qu'une sorte de vénération (1). Naturellement doux, timide et ennemi de la dispute, il lui sacrifia, ce qu'il aimait le mieux, la paix et le repos ou,

(1) Il est né en 1625 et mort en 1695, un an après Arnauld. Voir sa *Vie* par l'abbé Goujet, et l'introduction de M. Jourdain, en tête d'un choix de ses *Œuvres*, 1 vol. in-12. Paris, 1845.

comme il le dit si énergiquement, son inclination pour la mort civile. Il fut réduit, toute sa vie, à envier et à ne goûter jamais le bonheur de ceux qui, « voyant le bouleversement et le tournoiement des choses humaines, peuvent se soustraire du milieu des hommes et trouver un petit abri contre la tempête et l'obscurité que le démon excite dans le monde (1). » Il mit sa plume au service d'Arnauld, il le suivit au fort de la mêlée des plus vives controverses religieuses du dix-septième siècle, et, comme lui, il fut obligé de se cacher et de fuir. Nicole et Arnauld se suivent en philosophie, de même qu'en théologie; ils ont travaillé ensemble à l'*Art de penser*, comme à la *Perpétuité de la foi*.

Mais si Nicole est aussi ferme dans le jansénisme qu'Arnauld lui-même, il semble l'être un peu moins dans le cartésianisme. Il incline à étendre à la raison, par rapport au vrai, la doctrine de l'impuissance, par rapport au bien, de la volonté abandonnée à elle-même. Pénétré de la faiblesse et du néant de l'homme, il veut rabattre l'orgueilleuse confiance de la raison en ses propres forces et la présomption des philosophes, même des cartésiens. Ce que l'homme peut savoir par les sciences n'est presque rien, selon Nicole, et il est aussi heureux de les ignorer que de les savoir. La plus grande partie de la philosophie humaine n'est à ses yeux qu'un amas d'obscurités, d'incertitudes et de faussetés, et le plus grand fruit qu'on puisse tirer des ouvrages de philosophie, est d'y apprendre que la philosophie n'est qu'un vain amusement; voilà les pensées plus ou moins sceptiques qu'il se plaît à développer dans son *Traité de la faiblesse humaine*. S'il fait un magnifique éloge de Descartes et de la grande révolution qu'il a opérée dans la philosophie et dans les sciences, il prend occasion d'en tirer un nouvel exemple de la faiblesse et de l'instabilité de l'esprit humain. Parmi les choses dont il le loue, il met au premier rang d'avoir montré le néant des autres philosophies : « On avait philo-

(1) *Lettre* 35, 2ᵉ vol., 2 vol. in-12, Lille, 1718.

sophé trois mille ans durant sur divers principes, et il s'élève dans un coin de la terre un homme qui change toute la face de la philosophie et qui prétend faire voir que tous ceux qui sont venus avant lui n'ont rien entendu dans les principes de la nature. Et ce ne sont pas seulement de vaines promesses, car il faut avouer que ce nouveau venu donne plus de lumières sur la connaissance des choses naturelles que tous les autres ensemble n'en avaient données. Cependant, quelque bonheur qu'il ait eu à faire voir le peu de solidité des principes de la philosophie commune, il laisse encore dans les siens beaucoup d'obscurités impénétrables à l'esprit humain. Ce qu'il nous dit, par exemple, de l'espace et de la nature de la matière, est sujet à d'étranges difficultés, et j'ai bien peur qu'il n'y ait plus de passion que de lumière dans l'esprit de ceux qui paraissent n'en être pas effrayés. Quel plus grand exemple peut-on avoir de la faiblesse de l'esprit humain que de voir que, pendant trois mille ans, ceux qui paraissent avoir le plus de pénétration se soient occupés à raisonner sur la nature, et qu'après tant de travaux et malgré ce nombre innombrable d'écrits qu'ils ont faits sur cette matière, il se trouve qu'on en est à recommencer, et que le plus grand prix qu'on puisse tirer de leurs ouvrages est d'y apprendre que la philosophie est un vain amusement et que ce que les hommes en savent n'est presque rien (1) ! »

Dans une lettre sur la manière d'enseigner la philosophie aux jeunes religieux, il traite encore plus mal la philosophie en général, et s'il fait une exception en faveur de Descartes, ce n'est pas sans de nombreuses restrictions, surtout à l'égard des principes de sa physique (2). Il veut qu'on leur représente la philosophie comme peu importante et incertaine. Diminuerait-on, en la rabaissant ainsi, quelque chose de l'ardeur à l'étudier, il estime qu'il y a

---

(1) Chap. VII, intitulé : *Qu'on est aussi heureux d'ignorer que de savoir la plupart des sciences.*

2) *Lettre* 82, t. I, 2 vol. in-12. Lille, 1718.

beaucoup moins de danger en cela qu'il n'y en a à leur laisser une curiosité inquiète qui les porte à s'y appliquer le reste de leur vie. « La plus solide philosophie n'est que la science de l'ignorance des hommes, et elle est bien plus propre à détromper ceux qui se flattent de leur science qu'à instruire ceux qui désirent d'apprendre quelque chose de certain. De quelque éloge qu'on relève celle de Descartes, il faut néanmoins reconnaître que ce qu'elle a de plus réel est qu'elle fait fort bien connaître que tous les gens qui ont passé leur vie à philosopher sur la nature, n'avaient entretenu le monde et ne s'étaient entretenus eux-mêmes que de songes et de chimères. Mais quand elle vient au détail des corps et à l'explication de la machine, tout ce qu'elle nous propose se réduit à quelques suppositions probables et qui n'ont rien d'absolument certain. Aussi il y en a qui appellent cette philosophie le roman de la nature, parce que c'est comme un amas et un enchaînement de causes et d'effets probables, et qui est comme l'histoire du monde imaginaire, qui n'est peut-être point dans l'être des choses..... Il est peut-être bon d'être en plusieurs points sectateur de M. Descartes, puisqu'il est sans doute plus raisonnable que les autres, mais il ne faut pas que cette qualité fasse paraître qu'on en fasse profession ouverte, qu'on se fasse remarquer dans cette guerre des enfants du siècle, car, dans la vérité, les cartésiens ne valent guère mieux que les autres, et sont souvent plus fiers et plus suffisants. » Dans cette même lettre, il semble regretter d'avoir pris parti pour les cartésiens : « J'ai vu tant de vanité et de présomption parmi ceux qui font métier de philosophie et qui soutiennent même la plus solide, que si j'avais à revivre, il me semble que j'éviterais de faire paraître de l'inclination pour aucun de ces partis, et que je ferais en sorte qu'on ne me mît pas au nombre des cartésiens, non plus qu'en celui des autres. » Sans doute aussi il ne se fût pas moins abstenu de prendre parti en théologie, par horreur des contestations et des disputes.

Il semble donc que Nicole ait une certaine pente au scepticisme. Mais il ne va pas jusqu'au bout ; il demeure fidèle à Arnauld et ne suit pas Pascal. Son dessein est de nous mettre en garde contre une confiance trop aveugle dans les forces de la raison, contre la présomption des philosophes, plutôt que d'attaquer la raison et la philosophie elle-même. Non-seulement il ne suit pas Pascal, mais il le combat, et nous le verrons, dans l'*Art de penser*, traiter durement les pyrrhoniens. Autant Nicole admire les *Provinciales*, qu'il a répandues dans toute l'Europe par sa traduction latine, autant fait-il peu de cas des *Pensées*. D'accord avec Arnauld, il jugea qu'on ne pouvait les publier sans les atténuer et les corriger. Il ose avouer hautement le peu d'estime qu'il en fait, dans une lettre au marquis de Sévigné qui lui avait cité ce jugement de madame de Lafayette : « C'est un méchant signe pour ceux qui ne goûteront pas ce livre. » Quant à lui, il brave l'anathème, et ne craint pas de répondre : « Pour vous dire la vérité, j'ai eu quelque chose jusqu'ici de ce méchant signe. J'y ai bien trouvé un assez grand nombre de pierres taillées et capables d'orner un grand bâtiment, mais le reste ne m'a paru que des matériaux confus, sans que je visse assez l'usage qu'il en voulait faire (1).

Mais la meilleure réponse de Nicole au scepticisme de Pascal est un discours « contenant en abrégé les preuves naturelles de l'existence de Dieu et de l'immortalité de l'âme. » Publié en 1670, un an après les *Pensées* (2), ce morceau se distingue par la force, la concision, et même par une éloquence qui n'est pas ordinaire à Nicole. Son but est de combattre ce qu'il appelle la grande hérésie des temps, l'athéisme (3). Après avoir mis au premier rang les preuves par la révélation, il défend la valeur des preu-

---

(1) *Lettre* 88, t. I.
(2) Tome II des *Essais de morale*. — Œuvres de Nicole, 24 vol. in-12. Liége, 1767.
(3) « Il faut donc que vous sachiez que la grande hérésie n'est plus le luthéranisme ou le calvinisme, que c'est l'athéisme. » (*Lettre* 45.)

ves naturelles contre les libertins qui rejettent les Écritures. C'est en effet une nécessité, selon Nicole, de recourir à ces preuves, comme à des principes communs, pour prouver l'existence de Dieu et l'immortalité de l'âme. Il s'attache particulièrement aux preuves sensibles, non pas qu'il méconnaisse la valeur des preuves abstraites et métaphysiques, mais parce qu'elles sont plus à la portée de tout le monde. Je ne vois pas, dit-il, sans doute à l'adresse de Pascal, qu'il soit raisonnable de les décrier. Quelque effort que fassent les athées, pour effacer l'impression que la vue de ce grand monde forme naturellement dans tous les hommes, à savoir qu'il y a un Dieu qui en est l'auteur, ils ne sauraient l'étouffer entièrement, tant elle a des racines fortes et profondes dans notre esprit. La raison, dit encore Nicole, n'a qu'à suivre son instinct naturel pour se persuader qu'il y a un Dieu créateur de tout ce que nous voyons, quand elle considère les mouvements si réglés des astres, l'ordre et l'enchaînement des diverses parties de la nature. On trouve dans ce discours un excellent résumé de tout ce qu'ont dit les philosophes sur la nécessité où nous sommes de remonter de l'existence, soit de la matière, soit du mouvement, soit mieux encore des êtres pensants à un premier principe qui est Dieu. A ceux qui se retranchent dans l'éternité du monde pour nier un Créateur, Nicole oppose la trace visible de nouveauté que porte le monde, au moins dans cet ordre, suivant ses expressions, sans lequel ni les hommes, ni les animaux ne sauraient vivre, d'où il suit que les hommes et les animaux sont nouveaux, ce qui suffit à prouver un créateur. Ce même caractère de nouveauté, il le découvre non-seulement dans l'état du globe, mais dans celui des inventions et des sociétés humaines.

On objecte l'incompréhensibilité de ce premier être. Mais notre raison, selon Nicole, peut au moins atteindre jusqu'à comprendre qu'il y a des choses qui sont, quoique étant incompréhensibles. Or, ce seul être incompréhensible admis, il suffit à nous rendre toute la nature compréhensible.

Ceux qui le rejettent accroissent, loin de le diminuer, cet inconvénient d'admettre l'incompréhensible; obligés d'admettre en toutes choses une succession infinie de causes dépendantes les unes des autres, sans cause première et indépendante, toutes les parties du monde leur deviennent incompréhensibles. « Ainsi, dit-il, leur esprit est obligé de succomber sous la moindre chose, en se voulant roidir contre celui sous lequel il est juste et glorieux de succomber. »

Il faut chercher dans la *Seconde Instruction sur le Symbole* (1), où il traite des attributs et des perfections de Dieu, non-seulement au point de vue de la foi, mais à celui de la raison, le complément de la théologie naturelle de Nicole. On peut y remarquer les trois manières dont il entend l'immensité de Dieu. Dieu est présent partout : 1° par sa présence, parce que tout est présent à ses yeux ; 2° par sa puissance, parce qu'il opère en tout ; 3° par son essence, parce qu'opérant en tout, il faut qu'il soit partout, son opération n'étant pas distinguée de son essence. Et comme il est en toutes choses, toutes choses sont en lui, parce qu'il les opère, les produit et les soutient. De même que Malebranche, Nicole n'étend la toute-puissance de Dieu qu'à ce qui ne renferme point de contradiction, d'imperfection, de péché. Dieu ne saurait faire ce qui se contredit, parce qu'en le faisant, il détruirait ce qu'il ferait ; il ne saurait non plus se désavouer lui-même, ni se démentir, ni désavouer personne. Étant parfaitement juste comme il est, il ne peut rien faire, il ne peut rien vouloir que de juste.

Après Dieu, Nicole traite de l'homme. Il prouve, de la même manière que Descartes, la distinction de l'âme et du corps et sa spiritualité, d'où il déduit l'immortalité. Mais, sur la question de l'union de l'âme et du corps, il semble s'éloigner de Descartes et d'Arnauld, et se rapprocher de Malebranche, en refusant à l'âme toute vertu

(1) Tome XV des *Œuvres*.

pour agir sur le corps. Comment un esprit n'ayant que des actions spirituelles pourra-t-il remuer un corps et le déplacer, et comment les mouvements d'un corps pourront-ils exciter des pensées dans l'esprit? « De sorte que ceux qui en parlent le plus raisonnablement se réduisent à dire que c'est Dieu qui remue le corps quand l'âme veut le remuer, que c'est Dieu qui imprime ces sentiments, ces perceptions et ces pensées dans l'esprit, quand le corps est remué. » On reconnaît la doctrine des causes occasionnelles dans son application aux rapports de l'âme et du corps. L'âme elle-même, selon Nicole, a besoin de Dieu pour agir. « La nouvelle philosophie, dit-il, a établi que dans toutes les actions de l'âme il y a une impression prévenante (1). »

Mais le cartésianisme de Nicole se rapproche de celui de Malebranche par un point encore plus important, par la doctrine d'une raison universelle qui est en Dieu, qui est Dieu lui-même, éclairant tous les esprits d'une même lumière. Presque partout Nicole célèbre et invoque cette lumière divine de tous les esprits, méconnue par Arnauld. Dans la *Seconde Instruction sur le Symbole*, il dit, sans prétendre l'expliquer, que c'est en Dieu que nous voyons toutes les vérités, même les naturelles. Dans le *Traité de la soumission à la volonté de Dieu*, il considère cette volonté comme la règle de nos actions : « comme cette loi éternelle, dont parle si souvent saint Augustin, qui défend de troubler l'ordre de la nature, d'attacher son amour à autre chose qu'à Dieu. C'est cette justice divine qui brille dans nos esprits, qui nous rend aimable tout ce qui y est conforme, quand même nous n'y trouverions rien d'ailleurs qui attirât notre amour ; c'est cette lumière qui fait que nous sommes enfants de la lumière. Cette justice, cette loi, cette vérité divine, nous est manifestée par l'Écriture, mais la révélation extérieure ne sert de rien, si Dieu n'éclaire intérieurement nos esprits, s'il ne luit en eux comme

---

(1) *Instruction sur le Symbole*, sect. 6, chap. ix.

vérité et comme lumière, et s'il ne leur découvre la beauté de sa justice. Et c'est pourquoi il est dit qu'il y a une véritable lumière qui éclaire tout homme qui vient en ce monde. » Nicole se plaît à recueillir et à citer tous les passages des Pères conformes à cette doctrine. Saint Augustin, dit-il, reconnaît que les païens eux-mêmes voient ce qui est juste et injuste dans le livre de la lumière, *in libro lucis*, c'est-à-dire, dans la lumière de Dieu. Il enseigne que, dans cette vie, personne n'est jamais entièrement séparé de la lumière de Dieu, et il loue les platoniciens d'avoir dit, que Dieu est la lumière des esprits (1).

Nicole, comme Malebranche, pense donc qu'il y a une certaine connaissance de Dieu et des devoirs fondamentaux de la morale, qui est commune à tous les hommes de tous les temps et de tous les lieux, au sauvage comme au savant, au réprouvé comme à l'élu de Dieu. Arnauld se raille de ces hautes notions métaphysiques, attribuées à une infinité de barbares et de sauvages qui ne connaissent pas même le nom de Dieu et n'ont aucune idée de la justice. Pour défendre l'universalité des premières vérités de la métaphysique et de la morale, Nicole et dom Lamy, son second dans cette querelle, ont recours aux pensées imperceptibles, c'est-à-dire à l'existence dans l'âme de pensées dont on ne s'aperçoit pas, quoiqu'elles n'en soient pas pas moins réelles, parmi lesquelles ils mettent les pensées d'un grand nombre d'hommes sur Dieu et la justice. Arnauld traite fort mal ces pensées imperceptibles, dans le cinquième article des *Règles du bon sens*. Il soutient que la conscience de soi-même est essentielle à la pensée, et que des pensées, auxquelles on ne pense pas, sont de pures chimères. Sans doute il aurait raison s'il s'agissait de pensées qui ne sont pensées à aucun degré. Mais combien n'en est-il pas qui sont pensées faiblement, obscurément, qui ne laissent qu'une trace insensible et passent inaperçues (2) ?

(1) *Instruction sur le Symbole*, 6ᵉ section, IIIᵉ chap.
(2) Voir, sur les pensées imperceptibles, le chap. XXII de mon ouvrage, sur le *Principe vital et l'Ame pensante*.

Sur cette raison universelle, Nicole a fondé ce système de la grâce générale qui, dans la dernière partie de sa vie, le mit aux prises avec Arnauld. Mais cette discussion ne troubla pas leur vieille amitié. Elle se passa, comme Arnauld l'écrit à Bossuet, entre deux amis toujours demeurés dans une union parfaite de charité et d'amitié. D'ailleurs il ne s'agissait que de questions incidentes, d'une différence dans les termes, plutôt que dans les choses elles-mêmes. De part et d'autre on demeurait d'accord touchant ce qu'on regardait comme capital dans cette question de la grâce. Nicole donne le nom de grâce générale, intérieure, surnaturelle, à cette lumière qui éclaire tous les hommes, et leur communique à tous la connaissance de Dieu avec les semences de la sagesse et de la justice. Son but est d'adoucir, comme il le dit lui-même, la dureté apparente des termes de la doctrine des théologiens de Port-Royal qui choquaient et retenaient quelques théologiens scholastiques. Mais les prétendus adoucissements de Nicole ne sont que dans les mots, et nullement dans le fond des choses. C'est à tort qu'on a cru y voir un changement et comme un remords, sur la fin de sa vie, à l'égard de la prédestination gratuite et de la grâce efficace. Il est vrai qu'il suppose dans tous les hommes une grâce générale, sans laquelle ils n'auraient pas le pouvoir physique d'observer les commandements de Dieu, de même que celui qui n'a pas de jambes n'a pas le pouvoir de courir. Mais il ne faut pas croire que, moyennant cette grâce, qui n'est refusée à personne, Nicole accorde à tous les hommes, sans autre secours, et par le seul bon ou mauvais usage de leur volonté, le pouvoir d'opérer le bien ou le mal, leur salut ou leur perte. Il a horreur d'une telle pensée, et il ne cesse pas de croire que si une grâce spéciale n'intervient, ce pouvoir physique nous laissera dans l'impuissance volontaire de faire le bien. En vertu de ce pouvoir, conféré par la grâce générale, nous pouvons consentir au bien, mais il est certain que, réduits à lui seul, nous n'y consentirons pas, et que nous ne ferons pas plus le bien que si nous en étions privés, ou si nous étions demeurés dans la première impuissance physique. Voilà la doctrine de Nicole, qui ne porte aucun préjudice, comme on voit, à la grâce efficace. Arnauld, il est vrai, soutient (1) que le pouvoir est inhérent au libre arbitre, et qu'à l'égard des actes particuliers, il en est tout aussi inséparable que l'idée d'une vallée de celle d'une montagne. Mais tous deux s'accordent à reconnaître que ce pouvoir physique, quelle qu'en soit, d'ailleurs, l'origine, est absolument impuissant et stérile. Arnauld ne veut y voir qu'une suite de la nature, tandis que, pour Nicole, c'est un effet de la grâce générale, voilà toute la différence entre les deux adversaires. Ainsi se rattache à la philosophie de Malebranche cette doctrine de la grâce générale, et ainsi elle aggrave, plutôt qu'elle n'atténue, ce qu'il y a de plus dur dans le jansénisme.

D'un autre côté, sauf les duretés de la polémique, sauf l'accusation de mettre l'étendue formelle en Dieu, Nicole approuve les critiques d'Arnauld contre l'étendue intelligible et contre la providence générale de Malebranche. Il oppose, comme lui, la tradition, les prières, les actions de grâces de l'Église à cette providence générale. Loin que les lois générales du mouvement soient le principal objet de l'attache et de l'amour de Dieu, il estime au contraire qu'on peut dire de ces lois, qui ne règlent que les mouvements de la matière, ce que saint Paul dit des bœufs : *Numquid de bobus cura est Deo?* Les actions des agents spirituels, des anges, des démons et de Dieu sur nos esprits ne peuvent être comprises dans ces lois générales ; or, de là dépendent la plupart des événements et, sans elles, presque rien n'arriverait de ce qui arrive. Si les miracles visibles et publics sont rares, rien de plus commun, selon Nicole, que les miracles invisibles et secrets (2). Il s'indigne même contre les facultés de théologie et contre l'inquisition de Rome qui

---

(1) *Du pouvoir physique*, tome X des Œuvres.
(2) *Lettres* 28 et 29 du tome II.

laissent passer de telles maximes sans les condamner: « Ce livre (*les Réflexions philosophiques et théologiques*) n'est pas la honte du méditatif, c'est celle des facultés de théologie, ce sera celle de l'inquisition de Rome, si elle demeure sans rien faire (1). »

Comme Arnauld, il blâme les théologiens étourdis qui compromettaient le cartésianisme et la foi par leurs explications philosophiques de l'eucharistie, il les accuse de subordonner les mystères à des principes philosophiques, et non les principes philosophiques aux mystères. Enfin il traite assez durement Desgabets, dans une lettre où il s'excuse, sur le manque de loisir, de ne pouvoir le réfuter, comme l'en priait Arnauld. A son tour il invite Arnauld à conjurer ce bénédictin téméraire de tourner son esprit à d'autres spéculations : « Nous sommes si près de l'autre vie, c'est-à-dire d'un état où nous saurons la vérité de toutes choses, pourvu que nous nous soyons rendus dignes du royaume de Dieu, que ce n'est pas la peine de travailler à s'éclaircir de toutes les questions curieuses de la théologie et de la philosophie (2). » Ces paroles expriment bien l'état de son âme, la lassitude de toutes les querelles du monde et l'aspiration à la lumière et à la paix éternelles.

Nous en avons dit assez pour caractériser le cartésianisme de Nicole, en regard de celui d'Arnauld. Nicole conserve une certaine défiance contre toute philosophie, même contre celle qu'il estime la meilleure de toutes, c'est-à-dire contre celle de Descartes. Si, dans la *Logique de Port-Royal*, il se montre à nous avec une foi plus ferme dans la méthode philosophique, avec une allure cartésienne plus décidée, c'est sans doute à la collaboration d'Arnauld qu'il faut l'attribuer. Enfin, Nicole, tout en condamnant les êtres représentatifs, la vision des corps en Dieu, la providence générale, garde, à la différence

---

(1) *Lettre* 36 du tome II. L'Inquisition, comme nous l'avons vu, a mis à l'Index presque tous les ouvrages de Malebranche et n'a pas mérité ce reproche de demeurer sans rien faire.

(2) *Lettre* 82 du tome Ier.

d'Arnauld, la doctrine d'une raison unique, celle de Dieu même, au sein de laquelle tous les hommes aperçoivent une même vérité absolue et les premiers principes de la spéculation et de la pratique.

Arnauld et Nicole sont les auteurs de l'*Art de penser* (1). L'*Art de penser*, plus souvent désigné sous le nom de *Logique de Port-Royal*, n'a pas un grand mérite d'originalité et d'invention. Pour les règles du raisonnement, il reproduit Aristote ; il reproduit Descartes pour celles de la méthode. D'autres logiciens avaient déjà tenté de réduire et de simplifier la logique d'Aristote ; d'autres avaient protesté contre l'abus et l'importance exclusive des règles du syllogisme, à tel point que Nicole et Arnauld sont eux-mêmes obligés de modérer cette réaction, et de dire quelques mots en faveur de certains termes, trop décriés, de la langue de l'école, tels que *baroco*, *baralipton*, etc. Les auteurs de l'*Art de penser* n'ont pas été non plus les premiers à vouloir donner un but pratique à la logique, et à montrer ses applications diverses à toutes les sciences. Avant Descartes et avant Bacon, Ramus avait tenté la même réforme. Enfin, d'autres logiciens moralistes, à partir de Montaigne, avaient analysé les sophismes de l'amour-propre et de la passion. La *Dialectique* de Ramus, l'*Art de conférer* de Montaigne, le *Novum Organum* de Bacon, les *Petits écrits* de Pascal sur l'*Art de persuader* et l'*Esprit géométrique* (2), la *Logique* de Clauberg, qu'Arnauld et Nicole citent avec éloge, et par-dessus tout les ouvrages de Descartes, auquel eux-mêmes ils rapportent tout le mérite des réflexions nouvelles de leur

---

(1) Il est assez difficile de déterminer exactement la part de l'un et de l'autre. D'après une note de Racine fils, l'abbé Goujet dit, dans la *Vie de Nicole*, qu'Arnauld a travaillé aux trois premières parties, que la quatrième tout entière est de lui, et que les deux discours sont de Nicole. La 1re édition est de 1662.

(2) Ils n'étaient pas encore publiés, mais Arnauld et Nicole en avaient les manuscrits entre les mains.

logique, voilà les nombreux antécédents de la *Logique de Port-Royal* (1).

Mais, à défaut de nouveauté, l'œuvre d'Arnauld et de Nicole a un singulier mérite d'élégance, de clarté, d'intérêt et de bon sens, qui, avec l'avantage d'être écrite en français, lui a valu plus de succès qu'aucune des logiques qui l'ont précédée ou même suivie. Publiée en 1662, bientôt elle fut traduite en latin, et de nombreuses éditions, en l'une et l'autre langue, se succédèrent rapidement. Les éditeurs des œuvres d'Arnauld en comptaient déjà, en 1736, dix en français et autant en latin. C'est surtout par l'*Art de penser* que le cartésianisme pénétra dans l'enseignement. A partir de la fin du dix-septième siècle, nous voyons la plupart des professeurs de l'université de Paris, et particulièrement le célèbre Pourchot, le suivre fidèlement, et le reproduire presque tout entier dans la partie logique de leurs *Cursus philosophici* ou *Institutiones philosophiæ*.

Une gageure d'Arnauld d'enseigner, en cinq jours, toute la logique au jeune duc de Chevreuse, donna naissance à cet ouvrage, auquel il comptait d'abord ne mettre qu'un jour, mais qui lui en prit quatre ou cinq, par suite, dit-il, des réflexions nouvelles qui lui survinrent (2). Cette première ébauche

---

(1) « On est obligé de reconnaître que ces réflexions, qu'on appelle nouvelles parce qu'elles ne se trouvent pas dans les logiques communes, ne sont pas toutes de celui qui a travaillé à cet ouvrage et qu'il en a emprunté quelques-unes des livres d'un célèbre philosophe de ce siècle, qui a autant de netteté d'esprit qu'on trouve de confusion dans les autres. » (*Disc. prél. m.*) Arnauld déclare en outre qu'il a textuellement emprunté la plus grande partie de ce qu'il dit sur les *Questions*, dans le chapitre de l'analyse et de la synthèse, à un manuscrit de Descartes, *Regulæ ad directionem ingenii*, qui lui a été communiqué par Clerselier. La division des lieux a été prise dans la *Logique* de Clauberg.

(2) Dans son introduction à la traduction de la *Logique* d'Aristote, M. Barthélemy Saint-Hilaire fait très-bien remarquer que, s'il n'a fallu que quelques jours à Nicole et à Arnauld pour rédiger cette *Logique*, c'est que de longues études antérieures leur avaient permis de faire un résumé si substantiel et si rapide.

fut accrue du double avant l'impression, et encore successivement augmentée dans les cinq éditions qui suivirent (1).

Arnauld et Nicole définissent la logique : l'art de bien conduire sa raison dans la connaissance des choses, tant pour s'en instruire soi-même que pour en instruire les autres. Le titre même d'*Art de penser* indique cette extension de la logique à toutes les opérations de l'intelligence, tandis qu'on avait coutume de la restreindre dans les écoles au seul art de raisonner. Ils la divisent en quatre parties, d'après les quatre opérations de l'intelligence : généralement admises concevoir, juger, raisonner, ordonner. Les idées par lesquelles on conçoit, le jugement et les règles de la proposition qui en est l'expression, le raisonnement et le syllogisme, la méthode qui est l'art d'ordonner les pensées pour découvrir la vérité, quand nous l'ignorons, ou pour la prouver aux autres, quand nous la connaissons déjà ; telles sont les quatre grandes divisions de la *Logique de Port-Royal*. Il ne s'agit point d'en faire une analyse, mais d'en apprécier rapidement l'esprit général et les principales doctrines.

Tout le suc du *Discours de la Méthode* y est, pour ainsi dire, exprimé, et partout on y sent l'esprit de Descartes. Les deux discours préliminaires, admirables de sens, de sagesse et de fermeté, sont comme un manifeste de l'esprit nouveau, dans les sciences et dans la philosophie, contre l'esprit ancien. L'*Art de penser* tout entier semble un commentaire, une application, une défense de la maxime de l'évidence ou de la clarté des idées, à laquelle les deux auteurs ramènent toute certitude. Comme la lumière ne se distingue des ténèbres que par la lumière elle-même, il ne faut pas, dit Nicole, d'autres marques pour reconnaître la vérité que cette lumière même qui l'environne, et qui se soumet l'esprit et le persuade, malgré

---

(1) Les plus considérables additions ont été faites à la 4ᵉ édition, qui est de 1673, et à la 5ᵉ en 1683.

qu'il en ait. Quant au pyrrhonisme, ce n'est, suivant lui qu'une secte de menteurs. A-t-on jamais trouvé quelqu'un, dit-il, qui doutât sérieusement qu'il y ait un soleil, une terre, ou qu'il ait un corps ? D'ailleurs, à tout le moins, peut-on douter que l'on doute, et par là le scepticisme n'est-il pas vaincu dans son dernier retranchement ?

Cette foi si ferme dans la raison et l'évidence explique le peu de respect des auteurs de la *Logique* pour les traditions de l'École, pour la vieille science scholastique et l'autorité d'Aristote. Ils font une guerre perpétuelle, et qui n'est pas toujours très-loyale, à Aristote ; c'est à lui qu'ils empruntent, ou prétendent emprunter, tous les exemples de fausses définitions, d'argumentations, de démonstrations vicieuses et de sophismes. Pas une occasion n'est perdue de tourner en dérision la science de l'École, les formes substantielles, l'horreur du vide, etc. En revanche, sans cesse ils cherchent à accréditer Descartes et la physique nouvelle, en y prenant leurs exemples de bons raisonnements, tandis qu'ils attribuent à des sophismes de l'amour-propre et de la passion les raisons de ceux qui les combattent. A ceux qui se scandalisent de cette guerre contre Aristote, Arnauld et Nicole répondent qu'on ne doit de respect à un philosophe qu'en raison de la vérité, et qu'Aristote n'a même pas droit à cette déférence que semble exiger le consentement universel, puisque le consentement en sa faveur n'existe plus dans les principaux pays de l'Europe. Ils se défendent néanmoins plus ou moins bien contre le double reproche de méconnaître son génie, et de ne pas lui savoir de gré de ce dont ils lui sont redevables. S'ils prennent chez lui les exemples de mauvais raisonnements, ce n'est pas, à ce qu'ils disent, qu'ils veuillent donner à penser que tout est faux dans sa doctrine, mais pour qu'ils frappent davantage, étant tirés d'un si grand philosophe. Quant à eux, ils ne veulent ni condamner généralement Aristote, comme d'abord on a fait autrefois, au commencement du moyen âge, ni en faire l'unique règle, comme on a voulu depuis : « Le monde ne peut durer longtemps dans cette contrainte, et se remet insensiblement en possession de la liberté naturelle et raisonnable qui consiste à approuver ce qu'on juge vrai et à rejeter ce qu'on juge faux. » A cette guerre continuelle contre Aristote, se mêlent aussi des attaques contre Gassendi, dont ils jugent les doctrines dangereuses pour la morale et la religion.

Ils se proposent surtout de former le jugement. La justesse d'esprit, le bon sens, voilà ce qu'ils estiment plus que tout le reste; tandis que l'usage de toutes les autres qualités est borné, celui du bon sens s'étend à tout. La raison ne doit pas être considérée comme un instrument pour acquérir les sciences, mais, au contraire, les sciences comme un instrument pour perfectionner la raison. Tous les hommes ne sont pas nés pour mesurer les lignes et considérer les mouvements de la matière, mais tous sont obligés d'être justes, équitables, judicieux dans leurs actions et dans leurs discours. Or, selon l'*Art de penser*, rien de plus dangereux et de plus commun que la fausseté de l'esprit, et rien de plus difficile à corriger. Les causes diverses qui égarent l'esprit, soit dans l'ordre spéculatif, soit dans l'ordre moral, les moyens de le ramener dans la bonne route, sont analysés avec une rare sagacité.

Aux règles ils joignent les exemples les plus propres à les graver dans l'esprit. Le choix des exemples est un des attraits et une des nouveautés de leur logique. Ils n'ont pas voulu, disent-ils, d'une logique toute sèche, avec les exemples ordinaires d'animal et de cheval, que personne n'aurait lue ou, du moins, que personne n'aurait retenue, comme il arrive à tant d'autres. Aussi rien de plus varié que leurs exemples, empruntés à presque toutes les sciences, à la métaphysique, à la rhétorique, à la morale, à la physique, à la géométrie, à la théologie elle-même, et pris de préférence dans les questions qui divisaient alors les esprits et les tenaient en suspens. Presque tous, directement ou indirectement, sont une piquante critique des préjugés qui retiennent aux erreurs anciennes, et s'opposent aux vérités nouvelles. Dans ces branches si diverses de connaissances auxquelles ils touchent tour à tour, ils prodiguent les sages observations et les excellents préceptes, ils font preuve de solidité et de justesse. On reconnaît l'auteur des *Essais de morale* dans l'analyse des causes qui égarent nos jugements moraux sur les vrais biens et sur les vrais maux, sur nous-mêmes et sur les autres. Le germe des meilleurs développements de la *Recherche de la vérité* est contenu dans les chapitres sur les idées confuses en morale, sur les sophismes, sur les mauvais raisonnements que l'on commet dans la vie civile et dans les discours ordinaires.

Les règles des propositions et des syllogismes tirées d'Aristote et des anciennes logiques, sont éclaircies, réduites et simplifiées avec beaucoup d'art, et appréciées à leur juste valeur. Ni ils ne les érigent en un spécifique infaillible contre l'erreur, ni ils ne les tiennent en un injuste mépris, comme il commençait à être de mode, sous l'influence de la révolution philosophique qui s'accomplissait. Ils conviennent que celui qui ne serait pas capable de reconnaître la fausseté d'un raisonnement par les seules lumières de la raison, ne le serait pas d'entendre les règles que l'on en donne, et encore moins de les appliquer; mais ils estiment néanmoins que ces règles sont utiles en quelques rencontres, à l'égard de quelques personnes, et merveilleusement propres à exercer l'esprit, quand on ne les considérerait que comme des vérités spéculatives.

La première partie de la *Logique* (1) contient une excel-

---

(1) On trouve dans l'*Encyclopédie*, à l'article LOGIQUE, une juste appréciation de l'*Art de penser* : « La méthode de Descartes a donné naissance à la *Logique* dite l'*Art de penser*. Cet ouvrage conserve toujours sa réputation. Le temps qui détruit tout ne fait qu'affermir de plus en plus l'estime qu'on en fait. Il est estimable surtout par le soin qu'on a pris de le dégager de plusieurs questions frivoles. Les matières qui avaient de l'utilité parmi les logiciens au temps qu'elle fut faite, y sont traitées dans un langage plus intelligible qu'elles ne l'avaient été ailleurs.

lente réfutation de la doctrine de Hobbes et de Gassendi, sur la nature et l'origine des idées, et la défense des idées innées de Descartes. Aux règles de la méthode, données dans la quatrième partie, on peut reprocher de s'appliquer presque exclusivement à la géométrie. Il n'est question de l'induction, qu'à propos des sophismes et des mauvais raisonnements dans la vie civile. En général Arnauld, l'auteur des *Éléments de géométrie*, a plutôt en vue dans la méthode, la démonstration et la déduction que l'induction et la généralisation, qui cependant n'importent pas moins pour l'exactitude du jugement et la justesse d'esprit. Il est fâcheux que sur ce point les auteurs de la *Logique de Port-Royal* ne se soient pas plus inspirés du *Novum Organum*. A part cette lacune et quelques exemples vieillis, l'*Art de penser*, ce supplément, comme dit le P. Poisson, à la logique de Descartes (1), est encore aujourd'hui, comme au temps de Rollin, un des livres les plus propres « à donner aux jeunes gens de l'estime et du goût pour la philosophie (2). »

Elles y sont exposées plus utilement par l'application qu'on y fait des règles à diverses choses dont l'occasion se présente fréquemment, soit dans l'usage des sciences ou dans le commerce de la vie civile; au lieu que les logiques ordinaires ne faisaient presque nulle application des règles à des choses qui intéressent le commun des honnêtes gens. Beaucoup d'exemples qu'on y apporte sont bien choisis, ce qui sert à exciter l'attention de l'esprit et à conserver le souvenir des règles. On y a mis en œuvre beaucoup de pensées de Descartes en faveur de ceux qui ne les auraient pas aisément ramassées dans ce philosophe. »

(1) *Remarques sur le Discours de la méthode*, avis au lecteur.
(2) *Traité des études*, liv. VII, art. 2.

CHAPITRE XII

Bossuet philosophe. — Ses ouvrages philosophiques. — Nicolas Cornet son maître en théologie et en philosophie au collége de Navarre. — Ce que Bossuet a retenu de ce premier enseignement. — Bossuet cartésien. — Réserve et restrictions à l'endroit du cartésianisme. — Il s'entoure de cartésiens pour l'éducation du dauphin. — Mécontentement contre Huet à l'occasion de la *Censure*. — Doutes au sujet de l'étendue essentielle. — Son jugement sur les explications eucharistiques des cartésiens. — Ses rapports avec Malebranche. — Vains efforts pour le ramener à son sentiment sur la grâce. — Mauvais succès d'une conférence avec Malebranche. — Seconde conférence refusée par Malebranche. — Encouragements donnés à Arnauld et à Fénelon pour la réfutation du *Traité de la nature et de la grâce*. — Attaques indirectes. — Prévisions et alarmes au sujet d'une grande lutte de la raison et de la foi. — Lettre au marquis d'Allemans, disciple de Malebranche. — Raccommodement avec Malebranche à l'occasion du *Traité de l'amour de Dieu*.

Comme Arnauld, Bossuet a défendu Descartes et combattu Malebranche. La philosophie n'est pas sans doute la plus grande gloire de Bossuet, et elle n'a pas été la grande affaire de sa vie. Lui-même, il a si peu prétendu à la renommée philosophique qu'il n'a rien publié de tout ce qu'il a écrit sur la philosophie proprement dite (1). Cepen-

(1) Le *Traité du libre arbitre* a été imprimé en 1710. Le *Traité de la connaissance de Dieu et de soi-même* se trouva dans les papiers de Fénelon, auquel Bossuet l'avait confié pour l'éducation du duc de Bourgogne. Il fut publié pour la première fois, en 1722, sous le titre d'*Introduction à la philosophie*, qui est celui que lui donne Bossuet, dans sa lettre au pape, sur l'éducation du Dauphin. Ni l'auteur du privilége ni l'éditeur n'ont l'air de se douter que Bossuet en est l'auteur, et quelques-uns même l'attribuèrent à Fénelon. Le *Journal de Trévoux*, avril 1723, en donne une analyse sans nommer l'auteur et lui reproche de tomber dans les erreurs

dant, s'il n'a pas une grande originalité philosophique, il se recommande par l'admirable bon sens avec lequel il ne prend de chaque doctrine, et en particulier de Descartes, que ce qu'il y a de plus sain et de moins contestable, et par le caractère propre de clarté, de force et d'éloquence dont il marque tout ce qu'il emprunte. D'ailleurs, montrer Bossuet philosophe, et presque cartésien n'est pas sans importance pour l'honneur de la philosophie et de Descartes, au risque d'achever de le perdre dans l'esprit de ceux qui déjà ne lui pardonnent pas d'avoir admiré des poëmes et des temples païens, l'*Iliade*, l'*Énéide* et le Parthénon.

Descartes et Nicolas Cornet, voilà, en philosophie, les deux maîtres de Bossuet. C'est sous la direction de Cornet, syndic de la Sorbonne, grand-maître du collége de Navarre, célèbre pour avoir dénoncé les cinq propositions de

de Malebranche. Cependant cet ouvrage était mentionné dans la liste des ouvrages posthumes de Bossuet pour lesquels un privilége avait été accordé à son neveu l'évêque de Troyes qui, sollicité d'en donner enfin une édition authentique, en fit paraître une en 1741, mais moins exacte que celle de 1722, car on y a modifié, d'après les progrès nouveaux de la science, la partie anatomique, et, ce qui est plus impardonnable, on s'est permis de toucher au style de Bossuet.

La *Logique* a été publiée pour la première fois par M. Floquet, en 1826, Baucé-Rusand, Paris. Elle se trouve dans une bonne édition des *Œuvres philosophiques* de Bossuet, publiée par M. de Lens, in-12, Paris, 1843. Enfin M. Nourrisson a publié, pour la première fois, dans son *Essai sur la philosophie de Bossuet*, des extraits faits par Bossuet lui-même, de la *Morale à Nicomaque* pour enseigner au Dauphin la morale d'Aristote, et un petit traité des causes. Ce traité, auquel Bossuet renvoie deux ou trois fois dans sa *Logique*, est une bonne analyse des quatre causes distinguées par Aristote, auxquelles Bossuet ajoute quelques pensées platoniciennes, sur la cause exemplaire, sur la cause première et la cause seconde. Parmi les pertes connues, nous signalerons celle d'un manuscrit sur une nouvelle explication du mystère de l'eucharistie, que nous avons cité d'après l'analyse et les extraits qu'en donne l'auteur de la préface des *Œuvres philosophiques* d'Arnauld. Quand ses amis le pressaient, dit l'abbé Le Dieu, de donner au public la *Connaissance de Dieu et de soi-même*, il répondait : « que c'étaient des choses dont il ne fallait pas seulement parler. Il n'y avait de grand dans son esprit que la défense de l'Église et de la religion. » (*Mémoires* de l'abbé Le Dieu, 4 vol. in-8, Paris, 1856, 1ᵉʳ vol. p. 154.)

Jansénius, que Bossuet acheva ses études de philosophie et de théologie (1). Il prononça sa première oraison funèbre, en 1663, en l'honneur « de ce docteur de l'ancienne marque, de l'ancienne simplicité, de l'ancienne probité. » Par l'éclatant témoignage de sa pieuse et vive reconnaissance, on peut juger de la part de ce maître si vénéré dans ses dernières études, et de l'influence qu'il dut exercer sur son esprit : « Et moi, si toutefois vous me permettez de dire un mot de moi-même, moi, dis-je, qui ai trouvé en ce personnage, avec tant d'autres rares qualités, un trésor inépuisable de sages conseils, de bonne foi, de sincérité, d'amitié constante et inviolable, puis-je lui refuser quelques fruits d'un esprit qu'il a cultivé avec une bonté paternelle dès sa première jeunesse, ou lui dénier quelque part dans mes discours, après qu'il en a été si souvent le censeur et l'arbitre ! » Dans la même oraison funèbre, Bossuet nous apprend encore que Cornet connaissait à fond les opinions de l'École et la doctrine de saint Thomas : « Il connaissait très-parfaitement et les confins et les bornes de toutes les opinions de l'École ; jusqu'où elles couraient, et jusqu'où elles commençaient à se séparer : surtout il avait grande connaissance de la doctrine de saint Augustin et de l'école de saint Thomas. » De cet enseignement, Bossuet a gardé une admiration pour Aristote, qui contraste avec l'injuste mépris de la plupart des autres cartésiens. Dans sa *Logique*, dans la *Connaissance de Dieu et de soi-même*, nous trouverons plus d'une trace excellente du péripatétisme, comme aussi dans le *Traité du libre arbitre*, nous reconnaîtrons l'influence du thomisme de Cornet, par la préférence qu'il donne à la prémotion phy-

---

(1) *Histoire de Bossuet*, par le cardinal Bausset, 1er livre. Bossuet avait fait ses premières études à Dijon, au collége de Godrans, chez les jésuites ; il vint à Paris à dix-sept ans, pour les achever au collége de Navarre. (Voir un *Mémoire sur la Philosophie de Bossuet*, par M. Nourrisson, — comptes rendus de l'Académie des Sciences morales et politiques, avril et mai 1862. Voir aussi les *Études sur la vie de Bossuet*, par M. Floquet, 3 vol. in-8.)

sique sur tous les autres systèmes, imaginés pour concilier le libre arbitre avec la dépendance absolue de la créature à l'égard de Dieu. En outre du thomisme qu'on lui avait enseigné au collège de Navarre, Bossuet s'était nourri de la lecture de saint Augustin, qui le prépara, de même qu'Arnauld, à bien accueillir Descartes.

Nous ignorons quand Bossuet commença à connaître et à goûter la philosophie de Descartes. Mais l'époque de sa vie pendant laquelle il s'en est le plus occupé, est celle de l'éducation du Dauphin, pour lequel il composa la *Logique* et le *Traité de la connaissance de Dieu et de soi-même*. A Versailles, il était le centre et le chef d'une petite réunion littéraire et philosophique où dominaient les cartésiens, tels que Cordemoy, La Bruyère, Fénelon, Pellisson, l'abbé Fleury. On discutait presque tous les jours sur divers sujets de théologie et de philosophie, dans une allée du parc de Versailles, à laquelle, en souvenir de ces doctes promenades, la cour donna le nom d'Allée des philosophes (1).

D'après le témoignage de l'abbé Le Dieu, qui a été son secrétaire pendant les vingt dernières années de sa vie, Bossuet mettait le *Discours de la méthode* au-dessus de tous les ouvrages de Descartes et de tous ceux de son siècle. L'abbé Genest, dans la préface de sa *Philosophie en vers de Descartes* raconte qu'il s'est trouvé, pour ainsi dire, à l'école de feu M. de Meaux qui a approuvé ses principes ou les a rectifiés par ses conseils. C'est Bossuet qui fit nommer

---

(1) « Il ne parut jamais à la Cour, dans les promenades publiques, qu'il ne fût environné de l'élite du clergé. C'était un bel exemple, surtout à Versailles, où cette troupe se faisait remarquer davantage dans le petit parc, dans l'allée, qu'ils avaient nommée des Philosophes, dans l'île royale et ailleurs. Ce vieillard, vénérable par ses cheveux blancs, dont le mérite et la dignité, joints à tant de bonté et de douceur, lui attiraient les respects des petits et des grands, dès qu'il se montrait, marchait à la tête, résolvant les difficultés qui se proposaient sur la sainte Écriture, expliquant un dogme, traitant un point d'histoire, une question de philosophie. »
(*Mémoires de l'abbé Le Dieu*, 1er vol., p. 137.)

l'excellent cartésien Cordemoy lecteur ordinaire du Dauphin, c'est lui qui, en même temps, retenait le cartésien Pourchot dans l'enseignement public, à cause du bien qu'il en espérait. Ainsi il aimait, il encourageait le cartésianisme et les cartésiens. Le fruit que l'Église pouvait en espérer pour établir dans l'esprit des philosophes la divinité et l'immortalité de l'âme, voilà pour Bossuet, comme pour Arnauld et pour les grands théologiens cartésiens, la principale cause d'attachement à la philosophie nouvelle.

Mais si Bossuet est cartésien, on comprend qu'il ne le sera qu'avec la circonspection que commande sa position officielle pour une doctrine proscrite par des arrêts du Conseil du roi, sous la réserve de son bon sens, à l'égard de certains paradoxes cartésiens, et plus encore sous la réserve de l'orthodoxie, par rapport à tous les points qui, directement ou indirectement, paraissaient pouvoir porter quelque atteinte à la foi. Il est assez singulier de voir l'éducation du Dauphin confiée à des cartésiens, alors que le cartésianisme était proscrit de l'enseignement par un arrêt du Conseil du roi. Huet lui-même, qui n'écrivit la *Censure* que dix-neuf ans plus tard, était encore cartésien, quand il fut choisi pour venir en aide à Bossuet (1). Mais il arrive souvent à Bossuet de dissimuler ses

---

(1) Cette contradiction est ironiquement relevée dans une pièce de vers qui se trouve dans la *Relation fidèle de ce qui s'est passé dans l'université d'Angers au sujet de la philosophie de Descartes et en exécution des ordres du Roi*. L'auteur fait prédire à Descartes le triomphe de sa doctrine.

> ... « Louis
> M'en donne aujourd'hui sa parole,
> Puisqu'il veut, grâce à Bossuet,
> Grâce à l'incomparable Huet,
> Que ce soit moi qui par leur bouche
> Donne tous les jours quelque touche,
> Pour de son fils faire un portrait
> Qui nous montre un prince parfait...

Si donc Louis paraît le chasser avec colère, c'est qu'il ne veut pas, pédantesques cohortes, que cette lumière qui doit éclairer son fils se

doctrines cartésiennes sous les noms et l'autorité de David, de Socrate, de saint Paul, de saint Augustin, ou de saint Thomas, comme on le voit surtout dans sa lettre au pape sur l'éducation du Dauphin (1).

Quelle que fût sa réserve philosophique il ne put cependant supporter en silence l'apostasie cartésienne de Huet. Huet nous apprend lui-même qu'il y avait eu entre eux, à ce sujet, de vives quoique amicales discussions. Quand plus tard il publia la *Censure*, il crut devoir, comme souvenir de leur ancienne liaison, en envoyer un exemplaire à Bossuet, en y joignant une lettre dans laquelle il exprimait la crainte qu'un présent, tellement contraire à ses sentiments, ne lui fût pas très-agréable, et en même temps l'espérance que cette diversité d'opinions ne troublerait pas l'union de leurs cœurs. Dans une réponse, qui n'est pas exempte d'aigreur, Bossuet, sans entrer dans aucune explication, se borne à dire qu'il a quelque peine de se voir attribuer de l'attachement pour le cartésianisme par quelqu'un qui le juge si contraire à la foi. Huet, dans une nouvelle lettre, s'empressa de protester, qu'en le rangeant parmi les cartésiens, il n'avait pas plus pensé porter atteinte à l'intégrité de sa foi, qu'à celle de saint Thomas et d'autres Pères de l'Église, en disant qu'ils sont péripatéticiens, ou platoniciens (2).

Mais, d'ailleurs, le bon sens de Bossuet ne saurait s'ac-

---

profane chez vous. » (Voir l'*Introduction des Œuvres philosophiques de Bossuet*, par M. de Lens.)

(1) Partisan de la liberté philosophique en tout ce qui ne touche pas la foi, il blâme l'intervention de l'État dans des questions de pure philosophie, comme on en peut juger par le passage suivant de la lettre au Pape : « Pour celles (les choses qui ne regardent que la philosophie), qui ne sont que d'opinion et dont on dispute, nous nous sommes contenté de les lui rapporter historiquement, jugeant qu'il était de sa dignité d'écouter les deux parties et d'en protéger également les défenseurs, sans entrer dans leurs querelles, parce que celui qui est né pour le commandement doit apprendre à juger et non à disputer. »

(2) *Commentarius de rebus ad eum pertinentibus*, p. 388, in-12. Amst., 1718.

commoder, sans quelques restrictions, de certaines opinions cartésiennes. Quoiqu'il avoue ne concevoir la dépendance mutuelle de deux substances, aussi opposées que l'âme et le corps, que par un miracle perpétuel de Dieu, cependant il ne veut pas qu'on dise que la volonté ne peut remuer le corps, et que nous nous trompons, quand nous croyons faire quelque action en nous remuant, ou en pensant que notre volonté a quelque action réelle sur le corps et produit du mouvement : « On le pourra dire sans difficulté, car tout le langage humain appelle cause ce qui, étant une fois posé, on voit suivre aussitôt un certain effet (1). » Pour prouver l'existence des corps, il lui semble inutile de recourir à la foi, ou même à l'argument de la véracité divine. « S'il y a des corps dans l'univers, c'est chose de fait dont nous sommes avertis par nos sens comme des autres faits (2). » Les cartésiens qui se plaisent à répéter que la chaleur n'est pas dans le feu, ni la froideur dans la glace, ni l'amertume dans l'absinthe, parlent suivant lui, fort impertinemment, parce qu'il faut bien qu'il y ait quelque chose en ces objets qui produise en nous ces sentiments, quoique ces mots n'expliquent pas ce qu'est ce quelque chose (3). Pour se mettre à l'abri du reproche de trop séparer l'âme du corps et de les faire indépendants l'un de l'autre, il définit leur union : « un tout naturel qui constitue l'homme. » S'il pense avec Platon et Malebranche que nous voyons en Dieu les vérités éternelles, il se garde de toute hypothèse sur la manière dont nous les voyons, et il se retranche à tenir le fond sans prétendre expliquer le comment. Enfin il hésite à se prononcer en faveur de l'automatisme des bêtes, auquel il semble préférer l'opinion commune, qui est aussi celle de l'École.

De même que le bon sens, la foi lui impose des restrictions et des réserves à l'égard de quelques points suspects

---

(1) *Traité du libre arbitre*, chap. xi.
(2) *De la connaissance de Dieu et de soi-même*, chap. iii.
(3) *Logique*, 1re partie, chap. x.

aux théologiens, tels que l'étendue essentielle, à cause des difficultés eucharistiques, l'infinité du monde, l'impossibilité de la création et de la destruction des substances qui paraissent en être des conséquences. Toutefois, même en ce point délicat, Bossuet n'abandonne pas Descartes, mais il cherche à l'interpréter et même à le modifier de manière à le mettre à l'abri des objections des théologiens. Les cartésiens, selon Bossuet, en définissant le corps par la substance étendue, ne prétendent le définir que par rapport à nos idées naturelles, à nos usages et au cours ordinaire des choses, ce qui n'empêche pas de supposer que, dans le corps, il y ait quelque chose de plus profond et de plus intime, de plus foncier, que Dieu y ait mis et que nous ne connaissions pas. En disant que le corps est l'étendue et l'esprit la pensée, les cartésiens les définissent l'un et l'autre par leur acte, et non par leur essence, mais ce n'est pas à dire pour cela qu'ils constituent l'essence dans l'acte même (1). Il écrit à Leibniz : « que toutes les fois qu'il entreprendra de prouver que l'essence des corps n'est pas dans l'étendue actuelle, non plus que celle de l'âme dans la pensée, il se déclare hautement pour lui (2). » On voit qu'il inclinait à placer cette essence, comme Leibniz lui-même, dans une force qui est le principe et le support de l'étendue. Pellisson, probablement

---

(1) Voir, dans la Préface historique et critique des *Œuvres philosophiques* d'Arnauld (tome XXXVIII des *Œuvres*), des extraits d'un manuscrit de Bossuet sur l'examen d'une nouvelle explication de l'eucharistie. Cette nouvelle explication est celle de Desgabets, tirée des Lettres de Descartes *au P. Mesland*. Ce manuscrit, qui eût été d'un grand intérêt pour la Théologie et pour l'Histoire de la philosophie cartésienne, est malheureusement perdu, ou du moins n'a jamais été publié. Voici ce qu'en dit l'abbé Le Dieu : « Il a même fait exprès un écrit particulier pour prouver l'orthodoxie de Descartes sur le mystère de l'eucharistie et pour réfuter la nouvelle manière d'expliquer la présence réelle du corps et du sang de Notre-Seigneur en ce sacrement, proposée par les disciples de ce philosophe comme conforme à ses principes. » (*Mémoires*, 1er vol., p. 148.)

(2) De la tolérance des religions, *Lettres de M. Leibniz et Réponses de M. Pellisson*, in-12. Paris, 1591. Cette lettre est datée du 23 octobre 1691.

d'après les entretiens de Bossuet, adhérait aussi à la doctrine de Leibniz sur ce point important : « Notre imagination est accoutumée à concevoir l'être, même dans les choses les plus insensibles, avec je ne sais quoi qui le soutient, qui le défend et qui lui donne une puissante inclination à s'étendre ; comme on voit clairement qu'une goutte d'eau, si elle pouvait s'étendre, inonderait toute la terre, et que la moindre étincelle de feu, si elle ne trouvait point d'obstacle, embraserait tout l'univers. Ainsi, Monsieur, je ne puis que louer votre pensée, etc. » — Avec cette interprétation, dont la doctrine cartésienne lui paraît susceptible, Bossuet persiste à croire qu'il ne faut pas condamner les sentiments de Descartes sur l'essence des corps comme plus embarrassants, ou moins propres que ceux de l'École à expliquer le mystère de la transsubstantiation.

Mais s'il refuse de se joindre à ceux qui accusaient le cartésianisme d'incompatibilité avec le concile de Trente, il condamne sévèrement toutes ces prétendues démonstrations cartésiennes de l'eucharistie, imaginées ou divulguées par de téméraires disciples de Descartes. Dans sa sollicitude pour les intérêts de la foi, et pour ceux de la philosophie cartésienne, il s'inquiète d'apprendre que deux lettres de Descartes au P. Mesland, contenant une nouvelle explication de l'eucharistie, sont entre les mains de Pourchot. Aussitôt il en demande une copie : « M. Descartes, écrit-il à Pourchot, a toujours craint d'être noté par l'Église, et on lui voit prendre sur cela des précautions dont quelques-unes allaient jusqu'à l'excès. Quoique ses amis pussent désavouer pour lui une pièce qu'il n'aurait pas donnée lui-même, ses ennemis en tireraient des avantages qu'il ne faut pas leur donner. »

Après les avoir lues, voici le jugement qu'il en porte : « Vous pouvez dans l'occasion bien assurer votre ami qu'elles ne passeront jamais et qu'elles se trouveront directement opposées à la doctrine catholique. M. Descartes, qui ne voulait pas être censuré, a bien senti qu'il fallait les supprimer. Si ses disciples les impriment, ils seraient une occasion de donner atteinte à la réputation de leur maître. Il y a charité à les en empêcher. Pour moi, je tiens pour suspect tout ce qu'il n'a pas donné lui-même, et dans ce qu'il a imprimé, je voudrais qu'il eût retranché quelques points pour être entièrement irrépréhensible par rapport à la foi, car pour le pur philosophique, j'en fais bon marché (1). » Toutefois il croit qu'il est de l'intérêt de la vérité et de la justice de distinguer cette explication de celle que Descartes a exposée lui-même dans ses écrits publics, où il se donne beaucoup de peine à expliquer, d'après sa philosophie, la conservation des espèces du pain, la substance du pain étant ôtée : « On voit donc qu'il agissait, dans tout ce discours, suivant la commune présupposition des catholiques. Si dans quelque écrit particulier il a proposé ou hasardé quelque autre chose, je ne m'en informe pas, et il me suffit d'avoir montré dans un écrit qu'il a publié, et que lui-même il appelle le plus sérieux de tous, c'est-à-dire dans les *Méditations métaphysiques* et dans leur suite, qu'il a toujours supposé, avec tous les autres catholiques, l'absence réelle du pain et la présence aussi réelle du vrai corps de Jésus-Christ, au lieu que cette opinion élude, comme on l'a vu, l'une et l'autre (2). » Ces efforts pour justifier Descartes, ces appréhensions et ces conseils nous montrent bien l'attachement sincère de Bossuet à la philosophie nouvelle.

Directement ou indirectement il fait la guerre à ceux qui la compromettent en abusant du nom et des principes de Descartes. Il excite François Lamy à publier sa réfutation de Spinoza, pour laquelle il lui promet tous ses services (3). Il ne s'alarme pas moins des témérités théologiques et philosophiques de Malebranche, et, après l'avoir personnellement conjuré de renoncer à son sentiment sur

---

(1) *Lettre* à M. Pastel en 1701, édit. Lefèvre, t. XI, p. 254.
(2) Manuscrit sur l'examen d'une nouvelle explication de l'Eucharistie, cité dans la préface des *Œuvres philosophiques d'Arnauld*.
(3) Édit. Lefèvre, t. XI, lettres 145, 146, 147, en 1688.

la grâce, il met à Fénelon la plume à la main pour le réfuter. C'est en effet à l'instigation de Bossuet que Fénelon composa sa *Réfutation du système de Malebranche sur la nature et la grâce*. En même temps, dans une lettre à l'évêque de Castorie, il presse Arnauld de commencer, sans plus tarder, la lutte contre le système de la grâce. Il applaudit au livre *des Idées*, parce qu'en découvrant les paralogismes de l'auteur sur ce point, il a préparé les voies contre le système sur la nature et la grâce, mais il désire vivement que cette réfutation paraisse le plus tôt possible, car il n'a pu lire sans horreur ce qu'il avance sur la grâce et principalement sur Jésus-Christ, considéré comme cause occasionnelle de la distribution de la grâce (1). Arnauld, par l'intermédiaire de l'évêque de Castorie, M. de Néercassel, s'empresse d'assurer Bossuet qu'il est prêt à faire paraître cette réfutation : *Præsertim cum tu hoc postules et cum ipse pro sua erga te veneratione, nihil tibi possit denegare* (2).

Voici quelques détails nouveaux, empruntés au manuscrit du P. André, sur les rapports de Bossuet et de Malebranche. Aussitôt après la publication du *Traité de la nature et de la grâce*, Bossuet voulut conférer avec l'auteur pour essayer de le ramener à la doctrine de saint Thomas sur la grâce, la seule catholique, suivant lui. Dans

---

(1) « Accepi librum cui est titulus *De veris et falsis ideis*. Quo libro gaudeo vehementissime confutatum auctorem eum qui *Tractatum de natura et gratia*, gallico idiomate, me quidem maxime reluctante, publicare non cessat. Hujus ego auctoris detectos paralogismos de ideis aliisque rebus huic argumento conjunctis, eo magis lætor quod ea viam parent ad evertendum omni falsitate repletum librum *De natura et gratia*... Atque equidem opto quam primum edi ac pervenire ad nos hujus tractatus promissam confutationem, neque tantum hujus partis quæ de gratia Christi, tam falsa, tam insana, tam nova, tam exitiosa dicuntur, sed vel maxime ejus qua de ipsa Christi persona, sanctæque ejus animæ Ecclesiæ suæ structuræ incumbentis scientia, tam indigna proferuntur; quæ mihi legenti horrori fuisse, isti etiam auctori candide, ut oportebat, declaratum a me est, atque omnino fateor enisum me esse omni ope ne tam infanda ederentur. » (1683.) Édit Lefèvre, t. XI, p. 82.

(2) Édit. Lefèvre, lettre 106.

cette conférence, racontée tout au long par le P. André, Malebranche se borne à écouter Bossuet, sans vouloir discuter avec lui, le sachant vif dans la dispute et craignant de lui manquer de respect. Pressé de s'expliquer, il proteste qu'il ne dira rien que par écrit et après y avoir bien pensé. « C'est-à-dire que vous voulez que j'écrive contre vous, dit Bossuet, il sera facile de vous satisfaire. — Vous me ferez beaucoup d'honneur, » répondit fièrement Malebranche ; après quoi on se sépara (1).

Cependant, plein de confiance dans l'ascendant de son caractère et de son génie, Bossuet voulut avoir encore une seconde conférence avec Malebranche. Celui-ci répondit par un refus dans les termes les plus fermes et les plus nobles : « Monseigneur, je ne puis me résoudre à entrer en conférence avec vous sur le sujet que vous savez. J'appréhende ou de manquer au respect que je vous dois ou de ne pas soutenir avec assez de fermeté des sentiments qui me paraissent, et à plusieurs autres, très-véritables et très-édifiants (2). »

C'est à peu près à cette époque, en 1687, que Bossuet écrivait à un disciple enthousiaste de Malebranche une lettre célèbre, si dure et si ironique à l'endroit de son maître, si pleine d'alarmes et de sombres prévisions sur l'avenir de l'Église. Il le conjure à plusieurs fois, au nom de la paix de l'Église, de lui procurer une entrevue avec son maître. « Tant qu'il n'écoutera que des flatteurs, ou des gens qui, faute d'avoir pénétré le fond de la théologie, n'auront que des adorations pour ses belles expressions, il n'y aura point de remèdes au mal que je prévois.... S'il veut du secret, je le lui promets ; s'il veut des témoins, j'y consens. » Il le raille au sujet de son engouement pour leur *patriarche :* « Tout vous plaît de cet homme, jusqu'à son explication de la manière dont Dieu est l'auteur de l'action du libre

---

(1) Si Bossuet n'écrivit pas contre Malebranche, il usa de son crédit pour faire saisir, à Paris et à Rouen, des exemplaires des *Méditations chrétiennes* et du *Traité de la nature et de la grâce.*

(2) *Correspondance inédite*, publiée par l'abbé Blampignon, p. 132.

arbitre, comme de tous les autres modes, quoique je ne me souvienne pas d'avoir lu aucun exemple du plus parfait galimatias.... Pour l'amour de votre maître, vous donnez tout au travers du beau dénoûment qu'il a trouvé aux miracles dans la volonté des anges, et vous n'en voulez pas même apercevoir tout le ridicule; enfin, vous recevez à bras ouverts toutes ses nouvelles inventions. C'est assez qu'il se vante d'avoir le premier pensé d'expliquer le déluge de Noé par la suite des causes naturelles, vous l'embrassez aussitôt. Quand il me plaira, par cette voie, je rendrai tout naturel, jusqu'à la résurrection des morts et à la guérison des aveugles-nés. »

Ces hardiesses de Malebranche lui paraissent l'indice d'un grand danger qui menace l'Église, à la suite de la liberté de juger, introduite par l'abus de la maxime cartésienne de l'évidence : « Je vois, non-seulement en ce point de la nature et de la grâce, mais en beaucoup d'autres articles très-importants de la religion, un grand combat se préparer contre l'Église, sous le nom de la philosophie cartésienne. Je vois naître de ses principes, à mon avis mal entendus, plus d'une hérésie; et je prévois que les conséquences qu'on en tire contre les dogmes que nos pères ont tenus, la vont rendre odieuse, et faire perdre à l'Église tout le fruit qu'elle en pouvait espérer, pour établir dans l'esprit des philosophes, la divinité et l'immortalité de l'âme. De ces mêmes principes mal entendus, un autre inconvénient terrible gagne sensiblement les esprits, car sous prétexte qu'il ne faut admettre que ce qu'on entend clairement (ce qui, réduit à certaines bornes, est très-véritable), chacun se donne la liberté de dire : J'entends ceci, et je n'entends pas cela; et sur ce seul fondement, on approuve ou on rejette tout ce qu'on veut, sans songer qu'outre nos idées claires et distinctes, il y en a de confuses et de générales, qui ne laissent pas de renfermer des vérités si essentielles, qu'on renverserait tout en les niant. Il s'introduit sous ce prétexte une liberté de juger qui fait que, sans égard à la tradition, on avance témérairement tout ce qu'on pense, et jamais cet excès n'a paru, à mon avis, davantage que dans le nouveau système, car j'y trouve à la fois les inconvénients de toutes les sectes, et particulièrement du pélagianisme (1). » Mais il faut bien remarquer avec quel soin Bossuet répète qu'il n'attribue ces conséquences pernicieuses qu'aux principes de Descartes mal entendus. Le disciple de Malebranche auquel il s'adresse avait cru pouvoir se servir du *Discours sur l'histoire universelle* pour autoriser la doctrine de la providence générale de son maître. De là de nouveaux reproches de Bossuet qui se plaint d'avoir été si mal compris. Nous savons aujourd'hui, grâce au P. Adry, que ce malebranchiste était un grand seigneur, le marquis d'Allemans, dévoué à la philosophie et aux lettres, et qui, jusqu'à sa mort, fut le disciple le plus fidèle, l'admirateur le plus enthousiaste et l'ami le plus intime de Malebranche (2). Pour défendre l'auteur du *Traité de la nature et de la grâce*, il avait en effet envoyé à Bossuet, avec lequel il était lié, un mémoire, où il prétendait justifier, par le *Discours sur l'histoire universelle*, la doctrine de la providence générale. Lui-même il parle de ce mémoire dans une lettre à Malebranche : « Je lui fais assez bien voir, dit un peu trop légèrement le noble marquis, qu'il n'a su ce qu'il dit dans son *Discours sur l'histoire universelle*, ou qu'il faut qu'il soit de votre sentiment (3). » Quelques années auparavant, Bossuet, dans l'oraison funèbre de Marie-Thérèse, avait lancé cette invective indirecte contre la providence générale de Malebranche : « Que je méprise ces philosophes qui, mesurant les con-

---

(1) Édit. Lefèvre, t. XI, p. 109.

(2) Malebranche, en compagnie du P. Salmon, avait passé un été dans son château aux environs de La Rochelle. L'abbé Blampignon a publié un certain nombre de lettres du marquis d'Allemans et de Malebranche. Saint-Simon raconte, dans ses *Mémoires*, qu'il fit connaissance de Malebranche chez le marquis d'Allemans. « Le goût des mêmes sciences, dit-il, l'avait fait intime de MM. d'Allemans père et fils, et c'était chez lui que j'étais devenu le leur. » (*Mémoires*, t. XI, p. 118, édit. Chéruel.)

(3) L'abbé Blampignon, *Correspondance inédite*, p. 89.

seils de Dieu à leurs pensées, ne le font auteur que d'un certain ordre général, d'où le reste se développe comme il peut (1) ! »

Néanmoins, comme le remarque l'auteur de la *Vie d'Arnauld*, les attaques de Bossuet contre Malebranche furent toujours indirectes, ou confidentielles et par lettres. Aucun évêque, aucune Faculté de théologie ne s'éleva publiquement contre la philosophie de Malebranche; Bossuet qui, comme on vient de le voir, l'avait censurée si fortement, en parlant à l'auteur lui-même, et dans quelques-unes de ses lettres, ne la combattit par aucun écrit public, et il ne voulut pas même consentir à ce que sa lettre à M. de Néercassel fût publiée. Peut-être eût-il craint de blesser l'archevêque de Paris, Harlay de Champvallon, et les jésuites, qui protégeaient alors Malebranche, à cause de la lutte où il était engagé contre Arnauld.

Cependant, sur la fin de sa vie, il se montra moins sévère à l'égard de Malebranche, quoique celui-ci n'ait jamais désavoué aucune de ses doctrines. Si même nous en croyons l'abbé Gosselin et le cardinal Bausset, il serait allé le trouver pour lui offrir son amitié (2). Dans la troisième édition de 1709, du *Recueil de ses réponses à Arnauld*, Malebranche a lui-même intercalé un passage à la *Réponse aux Réflexions*, où il fait allusion à cette réconciliation, et cherche à en tirer avantage pour sa doctrine. « Je crois pouvoir dire que ce prélat, si connu par son savoir et par son zèle pour défendre la pureté de la foi, a reconnu la solidité, ou du moins la catholicité de mon Traité, après l'avoir sérieusement examiné, ce que je sais certainement qu'il a fait; car, quoique j'aie eu l'honneur de le voir sou-

---

(1) Pour que Malebranche ne pût s'y tromper, raconte le P. André, il lui adressa un exemplaire de son discours. Malebranche, quoique profondément blessé, sut se contenir et ne s'humilia pas. Il alla même voir Bossuet et le remercia ironiquement de l'honneur qu'il lui avait fait en parlant de lui publiquement.

(2) *Histoire de Bossuet*, par le cardinal Bausset, revue par l'abbé Gosselin. Paris, 1850, 1ᵉʳ vol., p. 88.

vent, pendant plusieurs années, jusqu'à sa mort, et que je lui aie communiqué quelques ouvrages, avant que de les faire imprimer, il ne m'a jamais dit la moindre parole qui marquât quelque mécontentement de mon Traité. » Il est très-possible que Malebranche exagère la portée de cette réconciliation avec Bossuet, en l'interprétant comme un retour aux doctrines du *Traité de la nature et de la grâce*. Bossuet était mort et ne pouvait plus protester contre cette assertion. Il est plus probable que l'occasion de cette réconciliation, comme nous l'apprend le P. André, fut le *Traité de l'amour de Dieu*, où Malebranche prenait parti pour l'opinion de Bossuet, dans cette autre guerre, dont nous parlerons plus tard, contre Fénelon et le pur amour (1).

(1) Bossuet fut ravi d'avoir un second d'un si grand mérite dans sa lutte contre Fénelon. Il était déjà revenu de bien des préventions contre Malebranche; mais le *Traité de l'amour de Dieu*, dit le P. André, acheva de le convertir. « Sa conversion fut éclatante. Il alla le premier voir le P. Malebranche, lui offrit son amitié et lui demanda la sienne. Leur réconciliation ne put être cachée et leur fit d'autant plus d'honneur qu'elle fut sincère. Depuis ce temps-là, M. de Meaux et le P. Malebranche furent amis jusqu'à la familiarité. » (Manuscrit de la *Vie de Malebranche*.)

CHAPITRE XIII

Philosophie de Bossuet. — *Traité de la connaissance de Dieu et de soi-même.* — Ce que Bossuet emprunte à Descartes, et ce qu'il emprunte à saint Thomas. — De la raison et des vérités absolues. — Siége en Dieu des vérités éternelles. — Inspirations oratoires, images poétiques empruntées par Bossuet à cette doctrine métaphysique. — De l'éternité attribuée à toutes les idées dans sa *Logique.* — Excursion dans la philosophie de Platon. — Avant-goût de la vie bienheureuse dans ces hautes opérations intellectuelles. — *Traité du libre arbitre.* — Système de la prémotion physique. — De la correspondance, de la distinction et de l'union de l'âme et du corps. — Preuves physiques et métaphysiques de l'existence de Dieu. — *Élévations sur les mystères.* — Explication rationnelle de la Trinité. — Dieu créateur. — De la Providence à l'égard des sociétés humaines. — *Discours sur l'histoire universelle.* — Différence de la Providence de Bossuet et de celle de Malebranche. — Foi de Bossuet dans les lumières naturelles de la raison. — Période de la loi de nature. — Christianisme de nature.

Sur la plupart des points essentiels la philosophie de Bossuet est celle de Descartes, plus ou moins corrigée et amendée par des réminiscences de saint Thomas et de l'École. Comme Nicole, il y ajoute, d'après saint Augustin, la doctrine d'une raison divine éclairant tous les hommes et leur révélant à tous un certain nombre d'idées absolues et de vérités éternelles. Tous les ouvrages de Bossuet, même ceux de théologie, portent les traces de cette haute philosophie. Dans ses beaux commentaires des Écritures et des Pères de l'Église, il ne dédaigne pas de l'appeler au secours de la foi pour la démonstration des vérités fondamentales de la religion et de la morale chrétienne. Toute sa philosophie est contenue dans la *Connaissance de Dieu et de soi-même,* que nous commenterons avec la *Logique,* le *Traité du libre arbitre,* la partie métaphysique des *Élévations sur les mystères*, et quelques sermons.

Le titre seul de *Connaissance de Dieu et de soi-même* annonce un ouvrage cartésien. Loin qu'il vise à la profondeur et à l'originalité philosophique, Bossuet annonce, en commençant, qu'il veut écarter tout ce qui est pure opinion, matière à discussion des écoles, pour ne garder que ce qu'il y a de plus incontestable et du plus grand usage dans la vie : « Il ne s'agira pas ici de faire un long raisonnement sur ces choses, ni d'en rechercher les causes profondes, mais plutôt d'observer ce que chacun de nous en peut reconnaître, en faisant réflexion sur ce qui arrive tous les jours à lui-même, ou aux autres hommes semblables à lui. » Aussi ce traité est-il en même temps un excellent livre d'instruction philosophique pour la jeunesse, et un admirable résumé de ce qu'il y a de meilleur dans la philosophie de Descartes. Connaître Dieu et se connaître soi-même, voilà, selon Bossuet, toute la sagesse; et c'est par la connaissance de nous-mêmes que nous devons nous élever à Dieu.

Bossuet expose cette méthode dans sa belle lettre au Pape sur l'éducation du Dauphin : « La philosophie consiste principalement à rappeler l'esprit à soi-même pour s'élever ensuite, comme par degrés, jusqu'à Dieu. Pour devenir parfait philosophe, l'homme n'a pas besoin d'étudier autre chose que lui-même, et sans feuilleter tant de livres, sans faire tant de pénibles recueils de ce qu'ont dit les philosophes, ni aller chercher bien loin des expériences, en remarquant seulement ce qu'il trouve, il reconnaît par là l'auteur de son être.... Lorsque, le voyant plus avancé en âge, nous avons cru qu'il était temps de lui enseigner méthodiquement la philosophie, nous en avons formé le plan sur ce précepte de l'Évangile : Considérez-vous attentivement vous-mêmes; et sur cette parole de David : O Seigneur, j'ai tiré de moi une merveilleuse connaissance de ce que vous êtes. Appuyé sur ces deux passages, nous avons fait un *Traité de la connaissance de Dieu et de soi-même.* » Il est à croire que Bossuet a vu cela plus clairement dans

Descartes que dans David ; mais, dans une lettre au Pape, il évite de nommer un auteur mis à l'index de Rome.

L'âme, le corps, l'union de l'âme et du corps, Dieu considéré comme auteur de cette union, la différence de l'homme et de la bête, voilà les cinq grandes divisions de la *Connaissance de Dieu et de soi-même*. Les opérations de l'âme sont partagées en sensitives et intellectuelles. Les opérations sensitives sont les sensations, le plaisir et la douleur, les passions, le sens commun, par où il entend, comme l'École, un sens intérieur rapportant à un même objet les perceptions des divers sens et l'imagination. Bossuet qui admet, conformément à l'évidence du sentiment intérieur, l'action réciproque de l'âme et des objets, définit la sensation : « la première perception qui se fait dans notre âme à la présence des corps, ou la première touche de l'objet présent. » Quant aux passions, contrairement à Descartes, il exclut l'admiration et, avec saint Thomas (1), avant toutes les autres, il place l'amour comme leur source commune, comme la passion mère qui les enferme et qui les excite toutes sans exception. Otez l'amour, dit Bossuet, il n'y a plus de passion.

Il élève les opérations intellectuelles, dans lesquelles il comprend la volonté, bien au-dessus des sensitives. Ce qui distingue les premières des secondes c'est qu'elles ont, dit-il, pour objet quelque raison qui nous est connue. Les sens n'apportent à l'entendement que leurs propres sensations et lui laissent à juger des dispositions qu'ils marquent dans les objets. Seul, en effet, l'entendement juge de la grandeur, de la perspective, de l'ordre, des proportions, seul il connaît le vrai et le faux, seul il peut errer. Il n'y a pas d'erreur dans le sens qui fait toujours ce qu'il doit, dit Bossuet, d'après Aristote et saint Augustin (2), puisqu'il est fait pour opérer, non-seulement selon les dispositions des objets, mais aussi des organes. Quant à l'imagination, qui ne fait

---

(1) *Summa th.*, pars II, quæst. 25, art. 2.
(2) *Ibid.*, pars I, quæst. 17, art. 2.

que suivre les sens, il ne lui est pas donné de connaître la nature des choses et de discerner le vrai du faux, n'allant pas au delà de la représentation de leurs caractères extérieurs et de leurs différences individuelles, et ne s'appliquant qu'à ce qui est corporel. Si la raison corrompue ne s'élève au-dessus des sens et de l'imagination, elle ne mérite plus le nom de raison.

Bien juger, voilà en quoi consiste la perfection de l'entendement. La vraie règle de bien juger, selon Bossuet, comme selon Descartes, est de ne juger que quand on voit clair (1). La cause du mal juger est l'inconsidération dont il énumère toutes les causes diverses, au premier rang desquelles il met les passions. C'est à un vice de la volonté qu'il attribue la cause la plus ordinaire du mal juger. Comme Descartes et Malebranche, il ne sépare pas le perfectionnement intellectuel du perfectionnement moral. Nul ne se tromperait, s'il ne voulait des choses qui font qu'il se trompe, et qui l'empêchent de considérer la vérité sérieusement. « Mais l'entendement, purgé de ces vices et vraiment attentif à son objet, ne se trompera jamais, parce qu'alors ou il verra clair, et ce qu'il verra sera certain, ou il ne verra pas clair, et il tiendra pour certain qu'il doit douter jusqu'à ce que la lumière paraisse. »

Arrêtons-nous davantage à la doctrine de Bossuet, sur les idées absolues et la raison. Ici, nous allons le voir se rapprocher, grâce à saint Augustin, de Malebranche et soutenir la thèse, si vivement attaquée par Arnauld, dans la

---

(1) Il laisse de côté le doute méthodique que Fénelon développera avec tant de force et d'éloquence. Peut-être y fait-il une allusion critique dans ce passage de son sermon sur la vie future : « Ah! j'ai trouvé un remède pour me garantir de l'erreur. Je suspendrai mon esprit, et retenant en arrêt sa mobilité indiscrète et précipitée, je douterai, du moins, s'il ne m'est pas permis de connaître au vrai les choses. Mais, ô Dieu, quelle faiblesse et quelle misère! De crainte de tomber, je n'ose sortir de ma place et me remuer! Triste et misérable refuge contre l'erreur, d'être contraint de se plonger dans l'incertitude et de désespérer de la vérité! »

Dissertatio bipartita et dans les *Règles du bon sens*. Selon Bossuet, l'entendement n'a pour objet que des vérités éternelles. Les règles des proportions, par lesquelles nous mesurons toutes choses, sont éternelles et invariables. Telles sont les maximes, si clairement connues, que tout se fait dans l'univers par la proportion du plus grand au plus petit, du plus fort au plus faible. Tout ce qui se démontre en mathématiques, et en toute autre science que ce soit, est éternel et immuable. Il y a des règles invariables des mœurs, de même que des proportions et de la mesure des choses, il y a un ordre immuable de la justice. Toutes ces vérités sont absolues et indépendantes de l'intelligence humaine. N'y eût-il aucun autre homme au monde, le devoir essentiel de l'homme, dès qu'il est capable de raisonner, n'en serait pas moins de vivre selon la raison et de chercher son auteur.

Avec quel magnifique langage Bossuet ne célèbre-t-il pas l'universalité, le caractère absolu, l'indépendance de ces vérités ! « Toutes ces vérités et toutes celles que j'en déduis, par un raisonnement certain, subsistent indépendamment de tous les temps. En quelque temps que je mette un entendement humain, il les connaîtra, mais, en les connaissant, il les trouvera vérités, car ce ne sont pas nos connaissances qui font leur objet, elles les supposent. Ainsi, ces vérités subsistent devant tous les siècles, et devant qu'il y ait eu un entendement humain, et quand tout ce qui se fait par les règles des proportions, c'est-à-dire tout ce que je vois dans la nature, serait détruit, excepté moi, ces règles se conserveraient dans ma pensée, et je verrais clairement qu'elles seraient toujours bonnes et toujours véritables, quand moi-même je serais détruit, et quand il n'y aurait personne qui fût capable de comprendre (1). » Parmi ces vérités éternelles, qui sont l'objet naturel de l'entendement, celle à laquelle Bossuet donne le premier rang, celle en laquelle, suivant lui, toutes les au-

(1) Chap. IV, part. V.

tres se réunissent et subsistent, est celle d'un premier être qui entend tout avec certitude, qui fait tout ce qu'il veut, qui est lui-même sa règle, dont la volonté est notre loi, dont la vérité est notre vie.

Ces vérités éternelles et immuables sont donc, selon Bossuet, quelque chose de Dieu, ou plutôt elles sont Dieu même éternellement subsistant, éternellement véritable, éternellement la vérité même (1). Il faut bien qu'elles soient quelque part toujours subsistantes et parfaitement entendues, sinon rien de ce qui est ne serait, tout étant réglé par elles. De là, la nécessité de reconnaître une sagesse éternelle, où toute loi, tout ordre, toute proportion ait sa raison primitive, et en qui nous les voyons.

Dans la théologie de Bossuet, dans ses interprétations des mystères, dans ses sermons et ses oraisons funèbres, on retrouve cette même doctrine revêtue des plus belles images de l'Ecriture et de la poésie. Tantôt c'est une clarté qui brille au dedans de nous, tantôt une ressemblance divine, tantôt un rayon de la face de Dieu imprimé sur nos âmes. « Dans ce rayon nous découvrons, comme dans un globe de lumière, un agrément immortel dans l'honnêteté et la vertu ; c'est la première raison qui se montre à nous par son image, c'est la vérité elle-même qui nous parle (2). » Dans le même sermon, après un admirable tableau de l'empire de l'homme sur le monde par la science et par l'art, il s'écrie : « O homme, comment pourrais-tu faire remuer une machine si forte et si délicate, s'il n'y avait en toi-même, et dans quelques parties de ton être, quelques fécondes idées tirées de ces idées originelles, en un mot quelque ressemblance, quelque écoulement, quelque portion de cet esprit ouvrier qui a fait le monde ? » Quelle belle inspiration, et quelle grande image, empruntée à la même doctrine

---

(1) C'est pourquoi les jésuites, dans le *Journal de Trévoux* (avril 1723), reprochent à l'auteur de la *Connaissance de Dieu et de soi-même* de tomber dans les erreurs de Malebranche.

(2) *Sermon sur la mort.*

de Platon et de saint Augustin, dans l'oraison funèbre de Michel Letellier, à propos de l'amitié qui l'unissait à Lamoignon ! « Et maintenant ces deux âmes pieuses, touchées sur la terre du même désir de faire régner les lois, contemplent ensemble à découvert, dans leur source, les lois éternelles d'où les nôtres sont dérivées ; et si quelque légère trace de nos faibles distinctions paraît encore dans une si simple et si claire vision, elles adorent Dieu en qualité de justice et de règle. » Mais si Bossuet n'hésite pas à affirmer que la raison est Dieu même, et que nous voyons en Dieu les vérités absolues, il n'ose entreprendre de préciser, comme Malebranche, la manière dont nous les y voyons, et il se borne à dire, soit dans la *Connaissance de soi-même*, soit dans la *Logique*, que c'est d'une manière incompréhensible.

Dans la *Logique*, il donne à toutes les idées sans exception l'attribut de l'éternité. Aucune de nos idées, en effet, selon Bossuet, ne saisit précisément ce qui fait la différence numérique, ou individuelle, entre deux objets semblables, d'où il suit que toute idée est plus ou moins universelle, et que la vérité qu'elle regarde n'est pas une vérité particulière et contingente, mais une vérité générale et éternelle, c'est-à-dire les essences éternelles et absolues des choses, seul objet de la science (1).

A cette occasion, Bossuet fait une intéressante excursion dans la philosophie de Platon, qui paraît lui être aussi bien connue que celle d'Aristote et où, comme dans celle de Malebranche, il sait discerner la part de la vérité et celle des poétiques rêveries. Voilà pourquoi, dit-il, Platon nous rappelle sans cesse à ces idées où se voit, non ce qui se forme, non ce qui est, non ce qui s'engendre et se corrompt, mais ce qui subsiste éternellement. « C'est ce qui lui a fait dire que nos idées, images des idées divines, en étaient aussi immédiatement dérivées, et ne passaient point par les sens, qui servent bien à les réveiller, mais non à les

---

(1) *Logique*, 1ʳᵉ partie, chap. xxxvi et xxxvii.

former dans notre esprit. » Il emprunte aussi à Platon ce qu'il dit sur la cause exemplaire, dans le *Traité des causes*. « Ainsi que la fin ne peut être que dans une nature intelligente, de même le premier exemplaire ne peut être que dans un esprit... Le premier exemplaire sur lequel ont été faites toutes choses, est, si l'on peut ainsi parler, la pensée de Dieu et son idée éternelle... Le monde a été dressé sur ce premier original. Les animaux, les arbres, les plantes et les autres choses de même nature étant semblables entre elles, il paraît qu'elles ont toutes le même modèle, et qu'il y a un exemplaire commun sur lequel elles sont formées, qui est la pensée de Dieu. »

Mais il n'a garde de suivre Platon enseignant que les âmes naissent savantes et, qui pis est, suivant ses expressions, qu'elles ont vu dans une autre vie ce qu'elles semblent avoir appris en celle-ci. Il ne veut pas, dit-il, s'égarer avec lui dans ces siècles infinis où il met les âmes en des états si bizarres. Ainsi, tout en s'inspirant des grandes et éternelles vérités contenues dans l'idéalisme du Platon grec et du Platon français, il repousse, comme l'étendue intelligible, les hypothèses de la réminiscence et de la préexistence des âmes, s'en tenant à concevoir que Dieu, en nous créant, a mis en nous certaines idées primitives où luit la lumière de son éternelle vérité, et que ces idées se réveillent par les sens, par l'expérience et par l'instruction que nous recevons les uns des autres. D'ailleurs, ajoute-t-il encore : « Que cela soit ou ne soit pas ainsi, que les idées soient ou ne soient pas formées en nous dès notre origine, qu'elles soient engendrées, ou seulement réveillées par nos maîtres, et par les réflexions que nous faisons sur nos sensations, ce n'est pas ce que je demande ici, et il me suffit qu'on entende que les objets représentés par les idées sont des vérités éternelles subsistant immuablement en Dieu, comme en celui qui est la vérité même. »

Mais si toute idée a une essence éternelle pour objet, comment aurons-nous la connaissance contingente de l'existence actuelle des choses? Bossuet pense l'expliquer par l'assemblage de deux idées, l'une, celle de la chose en soi, et l'autre, celle de l'existence actuelle, par une distinction analogue à celle que fait Malebranche entre l'idée et le sentiment. Nous nous permettrons ici d'objecter à Bossuet, que cette dernière idée, à tout le moins, sera une idée contingente. Il n'aurait donc pas fallu dire que toute idée est éternelle, mais, ce qui n'est pas la même chose, qu'il y a quelque chose d'éternel dans toute idée. Sauf cette réserve, on ne peut qu'admirer, avec quelle sagesse et quelle mesure, Bossuet est platonicien et malebranchiste.

Dans ces hautes opérations intellectuelles, il découvre un principe et un exercice de vie éternellement heureuse. S'appuyant sur l'éternité de l'objet que l'entendement contemple, et sur la convenance qui doit exister entre les objets et les puissances, il en conclut que l'âme est immortelle. Née pour considérer ces vérités immuables, et Dieu où se réunit toute vérité, par là l'âme se trouve conforme à ce qui est éternel, et renferme, dit-il, manifestement le principe divin d'une vie immortelle. Demeurant unie à la vérité éternelle, elle est appelée à un bonheur éternel. Il se plaît à nous montrer une image, et un avant-goût sublime du bonheur de cette autre vie, dans le plaisir si vif et si pur que nous goûtons, quand quelque vérité illustre nous apparaît, et que, contemplant la nature, nous admirons la sagesse qui a tout fait dans un si bel ordre. Il apporte en témoignage Pythagore, Platon, Aristote, avec les saints : « Qui voit Pythagore ravi d'avoir trouvé les carrés des côtés d'un certain triangle avec le côté de sa base, sacrifier une hécatombe en actions de grâces; qui voit Archimède attentif à quelque découverte, en oublier le boire et le manger; qui voit Platon célébrer la félicité de ceux qui contemplent le beau et le bon, premièrement dans les arts, secondement dans la nature, et enfin dans leur source et dans leur principe, qui est Dieu; qui voit Aristote louer ces heureux moments où l'âme n'est possédée que de l'intelligence de la vérité, et juger une telle vie seule digne d'être éternelle et d'être la vie de Dieu; mais qui voit les saints tellement ravis de ce divin exercice, de connaître, d'aimer et de louer Dieu, qu'ils ne le quittent jamais, et qu'ils éteignent pour le continuer, durant tout le cours de leur vie, tous les désirs sensuels ; qui voit, dis-je, toutes ces choses, reconnaît dans les opérations intellectuelles un principe et un exercice de vie éternellement heureuse (2). »

Des opérations intellectuelles, passons maintenant, avec Bossuet, à celles de la volonté qu'il ne sépare pas de l'entendement. De même que l'entendement, la volonté est au-dessus des sens. Sa supériorité et son indépendance se reconnaissent par l'empire qu'elle exerce sur le corps. Vouloir, dit Bossuet, d'après saint Thomas, est une action par laquelle nous poursuivons le bien et fuyons le mal. Nous sommes déterminés à vouloir le bien en général; c'est dans le pouvoir d'arrêter sur tel ou tel bien particulier ce mouvement qui nous porte nécessairement vers le bien général, que Bossuet, comme Malebranche, fait consister le libre arbitre. Dans le *Traité du libre arbitre*, il traite ces deux questions : 1° y a-t-il, en effet, des choses qui soient tellement en notre pouvoir et en la liberté de notre choix que nous puissions les choisir ou ne pas les choisir? 2° la créature étant libre, Dieu la laissera-t-il aller où elle veut ?

Pour résoudre la première question, il invoque le témoignage de la conscience, l'irrésistible évidence du fait de notre liberté (3). Mais quand, au lieu de considérer la liberté dans l'homme lui-même, il la considère dans ses rapports avec la providence et la prescience de Dieu, il semble vouloir aller contre ce témoignage de la conscience. En effet, il juge contraire à l'idée même de Dieu

---

(1) Bossuet fait ici allusion à la belle théorie de la vie contemplative dans la *Morale à Nicomaque*.
(2) Conclusion du *Traité de la connaissance de Dieu et de soi-même*.
(3) 5ᵉ semaine, 3ᵉ élévation.

qu'il abandonne la créature à elle-même et la laisse aller où elle veut. Ne pas comprendre les créatures libres dans l'ordre de sa providence, c'est lui ôter la conduite de ce qu'il y a de plus excellent dans l'univers. On ne sauve pas la souveraineté de Dieu en disant qu'il a lui-même voulu cette indépendance de la liberté humaine, car il est de la nature de la souveraineté absolue que rien de ce qui est ne lui soit soustrait. L'être créé doit en dépendre, non pas seulement quant à la substance, mais quant au mode. Dieu doit créer non-seulement la liberté en puissance, mais en acte, sinon il ne serait pour rien, ni dans l'arrangement du monde, ni dans l'ordre des choses humaines. C'est ici qu'on reconnaît l'influence du thomisme de Nicolas Cornet, laquelle sans doute a été fortifiée dans Bossuet, comme dans le P. Boursier, par certains principes de la métaphysique cartésienne qui tendent à ôter l'action aux créatures, et favorisent ainsi la prémotion physique. Il tient néanmoins pour également évident, que nous sommes libres, et que notre liberté est comprise dans les décrets de la divine Providence qui a des moyens certains pour la conduire à ses fins.

Quelque opposées que paraissent ces deux vérités, Bossuet croit qu'on peut cependant chercher à les concilier, pourvu qu'on soit résolu à ne laisser perdre aucune d'elles, quel que soit le résultat de cette recherche. Il passe donc en revue les divers moyens de conciliation proposés par la philosophie ou par la théologie. D'abord il combat ceux qui placent dans le volontaire l'essence de la liberté, et croient tourner la difficulté par cette subtilité, que les décrets de Dieu ne nous ôtant pas le vouloir, ne nous ôtent pas la liberté. Il n'approuve pas davantage les systèmes de la science moyenne ou conditionnée, de la contempération, de la délectation victorieuse auxquels il reproche de laisser quelque chose à l'homme, tandis que Dieu n'y fait que circonvenir, attirer, solliciter la volonté, mais ne l'opère pas, et ne frappe pas le dernier coup.

Le système qui ne laisse rien à l'homme, pour tout donner à Dieu, la prémotion ou la prédétermination physique, voilà celui que Bossuet préfère à tous les autres, parce qu'il se persuade que Dieu, cause immédiate de notre liberté, la doit produire aussi, dans son dernier acte, et faire en nous l'agir de même que le pouvoir agir. Mais, suivant les partisans de ce système, et selon Bossuet, notre action n'en demeure pas moins libre *à priori*, parce que Dieu veut qu'elle soit libre. Il est absurde de dire que l'exercice de notre liberté n'est pas, à cause que Dieu veut qu'il soit, il faut dire au contraire qu'il est, à cause que Dieu, qui est tout-puissant, veut qu'il soit. Mais, quoi que dise Bossuet, on ne comprend pas que la toute-puissance de Dieu aille jusqu'à cette contradiction de faire qu'un acte dépende de nous, lorsqu'il ne dépend que de lui, et que nous soyons pour quelque chose, là où il est pour tout. Heureusement Bossuet a la sagesse de ne pas subordonner le fait de la liberté au succès de cette prétendue conciliation : « Rien ne peut nous faire douter de ces deux importantes vérités parce qu'elles sont établies l'une et l'autre par des raisons que nous ne pouvons contredire, car quiconque connaît Dieu ne peut douter que sa providence aussi bien que sa prescience ne s'étende à tout, et quiconque fera un peu de réflexion sur lui-même connaîtra sa liberté avec une telle évidence que rien ne pourra obscurcir l'idée et le sentiment qu'il en a, et on verra clairement que deux choses, qui sont établies sur des raisons si nécessaires, ne peuvent se détruire l'une l'autre, car la vérité ne détruit pas la vérité, et quoiqu'il se pût bien faire que nous ne sussions pas le moyen d'accorder ces choses, ce que nous ne connaîtrions pas dans une matière si haute ne devrait pas affaiblir ce que nous en connaissons si certainement. »

Après avoir considéré l'âme, Bossuet considère le corps, dans un chapitre qui est un excellent résumé de la physiologie cartésienne. Comme Descartes, il exclut de l'âme toute action vitale, tout principe vital, et même toute propriété spéciale de la matière organisée ; comme Descartes, il a la prétention de tout expliquer dans le corps humain, naissance, mort, santé, maladie, par un pur mécanisme. Il n'adopte pas cependant toutes les hypothèses de la philosophie cartésienne. Ainsi il met l'âme dans le cerveau, d'où elle préside à tout, sans prétendre décider si en effet elle a pour organe particulier cette partie du cerveau qu'on appelle la glande pinéale.

L'âme et le corps ayant été étudiés isolément, il les considère ensuite dans leur union et leur dépendance réciproques. Nous avons déjà dit que Bossuet rejette les causes occasionnelles, et que, moyennant un miracle perpétuel de Dieu, il admet une réciprocité d'action entre ces deux substances si opposées. D'abord il nous montre l'âme dépendante du corps dans sa partie sensitive, et il explique les mouvements corporels auxquels les sensations, les passions, l'imagination sont attachées. Il nous fait admirer la correspondance entre le corps et l'âme, les sensations qui répondent à l'ébranlement des nerfs, les imaginations aux impressions du cerveau, et les désirs ou les aversions, à ce branle secret, que reçoit le corps dans les passions, pour s'approcher ou s'éloigner de certains objets.

Après avoir démontré ce qui dans l'âme suit les mouvements du corps, il montre ce qui dans le corps suit les pensées de l'âme. C'est ici, dit-il, le bel endroit de l'homme. Dans les opérations intellectuelles, non-seulement l'âme est libre, mais elle commande. L'intelligence dépend sans doute indirectement du corps, mais précisément et en elle-même, elle n'y est pas attachée comme les sens, sans jamais pouvoir s'élever au-dessus, ce qui la condamnerait nécessairement à l'erreur. De même en est-il de la volonté, dont Bossuet montre le prompt et admirable commandement sur toutes les parties du corps, et en conséquence sur le cerveau, dont elles dépendent (1).

(1) Bossuet avait étudié l'anatomie pour l'enseigner lui-même au Dauphin. « Il s'imposa la tâche, dit le cardinal Maury, de faire lui-même un cours d'anatomie pour l'apprendre ensuite à son élève. On le vit fréquenter assidûment, durant une partie de ses soirées d'hiver, l'amphithéâtre du célèbre Nicolas Sténon, Danois d'origine et le plus habile dé-

On voit donc la parfaite société de l'âme et du corps ; on voit que dans cette société la partie principale de l'âme est aussi celle qui précède, et que le corps lui est soumis comme un instrument.

Aussi approuve-t-il Platon de définir l'homme, une âme se servant d'un corps, et de distinguer l'âme du corps comme la main de l'instrument qu'elle manie. Toutefois entre le corps, organe de l'âme, et les instruments humains, il y a une différence essentielle qui n'échappe pas à Bossuet. Rien n'arrive à notre corps que l'âme elle-même ne le sente. Elle ne le gouverne pas comme une chose étrangère, mais comme une chose naturelle et intimement unie. Ainsi est-il toujours attentif à ne donner dans aucun excès, et s'il excelle à montrer la distinction de l'âme et du corps, la part de l'un et de l'autre dans la volonté, la sensation et les passions, il ne montre pas moins bien ce qui les rapproche, ce qui les unit pour en faire, suivant son expression, un tout naturel qui est l'homme véritable. Il définit donc l'âme : une substance intelligente née pour vivre dans un corps et lui être intimement unie (1).

Nous n'avons pas à revenir ici sur le sentiment de Bossuet (2) touchant la différence de l'homme et de la bête. Élevons-nous donc avec lui de l'homme à Dieu créateur de l'âme et du corps et auteur de leur vie. De même que Nicole et Fénelon, il n'a garde de dédaigner l'ar-

monstrateur de ce genre qu'il y eût alors à Paris. Ce grand homme apprit bientôt l'anatomie avec assez de soin pour pouvoir en renfermer un cours dans 32 pages que les gens du métier regardent encore aujourd'hui comme un manuel élémentaire exact et suffisant pour l'instruction des lecteurs étrangers à leur profession. Ce traité d'anatomie, où l'organisation du corps humain est expliquée avec beaucoup de justesse et de clarté, se trouve dans le 10° volume in-4° des *OEuvres de Bossuet*, et forme le second chapitre de son *Traité de la connaissance de Dieu et de soi-même*. »
(*Essai sur l'Éloquence*, note au chap. xxxix.)

(1) C'est à peu près la définition de saint Augustin : *substantia quædam rationis particeps regendo corpori accommodata.* (*De quantitate animæ*).
(2) 1er vol., chap. vii.

gument des causes finales. Partout où l'ordre se montre à nous, il reconnaît une fin expresse et par suite une intelligence. Or, l'ordre est visible dans toute la nature, mais particulièrement dans l'homme : « ouvrage d'un grand dessein et qui n'a pu être conçu et exécuté que par une sagesse profonde. » Il le prouve par l'harmonie des facultés de l'âme, de l'âme et du corps, et par l'artifice des organes. Jamais anatomiste ou physiologiste ne sut mieux faire ressortir ce merveilleux artifice, jamais surtout écrivain ne sut plus admirablement l'exprimer et le décrire.

Mais s'il ne dédaigne pas les preuves physiques, il place bien au-dessus, cependant, avec tous les cartésiens, les preuves métaphysiques. Toutes les vérités éternelles sont pour lui autant de démonstrations de l'existence de Dieu, parce que toutes supposent nécessairement un sujet en qui elles soient toujours entendues et éternellement subsistantes, un sujet qui est Dieu lui-même, d'où nous vient l'impression de la vérité. Il donne quelques développements particuliers à la preuve du *Discours de la Méthode* tirée de l'idée de la souveraine perfection. Dès lors, dit-il, que notre âme se sent capable d'entendre, d'affirmer et de nier, et que d'ailleurs elle ignore beaucoup de choses, elle voit, à la vérité, qu'elle a en elle un bon principe, mais aussi qu'il est imparfait, et qu'il y a une sagesse plus haute à laquelle elle doit son être. En effet, le parfait est plutôt que l'imparfait, et l'imparfait le suppose comme le moins suppose le plus, dont il est la diminution. Ainsi nous connaissons par notre propre imperfection qu'il y a une perfection infinie.

Il reprend et développe cette même preuve avec une sorte de lyrisme, dans les *Élévations sur les mystères*, où il unit souvent la métaphysique à la théologie : « Pourquoi l'imparfait serait-il et le parfait ne serait-il pas ? c'est-à-dire, pourquoi ce qui tient plus du néant serait-il, et ce qui n'en tient rien du tout ne serait-il pas ? Qu'appelle-t-on parfait ? Un être à qui rien ne manque.

Qu'appelle-t-on imparfait ? Un être à qui quelque chose manque. » Voici comment il réfute ceux qui dans la perfection infinie ne veulent voir qu'une ampliation par notre esprit de la perfection finie ? « On dit, le parfait n'est pas, le parfait n'est qu'une idée de notre esprit qui va s'élevant de l'imparfait, qu'on voit de ses yeux, jusqu'à une perfection qui n'a de réalité que dans la pensée. C'est le raisonnement que l'impie voudrait faire dans son cœur insensé, qui ne songe pas que le parfait est le premier, et en soi et dans nos idées; et l'imparfait, en toutes façons, n'est qu'une dégradation. Dis-moi, mon âme, comment entends-tu le néant, sinon par l'être ? Comment entends-tu la privation, si ce n'est par la forme dont elle prive? Comment l'imperfection, sinon par la perfection dont elle déchoit..... Il y a une perfection avant qu'il y ait un défaut; avant tout déréglement il faut qu'il y ait une chose qui est elle-même sa règle, et qui, ne pouvant se quitter soi-même, ne peut non plus ni faillir ni défaillir. Voilà un être parfait, voilà Dieu, nature parfaite et heureuse (1). »

Si nous entrons plus avant dans les *Élévations* (2), nous y rencontrons toute une doctrine sur l'être et les attributs de Dieu, qui n'appartient sans doute pas en propre à Bossuet, et qu'on retrouve, soit dans saint Augustin, soit dans Descartes et Malebranche, mais qu'il fait sienne par la sublimité du langage. C'est d'abord un admirable commentaire de cette parole de l'Écriture, *Je suis celui qui suis*. Dieu est l'être par excellence, en lui le non-être n'a

---

(1) Première semaine, 1re et 2e élévation.

(2) Les jésuites, dans leur *Journal de Trévoux*, attaquèrent les *Élévations* comme ils avaient attaqué la *Connaissance de Dieu et de soi-même*, mais d'une manière indirecte, en suspectant leur authenticité. Le neveu de Bossuet, l'évêque de Troyes, fit attester par un arrêt du Parlement l'authenticité du manuscrit, écrit tout entier de la main de Bossuet, et publia en réponse à leurs attaques : *Instruction pastorale au sujet des calomnies avancées dans le Journal de Trévoux du mois de juin 1731 contre les Élévations à Dieu*, 2 vol. in-12, 1733. Cette discussion est entièrement théologique.

pas de lieu, par conséquent il est toujours le même, immuable, éternel. « La mutation et le temps, dont la nature est de changer toujours, n'approchent pas de ce sein auguste, et la même perfection, la même plénitude d'être qui en exclut le néant, en exclut toute nature changeante. En Dieu tout est permanent, tout est immuable, rien ne s'écoule dans son être, rien n'y arrive de nouveau, et ce qu'il est un seul moment, si on peut parler de moment en Dieu, il l'est toujours (1). » Puis il montre que, de la plénitude de son être, découlent et son éternelle béatitude et son unité : « Écoute, Israël, écoute dans ton fond, n'écoute pas à l'endroit où se forgent les fantômes, écoute à l'endroit où la vérité se fait entendre, où se recueillent les pures et les simples idées. Écoute là, Israël, et là, dans ce secret de ton cœur où la vérité se fait entendre, là retentira sans bruit cette parole : Le Seigneur notre Dieu est un seul seigneur (2). »

Bossuet ne dédaigne pas, mais avec bien plus de réserve que Malebranche, d'appeler la philosophie et la raison à l'appui des mystères. Il propose, d'après saint Augustin, une explication rationnelle du mystère de la Trinité, où il s'efforce de nous faire comprendre, par le spectacle d'une trinité défectueuse et imparfaite que nous découvrons au dedans de nous, comment la trinité se concilie avec l'unité de Dieu. En effet n'apercevons-nous pas trois choses au dedans de notre âme, d'abord l'être produisant la connaissance, puis la connaissance produite, puis enfin l'amour qui naît de l'être et de la connaissance, lesquels rentrent dans l'unité de notre être ? Dans le chapitre de l'*Histoire universelle* sur Jésus-Christ et sa doctrine, il essaye de donner une explication du mystère de l'incarnation tirée de la nature humaine et de l'union de l'âme avec le corps.

De Dieu en lui-même il passe à Dieu créateur. Si Dieu se détermine à créer, ce n'est par aucune nécessité, ni par aucun

---

(1) Deuxième semaine, 2ᵉ élévation.
(2) Première semaine, 4ᵉ élévation.

besoin de sa nature. Que le monde soit ou ne soit pas, rien n'est ajouté ni retranché à sa grandeur et à son bonheur. « Je suis celui qui suis, c'est assez que je sois. Oui, Seigneur, tout le reste vous est inutile et ne peut faire aucune partie de votre grandeur, vous n'êtes pas plus grand avec tout le monde, avec mille millions de mondes que vous l'êtes seul. Quand vous avez fait le monde, c'est par bonté et non par besoin (1). » Ce n'est pas avec moins d'éloquence que Bossuet revendique pour Dieu l'attribut de créateur contre ceux qui le réduisent au rôle d'ordonnateur de la matière. Dieu n'est pas un simple faiseur de formes et de figures au sein d'une matière préexistante, il n'a pas fait l'accident sans faire la substance, il a créé à la fois la matière et la forme. Il est, dit-il, infiniment au-dessus de cette cause première et de ce premier moteur que les philosophes anciens ont connu sans toutefois l'adorer. « Ceux d'entre eux qui ont été le plus loin, nous ont proposé un Dieu qui, trouvant une matière éternelle et existante par elle-même, aussi bien que lui, l'a mise en œuvre et l'a façonnée comme un artisan vulgaire, contraint dans son ouvrage par cette matière... Mais le Dieu de nos pères, le Dieu d'Abraham, le Dieu dont Moïse nous a écrit les merveilles, n'a pas seulement arrangé le monde, il l'a fait tout entier dans sa matière et dans sa forme (2). »

Il n'a pas eu besoin d'un temps et d'un lieu préexistants pas plus que d'une matière préexistante pour créer le monde. « Le temps a commencé selon ce qu'il vous a plu, et vous en avez fait le commencement tel qu'il vous a plu, comme vous en avez fait la suite et la succession, que vous ne cessez de développer du centre immuable de votre éternité. Vous avez fait le lieu comme vous avez fait le temps. Pour vous, ô Dieu de gloire et de majesté, vous n'avez be-

---

(1) Nous retrouverons ces mêmes idées développées dans la critique, par Fénelon, de l'optimisme de Malebranche, critique à laquelle, comme nous l'avons déjà dit, Bossuet lui-même a mis la main.

(2) Commencement de la seconde partie du *Discours sur l'histoire universelle*.

soin d'aucun lieu. Qu'ajouterait à votre science, à votre puissance, à votre grandeur quelque espèce d'étendue locale que ce soit? Rien du tout. Vous êtes dans vos ouvrages par votre vertu qui les forme et les soutient, et votre vertu, c'est vous-même, c'est votre substance..... (1). »

Bossuet a considéré la Providence se manifestant par les causes finales, non-seulement dans l'ordre physique, mais aussi dans l'ordre des choses humaines. Non content d'affirmer que Dieu enferme dans ses décrets divins la conduite et la marche des événements humains, des empires et de l'humanité tout entière, il a voulu en donner la démonstration, et montrer en action toute la suite de sa providence, dans le *Discours sur l'Histoire universelle*. Mais l'unique cause finale en vue de laquelle il nous la fait voir agissant, c'est la préparation, l'établissement et le triomphe de son Église. Quels que soient les vices et les lacunes d'un plan si exclusif, l'honneur revient à Bossuet d'être un des pères de la philosophie de l'histoire, par cet essai d'une démonstration régulière du gouvernement providentiel de toute la suite des événements humains. Quoique se conformant à un plan général, la Providence de Bossuet n'est pas la Providence générale de Malebranche. En effet elle agit par des volontés particulières et non par des volontés générales. Bossuet était donc en droit de répondre au marquis d'Allemans invoquant le *Discours sur l'Histoire universelle* en faveur du *Traité de la nature et de la grâce*, qu'il ne l'avait pas compris. Arnauld, au contraire, pouvait très-bien opposer à Malebranche, dans ses *Réflexions théologiques et philosophiques*, l'autorité de Bossuet et la conclusion du *Discours sur l'Histoire universelle*.

Nous avons montré comment et dans quelle mesure Bossuet a été philosophe et cartésien. Dans l'ordre naturel, il n'est pas moins persuadé de la souveraineté de la raison et de la règle de l'évidence que Descartes lui-même. S'il est ennemi des nouveautés en théologie, il ne l'est pas en phi-

(1) Troisième semaine, 3ᵉ élévation.

losophie. « Autant, écrit-il à Leibniz, je suis ennemi des nouveautés qui ont rapport avec la foi, autant suis-je favorable, s'il est permis de l'avouer, à celles qui sont de pure philosophie, parce qu'en celles-là on peut et on doit profiter tous les jours, tant par le raisonnement que par l'expérience. » Loin qu'il prétende tout rapporter à l'Écriture et à la révélation, il enseigne que la lumière naturelle de la raison a précédé et, sur ce point même, il reprend Jurieu : « Un autre aurait dit que l'Écriture confirme et achève ce que la lumière naturelle avait commencé ; notre ministre aime mieux attribuer le commencement à l'Écriture et la perfection à la raison, comme si les Pères de l'Église n'avaient pas eu la raison (1). »

Dans son *Histoire universelle*, il admet une première période, période immense de la vie de l'humanité, jusqu'à Moïse et à la loi écrite, où les hommes n'avaient pour se gouverner que la raison naturelle et les traditions de leurs ancêtres, et où régnait la seule loi de la nature. Mais quoi de plus fort, dans la bouche de Bossuet, que cette expression de christianisme de la nature, dont il se sert pour signifier ces principes naturels de religion et de morale qui sont dans l'âme de tous les hommes, indépendamment de toute révélation? « Sitôt, dit-il, que nous sommes parvenus à l'usage de la raison, je ne sais quelle inspiration dont nous ne connaissons pas l'origine, nous apprend à réclamer Dieu dans toutes les nécessités de la vie... Et ce sentiment se remarque dans tous les peuples du monde, dans lesquels il est resté quelques traces d'humanité, à cause qu'il n'est pas tant étudié, qu'il est naturel, et qu'il naît en nos âmes, non pas tant par doctrine que par instinct, c'est une adoration que les païens mêmes rendent sans y penser au vrai Dieu; c'est le christianisme de la nature, ou, comme l'appelle Tertullien, le témoignage de l'âme naturellement chrétienne (2). » Qu'entend Bossuet par cette loi, par

---

(1) Sixième avertissement sur les *Lettres* de M. Jurieu.
(2) Premier sermon pour la fête de la Circoncision.

ce christianisme de nature, bien antérieurs à la loi et au christianisme révélés et qui, pendant tant de siècles, ont seuls présidé aux destinées de l'humanité, sinon cette raison ou cet ensemble de ces vérités, « qui subsistent devant tous les siècles et devant qu'il y ait eu un entendement. » Ainsi pensait de la raison, de la philosophie et de Descartes le dernier Père de l'Église, à la différence de la plupart de nos théologiens d'aujourd'hui.

CHAPITRE XIV

Fénelon philosophe et cartésien. — Défense de l'alliance de la religion et de la métaphysique. — Réserves à l'égard du cartésianisme. — Guerre à Malebranche. — *Réfutation du Système de la nature et de la grâce.* — Incompatibilité, selon Fénelon, entre la toute-puissance de Dieu et l'optimisme. — Point de meilleur au regard de Dieu. — Inconséquence de Fénelon au sujet de la liberté de Dieu. — Critique de la nécessité de l'incarnation. — La Providence de Malebranche en contradiction avec la Providence chrétienne. — Fénelon, partisan des causes occasionnelles, mais non de l'usage qu'en fait Malebranche par rapport à Dieu. — Sévérité de Fénelon contre le *Système de la grâce* de Malebranche. — Accusation de semi-pélagianisme. — Inconséquence de Fénelon au sujet de la grâce. — Lettre à dom Lamy contre le *Système de la grâce* de Malebranche. — *Traité de l'existence de Dieu.* — Comparaison entre Fénelon et Malebranche. — Histoire du *Traité de l'existence de Dieu.* — Dieu démontré par l'art de la nature. — Développement de l'argument des causes finales. — Dieu démontré par les merveilles de l'âme humaine. — Idée de l'infini, notions universelles et immuables. — Dieu objet immédiat de notre pensée. — Mélange de l'être infini et du néant dans toutes nos idées. — Ce que Fénelon emprunte et ce qu'il rejette de la vision en Dieu. — Divinité de la raison. — La doctrine de la raison dans le *Télémaque.*

Dans l'histoire de l'école dont Descartes est le chef, nous voyons se succéder les plus grands esprits du siècle de Louis XIV. Après Arnauld et Nicole, Bossuet, après Bossuet, Fénelon. Plus ou moins profondément divisés en théologie et en politique, Bossuet et Fénelon pensent de même en philosophie. Dans l'ordre purement philosophique, tous deux n'admettent que la souveraineté de la raison, ou l'irrésistible autorité de l'évidence. Fénelon se déclare soumis, comme une femmelette en religion, mais tout à fait indocile à l'autorité en philosophie. Tous deux croient à l'utilité de la métaphysique, soit pour éclaircir les mystères, soit pour établir les dogmes fondamentaux communs à la religion naturelle et à la religion révélée. Fénelon, persuadé de la nécessité d'une alliance de la métaphysique et de la religion, répond au cardinal de Noailles qui lui reproche de vouloir faire du christianisme une école de métaphysiciens : « Tous les chrétiens, il est vrai, ne peuvent pas être métaphysiciens, mais les principaux théologiens ont grand besoin de l'être. C'est par une sublime métaphysique que saint Augustin a remonté aux premiers principes des vérités de la religion contre les païens et les hérétiques. C'est par la sublimité de cette science qu'il s'est élevé au-dessus de la plupart des autres Pères, qui étaient d'ailleurs parfaitement instruits de l'Écriture et de la tradition. C'est par une haute métaphysique que saint Grégoire de Nazianze a mérité par excellence le nom de théologien. C'est par la métaphysique que saint Anselme et saint Thomas ont été dans les derniers siècles de si grandes lumières (1). »

Or, aucune autre métaphysique ne lui paraît plus vraie et plus utile à la religion que celle de Descartes lui a inspiré le *Traité de l'existence de Dieu*, comme à Bossuet le *Traité de la connaissance de Dieu et de soi-même*. Toutefois, de même que Bossuet, et pour les mêmes motifs, il évite de citer Descartes, lors même qu'il le suit et le commente. Ajoutons aussi qu'en plus d'un point, il s'écarte de ses principes. Ainsi, il déclare ne pas vouloir de son monde indéfini, qui lui paraît ne signifier rien que de ridicule, s'il ne signifie un infini réel. Dans la preuve de l'impossibilité du vide, il ne veut voir qu'un pur paralogisme où Descartes a suivi son imagination, au lieu de suivre les idées purement intellectuelles. « Il y a beaucoup d'autres choses sur lesquelles il n'est jamais venu aux dernières précisions. Je le dis d'autant

---

(1) *Histoire littéraire de Fénelon*, par M. l'abbé Gosselin, 1 vol. grand in-8. Paris, 1843, p. 238.

plus librement que je suis prévenu d'une haute estime pour l'esprit de ce philosophe (1). » Enfin, Fénelon hésite à se prononcer en faveur de l'automatisme. Dans la première partie du *Traité de l'existence de Dieu*, il se borne à montrer que l'instinct des bêtes, quelque hypothèse qu'on embrasse sur sa nature, n'en prouve pas moins l'intelligence infinie du Créateur. Dans un de ses *Dialogues des morts*, Aristote adresse des objections à Descartes contre l'automatisme, Descartes les réfute ; mais, pour toute conclusion, Aristote termine en disant, que la cause est bien embrouillée (2). En général il cherche à rabaisser, en l'honneur de saint Augustin, le génie métaphysique de Descartes (3).

Plus encore que Bossuet, Fénelon s'éloigne de la tendance empirique d'Arnauld, pour se rapprocher de l'idéalisme de saint Augustin ou de Malebranche. Il va plus avant dans la vision en Dieu et dans les causes occasionnelles, et il emprunte à la *Recherche de la vérité* et aux *Méditations chrétiennes* d'admirables développements sur la raison, sur l'idée de l'infini, sur l'être de Dieu et ses attributs métaphysiques. Mais voyons par où il s'éloigne de Malebranche, avant de montrer par où il s'en rapproche.

Malgré les tendances idéalistes qui le rapprochent davantage de Malebranche, Fénelon l'a combattu avec autant de vivacité qu'Arnauld au sujet de la providence et de la grâce, dans sa *Réfutation du Système de la nature et de la grâce* qu'il composa avec l'aide de Bossuet (4), et qui

---

(1) *Lettre 4, Sur la religion et la métaphysique.*

(2) Dialogue entre Aristote et Descartes.

(3) « On trouve dans saint Augustin un bien plus grand effort de génie que dans Descartes. Si un homme éclairé rassemblait toutes les vérités qu'il a répandues dans ses ouvrages, cet extrait fait avec choix serait très-supérieur aux *Méditations* de Descartes, quoique ces *Méditations* soient le plus grand effort d'esprit de ce philosophe. » (4ᵉ *Lettre sur la religion.*)

(4) Voici ce qu'en dit le cardinal Bausset, dans la *Vie de Fénelon*, t. I, p. 88, édition de 1850. Lorsqu'il composa la réfutation du P. Malebranche, il était jeune directeur de la maison des nouvelles converties, grand ami de Bossuet qu'il accompagnait souvent à sa maison de campagne de Ger-

a été publiée pour la première fois, seulement en 1820, dans l'édition de Versailles. On ignore l'époque précise à laquelle Fénelon conposa cet ouvrage, mais ce doit être nécessairement entre le commencement de la polémique d'Arnauld, à laquelle il fait allusion, et celui de la controverse sur le quiétisme qui troubla l'heureuse intimité de Fénelon et de Bossuet. On voit par la première phrase que Fénelon, comme Arnauld, avait d'abord goûté la *Recherche de la vérité*, qu'il y avait trouvé une grande connaissance des principes de la philosophie, et un amour sincère pour la religion. « Mais, ajoute-t-il, quand j'ai lu le *Traité de la nature et de la grâce*, l'estime que j'avais pour lui m'a persuadé qu'il s'était engagé insensiblement à former ce système sans envisager les conséquences qu'on en peut tirer contre les fondements de la foi. Ainsi, je crois qu'il est important de les lui montrer. »

Dans cette polémique, Fénelon n'est ni moins dur, ni moins sévère qu'Arnauld ; on est étonné de ne pas y trouver trace de cette douceur et de cette onction qui lui est habituelle. Faudrait-il l'attribuer à la collaboration de Bossuet ? Excès étonnants, erreurs monstrueuses, scandale à réparer par un désaveu public ; tels sont les termes qui trop souvent se rencontrent dans la polémique de Fénelon. Sa dialectique vive et pressante nous paraît supérieure, au moins en ce qui concerne l'optimisme, à celle d'Arnauld. Il est, d'ailleurs, remarquable avec quel soin il évite de paraître faire cause commune avec ce chef du jansénisme, quoiqu'il combatte le même adversaire, et souvent avec les mêmes armes. Dès le premier chapitre, il repousse un auxiliaire condamné par l'Église et par l'État, il proteste qu'il n'a jamais eu avec lui aucune liaison, qu'il n'a pas même lu ses livres : « Pour sa dispute avec Arnauld, je n'y entre point, ne connaissant

migny. Bossuet y mit la main. Le cardinal de Bausset affirme l'existence de l'original écrit de la main de Fénelon et corrigé par Bossuet. Cet original est perdu ; mais il en a une copie qui, sans doute, était destinée à l'impression et sur laquelle on distingue parfaitement les corrections de Bossuet.

pas celui-ci, n'ayant avec lui aucune liaison, ni directe ni indirecte, et n'ayant pas même lu les livres qu'il a faits contre l'auteur. » Plus loin il dira : « Je n'examine pas ce que M. Arnauld a pensé et écrit là-dessus, car il n'est pas question de lui, mais de la vérité (1). »

La liberté de Dieu assujettie à l'ordre, la simplicité des voies préférée à la perfection de l'ouvrage, les volontés particulières sacrifiées aux volontés générales, l'optimisme, le rôle de la liberté humaine et de Jésus-Christ dans la distribution de la grâce ; tels sont les principaux points du système attaqués par Fénelon. Tout d'abord il l'accuse de ruiner la liberté de Dieu en le soumettant invinciblement, dans tout ce qu'il fait, à l'ordre ou à la sagesse souveraine, comme à son essence même. S'il en est ainsi, comment pourra-t-on dire que Dieu a choisi entre les possibles, puisqu'il n'y a plus de possible que ce qui est, et que tout ce qui n'est pas est absolument impossible? Dieu a-t-il dû, en effet, par suite de sa nature mettre dans son ouvrage toutes les perfections possibles, il suit évidemment que, en dehors du plan qu'il a choisi, il ne peut plus rien et que la création est nécessaire et éternelle. Malebranche, il est vrai, prétend laisser à Dieu la liberté de créer ou de ne pas créer le monde. Mais si créer est plus parfait que ne créer pas, que devient cette liberté? Ne devra-t-il pas même le créer éternellement, si ce qui est éternel est plus parfait que ce qui est temporel? Voilà donc un Dieu soumis à la fatalité, un Dieu ne pouvant se passer du monde, son ouvrage. Fénelon a le tort de ne pas distinguer, comme le fera Leibniz, entre la nécessité métaphysique et la nécessité morale.

La toute-puissance de Dieu lui semble compromise de même que sa liberté. Comment pourra-t-il ajouter un degré quelconque de perfection à son ouvrage, si tout d'abord il a dû nécessairement le porter au plus haut degré possible de perfection? Qui donc a donné à un philosophe

(1) *Ibid.*, chap. xiv.

l'autorité de borner l'autorité de Dieu? Vainement Malebranche prétend-il, au nom de son grand principe de la simplicité des voies, l'empêcher d'ajouter à un de ses desseins les perfections qui sont dans les autres. Qu'on aille au fond de ces expressions mystérieuses, on trouve que simplicité ne signifie autre chose qu'une action si mesurée qu'elle ne fasse rien d'inutile, ce qui revient donc tout simplement à dire, que c'est chose inutile à Dieu d'augmenter la perfection de son ouvrage et qu'il n'y en met pas une plus grande, parce qu'il eût été inutile de l'y mettre.

D'ailleurs, Fénelon, comme Arnauld, ne manque pas de prendre avantage contre la simplicité des voies, de ce que Malebranche, en considération des miracles, n'a pas osé entièrement proscrire les volontés particulières. S'il en conserve quelques-unes, c'est qu'apparemment elles ne sont pas incompatibles avec la perfection souveraine de Dieu. Qu'il tâche donc d'expliquer comment il ne les a pas augmentées pour donner plus de perfection à son ouvrage, et de se tirer de ce dilemme : ou Dieu préfère la simplicité des voies à la perfection substantielle de son ouvrage, ou bien cette perfection à sa simplicité. Dans le premier cas, pourquoi quelques volontés particulières, et, dans le second, pourquoi ne multiplier pas ces sortes de volontés pour donner plus de perfection à son ouvrage?

Pour délivrer de toute entrave la liberté et la toute-puissance de Dieu, Fénelon soutient, d'après saint Augustin, que non-seulement Dieu ne fait pas le meilleur, mais que jamais il ne peut le faire, le meilleur n'existant pas au regard de son infinité. Imaginez une série continue de degrés finis de perfection, tous seront toujours également au-dessous de la perfection infinie, tous en étant toujours séparés par une distance infinie et par une égale disproportion. Donc aucun ne peut déterminer Dieu, pas plus le millième que le cinquantième, à le créer préférablement à un autre, donc Dieu demeure indifférent entre tous, quel que soit leur nombre, et quel que soit leur degré de perfection. Que Dieu monte aussi haut qu'il voudra dans l'échelle ascendante de ces degrés, le monde n'en sera toujours pas moins infiniment au-dessous de lui ; qu'il descende au contraire aussi bas qu'il lui plaira, le monde, par rapport à lui, sera toujours aussi bon, étant infiniment au-dessus du néant. La parfaite liberté de Dieu ne peut subsister que dans cette supériorité infinie qui lui rend tous les possibles indifférents (1).

Fénelon ira-t-il donc jusqu'à la liberté d'indifférence ? Écartera-t-il des conseils divins toute considération d'ordre et de sagesse, sous prétexte de l'affranchir de la fatalité ? Évidemment il hésite à sacrifier entièrement la sagesse de Dieu à l'idée fausse qu'il s'est faite de sa liberté, et il cherche à tenir un milieu impossible entre la liberté d'indifférence et la liberté assujettie à l'ordre. En effet, il ajoute : « Il est pourtant vrai que, dans ce choix pleinement libre où Dieu n'a d'autre raison de se déterminer que son bon plaisir, sa parfaite sagesse ne l'abandonne jamais. Pour être souverainement indépendant de tous les objets finis entre eux, il n'en est pas moins sage, il voit cette inégalité de tous les objets entre eux, il voit leur égalité par rapport à sa perfection infinie, il voit les rapports que chacun d'eux peut avoir à sa gloire, et toutes les raisons de le produire (2). »

N'est-ce pas, par une voie détournée, revenir à Malebranche ? Si les objets ont les uns par rapport aux autres une inégalité dont Dieu, dans sa sagesse, doit tenir compte, n'avons-nous pas retrouvé ce meilleur, dont Fénelon niait l'existence, et suivant lequel Dieu devra se déterminer, parce qu'en même temps que souverainement libre il est souverainement sage ? Pour achever de répondre à l'ob-

---

(1) Il développe aussi ce même argument dans les *Lettres sur la métaphysique et la religion*. (Lettre 4 sur l'idée de l'infini et la liberté de Dieu de créer ou ne créer pas.) Bossuet soutient la même doctrine dans le *Traité du libre arbitre*, et le P. Boursier dans l'*Action de Dieu sur les créatures*.

(2) *Réfutation*, chap. VIII.

jection spécieuse de Fénelon, il resterait à montrer que l'optimisme bien entendu, affranchi de toute limite dans le temps et dans l'espace, ne compromet nullement la toute-puissance de Dieu, en même temps qu'il sauve sa bonté et sa sagesse. Mais nous renvoyons cette discussion à la théodicée de Leibniz où elle trouvera mieux sa place.

Selon Malebranche, c'est l'union nécessaire d'une personne divine avec le monde, qui seule lui donne un prix infini, et ne limite pas la toute-puissance de Dieu, alors même que Dieu ne peut plus y ajouter un seul degré de perfection. Mais cette invention théologique ne trouve pas plus grâce devant Fénelon que devant Arnauld. Comme Arnauld, il oppose l'autorité de l'Écriture et des plus illustres théologiens, dont aucun ne s'est jamais avisé de dire que le monde eût été indigne de Dieu si Jésus-Christ n'y avait été compris. C'est faire le péché nécessaire à l'essence divine qui est l'ordre, puisque ni l'ordre n'aurait pu être sans l'incarnation, ni l'incarnation sans la chute. N'est-ce pas encore confondre le Verbe divin avec l'ouvrage de Dieu, en le faisant essentiellement inséparable du monde, et attribuer au monde, en vertu de cette union nécessaire, une perfection infinie que rien, même le péché, ne pourra plus diminuer ?

Dans Fénelon nous retrouvons aussi la plupart des arguments d'Arnauld contre la providence générale. Il accuse Malebranche de renverser les prières et les actions de grâces de l'Église et les principes de la piété chrétienne. Les volontés particulières, par lesquelles Dieu accommode à nos besoins les causes générales, voilà la providence que les hommes adorent et qu'enseigne la religion. C'est donc la ruiner que de la faire générale. Les volontés générales, au lieu de se proportionner aux besoins personnels, les sacrifient à l'uniformité générale de l'univers. A ceux qui souffrent, elles ôtent toute consolation, elles font un Dieu tout aussi insensible à nos maux qu'au changement des saisons. Un tel système est en contradiction avec toute l'Écriture. Il est vrai que Malebranche ne voit que des tropologies dans les passages qui lui sont contraires. Mais Fénelon, comme Arnauld, s'alarme des dangers d'un pareil système d'interprétation. Chacun, au gré de sa philosophie, ne verra dans l'Écriture que ce qu'il voudra, et par là on met l'Écriture dans la dépendance de la philosophie. « S'il dit que toute expression de l'Écriture qui ne convient pas à la philosophie doit passer pour tropologique, voilà l'autorité de la lettre des Écritures abattue. Il n'y a plus entre lui et les sociniens qu'une question de philosophie dans laquelle il aura un mauvais succès; car c'est à lui à leur montrer que la raison universelle, quand on l'interroge, enseigne la trinité et l'incarnation, ou, du moins, que ces mystères n'ont rien qui ne s'accommode clairement avec la raison et avec la philosophie (1). »

Quant aux causes occasionnelles, Fénelon déclare ne pas vouloir entrer dans la dispute d'Arnauld pour savoir si les créatures peuvent être de vraies causes ou seulement des causes occasionnelles. Mais on voit par le *Traité de l'existence de Dieu*, qu'il est en faveur des causes occasionnelles, et qu'il n'est pas moins attentif que Malebranche lui-même à dépouiller les créatures de toute activité. « L'être qui est dépendant dans le fond de son être ne peut être que dépendant dans toutes ses opérations. L'accessoire suit le principal. L'auteur du fond de l'être l'est donc aussi de toutes les modifications ou manières d'être des créatures. » Il rapporte à Dieu, comme cause immédiate, même les modifications de la volonté. « Cette modification la plus excellente de toutes sera-t-elle la seule que Dieu ne fera point dans son ouvrage et que l'ouvrage se donnera lui-même avec indépendance? Qui le peut penser (2)? » Mais si Fénelon est d'accord avec Malebranche pour ne considérer les créatures que comme causes occasionnelles, il blâme l'usage qu'il en fait par rapport à Dieu, et les consé-

---

(1) *Réfutation*, chap. XIX.
(2) *Traité de l'existence de Dieu*, 1re partie, art. 65.

quences qu'il en tire en faveur des volontés générales, dans l'ordre de la nature et dans celui de la grâce. En prouvant que les créatures sont des causes occasionnelles, non-seulement Malebranche, selon Fénelon, n'a rien prouvé en faveur de son système, mais il a établi un principe dont les conséquences se tournent contre lui.

Serait-il vrai, ce qui est scandaleux et insoutenable, que les anges sont causes occasionnelles de tous les miracles de l'Ancien Testament, il ne réussirait pas encore à épargner à Dieu toutes les volontés particulières. Dieu, il est vrai, dans ce système, n'aurait fait, par sa propre volonté, que créer la masse grossière et inanimée du monde et c'est par la volonté des anges qu'il aurait été déterminé à former les plantes, les animaux et l'homme lui-même. Mais pour achever d'exclure les volontés particulières, il faudrait donner aux anges une puissance sans bornes sur le reste des créatures, les rendre les maîtres non-seulement du cours de la nature, mais de sa formation, leur attribuer un pouvoir absolu sur le genre humain, sur la vie et la conduite de chaque individu ; il faudrait enfin assujettir Dieu sans réserve à toutes leurs volontés. Ce prétendu ordre inviolable n'aboutit donc qu'à lier les mains au Créateur, qu'à en faire une divinité indolente qui se contente de créer une masse inanimée, pour exécuter ensuite sans choix tout ce qu'il plaît aux anges. Fénelon à ce système oppose la Genèse qui montre Dieu créant le monde par des volontés particulières, et non par le seul fait des lois générales du mouvement. Enfin il lui oppose aussi, avec Arnauld, tous ces germes innombrables ou moules d'animaux et de plantes qui, de l'aveu même de Malebranche, ne peuvent être le produit des lois générales du mouvement. Si l'auteur est forcé d'admettre tant de volontés particulières, elles ne sont donc pas incompatibles avec l'ordre, et puisqu'il convient qu'avec quelques volontés particulières de plus, le monde serait plus parfait, il convient par là que l'ordre lui-même les exige. Loin donc de manifester la perfection infinie de

Dieu, les volontés générales et les causes occasionnelles la compromettent. En créant les causes occasionnelles, Dieu a dû se proposer pour fin de rendre son ouvrage plus parfait qu'il ne serait en ne le produisant que par ses volontés générales, sans causes occasionnelles. Il aurait donc eu besoin de suppléer à ce qui manquait du côté de sa volonté par celle des créatures. Quelle étonnante perfection dans les créatures, et quelle imperfection très-indigne de l'Être souverainement parfait !

Non-seulement les causes occasionnelles, si contraires à sa gloire, ne diminuent pas les volontés particulières, mais elles en augmentent singulièrement le nombre. Sans nul doute, Dieu ne les a établies que pour qu'elles fussent par leurs mouvements, leurs désirs, leurs volontés, l'occasion des desseins qu'il veut accomplir conformément à sa sagesse. Il a donc voulu toutes ces choses en particulier, d'où on voit qu'une infinité de volontés particulières est la conséquence nécessaire de la doctrine des causes occasionnelles. Comment les désirs des anges et les désirs de Jésus-Christ, en tant qu'homme, épargneront-ils à Dieu une seule volonté particulière, puisque c'est Dieu qui meut l'âme de Jésus-Christ et des anges ? Malebranche n'a-t-il donc pas vu que tout cela découlait du principe de la création continuée ?

La critique de Fénelon redouble de vivacité contre la doctrine sur la grâce. On ne s'étonne pas de le trouver aussi sévère qu'Arnauld lui-même contre la manière dont Malebranche explique que Dieu voulant sauver tous les hommes, tous ne sont pas sauvés, et contre ce rôle de cause occasionnelle de la distribution de la grâce qu'il assigne à Jésus-Christ. Mais comment se fait-il qu'il ne soit pas un peu plus indulgent pour cette faible part que Malebranche semble vouloir laisser à la liberté et aux mérites humains dans l'œuvre de notre perte ou de notre salut ? En effet, non-seulement Fénelon n'a pas été un des champions de la grâce efficace, mais même il a pris parti, sur la fin de sa vie, contre la prémotion physique de Bossuet, pour Molina et pour le congruisme qui réserve une part à la liberté humaine (1). Cependant il accuse ici Malebranche de renverser le mystère de la prédestination gratuite, et de tomber dans l'erreur du semi-pélagianisme. il s'indigne, comme s'il s'agissait de la plus monstrueuse et de la plus dangereuse des erreurs, qu'il ait osé dire, que l'homme ne mérite qu'en avançant librement et par soi-même vers le bien, et en surpassant par sa volonté le degré de délectation dont Dieu l'a prévenu. Mais, à meilleure raison, reproche-t-il à Malebranche de ne pouvoir concilier cette intervention du libre arbitre dans les effets de la grâce avec sa doctrine de l'inefficace des causes secondes.

Fénelon termine en exhortant Malebranche à rétracter ses erreurs : « Nous avons assez examiné ces principes qu'il avait crus si féconds en vérités et qui ne le sont qu'en erreurs monstrueuses. Je le conjure de lire cet ouvrage avec le même esprit qui me l'a fait écrire. S'il aime et s'il recherche la vérité, comme il l'a toujours témoigné, il craindra l'erreur et non la honte de s'être trompé, il entrera en défiance d'une doctrine nouvelle qui a soulevé tous les théologiens éclairés et ceux mêmes qui sont le plus exempts de préoccupation contre lui. » Une lettre au P. Lamy, en 1709, nous montre Fénelon persévérant dans son opposition aux idées de Malebranche sur la grâce : « Je ne connais rien du P. Malebranche sur cette matière que son système de la grâce ; mais, dans ce petit ouvrage, il ne justifie l'inefficacité de la volonté de Dieu pour le salut de tous les hommes que par une impuissance qui vient de la simplicité des voies de Dieu et des bornes

---

(1) Aussi le P. Tournemine et quelques autres théologiens ont-ils soutenu que Fénelon avait varié sur cette question, en se fondant sur des passages du *Traité de l'existence de Dieu* qui semblent autoriser la prémotion physique, par la force avec laquelle ils expriment que Dieu est la cause de toutes les modifications des créatures, et même de la volonté ; c'est plus tard, et dans sa lutte avec Bossuet, que Fénelon s'est prononcé en faveur du congruisme et contre la prémotion physique. (Voir l'*Histoire littéraire de Fénelon*, par l'abbé Gossolin, p. 337.)

du cerveau de Jésus-Christ. C'est ce qui est nouveau dans l'Église, éloigné de toute théologie et indigne de Dieu (1). »

Mais si, dans la *Réfutation*, Fénelon est un adversaire de Malebranche, on dirait qu'il en est un disciple dans le *Traité de l'existence de Dieu* où, selon le P. André, on trouve de quoi autoriser tout son système, surtout en philosophie. Comme il n'est pas question, dans le *Traité de l'existence de Dieu*, des doctrines de la providence et de la grâce qui sont l'unique objet de la *Réfutation*, les deux ouvrages néanmoins ne se contredisent pas. Ici nous trouvons, entre Fénelon et Malebranche, une double et remarquable analogie dans le langage et dans les doctrines. Chez l'un et chez l'autre, le cœur parle en même temps que la raison, l'imagination colore les idées les plus abstraites de la métaphysique, et d'ardentes aspirations vers l'infini, des élévations lyriques de l'âme à Dieu, se mêlent aux démonstrations sévères de la métaphysique.

D'après le témoignage de M. de Ramsay, les deux parties du *Traité de l'existence de Dieu* n'étaient que l'ébauche d'un grand ouvrage que Fénelon avait entrepris dans sa jeunesse et qu'il n'acheva pas (2). Dans la première partie

---

(1) *Œuvres de Fénelon*, édit. de Versailles, t. III, p. 362.

(2) *Histoire de Fénelon*, par le cardinal Bausset, t. III, livre VIII, p. 351. — La première partie du *Traité de l'existence de Dieu* parut seule du vivant de l'auteur et à son insu, par l'infidélité d'un copiste, en 1712, sous le titre de *Démonstration de l'existence de Dieu tirée de l'art de la nature*. Elle fut immédiatement traduite en anglais et en allemand et dans la plupart des langues de l'Europe, et presque aussitôt une seconde édition parut avec une préface du P. Tournemine. J'emprunte au manuscrit du P. André quelques détails nouveaux sur cette préface et sur l'affaire qui s'ensuivit entre Malebranche, Fénelon et les jésuites. Quand parut, dit-il, cette première partie du *Traité de l'existence de Dieu*, les jésuites furent fort embarrassés. Ils ne purent en effet s'aveugler au point de ne pas voir que Fénelon était dans les sentiments de Malebranche, auxquels ils faisaient si vivement la guerre dans le sein de la compagnie. Ils n'osaient attaquer ce prélat avec lequel ils étaient en une liaison très-étroite, et ils ne voulaient pas cependant qu'on pût se prévaloir de son autorité en faveur de Malebranche. La première édition étant épuisée,

du traité, il démontre Dieu par l'art qui se remarque dans la nature, en quoi il s'éloigne de la méthode de Descartes qui, tout au contraire, fonde sur la vérité de l'existence de Dieu, la certitude de l'existence du monde. Mais, tout en se servant de la preuve physique, Fénelon ne méconnaît ni l'excellence ni la supériorité de la preuve métaphysique. Il avertit, en commençant, qu'il la regarde comme le plus droit chemin qui conduise l'homme à Dieu, et même que seule elle est parfaite : « Que les hommes accoutumés aux premiers principes connaissent la divinité par son idée; c'est un moyen sûr pour arriver à la source de toute vérité. Mais plus ce chemin est droit et court, plus il est rude et inaccessible au commun des hommes qui dépendent de leur imagination. C'est une démonstration si simple qu'elle échappe par sa simplicité aux esprits incapables des opérations purement intellectuelles. Plus cette voie de trouver

---

ils chargèrent un de leurs pères les plus habiles, le P. Tournemine, de mettre une préface à la seconde pour corriger un peu le mauvais effet du livre. Dans cette préface, au lieu d'attaquer directement Fénelon, l'habile jésuite feint de le défendre contre les critiques d'autres adversaires, et, sous prétexte de le défendre, il ne manque pas d'attaquer les nouveaux philosophes. L'auteur s'est servi des principes de Descartes et de Malebranche pour démontrer l'existence de Dieu, et il n'a pas expressément réfuté Spinoza, voilà les prétendus griefs contre lesquels il s'agit de défendre Fénelon. Or, le P. Tournemine imagine de le justifier en disant qu'après avoir employé les preuves universellement admises, il a dû se servir d'arguments *ad hominem*, fondés sur les principes de ceux avec qui on dispute. Ce sont des démonstrations pour les malebranchistes et les cartésiens. « L'auteur n'a pas dû les oublier. Il a, dit-on, oublié les Spinozistes, etc. » Ainsi, il semblait mettre les malebranchistes au rang de ces impies auxquels il faut qu'on démontre Dieu ; Malebranche fut piqué au vif de cette préface, et chercha les moyens d'obtenir un désaveu de Fénelon. Le cardinal de Polignac, ami de Malebranche, se chargea de négocier cette affaire avec l'archevêque de Cambrai. Fénelon répondit au cardinal, qu'il désavouait cette préface, qu'il ne l'avait pas lue avant l'impression, que les preuves de l'existence de Dieu, puisées dans la *Recherche*, lui paraissaient bonnes, et qu'il ne s'en était servi que parce qu'il les croyait telles. Cette lettre en main, le cardinal alla voir le P. Letellier, et obtint de lui qu'il serait enjoint au P. Tournemine de faire une satisfaction publique à Malebranche dans le *Journal de Trévoux*. Cette satisfaction se trouve dans le *Journal de Trévoux*, avril 1713.

le premier être est parfaite, moins il y a d'esprits capables de la suivre. Mais il y a une autre voie moins parfaite, et qui est proportionnée aux hommes les plus médiocres. Les hommes les moins exercés au raisonnement et les plus attachés aux préjugés sensibles peuvent d'un seul regard découvrir celui qui se peint dans tous ses ouvrages. La puissance et la sagesse qu'il a marquées dans tout ce qu'il a fait, le font voir comme dans un miroir à ceux qui ne peuvent le contempler dans sa propre idée. C'est une philosophie sensible et populaire dont tout homme sans passion et sans préjugés est capable. »

Fénelon a développé avec la plus persuasive éloquence cette philosophie sensible et populaire. Il n'a pas la prétention de pénétrer dans aucune science; il ne parlera que de ce que tout le monde sait, de ce que tout le monde comprend, et il lui suffira du premier coup d'œil jeté sur la nature pour y montrer partout l'empreinte de Dieu. Nul mieux que lui n'a commenté cette parole de l'Écriture, les cieux racontent la gloire de Dieu. Mais bientôt, des merveilles de l'univers, il passe aux merveilles de l'âme humaine, et ici reparaît le disciple de Descartes. Quel incompréhensible mélange de faiblesse et de grandeur, selon Fénelon, nous présente l'esprit de l'homme! Il s'ignore profondément lui-même, il marche dans les ténèbres, il ne sait ni ce qu'il est, ni comment il est attaché à un corps, il ne sait avec certitude ni ce qu'il croit ni ce qu'il veut, il doute, il se trompe, et ce qu'il a de meilleur, c'est de le reconnaître. Mais ce même esprit, qui ignore à l'infini toutes les choses finies, et lui-même, connaît et voit sans cesse l'infini. Il le connaît, puisqu'il sait en affirmer tout ce qui lui convient, et en nier tout ce qui ne lui convient pas. Ce n'est même que dans l'infini qu'il connaît le fini, privation de l'infini, qu'on ne pourrait se représenter si on ne concevait l'infini même, comme on ne pourrait concevoir la maladie si on ne concevait la santé.

Outre l'idée de l'infini, l'homme a des notions universelles et immuables qui sont la règle de tous ses jugements, et porte encore d'autres traces de la Divinité. Ainsi ces vérités, qu'il est impossible d'être et de n'être pas, que le tout est plus grand que la partie, qu'il est plus estimable d'être sincère que trompeur, etc., sont de tous les temps, ou plutôt avant tous les temps. Que l'univers s'anéantisse, qu'il n'y ait plus d'esprit capable d'y penser, ces vérités n'en seraient pas moins constantes en elles-mêmes, comme les rayons du soleil n'en seraient pas moins véritables quand tous les hommes seraient aveugles. Que sont ces idées ou vérités universelles? En un sens elles sont moi-même, car elles sont ma raison, et ce qui leur est contraire l'est aussi à tout moi-même. Mais mon esprit est particulier, changeant, incertain, sujet à l'erreur, tandis que ces idées sont certaines et immuables. Mes idées ne sont donc pas moi, et je ne suis point mes idées, et elles ne seront pas non plus cette vile multitude d'êtres singuliers et changeants qui m'environnent, qui n'ont pas toujours été et ne seront pas toujours. « Qu'êtes-vous donc, s'écrie Fénelon, ô mes idées, qui êtes si près et si loin de moi, qui n'êtes ni moi ni ce qui m'environne, puisque ce qui m'environne et ce que j'appelle moi-même est si imparfait? »

La réponse est la même que dans Malebranche et Bossuet. Elles ont le caractère de la divinité, elles sont universelles et immuables comme Dieu, elles subsistent réellement; or si ce qui est changeant et passager existe véritablement, à plus forte raison ce qui ne peut changer et ce qui est nécessaire. « Il faut donc trouver dans la nature quelque chose d'existant et de réel qui soit mes idées, quelque chose qui soit au dedans de moi et qui ne soit point moi, qui me soit supérieur, qui soit en moi, lors même que je n'y pense pas; avec qui je croie être seul, comme si je n'étais qu'avec moi-même; enfin qui me soit plus présent et plus intime que mon propre fond. Ce je ne sais quoi si admirable, si familier et si inconnu, ne peut être que Dieu (1). » Dieu n'est pas seulement la cause

(1) 2ᵉ partie, chap. IV de la *Nature des idées*. Ce chapitre, de même

qui produit notre pensée, il en est encore l'objet immédiat. « Tout ce qui est vérité universelle et abstraite est une idée, tout ce qui est idée est Dieu même (1). »

Si nos idées sont néanmoins imparfaites et bornées, c'est que Dieu, quoique infini et possédant la plénitude de l'être, ne nous montre pas tous les degrés infinis d'être qui sont en lui, et ne nous les montre jamais que dans la mesure, ou suivant les degrés et les bornes de la communication qu'il en fait aux créatures; c'est que nous ne voyons l'infini que d'une manière finie, par rapport à ces bornes et à ces degrés suivant lesquels il se communique dans la création de ses ouvrages. Ainsi n'avons-nous qu'un petit nombre d'idées, et chacune est-elle restreinte à un certain degré d'être. Nous voyons, il est vrai, ce degré d'être d'une manière abstraite de tout individu changeant, et avec une universalité sans bornes, mais ce genre universel n'est pas le genre suprême, ce n'est qu'un degré fini d'être qui peut être communiqué à l'infini aux individus que Dieu voudrait produire dans ce degré. Nos idées sont donc, dit Fénelon, un mélange perpétuel de l'être infini de Dieu, qui est notre objet, et des bornes qu'il donne toujours essentiellement à des créatures. Voilà comment nos idées, quoique imparfaites, ne laissent pas d'être Dieu même, la vérité immuable qui se présente à nous à divers degrés, selon notre mesure bornée. Ainsi, non-seulement c'est en Dieu seul que nous voyons les objets généraux et immuables de nos idées, mais ces objets sont Dieu même, qui se découvre immédiatement à nous, sans espèce, sans image, sans autre lumière que lui-même.

Mais, selon Fénelon, qui évite l'erreur de Malebranche, il n'en est pas des individus, comme des vérités éternelles, ni du particulier et du contingent, comme du général et

---

que celui sur la *Science de Dieu*, ne se trouve pas dans l'édition de 1718 et a été publié seulement dans l'édition de 1731 par le marquis de Fénelon.

(1) *Nature des idées*, 2ᵉ partie, chap. iv.

de l'immuable. C'est en eux-mêmes, et non dans l'étendue intelligible, ou par des êtres représentatifs, que nous connaissons les individus. « Quand nous considérons une chose universelle, nécessaire et immuable, c'est l'être suprême que nous considérons immédiatement, puisqu'il n'y a que lui seul à qui toutes ces choses conviennent. Quand nous considérons quelque chose de particulier qui n'est ni vrai, ni intelligible, ni existant par soi, mais qui a une véritable et propre intelligibilité par communication, ce n'est plus l'être suprême que nous concevons, car il n'est ni singulier, ni produit, ni sujet au changement, c'est donc un être changeant et créé que nous apercevons en lui-même. »

Mais si nous ne voyons pas les individus en Dieu, nous ne les voyons cependant qu'à la condition d'une lumière et d'un secours de Dieu, qui seul rend présent à notre esprit tel être particulier, plutôt que tel autre, et adapte son intelligibilité à notre intelligence. Fénelon fait intervenir ici les causes occasionnelles et la création continuée. Ce ne sont pas les objets eux-mêmes qui peuvent déterminer notre intelligence à apercevoir l'un plutôt que l'autre, puisque tous sont également intelligibles. Ce n'est pas non plus notre intelligence qui peut s'y déterminer par elle-même, car étant continuellement créée, elle se trouve à chaque moment dans l'actuelle modification où Dieu la met par cette création actuelle. Dieu donc seul la modifie, et la détermine à un objet particulier de sa pensée, comme il détermine un corps à correspondre par sa dimension à certaine superficie plutôt qu'à une autre. « Si un corps était immense, il serait partout, n'aurait aucune borne, et, par conséquent, ne serait resserré dans aucune superficie. De même, si mon intelligence était infinie, elle atteindrait toute vérité intelligible et ne serait bornée à aucune en particulier. Ainsi le corps infini n'aurait aucun lieu, et l'esprit infini n'aurait aucun objet particulier de sa pensée. Mais comme je connais l'un et l'autre borné, il faut que Dieu crée à chaque moment l'un et l'autre dans des bornes précises; la borne de l'étendue, c'est le lieu. La borne de la pensée, c'est l'objet particulier. Ainsi, je conçois que c'est Dieu qui me rend les objets présents. » Si donc nous ne voyons pas tout en Dieu, c'est à la lumière de Dieu, et par Dieu, conclut Fénelon, que nous voyons tout ce que peut voir notre intelligence.

Cette lumière sans laquelle nous ne verrions rien, ces notions universelles qui sont la règle intérieure de tous nos jugements, qui nous inspirent à toute heure, qui nous redressent et nous corrigent, c'est ce que Fénelon, comme Malebranche, Nicole et Bossuet, nomme la raison. Pour en rendre plus sensibles la nature et les caractères, il emprunte à saint Augustin, et aussi à Malebranche, des couleurs et des images auxquelles il en ajoute d'autres, non moins brillantes et poétiques, que lui fournit sa propre imagination. Il compare la raison à un maître intérieur qui fait la même leçon, avec la même autorité, à tous les hommes de tous les temps et de tous les lieux, et malgré toutes les variations infinies qui existent entre eux, les enchaîne autour d'un centre immobile, et les unit par certaines règles invariables qui sont les premiers principes. Cette lumière divine qui éclaire tous les esprits ressemble au soleil sensible qui éclaire tous les yeux. Mais à la différence du soleil sensible, ce soleil de vérité « ne laisse aucune ombre, et il luit en même temps dans les deux hémisphères. Il brille autant sur nous la nuit que le jour..... Il ne se couche jamais et ne souffre aucun nuage que ceux qui sont formés par nos passions. »

Il y a deux raisons en nous, qu'il faut bien se garder de confondre, l'une qui est nous-mêmes, l'autre qui est au-dessus de nous, l'une imparfaite, bornée et changeante, l'autre commune à tous les hommes, parfaite, éternelle et immuable. « Où est-elle cette raison si parfaite qui est si près de moi et si différente de moi ? Où est-elle ? Il faut qu'elle soit quelque chose de réel, car le néant ne peut être parfait, ni perfectionner les natures imparfaites. Où est-elle cette raison suprême ? N'est-elle pas le Dieu que je cherche ? »

Pénétré de cette grande doctrine, Fénelon la transporte, sous des formes poétiques, même dans des ouvrages de pure imagination. Écoutons, dans *Télémaque*, les entretiens d'Hazaël et de Mentor : « Ensuite il s'entretenait avec Mentor de cette première puissance qui a formé le ciel et la terre ; de cette lumière simple, infinie, immuable qui se donne à tous sans se partager, de cette vérité souveraine et universelle qui éclaire tous les esprits, comme le soleil éclaire tous les corps. Celui, ajoutait-il, qui n'a jamais vu cette lumière pure est aveugle comme un aveugle-né ; il passe sa vie dans une profonde nuit, comme les peuples que le soleil n'éclaire pas pendant plusieurs mois de l'année ; il croit être sage, et il est insensé ; il croit tout voir, et il ne voit rien ; il meurt n'ayant jamais rien vu ; tout au plus il aperçoit de sombres et fausses lueurs, de vaines ombres, des fantômes qui n'ont rien de réel. Ainsi sont tous les hommes entraînés par le plaisir des sens et par le charme de l'imagination. Il n'y a point sur la terre de véritables hommes, excepté ceux qui consultent, qui aiment, qui suivent cette raison éternelle ; c'est elle qui nous inspire quand nous pensons bien, c'est elle qui nous reprend quand nous pensons mal. Nous ne tenons pas moins d'elle la raison que la vie. Elle est comme un grand océan de lumière, nos esprits sont comme de petits ruisseaux qui en sortent et qui y retournent pour s'y perdre (1). »

N'est-ce pas aussi cette même lumière de la raison qui fait le bonheur des bienheureux dans les Champs-Élysées de Fénelon, qui les nourrit, qui les pénètre, qui s'incorpore à eux? N'est-ce pas elle qu'ils voient, qu'ils sentent, qu'ils respirent et qui fait naître en eux une source intarissable de paix et de joie?

(1) *Télémaque*, livre IV.

CHAPITRE XV

Suite du *Traité de l'existence de Dieu*. — Commentaire éloquent du *Discours de la Méthode*. — Doute méthodique. — Irrésistible autorité de l'idée claire. — Le *je pense, donc je suis*. — Preuves intellectuelles de l'existence de Dieu. — Développement de la preuve par l'idée de l'infini. — De la nature et des attributs de Dieu. — Principe d'où découlent toutes ses perfections. — Dieu éminemment tout être. — Unité, immutabilité, éternité, immensité de Dieu. — De la science de Dieu. — Dieu voit en lui-même toutes les vérités, tous les êtres réels et possibles, tous les futurs conditionnels. — Élévations à Dieu. — Le *Traité de l'existence de Dieu* inachevé. — *Lettres sur la métaphysique et la religion*. — Effusions d'amour pour Dieu, auteur de notre être. — Toute la religion et tout le culte dans l'amour de Dieu. — Liaison du culte extérieur avec le culte intérieur. — Signe du vrai culte. — Question du pur amour. — Du quiétisme. — Querelle avec Bossuet. — *Explication des maximes des saints*. — Description de l'état du pur amour. — Sainte indifférence, désappropriation, sacrifice de la béatitude éternelle. — Retranchement des actions et des réflexions inquiètes et intéressées. — Tendance à proscrire tout effort de l'intelligence et de la volonté. — Tendance au mépris des œuvres. — État de l'âme dans le pur amour. — Critique du pur amour. — Avantage de Bossuet sur Fénelon. — Malebranche, Leibniz, Régis, La Bruyère, le P. Boursier du côté de Bossuet.

En montrant, d'après Fénelon, dans l'âme humaine l'empreinte la plus éclatante de la divinité, nous avons anticipé sur les preuves intellectuelles et sur la seconde partie du *Traité de l'existence de Dieu*. Pour nous conduire à ces preuves intellectuelles, Fénelon suit pas à pas le *Discours de la Méthode*, en parlant la langue des *Méditations chrétiennes* de Malebranche. Les angoisses du doute, les élévations, les prières, les ravissements d'une âme qui découvre Dieu et la vérité, se mêlent, sans l'affaiblir, à la suite rigoureuse des raisonnements, et en font une sorte de drame métaphysique. Comme Descartes, il débute par le doute méthodique, et, pour trouver la certitude, il pousse d'abord l'incertitude jusqu'où elle peut aller. Provisoirement donc il donne grain de cause à toutes les raisons imaginées par les sceptiques. Jusqu'à ce qu'il trouve quelque chose d'invincible par pure raison, il tiendra l'univers entier pour suspect. Tout autour de lui il fait le vide et les ténèbres. Mais, au sein de ces ténèbres, son âme se trouble et s'épouvante : « O raison, où me jetez-vous? où suis-je? que suis-je? Ne croirai-je jamais rien? croirai-je sans être assuré? Qui me tirera de ce trouble? » Il s'en tire, comme Descartes. Dans cet effort pour douter de toutes choses, il en rencontre une qui l'arrête tout court. Il a beau vouloir douter, il ne peut, en effet, douter de sa propre existence. Ce moi qui pense, qui doute, ne saurait faire tout cela, s'il n'était pas. Vainement supposerait-on un être puissant et malin qui prendrait plaisir à nous tromper, car cet être, quelle que soit sa puissance, ne pourra faire dire au néant, je pense, donc je suis, il ne pourra faire que je ne sois pas, s'il me trompe.

Me voilà donc enfin résolu à croire que je pense, puisque je doute, et que je suis, puisque je pense. Pourquoi cela? pourquoi suis-je assuré que le néant ne saurait penser? Pour nulle autre raison que parce que j'en ai l'idée claire. Fénelon se sert en général du terme d'idée claire au lieu de celui d'évidence, ce qui ne change rien au criterium de Descartes. On ne peut défendre avec plus de force l'irrésistible autorité de l'idée claire contre les objections des sceptiques. Douter d'une idée claire, c'est ne pas s'entendre soi-même, c'est tenir la raison tout entière pour suspecte. D'où vient que nous croyons fermement qu'un cercle n'est pas un triangle, sinon parce que nous voyons clairement que l'idée de l'un n'est pas l'idée de l'autre? Raisonnez tant qu'il vous plaira, je vous mets au défi, dit Fénelon, de former aucun doute contre une idée claire. Toute la raison ne consiste que dans les idées claires; il faudrait, pour les combattre, qu'elle sortît d'elle-même, qu'elle se tournât contre elle-même, et que nous eussions une seconde raison pour corriger la première. Si l'idée claire nous trompe, c'est Dieu qui nous trompe. Si elle ne trouve pas en elle de quoi démontrer sa certitude, elle n'y trouvera pas davantage un instrument pour l'ébranler, et si elle ne peut elle-même se démontrer elle-même, encore moins peut-elle s'infirmer elle-même. Nous ne jugeons pas des idées claires, mais par elles nous jugeons de toutes choses, et c'est pour ne pas les suivre et ne pas les consulter avec assez d'exactitude que nous tombons dans l'erreur. Tels sont les solides arguments par lesquels Fénelon défend dans le *Traité de l'existence de Dieu*, et dans les *Lettres sur la religion et la métaphysique*, la légitimité de la raison.

Cependant, de toute la nature, il ne connaît encore que lui seul, et cette solitude le remplit d'horreur. Mais en s'appuyant sur le fondement de sa propre existence et de l'idée claire, il va s'élancer jusqu'à Dieu. Ce moi où il se renferme l'étonne, le surpasse, le confond. Ni je ne me suis fait moi-même, ni je ne suis par moi-même, car être par soi enferme la perfection souveraine, et je me sens imparfait. Il faut donc que je sois par autrui, que cet autrui qui fait passer du néant à l'être, existe par lui-même et soit souverainement parfait. Voilà une première preuve intellectuelle de l'existence de Dieu qui est tirée de notre imperfection.

Mais il retrouve plus directement encore l'être parfait dans les idées que nous avons de l'infini et de l'être nécessaire. Si Fénelon n'ajoute rien à Descartes et à Malebranche pour le fond même de la preuve de l'existence de Dieu, tirée de l'idée de l'infini, il lui donne d'admirables développements. D'ailleurs, il touche en même temps qu'il démontre; il fait pénétrer l'amour de Dieu dans le cœur, en même temps que la conviction de son existence dans l'esprit. Le sentiment et la poésie s'allient tout naturellement avec cette haute métaphysique dans la belle âme de Fénelon. Comment ne serions-nous pas émus et transportés, quand la méditation nous révèle la présence de Dieu même dans cette idée de l'infini constamment présente à notre intelligence? Comment ne pas s'écrier avec Fénelon lui-même : « Voilà le prodige que je porte toujours au dedans de moi. Je suis moi-même. N'étant rien, du moins n'étant qu'un être emprunté, borné, passager, je tiens de l'infini et de l'immuable que je conçois ; par là je ne puis me comprendre moi-même ; j'embrasse tout et je ne suis rien, je suis un rien qui connaît l'infini. Les paroles me manquent pour m'admirer et me mépriser tout ensemble. O Dieu ! ô le plus être de tous les êtres ! ô être devant qui je suis comme si je n'étais pas, vous vous montrez à moi, et rien de tout ce qui n'est pas vous ne peut vous ressembler. Je vous vois, c'est vous-même, et ce rayon qui part de votre face rassasie mon cœur en attendant le plein jour de la vérité. »

Il ne célèbre pas avec moins d'éloquence, dans ses *Lettres sur la religion et la métaphysique*, cette grande merveille de l'infini présent au dedans de nous : « Rien n'est si étonnant que cette idée de Dieu que je porte au dedans de moi-même, c'est l'infini contenu dans le fini. Ce que j'ai au dedans de moi, me surpasse sans mesure (1). » Après avoir montré la vérité de l'existence de Dieu contenue dans l'idée d'être nécessaire comme dans celle d'infini, il s'écrie : « Je trouve Dieu de tous les côtés, il sort du fond de moi-même ! »

La vérité du premier être démontrée, il en approfondit la nature et les attributs, plus que ne l'avait fait Descartes, en s'aidant de saint Augustin et de Malebranche. Dieu est l'être, l'être est son nom, essentiel, glorieux, incommunicable, ineffable, inouï à la multitude. Être par soi-même est la source d'où découle tout ce que nous trouvons en lui, c'est la source de l'infinité et de la perfection souveraine. Qui dit l'être simplement, sans restriction, dit l'infini ; qui dit l'infini, dit l'infiniment parfait, car l'être et la perfection sont une seule et même chose. Dieu n'est pas tel ou tel

---

(1) 2ᵉ *Lettre*, chap. 1ᵉʳ, édit. de Versailles.

être, mais il est l'être par excellence. Il est, et tout le reste n'est que par lui. Au-dessous de lui, il n'y a que des demi-êtres, des êtres estropiés, des êtres d'emprunt, pour nous servir des expressions énergiques de Fénelon. Dieu n'est formellement aucune chose singulière, mais il est éminemment toutes choses en général. Tout ce qu'il y a d'être, de vérité, de bonté, dans chacune des essences, réelles ou possibles, découle de lui ; elles ne sont possibles qu'autant que leur degré d'être est actuellement en Dieu. Otez toutes les bornes, toute différence qui resserre l'être dans les espèces, et vous aurez une idée de l'universalité de l'être : « Il a tout l'être du corps sans être borné au corps, tout l'être de l'esprit sans être borné à l'esprit. » Dieu ne peut pas être conçu comme esprit plus que comme corps. L'idée de l'esprit est une idée restreinte, et aucune restriction ne peut convenir à l'être infini. Il est plus qu'esprit, car il est l'être par excellence. Or celui qui est l'être par excellence est esprit, est créateur, est tout-puissant, est immuable, il est souverainement, sans rien être de fini et de particulier. S'il était esprit dans le sens borné où nous concevons l'esprit, comment pourrait-il agir sur la nature corporelle, comment la nature corporelle aurait-elle son principe en lui (1)? Fénelon n'hésite donc pas à attribuer à Dieu le positif de l'étendue, de même que le positif de l'esprit. Mais en mettant en Dieu le positif de l'étendue, il se défend, comme Malebranche, d'y rien mettre qui ressemble à la nature corporelle. Dieu n'a ni figure, ni division, ni mouvement, ni impénétrabilité, parce qu'il a pas de borne. Tout autant ce qui n'a pas de borne diffère de ce qui est borné, tout autant Dieu diffère de la nature matérielle, quoiqu'il en soit le principe et la source.

De ce que Dieu est par soi, il suit non-seulement

---

(1) Saint Augustin exprime la même pensée dans la *Cité de Dieu* : « Deus enim verus non anima, sed animae quoque est effector et conditor. » Lib. XIV, cap. XXIII.

qu'il est infini, mais qu'il est un et absolument simple, immuable, éternel, immense. Il est ûn, car deux infinis sont contradictoires ; il est absolument simple, car toute composition témoigne de quelque imperfection. Ce qui est par soi est immuable dans son être, ayant toujours en soi la même raison d'exister, c'est-à-dire son essence même. Immuable dans son être, il l'est aussi dans ses manières d'être. Les modifications étant les bornes de l'être, comment l'infini serait-il susceptible d'aucune espèce de modification ? Les modifications, au contraire, sont essentielles à la créature, parce qu'elle n'est pas tout être. On peut changer sa borne, mais il lui en faut une nécessairement. Ce continuel changement de la créature sans cesse renouvelée, non-seulement dans ses modifications, mais dans son être, par la création continuée, enferme la succession et constitue le temps. Le temps qui consiste uniquement dans cette succession, est la négation d'une chose très-réelle, à savoir de la permanence absolue de l'être, ou de l'éternité.

Fénelon par une foule de belles images essaye de donner une idée de l'éternité, ou de cette permanence absolue de Dieu, opposée à la durée successive et à la défaillance perpétuelle de l'être des créatures. Rien dans l'être infini ne ressemble à la durée variable et successive qui est le propre des créatures, car en lui rien ne s'écoule, rien ne passe, tout est fixe et permanent. L'éternité, comme tout ce qui est infini, étant indivisible, ne souffre ni commencement, ni milieu, ni fin. Au sein de l'éternité, il n'y a pas de chronologie possible, il n'y a pas d'ère à partir de laquelle on puisse marquer une date. Une éternité partagée en une partie antérieure et une partie postérieure ne serait pas une. L'idée de deux éternités n'est pas moins contradictoire que celle de deux infinis. Déjà et après, passé et futur sont des termes indignes de Dieu. Un présent immobile, indivisible, infini, convient seul à l'être éternel. Ce mot de toujours, qui nous parait si plein d'énergie, est lui-même indigne de son éternité, parce qu'il exprime la continuité et non la permanence. Demander quand Dieu a créé le monde, et ce qu'il était avant la création du monde, n'est pas moins inconvenant que de demander en quel lieu il réside. Cependant, comment préserver son éternité de la succession marquée par la succession des créatures? Ce que Dieu n'a pas fait encore ne viendra-t-il donc pas après ce qu'il a déjà fait? Selon Fénelon, cette succession et cet ordre existent dans les créatures, mais non dans le Créateur. Il est vrai qu'une créature précède l'autre; mais il est faux de penser que Dieu soit créant l'une plus tôt que l'autre. Dieu est éternellement créant ce qu'il lui plaît de créer; mais ce que Dieu crée éternellement n'est que dans un temps, et l'existence infinie ne communique qu'une existence finie. La borne n'est que dans la créature, et non dans l'action de Dieu.

Cette haute métaphysique semble sortir naturellement du fond de l'âme de Fénelon et se mêle aux aspirations les plus vives et aux élévations les plus tendres vers l'être infini : « Il n'y a donc en vous, ô vérité infinie, qu'une existence indivisible et permanente. Ce qu'on appelle éternité *a parte post* et éternité *a parte ante*, n'est qu'une illusion grossière ; il n'y a en vous non plus de milieu que de commencement et de fin. Ce n'est donc point au milieu de votre éternité que vous avez produit quelque chose hors de vous. Je le dirai trois fois ; mais ces trois fois n'en font qu'une, les voici : O permanente et infinie vérité ! vous êtes, et rien n'est hors de vous; vous êtes, et ce qui était hors de vous cesse d'être. Mais ces trois répétitions de ces termes *vous êtes*, ne font qu'un seul infini qui est indivisible. C'est cette éternité même qui reste encore tout entière ; il n'en est point écoulé une moitié, car elle n'a aucune partie, ce qui est essentiellement toujours tout présent ne peut jamais être passé. O éternité, je ne puis vous comprendre, car vous êtes infinie; mais je conçois tout ce que je dois exclure de vous, pour ne vous méconnaître jamais ! »

Fénelon ne s'applique pas moins à épurer l'idée de l'immensité de tout élément emprunté à l'expérience et à l'imagination. L'être infini n'a aucun rapport avec le lieu, de même qu'aucun rapport avec le temps. Dedans et dehors, en deçà et au delà, sont des termes tout aussi indignes de lui qu'avant et après, passé et futur. Partout ne lui convient pas plus que toujours, car il semble signifier que la substance de Dieu est étendue localement. Dieu n'est ni en dedans ni en dehors du monde. Qu'on ne croie pas parler convenablement de lui, quand on a dit qu'il remplit tous les espaces, et même qu'il déborde infiniment au delà. Ce sont des expressions défectueuses, malgré leur apparente magnificence, enfantées par l'imagination qui se représente un assemblage d'espaces et de substances, une immensité divisible et composée, au lieu de l'immensité absolument simple. Dieu agit sur tous les lieux, et il n'est en aucun lieu. Demander où il est, c'est faire une question vaine et contradictoire, à laquelle il ne faut pas plus chercher à répondre que si l'on demandait quel est le bois dont est faite une statue de marbre. Qu'il s'agisse de l'immensité ou de l'éternité de Dieu, le mieux est de se borner à dire, il est; tout ce qu'on peut ajouter à cette simple parole ne fait qu'en fausser ou en obscurcir l'idée. « Il est, et toutes choses sont par lui, on peut même dire qu'elles sont en lui, non pour signifier qu'il est leur lieu et leur superficie, mais pour représenter plus sensiblement qu'il agit sur tout ce qui est..... Il est, et quand j'ajoute : il sera au siècle des siècles, c'est pour parler selon ma faiblesse, et non pour mieux exprimer sa perfection. »

Quelques réflexions sur la science de Dieu, qui d'abord n'avaient pas été publiées par les premiers éditeurs, terminent le *Traité de l'existence de Dieu*. Dieu, doué de la plénitude de l'être et de toutes les manières d'être à l'infini, doit posséder l'intelligence infinie. Comment aurait-il pu me donner la pensée, s'il ne l'avait pas? Il pense donc, et il pense infiniment. Mais quel est l'objet de sa pensée? Nul autre que lui-même n'est digne de lui. Il ne trouve qu'en lui l'infinie intelligibilité qui seule peut correspondre à son intelligence infinie ; il l'égale, il la comprend, il la connaît par un seul regard. D'une seule et simple vue, sans succession, sans procédé discursif, il voit en lui-même toutes les vérités et leur liaison, il y voit aussi les êtres réels ou possibles. L'intelligence infinie, à la différence de la nôtre, ne reçoit pas de lumière ou de connaissance de son objet. Dieu n'est point éclairé par les objets extérieurs, il ne peut voir que ce qu'il fait et ce qui est en lui. L'objet n'est vrai ou intelligible que par sa puissance ou sa volonté. C'est dans sa seule puissance qu'il trouve leur possibilité, et, dans sa seule volonté, leur existence. Pour voir toutes les choses comme elles sont, il faut qu'il les connaisse en lui-même par sa seule volonté, qui est leur unique raison, et en dehors de laquelle, elles n'ont rien de réel ni d'intelligible.

S'il ne voit que dans sa propre volonté les êtres réels, les êtres qui sont et qui seront, à plus forte raison les futurs conditionnels. A l'égard des futurs conditionnels, Dieu n'a voulu ni la condition ni l'effet, mais seulement leur liaison. C'est dans sa propre volonté, qui seule lie deux événements possibles, qu'il aperçoit la futurition du second. Donc la science de Dieu n'est nullement subordonnée aux futurs conditionnels, et il ne se détermine pas à certaines choses, plutôt qu'à d'autres, parce qu'il voit ce qui doit résulter de leur combinaison, ce qui le mettrait dans la dépendance de son ouvrage. Loin de chercher bassement, dit Fénelon, la cause de ses volontés dans la prévision des futurs conditionnels, tout au contraire, il n'est permis de chercher la cause de toutes ces futuritions conditionnelles que dans sa seule volonté.

Il résume ces hautes spéculations sur la nature de Dieu et de l'intelligence infinie par une de ces belles élévations qui se rencontrent si fréquemment dans le *Traité de l'existence de Dieu :* « Quand je supposerais que vous auriez créé cent mille mondes durables pour une suite innombrables de siècles, il faudrait conclure que vous verriez le tout d'une seule vue dans votre volonté, comme vous voyez de la même vue toutes les créatures possibles dans votre puissance, qui est vous-même. C'est un étonnement de mon esprit que l'habitude de vous contempler ne diminue pas. Je ne puis m'accoutumer à vous voir, ô infini simple, au-dessus de toutes les mesures par lesquelles mon faible esprit est toujours tenté de vous mesurer. J'oublie toujours le point essentiel de votre grandeur, et par là je retombe à contre-temps dans l'étroite enceinte des choses finies. Pardonnez ces erreurs, ô bonté qui n'êtes pas moins infinie que toutes les autres perfections de mon Dieu, pardonnez les bégayements d'une langue qui ne peut s'abstenir de vous louer, et les défaillances d'un esprit que vous n'avez fait que pour admirer votre perfection. »

Ici s'arrête le *Traité de l'existence de Dieu*, qui probablement n'est pas achevé, puisqu'il n'y est pas question de la providence. Mais la *Réfutation du Système de la nature et de la grâce*, et surtout certaines parties des *Lettres sur la métaphysique et la religion*, qui traitent de l'amour de Dieu, de la nécessité du culte, des caractères du vrai culte, peuvent servir jusqu'à un certain point à combler cette lacune. On sait que quelques-unes de ces lettres, où Fénelon se propose d'établir les dogmes fondamentaux de la religion naturelle et la vérité du christianisme par la seule raison, ont été écrites à la demande du duc d'Orléans qui, dans sa haute estime pour l'archevêque de Cambrai, l'avait jugé plus capable que tout autre théologien ou philosophe de dissiper ses doutes et d'éclaircir ces grands problèmes (1). Ces lettres de Fénelon sont admirables

(1) Ces lettres sont au nombre de sept. Elles ont été publiées en 1718 par le marquis de Fénelon. La préface et la dédicace nous apprennent que quelques-unes furent adressées au duc d'Orléans, mais sans les distinguer des autres. M. l'abbé Gosselin croit que ce sont les trois premières de son édition : 1° Sur l'existence de Dieu et sur la religion ; 2° sur le culte de

par la clarté avec laquelle sont traitées les plus hautes questions métaphysiques, par l'onction, par l'amour de Dieu dont elles sont, pour ainsi dire, pénétrées. La considération de Dieu comme auteur de notre être, et le sentiment de notre dépendance, inspirent à Fénelon les plus vives effusions de reconnaissance et d'amour. Pensée, volonté, amour, étendue, tout en nous est don de Dieu, tout, dit-il, jusqu'à nous-mêmes qui les recevons.

Je lui dois non-seulement tout ce que j'ai, mais tout ce que je suis, il m'a donné moi-même à moi-même ; il m'a tiré de l'abîme du néant, et il me soutient au-dessus par un bienfait qui a besoin d'être renouvelé à chaque instant de la durée. Que lui donner en retour ? Lui offrirai-je des biens qui viennent de lui, des biens qu'il possède en propre, tandis que je ne les ai que d'emprunt ? Le vouloir libre du cœur, voilà la seule chose que je puisse lui offrir. C'est pour nous faire agréer par notre choix la subordination avec laquelle nous devons tenir notre cœur dans ses mains qu'il nous a donné la liberté. Il veut que nous voulions cet ordre qui fait le bonheur de la créature, et pour nous le faire aimer, il meut notre cœur vers lui. D'ailleurs, Dieu souverainement parfait, est nécessairement sa propre fin à lui-même ; il se doit tout, il se rend tout, il est, comme dit l'Écriture, le Dieu jaloux. Il n'a donc créé les êtres intelligents que pour lui, l'intelligence pour le connaître et l'admirer, la volonté pour lui obéir et l'aimer. Dieu, ordre suprême, veut l'ordre ; or l'ordre, c'est que nous l'aimions par-dessus toutes choses, tandis que notre amour pour nous-mêmes, dérivé de cet amour primitif, petit ruisseau de cette source infinie, doit être proportionné à la petite parcelle de bien qui nous est échue en partage. Dieu est le tout, et ce moi, qui nous est si cher, n'est qu'un petit morceau qui veut être le tout. Rapportant tout à soi, il s'é-

---

Dieu, l'immortalité de l'âme et le libre arbitre ; 3° sur le culte intérieur et extérieur et sur la religion juive.

rige en fausse divinité. Il faut renverser cette idole, rabaisser le moi, le réduire à sa petite place pour donner à Dieu la première dans notre amour. Aimer Dieu, c'est tout l'homme, il n'y a pas d'autre religion et d'autre culte que l'amour de Dieu. Fénelon se plaît à répéter et à commenter ces paroles de saint Augustin, *nec colitur nisi amando*.

Mais l'amour n'est qu'un culte intérieur, et on peut demander si le culte extérieur est essentiel à la religion. Du vrai culte intérieur, le culte extérieur ne suit-il donc pas nécessairement? S'il est vrai que nous aimions, est-il possible de taire notre amour? Dès que l'intérieur y est, il faut que l'extérieur l'exprime. Dieu a mis les hommes dans une société où ils doivent s'aimer et s'entre-secourir comme les enfants d'une même famille qui ont un père commun. L'amour de ce père commun ne devra-t-il pas être sensible, manifeste dans cette société d'enfants bien-aimés? Chacun ne devra-t-il pas chanter ses louanges et l'annoncer à ceux qui l'ignorent? Donc il y aura entre eux une société de culte de Dieu; et c'est là la religion, dont le propre, suivant son étymologie, est de relier les hommes. Les cérémonies, sans doute, ne sont pas l'essentiel de la religion, mais elles en sont l'effet essentiel. Ce sont des signes qui servent à la montrer, à la nourrir en soi-même, à la communiquer aux autres, par lesquels on s'édifie les uns les autres, par lesquels on réveille le souvenir du culte qui est au dedans, des signes enfin par la majesté desquels la plupart des hommes ont un pressant besoin d'être frappés et retenus. Aussi tous les peuples qui ont cru à des divinités ont eu des cérémonies réglées et un culte public. Le genre humain ne saurait reconnaître et aimer son créateur sans montrer qu'il l'aime, sans vouloir le faire aimer, sans exprimer cet amour par une magnificence proportionnée à son objet, sans s'exciter à l'amour par les signes mêmes de l'amour. Voilà la religion inséparable de la croyance du Créateur.

Après avoir montré l'essence du culte dans l'amour, Fénelon place dans cet amour même le signe de la vérité de la religion chrétienne. Puisque le premier être demande des créatures intelligentes un culte d'amour qui soit public dans leur société, il faut que je cherche dans le monde ce culte public afin de m'y unir. Or, en parcourant les siècles pour découvrir ce culte pur du Créateur, il ne l'aperçoit nulle part, si ce n'est dans le christianisme. Là seulement se trouve l'adoration en esprit et en vérité, là seulement c'est l'amour qui est la loi et les prophètes. Seul, entre toutes les religions, le christianisme nous oblige à aimer Dieu plus que nous-mêmes, et à ne nous aimer que par l'amour de lui, seul il a un paradis qui est l'éternel et parfait amour; seul donc il est conforme à l'idée que la raison nous donne des rapports du Créateur avec la créature.

Si Fénelon est tombé dans l'erreur, ce n'est pas par un défaut, mais plutôt par un excès de cet amour de Dieu dont son âme était embrasée. Un idéal chimérique de perfection, le désir de purifier l'amour divin en n'y laissant aucune trace de l'amour propre, l'engagèrent insensiblement dans les voies suspectes et dangereuses du quiétisme. Les égarements et la condamnation de Molinos, les bizarreries de madame Guyon, l'abus des auteurs mystiques et du pur amour avaient singulièrement discrédité le mysticisme des voies intérieures, et toute doctrine qui, de près ou de loin, ressemblait au quiétisme. Après avoir eu dans l'origine un sens favorable, après avoir désigné les hommes séparés du monde et livrés au saint repos de la vie contemplative, le quiétisme, dit Bossuet, en a pris un mauvais par l'abus, et ne s'applique plus qu'à ceux qui, sous prétexte de contemplation et d'union à Dieu, se livrent à une honteuse inaction, et, par une totale cessation d'actes, abusent du saint repos de l'oraison de quiétude. Assurément Fénelon ne pouvait pas tomber dans le grossier mysticisme de Molinos, ni, malgré l'espèce de charme exercé sur lui par madame Guyon, se rendre complice des rêves et des extravagances mystiques de cette illuminée. Mais, quelque soin qu'il ait pris de distinguer ses principes d'avec les leurs, de les adoucir, de multiplier les réserves et les distinctions, de s'appuyer sur les maximes des saints, sa doctrine a paru favoriser leurs erreurs. Nous n'avons pas à raconter ici les détails et les anecdotes de cette grande controverse du quiétisme, ni les aventures de madame Guyon. Qu'il suffise de rappeler que les discussions, l'examen, la censure dont les doctrines de madame Guyon avaient été l'objet, que le désir de justifier les saints mystiques contre Bossuet, qui semblait les tenir en une certaine suspicion, engagèrent Fénelon à exposer ses sentiments sur cette matière, et à faire la part du vrai et du faux mysticisme dans l'*Explication des maximes des saints sur la vie intérieure* (1) qui devait susciter contre lui de plus grands orages que le *Traité de la nature et de la grâce* contre Malebranche.

Le ton n'en est pas tel qu'on l'eût attendu de la part de Fénelon, surtout en pareille matière. Point d'aspirations, d'effusions, d'onction et d'éloquence. La prétention de l'auteur est de donner des règles précises en un sujet qui les comporte si peu. De là, de l'embarras, de l'obscurité et de la sécheresse, sans profit pour la précision et pour la clarté. Dans l'espérance d'ôter toutes les équivoques, il met en regard sur chaque point un article vrai et un article faux. Malheureusement l'article faux, où se trouve rejeté ce qu'il y a de plus excessif dans Molinos et madame Guyon, ne justifie pas toujours l'article vrai qui, malgré des restrictions multipliées et des distinctions plus ou moins subtiles, semble trop souvent y toucher de bien près et aboutir aux mêmes conséquences (2). D'accord avec pres-

---

(1) Janvier 1697, in-12. L'*Instruction sur les états d'oraison* de Bossuet parut six semaines plus tard. C'est le refus par Fénelon de donner son approbation au manuscrit que Bossuet lui avait envoyé, qui provoqua le livre des *Maximes* et la querelle entre ces deux illustres adversaires. Tous deux également prétendaient développer les 34 articles des *Conférences d'Issy*.

(2) Voici le jugement de Saint-Simon sur le livre des *Maximes des saints* et sur l'effet qu'il produisit : « Il fit un livre inintelligible à qui n'est pas théologien versé dans le plus mystique, qu'il intitula *Maximes des saints*, et le mit en deux colonnes ; la première contenait les maximes qu'il donne pour orthodoxes et celles des saints, l'autre les maximes dan-

que tous les théologiens il condamne l'amour servile qui n'aime Dieu que pour soi, et en raison des biens matériels qu'il en attend. Mais au-dessus de cet amour il en est un autre où l'âme aime Dieu pour lui, et lui préfère tout sans exception, en gardant toutefois un reste d'amour propre, en l'aimant pour lui et pour soi, en faisant encore un certain retour sur elle-même, et sans s'anéantir tout entière. Or ce second amour n'est pas encore assez pur pour Fénelon qui l'appelle amour intéressé, réservant le nom de pur amour à celui où l'âme fait une abnégation absolue d'elle-même, de son intérêt, de son bonheur, même de son bonheur éternel.

La description de cet état de pur amour, où il veut pousser les âmes chrétiennes, en révèle toutes les illusions, les erreurs et aussi les dangers. Quel est, en effet, l'état de l'âme arrivée à ce degré de perfection? Cette âme, dit Fénelon, n'a plus de regard sur elle-même, plus de désirs propres et intéressés, plus de désir de la récompense, plus même de crainte du châtiment. Sainte indifférence, abandon total et sans réserve à Dieu, désappropriation, voilà les signes du pur amour. Si, par impossible, Dieu voulait anéantir les âmes des justes au moment de la mort corporelle, ou bien les priver de sa vue, les tenir éternellement dans les tentations de cette vie, ou même dans les supplices de l'enfer, elle ne l'aimerait, ni ne le servirait avec moins de

gereuses, suspectes ou erronées, qui est l'abus qu'on a fait et qu'on peut faire de la bonne et saine mysticité, avec une précision qu'il donne pour exacte de part et d'autre et qu'il propose d'un ton de maître à suivre ou à éviter. Si l'on fut choqué de ne le trouver appuyé d'aucune approbation, on le fut bien davantage du style confus et embarrassé, d'une précision si gênée et si décidée, de la barbarie des termes qui faisait comme une langue étrangère, enfin de l'élévation et de la recherche des pensées qui faisaient perdre haleine, comme dans l'air de la moyenne région. Presque personne qui n'était pas théologien ne put l'entendre, et de ceux-là encore après trois ou quatre lectures..... Les connaisseurs crurent y trouver sous ce langage barbare un pur quiétisme délié, raffiné, dépouillé de toute ordure, séparé du grossier, mais qui sautait aux yeux, et avec cela des subtilités fort nouvelles et fort difficiles à se laisser entendre et bien plus à pratiquer. » (*Mémoires.*)

fidélité, semblable à l'épouse qui ne veut que ce que veut l'époux, et qui aimerait autant, ou même plus, la laideur que la beauté, si la laideur était plus agréable à l'époux. Non-seulement l'âme désintéressée fera le sacrifice conditionnel de sa béatitude éternelle, mais Fénelon va jusqu'à dire que, dans le cas des dernières épreuves, ce sacrifice peut devenir absolu. Ainsi renoncer à ce qu'on aime d'une manière absolue serait le plus haut degré de l'amour, et le pur amour, dans son dernier effet, se confondrait exactement avec la pure indifférence ! Quel étrange amour, quelle perfection chimérique vient aboutir à cette contradiction !

Mais il ne s'agit pas ici d'une chimère purement spéculative ; la pratique des œuvres, des vertus et des devoirs de l'homme et du chrétien est elle-même en péril. En effet, en dépit de toutes les distinctions et restrictions, Fénelon, comme les mystiques dangereux, dont il cherche à se distinguer, tend à proscrire l'activité intellectuelle et volontaire au profit d'une extatique contemplation. De peur de troubler en elle l'action de la grâce, l'âme doit demeurer passive et immobile. Elle ne peut rien faire de solide et de méritoire, si ce n'est de suivre sans cesse la grâce, sans chercher à la prévenir. Fidèle coopération du moment présent, voilà à quoi son action doit se borner. Tout ce qu'elle pourrait y ajouter ne serait que zèle indiscret et précipité, effort empressé et inquiet d'une âme intéressée pour elle-même, une excitation à contre-temps qui ferait obstacle à la grâce. Il faut retrancher cette activité, ou du moins n'en conserver que ce qui est nécessaire à la coopération de la grâce. Assurément Fénelon n'ira pas, comme Molinos, jusqu'à condamner la lutte et l'effort contre les tentations, mais c'est par un combat paisible, dans un état d'oraison, de foi et d'amour, de silence amoureux, qu'il recommande d'y résister (1). Là est, suivant lui, la force des âmes arrivées au parfait amour.

(1) C'est la sainte quiétude amoureuse, le sommeil des puissances recommandés par saint François de Sales, dans son *Traité de l'amour de Dieu*, liv. VI.

Comme il prescrit le retranchement des actions inquiètes et intéressées, il prescrit celui des réflexions, qu'il appelle également inquiètes et intéressées. Et, malgré toutes les restrictions dont il s'environne, il pousse non moins manifestement à l'inertie de l'intelligence, qu'à celle de la volonté. Il distingue en effet deux sortes d'actes, les uns réfléchis et discursifs, qui laissent après eux une trace dans l'esprit, les autres simples et directs, si rapides, si momentanés, si dénués de toute réflexion, que l'âme, qui sait bien qu'elle les produit, au moment où elle les produit, n'en retrouve plus la trace en elle-même. Or, c'est dans ces actes intellectuels, indépendants de toute volonté réfléchie, que Fénelon place la perfection. S'il ne proscrit pas les autres d'une manière absolue, il les exclut de l'oraison parfaite, ou contemplation, et ne les tolère qu'au regard des âmes peu avancées dans les voies intérieures. La méditation, avec ses actes discursifs et réfléchis, est l'exercice propre de l'amour mélangé d'intérêt (1). La contemplation, au contraire, exercice propre du pur amour, consiste en actes si simples, si directs, si paisibles, si uniformes, qu'ils n'ont rien de marqué par où l'âme puisse les distinguer ; c'est l'oraison parfaite de saint Antoine qui n'est pas aperçue de celui qui la fait. Au lieu de l'aider, le raisonnement l'embarrasse et la fatigue ; regard simple et amoureux, quiétude, silence, voilà ce qui la caractérise. Elle ne veut qu'aimer, et dans son seul amour se trouvent implicitement compris les motifs de toutes les vertus. La contemplation, dit encore Fénelon, est négative, en ce sens qu'elle ne s'occupe volontairement d'aucune image sensible, d'aucune idée particulière et distincte sur la Divinité et sur ses attributs. Passant au-dessus de tout ce qui est sensible et distinct, compréhensible et limité, elle ne s'arrête qu'à l'i-

---

(1) « La méditation, dit saint François de Sales, considère comme pièce à pièce les objets qui sont propres à nous émouvoir, mais la contemplation fait une vue toute simple et ramassée sur l'objet qu'elle aime. » (Ibid. liv. VI, chap. v.)

dée purement intellectuelle et abstraite de l'être qui est sans bornes et sans retrictions. Malgré les réserves en faveur des mystères de la foi et de l'humanité de Jésus-Christ, on comprend les alarmes que cette doctrine de l'oraison dut inspirer aux théologiens, on comprend que Bossuet ait pu dire qu'il y allait de toute la religion.

Que devient l'âme dans cet état passif? Elle est comme si elle n'était pas, elle se désapproprie, suivant le mot si expressif, emprunté par Fénelon à la langue des mystiques, elle s'anéantit. Elle est semblable à l'eau pure et tranquille qui, comme un miroir, reçoit sans altération toutes les images des divers objets et n'en garde aucune; elle est souple à toutes les impressions de la grâce, comme un globe sur un plan qui, n'ayant plus de situation propre et naturelle, va également en tous sens et se meut au gré de la plus insensible impulsion. Cette âme, sans perdre la vie, ne vit plus étant mêlée avec Dieu, mais Dieu vit en elle. Pour exprimer son anéantissement, Fénelon emprunte à une sainte mystique ces paroles trop significatives : « Alors cette âme dit, comme sainte Catherine de Gênes : Je ne trouve plus de moi ; il n'y a plus de moi que Dieu ! »

Il faut louer Bossuet d'avoir aperçu l'erreur sous d'aussi saintes apparences, et de l'avoir combattue à outrance, non pas seulement avec les armes de l'Église, mais aussi avec celles de la raison et de la philosophie. Ces raffinements de la piété et de l'amour lui paraissent tendre à une même fin, à l'anéantissement de nos puissances, à la cessation de toute activité en vue du vrai, du bien et du salut, au mépris et à l'insignifiance des œuvres, en dépit de toutes les distinctions et de toutes les restrictions. Aurions-nous donc reçu le moi, non pour le perfectionner, mais pour l'abolir; et le plus haut degré de la liberté serait-il de s'anéantir elle-même, comme le plus haut degré de l'amour de renoncer à l'objet aimé? Quelle est cette perfection chimérique que trouble l'activité de la pensée et des bonnes œuvres? L'effort de la pensée et de la volonté, et non l'état passif ou la sainte indifférence, la lutte et non la quiétude, la pratique laborieuse de tous nos devoirs, et non la contemplation, voilà notre partage en ce monde, voilà ce que le véritable amour de Dieu doit exciter en nous, doit consacrer, et non pas supprimer. Il y a deux termes dans l'amour divin, Dieu et l'homme; aucun ne doit être sacrifié. Dieu sans doute, et non pas l'homme, doit être la fin principale de notre amour, mais, comme le dit Bossuet, il n'est pas de subtilité ni d'abstraction, par lesquelles on puisse retrancher du véritable amour notre propre bonheur, puisque nous ne pouvons aimer sans être heureux, puisque la béatitude est ce qui nous fait goûter Dieu et nous attire à lui. Si la bonté absolue de Dieu, sans aucun rapport à nous, est le motif principal et spécifique de la charité, la béatitude en est un motif inséparable, essentiel, quoique secondaire (1).

Nous ne pouvons qu'applaudir à Bossuet faisant justice de tous ces raffinements de dévotion, de ces pieux excès, de ces amoureuses extravagances, et prenant en main la cause de la personnalité, avec tous les actes qui en sont la manifestation, avec la réflexion, la méditation, l'activité et la pratique des bonnes œuvres, contre cette chimère du pur amour.

La plupart des philosophes ont été contre Fénelon dans cette discussion. Déjà nous avons vu Malebranche se prononcer en faveur de Bossuet. Il en est de même de Leibniz, dont la décision, comme dit Fontenelle, fut conforme à celle du pape. Voici en effet comment Leibniz se prononce, avec autant d'impartialité que de profondeur, entre ces deux illustres adversaires, sur le fond même de la querelle. D'abord il se déclare prévenu par deux choses, dont l'une est l'exactitude de M. de Meaux, et l'autre l'innocence de M. de Cambrai, auxquelles il croira jusqu'à ce qu'il soit forcé par de bonnes preuves de croire que le premier s'est trompé dans la doctrine, et que le second a manqué du côté de la bonne foi. « Il y a longtemps que j'ai examiné cette matière, car

---

(1) *Instruction sur les états d'oraison*, liv. X, XXIX.

elle est de grande importance, et j'ai pensé que, pour décider de telles questions, il faut avoir de bonnes définitions. On trouve une définition de l'amour dans la préface de mon *Code diplomatique*, où je dis : *amare est felicitate alterius delectari*, et, par cette définition, on peut résoudre cette grande question : comment l'amour véritable peut être désintéressé, quoique cependant il soit vrai que nous ne faisons rien que pour notre bien ; c'est que toutes ces choses que nous désirons, par elles-mêmes et sans aucune vue d'intérêt, sont d'une nature à nous donner du plaisir par leurs excellentes qualités, de sorte que la félicité de l'objet aimé entre dans la nôtre. Ainsi, on voit que la définition termine la dispute en peu de mots (1). » Vouloir détacher l'amour de son bien, c'est, dit-il ailleurs, jouer de paroles, ou, si l'on veut aller aux effets, c'est tomber dans un quiétisme extravagant, c'est vouloir une inaction stupide, ou plutôt affectée et simulée où, sous prétexte de la résignation et de l'anéantissement de l'âme abîmée en Dieu, on peut aller au libertinage dans la pratique ou à un athéisme spéculatif caché (2).

On voit que, sauf la différence des termes, Leibniz résout en effet la question comme le pape et comme Bossuet, et qu'il aperçoit les mêmes dangers dans le pur amour. Parmi les philosophes qui se sont prononcés en faveur de Bossuet, nous citerons encore Régis (3), le P. Boursier (4), et La Bruyère, ami de Bossuet, auteur de dialogues sur le quiétisme, achevés et publiés après sa mort par l'abbé Dupin (5). Dans le camp des partisans du pur amour, nous ne pouvons guère nommer que le P. Lamy et le P. André (6).

---

(1) Lettre à Thomas Burnet. *Œuvres de Leibniz*, t. VI, p. 251.
(2) Voir les Lettres de Leibniz à Nicaise, publiées par M. Cousin dans la 3ᵉ édition des *Fragments philosophiques*.
(3) *Accord de la raison et de la foi*, liv. IV, partie 1ʳᵉ, chap. 1.
(4) *De l'action de Dieu sur les créatures*, 2ᵉ vol., p. 212. 2 vol. in-4, Paris, 1714.
(5) Paris, 1699, in-12.
(6) Voir les éclaircissements de la *Connaissance de soi-même* du P. Lamy

Ainsi, à la poursuite d'un idéal trop élevé de l'amour de Dieu, Fénelon est allé s'égarer sur les pentes dangereuses du mysticisme. Mais s'il a erré, on peut dire de lui, aussi bien que de Malebranche : *Et si error est, pietatis tamen error est*.

Le cartésianisme de Fénelon se distingue non-seulement de celui d'Arnauld, mais de celui de Nicole et de Bossuet, par un idéalisme plus prononcé et par une pente au mysticisme. Quoique l'adversaire de Malebranche, il s'en rapproche par la nature de son génie et par ses tendances métaphysiques. Comme Malebranche, il met le sentiment et l'imagination au service de la plus haute métaphysique ; comme Malebranche, il revêt des plus brillantes couleurs la doctrine de la raison universelle ; comme Malebranche enfin, il a attiré à la philosophie cartésienne, par l'onction et par une grâce mystique, des âmes pieuses et tendres, que n'aurait pas touchées le dogmatisme froid et sévère de Descartes ou la dialectique d'Arnauld.

et deux discours philosophiques du P. André, qui sont un résumé de ces éclaircissements.

CHAPITRE XVI

Un cartésien devenu mystique. — Poiret. — Sa vie. — Cartésianisme de la première édition des *Cogitationes rationales*. — Antoinette Bourignon. — Charme qu'elle exerce sur Poiret. — Mysticisme de la deuxième édition des *Cogitationes*. — Réfutation de Spinoza. — Le P. Boursier. — Du livre *De l'action de Dieu sur les créatures*. — But du P. Boursier. — Lien de la métaphysique cartésienne et de la prémotion physique. — Prémotion physique pour les actions corporelles, d'après les principes de Descartes et de Malebranche. — Prémotion physique pour les actions de l'esprit. — Confusion de l'être et des manières d'être. — Preuve, d'après les principes de Malebranche, de la nécessité d'une prémotion physique pour les idées et les actes de la volonté. — Preuves tirées des attributs de la nature divine. — Critique de l'optimisme de Malebranche. — Dieu, auteur de tout l'être des actions mauvaises. — Union de la prédestination gratuite et de la prémotion physique. — Inconséquence du P. Boursier. — *Réflexions sur la prémotion physique*, par Malebranche. — *Le philosophe extravagant dans l'action de Dieu sur les créatures*, par le P. Dutertre.

Voici un autre cartésien qui, moins sage que Fénelon, se précipite dans le mysticisme et abandonne entièrement Descartes pour une autre madame Guyon. Poiret naquit à Metz, en 1646, de parents protestants qui, frappés de son intelligence précoce, le firent élever, malgré leur pauvreté, dans une école de la ville (1). On le mit ensuite chez un sculpteur où il fit de grands progrès. Mais bientôt, entraîné par son goût pour les sciences, il abandonna la sculpture, et commença seul, à treize ans, des études qu'il alla

---

(1) *De vita et scriptis Petri Poireti commentariolum*, placé en tête de ses Œuvres posthumes, publiées en un volume in-4°, Amsterdam, 1721. — Voir aussi Niceron, t. IV.

achever dans le collége augustinien de Bâle. Empêché par sa mauvaise santé de suivre les leçons des professeurs, il dut encore se diriger lui-même, ce qui lui donna l'habitude de l'indépendance en théologie, comme en tout le reste. Il se livra d'abord tout entier à la philosophie de Descartes, et devint bientôt un de ses plus grands admirateurs et de ses plus zélés disciples. Mais il devait déplorer plus tard ce temps donné à une vaine science et aux chimères de la métaphysique, avant que les mystiques eussent fait briller la vraie lumière à ses yeux. De Bâle il alla à Heidelberg, puis il exerça quelque temps les fonctions de ministre dans un village des Deux-Ponts. Mais chassé par la guerre de son presbytère, il abandonna sans regret des fonctions auxquelles le rendaient peu propre la faiblesse de sa santé et la nature contemplative de son esprit. Sa tendance naturelle au mysticisme s'était encore accrue pendant une maladie où, étant en danger de mort, il avait fait vœu d'employer toutes les forces de son esprit à combattre les athées et les ennemis de la religion.

C'est dans ce but qu'il publia les *Cogitationes rationales de Deo, anima et malo* (1), un des ouvrages métaphysiques, les plus considérables et les plus complets, inspirés par la philosophie de Descartes. Poiret, qui n'est pas encore égaré par le mysticisme, et qui n'a pas encore condamné la raison, établit solidement tous les grands principes de la métaphysique cartésienne, quoiqu'il ait le tort de multiplier les distinctions subtiles et scholastiques, et de mêler à la philosophie des questions purement théologiques. Pour lui Descartes est le plus grand homme du siècle, et il le loue d'avoir démontré l'existence de Dieu mieux que personne ne l'avait fait avant lui.

Dans le premier livre, il passe en revue les diverses opinions sur la connaissance des choses spirituelles. Il s'atta-

---

(1) *Cogitationes rationales de Deo, anima et malo, libri quatuor in quibus quid de hisce Cartesius ejusque sequaces boni aut secus senserint, omnisque philosophiæ certiora fundamenta, atque imprimis tota metaphysica verior continetur*, 1 vol. in-4°, 1677.

che surtout à démontrer que l'idée d'espace ne peut convenir à l'idée d'esprit, et qu'il faut concevoir les êtres spirituels, indépendamment de tout espace et de toute extension, puisque l'espace est identique à la substance corporelle. Par cette démonstration, il a bien mérité, selon Bayle, du cartésianisme (1). Dans le deuxième livre, il traite de l'essence de l'esprit créé et de l'esprit incréé, essence qu'il fait consister tout entière, pour Dieu et pour l'homme, dans la seule pensée. L'âme pense toujours, ôtez la pensée, il ne lui reste rien; donc elle diffère essentiellement de la matière ou de l'étendue.

Le troisième livre est consacré aux attributs de Dieu et de l'âme humaine. En Dieu il ne distingue pas moins de vingt-cinq qualités ou perfections principales dont nous puisons l'idée dans notre propre nature. Parmi ces perfections est le *dominium* ou la liberté. La liberté que Poiret attribue à Dieu, est la liberté d'indifférence. Comme Descartes, il admet des idées innées, mais point de vérités absolues, point d'essences immuables et éternelles des choses. Il fait dépendre en effet les unes et les autres d'un décret arbitraire de Dieu, auquel elles empruntent ce qu'elles ont de réalité. Contrairement à Malebranche, il soutient que nous ne voyons les idées que dans notre esprit et qu'elles ne sont point l'essence de Dieu, mais l'effet d'un libre décret de sa volonté. Plus tard Poiret défendit encore les idées innées de Descartes, dans un ouvrage contre la philosophie de Locke (2). Avec Descartes il proscrit de la physique, comme téméraire, la recherche des causes finales. Le dernier livre des *Cogitationes*, où il traite du péché, est plutôt théologique que philosophique. Poiret finit, comme il a commencé, par une élévation à Dieu, source de tout être et principe de toute action, et par ces paroles, qu'il aime à redire : *Ab ipso et per ipsum et ad ipsum sunt omnia.*

(1) Voir le chapitre sur Bayle.
(2) *Fides et ratio collata ac suo utraque loco reddita adversus principia Joannis Lockii.* Amsterdam, 1708, in-12.

Cette première édition des *Cogitationes rationales* fut accueillie, selon le témoignage de Bayle, avec une grande faveur par les philosophes et par les théologiens cartésiens. En effet, Poiret, quoique déjà avec une certaine tendance à la mysticité, y est encore rationaliste et cartésien. Mais, de la première à la seconde édition, une grande métamorphose s'est accomplie dans son esprit. Le texte de l'ouvrage est peu changé, mais il nous avertit, dans un *appendix*, que s'il l'a laissé subsister, c'est pour qu'on sache jusqu'où il a pu aller, et en quoi il a manqué par les seules forces de la raison. D'ailleurs, dans les notes et dans un discours préliminaire sur la foi et la raison, on voit déjà le mysticisme prendre la place du rationalisme, et Antoinette Bourignon celle de Descartes (1). Ce *Discours préliminaire* condamne toute activité orgueilleuse et inquiète de la raison, à l'égard de la vérité, comme à l'égard du salut (2). L'âme calme et vide, selon Poiret, comme selon tous les mystiques, est plus accessible à la lumière divine que l'âme agitée, et, afin d'être toujours prêt à recevoir l'illumination divine, il faut tenir l'entendement passif. De peur de troubler cette passivité si précieuse, il va jusqu'à prescrire de ne tenir aucun compte de l'adhésion ou de la répulsion du sens intime, sous prétexte que l'amour propre s'y cache et s'y déguise. Ce n'est pas la raison, comme l'enseignent les philosophes, c'est la foi qui nous affecte, qui nous éclaire par l'essence même de Dieu, et nous met en un commerce éternel avec elle. La raison, quoi qu'elle fasse, ne peut atteindre Dieu lui-même, mais seulement l'image de Dieu, *Deus depictus*, c'est-à-dire cette fameuse

---

(1) « La deuxième édition est de 1685. On y trouve, de plus que dans la première, un long discours préliminaire sur la foi divine et la raison humaine, des notes, une réfutation de Spinoza sous le titre de *Fundamenta atheismi eversa*, et un *appendix*. La troisième édition, de 1715, est encore plus mystique que la seconde, et contient en outre une diatribe violente contre Bayle, *De facto Baylii adversus Spinozam certamine*.

(2) Mentis activitas et desultoria hinc inde discursatio non est Dei infusio, quippe quæ mentem vacuam, tacitam atque quietam, solo desiderio ad supernaturalia excitam erigit. »

idée de Dieu, par laquelle les cartésiens s'imaginent apercevoir l'essence de Dieu même. A côté de l'excellente et divine connaissance de Dieu, donnée à l'homme par la foi, l'idée rationnelle et morte de la raison ne peut aboutir qu'à l'athéisme. Jamais la raison, faculté toute superficielle dont le fond est corrompu, ne va au delà des simples accidents, des images ou des ombres des choses.

Poiret se repent maintenant d'avoir trop suivi Descartes, et fait amende honorable pour avoir dit, que sans l'idée innée de Dieu, on ne pourrait plus le connaitre, ni par la foi, ni par aucune autre voie (1). Éclairé de cette lumière nouvelle, il affirme que non-seulement nous ne pouvons connaitre Dieu par la raison, mais l'âme elle-même, et que la foi seule nous donne l'idée de l'âme, comme celle de Dieu. La prière, la contemplation, voilà désormais pour lui la seule voie qui conduise à la vérité et au bonheur. Il rétracte aussi ce qu'il a avancé, d'après Descartes, contre les causes finales dans le domaine de la physique. A qui n'a pas fait abdication complète de la raison, il défend d'aspirer aux choses divines. Cependant il prétend ne vouloir détruire que l'empire de la raison humaine, et non la raison elle-même, afin que sa misère étant connue, on en cherche la guérison par la foi, sans laquelle elle ne peut produire que ténèbres. Qu'est devenue cette grande règle cartésienne, adoptée d'abord par Poiret, que celui-là seul trouve la vérité qui fait bon usage de son entendement, et qui n'admet pour vrai que ce qui lui paraît évident ? Tel est le mysticisme qui apparaît dans la seconde édition des *Cogitationes rationales*, et qui se développera de plus en plus dans les ouvrages ultérieurs de Poiret.

Que s'était-il donc passé dans l'âme de ce disciple infidèle de Descartes ? Quelle prétendue lumière l'avait si subitement illuminé et transformé ? Il nous l'apprend dans un appendice à la première édition des *Cogitationes rationales*.

---

(1) *Discursus præliminaris de fide divina et ratione humana.*

Au moment où il terminait son ouvrage, la Providence fit tomber dans ses mains quelques auteurs mystiques, tels que Tauler et A-Kempis qui ont fait briller à ses yeux des rayons de lumière semblables à des éclairs qui paraissent et disparaissent. Mais c'est Antoinette Bourignon qui a fait à ses yeux la lumière vive et continue.

Disons quelques mots de cette femme enthousiaste et visionnaire qui, d'abord par ses écrits, et ensuite par sa personne, fit une impression encore plus grande sur Poiret que madame Guyon sur Fénelon. Selon Poiret, Antoinette Bourignon est une vierge divine, ses écrits sont des écrits célestes et divins, *scripta vere cœlestia divinæ virginis* (1). Il

---

(1) Antoinette Bourignon est née à Lille en 1616. De bonne heure elle rêva une grande perfection, une union intime avec Dieu et une réforme du christianisme. Elle s'enfuit déguisée en ermite de chez ses parents qui voulaient la contraindre à se marier. En 1653, elle devient directrice d'un hôpital et prend l'ordre et l'habit de Saint-Augustin. Le bruit s'étant répandu de l'ensorcellement et du commerce avec le diable des petites filles qui y étaient entretenues, la directrice fut accusée de sorcellerie, mandée et interrogée par les magistrats de Lille. Elle s'enfuit et se réfugia à Gand où, selon Poiret, qui a écrit sa vie, Dieu lui découvrit de grands secrets. De Gand, elle alla à Amsterdam, y fit quelques disciples et publia plusieurs ouvrages. Là encore, selon Poiret, ses entretiens avec Dieu furent fréquents, et elle apprit par révélation une infinité de choses particulières. Persécutée à cause de ses doctrines et d'un riche héritage, que lui avait légué un de ses disciples, elle quitta la Hollande pour le Holstein et s'y pourvut d'une imprimerie. Sa plume, dit Bayle, allait comme la langue des autres, c'est-à-dire comme un torrent. Elle faisait imprimer ses livres en français, en allemand et en flamand. Poiret en a donné une édition en 19 volumes in-8° en français et en allemand, Amsterdam, 1679. — Comme elle ne ménageait pas les gens d'église, annonçant partout que la vraie Église était éteinte, et qu'il fallait renoncer aux exercices liturgiques, ils sonnèrent l'alarme contre elle. Chassée de ville en ville comme une sorcière, et obligée de quitter le pays, elle chercha un asile à Hambourg ; en butte à de nouvelles persécutions, elle revint en Hollande, à Franékère, où elle mourut en 1680. Elle était, selon Bayle, d'une humeur bilieuse, dure et impérieuse. Elle a fait peu de sectateurs dans les pays où elle a vécu, mais elle en a fait davantage en Écosse, où un certain nombre de laïques et d'ecclésiastiques ont été séduits par ses doctrines, et où une vive polémique s'est engagée au sujet de sa personne et de ses écrits.

s'emporte contre quiconque ne partage pas son enthousiasme. Quelqu'un se raille-t-il de sa prophétesse et ose-t-il mettre en doute sa sainteté, ses inspirations divines, ses visions et ses prophéties, ce mystique si contemplatif, ce prédicateur de la paix universelle entre toutes les sectes chrétiennes, devient le plus violent et le plus emporté des hommes. Toutefois il ne s'étonne pas que ses écrits aient été dénigrés par des pédagogues, des docteurs, des théologiens, blasphémant ce qu'ils ne comprenaient pas. Descartes lui-même n'a-t-il pas été accusé de folie, de scepticisme et d'athéisme (1)? Cette fille mystique avait eu en Hollande quelques conférences avec des cartésiens et entre autres avec Heidanus. Mais, comme on le pense bien, elle n'avait goûté ni leur méthode, ni leurs principes. Elle assurait même, « que Dieu lui avait fait voir et déclaré expressément que cette erreur du cartésianisme était la pire et la plus maudite des hérésies qui aient jamais été dans le monde et un athéisme formel, ou une réjection de Dieu, dans la place duquel la raison corrompue se substitue. » Elle disait des philosophes en général, « que leur maladie venait de ce qu'ils voulaient tout comprendre par l'activité de la raison humaine, sans donner place à l'illumination de la foi divine qui exige une cessation de notre raison, de notre esprit, de notre faible entendement, afin que Dieu y répande ou y fasse revivre cette divine lumière, sans quoi, non-seulement Dieu n'est pas bien connu, mais même lui, et sa connaissance véritable, sont chassés hors de l'âme par cette activité de notre raison et de notre esprit corrompu. Ce qui est une vraie espèce d'athéisme et de réjection de Dieu (2). »

Poiret puisa donc cet esprit et ces principes dans le commerce et dans les écrits d'Antoinette Bourignon. Il ne

---

(1) Appendice à la première édition des *Cogitationes*, placé à la suite de la deuxième.
(2) Voir les notes de l'article ANTOINETTE BOURIGNON, du *Dictionnaire critique*.

se borna pas à étudier ses écrits, il se mit à sa recherche, la rencontra à Hambourg, lorsque déjà elle avait soixante ans, et pendant plusieurs années, il la suivit de ville en ville. Jamais, sans les conversations de cette femme, il n'aurait, dit-il, rien compris, ni aux choses divines, ni même aux choses naturelles. Non-seulement il abandonna la philosophie de Descartes, mais il se mit à attaquer toute philosophie, en vertu d'une illumination divine et au nom d'une sagesse révélée directement par Dieu lui-même. Il s'appliqua avec une incroyable activité à défendre et propager les doctrines mystiques, soit par ses propres ouvrages, soit par la réimpression d'un grand nombre d'auteurs mystiques (1). Ce mysticisme l'engagea dans des polémiques assez vives avec Leclerc, Christian Thomasius, Gerhardus Titius et Cayle. La modestie et la douceur dont il faisait preuve, dans ses mœurs et dans sa vie privée, ne se retrouvent pas dans ses ouvrages de polémique pleins de violence et d'emportement

Il a combattu Spinoza dans une réfutation intitulée, *Fundamenta atheismi eversa*, qu'il fit paraître avec la seconde

---

(1) Ses principaux ouvrages sont en outre des *Cogitationes : L'Économie divine ou Système universel et démontré des œuvres et des desseins de Dieu envers les hommes, où l'on explique et prouve d'origine, et avec une évidence et une certitude métaphysique, les principes et les vérités de la nature et de la grâce, de la philosophie et de la théologie*, etc., 7 vol. in-8. Amsterdam, 1687. Une traduction latine, revue par Poiret, en a été publiée en 1705. — *De eruditione triplici solida, superficiaria et falsa libri tres, in quibus veritatum solidarum origo ac via ostenditur, tum cognitionum scientiarumque humanarum, et in specie cartesianismi fundamenta, valor, defectus et errores deteguntur*. 2ᵉ édition, 1708. — *L'École du pur amour de Dieu ouverte aux savants et aux ignorants dans la vie merveilleuse d'une pauvre fille idiote, paysanne de naissance, servante de condition, Armelle Nicolas, décédée en Bretagne*, 1704, in-12, Cologne. — *La paix des bonnes âmes dans tous les partis du christianisme*, 1687, in-12, Amst. — Il a en outre édité toute une bibliothèque d'auteurs mystiques, les œuvres de Bourignon, de sainte Catherine de Gênes, de madame Guyon, les œuvres spirituelles de Fénelon. Il a aussi donné une exposition des doctrines de Jacob Boehm : *Idea theologiæ christianæ juxta principia Jacobi Bohemi philosophi teutonici*. Amst., 1687.

édition des *Cogitationes rationales*, afin, comme il le dit, d'arrêter le ravage que de toutes parts faisaient ses doctrines. Spinoza est, suivant lui, le plus stupide des athées, parce qu'il édifie l'athéisme précisément avec ce qui le détruit, c'est-à-dire, avec Dieu.

Après la mort d'Antoinette Bourignon, il se retira en Hollande à Amsterdam, puis à Rheinsburg, près de Leyde. Là il vécut trente ans, tout entier occupé à écrire et à recevoir l'illumination divine. Il y était entouré de quelques âmes mystiques, et dégoûtées, comme lui, des choses terrestres. Il ne fit pas de secte, il n'assistait à aucune cérémonie ou réunion religieuse, n'engageant aucun de ceux qui l'entouraient à suivre telle religion plutôt que telle autre, et les laissant en toute liberté de suivre leur penchant. De même qu'Antoinette Bourignon, il considérait la cité chrétienne comme tellement corrompue, qu'il était impossible à un chrétien de s'y mêler en conservant la pureté de sa conscience. Il mourut en 1719. Chose étrange, jamais un si zélé mystique n'a supporté qu'on le rangeât parmi les mystiques (1)!

Tels furent les égarements, et telles furent les destinées de ce philosophe singulier qui, après avoir suivi Descartes, après avoir goûté la sagesse du *Discours de la Méthode* et des *Méditations*, a donné dans toutes les folies du mysticisme, à la suite, et sous les inspirations d'une femme ignorante, fanatique et visionnaire. Toutefois il a dû à sa première éducation cartésienne de garder, jusqu'au sein de ce mysticisme exalté, une sorte de bon sens et d'esprit critique, auxquels ses adversaires eux-mêmes ont rendu

---

(1) Il répond avec indignation à Jaeger et Christian Thomasius qui l'avaient compté parmi les mystiques : « Se theologiam mysticam cum innumeris viris maximis ita magni facere, ut nihil supra, nec se illius theologiæ vere divinæ pudere, pati se tamen non posse, quod, malo fine, inter mysticos referatur, quia nunquam de ea theologia ex professo scripserit, neque de ea scribendi se capacem crediderit, multo minus se inter illuminatos immediate et adeptos adnumerari. » (Oper. posthuma, p. 252.)

hommage, surtout en le comparant à d'autres de la même secte.

La tendance à mettre Dieu à la place de l'homme, voilà ce qui rapproche le mysticisme du jansénisme, et Poiret du P. Boursier.

Quoique le P. Boursier, docteur en Sorbonne, et patriarche du parti janséniste, après le P. Quesnel, soit moins célèbre comme philosophe que comme théologien, et comme cartésien que comme janséniste, il mérite d'attirer notre attention, à cause du parti qu'il tire de la métaphysique de Descartes et de Malebranche en faveur de la grâce efficace et de la prémotion physique, dont il a été un des plus fermes champions, dans les premières années du dix-huitième siècle. Il se rattache étroitement à Malebranche par la vision en Dieu et par les causes occasionnelles, qu'il admet sans restriction, tandis qu'il combat ses idées sur la providence et sur la grâce. A part cette longue lutte en faveur de la grâce efficace, la vie du P. Boursier ne présente qu'une seule circonstance remarquable. Quand le czar Pierre-le-Grand vint visiter la Sorbonne, le P. Boursier fut chargé par ses collègues de lui présenter un mémoire sur la réunion à l'Église romaine (1). Le mémoire fut bien accueilli par le czar, et renvoyé aux évêques russes qui y répondirent. Boursier répliqua à son tour, mais bientôt la politique et les intérêts opposés vinrent arrêter cette négociation, qui ne devait pas aboutir à un plus heureux résultat que celle entre Bossuet et Leibniz pour ramener à l'unité le protestantisme et le catholicisme.

De l'action de Dieu sur les créatures (2), tel est l'ouvrage qui mérite au P. Boursier une place dans l'histoire de la philosophie cartésienne. On peut y reprendre beaucoup de subtilités et de longueurs ; l'auteur procède presque

---

(1) Boursier est né en 1679 et mort en 1749.
(2) *De l'action de Dieu sur les créatures, traité dans lequel on prouve la prémotion physique*, 2 vol. in-4°. Paris, 1713.

toujours par des démonstrations en règle, des propositions, des lemmes, qui nuisent à la clarté, plutôt qu'ils n'y ajoutent, comme cela arrive en pareille matière. Malebranche a raison de dire qu'il ne devait pas affecter la manière d'écrire des géomètres, et qu'elle ne convient ni à son sujet, ni à son style, ni même à sa personne. Il prouve en effet, par un exemple, que le P. Boursier n'était rien moins que géomètre (1). Néanmoins, au milieu de tous ces défauts, on sent une certaine vigueur de raisonnement, et on rencontre quelques pages brillantes. Le P. Boursier s'élève parfois jusqu'à l'éloquence pour exprimer le néant de la créature et l'absolue souveraineté de Dieu. Tel est le jugement qu'en porte Voltaire dans le *Catalogue des écrivains du siècle de Louis XIV* : « C'est, dit-il, un ouvrage profond par les raisonnements, fortifié par beaucoup d'érudition et orné quelquefois d'une grande éloquence (2). » Mais il se moque, non sans raison, des éloges outrés que lui donnent les jansénistes surtout d'un passage de leur *Dictionnaire historique* où il est dit : « Boursier, semblable à l'aigle, s'élève en haut et trempe sa plume dans le sein de la Divinité. »

Quel but se propose le P. Boursier? Il veut, dit-il dans la préface, défendre la doctrine de la grâce efficace, et découvrir son union et ses rapports, soit avec différentes vérités philosophiques, soit avec plusieurs points importants et capitaux de la religion. Ces vérités philosophiques sont principalement celles de Dieu unique cause efficiente, de la création continuée, et des causes occasionnelles. La démonstration de l'union des sentiments de Descartes et de Malebranche avec la doctrine de la grâce efficace, voilà par où nous intéresse l'ouvrage de l'*Action de Dieu sur les créatures*. Comme Bossuet, mais avec moins de réserve,

---

(1) *Réflexions sur la prémotion physique.*
(2) Cet ouvrage a eu un grand retentissement dans les premières années du dix-huitième siècle; il a suscité de nombreuses discussions dont on peut voir le détail dans l'*Histoire et l'analyse du livre de l'Action de Dieu*, 3 vol. in-12, 1753.

le P. Boursier suit jusqu'au bout le sentiment des thomistes, et soutient dans toute sa rigueur le système de la prémotion physique. Si la grâce ne consistait que dans des attraits, dans une impulsion morale, s'il était réservé à l'homme de se déterminer lui-même, comme le prétendent les molinistes et les congruistes, ce serait l'homme, et non pas Dieu, qui opérerait en lui ce qu'il y a de meilleur. De deux parts, la plus grande serait donnée à l'homme, la plus petite serait laissée à Dieu. La science et la providence de Dieu dépendraient de l'homme ; la providence serait transportée de la créature au Créateur. Il faut donc admettre, non-seulement des secours qui agissent moralement, mais des secours qui agissent physiquement sur la volonté, c'est-à-dire, qui pénètrent jusqu'à l'essence et à la nature de la volonté, et qui opèrent la détermination elle-même, ou, en d'autres termes, il faut, selon Boursier, admettre des secours prédéterminants et non pas seulement concomitants.

Tel est le système de la prémotion physique que le P. Boursier défend avec beaucoup de force et d'habileté, empruntant tour à tour des arguments à la philosophie, à la foi, à la nature de l'homme et à la nature de Dieu. Selon lui, ce système seul est vrai, parce que seul, en anéantissant l'orgueil de l'homme et en abaissant le libre arbitre aux pieds de la grandeur divine, il nous donne une juste idée de la grandeur de Dieu et de la dépendance des créatures : « La prémotion n'est pas de ces sentiments timides et superficiels qui craignent d'être approfondis et qui ne se sauvent qu'à la faveur des ténèbres. Je suis persuadé que plus nous pourrons pénétrer dans les replis les plus cachés de notre esprit et dans les nœuds les plus secrets qu'il a avec la souveraine intelligence, plus nous découvrirons la vérité de ce système (1). » Sans doute il n'eût pas manqué de s'appuyer sur l'autorité de Bossuet, si le *Traité du libre arbitre* eût été déjà publié.

---

(1) *Action de Dieu*, etc., t. I, p. 116.

Nul, mieux que Boursier, n'a mis dans tout son jour cette affinité, que déjà nous avons signalée, à propos de Port-Royal, entre une philosophie qui tend à dépouiller les créatures de toute activité, et une théologie qui sacrifie le libre arbitre à la grâce. Il montre très-bien l'harmonie du sentiment des nouveaux philosophes, c'est-à-dire des cartésiens et des malebranchistes, avec celui des thomistes. En effet, ces nouveaux philosophes enseignent que les corps, que la volonté elle-même, ne sont que les causes occasionnelles du mouvement, dont Dieu seul est la cause réelle, physique, immédiate, le mouvement des corps n'étant que la production continuée de ces corps en divers espaces, dépend, comme leur repos, de la volonté de Dieu qui veut produire continûment un corps dans telle ou telle relation de voisinage avec certains corps. Non-seulement Dieu est la cause qui produit les mouvements, mais celle qui les détermine, puisque c'est lui qui les met en rapport avec les volontés de l'âme. Ainsi, d'après la métaphysique de Descartes et de Malebranche, il y a prémotion physique pour toutes les actions corporelles.

Serait-il donc possible que Dieu en fît moins pour le monde spirituel, infiniment plus noble que celui des corps? N'est-il pas le Dieu des esprits, comme le Dieu du ciel et de la terre? On objectera sans doute que l'esprit est plein d'activité, tandis que la matière est inerte. Le P. Boursier ne le nie pas; mais il tire précisément un nouvel argument, en faveur de son système, de cette différence de l'âme et du corps. Les modalités du corps résultent de l'arrangement des parties, tandis que celles de l'âme, qui est simple, sont les divers degrés d'être, avec lesquels Dieu la produit continuellement; c'est-à-dire des êtres qui s'ajoutent à notre être. Sans cesse il s'appuie sur cette confusion de l'être avec les manières d'être, de la faculté avec les actes, pour dénier à l'âme le pouvoir de produire une action quelconque. A moins de donner à l'âme la puissance créatrice, il prétend qu'on ne peut lui accorder le pouvoir de déterminer le secours de Dieu, parce qu'il faudrait qu'elle pût se donner à elle-même une première détermination qui serait un être nouveau ajouté à son être. Le mouvement le plus léger et le plus délicat, le plus petit acte, un souffle, pour ainsi dire, un rayon de volonté, est toujours un être ajouté à la puissance, et par conséquent doit être rapporté à Dieu seul. Malebranche objecte très-bien au P. Boursier que l'âme n'augmente pas plus en être, à mesure que ses perfections augmentent, qu'un morceau de cire n'augmente à mesure qu'on y dépose un plus grand nombre d'empreintes (1).

Mais si l'impossibilité de la production d'un être quelconque par la créature est une preuve invincible de la prémotion physique, le fait seul de leur conservation en présente une autre qui, selon le P. Boursier, n'est pas moins évidente. En effet, d'après le sentiment des nouveaux philosophes, la conservation d'un être n'est que la continuation de l'action par laquelle Dieu l'a créé, d'où il suit que Dieu crée l'âme avec toutes ses modalités, et qu'il nous prémeut physiquement à toutes nos actions.

Il tire encore d'autres preuves particulières de l'analyse de l'intelligence et de la volonté. Si toute connaissance est un degré d'être, il est évident que l'esprit ne peut se donner à lui-même aucune connaissance, et que toutes viennent de Dieu. A l'appui de ce principe, il invoque la doctrine de la vision en Dieu de Malebranche. La connaissance des êtres finis présuppose nécessairement celle de l'infini ou de Dieu; or nous avons besoin que Dieu opère en nous la connaissance de lui-même. Comment l'esprit pourrait-il la former avec la connaissance d'êtres finis, dont il est impossible de tirer l'être infini? Lorsque nous connaissons Dieu, c'est Dieu lui-même qui est l'objet immédiat de notre entendement. Pour plus de développement, le P. Boursier renvoie à Malebranche : « Je tranche court sur cette vérité si belle néanmoins et si lumineuse, parce qu'elle se trouve traitée d'une manière

---

(1) *Réflexions sur la prémotion physique.*

admirable et nouvelle dans les ouvrages d'un illustre auteur (1). »

Selon Boursier, comme selon Malebranche, c'est aussi Dieu qui nous donne la connaissance de l'étendue corporelle, en se découvrant lui-même à nous comme principe et archétype de l'étendue corporelle. Il peut nous découvrir les corps en lui, puisqu'il contient en son essence tous les degrés d'être qui correspondent à l'essence de chacun d'eux, et il faut bien qu'il nous les y découvre, puisque la matière ne peut agir sur nous. C'est encore Dieu qui seul produit en nous les sensations, par lesquelles nous colorons et diversifions les essences des corps que nous voyons dans son étendue intelligible. Ainsi Boursier admet, sans aucune restriction, la doctrine des idées de Malebranche.

De même aussi que Malebranche, il trouve plus de clarté dans le corps que dans l'âme. L'idée de la matière contient toutes les modifications dont elle est susceptible, il suffit, pour les produire toutes, de procéder par retranchement et par division, comme sur une étoffe qu'on découpe. Mais les modalités de l'esprit, qui sont des degrés de l'être, ne peuvent se connaître que par l'acquisition de ces nouveaux degrés. L'âme ne produit donc aucune idée; toutes viennent de Dieu, toutes, pour leur formation, exigent une prémotion physique, enfin toutes se réunissent dans la connaissance de Dieu, que Dieu seul peut opérer en nous.

Boursier démontre ensuite que la prémotion physique n'est pas moins nécessaire pour les actions de la volonté que pour celles de l'esprit. Comme Malebranche, il entend par la volonté l'amour qui nous entraîne vers le bien en général. Mais il ne suffit pas, dit-il, de connaître pour aimer; l'amour est profondément distinct de la connaissance. Donc c'est encore un nouveau degré de réalité et d'être que l'âme ne peut se donner à elle-même, et qui exige, comme la connaissance, la prémotion physique. Ce n'est pas seulement cette impulsion générale, mais chacune de ses dé-

---

(1) *Action de Dieu*, etc., t. I, p. 114.

terminations particulières qui dépendent de la prémotion physique. Si la volonté par elle-même pouvait, d'un amour général, former des amours déterminés, en s'appliquant à des objets particuliers, il suffirait à un esprit de connaître pour aimer, contrairement au principe, que l'âme ne peut se donner à elle-même aucun nouveau degré d'être. Il attribue donc à la prémotion physique chaque volition, comme chaque connaissance, d'où il prend avantage contre tous les systèmes sur la grâce, autres que celui de la grâce efficace. Jamais, dit-il, la volonté n'agira avec la seule grâce versatile ou congrue, avec une grâce qui ne la pousse que moralement, qui n'opère pas physiquement le vouloir et l'amour. La grâce inefficace concomitante suppose déjà un acte ou un commencement d'acte volontaire. Ainsi, dans ce système, antérieurement à la première volition aidée par la grâce, il faudrait une autre première volition produite par l'âme elle-même, ce qui, selon le P. Boursier, est absurde. Comme toutes les vertus et toutes les passions se ramènent à la connaissance combinée avec l'amour, c'est Dieu qui les opère toutes en nous, de même qu'il opère la connaissance et l'amour.

S'élevant ensuite de la nature humaine à la nature divine, il y découvre encore de nouvelles preuves en faveur de la prémotion physique. Ce système en effet lui paraît le seul en harmonie avec l'infinité de la nature de Dieu. Un Dieu qui cherche ingénieusement les moyens de faire exécuter ses desseins par les créatures, en les influençant avec adresse, en profitant avec art des occasions et des circonstances, n'est-il pas moins grand qu'un Dieu maître absolu, faisant tout ce qu'il veut par les volontés mêmes des hommes? Voici un Dieu qui opère, mais en laissant à la créature la libre disposition de son opération, un Dieu dont le secours n'est, par rapport à la volonté humaine, que celui du rameur par rapport au pilote; voici en regard un autre Dieu qui tient lui-même le gouvernail, dont l'opération maîtrise la créature, et qui manie notre volonté comme le potier l'argile? De quel côté y a-t-il plus de perfection et de grandeur? Autant on affranchit la créature, autant on rabaisse la majesté souveraine de Dieu. La science infinie et la providence, tels sont les deux grands attributs par lesquels Dieu nous regarde. Devons-nous les mettre dans la dépendance de la volonté libre, ou bien plutôt ne devons-nous pas y voir la preuve d'une telle dépendance de cette volonté, qu'en toutes ses actions elle ait besoin d'une prémotion physique? Selon le P. Boursier, il n'y a pas à balancer.

Dieu est doué d'une science infinie. Où peut-il puiser cette science à l'égard des choses futures et surtout à l'égard des actions libres de la volonté? Ce ne peut être que dans son essence, dans les créatures elles-mêmes, ou dans ses décrets. Il ne les connaît pas dans son essence, car tout ce qui est déterminé à une seule chose, par l'essence divine, est aussi ferme et invariable que l'essence elle-même, et en conséquence l'indifférence de la volonté serait détruite. Dieu connaîtra-t-il donc, en les voyant dans les créatures, les choses futures et contingentes? Mais cela n'est pas digne de lui. Dieu, en qui les créatures voient tout ce qu'elles connaissent, comme dans un miroir, parce qu'il est le principe et l'archétype de tous les êtres, serait-il donc obligé à son tour de consulter les créatures? Dans ses décrets seuls se trouve le fondement de sa science infinie. Il ne connaît les créatures que comme ses ouvrages; s'il sait le futur, c'est qu'il voit ce qu'il doit opérer un jour. En toutes choses, il ne voit que lui-même, il n'a qu'une science, celle de lui-même et de ses décrets. Tout ce chapitre est un commentaire des paroles célèbres de saint Augustin, *præscivit quæ ipse erat facturus*.

De l'idée de la providence, Boursier déduit encore un autre argument en faveur de la prémotion physique. Selon lui, par tout autre système, la providence est abaissée. Il convient à Dieu d'ordonner, de déterminer, et non pas seulement de coopérer et d'exécuter. Dans le système des secours prédéterminants, la nature tient le gouvernail, tandis que Dieu n'apparaît que pour la seconder, ce qui est enlever la providence à Dieu pour la transporter aux créatures. A Dieu seul il appartient de déterminer et d'ordonner les créatures spirituelles en tout état et en toute situation. Or, il ne peut le faire que par la prémotion physique.

Mais sur la question de la fin et des voies de la providence, Boursier, comme Fénelon, est l'adversaire de Malebranche. Pour affranchir Dieu de la loi du meilleur, il renverse les fondements mêmes de l'optimisme. Dieu ne peut avoir d'autre fin que lui-même et sa propre gloire; il s'aime nécessairement tel qu'il est, comme le principe et la source de tous les êtres, et il aime nécessairement en lui le droit qu'il a de prononcer sur l'existence ou la non-existence des créatures. Mais il ne s'ensuit pas qu'il crée nécessairement, car il exerce et manifeste également ce droit, et son empire souverain sur les êtres, soit qu'il crée ou qu'il ne crée pas. Création et non création sont donc, selon Boursier, deux moyens parfaitement égaux, par rapport à sa fin, deux moyens à l'égard desquels il demeure souverainement indifférent et libre. Mais, à supposer qu'il crée, ne devra-t-il pas créer le meilleur possible ? Selon Boursier, comme selon Fénelon, il y a un meilleur, par rapport aux créatures, mais il n'y en a pas par rapport à Dieu, tout étant égal au regard de sa grandeur infinie. Il lui est égal de créer, ou de ne pas créer tels ou tels êtres qui augmentent ou diminuent la perfection de l'univers, il lui est égal de créer un monde plus ou moins parfait. Il faut distinguer entre son action et l'effet qui la suit. Son action sera toujours divine, car son action, c'est lui-même; mais il n'en est pas de même de l'effet qui n'a qu'une ressemblance éloignée avec sa cause, et qui toujours, quel qu'il soit, en demeure à une distance infinie.

Le P. Boursier s'élève, comme Arnauld, contre la simplicité et la généralité des voies. Loin que les voies de Dieu soient les plus simples, elles lui paraissent au contraire fort composées. Il reproche aux voies générales de faire dépendre le Créateur des créatures, de ne lui épargner, malgré l'intervention des causes occasionnelles, et quoi que prétende Malebranche, aucune volonté particulière, et de ne rendre aucunement raison des défauts et des imperfections de ce monde : « Quelle idée de Dieu ! Il souhaite et il n'accomplit pas, il n'aime point les monstres et il en fait ; il n'atteint pas dans ses ouvrages à la perfection qu'il désire, il ne peut faire un ouvrage sans défauts, il ne peut faire un ouvrage où les défauts n'abondent, sa sagesse borne sa puissance. Étrange idée de Dieu ! un être impuissant, un ouvrier peu habile, une sagesse de contrainte, un souverain qui ne fait pas ce qu'il veut, un Dieu malheureux (1) ! » Pourquoi donc s'écarter de la doctrine ancienne et se jeter dans de si grands et si terribles inconvénients ?

Le P. Boursier n'attribue pas seulement les actions bonnes, mais les actions mauvaises elles-mêmes, à la prémotion physique. Ce serait, dit-il, borner étrangement la conduite de Dieu sur le genre humain que de la réduire à la production des actions saintes, dont le nombre est incomparablement moindre que celui des actions mauvaises. Il faut savoir percer à travers tant de crimes pour apercevoir la main de Dieu qui, sans opérer le crime, sait tellement gouverner les volontés criminelles, qu'elle les réunit pour former un seul tout, et un dessein très-suivi et très-proportionné. Il y a de l'être dans l'action par laquelle on pèche, comme dans une action sainte. Ne pas rapporter à Dieu cet être, ce reste de bien qui subsiste, même dans le péché, serait un vrai manichéisme. Néanmoins, selon Boursier, Dieu, à rigoureusement parler, n'opère pas le péché en nous. Car, dans le péché, l'acte est défectueux et l'être est accompagné d'une privation, qui n'est point le fait de l'opération de Dieu, mais bien le fait de la créature. Dieu n'est ni cause efficiente, ni cause déficiente du péché, parce que le formel du péché consiste en une privation, en un défaut qui ont leur source dans la volonté même de la créature.

(1) *Action de Dieu*, t. II, p. 79.

Comme conséquence de la prémotion physique, le P. Boursier admet la prédestination gratuite dans ce qu'elle a de plus rigoureux. Ce sont deux matières qui se tiennent ; ce qu'on a dit de l'une, il faut le répéter de l'autre. La prédestination est la préparation que Dieu a faite de sa grâce dans ses conseils éternels, tandis que la prémotion physique est le don actuel de cette grâce dans le temps. Voilà l'unique différence entre l'une et l'autre. La conversion des pécheurs, la persévérance des justes ne sont que l'accomplissement des décrets éternels. Ce qui paraît le plus dur en cette matière de la prédestination gratuite, c'est que Dieu décide en premier de notre sort, et qu'il en décide de lui-même, sans puiser dans notre libre arbitre le motif de sa décision. Mais, selon le P. Boursier, ce prétendu inconvénient est dans tous les systèmes, même dans le pélagianisme ; car dans tous, Dieu tient entre ses mains les clefs de la mort et de l'enfer, dans tous il est le souverain arbitre de notre vie, et conséquemment de notre destinée.

Le P. Boursier a néanmoins la prétention de conserver intacte la liberté. Il proteste sans cesse de sa ferme croyance au libre arbitre dans l'homme et au mérite des bonnes œuvres. Comme Bossuet, il affirme que Dieu tout-puissant peut faire que la volonté soit libre en nous, tout en l'opérant lui-même. Malebranche relève bien une si manifeste contradiction : « J'avoue que je n'ai pas assez de force d'esprit pour comprendre la force de ce raisonnement. Il me paraît que je raisonnerais de la même façon si je faisais celui-ci : Dieu est tout-puissant ; il peut donner aux corps telle figure qu'il lui plaît ; or, il veut qu'une boule de cire soit cubique, sans agir sur sa rondeur ; donc, elle deviendra cubique, sans rien perdre de sa parfaite rondeur, puisque le Tout-Puissant le veut ainsi (1). »

Mais le P. Boursier ne veut voir que les avantages de cette doctrine pour la grandeur et la souveraineté absolue de Dieu : « Avec cette doctrine, nous avons un Dieu qui

---

(1) *Réflexions sur la prémotion physique.*

agit en maître et qui préside à notre cœur, qui le tient sous sa main, qui donne la règle et la mesure à tous nos mouvements, qui détermine notre volonté, sans la nécessiter, qui met en œuvre nos pouvoirs, sans y donner atteinte, qui, par une opération aussi douce qu'elle est puissante, décide de notre sort sans nous ôter l'avantage d'en décider nous-mêmes. En un mot, ce sentiment nous fait envisager Dieu en toutes choses, Dieu dans notre esprit, Dieu dans notre volonté, Dieu dans nos actions, Dieu dans nos déterminations, et nous le fait envisager comme agissant en Dieu, c'est-à-dire, en arbitre souverain de tous les êtres (1). »

A l'instigation des jésuites, Malebranche, vieux et souffrant, répondit au P. Boursier par les *Réflexions sur la prémotion physique*, son dernier ouvrage (2), l'année même de sa mort. L'auteur de l'*Action de Dieu sur les créatures* fonde sa doctrine sur les sentiments des nouveaux philosophes, et en particulier sur ceux de Malebranche. Mais Malebranche se plaint d'avoir été mal interprété, il fait la guerre à la prémotion physique du P. Boursier, et prend contre lui, de même que contre Arnauld, le rôle de champion de la liberté. Il l'accuse de ne laisser subsister du libre arbitre que le nom, il oppose son sentiment à celui de saint Augustin et au concile de Trente. Il admet bien une prémotion physique au regard de la volonté en général, mais non au regard du consentement de la volonté à tel ou

(1) Tome Ier, p. 47.
(2) Voici ce que dit l'auteur de la préface historique de l'*Histoire et analyse de l'action de Dieu sur les créatures* : « Le P. Malebranche pouvait se flatter d'avoir trouvé dans l'auteur de l'*Action de Dieu* un grand défenseur de ses beaux principes sur la vue des objets en Dieu. Dans la troisième et quatrième section, ils sont exposés, soutenus, étendus et mis dans un nouveau jour. Mais les deux sections suivantes renferment une réfutation de ce Père sur les causes occasionnelles, sur la Providence, sur les causes de l'incarnation de Jésus-Christ et sur la prédestination et la grâce. Cependant M. Boursier s'est abstenu de nommer ce Père, ni même de citer ses écrits. Quelque gré qu'on dût lui savoir de ces ménagements, les jésuites firent presser Malebranche d'écrire contre lui. »

tel bien particulier. La grâce prévient la volonté et la meut, mais elle n'opère pas le consentement. Le consentement n'étant que l'acquiescement, c'est-à-dire le repos de la volonté dans un bien qui lui paraît le meilleur, toute nouvelle prémotion physique pour la déterminer au consentement est inutile. Une prémotion est nécessaire pour le mouvement, mais non pour le repos. En d'autres termes, selon Malebranche, la grâce est efficace par rapport au mouvement général de la volonté, et non par rapport à ses déterminations particulières. Mais il réfute mal, et avec un certain embarras, l'argument de la création continuée, que Boursier fait habilement intervenir en faveur de ce qu'il y a de plus excessif dans son système. Tout en maintenant que Dieu seul est la cause efficace de tous les changements réels qui arrivent dans le monde, et que les causes secondes ne sont que des causes occasionnelles, il veut cependant que l'âme soit l'unique cause de ses actes, quoique dépendamment de l'action de Dieu en elle. Dieu est sans doute l'auteur de toutes les modalités, comme de tous les êtres; mais, selon Malebranche, la modalité d'une substance est ce qui ne peut changer, sans qu'il y ait quelque changement réel ou physique dans la substance dont elle est la modalité. Or il prétend que les actes de l'âme ne sont pas des modalités parce qu'ils ne produisent aucun changement physique dans l'âme ni dans le corps. C'est à leur occasion, et non par leur fait, que de tels changements s'y produisent. Cette définition arbitraire de la modalité laisse subsister dans toute leur force les conséquences tirées par le P. Boursier de la création continuée.

Mais, comme nous l'avons déjà dit, le rôle de défenseur du libre arbitre ne convient guère à Malebranche, dont les principes aboutissent aussi à la négation de toute espèce d'activité. Si l'homme, dans la doctrine du P. Boursier, n'est qu'un automate mû par Dieu lui-même, est-il donc autre chose dans la doctrine de Malebranche? Boursier avait préparé une réponse à Malebranche, dont le plan et un fragment ont été publiés dans l'histoire du livre de l'*Ac-*

tion de Dieu, et où nous n'avons rien remarqué, sinon beaucoup de politesse et de vénération pour Malebranche. Boursier eut encore à se défendre contre le P. Dutertre, que nous rencontrerons bientôt parmi les adversaires de Malebranche. Le *Philosophe extravagant dans l'action de Dieu sur les créatures* (1), tel est le titre de l'ouvrage de ce père contre Boursier. Le ton en est ironique et plus ou moins spirituellement railleur, comme on peut en juger par cette citation : « Il sait prendre quand il veut le ton dévot et pathétique pour représenter la grandeur de Dieu, le néant de la créature, pour invectiver contre ceux qui, par un orgueil insupportable, se persuadent que la grâce ne les sanctifiera pas, s'ils ne consentent à suivre ses attraits, ou que Dieu ne les damnera pas pour avoir manqué d'observer des commandements qu'il ne leur était pas possible d'observer. » Le P. Dutertre tourne aussi en ridicule cette transformation de toute perception, connaissance, ou détermination de notre âme, en une substance nouvelle ajoutée à sa substance. Enfin, il lui reproche de faire de l'âme un être inanimé et purement passif, et de Dieu l'unique auteur de ses actes, sans qu'elle y ait plus de part que le morceau de bois à la figure qu'il reçoit de la main du menuisier (2).

Nous avons suffisamment montré le secours que le jansénisme pouvait emprunter, en faveur de la prémotion physique, à la métaphysique de Descartes et de Malebranche.

(1) Paris, in-12, 1716.
(2) On trouve aussi dans l'*Histoire du livre de l'action de Dieu* un fragment de réponse de Boursier au P. Dutertre.

CHAPITRE XVII

Influence de la philosophie de Malebranche. — Grands seigneurs et dames malebranchistes. — Conférences malebranchistes. — Mathématiciens malebranchistes. — Le marquis de l'Hôpital, Carré, Renaud d'Élisagarai, etc. — Malebranchistes dans l'Oratoire. — Le P. Thomassin. — Cartésianisme et malebranchisme sous le voile de Platon et de saint Augustin. — Le P. Thomassin historien de la philosophie. — La raison, verbe de Dieu, prouvée par le consentement de tous les grands philosophes de l'antiquité. — Prédilection pour Platon et son école. — La théorie platonicienne des idées interprétée avec la vision en Dieu de Malebranche. — Intervention de Dieu dans toutes nos connaissances. — Commentaire cartésien des preuves de l'existence de Dieu données par les Pères de l'Église. — Le P. Bernard Lamy. — Sa vie, ses ouvrages. — Attachement courageux à Descartes et à Malebranche. — Dernière édition de ses *Entretiens sur les sciences*. — Éloge de Descartes et de Malebranche. — *Démonstration de la vérité de la morale chrétienne* d'après les principes de Malebranche. — Michel Levassor. — Le P. Claude Ameline. — Le P. Quesnel. — Le P. Roche. — *Traité sur la nature de l'âme*. — Réfutation de Locke et de Condillac.

Nous allons maintenant passer en revue les cartésiens qui ont suivi le drapeau de Malebranche, et qu'on peut distinguer du gros de l'école par le nom de malebranchistes. Ils ont été plus nombreux, et ils méritent plus d'attention que n'ont paru le croire plusieurs historiens de la philosophie.

« Ce système, dit Fontenelle, quoique si intellectuel et si délié, s'est répandu avec le temps et le nombre de ses sectateurs fait assez d'honneur à l'esprit humain, etc. Jamais philosophe, sans en excepter Pythagore, n'a eu des disciples plus persuadés (1). » Malebranche a eu en effet

---

(1) Éloge de Malebranche.

un grand nombre de disciples dévoués et enthousiastes, depuis la fin du dix-septième siècle jusqu'à celle du dix-huitième. Il convenait mieux que Descartes, comme nous l'avons déjà remarqué, aux âmes tendres et pieuses, d'autant plus attirées vers une doctrine qu'elle se présentait avec un plus haut caractère de spiritualité. Dans le monde et dans les ordres religieux, parmi les femmes, et parmi les membres de l'Académie des sciences, partout à cette époque, nous trouvons des malebranchistes (1).

La princesse Élisabeth et le prince de Condé furent les admirateurs, sinon les disciples de l'auteur de la *Recherche de la Vérité* (2). Mettons à leur suite le duc de Chevreuse, pour lequel Malebranche composa les *Conversations chrétiennes*, le marquis d'Allemans, cet ami si dévoué, ce disciple si enthousiaste, et le duc de la Forcecité par le père André. Aux grands seigneurs nous pouvons joindre de grandes dames, telles que les duchesses d'Épernon et de Rohan, la marquise de l'Hôpital, louée par Leibniz, mademoiselle de Verthamont, et madame d'Aubeterre qui, d'après le père André, furent de véritables disciples de Malebranche. Madame de Grignan n'était pas moins passionnée pour Malebranche que pour Descartes, ni moins familière avec la *Recherche* qu'avec la *Méthode* ou les *Méditations*. Sa mère lui écrit : « J'ai pris les *Conversations chrétiennes*; elles sont d'un bon cartésien qui sait par cœur votre *Recherche de la Vérité* (3). » Mademoiselle de Launay (4) rapporte, dans ses

(1) Éloge de Malebranche.
(2) Voir dans le chapitre sur la vie de Malebranche, ce que nous avons dit de ses relations avec la princesse Élisabeth et le prince de Condé. Arnauld, dans quelques-unes de ses lettres, prétend avoir fait revenir le prince et M. le duc son fils sur le compte de Malebranche ; mais, dit le P. Adry, il est suspect ; les mémoires qui nous servent de guide n'apprennent rien de pareil.
(3) Tome VI, p. 319, édit. Montmerqué. Les *Conversations chrétiennes* avaient paru sans nom d'auteur ; madame de Sévigné ne savait pas alors qu'elles fussent de Malebranche.
(4) « Mademoiselle de Silly m'ouvrit un nouveau champ. Elle faisait une espèce d'étude de la philosophie de Descartes. Je me livrai avec un

Mémoires, qu'elle étudiait au couvent, avec plusieurs de ses compagnes, la *Recherche de la Vérité* et qu'elle se passionnait pour le système de l'auteur. Dans la correspondance du père André il est plusieurs fois question de dames, et même de religieuses malebranchistes. Enfin Fontenelle nous apprend que le mathématicien Carré, l'élève de Malebranche, et un des propagateurs les plus zélés de sa doctrine, eut beaucoup de dames pour disciples (1). Aussi Malebranche, d'après le père André, avait coutume de dire que les femmes, plus dégagées de préjugés, savaient mieux lire ses livres. Tous les samedis, dans l'hôtel de mademoiselle de Vailly, parente de Malebranche, il y avait des conférences où se réunissaient des malebranchistes, sous la présidence de Miron, pour discuter et défendre les ouvrages de leur maître. On y voyait le jésuite Aubert qui les savait par cœur, le mathématicien Saurin, le père Germon, l'abbé de Cordemoy. Le père André put y assister quelquefois (2). Quant à Malebranche, il y paraissait rarement, aimant mieux la solitude et la méditation, et se souciant peu de se montrer dans le monde (3).

Il eut aussi des disciples dans le clergé et dans les ordres

---

extrême plaisir à cette entreprise. Je lus avec elle la *Recherche de la Vérité* et me passionnai du système de l'auteur. » *Mémoires*, 3 vol., in-12, Londres, 1755, t. Iᵉʳ, p. 19.

(1) « Je ne sais par quelle destinée particulière il eut beaucoup de femmes pour disciples. En général il faisait cas des femmes, même par rapport à la philosophie, soit qu'il les trouvât plus dociles parce qu'elles n'étaient prévenues d'aucunes idées contraires, et qu'elles ne cherchent qu'à entendre et non à disputer, soit qu'il fût plus content de leur attachement pour ce qu'elles avaient une fois embrassé, etc. Outre les femmes du monde il avait gagné aussi des religieuses encore plus dociles, plus appliquées, plus occupées de ce qui les touche. » *Éloge de Carré*.

(2) *Recueil de pièces fugitives*, par l'abbé Archimbault, 1717, t. III, art. VI.

(3) Le P. André et le P. Aubert lui demandant un jour pourquoi il ne venait pas plus souvent chez sa nièce, il répondit : « Pourquoi voulez-vous que j'y aille? Apparemment pour faire dire à mon arrivée : Voilà la bête. » Ce mot est rapporté par M. Charma, 1ᵉʳ vol., p. 7 de son ouvrage sur le P. André.

religieux, chez les bénédictins, chez les jésuites eux-mêmes, et surtout dans l'Oratoire. C'est dans la partie jeune du clergé, plus accessible aux idées nouvelles, qu'il fit le plus grand nombre de prosélytes, si nous en croyons Arnauld qui se raille en plusieurs endroits des jeunes abbés malebranchistes.

Mais on s'étonnera peut-être encore davantage du grand nombre de ses admirateurs et de ses partisans dans le sein même de l'Académie des sciences, d'après les témoignages de Fontenelle. Nommons d'abord le marquis de l'Hôpital qui, « ayant jugé, dit Fontenelle, par le titre de la *Recherche* que son auteur devait être un excellent guide dans les sciences, prit ses conseils, s'en servit utilement et se lia avec lui d'une amitié qui dura jusqu'à la mort (1). » Malebranche fut un des promoteurs de la science des infiniment petits, et avait excité l'Hôpital à s'y plonger (2). Élève et ami du grand oratorien, propagateur enthousiaste de sa doctrine, le mathématicien Carré, de l'Académie des sciences, mérite aussi une place dans cette histoire. Abandonné par son père, à cause de son refus d'entrer dans les ordres pour lesquels, malgré sa piété, il crut ne pas avoir de vocation, il fut recueilli par Malebranche. « Sa mauvaise fortune, dit Fontenelle, produisit un grand bien. Il cherchait un asile et il en trouva un chez le R. P. Malebranche qui le prit pour écrire sous lui. De la ténébreuse philosophie scolastique, il fut tout d'un coup transporté à la source d'une philosophie lumineuse et brillante ; là il vit tout changer de face et un nouvel univers lui fut dévoilé. Il apprit sous un grand maître les mathématiques et la plus sublime métaphysique, et en même temps il prit pour lui un tendre attache-

---

(1) *Éloge du marquis de l'Hôpital.*

(2) Saint-Simon en annonçant sa mort ajoute : « Je le remarque par la grande réputation qu'il s'était acquise parmi tous les savants de l'Europe, grand géomètre, profond en algèbre et dans toutes les parties des mathématiques, ami intime et d'abord disciple du P. Malebranche, et si connu lui-même par son livre *Des infiniment petits*. » *Mémoires*, vol. IV, p. 140.

ment qui fait l'éloge du maître et du disciple. » Après avoir été neuf ans à cette école excellente, il en sortit par le besoin de se faire quelque établissement, et se mit à donner en ville des leçons de mathématiques et de philosophie, mais surtout, dit Fontenelle, de cette philosophie dont il était plein. « Il tâchait de faire en sorte que toute la géométrie ne fût qu'un degré pour passer à sa chère métaphysique; c'était elle qu'il avait toujours en vue, et sa plus grande joie était de lui faire quelques nouvelles conquêtes. » Il avait le don d'y réussir, et il gagna à Malebranche bon nombre d'adeptes, surtout parmi les femmes les plus distinguées et du plus haut rang (1).

Grâce à son crédit auprès des grandes dames ses élèves, Carré obtint, en 1696, pour les *Entretiens sur la mort* et pour la 2ᵉ édition des *Entretiens métaphysiques*, un privilége qui, depuis le traité de la *Nature de la grâce*, avait été refusé à tous les ouvrages de Malebranche (2).

Renaud d'Élisagaray, habile mathématicien et ingénieur, — soldat intrépide qui bombarda Alger avec des galiotes à bombes de son invention, fut un disciple non moins fidèle et non moins zélé de Malebranche, non-seulement en métaphysique, mais dans la religion, dans la morale et la pratique de la vie. Jamais, dit Fontenelle, malebran-

---

(1) Cet éloge de Carré est un des meilleurs de Fontenelle. Nulle part peut-être il n'a peint son héros avec plus de sympathie et plus de charme, avec des traits plus fins et plus délicats, non sans y mêler, comme dans l'*Éloge de Malebranche*, quelque légère teinte d'ironie. Après avoir dit que Carré n'abandonnait pas ses principes à moitié chemin et qu'il les suivait jusqu'au bout dans la conduite de sa vie et dans ses mœurs, comme dans la théorie, il ajoute : « Sa métaphysique lui faisait mépriser les causes occasionnelles du plaisir et l'attachait à leur seule cause efficace ; l'amour de l'ordre imprimait la justice dans le fond de son cœur et lui rendait tous ses devoirs délicieux. »

(2) *Vie de Malebranche*, par le P. André, mss. de Troyes. Malade sur la fin de ses jours et incapable de tout emploi utile, Carré trouva une retraite chez le conseiller Chauvin, grand ami de Malebranche. Il y mourut, en 1711, avant son maître, avec la fermeté, dit Fontenelle, que peuvent donner la philosophie et la religion réunies.

chiste ne l'a été plus parfaitement : « Il y a apparence que M. Renaud lut la *Recherche de la vérité* dès qu'il fut en état de la lire. Son goût pour ce fameux système et son attachement pour la personne de l'auteur ont toujours été si vifs qu'on ne les saurait croire fondés sur une impression trop ancienne. Quoi qu'il en soit, jamais malebranchiste ne l'a été plus parfaitement, et comme l'on ne peut l'être à ce point sans une forte persuasion des vérités du christianisme et, ce qui est infiniment plus difficile, sans la pratique des vertus qu'il demande, M. Renaud suivit le système jusque-là (1). »

Pierre de Montmort, l'auteur de l'essai d'*Analyse des jeux de hasard*, avait aussi reçu de Malebranche, dont il fut l'ami, cette double empreinte, philosophique et religieuse (2). Le P. Adry cite Varignon comme un ami et un partisan de Malebranche. Fontenelle, d'ailleurs, nous dit dans son *Éloge* : « L'incertitude éternelle, l'embarras sophistique, l'obscurité inutile, et quelquefois affectée, de la philosophie de l'école, aidèrent encore à lui faire goûter la clarté, la liaison, la sûreté des vérités géométriques. La

---

(1) Étant tombé malade, en 1719, d'une rétention d'urine, aux eaux de Pougues, il poussa la fidélité à Malebranche jusqu'à vouloir se traiter comme lui par une grande quantité d'eau prise à l'intérieur. Il en prit tant, qu'au dire des médecins, d'après Fontenelle, il se noya. Sa mort ne fut pas moins édifiante que celle de Carré et de leur commun maître. « La mort de cet homme, qui avait passé une assez longue vie à la guerre, dans les cours, dans le tumulte du monde, fut celle d'un religieux de la Trappe. Persuadé de la religion par la philosophie, et incapable par son caractère d'être faiblement persuadé, il regardait son corps comme un voile qui lui cachait la vérité éternelle, et il avait une impatience de philosophe et de chrétien de le voir déchiré. » (*Éloge de Renaud d'Élisagaray*.)

(2) Son père l'avait laissé, à vingt-deux ans, maître d'une fortune considérable : « Mais la *Recherche de la vérité* et les autres ouvrages de la même main, les conseils de l'auteur qui l'avaient engagé dans l'étude des mathématiques, prévinrent les périls d'un état si agréable. Il n'avait pas des goûts faibles ni des demi-volontés, il se plongea entièrement dans la philosophie et les mathématiques ; il vivait dans un désert puisqu'il ne voyait plus que ses pareils. » Fontenelle, *Éloge de Pierre de Montmort*.

géométrie le conduisit aux ouvrages de Descartes et il y fut frappé de cette nouvelle lumière qui de là s'est répandue sur le monde entier. » A cette liste des amis et des admirateurs de Malebranche, dans l'*Académie des sciences*, il faut encore ajouter les noms de l'abbé Catelan, de Saurin, de Privat de Molières, habiles géomètres qui furent, avec Mairan, les derniers défenseurs des tourbillons de Descartes. Nous aurons occasion de parler plus amplement de Mairan dans la suite de cette histoire de la philosophie de Malebranche.

De l'Académie des sciences, allons à l'Oratoire, et passons en revue les prosélytes que gagna Malebranche dans le sein même de son ordre.

Nous avons vu qu'il y avait dans l'Oratoire une tendance idéaliste et cartésienne antérieure à la *Recherche de la vérité*. Mais si Malebranche n'est pas l'auteur de cette tendance, il l'affermit et la développa par l'éclat de ses doctrines et le succès de ses écrits. Désormais la plupart des régents de philosophie de la congrégation, dans leurs cahiers et dans leurs ouvrages, unissent Malebranche à Descartes, en les dissimulant plus ou moins sous les noms de Platon et de saint Augustin. Celui qui dans l'Oratoire a représenté, avec le plus d'autorité et d'érudition, cette tendance platonicienne et augustinienne où se cache l'attachement aux nouveaux philosophes, est le P. Thomassin, confrère de Malebranche (1). Le P. Thomassin est mort, il est vrai, la même année qu'André Martin, mais tous ses

---

(1) Né à Aix, en Provence, en 1619. Entré à quatorze ans à Paris dans la congrégation de l'Oratoire, il y passa soixante ans. A trente ans, il fut envoyé à Saumur où il enseigna la théologie avec un grand succès, en remontant aux sources mêmes de la science sacrée, aux Pères et aux Écritures, et en combattant les théologiens de l'université protestante. De Saumur il fut appelé à Paris, au séminaire de Saint-Magloire, où il continua pendant quatorze ans, avec le plus grand éclat, ses conférences de théologie positive. Il passa le reste de sa vie, de 1668 à 1695, à composer de nouveaux ouvrages sur le dogme et sur la discipline. (Voir l'éloge du P. Thomassin dans le *Journal des savants*, année 1696, p. 122. — Voir aussi une thèse de M. Lescœur. Paris, 1852, in-8.)

écrits philosophiques sont postérieurs de plusieurs années aux principaux ouvrages de Malebranche et, quoiqu'il ne nomme ni Malebranche ni même Descartes, à cause sans doute des interdictions dont ils étaient l'objet, il est impossible d'y méconnaître la double influence de l'un et de l'autre. Le nom et les ouvrages du P. Thomassin sont cités avec honneur dans la plupart des discussions théologiques de la fin du dix-septième siècle, à cause de son esprit de conciliation et de sa vaste érudition. Le cardinal Gerdil, dont les doctrines présentent beaucoup d'analogie avec le P. Thomassin, le cite, après saint Augustin, comme une des plus considérables et des plus décisives autorités en faveur de Malebranche. Le P. Thomassin serait sans doute plus connu dans l'histoire de la philosophie cartésienne et malebranchiste, si la plupart de ses ouvrages n'étaient écrits en latin, et s'il n'avait pas beaucoup trop mêlé la philosophie à la théologie.

La *Méthode d'enseigner chrétiennement et solidement la philosophie* (1) est le seul ouvrage purement philosophique qu'il ait écrit. Cet ouvrage fait partie d'une série de traités sur la méthode à suivre dans les différentes parties de l'enseignement, pour l'étude des poëtes et celle des historiens profanes. Mais on retrouve les mêmes doctrines philosophiques dans ses autres traités sur la méthode, et toute une théodicée dans le *De Deo Deique proprietatibus*, qui n'est qu'une partie de son grand ouvrage sur les dogmes théologiques (2).

Il semble que le P. Thomassin ait pour but principal de confirmer, par l'histoire tout entière de la philosophie, et par les témoignages accumulés des grands philosophes de l'antiquité et des Pères de l'Église, la doctrine de cette raison universelle et divine qui tient une si grande place

---

(1) Gros in-8. Paris, 1865.
(2) *Dogmata theologica*, 3 vol. in-folio, comprenant trois traités : le premier, de l'incarnation, qui parut en 1680 ; le second, de Dieu et de ses attributs, en 1684 ; le troisième, sur les prolégomènes de la théologie, en 1689.

dans la philosophie de Malebranche. Par cette raison universelle il explique l'unité qu'il croit découvrir dans la philosophie ancienne touchant les grandes vérités de l'existence de Dieu, de la providence, de l'immortalité, du bien et du mal moral, des châtiments et des récompenses après cette vie. Pour faire remonter à Adam toute philosophie, il rattache au peuple de Dieu, comme à une même souche, les rameaux épars de l'antiquité païenne, non dans le but de sacrifier la raison à la révélation, mais dans celui de montrer la révélation et la raison concourant ensemble à la formation des grandes vérités philosophiques. Le P. Thomassin ne craint pas d'affirmer que la raison eût été capable de porter ces vérités à elle seule par la lumière naturelle. Après avoir fait admirer la pureté de la morale de Platon, de Zénon, d'Épictète et ses rapports avec l'Évangile, il ajoute : « On aurait peut-être de la peine à croire que la philosophie eût pu arriver à une morale si sublime, et si semblable à celle de l'Évangile, si nous n'avions pris soin d'inculquer cette vérité que c'est la même sagesse éternelle qui a dicté la loi évangélique et qui avait écrit la loi naturelle dans le fond des âmes raisonnables. Or, le premier principe de la lumière de la raison et de la loi naturelle, aussi bien que de celle de l'Évangile, est que sur toutes les natures intelligentes règne une loi de vérité et de justice, et une sagesse toute-puissante de qui elles relèvent et à qui elles sont essentiellement soumises (1). »

De même qu'il préfère saint Augustin à tous les autres Pères de l'Église, de même, entre tous les philosophes, ceux-là ont ses prédilections qui ont fait la plus grande part à cet élément divin de la raison, c'est-à-dire Platon et ses disciples, auxquels il joint Plotin, Proclus et les néoplatoniciens. D'après Cicéron, il les appelle les philosophes patriciens (2), les seuls vrais philosophes, et il

---

(1) *Méthode pour enseigner chrétiennement la philosophie*, 3ᵉ partie, chap. IV.

(2) « Licet concurrant plebeii omnes philosophi (sic enim ii qui a Pla-

leur emprunte les citations dont il remplit ses ouvrages. S'il ne repousse pas entièrement Aristote, c'est qu'il se persuade qu'Aristote s'éloigne beaucoup moins de Platon qu'on ne le pense communément. Mais il lui reproche de tout donner au raisonnement et rien à la tradition, à laquelle Platon avait tant déféré : « Aristote, dit-il, ne voyagea jamais en Orient, négligea les traditions qui en venaient et se priva de la plus belle lumière de la philosophie, qui est la connaissance même de la personne de la sagesse éternelle. »

Dans cette grande philosophie platonicienne, il voit non-seulement les plus hautes vérités de la métaphysique, mais une préparation au christianisme tout entier, aux dogmes particuliers de la théologie chrétienne, et à la prédestination gratuite elle-même. Il revient sans cesse sur cette question des rapports du platonisme et du christianisme dans la *Méthode pour enseigner chrétiennement la philosophie* et dans le *De Deo ejusque proprietatibus*. Ce désir de retrouver toute la théologie chrétienne dans Platon égare en plus d'un point et aveugle sa critique. On reconnaît facilement la trace de la vision en Dieu de Malebranche dans la façon dont il interprète la théorie platonicienne des idées.

Platon, selon Thomassin, ne mettait pas les idées dans le monde, mais dans l'intelligence du Dieu créateur, comme types éternels et immuables, d'après lesquels toutes choses ont été faites, et toute justice se mesure. Comment se fait-il qu'interrogés sur les premiers principes, nous répondions comme s'ils nous étaient connus depuis longtemps, quoique aucun sens corporel ne nous en ait jamais rien appris? Suivant le P. Thomassin, on ne peut l'expliquer que par l'une de ces trois hypothèses : ou bien nous avons connu ces vérités dans une vie antérieure, ou bien les images en ont été empreintes dans nos âmes par Dieu,

---

tone et Socrate et ab ea familia dissident appollandi videntur). » Cicero, *Tuscul. disputat.*, lib. 1.

en même temps qu'il les liait au corps, ou bien ces vérités subsistent éternellement dans le verbe divin, et sont continuellement présentes à toutes les natures intellectuelles, quand elles veulent s'y appliquer, comme la lumière du soleil visible est toujours présente aux yeux de notre corps, qui lui sont aussi proportionnés que notre entendement à la lumière intelligible du Verbe. Or, il s'arrête à cette dernière hypothèse, qui, selon Thomassin, est celle de Platon.

Avec Malebranche, en même temps qu'avec Platon et saint Augustin, il considère Dieu comme la vérité et la beauté première, par laquelle est vrai tout ce qui est vrai, par laquelle est beau tout ce qui est beau. Il met en Dieu le lieu des idées, il explique comment l'âme passe du monde sensible et imparfait à l'intelligible et à l'absolu, il montre la parenté naturelle qui l'unit à Dieu par la connaissance des vérités immuables qui sont Dieu même. Dieu intervient dans toutes nos connaissances; toutes nos connaissances ont nécessairement de Dieu et de l'homme, voilà une des grandes vérités que le P. Thomassin se plaît à développer. Il y a, dit-il, deux lumières dans toute opération intellectuelle, *lumen illuminans*, ou lumière dans les idées de Dieu, et *lumen illuminatum*, ou lumière des idées en nous. Il conclut que c'est en Dieu que nous voyons la vérité, et non pas en nous, comme le voudrait saint Thomas. En faveur de l'existence des idées en Dieu et de la raison divine éclairant tous les esprits, il multiplie, sans beaucoup de discernement et de critique, des textes de toute sorte qu'il emprunte non-seulement à Platon, mais à tous les néo-platoniciens, et même à Denys l'Aréopagite.

On reconnaît aussi un cartésien et un malebranchiste dans la manière dont il commente les preuves de l'existence de Dieu données par les Pères de l'Église (1). S'il ne rejette pas la preuve physique, il la tient comme bien infé-

(1) *De Deo Deique proprietatibus.*

rieure à la preuve de l'existence de Dieu par son idée. L'âme trouve en elle, indépendamment de tout enseignement, une sorte de connaissance anticipée de Dieu, une idée de Dieu résultant de la présence continuelle de son objet, qui nous prévient sans cesse et nous pénètre malgré nous. Telle a été, selon le P. Thomassin, la conviction des maîtres de la philosophie profane. En faveur de l'universalité de cette idée, il invoque le témoignage de Cicéron e des Pères de l'Église. S'il y a des athées dans l'ordre moral, il n'y en a pas dans l'ordre intellectuel. L'idée de l'être souverainement parfait n'est ni adventice ni factice, elle est née avec nous, elle est un fruit spontané de notre nature. L'âme pourrait douter de toutes choses, mais non qu'elle est, qu'elle possède certaines idées, parmi lesquelles celle de l'être souverainement parfait, auquel ne manque aucune perfection, et auquel, en conséquence, appartient l'existence. Seule entre toutes, cette idée enferme nécessairement l'existence, de même que le cercle l'égale distance de tous ses points au centre.

Dans tous les poëtes, comme dans tous les philosophes de l'antiquité, le P. Thomassin retrouve des témoignages en faveur d'un Dieu unique, raison universelle de tous les esprits, suprême loi de vérité, de justice et de beauté, et remplissant de sa présence le monde son ouvrage. Tel est le point de vue auquel il recommande de les enseigner et de les étudier, pour les enseigner et les étudier chrétiennement (1).

Malgré les défauts d'un éclectisme trop superficiel et trop indulgent, il faut savoir gré au P. Thomassin de ce grand travail d'érudition philosophique pour rattacher, non pas seulement à saint Augustin, mais à toute l'école platonicienne, les nouvelles doctrines de Descartes et de Malebranche.

Comme le P. Thomassin, le P. Bernard Lamy s'est si-

---

(1) *Méthode d'étudier et d'enseigner chrétiennement et solidement les poëtes*, in-8. Paris, 1681.

gnalé dans l'Oratoire par sa piété, par sa vaste érudition, par de savants ouvrages sur les Écritures et les matières ecclésiastiques, et par son attachement à l'idéalisme de Platon, de saint Augustin et de Malebranche (1). Mais il ne dissimule pas, comme Thomassin, les noms de Descartes et de Malebranche derrière ceux de Platon et de saint Augustin, il ose les avouer hautement, et pour ne pas les renier il s'est exposé à une persécution que nous avons déjà racontée (2). Elle ne fut pas de longue durée. Au bout de quelques mois, il quittait Saint-Martin-du-Miserere, lieu de son exil, pour devenir grand-vicaire de Le Camus, évêque de Grenoble, et, deux ans plus tard, ses chefs le rappelaient à Paris dans le séminaire de Saint-Magloire. Mais, en 1689, s'étant brouillé avec l'archevêque de Paris au sujet de ses *Harmonies évangéliques*, il subit une nouvelle disgrâce, et fut envoyé à Rouen où il mourut. Il est l'auteur d'un *Art de parler* « dont le fameux P. Malebranche, dit l'auteur de l'*Éloge de Bernard Lamy*, qui n'était nullement louangeur, fut toute sa vie le panégyriste. »

Il n'a publié ni ses cahiers d'Angers et de Saumur, ni aucun ouvrage de pure philosophie, sans doute à cause d'engagements pris avec ses supérieurs, et pour ne pas attirer de nouvelles persécutions sur lui-même et sur sa congrégation. Mais ses tendances philosophiques se montrent dans la plupart de ses ouvrages, et particulièrement

---

(1) Il y a trois Lamy cartésiens qu'il ne faut pas confondre les uns avec les autres : Gabriel Lamy, célèbre médecin cartésien, auteur d'une *Explication mécanique et physique des fonctions de l'âme sensitive*, in-12, Paris, 1678, où il réfute l'animisme de Claude Perrault ; dom François Lamy, bénédictin, dont nous allons parler, et l'oratorien Bernard Lamy dont il est ici question. Bernard Lamy, né au Mans en 1640, entra, à l'âge de dix-huit ans, dans la congrégation de l'Oratoire ; il enseigna d'abord la philosophie à Saumur, puis à Angers, où il excita contre lui une persécution que nous avons déjà racontée, et mourut à Rouen en 1715. Voir son éloge dans le *Journal des savants*, année 1721, p. 193, et sa Vie en tête d'une édition de son ouvrage *De tabernaculo fœderis*, Paris, 1720, in-f°, et les *Mémoires de Niceron*. Tous ces biographes évitent de parler de sa disgrâce d'Angers.

(2) Chap. XXII, 1ᵉʳ vol.

dans les dernières éditions de ses *Entretiens sur les sciences* (1), et dans la *Démonstration de la vérité et de la sainteté de la morale chrétienne* (2). Dans les *Entretiens sur les sciences*, il traite des avantages propres à chaque espèce d'études, aux lettres, à l'histoire, aux langues, etc., des meilleurs livres à étudier, des qualités d'esprit requises pour chaque science et surtout de l'utilité religieuse et morale qu'on doit en retirer. C'est seulement dans la troisième édition qu'il a inséré un essai de logique, simple aperçu, dit-il, de ce que doit être une logique, et un discours sur la philosophie. Dans cet essai de logique, il suit le plan et les divisions de *l'Art de penser*. Comme Descartes il admet des idées innées et, comme Malebranche, il définit l'idée, ce qui se présente à l'esprit lorsqu'on aperçoit quelque chose.

Dans son discours sur la philosophie, on retrouve en abrégé les principales vues du P. Thomassin sur l'histoire de la philosophie. Lamy fait, comme lui, dériver la sagesse des philosophes païens de la sagesse d'Adam, et partout, grâce à la tradition et à la raison, il croit retrouver les grandes vérités de la morale et de la religion. Pour lui Platon est le philosophe par excellence de l'antiquité. Quant à Aristote, il lui reproche d'avoir mal parlé de l'âme et de Dieu, et il se déclare ennemi de sa physique, comme de sa métaphysique, tout en reconnaissant que beaucoup d'erreurs et de vaines subtilités y ont été introduites par les commentateurs arabes.

De la critique d'Aristote, il passe à l'éloge de Descartes

(1) *Entretiens sur les sciences, dans lesquels, outre la méthode d'étudier, on apprend comme l'on doit se servir des sciences pour se faire l'esprit juste*, in-12. A peine est-il question de philosophie dans la première édition de 1683. Mais il semble qu'il s'enhardisse à en parler davantage et à faire de nouveau l'éloge de Descartes et de Malebranche à mesure qu'il s'éloigne de l'époque de sa disgrâce d'Angers, car dans la troisième édition de 1706 il a inséré les deux fragments philosophiques intitulés, idée de la logique et discours sur la philosophie, dont nous donnons l'analyse

(2) En cinq entretiens qui forment autant de petits volumes, dont le dernier parut en 1709.

et de Malebranche. On ne peut, selon Lamy, contester cette gloire à notre siècle et à la France, d'avoir produit celui qui, le premier, a ouvert le chemin d'une véritable physique. Depuis il s'est fait des découvertes, il s'est rectifié bien des erreurs, mais sa méthode ne demeure pas moins, et c'est à elle qu'il faut s'attacher, non à ses opinions particulières. Qu'ajouter à ce qu'il enseigne touchant l'union de l'âme et du corps et leur distinction dont, avant lui, on n'avait qu'une idée si confuse? Mais Lamy lui reproche de s'être borné à établir l'immatérialité de l'âme, et de n'avoir pas poussé plus avant ses méditations sur la manière dont elle connaît. Or c'est là, selon lui, qu'est la gloire de Malebranche. Nous sommes donc, dit-il, très-redevables à Descartes, mais nous le sommes encore plus à Malebranche qui a si nettement expliqué la manière dont nous voyons les objets sensibles, ce dont Descartes n'avait pas même osé parler. Il nous a démontré que Dieu fait tout en nous, et que nous ne pourrions voir ni sentir les choses, même grossières, s'il ne nous les faisait voir et sentir en lui. Cette doctrine, dit-il, est contre toutes les préventions, mais si on l'examine, du moins sera-t-on convaincu qu'il n'est pas aisé de répondre aux raisons sur lesquelles elle est appuyée.

Il loue aussi Malebranche d'avoir démontré que toutes choses prouvent l'existence de Dieu, mais il ajoute qu'il n'a fait que suivre les principes de la philosophie nouvelle de Descartes, avant lequel personne n'avait montré si clairement le rapport de l'homme avec Dieu. Il s'étonne de ce que des écrivains français aient tant travaillé à rendre Descartes suspect, comme s'ils voulaient enlever à la France la gloire d'avoir produit le plus grand des philosophes. Enfin il termine ce discours par des vers latins en son honneur, composés, dit-il, il y a vingt-cinq ou trente ans, quand il fut question de lui élever un monument, afin qu'on sache combien il l'a estimé (1).

(1) La pièce est d'une vingtaine de distiques où sont heureusement exprimées les principales découvertes de Descartes :

Lamy se montre encore plus malebranchiste dans la *Démonstration de la vérité de la morale chrétienne*, imitation du *Traité de morale* de Malebranche. Son but est de démontrer qu'il y a une morale naturelle fondée sur la seule raison, et qu'elle est identique avec la morale chrétienne. « Les principes que je pose, dit-il dans la préface, ne sont que les sentiments que chacun trouve dans son cœur, et ce n'est qu'afin qu'on y fasse attention que j'allègue les philosophes païens, les poëtes, les orateurs, et afin qu'on ne les prenne pas pour des préventions d'une éducation chrétienne, car une preuve que ces sentiments sont naturels, c'est qu'ils ont été connus et avoués de ceux mêmes qui en ont ignoré les conséquences, ou qui ne les ont pas tirées, ou qui les ont combattues. »

Le fondement qu'il donne à la morale est le bien absolu ou la justice universelle, qui est la raison, c'est-à-dire Dieu lui-même, en qui nous voyons tous nos devoirs. Il prend en pitié ceux qui ne comprennent pas cette doctrine, et il n'épargne pas plus Régis que Montaigne, Hobbes et Saint-Évremond (1). Dans la démonstration de cette morale chrétienne, il fait intervenir les principes de la philosophie de Malebranche sur les idées, la vision en Dieu, l'union de l'âme et du corps et la liberté. Ainsi, malgré les disgrâces et l'exil, le jeune et courageux professeur cartésien d'Angers et de Saumur est demeuré fidèle, toute sa vie, comme le P. André, dont il fut et le correspondant et l'ami (2), à la cause de Descartes et de Malebranche.

> Hic jacet occultos veri tentare recessus
>   Ausus et ignotas primus inire vias ;
> Qui docuit rerum causas quibus excitus auster
>   Spirat et alternis æstuat æquor aquis, etc.

(1) 2e Entretien, chap. XIV.
(2) Voir quelques lettres de Bernard Lamy et du P. André dans le 2e vol. du *Père André*, par MM. Charma et Mancel. Ils s'entretiennent de leur ami. Le P. Bernard Lamy écrit en 1714 : « Notre ami, quoique très-âgé, se porte encore assez bien. » Il n'est pas question dans ces lettres de ce que l'un et l'autre ont eu à souffrir pour leurs opinions philosophiques. Le P. Lamy est mort en 1715, avant les grandes infortunes du P. André.

Dans un entretien sur l'enseignement de la philosophie dans les colléges, il fait allusion à cette défense, dont il avait été la victime, d'enseigner toute autre doctrine que celle d'Aristote. Il accorde qu'il ne peut être permis à chacun de renverser l'ordre dans les académies, et de proposer ses imaginations à des jeunes gens incapables de faire le discernement de ce qui est bon ou mauvais. Mais il demande que, sans s'éloigner de l'ordre établi, il soit au moins permis d'instruire les jeunes gens des sentiments des philosophes illustres, « pourvu qu'on les avertisse qu'ils n'en doivent pas juger, jusqu'à ce que dans la suite ils soient capables de le faire (1). »

Parmi les cartésiens malebranchistes de l'Oratoire, nous trouvons encore Michel Levassor, qui plus tard abandonna son Ordre, et, en même temps le catholicisme, pour se réfugier en Angleterre où il traduisit en anglais la *Recherche de la vérité* (2). Faydit avance faussement et méchamment que Levassor est l'unique disciple qu'ait eu Malebranche dans l'Oratoire. Nous pouvons en effet, à tous les noms déjà cités, ajouter ceux du P. Guigne qui écrivit pour la défense de la *Recherche*, du P. Mazière, auteur d'un traité sur les petits tourbillons, couronné en 1726 par l'Académie des sciences, du P. Claude Ameline, auteur d'un *Traité sur la volonté*, qui était, dit l'abbé Goujet, dans la *Vie de Nicole*, un fruit de ses liaisons avec Malebranche, et aussi d'un *Art de vivre heureux*, d'après les maximes morales des *Lettres* de Descartes *à la princesse Élisabeth* (3).

---

(1) 6ᵉ Entretien sur les sciences, de la connaissance des bons livres.

(2) On trouve sur lui quelques détails dans la *Bibliothèque ecclésiastique du dix-septième siècle*. Étant encore à l'Oratoire, il avait publié un *Traité de la véritable religion*, Paris, 1688, in-4°, où il réfute les opinions non orthodoxes sur Moïse, l'inspiration des livres sacrés, les prophéties, les miracles, et combat Spinoza et Le Clerc. Toutefois le livre ne plut pas à la congrégation, qu'il abandonna en 1690, puis en 1695, je ne sais par quel malheur, dit l'auteur, il quitta la France. D'abord il se réfugia en Hollande, mais ne s'étant pas accommodé avec les théologiens du pays, il passa en Angleterre où il se fit anglican.

(3) *Traité de la volonté, de ses principales actions, de ses passions et de*

Il ne faut pas oublier le célèbre P. Quesnel, cartésien et d'abord ami de Malebranche, qui sortit de l'Oratoire pour ne pas signer le formulaire imposé par les jésuites contre saint Augustin et Descartes. Il n'est l'auteur d'aucun ouvrage philosophique, mais dans ses lettres il prend parti pour la philosophie de Descartes, contre le fameux anatomiste danois Sténon qui, dans la ferveur de sa récente conversion au catholicisme, l'avait attaquée. Le P. Quesnel, en envoyant à Magliabecchi, la quatrième édition de la *Recherche de la vérité*, vante le succès de l'ouvrage : « Cet ouvrage a eu bien de la réputation en France parmi les philosophes et a été très-bien reçu. Comme l'auteur est mon ami intime, je vous l'envoie comme je vous enverrais ce que j'aurais fait moi-même (1). » Mais quand la guerre eut éclaté entre Malebranche et Arnauld, Quesnel prit le parti d'Arnauld et abandonna son ancien ami (2).

Sortons du dix-septième siècle, et entrons par anticipation dans le dix-huitième, pour ne pas séparer les uns des autres les disciples de Malebranche au sein de l'Oratoire. On voit, au dix-huitième siècle, l'Oratoire, toujours fidèle à la grande cause de la philosophie idéaliste de Platon, de saint Augustin, de Descartes et de Malebranche, combattre vaillamment contre l'empirisme. C'est avec la métaphysique de Malebranche, qu'un pieux et savant oratorien, le P. Roche, lutta contre les principes et les conséquences de la philosophie de la sensation. Après avoir longtemps professé la philosophie dans les plus célèbres colléges de l'Ordre, le P. Roche abandonna sa chaire par le

---

ses égarements, in-12, 1684. — *Art de vivre heureux, formé sur les idées les plus claires de la raison et sur de très-belles maximes de M. Descartes*, in-12, Lyon, 1694. — Claude Ameline est mort en 1706.

(1) Voir les Lettres du P. Quesnel, publiées par M. Valéry, en 1846, dans la *Correspondance inédite de Mabillon et de Montfaucon* (3ᵉ volume. Lettres 9, 10 et 14).

(2) Malebranche se plaint dans plusieurs lettres de la conduite de Quesnel à son égard. Voir la correspondance inédite, Blampignon, p. 20.

désir d'une vie plus cachée et plus intérieure, et vécut à Paris jusqu'à sa mort dans la solitude, la prière et la méditation. Il réfuta Locke et Condillac, mais surtout le matérialisme, dans son *Traité de la nature de l'âme* (1). Il retourne habilement en faveur du spiritualisme les arguments physiologiques sur lesquels s'appuyaient les matérialistes. Il insiste sur ce qu'il y a de contradictoire dans la supposition de la possibilité d'une âme matérielle pensante. Dans la deuxième partie, il est question de l'origine des connaissances humaines. Il réfute d'abord Locke, puis son disciple Condillac, dont l'*Essai sur l'origine de nos connaissances* venait de paraître, en lui rendant cette justice qu'au moins il a banni de son livre tout soupçon de matérialité.

Il est d'ailleurs impossible d'être en une opposition plus absolue avec l'école de la sensation. Non-seulement il n'admet pas que toutes nos idées viennent des sens, mais il soutient que toutes, sans exception, nous sont également données par Dieu, quoique non pas toutes de la même manière. Les idées sensibles sont celles qui nous sont données par Dieu, à la suite de l'impression des sens, les idées intellectuelles ou innées, essentielles à toutes les intelligences, sont celles que Dieu donne lui-même à l'âme immédiatement. La première des idées intellectuelles est celle de l'infini qui est au fond de toutes les âmes. Toutes les âmes en effet aspirent au souverain bien ; or quel est ce souverain bien, sinon Dieu ou l'infini ? En outre nous ne pouvons connaître le fini, qui est la borne de l'infini, que par l'infini. C'est en Dieu, selon le P. Roche, que nous voyons les idées de tous les êtres créés, et que se réunissent toutes nos connaissances, sans exception, celles des corps et des esprits. Il ne s'écarte de Malebranche qu'en un seul point, celui de la connaissance de l'âme : « Je ne vois rien, dit-il, qui empêche de dire que l'âme connaît sa nature spécifique par une idée distincte que les

---

(1) *Traité de la nature de l'âme et de l'origine de ses connaissances contre le système de Locke et de ses partisans*, 2 vol. in-12. Amst., 175.

divins archétypes lui montrent. Puisque les idées de tous les êtres sont en Dieu, il faut nécessairement que l'idée d'un esprit créé s'y trouve aussi, pourquoi donc l'âme ne l'y verrait-elle pas? Éclairée de cette divine lumière, elle découvrira tout ce qui est essentiel à un esprit, sa spiritualité absolue, sa simplicité, son immortalité, perfections que les divins archétypes lui découvrent clairement, et que jamais le sentiment intérieur ne lui fera voir (1). »

Le P. Roche signale et combat les conséquences du sensualisme, dans la science, dans la morale et dans les beaux-arts. Toutes les sciences reposent sur des principes fondamentaux de certitude qui ne viennent pas des sens, mais de l'idée de l'infini, d'où il suit que le sensualisme est obligé de les nier. Ainsi ébranle-t-il toute certitude dans la spéculation, ainsi renverse-t-il la morale elle-même, dont le vrai principe est une loi naturelle innée que nous voyons en Dieu. Le P. Roche suit la philosophie de la sensation jusque dans le domaine des beaux-arts. Il s'est, dit-il, élevé depuis quelque temps un essaim d'auteurs qui prétendent que le beau ne vient à l'âme que par le canal des sens. Il leur oppose la définition de saint Augustin : *Omnis porro pulchritudinis forma unitas est*, qui, si elle n'est pas exacte et suffisamment approfondie, lui semble du moins contenir tout l'essentiel. Lui-même il propose cette autre définition qui, quoi qu'il prétende, n'est guère plus précise : « Le beau est le vrai en tant que revêtu de tous les caractères qui nous le rendent aimable. » Ces caractères qui rendent le vrai aimable et constituent le beau sont, suivant le P. Roche, l'unité, l'ordre, le décent, le gracieux intellectuel. Dans l'incréé en Dieu, le vrai étant toujours revêtu de ces caractères, est toujours beau ; c'est le beau incréé éternel, le beau des grandeurs de Dieu ou le beau des mathématiques. Mais, dans l'ordre des choses créées, le vrai se montre quelquefois isolé des caractères qui le font beau.

(1) 2ᵉ vol., p. 425.

Il divise le beau créé en un beau sensible qui s'aperçoit par les sens, et en un beau spirituel que l'esprit seul peut atteindre. Ce sont des idées analogues qu'un autre malebranchiste, le père André, a développées, avec plus d'esprit et d'élégance, dans ses *Discours sur le beau*.

C'est ainsi qu'au dix-huitième siècle les disciples de Malebranche s'efforcèrent de lutter contre la philosophie de Locke et de Condillac. Mais le père Roche lui-même, malgré sa confiance dans la force de la vérité, avoue tristement que la vogue n'était pas au système des idées.

CHAPITRE XVIII

Suite des disciples de Malebranche. — Lelevel. — Rôle important de Lelevel dans l'histoire de la philosophie de Malebranche. — Son nom associé à celui du maître dans toutes les polémiques. — Sa *Philosophie moderne par demandes et par réponses*. — Critique des tendances empiriques de Régis. — René Fédé. — Tendance à pousser le malebranchisme vers le spinozisme. — L'abbé de Lanion. — Abrégé des *Méditations* de Descartes — Claude Lefort de Morinière. — *Explication de la science qui est en Dieu*. — Essai de conciliation de la prescience avec la liberté, d'après les principes de Malebranche. — Miron, défenseur et protecteur de la philosophie de Malebranche. — Sa réfutation du P. Dutertre. — L'abbé Genest. — Son éducation cartésienne. — Les *Principes* de Descartes en vers français. — Lettre à Régis.

En dehors de l'Oratoire, dans les universités, dans le monde, dans le clergé séculier et dans d'autres congrégations religieuses, nous trouverons encore un certain nombre de disciples de Malebranche dignes d'attirer notre attention.

Dans l'histoire des diverses luttes que Malebranche eut à soutenir, il n'est pas de nom qui revienne plus souvent que celui de Lelevel. Lelevel a été, pour ainsi dire, le second de Malebranche contre Arnauld, contre Régis et contre tous ses autres adversaires. Dans leurs bouffonneries, leurs injures et leurs accusations, l'abbé Faydit et le père Hardouin ne séparent pas le nom de Lelevel de celui de Malebranche. Malgré nos recherches, les renseignements nous manquent encore sur la vie de ce malebranchiste autrefois célèbre. Nous savons seulement, par les registres de l'Oratoire, que Lelevel était d'Alençon, qu'il y fit sa philosophie chez les oratoriens où il entra en 1677, et d'où il sortit en 1681 (1). Demeuré dans le monde, il paraît s'être consacré tout entier à la propagation et à la défense de la philosophie de Malebranche. Il était à Paris, jeune encore, quand éclata la guerre entre Régis et Malebranche. Malebranche allait répondre à Régis, dit le père André, « mais un autre avait déjà pris sa défense. En effet, un jeune homme fort vif, et qui ne manque pas d'esprit, avait entrepris de le défendre en réfutant les opinions particulières de Régis, particulièrement sur la physique et la morale; il poussa à outrance le faux cartésien; l'attaquant toujours à outrance, il l'assomme sans quartier. Il s'en prend aussi à Huet et à Duhamel (2). »

La vraie et la fausse métaphysique, tel est le titre de l'ouvrage de Lelevel contre Régis (3). Il y attaque avec une singulière vivacité les tendances empiriques de Régis en métaphysique et en morale (4) et il ne traite guère mieux Huet, fort mal réfuté, suivant lui, par Régis, ainsi qu'un autre adversaire du cartésianisme, le péripatéticien Duhamel.

Voici comment, en opposition à Régis, il définit le vrai cartésien, c'est-à-dire, un disciple de Malebranche : « Ceux qui disent que Dieu fait tout, que les créatures n'ont que l'impuissance en partage, qu'on ne voit pas les objets en eux-mêmes, que la nature corporelle n'est qu'une continuelle mécanique, que la raison n'est point un être parti-

---

(1) Voici l'extrait du registre de l'Oratoire : « Henry Lelevel, d'Alençon, diocèse de Séez, fils de Nicolas Lelevel, âgé de 22 ans (en 1677), a fait sa philosophie à Alençon... Congédié en 1681. » Je dois cette note à M. l'abbé Blampignon.

(2) *Vie de Malebranche*, mss de Troyes.

(3) *La vraie et la fausse métaphysique, où l'on réfute les sentiments de M. Régis sur cette matière*, gros in-12. Rotterdam, 1694.

(4) On en peut juger par les titres seuls de quelques chapitres : chapitre xv, « On fait voir que M. Régis n'a nulle notion du bien et du mal. » — Chapitre xvi, « On fait voir que par les principes de M. Régis, il n'y a point de corruption dans la nature et que l'âme meurt avec le corps. » — Chapitre xxi, « Que la doctrine de M. Régis tend à la ruine du genre humain. »

culier, que c'est une lumière commune à laquelle tous les esprits participent, que nous avons l'idée de l'infini, que nos sentiments sont fort différents de nos connaissances, que Dieu a établi des lois qu'il suit constamment dans l'ordre de la nature et dans celui de la grâce, que c'est un renversement que l'esprit soit dépendant du corps, etc., ceux, dis-je, qui raisonnent sur ces principes marchent toujours d'un pas égal et ne sortent jamais de la véritable route. »

Les attaques les plus vives de Lelevel contre Régis ont pour objet les idées et la morale. Il lui reproche d'abaisser l'idée d'infini jusqu'à n'être qu'une simple modification de notre âme causée par l'être infini, comme si l'être infini pouvait être autrement représenté que par son actuelle présence. Comment reconnaître un cartésien dans Régis, quand il attribue aux sens l'origine de toutes nos connaissances, quand il avance que le corps se connaît plus clairement que l'âme? En confondant l'étendue avec son idée, il a fait le monde éternel; il a renversé toutes les vérités de la religion et de la morale, en les faisant dépendre de la volonté arbitraire de Dieu. Il l'accuse enfin, non sans raison, de bouleverser les fondements de la morale, en la bâtissant sur l'amour-propre éclairé. Or il montre comment ce système découle de l'erreur de Régis au sujet des idées : « Ayant rompu le lien qui unit et qui règle tous les esprits, il n'a point connu de morale commune à tous les états où l'homme peut se trouver, au lieu d'une, il en a fait trois, l'une pour les hommes, dans leur état purement naturel, l'autre pour les politiques, la troisième pour les chrétiens, et toutes trois renversent également les lois de la nature et les maximes de la religion. » Ainsi les disciples de Malebranche, de même que leur maître, cherchent à combler une lacune de la philosophie de Descartes en établissant les vrais fondements de la morale, et en combattant les erreurs de quelques cartésiens. Lelevel, pour populariser la philosophie de Malebranche, en a fait une sorte de manuel complet, par demandes et par réponses, un abrégé à l'usage du monde et des écoles (1).

Mais si la philosophie de Malebranche inspire heureusement ses disciples pour la morale, elle les pousse en métaphysique sur les pentes qui conduisent au spinozisme. C'est un écueil que ne paraît pas avoir évité René Fédé d'Angers, mathématicien et physicien, fort lié avec l'abbé de Lanion et d'autres amis de Malebranche (2). Il a écrit des *Méditations métaphysiques sur l'origine de l'âme, sa nature, sa béatitude, son devoir, son désordre, son rétablissement et sa conservation* (3), où il s'exprime en aphorismes concis, et quelquefois obscurs, mêlant souvent la théologie à la métaphysique. Quelques citations feront connaître à la fois sa méthode d'exposition et ses principes. Il attribue à toutes les créatures l'infinité pour la durée, en raison de leur union essentielle avec l'immensité de Dieu : « Le Créateur ne pouvant faire de créature qui ne soit essentiellement unie à son immensité, n'en saurait faire qui ne soit modifiable à l'infini et dont la durée successive ne doive être infinie. » Voici comment il résume la doctrine de la vision en Dieu : « Mon auteur me représentant tout ce qui est perceptible, est lui-même l'objet intelligible et contemplatible qui m'est essentiel. »

Il déduit les attributs de Dieu de son infinité. Principe de toute action, l'Être suprême ne saurait ne pas agir. C'est même par cette action ou cette émanation nécessaire de Dieu que Fédé tente d'expliquer le dogme de la Trinité :

---

(1) *La philosophie moderne par demandes et réponses, avec un traité de l'art de persuader*, 2 vol. in-12. 1729, Toulouse. Le P. André, dans une de ses lettres, demande ce que sont devenus les *Premiers entretiens* qu'avait faits Lelevel contre le deuxième volume des *Réflexions philosophiques et théologiques* d'Arnauld, Œuvres du P. André, introduction de M. Cousin, p. 14. Nous ne connaissons pas ces *Entretiens*, pas plus que le *Faux Cicéron* et le *Discernement de la vraie et de la fausse morale*, qui sont aussi des ouvrages de Lelevel.

(2) Il assistait au banquet donné par d'Alibert et Clerselier après les funérailles de Descartes. (Voir Baillet, liv. VII, chap. 23.)

(3) Première édition de 1683, petit-in-12. Deuxième édition, latin et français. Cologne, 1693.

« L'action ou l'émanation nécessaire qui fait sa vie, employant toute sa puissance, lui fait nécessairement produire son semblable. Le produit ou le fils, correspondant nécessairement à l'action productive, doit totalement égaler le père. » Comme Malebranche, il admet un ordre immuable, une raison incréée, loi suprême de Dieu lui-même : « Le Créateur, renfermant la possibilité des créatures dans son essence, a un rapport essentiel avec ses créatures possibles. Ce rapport, n'étant pas distingué de son essence, est la raison incréée, l'ordre immuable, l'original et le modèle sur lequel il conforme ses créatures qui lui correspondent chacune en sa manière. » Pour fondement à notre immortalité il donne l'immutabilité de la puissance de Dieu et de ses décrets qui ne nous permet pas d'appréhender d'être jamais anéantis. Il place dans la clarté et la netteté des idées le principe suprême de la perfection et de la morale : « Toute ma fonction n'étant que de penser, ma perfection doit consister dans la clarté et la netteté de mes idées. » On reconnaît ici le précepte fondamental de Spinoza, de travailler à nous élever des idées inadéquates aux idées adéquates. Nous devions signaler ce petit ouvrage de Fédé, à cause d'un certain degré de force et d'originalité, et de sa double parenté avec Malebranche et Spinoza.

On remarque une tendance analogue dans l'abbé de Lanion, malebranchiste plus considérable et plus connu (1). Sous le nom de Guillaume Wander, l'abbé de Lanion a publié, en 1678, avec la prétention d'abréger, et même d'éclaircir Descartes, des *Méditations sur la métaphysique*, insérées par Bayle, à cause de leur rareté, dans son *Recueil de pièces curieuses concernant la philosophie de Descartes*. C'est un précis, dit Bayle dans la préface, de ce qu'il y a d'excellent dans la philosophie de Descartes, avec cet avantage que tout est ici mieux digéré, plus

---

(1) Il était de Bretagne et d'une naissance distinguée ; il cultiva les sciences et surtout les mathématiques avec succès et fut, comme Malebranche, membre de l'Académie des sciences.

court, et qu'on est allé plus avant que M. Descartes (1). Sans doute il y a un certain mérite d'exposition et de méthode dans cet ouvrage, mais l'éloge qu'en fait Bayle paraît exagéré, et si l'abbé de Lanion va plus avant que Descartes, c'est uniquement par les emprunts qu'il fait à Malebranche. Ainsi il ne croit pas que l'âme se connaisse par aucune idée claire, mais seulement par sentiment intérieur, tandis que nous avons une idée claire de l'étendue, alors même que nous ne savons pas s'il existe de l'étendue hors de nous. Voici comment, dans la sixième et la septième Méditation, il résume la théorie de Malebranche sur les idées. Nous ne sommes pas les auteurs de nos idées; elles viennent en nous malgré nous, elles ne viennent donc pas de nous. Elles ne viennent pas des corps, car il est impossible de concevoir que l'étendue, ronde ou carrée, puisse avoir en soi la force de se rendre intelligible; il faut donc nécessairement que Dieu soit la source et l'origine de toutes nos idées. C'est Dieu qui est l'auteur de toutes nos sensations et de toutes nos pensées. Or, ne peut-il mettre en moi toutes ces idées, sans que les choses qu'elles me représentent existent actuellement? De mes idées et de mes sensations, je ne puis conclure que l'existence d'une seule chose, celle d'un être infiniment parfait.

L'abbé de Lanion tient à prouver que Dieu néanmoins ne peut être accusé de tromperie. Dieu n'est pas trompeur, à cause qu'il nous donne les idées de toutes choses, c'est nous qui nous trompons nous-mêmes pour avoir jugé avec précipitation qu'il existait hors de nous quelque autre être que lui. Nous ne pouvons voir que ce qui est intelligible, à savoir, la substance de Dieu, et nous savons qu'il agit par les voies les plus simples, nous serions donc coupables d'imprudence pour avoir jugé qu'il existait hors de lui quelque autre être que Dieu, si la foi, qui est

---

(1) Il en fait aussi le même éloge dans les *Nouvelles de la République des lettres*, mars 1684.

au-dessus de la raison, ne nous ordonnait de le croire. Dans la dixième Méditation, il expose la théorie de Malebranche sur la liberté, mais tout en avouant qu'il a grand'peine à comprendre : « comment, moi qui suis sans action et sans mouvement, je puis m'arrêter à un bien particulier. »

Claude Lefort de Morinière, greffier du Châtelet de Paris (1), publia, à vingt-cinq ans, un ouvrage intitulé, *De la science qui est en Dieu*, où il prétend donner, d'après la doctrine de Malebranche, une explication nouvelle de la prescience (2). Dans la préface, il déclare qu'il n'avance rien qui ne soit conforme aux principes de Malebranche, et il regrette que cet illustre auteur n'ait pas traité à fond la question de la prescience de Dieu. C'est une lacune qu'il se propose de combler par une explication qui a pour fondement son système théologique. Morinière, de même que le P. Boursier, procède par articles et par propositions. Dans une première partie, il expose les principes de Malebranche sur la connaissance propre à Dieu, sur les idées et sur les rapports des créatures avec Dieu. Dieu voit dans sa substance les essences de tous les êtres, et dans sa puissance leur existence possible. Les essences des créatures ne sont que les idées divines, des imitations possibles de sa substance, en liaison nécessaire avec son essence, Dieu ne peut les changer ni les détruire; elles ont une existence nécessaire dans la région des possibles, quoique leur existence actuelle soit contingente et dépende de la volonté de Dieu. Elles ne dépendent pas de Dieu seulement dans leur être, mais aussi dans leurs modifications et leurs actes, car la puissance qui a créé l'univers est aussi la seule qui puisse y produire un effet quelconque.

(1) Il est cité plusieurs fois par Leibniz. « L'auteur ingénieux de quelques méditations métaphysiques publiées sous le nom de Guillaume Wander y paraît avoir du penchant (préexistence des âmes). *Essais de Théod.*, 1re partie, 86. Il lui attribue aussi du penchant pour la transmigration des âmes dans les *Considérations sur les principes de vie*.

(2) Paris, 1718, petit in-12. Il est analysé et loué dans le *Journal de Verdun* (juillet 1719).

Dieu ne tire ses connaissances que de lui-même; si donc une créature avait une seule modification qui ne fût pas produite par la puissance divine, il n'en saurait rien. Morinière, en vertu du principe de l'inefficace des créatures, rapporte à Dieu tous nos mouvements, toutes nos pensées et toutes nos volontés, non pas seulement, comme Malebranche, l'inclination vers le bien en général, mais même les déterminations vers des biens particuliers qui sont, dit-il, des suites des perceptions que Dieu lui donne de ces biens. Tel est le fondement de la prescience divine.

La difficulté n'est pas de concilier cette prescience avec les circonstances nécessaires des corps et des esprits, mais avec les actions libres ou les déterminations particulières de la volonté. Morinière entreprend de montrer la possibilité de cette conciliation. La volonté, il est vrai, reçoit nécessairement l'impression d'un bien particulier, mais ce bien ne la remplissant pas, elle peut ne pas y consentir, en vertu même de l'impulsion qui la porte vers le bien général. Entre deux biens il faut, sans doute, qu'elle choisisse celui qui lui paraît le plus grand, mais elle peut ne consentir ni à l'un ni à l'autre; or, telle est l'essence de la liberté. L'âme ne se détermine donc pour des biens particuliers, qu'en conséquence des perceptions que Dieu lui a données, et de l'action par laquelle il la porte vers lui, et ainsi toutes les actions libres des intelligences sont des suites de l'action de Dieu sur elles, comme les actions nécessaires. Les déterminations de la volonté créée étant, dans toutes les circonstances possibles, des suites de l'action de Dieu, elles lui sont connues de toute éternité par la seule connaissance qu'il a de lui-même, sans perdre leur caractère de contingence et de liberté. La vue actuelle d'une action ne fait pas la détermination de la volonté, parce que la différence des temps, au regard de celui qui voit, ne change pas la nature des choses qui sont vues. L'action libre est nécessaire, non sous le rapport de son existence actuelle, mais seulement sous celui de son essence. Il y a une liaison nécessaire, non pas entre nos actions libres et l'action de Dieu qui les produit, mais entre cette action de Dieu et la connaissance qu'il a de ses suites. C'est ainsi que Morinière se flatte, grâce à la philosophie de Malebranche, d'avoir concilié la prescience avec la liberté. Sa prétention est de tenir le milieu entre deux systèmes également dangereux, celui des motions invincibles et celui qui nie à Dieu la connaissance des actions libres. « La manière, dit-il en terminant son ouvrage, dont j'explique comment cette science est en Dieu, est la plus conforme à son idée, et la plus propre à exciter et à entretenir la piété, et elle est le fondement de plusieurs propositions importantes que le P. Malebranche a enseignées dans ses ouvrages. »

Dans un appendice, il attaque le système de l'harmonie préétablie, comme coupable d'attribuer aux créatures une puissance réelle distinguée de l'efficace des volontés divines. Pour la même raison, il combat Crouzas qui donne aussi une puissance réelle aux créatures, et suppose que Dieu n'a pas voulu prévoir le choix de notre volonté, précisément parce qu'il a voulu qu'elle fût libre.

Le principal personnage de cette assemblée qui se réunissait toutes les semaines chez mademoiselle de Vailly pour discuter sur les ouvrages de Malebranche, était Miron, conseiller au Châtelet, d'une grande famille de l'édilité parisienne. Tous les témoignages s'accordent à nous le représenter comme un des patrons les plus zélés et les plus considérables de la philosophie de Malebranche [1]. Savant, ami des lettres et de la philosophie, Miron ne servit pas seulement Malebranche de son crédit dans le monde, mais encore de sa plume [2]. Il eut à cœur de dissiper tous les préjugés, de répondre à toutes les objections contre sa doctrine. Ainsi, avec M. de Montagnols de Toulouse, son

---

[1] *Recueil de pièces fugitives*, par l'abbé Archimbault, 3ᵉ vol., art. 6.
[2] Il fut pendant quelque temps (de 1708 à 1709) un des rédacteurs du *Journal des savants*.

ami, il combattit pour Malebranche contre Alexis Gaudin, de l'ordre des Chartreux (1). Mais il se recommande surtout à nous par une réfutation complète du P. Dutertre, en huit lettres successivement publiées dans les années 1718 et 1719 de l'*Europe savante* (2). Dans ces lettres il fait preuve d'une connaissance approfondie de toutes les parties de la philosophie de Descartes et de Malebranche. Par la distinction entre la certitude de l'existence de l'âme et l'évidence de la pensée, il cherche à justifier Malebranche de n'avoir pas admis la clarté de l'idée de l'âme. L'existence de l'âme est en effet plus certaine que celle du corps, mais ce n'est pas à dire que son idée soit plus claire. En affirmant que l'essence de l'âme est la pensée, non telle ou telle pensée, mais la pensée substantielle, Malebranche ne s'est pas contredit, comme le prétend son adversaire, parce qu'il entend, par essence, non ce qu'il y a de premier dans l'âme, mais ce qu'il y conçoit de premier (3). Dutertre accuse Malebranche d'avoir détruit la liberté. Miron avoue que Malebranche n'admet pas l'efficace des causes secondes, mais il nie formellement, « comme un fait calomnieux, que Malebranche pense que la volonté de l'homme soit absolument sans action, et que le libre arbitre soit quelque chose d'inanimé et de passif (4). » Il en donne pour preuve le pouvoir de consentir ou de ne pas consentir que Malebranche accorde à l'âme. A son tour il prétend montrer que Dutertre ne réussit pas à exempter le simple concours des inconvénients dont il charge l'action de Dieu seul agissant.

Autour de la duchesse du Maine, zélée cartésienne (5), nous trouvons des cartésiens malebranchistes qui l'instrui-

---

(1) Voir le *Recueil des pièces fugitives* de l'abbé Archimbault, 3e vol., art. 6.
(2) Journal paraissant tous les mois en un vol. in-12, imprimé à la Haye. Les premiers numéros sont de 1718.
(3) 5e Lettre, année 1719.
(4) 6e Lettre, juin 1719.
(5) Voir le 1er volume, chap. xx.

sent dans la philosophie nouvelle et l'entretiennent assidûment de Descartes et de Malebranche, tels que Malézieux, l'abbé Genest, et, par-dessus tous les autres, le cardinal de Polignac, qui, par son esprit et par sa beauté, faisait les délices de cette petite cour. Malézieux, bel esprit universel, expliquait à la princesse et à sa cour les beautés des tourbillons et celles de Sophocle. L'abbé Genest et le cardinal de Polignac ont tenté tous les deux de mettre en vers la philosophie de Descartes, l'un en vers français, l'autre en vers latins. L'abbé Genest, fils d'une sage-femme (1), sans avoir fait d'études, réussit néanmoins, par son travail et une facilité naturelle, à devenir un homme de lettres (2), à s'ouvrir les portes de l'Académie française, et à figurer en sous-ordre dans l'éducation du duc de Bourgogne et du duc du Maine, quoique de tous les précepteurs, ce fût le moins grave par la tournure de son esprit et de sa personne. Dans la préface de sa philosophie en vers de Descartes (3), il nous donne d'intéressants détails sur son éducation cartésienne qui avait été puisée aux meilleures sources. « Après avoir entendu M. Rohault dans ses conférences publiques et avoir reçu de lui des leçons particulières, je n'oubliai rien qui pût les confirmer. Je me suis trouvé, si je puis parler ainsi, à l'école de feu M. de Meaux (4)... Je ne puis m'empêcher de dire qu'il a souvent approuvé ces principes philosophiques ou les a rectifiés

(1) Né en 1639, abbé de Saint-Vilmer, aumônier de la duchesse d'Orléans, reçu à l'Académie française en 1698, mort en 1719. (Voir son *Éloge*, par d'Alembert, le *Journal des savants*, année 1716, p. 577, et un charmant article de M. Sainte-Beuve, dans ses *Causeries du lundi*.)
(2) Il fit des tragédies. La plus connue est celle de *Pénélope*.
(3) L'ouvrage est intitulé : *Principes de philosophie, ou Preuves naturelles de l'existence de Dieu et de l'immortalité de l'âme*, en vers, 1 vol. in-8. Paris, 1716.
(4) « Tous les mardis, dit d'Alembert dans son *Éloge*, l'abbé Genest se trouvait au lever du prélat et jouissait de son entretien jusqu'à l'heure où M. le Dauphin entrait à l'étude. Peu à peu ils attaquèrent toutes les parties de la philosophie, et ce fut là ce qui donna naissance à cette espèce de poëme qu'il ne publia que sur la fin de ses jours, mais dont il s'était occupé plus de trente ans.

par ses conseils. J'ai vécu avec deux excellents hommes parfaits amis, MM. de Court et de Malézieux, qui m'avaient associé dans leur amitié. J'ai eu de particulières conférences avec le P. Lamy, ce docte et pieux bénédictin. J'ai consulté le P. Malebranche dont les écrits sont si estimés, même par les savants étrangers dont il combattait les opinions. Enfin j'ai eu le bonheur d'entendre un cardinal qui, au milieu des plus importantes et plus difficiles négociations, a su pénétrer tous les secrets de la philosophie, et qui, nous les expliquant par des vers plus harmonieux, plus riches et plus expressifs que ceux de Lucrèce, surmonte ce fameux poëte avec ses propres armes, et dissipe tous les enchantements de la dangereuse doctrine d'Épicure. »

Il termine cette préface par une éloquente défense de Descartes. Après toutes les grandes objections faites autrefois à Descartes, et qu'il avait détruites ou prévenues dans ses réponses aux plus illustres savants de l'Europe, il s'étonne qu'on en fasse encore naître de nouvelles avec moins de considération que jamais. Il faut reconnaître, dit l'abbé Genest, qu'il a donné à ce siècle des clartés répandues dans tous les écrits des nouveaux philosophes. On lui reproche d'avoir voulu se passer de Dieu dans sa physique, mais le mécanisme n'est-il pas la loi que Dieu lui-même a imprimée? Ainsi répond-il à la célèbre et injuste accusation de Pascal contre la physique de Descartes. Nous aimons mieux la prose que les vers de l'abbé Genest; le long travail de trente ans qu'il a consacré à versifier la métaphysique et la physique de Descartes, montre, comme le dit Voltaire (1), sa patience plutôt que son génie. Il y a mis de l'exactitude, mais aucune poésie, c'est de la prose rimée pour aider artificiellement la mémoire (2) plutôt que des

(1) *Catalogue des écrivains du siècle de Louis XIV.*

(2) Il dit lui-même dans sa préface que c'était d'abord le seul but qu'il se fût proposé : « Et si j'ai écrit en vers, je me suis embarqué sans y penser. J'en ai composé d'abord un petit nombre, dont je croyais me servir comme d'une espèce de mémoire artificielle. Je ne prévoyais pas qu'un endroit où je m'étais arrêté avec plaisir ne devait être que le passage pour un autre. »

vers. Qu'on en juge par cet exemple pris au hasard :

> Dans les propriétés à notre être données
> Ne mêlons donc jamais rien de matériel,
> Et que dans l'être corporel
> Ses qualités à part soient aussi discernées, etc.

Cependant, suivant la juste remarque de d'Alembert, on aurait tort d'en accuser la matière qu'un homme de génie, un vrai poëte, eût bien su embellir et animer. Le système des tourbillons cartésiens ne fournissait pas à la poésie moins de mouvements et d'images que l'attraction de Newton qui a inspiré de si beaux vers à Voltaire.

Une lettre à Régis, publiée à la suite des *Principes* de la philosophie de Descartes, vaut mieux que tout ce long poëme. Cette lettre a été écrite à Régis, à l'occasion de de son ouvrage sur l'*Accord de la raison et de la foi*. L'abbé Genest s'y montre un vrai disciple de Descartes, tout en en empruntant ce qu'il y a de meilleur dans la philosophie des idées de Malebranche et en redressant, comme Lelevel, les écarts empiriques de Régis. On se rappelle que Régis met l'esprit dans une telle dépendance du corps, qu'il le suppose changé par cette union pour former avec le corps un être nouveau qui est l'homme. Il cesse d'être un esprit pour devenir une âme, il ne peut avoir des idées naturelles ou innées que par la constante impression du corps, ni aucune espèce d'idée qui, directement ou indirectement, ne vienne des sens. Aussi l'abbé Genest accuse-t-il Régis de n'accorder à l'âme qu'une demi-spiritualité, et cherche-t-il à établir contre lui ces trois points essentiels, à quoi, dit-il, il réduit tout son discours : 1° Le corps, quoique uni avec l'âme, agit sans elle et séparément en des fonctions purement matérielles ; 2° l'âme peut agir aussi sans le corps dans des fonctions purement intellectuelles; 3° le corps et l'esprit ont des actions communes; mais, comme le corps a toujours sa constitution et ses propriétés, l'âme a toujours aussi ses fonctions particulières, ses facultés créées avec elle seule. Seul le corps est mû, seul l'esprit pense. Rien n'est dans l'esprit qui n'ait passé par le sens, est un axiome qui n'est vrai qu'à l'égard des traces et des images que les objets extérieurs impriment dans les organes, mais non à l'égard des objets de l'intelligence et des idées intérieures par lesquelles nous jugeons les rapports des sens. Les sens ne sont que l'instrument de quelques-unes des idées de l'âme, mais non la cause efficiente de ses perceptions. L'âme, dès le moment de sa création, a des idées innées qui ne dépendent pas des corps, qui sont propres à elle seule, des idées qui par leur nature, sont vraies, éternelles, immuables, qu'elle développe plus ou moins par la suite de ses réflexions, mais qu'elle ne change pas. C'est au fond toujours la même raison qui agit. L'idée de perfection, d'être, d'infini, c'est-à-dire de Dieu, les idées originales du beau et du bon, voilà, selon l'abbé Genest, les principales idées naturelles de l'âme. Les choses sensibles les réveillent, mais ne les font pas naître dans l'entendement. A l'appui de l'origine et des caractères de ces idées, il cite Platon et l'ancienne doctrine de la préexistence des âmes. Cette lettre, d'une certaine étendue, est excellente pour le fond et pour la forme, pleine de convenance, de respect, d'affection, malgré les critiques, pour un de ses anciens maîtres en Descartes, et mérite une place à l'abbé Genest parmi les meilleurs disciples de Descartes et de Malebranche.

Le célèbre cardinal, pour lequel l'abbé Genest professe une admiration un peu exagérée, a vécu longtemps après lui. Les vers qu'il récitait étaient les fragments d'un poëme qu'il ne devait jamais entièrement achever, et qui ne fut publié qu'après sa mort. Nous croyons donc plus convenable de pas parler encore du cardinal de Polignac, et de le placer avec les cartésiens et les malebranchistes du dix-huitième siècle.

CHAPITRE XIX

Cartésiens et malebranchistes chez les bénédictins. — Dom François Lamy. — Sa vie. — Son goût pour la dispute. — Polémique contre Bossuet. — Contre Arnauld. — Défense des causes occasionnelles contre Régis, Fontenelle et Leibniz. — Polémique contre Malebranche au sujet du pur amour et de la Providence. — Imitation de Malebranche comme moraliste et écrivain. — Excellentes réflexions sur les difficultés et les facilités de la connaissance de soi-même. — Dieu auteur de toute action et de toute pensée. — Doutes sur certains détails de la vision en Dieu. — *Réfutation de Spinoza par l'inspection de la nature humaine.* — Foi du P. Lamy dans l'excellence et l'utilité de la métaphysique. — Le P. André malebranchiste chez les jésuites. — Ce qu'il eut à souffrir de son Ordre pour cause d'attachement à Descartes et à Malebranche. — Admiration du P. André pour Malebranche. — Plan de son *Histoire de la philosophie de Malebranche*. — Opposition avec l'empirisme de son Ordre. — Fanatisme et intolérance de ses supérieurs. — Formulaire philosophique qui lui est imposé. — Belle profession de foi idéaliste et malebranchiste. — Ses Œuvres philosophiques. — *Discours sur l'homme.* — *Discours sur le beau.* — Réfutation des pyrrhoniens en matière de beauté.

Malebranche et Descartes ont eu aussi des disciples chez les bénédictins où on rencontre, comme chez les oratoriens, plus d'un esprit libéral, indépendant et ami de la philosophie. Je me borne à rappeler Mabillon et le *Traité des études monastiques*, si favorable à la philosophie cartésienne, Desgabets et Antoine Gallois, qui, comme nous l'avons vu, étaient tous deux bénédictins, et qui se compromirent par leurs explications cartésiennes de l'eucharistie. Nous avons maintenant à faire connaître dans cette même congrégation, un autre malebranchiste, dom François Lamy (1). D'abord François Lamy embrassa la pro-

(1) Né en 1636, au château de Monthyveau, en Beauce, dont il porta

fession des armes ; mais bientôt, entraîné par la piété et par son goût pour l'étude, il quitta les camps pour le cloître, et entra chez les bénédictins de Saint-Maur, où il régenta la philosophie avec éclat. Élevé aux premières dignités de l'Ordre, il s'en démit, au bout de peu d'années, et se retira à l'abbaye de Saint-Denis, où il composa la plupart de ses ouvrages et finit sa vie.

On dirait qu'il a transporté dans le cloître quelque chose de l'humeur guerroyante des camps. Nous le voyons tour à tour en guerre contre Duguet, contre l'abbé de Rancé, contre Bossuet, contre Arnauld, contre Nicole, contre Leibniz, contre Fontenelle, contre Malebranche lui-même, son maître (1). Laissons de côté les discussions, purement théologiques, ou étrangères à la philosophie, dans lesquelles s'est jeté dom Lamy, telles que les discussions sur les prières de l'Église, sur les études monastiques, sur l'Ordre des bénédictins, et sur la rhétorique qu'il condamne sévè-

---

le nom tant qu'il demeura dans l'état séculier. Capitaine de chevau-légers, il fut grand duelliste ; et renommé pour une botte, qu'on appelait dans l'armée, la botte de Monthyveau. C'est à la suite d'un duel où il avait failli perdre la vie, qu'il se convertit et entra dans la congrégation de Saint-Maur. Il mourut à l'abbaye de Saint-Denis, en 1711. Voir pour sa vie la *Bibliothèque des auteurs ecclésiastiques du dix-huitième siècle*, Paris, 1736, 2 vol. in-8, et un manuscrit de la bibliothèque de Lyon par l'abbé Tricault, n° 847.

(1) Voici le portrait peu flatté qu'en fait le P. André, à propos de sa querelle avec Malebranche au sujet du pur amour : « Il avait un peu de ce qu'on appelle précieux, un peu vain, présomptueux, aimant à briller, imaginatif, délicat et sensible, assez philosophe, et qui eût pu même passer pour un bel esprit, s'il eût eu ce goût naturel et sensé qui doit être la première règle d'un écrivain ; mais il a le style si affecté, si haut et si bas, si chargé de phrases, et si plein de faux brillant qu'il en devient fade et dégoûtant ; il déplaît, en un mot, parce qu'il veut trop plaire. Grand copiste de Malebranche, il fait partout le méditatif, mais il le copie sans lui ressembler. Il prend jusqu'à ses tours, ses idées, ses expressions, mais en demeurant toujours lui-même, petit, superficiel, saisissant mieux les effets que les principes des choses, heureux néanmoins quelquefois dans ses pensées, lorsqu'il peut descendre jusqu'au naturel, etc. » Mss de Troyes.

rement, prise au sens mauvais où l'entend Malebranche (1), pour ne parler que des disputes qui ont un rapport plus direct avec la philosophie, avec Descartes ou Malebranche.

La satisfaction, que Jésus-Christ fait par ses souffrances à la justice divine, supplée à la satisfaction que les damnés lui font pour leurs péchés; telle est la proposition bizarre qui le met aux prises avec Bossuet. En vain, dans la discussion, lui donne-t-il une forme géométrique, prétendant la déduire des principes de Malebranche sur l'ordre, et sur l'amour de Dieu pour lui-même, Bossuet n'en persiste pas moins à la condamner sévèrement, tout en adoucissant cette condamnation par les égards et l'estime qu'il témoigne pour sa personne.

La thèse philosophique, que Lamy a soutenue toute sa vie, et par où il se montre bon malebranchiste, est celle de l'existence d'une raison universelle et divine et de la vue des vérités absolues en Dieu. Il ne peut supporter qu'Arnauld l'attaque dans sa *Dissertatio bipartita*, et il vient bravement au secours de Nicole ébranlé par la critique d'Arnauld, en lui envoyant une réponse *justæ molis* par l'étendue, comme dit Nicole, et écrite *duriuscule*, parce que c'était, ajoute-t-il, une de ses opinions favorites. Arnauld y répondit par les *Règles du bon sens* (2). Plus tard, dans

---

(1) *La Rhétorique de collége trahie par son apologiste* dans son *Traité de la véritable éloquence* contre celui *De la connaissance de soi-même*, Paris, 1704. Cet apologiste est M. Gibert, professeur de rhétorique au collége des Quatre-Nations, dont le livre était intitulé : *De la véritable éloquence, ou Réfutation des paradoxes sur la véritable éloquence* avancés par l'auteur *De la connaissance de soi-même*, in-12, Paris, 1703. Il y soutient que l'explication physique des passions, telle qu'elle est dans Descartes, est parfaitement inutile à l'orateur pour lui apprendre à les exciter. Boileau, dans une lettre à Brossette, du 30 septembre 1706, traite fort mal la rhétorique de Lamy : « J'ai lu un livre de lui sur la rhétorique où, à mon avis, tout ce qu'il peut y avoir au monde de mauvais sens est rassemblé. »

(2) Ou *Remarques sur une dissertation contre le sentiment de Huygens sur ce que nous voyons la vérité en Dieu.*

une lettre à Arnauld (1), Lamy s'excusa de cette vivacité dont celui-ci, d'ailleurs, ne lui garda pas rancune. Défenseur de Nicole pour la doctrine de la vue de la vérité en Dieu, il est au nombre des adversaires de son système sur la grâce générale.

Il a répliqué aux *Doutes* de Fontenelle sur les causes occasionnelles (2), et combattu l'harmonie préétablie de Leibniz (3). La difficulté de concevoir que des lois mécaniques générales puissent produire des effets si variés, l'incompatibilité avec la liberté, et surtout l'énergie, distincte de celle de Dieu, que Leibniz attribue aux créatures, voilà les trois principales objections de Lamy contre l'harmonie préétablie. Il défend les causes occasionnelles contre le reproche d'exiger des miracles perpétuels, par la raison qu'il n'y a pas de miracles, dès qu'il y a une loi. Mais, selon Leibniz (4), pour qu'il n'y ait pas de miracle, il ne suffit pas qu'il y ait une loi, il faut encore que Dieu donne aux créatures une nature capable d'exécuter ses ordres.

Nous venons de le voir défendre Malebranche contre Bossuet, Arnauld, Fontenelle, Leibniz, nous allons le voir maintenant prendre parti contre lui dans la question du pur amour.

Lamy a pris en effet la défense du pur amour contre Bossuet, et s'est déclaré en faveur de Fénelon dont il était l'ami intime, et avec lequel il entretenait une correspondance habituelle. Il est curieux de voir l'auteur des

---

(1) Œuvres d'Arnauld, t. III, p. 669, année 1693.
(2) *Lettres philosophiques sur divers sujets importants*, in-12. Trévoux, 1703.
(3) *De la connaissance de soi-même*, 2ᵉ édition, 4 vol. in-12. Paris, 1701. La critique de l'harmonie préétablie exposée par Leibniz, dans le *Journal des savants*, août 1696, se trouve à la fin du second volume.
(4) Voir cette réplique de Leibniz dans le *Journal des savants*, juin 1709, ou dans l'édition de ses Œuvres philosophiques, par Erdmann, p. 450.
(5) L'abbé Brillon ayant attaqué la preuve de l'existence de Dieu par l'idée de l'Infini Voir le *Journal des savants*, 10 janvier 1701, Lamy a répondu par une lettre dans les *Mém. de Trévoux*, janvier février 1701.)

Maximes des saints chercher à modérer, dans son ami, les excès d'une spiritualité qui lui étaient si vivement reprochés à lui-même. D'après la plupart des biographies, et d'après une lettre de Fénelon, Lamy aurait encore eu avec Malebranche une autre polémique au sujet du *Traité de la Nature et de la Grâce*, que ses supérieurs lui défendirent de continuer. Cependant Malebranche, qui sans doute ignorait cette défense, continua d'écrire contre Lamy condamné au silence, ce dont Fénelon le blâme sévèrement dans une lettre à Lamy : « Je ne comprends pas comment le P. Malebranche veut écrire contre un auteur auquel on a fermé la bouche. L'amour-propre bien éclairé sur ses intérêts suffirait pour ne prendre jamais un si mauvais parti (1). »

Mais quelles que soient les dissidences particulières de Lamy, si prompt à la dispute, avec son maître Malebranche, il ne s'en montre pas moins généralement pénétré de son esprit et de ses doctrines, à tel point que sans cesse il le reproduit et l'imite, non-seulement pour les idées, mais même pour le langage. Son ouvrage le plus considérable, la *Connaissance de soi-même*, est une imitation de la *Recherche de la vérité*. Il y a, dans la *Connaissance de soi-même*, une partie métaphysique; mais ce qui domine, c'est la partie morale, l'étude du cœur humain, des passions, des mobiles de l'amour-propre, des illusions des sens et de l'imagination. A chaque page on rencontre des imitations et des réminiscences de la *Recherche de la vérité*. Les sciences d'érudition et la rhétorique n'y sont pas moins maltraitées. Lamy suit Malebranche pas à pas dans l'analyse des pernicieux effets de l'imagination, non-seulement sur le moral, mais sur le physique. Malebranche a vu un enfant né avec une mitre et avec la figure d'un saint Nicolas que sa mère avait contemplée pendant sa grossesse; Lamy a vu un jeune homme qui, pour la même cause, portait les traits de Jésus-Christ crucifié. Malebran-

(1) *Histoire de Fénelon*, par M. de Bausset, 2ᵉ édit., 2ᵉ vol., livre 4. Cette lettre est de 1700.

che insiste sur les dangers de cette prétendue illusion des sens qui nous fait rapporter aux objets les qualités sensibles, et il attend le plus grand bien pour la morale d'une philosophie qui détruit radicalement cette illusion. Lamy de son côté se flatte qu'on ne se laissera plus aussi facilement séduire par un beau visage, quand on saura que ce n'est en réalité qu'un peu d'étendue, et que cette couleur rose et blanche, qui nous charme, ne lui appartient pas.

Signalons les excellentes réflexions, par lesquelles il débute, sur l'utilité et l'importance, sur les facilités et les difficultés de la connaissance de soi-même. Il semble, dit-il, que ce ne soit pas une grande entreprise que celle de se connaître soi-même; il n'est pas besoin d'aller au loin, il ne s'agit que de demeurer chez soi. En effet l'âme chargée d'acquérir cette connaissance en est elle-même l'objet, elle est tout ensemble le soi-même qui doit être connu et le soi-même qui doit connaître; jamais un seul instant elle ne se perd de vue. Comment donc se connaît-elle si peu? Lamy explique très-bien ce paradoxe. En même temps que chaque pensée se fait sentir elle-même, elle présente un objet qui nous applique plus que la pensée, parce que ce qui est nouveau nous frappe plus que ce qui est ordinaire. En outre, nos pensées et nos sensations étant supposées venir du dehors, nous font sortir de nous-mêmes, loin de nous y faire rentrer. Ce préjugé est, selon Lamy, un des grands obstacles à la connaissance de soi-même. Mais il en est d'autres encore, comme l'inattention et toutes ses causes, contre lesquels sont impuissants les retours et les raisonnements passagers d'une philosophie abstraite, et dont on ne peut triompher que par un changement complet dans la vie et dans les habitudes. Il montre dans le monde une véritable conjuration contre la connaissance de soi-même, un art réel de se méconnaître et de se fuir soi-même qu'il analyse avec beaucoup de finesse. Non-seulement dans le monde, mais jusque dans le cloître, il signale de nombreux fugitifs de soi-même. A cet art dangereux de se méconnaître, opposer l'art salutaire de se connaître, est l'objet du livre tout entier. Ce n'est pas seulement une imitation métaphysique, mais une imitation littéraire de la *Recherche de la vérité.* Quoique Lamy demeure bien au-dessous de son modèle pour la grâce exquise, et surtout pour la mesure et la sobriété, on peut en extraire, comme l'a fait M. Damiron, plus d'un passage qui rappelle les bons endroits de la *Recherche.*

La métaphysique du P. Lamy est plus particulièrement contenue dans les *Premiers Éléments* (1), où il résume les sentiments de Malebranche sur l'âme et le corps, et sur Dieu considéré comme l'auteur de l'union de l'âme et du corps. Il suit Descartes partout où Malebranche le suit, il s'en écarte partout où Malebranche lui-même l'abandonne. Ainsi, après avoir établi, conformément à Descartes, la distinction de l'âme et du corps, après avoir placé l'essence de l'âme dans la pensée, il prétend que nous connaissons l'âme par le seul sentiment. Que devient donc le *Je pense, donc je suis* de Descartes? Lamy attribue, contre toute vérité, à Descartes de n'avoir pas fondé son existence sur l'idée claire de la pensée, mais sur le sentiment intérieur de l'actualité de la pensée.

Aucun cartésien n'a poussé plus avant le principe, que Dieu est la seule cause efficiente, l'unique vraie cause de tout ce qui est réel. Il a même prétendu en donner une démonstration, sous forme géométrique, dans une de ses *Lettres philosophiques.* Aussi Bayle cite-t-il le bénédictin Lamy, qu'il estime un des plus forts cartésiens de France, parmi les philosophes par lesquels prend le plus de force l'objection de la création continuée contre la liberté (2). C'est à Lamy que Leibniz écrit : « Celui qui soutient que Dieu est l'unique acteur pourra aisément se laisser aller jusqu'à dire que Dieu est l'unique substance. » Comme Ma-

---

(1) *Ou Entrée aux connaissances solides, en divers entretiens, proportionnée à la portée des commençants et suivie d'un Essai de logique,* in-12, 1706.

(2) *Réponse à un Provincial,* chap. CXLI.

lebranche, Lamy définit l'union entre l'âme et le corps : une exacte et nécessaire correspondance entre deux êtres, dont l'efficacité des volontés divines est la seule cause effectrice.

Dieu est l'auteur de toutes les idées comme de tous les mouvements. Sur cette question des idées, Lamy met en regard les deux sentiments qui, de son temps, ont fait le plus de bruit, d'abord celui d'Arnauld, qu'il réfute, puis celui de Malebranche, qu'il adopte, sauf en quelques détails. Il distingue la perception de l'idée, objet intérieur de nos pensées, et soutient que nous voyons tout en Dieu. De là sa foi à ces vérités absolues et à une raison souveraine dont il s'est fait le champion contre Arnauld.

Mais s'il admet le gros de la vision en Dieu, il avoue qu'il éprouve quelques difficultés à l'égard des détails. Il s'agirait d'abord de savoir si effectivement nous avons les idées des créatures et des ouvrages de Dieu, avant de se battre sur la question de savoir comment nous les voyons en Dieu. Or, à l'exception des corps en général, ou de l'étendue, il croit que nous n'avons aucune vraie idée des ouvrages de Dieu, que nous ne savons pas d'un corps particulier ce qui le distingue précisément d'un autre, que nous ne connaissons notre esprit que confusément, et celui des autres par pure conjecture. Ainsi, selon Lamy, tous ces ouvrages de Dieu dont nous aurions les idées, se réduiraient à la seule idée de l'étendue, laquelle, il est vrai, enferme les idées de toutes les figures possibles, mais sans que nous puissions savoir si elles correspondent à quelque chose de réel. Selon Timandre, un des deux interlocuteurs, ce serait là une connaissance plus curieuse qu'utile. Arsile, il est vrai, le reprend de traiter légèrement une connaissance par laquelle nous apprenons que, comme êtres pensants, nous sommes perpétuellement enlevés dans un autre monde que celui qu'habite notre corps, dans un palais enchanté d'idées. Timandre objecte que ce n'est pas faire agir Dieu de la manière la plus simple, parce que ce palais enchanté dépendant des ébranlements du cerveau de chacun, sera différent pour tout le monde, plus beau pour l'un que pour l'autre, suivant les idées qui lui auront été représentées à l'occasion des ébranlements de son cerveau. « Voilà donc, s'écrie-t-il ironiquement, la question de la pluralité des mondes absolument terminée, on ne pouvait pas souhaiter de voir cette pluralité poussée à un plus grand excès. »

Mais, de cette première difficulté au sujet de la vue des idées des créatures en Dieu, il en voit naître encore une seconde. Comment expliquer que nous voyons en Dieu les vérités immuables, si ces vérités ne sont que des rapports entre les idées, et si nous n'avons nulle vraie idée des ouvrages de Dieu? Si nous n'avons d'idée claire ni de l'âme, ni du corps, comment connaîtrons-nous clairement que l'âme est préférable au corps? Ainsi, en admettant les principes de la vision en Dieu, en demeurant fidèle à cette doctrine que, pour consulter la vérité souveraine, il faut s'élever jusqu'à Dieu, Lamy n'ose rien décider sur le mode de la connaissance des choses particulières. Voici, d'ailleurs, sa conclusion : « Je me retranche à tenir le fond de la chose, sans en connaître la manière. Je ne suis pas plus savant que saint Augustin. Je suis avec lui très-persuadé que ce n'est que dans une nature universelle et immuable qu'on voit ces grandes vérités, pour le comment, le *quomodo*, je confesse mon ignorance. » En résumé, les *Premiers Éléments*, sont supérieurs à la *Connaissance de soi-même*, et peuvent être rangés parmi les meilleurs et les plus agréables résumés de la philosophie de Descartes et de Malebranche.

A l'instigation de Bossuet et de Fénelon, Lamy a publié une réfutation de Spinoza (1). Il suit d'abord la méthode commune, puis la méthode géométrique, à l'adresse, dit-il, des libertins spirituels qui se piquent d'exactitude et de raison. Il dit du Dieu de Spinoza : « Si cela peut s'appeler recon-

(1) *Nouvel Athéisme renversé, ou Réfutation du système de Spinoza, tirée pour la plupart de la connaissance de la nature de l'homme*, in-12, 1706.

naître un Dieu, je ne sais pas pour moi ce qui s'appelle n'en reconnaître point. » Pour démonter pièce à pièce tout ce système il ne veut qu'employer la connaissance de l'homme. En effet, de l'inspection de la nature humaine, il résulte que l'homme est une substance, et conséquemment qu'il n'y a pas qu'une seule substance. Mais si l'homme est une substance, il n'est pas de lui-même, il est donc par une cause autre que lui-même, cause que les merveilles de l'union de l'âme et du corps et de ses organes démontrent être infinie. Ainsi oppose-t-il la certitude de la psychologie à l'incertitude des hypothèses ontologiques où se perd Spinoza.

Cette réfutation de Spinoza lui paraît un nouvel exemple de l'utilité qu'il ne cesse de vanter, de la philosophie pour la foi. « Qu'on en dise et qu'on en pense ce qu'on voudra, il sera toujours vrai que la métaphysique est de toutes les sciences la plus importante et la plus essentielle, non-seulement aux disciplines naturelles, mais à la morale et à la religion (1). » Comme Malebranche, il croit à l'accord essentiel de la raison et de la foi, à l'unité de la vraie philosophie et de la vraie religion, et il combat ceux qui voudraient enlever à la philosophie, pour la réserver à la seule théologie, la science de Dieu et de ses attributs : « Que Dieu et ses attributs soient l'objet de la seule théologie, cette pensée est un préjugé populaire fondé sur ce qu'on dit que Dieu est au-dessus de la nature, et que la philosophie ne s'occupant que de choses naturelles, on regarde comme autant de passe-droits les prétendues sorties qu'elle fait sur la divinité. Pitoyable préjugé de regarder comme étranger à la nature l'auteur même de la nature, comme si la cause était étrangère à son effet, et encore à un effet qui n'a rien qu'il ne tienne de sa cause (2) ! » Non-seulement il réclame pour la raison le droit de spéculer sur Dieu, mais il lui donne la priorité sur la foi, par un argument irrésistible, que nous avons

---

(1) Préface du *Nouvel Athéisme renversé*.
(2) *Premiers Éléments*, 4ᵉ entretien.

déjà rencontré dans Arnauld et dans Malebranche. Croire d'une foi divine l'existence de Dieu, c'est la croire sur la parole de Dieu ; or peut-on croire l'existence de Dieu sur la parole de Dieu avant de savoir s'il a parlé, ni même s'il existe (1)?

Il y a eu des malebranchistes, même chez les jésuites, malgré tous leurs efforts pour ne pas laisser pénétrer chez eux des doctrines auxquelles ils avaient déclaré la guerre. Parmi les membres les plus assidus de la réunion malebranchiste de mademoiselle de Vailly, on remarquait un jésuite, le P. Aubert qui avait appris par cœur les ouvrages de Malebranche et qui était un ami du P. André. A cause de son attachement à Malebranche et de sa liaison avec le P. André, le P. Aubert fut destitué de sa chaire de mathématiques et envoyé de Caen à Bourges. Nommons aussi La Pillonière, esprit ardent et mobile, d'abord fort opposé aux doctrines nouvelles, puis converti à Malebranche par le P. André qui, pendant son séjour à La Flèche, fit plusieurs conversions de ce genre (2). Mais, blâmé et menacé par ses supérieurs, il s'enfuit à Genève où il se fit calviniste. On imagine aisément quel parti les jésuites durent tirer de cette défection contre Malebranche et contre le P. André (3).

Arrêtons-nous au P. André, le plus fidèle, le plus dévoué, quoique jésuite, de tous les disciples de Malebranche. Qui a plus aimé Malebranche, qui a plus souffert pour lui? Combien nos anciennes sympathies pour le spirituel auteur du *Traité sur le beau*, ne se sont-elles pas accrues, depuis que de nouveaux documents nous ont

---

(1) Préface de l'*Incrédule amené à la religion par la raison*. Paris, 1710, in-12. L'ouvrage est aussi sous forme d'entretiens, et les interlocuteurs sont les mêmes que dans les *Premiers Éléments*.

(2) Voir l'introduction de M. Cousin aux *Œuvres du P. André*, p. 77.

(3) A propos de cette apostasie, Malebranche écrit au P. André, dans une lettre publiée par M. Charma : « Voilà où conduit l'esprit quand on ne bâtit pas sur les dogmes et qu'on raisonne sur des sujets qui nous passent et dont nous n'avons pas des idées claires. »

montré en lui un habile historien, un éloquent défenseur, un confesseur intrépide de Descartes et de Malebranche, au sein même de la Compagnie des jésuites (1) ! Un goût naturel pour la piété et pour l'étude l'avait poussé à entrer dans une maison de cet Ordre voisine de la maison paternelle (2). Que ne devait-il pas y souffrir, à cause de la noblesse et de la fierté de son caractère, de la fermeté de ses opinions et de la contradiction de son idéalisme cartésien avec l'empirisme officiel de la Société? Nous n'entreprendrons pas de raconter, après M. Cousin, cette longue persécution, ces disgrâces, ces exils, ces vexations de toute sorte, cet emprisonnement d'une année à la Bastille que le P. André eut à subir, accusé tantôt de cartésianisme, tantôt de jansénisme.

(1) Voir les *Documents inédits*, publiés par MM. Charma et Mancel, Caen, 1844, in-8, et surtout l'Introduction placée par M. Cousin en tête des *Œuvres philosophiques* du P. André, 1 vol. in-12. Édit. Charpentier, 1843.

(2) Le P. André est né à Châteaulin, dans la Basse-Bretagne, en 1675. Il entra chez les jésuites en 1693, fit sa théologie au collège de Clermont, et pendant ce temps prit goût au cartésianisme et se lia avec Malebranche. Ce fut la source de toutes ses disgrâces, n'ayant jamais consenti à renier sa foi philosophique. Après des tracasseries de toute sorte, il fut, en 1721, mis à la Bastille, d'où il sortit l'année suivante. Il ne fut pas cependant emprisonné pour cause de cartésianisme, mais, plus probablement comme le suppose M. Charma, sous l'accusation d'être l'auteur de libelles injurieux contre la Compagnie, publiés à Arras, en réponse aux libelles des jésuites contre l'évêque de cette ville, qui passait pour un janséniste : « Je condamnais publiquement, dit le P. André lui-même, toutes ces fureurs et toutes ces impiétés. Nos amis, même les séculiers, les condamnèrent. On craignit apparemment que j'en découvrisse les auteurs, mais la vérité est que les coupables furent mes accusateurs ; ils avaient fait les crimes, et je fus mis à la Bastille. » Introduction de M. Cousin, p. 217. Il passa la fin de sa vie à Caen, dans les fonctions de régent de mathématiques. Il prit sa retraite en 1759, survécut deux ans à la suppression de sa Compagnie et mourut en 1764, environné de la considération générale que lui attiraient son esprit, son caractère et les persécutions qu'il avait endurées de la part de son Ordre. Le parlement de Rouen avait mandé au lieutenant-général de Caen de lui accorder, sans aucune condition, ce qu'il demanderait.

Il se lia avec Malebranche pendant qu'il faisait sa philosophie au collége de Clermont. Éloigné de Paris, il ne cessa pas d'être en correspondance avec lui, et toutes ses lettres sont remplies des plus vifs témoignages de respect, d'attachement, d'enthousiasme pour sa personne et sa philosophie. Quelle n'est pas sa douleur quand il apprend sa dernière maladie? « Ce que vous me mandez de sa maladie, écrit-il au P. Marbœuf de l'Oratoire, m'afflige extrêmement. Et peut-on avoir un amour sincère pour la vérité sans regretter un homme qui en a été de nos jours le plus intrépide et le plus sage défenseur? J'en ai une raison particulière, j'ai toujours trouvé en lui un ami, un oracle dans mes doutes et un consolateur dans mes peines. Je vous avoue ma faiblesse, je me sens attendri jusqu'aux larmes. » Descartes seul lui paraît pouvoir être comparé avec Malebranche. « Plus je relis les ouvrages de notre grand philosophe, plus j'y découvre de beautés, je ne vois que ceux de M. Descartes qui puissent lui être comparés, Mais il me semble que rien ne les peut surpasser (1). »

Malebranche mort, le P. André s'occupe d'écrire sa vie et son histoire, et demande de toutes parts des renseignements, des mémoires, des documents authentiques. On suit, dans les lettres publiées par M. Cousin, les progrès de son œuvre, l'étendue de son plan; on voit avec quel esprit philosophique, avec quel amour, avec quelle ardeur il travaille. Dans le vaste cadre qu'il s'était tracé, il faisait entrer non-seulement une foule de renseignements curieux sur la vie de Malebranche, mais l'histoire et l'analyse de tous ses ouvrages, de toutes les disputes qu'ils ont suscitées, de toutes les questions et de tous les événements contemporains qui y ont quelque rapport (2). C'eût été un

---

(1) Voir dans l'abbé Blampignon, p. 36, la lettre pathétique et éloquente qu'il adresse au P. Lelong à la nouvelle de la mort de leur ami commun. Cette lettre est extraite du Mss. du P. Adry.

(2) On en peut juger par ce passage d'une lettre du P. André : « Je commence par exposer l'état où se trouvait la philosophie de M. Descartes,

tableau philosophique complet de la dernière moitié du dix-septième et du commencement du dix-huitième siècle. Saisie avec tous ses autres papiers, quand le P. André fut mis à la Bastille, cette histoire fut ravie aux amis de Malebranche et de la philosophie, au moment même où elle venait d'être achevée. Quoique la trace du manuscrit eût été suivie jusqu'à la fin du dix-huitième siècle, on pouvait le croire définitivement perdu, malgré les recherches de M. Cousin, et son éloquent appel à tous ceux, jésuites ou jansénistes, qui pourraient l'avoir dans les mains. Mais M. l'abbé Blampignon en a récemment découvert, dans la bibliothèque de Troyes, un fragment considérable que nous avons mis à profit pour l'histoire de la philosophie de Malebranche, et qui nous montre que les lettres du P. André n'avaient pas exagéré l'importance et l'intérêt de son ouvrage de prédilection (1).

Régent de philosophie dans divers colléges de son Ordre, le P. André osa ne pas dissimuler ses prédilections pour une philosophie à laquelle ses supérieurs avaient déclaré la guerre. Il accusait la philosophie péripatéticienne des écoles d'être aussi mauvaise pour la manière que pour le fond, de gâter l'esprit de la jeunesse, d'être païenne, de s'être accommodée avec l'idolâtrie et avec le mahométisme, et enfin de renverser les sciences, et la morale elle-même,

---

qui a changé la face de la république des lettres, lorsque le P. Malebranche parut dans le monde. Je parle du jansénisme, du thomisme et du molinisme, à l'occasion de la dispute avec M. Arnauld. Les contestations du quiétisme y entrent ensuite naturellement. J'ai cru que l'affaire de Chine devait aussi y avoir sa place, car il me paraît que sans cela il n'est pas possible de bien entendre ni l'entretien du P. Malebranche avec le philosophe chinois, ni sa dispute avec les journalistes de Trévoux. » Il ajoute qu'il doit y faire entrer un portrait de l'Oratoire et de la Compagnie des jésuites, qu'il a fini l'endroit qui regarde la princesse Élisabeth, et qu'il commence demain celui du P. Valois. (Voir l'*Introduction* de M. Cousin.)

(1) Voir dans mes articles du *Journal des savants*, cahiers d'août et de septembre 1863, tous les détails relatifs à ce manuscrit, l'analyse de ce qu'il contient de plus intéressant, et les preuves de son authenticité.

par la maxime que toutes les idées viennent des sens. Il voulait mettre à sa place une philosophie toute chrétienne et toute sainte dans ses principes, celle de saint Augustin, de Descartes et de Malebranche. De là les menaces de ses supérieurs, dans des lettres où se montre tout leur fanatisme contre Descartes, en même temps que l'obligation d'obéissance absolue, l'abnégation de tout jugement propre imposée à chacun des membres de la congrégation. De là aussi de nobles et hardies réponses du P. André, des apologies de Descartes et de Malebranche où, excité par la persécution, il s'élève jusqu'au pathétique et à l'éloquence.

Pour en finir on lui imposa la signature d'un formulaire philosophique semblable à celui qu'avait subi l'Oratoire. Le P. André ne se décida pas à le signer sans des protestations, des explications et des restrictions qui lui attirèrent de nouvelles disgrâces. Néanmoins, il écrit à Malebranche, pour lui demander pardon d'avoir chancelé dans la défense de la vérité. Dans ses explications sur ce formulaire, le P. André abandonne son maître en un seul point important, celui de l'inefficacité des causes secondes, et il déclare admettre une action réelle de l'âme sur le corps. Mais il tient ferme sur la question des idées, où il se retranche derrière l'autorité de saint Augustin. Pressés par le P. André de choisir des censeurs équitables qui ne le traitent pas d'entêté, sans avoir tâché de le convaincre par des raisons, ni de fanatique sans avoir démontré ses visions, les chefs de la Compagnie, s'étant enfin piqués d'honneur, avaient entrepris de répondre à sa profession de foi et de justifier leur formulaire. Dans l'analyse de ce factum philosophique de la Compagnie on reconnaît le ton et les argumentations de la *Réfutation* du P. Dutertre. Malebranche y est traité de fanatique et de fou, et on lui reproche de n'avoir fait qu'ajouter des extravagances à Descartes. L'empirisme, opposé à l'idéalisme de Malebranche et du P. André, voilà l'esprit général de cette profession de foi philosophique de l'Ordre. Les interprètes officiels de la philosophie des jésuites ne trouvent dans le P. André qu'une seule chose à louer, à savoir la doctrine, empruntée à Malebranche, de l'obscurité de la connaissance de l'âme ; mais ils le blâment d'avoir fait une connaissance claire de l'idée de Dieu.

Voici, en regard de cet empirisme, la belle profession de foi idéaliste et malebranchiste du P. André : « Je vous déclare, et à toute la Compagnie, que je tiens pour indubitable que Jésus-Christ, en tant que Verbe éternel et sagesse personnelle, est, comme parle saint Jean, la lumière véritable qui éclaire tous les hommes, et, comme parle saint Augustin, la vérité essentielle qui renferme dans sa divine substance toutes les vérités immuables, et, comme parle Malebranche, la raison universelle des esprits, dans laquelle nous voyons les idées de toutes les choses que nous connaissons, les mêmes que Dieu voit, sur lesquelles il a formé cet univers, et sur lesquelles il le gouverne. J'admets ce grand et vaste principe avec toutes ses conséquences, et par une suite nécessaire, je tiens que ce que nous appelons les idées ou l'objet immédiat de nos esprits est réellement distingué des perceptions que nous en avons et qui seules nous appartiennent effectivement. Je tiens cette opinion plus évidemment démontrée, qu'aucune proposition de géométrie ou d'arithmétique, puisqu'il n'y a point de démonstration qui ne suppose des idées éternelles, immuables, nécessaires, universelles, et par conséquent bien différentes de nos pensées qui toutes ont commencé d'être, sont passagères, contingentes, particulières. Je tiens enfin que la doctrine de la distinction des idées et de nos perceptions est le fondement de toute certitude humaine dans la religion, dans la morale et dans toutes les sciences ; et si quelqu'un pouvait se vanter d'avoir là-dessus solidement réfuté les raisonnements de saint Augustin et du P. Malebranche, je ne crains point de le dire, pour peu qu'il eût de l'esprit et suivi ses propres principes, il pourrait se vanter en même temps d'avoir solidement établi le pyrrhonisme. » Le P. André démontre aussi qu'une telle philosophie s'accommode mieux avec le christianisme que celle qu'on lui oppose.

Ses œuvres philosophiques (1) contiennent des discours sur l'homme et sur le beau, lus à l'académie de Caen, pendant la dernière partie de sa vie. L'âme, la liberté, les idées, les merveilles des idées, du raisonnement, de la conscience, l'idée de Dieu, son entendement, sa volonté, l'amour désintéressé, tels sont les sujets de ses discours philosophiques. La forme est littéraire et académique; le fond relevé par de vives images, par des traits ingénieux et spirituels, est emprunté à Descartes et à Malebranche. Il s'attache surtout à démontrer l'existence d'idées universelles absolues dans la spéculation et la morale, sans lesquelles on verrait, dit-il, soudain renaître la confusion de la tour de Babel, sans lesquelles le pyrrhonisme aurait gain de cause. Comme dans sa profession de foi, au sujet du formulaire, il se montre très-explicite sur l'article de la liberté, rejetant l'inefficace des causes secondes, et attribuant à l'âme une vraie causalité. Il n'en fut pas moins continuellement poursuivi par la fausse accusation de jansénisme, contre laquelle il a toujours vainement protesté, et qui, jointe à l'accusation vraie de cartésianisme, a troublé toute sa vie. Il se sépare aussi de Malebranche en déclarant qu'il tient pour irrésistible l'argument de la véracité divine. Enfin il s'en sépare encore, comme nous l'avons vu, sur la question de l'amour de Dieu, ayant pris parti, avec Lamy, pour le pur amour.

Il y a plus d'originalité dans ses discours sur le beau que dans ses discours sur l'homme (2). Malebranche s'était contenté de définir le beau, une imitation de

(1) *Œuvres de feu M. André*, par l'abbé Guyot, Paris, 4 vol. in-12, 1766.

(2) Fontenelle l'avait excité à traiter ce sujet : « Je serais bien curieux, lui écrit-il, de voir cette matière agréable par elle-même, quoique très-philosophique, traitée par une main comme la vôtre. » *Le P. André*, par M. Charma, t. II, p. 47.

l'ordre (1). Dans une série de discours spirituels et ingénieux, le P. André, avec l'aide de saint Augustin, développe cette définition. Comme plus tard un autre disciple de Malebranche, le P. Roche, il fait la guerre aux pyrrhoniens en matière de beauté. D'abord il distingue trois ordres ou trois degrés dans le beau, un beau essentiel, indépendant de toute institution humaine, et même divine, puis, un beau naturel indépendant de toute institution humaine, mais dépendant de l'institution divine, et enfin un beau arbitraire qui dépend de l'homme, des caprices de l'artiste, de la mode, du temps et des lieux, mais jusqu'à un certain point seulement, parce qu'il doit s'appuyer sur le beau naturel.

Après les divers degrés du beau, il distingue, comme il le dit, ses divers territoires, le beau sensible qu'il divise en beau sensible et beau musical, et le beau intelligible qu'il divise en deux espèces, le beau dans les mœurs, et le beau dans les œuvres d'esprit. Ensuite, entrant dans l'analyse de chacun de ces genres de beautés, il y montre les trois degrés qu'il a distingués, et conclut avec saint Augustin, que toute vraie beauté se ramène à l'unité, *omnis porro pulchritudinis forma unitas est*. Nous ne suivrons pas le P. André dans les ingénieux développements par lesquels il cherche à justifier ces distinctions et ces principes. Sans doute il est facile de critiquer ce qu'il y a d'artificiel et d'arbitraire dans la construction de tout le système, mais il faut reconnaître que le P. André a le mérite de démêler dans chaque genre de beauté l'absolu de l'arbitraire, ce qui ne passe pas d'avec ce qui passe, suivant les temps et les lieux, les caprices de l'artiste, les modes et les opinions. Les *discours sur le beau* abondent d'ailleurs en observations fines et ingénieuses sur les beautés de l'art et de la nature. Diderot en fait cet éloge qui était mérité de son temps : « d'être le plus suivi, le plus étendu et le plus lié de tous les systèmes

---

(1) 4e Méditation.

publiés en France sur cette délicate et difficile matière (1). »

Mais ce qui nous recommande surtout la mémoire du P. André, c'est sa fidélité à Descartes et à Malebranche, c'est le courage avec lequel il a conformé sa vie entière à cette belle réponse au P. Dutertre qui l'engageait à suivre son lâche exemple : « J'ai pris le parti de demeurer ferme dans la vérité aux dépens de mon repos et de mon bonheur temporel (2). »

(1) *Encyclopédie*, art. Beau.
(2) *Introduction aux Œuvres du P. André*, par M. Cousin, p. 128. Voir sur le P. Dutertre le chapitre suivant.

CHAPITRE XX

Adversaires anticartésiens de Malebranche. — L'abbé Foucher. — Le scepticisme de la nouvelle académie opposé à Malebranche. — L'abbé Faydit Zoïle de Malebranche, bouffon et brouillon. — Ses diverses disgrâces. — Folies qu'il impute à Malebranche. — Virgile plus orthodoxe que Malebranche. — Malebranche meurtrier de la Providence. — Dialogue entre Tertullien et Malebranche. — Malebranche comparé à Molinos. — Horreur affectée de Faydit pour les prétendues impiétés de Malebranche. — Le P. Dutertre, d'abord zélé malebranchiste, abandonne et réfute Malebranche par ordre de ses supérieurs. — Ton ironique et empirisme du P. Dutertre. — Saint Augustin blâmé à cause de son platonisme. — Le P. Hardouin. — Malebranche dans les *Athei detecti*. — Locke. — Son *Examen critique de la vision en Dieu*. — Voltaire. — *Tout en Dieu*, commentaire sur la philosophie de Malebranche. — Sympathie de Voltaire pour le *Tout en Dieu* de Malebranche. — Secret de cette sympathie.

Si tous les cartésiens ne sont pas malebranchistes, tous les adversaires de Descartes sont en quelque sorte à plus forte raison les adversaires de Malebranche dont les doctrines s'éloignaient encore davantage, soit de la philosophie commune et des opinions généralement reçues, soit de la philosophie de Gassendi. Nous ne voulons parler ici que des anticartésiens qui ont fait directement la guerre à la philosophie de Malebranche. Suivant l'ordre chronologique, mentionnons d'abord l'abbé Foucher, chanoine de Dijon (1), qui prit la plume contre le premier volume de la *Recherche de la vérité*, et auquel l'auteur

---

(1) Il est né à Dijon en 1644, et mort à Paris où il passa la plus grande partie de sa vie, en 1696. Il fut en correspondance avec une foule de savants français et étrangers, et particulièrement avec Leibniz dont il combattit l'harmonie préétablie. M. Foucher de Careil, dans ses *Lettres et opuscules inédits de Leibniz*, de 1854, a publié vingt-six lettres inédites de Leibniz et de l'abbé Foucher qui s'ajoutent à celles que nous possédions déjà. L'abbé Foucher n'eut pas seulement des discussions par écrit, mais des conférences avec Malebranche : « Je voudrais, écrit-il à Leibniz,

a répondu avec beaucoup de vivacité dans la préface du second (1). Ce fut la première polémique suscitée par la philosophie de Malebranche. Foucher avait été d'abord plus ou moins cartésien, puisque, selon Baillet, il s'était chargé, à la prière de Rohault, d'une oraison funèbre de Descartes qui devait être prononcée dans une autre paroisse que Sainte-Geneviève. Mais plus tard nous le voyons incliner au scepticisme, faire la guerre au dogmatisme cartésien et entreprendre de restaurer les doctrines de la nouvelle Académie. Tel est le point de vue où il se place pour attaquer le premier volume de la *Recherche* (2). Lorsqu'on fait état de rechercher la vérité, il ne faut pas, dit-il, supposer qu'on l'a déjà trouvée. Or, c'est là ce que fait Malebranche pour la nature de l'âme et des idées, et pour les vérités nécessaires. Il a admis comme des vérités ce qu'il fallait prouver, et ce qu'on ne pouvait prouver, sans réfuter d'abord Sextus Empiricus. Y a-t-il conformité de l'esprit avec les choses? L'esprit est-il conformé de façon à les voir telles qu'elles sont? Voilà ce que

que vous eussiez été présent à quelques conférences que nous avons eues ensemble, le P. Malebranche et moi, sur la philosophie. » *Lettres et opuscules inédits*, p. 44.

(1) Malebranche y traite assez durement l'abbé Foucher. Il fit disparaître cette préface dans la 4me édition.

(2) Leibniz, à la nouvelle de sa mort, le juge ainsi dans une lettre à Nicaise : « Peut-être que son but n'était que d'être le ressuscitateur des académiciens, comme M. Gassendi avait ressuscité la secte d'Épicure, mais il ne fallait donc pas demeurer dans les généralités. Platon, Cicéron, Sextus Empiricus et autres lui pouvaient fournir de quoi entrer bien avant en matière, et, sous prétexte de douter, il aurait pu établir des vérités belles et utiles. Je pris la liberté de lui dire mon avis là-dessus, mais il avait peut-être d'autres vues dont je n'ai pas été assez informé. » (Cousin, *Fragments philos.*, 4e édit., t. III, p. 151.) Voici le jugement de Huet : « Le livre qu'il fit contre le P. Malebranche me donna de l'estime pour lui... Il s'était renfermé dans l'étude du platonisme qu'il qualifiait de doctrine des académiciens. Mais cette doctrine ayant jeté plusieurs branches, il s'en fallut bien qu'il les eût toutes maniées et secouées. A peine connaissait-il le nom de Carnéade et d'Arcésilas, moins encore le pyrrhonisme. »

d'abord il fallait démontrer. Donc, Malebranche n'a pas trouvé le chemin qui conduit aux connaissances solides. Il lui reproche aussi de ne décider rien sur la question de savoir si c'est Dieu qui produit des idées dans l'âme, à l'occasion des mouvements qui sont dans le cerveau, ou si ces mouvements produisent véritablement les idées, quoiqu'il paraisse difficile de dire plus clairement que ne le fait Malebranche, même dans ce premier volume, que c'est Dieu seul qui les produit en nous. « Concluons, dit Foucher, que nous ne sommes point assurés si nos premières conceptions nous représentent les choses qui sont hors de nous comme elles sont en elles-mêmes, d'où il s'ensuit que nous ne sommes pas plus avancés pour la connaissance de la vérité que l'on était du temps de nos pères, si nous n'avons point d'autres principes que celui que nous venons d'examiner. »

Ces objections sont développées dans la *Critique de la Recherche de la vérité*, et dans les diverses répliques de Foucher aux réponses de Malebranche et de ses disciples (1), parmi lesquelles nous avons déjà cité celle de Desgabets. Foucher composa plus tard un autre ouvrage intitulé : *Dissertation sur la Recherche de la vérité, contenant l'histoire et les principes de la philosophie des académiciens avec plusieurs réflexions sur les sentiments de M. Descartes* (2), dans lequel il annonce la prétention de fixer un corps de doctrines pour l'usage de ceux qui veulent philosopher sérieusement. Il commence par une histoire rapide et superficielle de la nouvelle Académie, où il se propose de montrer que

---

(1) *Critique de la Recherche de la vérité, Lettre par un Académicien*, in-12. Paris, 1675. Dans le même volume on trouve : *Réponse pour la Critique à la préface du 2e volume de la Recherche de la vérité*, 1679. — *Nouvelle dissertation sur la Recherche de la vérité, contenant la Réponse à la Critique de la Critique de la Recherche de la vérité*, 1676. L'auteur de cette *Critique de la Critique* est Desgabets que Malebranche traite assez dédaigneusement dans la préface de la 3e édition de 1687. Pendant qu'ils se battaient, dit non moins dédaigneusement le P. André, sur un sujet qu'ils n'entendaient ni l'un ni l'autre, la *Recherche* se trouva finie et parut tout entière à la fin de 1675.»

(2) Paris, 1693, in-12.

le dessein des académiciens était de rappeler la philosophie aux premiers principes, et qu'ils n'étaient point sceptiques, quoique opposés à tous les dogmatistes. Suivant lui, la première chose qu'il faille chercher à établir est celle, sans laquelle il n'est pas certain qu'on doive chercher rien autre chose, c'est-à-dire, la possibilité même de la connaissance de la vérité. Or, la connaissance de la vérité n'est possible qu'à la condition de trois choses, d'un criterium général pour la vérité, d'un criterium particulier pour les choses qui sont hors de nous, d'un ordre nécessaire entre nos connaissances. Foucher reproche à Descartes, de même qu'à Malebranche, d'avoir manqué à cette règle, n'ayant pas d'abord prouvé la conformité des idées avec les choses. Ce qu'il recommande avant tout, c'est l'art de douter, et comme par cet art de douter on ne le voit tendre vers aucun dogmatisme, on peut bien soupçonner que ce n'est pas seulement pour lui une méthode, mais un but, et qu'en attaquant Malebranche il veut établir un scepticisme qui n'est pas sans analogie avec celui de Huet (1).

De l'abbé Foucher, je passe au plus violent, mais aussi au moins sérieux, de tous les adversaires de Malebranche, à l'abbé Faydit que Richard Simon appelle le Zoïle de Malebranche (2). Faydit paraît si dépourvu de dignité et de jugement, si brouillon dans ses doctrines, si bouffon dans ses propos, qu'il est difficile de le prendre au sérieux, quoique assurément il ne manque pas de verve et d'esprit, et qu'il

---

(1) Pour plus de détails sur Foucher nous renvoyons à l'excellente *Étude philosophique* que vient de publier M. l'abbé Rabbe, in-8, Paris, Didier, 1867.

(2) L'abbé Faydit est né à Riom. Entré à l'Oratoire en 1662, il fut obligé d'en sortir en 1671 ; il alla ensuite à Rome, où il intrigua beaucoup. De retour en France, il publia un ouvrage intitulé : *Altération du dogme théologique par la philosophie d'Aristote*, qui le fit enfermer à la prison de Saint-Lazare. S'étant rétracté, il fut relâché, avec injonction de rester à Riom, où il mourut en 1709. (Voir sa biographie, dans Moreri.) Dans son *Apologie du système des saints Pères* il a la bassesse de dire, à propos de sa prison de Saint-Lazare : « Le roi par sa bonté m'ayant fait sortir du lieu où sa justice m'avait fait enfermer. »

ait plus d'une saillie juste et piquante. Il ne fait, d'ailleurs, grâce à personne de ses injures et de ses épigrammes, et il n'épargne pas plus Fénelon, et même Bossuet, que Malebranche. Contre le *Télémaque* et les *Maximes des Saints*, qu'il appelle le Télémaque spirituel, il prodigue les plus bouffonnes et les plus inconvenantes railleries (1). Il poursuit de ses épigrammes le chef-d'œuvre oratoire de Bossuet, le sermon *Sur l'unité de l'Église* (2). Mais partout il s'acharne contre Malebranche, lançant contre lui les sarcasmes et les injures, même dans les ouvrages où personne ne s'attendrait à rencontrer l'auteur de la *Recherche de la vérité*, tels que les *Éclaircissements sur l'histoire ecclésiastique des deux premiers siècles de l'Église*, ou les *Remarques sur Virgile*, ou même la *Vie de saint Amable*, patron de la ville de Riom. Il fut obligé de sortir de l'Oratoire pour avoir publié contre la défense des supérieurs, un ouvrage cartésien, intitulé *De mente humana juxta placita neotericorum*, où Malebranche était déjà fort maltraité (3). N'ayant pu trouver ce volume, nous ne savons jusqu'à quel point, et pendant combien de temps, Faydit a été cartésien, mais comme dans ses autres ouvrages nous ne trouvons nulle trace de cartésianisme, nous le classerons néanmoins parmi les adversaires anticartésiens de Malebranche.

Cette expulsion de l'Oratoire ne fut pas sa dernière disgrâce. Tandis qu'il prodigue à tous, et particulièrement à Malebranche, l'accusation d'hérésie, il ne peut écrire un seul livre sans attirer sur lui-même cette accusation dont

---

(1) *La Télémanie à Éleuterople, chez Pierre Philalèthe*, in-12. — *Le Télémaque spirituel ou le Roman mystique sur l'amour divin et sur l'amour naturel*, in-12, 1699.

(2)   Un auditeur un peu cynique
       Dit tout haut, en bâillant d'ennui :
   Le prophète Balaam est obscur aujourd'hui,
       Qu'il fasse parler sa bourrique,
   Elle s'expliquera plus clairement que lui.

(3) Voir le P. André par M. Charma, 1er vol., p. 336.

il est si prodigue à l'égard des autres. Dans son ouvrage sur l'*Histoire ecclésiastique des deux premiers siècles de l'Église* (1), il veut prouver que la doctrine de l'éternité de la matière n'est pas hérétique, qu'elle a été soutenue par de très-savants catholiques de tous les siècles, par plusieurs Pères de l'Église, que c'est le sentiment de Régis, et même celui de Malebranche qui, s'il ne l'avoue pas expressément, n'en est pas fort éloigné. D'ailleurs, tout ce qu'a dit Malebranche sur le Verbe éternel et sur Jésus-Christ, cause occasionnelle et déterminative de l'efficace de Dieu, n'est, selon Faydit, qu'un réchauffé des vieilles opinions des Marcionites, Valentiniens, etc. On dirait qu'il n'a d'autre but que de justifier les anciens hérétiques aux dépens de Malebranche (2).

Il fait la guerre à la théologie scholastique et à saint Thomas, qu'il accuse d'avoir insinué le trithéisme, dans un livre qui lui vaut la prison de Saint-Lazare, comme coupable d'avoir attaqué la croyance commune à la Trinité (3). Bossuet applaudit durement à l'emprisonnement de Faydit : « Le malheureux Faydit, après avoir longtemps souillé sa plume impie et licencieuse dans toute sorte d'emportements et d'erreurs, s'est laissé prendre enfin pour avoir osé publier un livre abominable sur la Trinité, où il a poussé le blasphème jusqu'à dire qu'il y a trois dieux... Il a été arrêté... Il serait digne sans doute d'un plus rigoureux châtiment, s'il n'y avait autant de folie que d'erreur et d'impiété dans ses écrits (4). »

Sorti de prison, Faydit écrit une apologie contre le P. Hugo qui l'avait attaqué (5). Mais c'est aux dépens de

---

(1) *Éclaircissements sur l'histoire des deux premiers siècles de l'Église*, petit in-8. Maëstricht, 1695.

(2) *Altération du dogme théologique par la philosophie d'Aristote*.

(3) Malebranche répond avec indignation et mépris à Faydit dans la préface de la 3ᵉ édition de ses *Entretiens métaphysiques*.

(4) Lettre 194, édit. Lefèvre.

(5) *Apologie du système des saints Pères sur la Trinité*, contre les tropolâtres et les sociniens, Nancy, 1802, in-12.

Malebranche qu'il se justifie d'avoir accusé saint Thomas d'hérésie. Pour n'être pas hérétique, il suffit que les théologiens scholastiques désavouent les conséquences qu'on impute à leur système. De même en est-il de Malebranche. Arnauld prouve très-bien que sa doctrine conduit à des énormités, et cependant il n'est pas excommunié, parce qu'il les désavoue.

Il est facile, dit encore Faydit, de démontrer que des propositions de Malebranche, découlent certaines conséquences qui sont de véritables folies et des extravagances plus grandes que les plus outrées de celles qui tombent dans la tête des fous des Petites-Maisons, mais il ne s'ensuit pas de là qu'on doive y mettre ce bon Père. Ainsi les corps organisés, d'après son système, sont le produit de volontés particulières, tandis que les miracles rentrent dans les lois générales de la nature, d'où il suit que pour une mouche il faut un miracle, mais qu'il n'en faut point pour le déluge ; voilà une de ces folies que Faydit reproche sans cesse à Malebranche. Il ne manque pas de tourner en dérision l'imagination des volontés particulières de l'archange Michel qui, avant Jésus-Christ, déterminaient les volontés générales de Dieu, ce qu'il appelle la Michaélocratie.

Mais il se donne surtout libre carrière contre Malebranche dans ses *Remarques sur Virgile* (1). Ce titre trompeur n'est qu'un prétexte à parler de toutes choses et à avancer les plus grandes folies. Il a voulu, dit-il dans la préface, essayer s'il pourrait faire lire agréablement au public les vérités les plus essentielles à la religion. Or il imagine d'opposer la théodicée de Virgile à celle de Malebranche, prétendant retrouver dans l'Énéide tous les mystères, la doctrine de saint Augustin et la grâce efficace, et démon-

(1) *Remarques sur Virgile et sur Homère et sur le style poétique de l'Écriture sainte, où l'on réfute les inductions pernicieuses que Spinoza, Grotius et M. Leclerc en ont tirées, et quelques opinions particulières du P. Malebranche, du sieur Lelevel et de M. Simon*, in-12. Paris, 1705. — *Nouvelles Remarques sur Virgile et sur Homère ou sur les sophomories et les folies des sages et des savants*, in-12, 1710.

trer que Virgile est meilleur théologien que la plupart des docteurs du dix-septième siècle. La providence générale est le texte de ses plus violentes et de ses plus perfides attaques contre Malebranche. Il l'accuse de faire Dieu esclave des lois générales. Cardan tirant l'horoscope de Jésus-Christ, a soutenu que, par le seul ordre de la nature et des astres, il devait mourir sur la croix; Malebranche doit admirer ce blasphème, s'il veut être conséquent à son système (1). Avec ses lois générales, il supprime les prières; lui et ses disciples sont des meurtriers de la Providence. Il le représente assistant avec sa Compagnie, dans la chapelle de l'Oratoire Saint-Honoré, à un *Te Deum* solennel en l'honneur de la naissance d'un prince; puis il se récrie sur son hypocrisie et sur le mépris qu'il doit faire en lui-même de la cérémonie et des assistants, du haut de sa providence générale (2).

Mais en vain oppose-t-on à Malebranche les passages des Pères; comme Spinoza et autres semblables, il a, selon Faydit, réponse à tout avec le mot d'anthropologies. Qu'on l'accable d'un million de passages des Écritures, il s'en soucie peu : « Il a trouvé son système dans l'idée de l'être parfait, et dans le livre de la sagesse universelle qui est le seul qu'il lit, et il nous plaint, avec son disciple Lelevel, de n'y pas voir aussi clair que lui... Puis s'applaudissant tous deux ensemble en secret, ils se disent l'un à l'autre ces vers du poète Épicharme : Notre âme est la seule qui a des yeux, la seule qui voit et qui entend la vérité. Le reste des mortels ne voit et n'entend goutte (3). »

On sait que Malebranche traite assez mal Tertullien dans le deuxième livre de la *Recherche de la vérité*. Faydit feint

---

(1) *Nouvelles Remarques sur Virgile et sur Homère*.

(2) Madame de Sévigné ne semble-t-elle pas aussi soupçonner un peu la sincérité de Malebranche, lorsqu'elle écrit à sa fille : « On voit que Malebranche ne dit pas ce qu'il pense, et qu'il ne pense pas ce qu'il dit. » Lettre 650, édit. de 1806.

(3) *Éclaircissements sur l'histoire ecclésiastique des deux premiers siècles*, 4ᵉ chap.

d'entendre en rêve une conversation entre ces deux personnages, dans laquelle Tertullien prend amplement sa revanche sur Malebranche. Et d'abord, contrefaisant le langage de ses admirateurs, il met dans la bouche même de Malebranche cet emphatique éloge de sa personne et de ses écrits : « Ma réputation est si grande qu'on vient des extrémités du nord, du fond de l'Allemagne et de l'Angleterre à Paris, exprès pour me voir... Nos Pères sont idolâtres de moi... Partout où nous avons des maisons, nos régents enseignent mon système de philosophie, et partout où nous avons des chaires de philosophie ou des chaires de prédicateurs à remplir, nos professeurs et nos prédicateurs enseignent ma nouvelle théologie et mon système sur la grâce, la providence et l'incarnation. Toutes nos chaires retentissent des belles découvertes que j'ai faites sur ces grands mystères... Il n'y a que moi seul qui aie pu guérir notre congrégation de l'Oratoire de la maudite hérésie du jansénisme, moi seul en suis venu à bout en inventant un nouveau système sur la grâce (1). » Mais voici Tertullien qui récrimine, et qui rabat singulièrement cette outrecuidance. Il prétend que s'il est lui-même fou, assurément Malebranche ne l'est pas moins, qu'il est faux que toute la congrégation de l'Oratoire ait embrassé ses doctrines, et qu'il ne connaît pas un seul Oratorien malebranchiste, sauf Levassor qui s'est fait protestant, conquête dont il n'a pas lieu de se vanter.

Entre tous les pamphlets de Faydit contre Malebranche, il ne faut pas oublier la *Presbytéromachie*, singulier parallèle de Malebranche et de Molinos, aboutissant à cette conclusion, que le second était bien moins hérétique et bien moins coupable que le premier. Il revient à l'accusation de supprimer la prière, il signale encore l'analogie de sa doctrine sur les miracles avec celle de Spinoza, auquel il a, dit-il, tout dérobé, sauf les deux causes occasionnelles de l'ange Michel et de l'âme de Jésus-Christ. Il attaque les

(1) *Nouvelles Remarques sur Virgile.*

causes occasionnelles, il tourne en ridicule la Michaélocratie et le rôle qu'elles font jouer à Dieu : « Tu nous dépeins Dieu, dit Molinos à Malebranche, comme une souche qui ne se remue jamais par lui-même et qui attend toujours sa détermination des causes occasionnelles, *in otio stupentis divinitatis*, comme dit Tertullien (1).

Faydit, que ses opinions excentriques devraient rendre fort indulgent pour les autres, affecte partout une sainte horreur contre les prétendues impiétés de Malebranche, et s'écrie : « Pardon, ô mon Dieu, si je découvre à la face du ciel et de la terre des paradoxes si scandaleux, pour ne pas dire des blasphèmes si exécrables. Je ferais peut-être mieux d'ensevelir cela sous le silence, de peur que les impies et les ennemis de notre sainte religion ne s'en prévalent pour autoriser leurs dogmes impies, et ne disent pas qu'ils sont une suite naturelle des principes du plus grand esprit qui ait jamais paru, car c'est ainsi que les partisans de cet auteur l'appellent dans tous leurs discours, et que la plus savante congrégation de votre Église voudrait nous faire accroire qu'est son père Malebranche, qu'elle regarde comme son plus grand ornement, comme le plus éclairé des mortels. »

Passons à des adversaires plus sérieux, après avoir cependant rappelé le vers si connu, qui est de Faydit, et non de Voltaire :

Lui qui voit tout en Dieu, n'y voit pas qu'il est fou (2).

(1) *La Presbytéromachie ou le Combat de deux fameux prêtres, inventeurs de nouvelles doctrines, Michel de Molinos et Louis de Malebranche, s'entre-détruisant l'un et l'autre avec leurs propres principes. Lettres théologiques sur les nouvelles opinions du temps, à madame la marquise D.,* 1699. In-12. Cette lettre est suivie d'une autre, que nous avons déjà citée, contre Fénelon et les *Maximes des saints : Le Télémaque spirituel,* etc. Ces deux lettres se trouvent aussi séparées.

(1) Voltaire, dit M. Cousin, n'avait fait que le répandre et le mettre à la mode pour l'avoir entendu souvent répéter à ses maîtres. Il est d'ailleurs cité et attribué à Faydit, dans le factum philosophique par lequel la Compagnie répondit au P. André : « En voilà cependant plus qu'il

Si, par haine de jansénisme, les jésuites parurent un moment favoriser Malebranche, pendant le feu de sa polémique contre Arnauld, ils n'en demeurèrent pas moins les ennemis de sa philosophie, en haine de Descartes et de l'idéalisme, en haine du libre exercice de la raison appliquée à la théologie elle-même. Nous venons de voir la Compagnie persécuter un des siens, le P. André, pour cause de malebranchisme, elle va maintenant choisir dans son sein le P. Dutertre pour écrire sous ses inspirations, et, en quelque, sorte sous sa dictée, une réfutation du système de Malebranche. Si ce livre fit quelque honneur à l'esprit du P. Dutertre, il n'en fit pas à son caractère, et fut considéré comme un acte de faiblesse et de lâcheté, même parmi ses confrères. En effet, le P. Dutertre, en même temps que le P. André, s'était d'abord signalé comme cartésien et malebranchiste, ce qui, de la chaire de philosophie du collége de La Flèche, le fit envoyer régent d'une basse classe dans un autre collége. Cependant, après cette première disgrâce, il déclare fièrement que rien ne le fera changer, il blâme même le P. André, comme d'une lâcheté, d'avoir accordé à ses supérieurs, qu'il y a des propositions fausses dans Descartes et dans Malebranche. Quant à lui, il se dit prêt à tout souffrir, plutôt que de renoncer à sa foi philosophique. Mais devant l'orage qui va croissant, devant la menace de nouvelles et plus graves persécutions, tout à coup s'évanouit cette héroïque fidélité à Malebranche, ce qui fait dire au P. André : « Je ne saurais faire comme le P. Dutertre qui, en vertu de la sainte obédience, s'est couché le soir malebranchiste et s'est levé le matin bon disciple d'Aristote (1). »

n'en faut pour faire voir que Faydit, quoi que assez peu sage, parlait fort sagement quand il disait du P. Malebranche :

Lui qui voit tout en Dieu, n'y voit pas qu'il est fou. »
(Introd. aux Œuvres du P. André, p. 177.)

(1) Voir l'*Introduction aux Œuvres du P. André*, par M. Cousin. — Le P. Dutertre mourut en 1762.

Non-seulement le P. Dutertre, du soir au matin, abandonne Malebranche, mais pour mieux expier sa faute et donner un gage solide d'une si subite conversion, il compose à la hâte une réfutation de la philosophie de Malebranche, qui parut sous le titre de *Réfutation d'un nouveau système de métaphysique proposé par le P. Malebranche* (1). Le ton en est ironique et moqueur, à l'imitation du P. Daniel. « Après avoir employé quelque temps à l'étude des tourbillons de Descartes, cet auteur commençait à s'ennuyer de voyager toujours dans un monde matériel, lorsque tout à coup il lui sembla voir s'ouvrir devant lui une autre espèce de monde purement intelligible, où un soleil intelligible découvrait aux pures intelligences mille et mille beautés intelligibles. Il n'hésita pas à y passer, et dès que l'œil de son esprit fut un peu remis de l'éblouissement que lui avait causé la clarté inusitée de cette idéale région, il eut la satisfaction de connaître avec une entière évidence que ce monde intelligible était le Verbe de Dieu, etc. »

Il tourne en ridicule les colloques de Malebranche avec le Verbe, et les prétendus oracles de ce Verbe malebranchiste, tout en rendant justice au talent de l'écrivain. « J'avoue que ce n'est pas sans frayeur que j'ose entrer en lice avec un écrivain qui possède à un si haut degré le bel art d'écrire poliment, de donner un tour plausible à tout ce qu'il dit, d'insinuer ses pensées par des expressions agréables, de rendre sensibles les choses les plus abstraites en les revêtant d'ornements qui plaisent à l'imagination. »

La *Réfutation* se divise en trois parties où Dutertre considère successivement, ce que Malebranche a de commun avec Descartes, ce qui lui est propre et particulier, puis sa théologie. La nature de l'âme, l'essence de la matière, l'union de l'âme et du corps, l'efficace des causes secondes, la liberté de l'homme et l'idée de l'infini, telles

---

(1) Paris, 1715, 3 vol. in-12.

sont les questions qu'il examine dans la première partie. Il reproche à Malebranche, d'avoir défini l'âme une pensée substantielle actuelle et non une substance pensante, de comparer ses facultés avec les propriétés de la matière, de faire enfin l'âme passive, comme si la pensée n'était pas une action. D'ailleurs, comment peut-il prétendre déterminer si bien la nature de l'âme, quand il soutient que nous n'en avons pas d'idée? A part cette contradiction, nulle doctrine ne lui plait tant, dans Malebranche, que celle de l'obscurité qu'il attribue à la connaissance de l'âme. Mais il le blâme de ne pas y avoir ajouté celle du corps qui ne lui paraît pas plus claire que celle de l'âme.

Il faut rendre justice au P. Dutertre, et reconnaître la force de ses objections en faveur de l'activité de l'âme, de l'efficacité des causes secondes et de la liberté. Contre l'inefficace des causes secondes, il oppose le sentiment intérieur qui nous atteste notre causalité, en y joignant l'autorité de l'Église. Il reproche aux causes occasionnelles de mettre un abîme entre le corps et l'âme qui lui est destinée, et qui est la forme du corps. Si Dieu a pu leur conférer une partie de son être, sans leur conférer sa divinité, pourquoi pas aussi une partie de sa puissance? Les causes occasionnelles ne sont pas des causes; Dieu, en même temps qu'il les fait, fait tout en elles, en sorte que l'âme ne fait qu'assister à ce beau jeu de machine sans pouvoir l'empêcher. Le P. Dutertre accorde bien à Malebranche que la conservation est une création, pourvu qu'on la termine à l'existence actuelle du corps et de l'esprit, ce qui n'empêche pas que la créature n'ait le pouvoir de se mouvoir et de se déterminer. Mais si on l'étend, comme Malebranche, jusqu'aux modifications et aux déterminations elles-mêmes de la créature, elle est incompatible avec la liberté, ce qui charme les luthériens et les calvinistes, elle fait de Dieu le seul acteur en toutes choses et l'âme du monde. Puis il rapproche et enchaîne tous ces principes de Malebranche contraires à la liberté, pour en conclure qu'il ne peut prétendre, sans une manifeste contradiction, conserver à l'homme une part quelconque de liberté dans le consentement et dans les déterminations particulières de la volonté.

Tels sont ses principaux griefs contre ce qui est commun à Malebranche et à Descartes. Dans une seconde partie, il le considère comme chef d'une nouvelle secte de philosophes, et il attaque particulièrement la vision en Dieu, qu'il traite d'absurde et d'impie, l'accusant d'être à la fois contraire à la raison et à l'Église. Selon Dutertre comme selon Gassendi et Locke, toutes les idées, sans exception, tirent leur origine de la sensation et de la réflexion. L'idée de l'infini est une idée vague, obscure, sur laquelle on ne peut rien fonder, et qui, d'ailleurs, se confond avec l'indéfini dont l'origine est dans l'expérience. La réalité, l'éternité, l'immutabilité, l'infinité, que donne Malebranche aux idées, ne sont que des chimères. L'identité d'espèce des âmes et des corps, l'identité de l'impression qui en résulte, voilà d'où vient l'universalité de certaines vérités. Cet ordre essentiel, immuable, si souvent invoqué par Malebranche, n'est qu'une lumière au dedans de nous, sans aucune réalité en dehors de notre esprit. Il lui reproche encore d'avoir défini Dieu, l'être en général, vague, indéterminé, et d'avoir renfermé dans sa substance tous les êtres particuliers, d'où il suit que les créatures ne sont rien, et que Dieu fait tout en elles. Quant à lui, de même que Hardouin, il soutient au contraire que Dieu est un être très-particulier, très-singulier, et que chaque être particulier ne participe pas plus à l'être divin qu'à l'être d'aucune autre créature. On voit combien la métaphysique du P. Dutertre est opposée à celle de Malebranche. J'ai déjà signalé ailleurs le peu de respect qu'il témoigne pour saint Augustin, si contraire en effet à la philosophie empirique de la Société et aux principes sur lesquels s'appuie sa *Réfutation*.

Enfin, dans une troisième et dernière partie, il attaque Malebranche comme théologien. Il l'accuse de confondre l'amour de Dieu avec l'amour du plaisir et du bien vague et indéterminé, de rendre inutiles les prières, et de supprimer les miracles par son système de la généralité des voies, dans l'ordre de la nature et dans l'ordre de la grâce. Comme Fénelon, il signale la contradiction où tombe Malebranche en niant l'efficace des causes secondes, et conservant à la volonté le pouvoir de consentir ou de ne pas consentir, ou même n'admettant de mérite et de démérite qu'autant qu'on « avance de soi-même » vers le bien. « Il me paraît que les sémipélagiens se seraient volontiers accommodés de cette nouvelle théologie qui enseigne que des infidèles et des pécheurs peuvent, par les forces naturelles et même par amour-propre, préparer la terre de leur cœur à recevoir la première grâce de Jésus-Christ. » Mais le P. Dutertre, adversaire de la prémotion physique, et plus favorable au libre arbitre qu'Arnauld et Fénelon, reproche ici à Malebranche une contradiction avec les principes de sa métaphysique, plutôt la part faite à la liberté. Quant aux critiques théologiques du P. Dutertre, déjà nous les avons rencontrées dans Fénelon ou dans Arnauld (1).

Avec le P. Dutertre, le P. Hardouin mérite aussi une mention parmi les jésuites qui ont fait la guerre à Malebranche. Dans ses *Athées découverts*, c'est Malebranche qui, après Descartes, occupe la plus grande place. Il passe en revue tous ses ouvrages, et en tire de longues et nombreuses citations pour le convaincre d'impiété et d'athéisme. Comme on sait déjà ce qu'entend le P. Hardouin par athéisme, on s'étonnera moins qu'il fasse de Malebranche un athée (2). Tous les passages où Malebranche représente Dieu comme l'être, comme la vérité, l'ordre, la beauté suprême, comme la raison universelle des esprits, sont, pour le P. Hardouin,

---

(1) Le P. Dutertre a publié contre Boursier, le *Philosophe extravagant dans l'action de Dieu sur les créatures*, que nous avons déjà cité. Il est encore l'auteur d'*Entretiens sur la religion*, 3 vol. in-12, Paris. Dans un de ces entretiens il se propose de prouver contre les cartésiens que l'impiété ne peut tirer aucun parti de l'existence de l'âme des bêtes.

(2) Voir le chapitre xxvii, 1ᵉʳ vol.

autant de preuves décisives de son athéisme. Malebranche ne conçoit pas Dieu comme une intelligence particulière, comme quelque chose de singulier, comme un esprit proprement dit, donc, selon Hardouin, il est évidemment un athée. Tout athée, dit-il, s'accommodera du Dieu que nous donne la démonstration tirée de l'idée de l'infini, la plus belle, la plus solide à en croire Malebranche. En effet rien n'en sort que l'universel, d'abord dans le chaos, puis dans la forme actuelle du monde. Malebranche traite Spinoza d'impie, mais en diffère-t-il donc beaucoup avec son Dieu, être universel ?

A propos de l'*Entretien d'un philosophe chrétien et d'un philosophe chinois*, il cite plusieurs auteurs de sa Compagnie qui ont soutenu que le Li n'est que la matière première et que les lettrés chinois sont athées; que dire de Malebranche, qui professe n'avoir pas d'autre Dieu que ce Li? Hardouin conclut qu'il est athée dans ce dernier ouvrage, comme dans la *Recherche de la vérité*. Les causes secondes dépourvues d'efficace, le fatalisme qui résulte de l'optimisme, la destruction de la providence par la généralité des voies, la transformation du surnaturel en naturel, la transmission du péché originel par les esprits animaux de la mère à l'enfant, la grâce, au sujet de laquelle il prétend qu'il ne diffère d'Arnauld que par les mots, sont encore autant de textes d'accusation du P. Hardouin contre Malebranche. A côté de Malebranche, il place son disciple Lelevel comme, à côté de Descartes, il a placé Antoine Legrand. Il démontre de la même manière l'athéisme de Lelevel par des citations de son ouvrage sur la *Vraie et la fausse métaphysique*. Il finit en priant Dieu charitablement que Malebranche ne meure pas athée, comme il a vécu.

La philosophie de Malebranche, comme celle de Descartes, s'est étendue au delà de la France. En Angleterre surtout, Malebranche a eu d'illustres disciples et d'il-

---

(1) Voir sur le cartésianisme en Angleterre le chap. xxii.

lustres adversaires. Parmi les premiers, est John Norris, dont il sera plus tard question, et, parmi les seconds, l'auteur de l'*Essai sur l'entendement humain*. Locke, ce grand adversaire des idées innées, a aussi combattu la vision en Dieu, dans un petit écrit qui n'a paru qu'après sa mort (1). Les pensées judicieuses et délicates qu'il a rencontrées d'abord dans la *Recherche de la vérité* lui faisaient, dit-il, espérer d'y trouver quelque lumière sur la nature des idées; mais cette espérance a été déçue. Il ne voit rien que d'inintelligible, non pas seulement dans l'étendue intelligible, comme Arnauld, mais dans tout ce qu'avance Malebranche sur les idées, sur la raison universelle et sur la vision en Dieu.

Quand l'auteur de la *Recherche* conclut la vérité de son hypothèse sur les idées de la fausseté de toutes les autres que nous pouvons concevoir, il fait un argument *ad ignorantiam*. L'esprit humain étant borné, rien ne nous assure qu'il n'y ait pas une foule d'autres voies dont Dieu eût pu se servir, indépendamment de celles dont notre esprit a l'idée. Comme Arnauld, Locke ne fait aucun cas de ce prétendu principe, que l'esprit ne peut rien percevoir qui ne lui soit immédiatement uni. On ne comprend pas ce que signifie cette union immédiate, quand il s'agit des esprits, et non des surfaces corporelles qui se touchent. Entre ce qui est matériel et ce qui est immatériel, ce qui est étendu et ce qui n'est pas étendu, nulle union ne peut exister, selon Malebranche, parce qu'il n'y a aucune proportion. Y a-t-il donc quelque proportion entre l'esprit fini et l'être infini de Dieu, que cependant il unit l'un à l'autre? Malebranche,

---

(1) *An examination of P. Malbranche's opinion of seeing all things in God* (Works of Locke, t. III. London, 1714). Leibniz a publié sur cette critique de Locke des remarques qui se trouvent dans l'édition d'Erdmann, p. 451. Voici le jugement qu'en porte Reid : « Locke a écrit contre ce système un petit traité que l'on trouve dans ses œuvres posthumes; soit qu'il l'ait composé à la hâte, ou que déjà la vigueur de son génie fût affaiblie par l'âge, on y trouve moins de force et de solidité que dans ses autres écrits. » (*Œuvres de Reid*, traduites par Jouffroy, t. III, p. 147.)

dans la *Recherche*, semble, comme nous l'avons vu, transformer les idées en autant de petits êtres spirituels. Locke le presse au sujet de la nature de ces êtres, il demande si ce sont des substances, des modes ou des relations. Il ne comprend rien à cette pensée, que Dieu est le lieu des esprits, comme l'espace est le lieu des corps. Comment concilier, avec la simplicité de Dieu, la présence en son essence de tant d'idées, qui sont tout autant d'êtres divers, et l'inégalité de ces perfections que nous voyons en Dieu? Si l'idée que nous avons de Dieu était Dieu même présent à notre esprit, comment les hommes se feraient-ils de Dieu des idées si dissemblables? Il trouve étrange que Malebranche, contrairement à l'expérience de chacun, fasse précéder l'idée du fini par celle de l'infini. Dieu a fait tout l'univers pour sa gloire, il est la fin de toutes choses, mais il ne s'ensuit nullement qu'il doive aussi être l'objet de tout ce que l'esprit connaît.

Dans la distinction du sentiment et de l'idée, il ne voit que ténèbres, ce qui ne doit pas nous étonner, puisque toute sa philosophie est la négation du second de ces éléments, c'est-à-dire de l'absolu dans la connaissance. Quant à la raison universelle, il ne l'admet et ne l'entend que comme ce pouvoir dont tous les hommes sont doués, en vertu de la réflexion, de comparer les idées, et en conséquence d'y découvrir partout les mêmes rapports, tels que 2 et 2 sont 4, et non pas comme la raison de Dieu même. Le propre de la raison infinie de Dieu est de voir intuitivement, et d'une seule vue, toutes les choses et tous leurs rapports, tandis que la raison humaine est condamnée à un long et laborieux progrès vers la vérité. Comment donc les confondre l'une avec l'autre? Il serait plus facile de comprendre que nous vissions avec la raison et avec les yeux des autres hommes qu'avec la raison et les yeux de Dieu. Enfin, Locke prend la défense de l'idée de l'âme niée par Malebranche; Dieu avait l'idée de l'âme avant de la créer, et l'âme est un être réel, au moins tout autant que le triangle dont il a une idée. D'où vient donc que nous ne la connaissons que par conscience, et non par idée, comme le triangle que nous voyons en Dieu ? En général, l'*Examen* de Locke ne l'emporte sur la *Réfutation* du P. Dutertre que par la convenance et la modération. Tout ce qui dépasse la sensation et la réflexion n'est pour lui qu'énigme ou chimère.

Nous dirons encore ici quelques mots d'un petit commentaire de Voltaire sur Malebranche, intitulé *Tout en Dieu* (1). Voltaire, sans doute, n'a pas plus de goût que Locke pour toute doctrine suspecte de mysticisme, et nous avons déjà dit qu'il appelle Malebranche le grand rêveur de l'Oratoire. Cependant il est plein d'admiration et de sympathie pour ce grand rêveur, soit à cause des beautés de son imagination et de son style, qu'il est plus capable que Locke d'apprécier, soit à cause du secours qu'il en tire en faveur du système de la nécessité universelle, et pour mettre à la place de l'âme, en tant qu'être particulier et spirituel, l'action directe du premier et unique principe des choses. Il dit, dans le *Philosophe ignorant :* « Certes, il y avait quelque chose de sublime dans ce Malebranche qui osait prétendre que nous voyons tout en Dieu même. *In Deo vivimus, movemur et sumus*, Aratus, cité et approuvé par saint Paul, fit cette confession de foi chez les Grecs. Le vertueux Caton dit la même chose :

> Jupiter est quodcumque vides, quocumque moveris.

Malebranche est le commentateur d'Aratus, de saint Paul et de Platon (2). » Il est vrai qu'il lui reproche d'avoir donné de cette grande vérité un commentaire plus obscur que le texte, et d'y avoir mêlé les plus singulières erreurs. Mais il faut, dit-il, avouer que les objets ne peuvent par eux-mêmes nous donner les idées, que nous ne pouvons nous les donner à nous-mêmes, et, en conséquence, que Dieu les produit en nous, de quelque manière que ce puisse être.

(1) *Tout en Dieu*, commentaire sur Malebranche, 1769.
(2) *Tout en Dieu*.

Il faut aussi convenir que, dans tous les systèmes, Dieu nous a donné tout ce que nous avons, organes, sensations, idées qui en sont la suite (1). Puisque nous sommes ainsi sous sa main, Malebranche, malgré toutes ses erreurs, a donc raison de dire philosophiquement, que nous sommes en Dieu et que nous voyons tout en Dieu.

D'où vient que Voltaire semble ici donner la main à Malebranche, et qu'il déploie un zèle presque égal à celui du P. Boursier pour démontrer que tout est action de Dieu dans la créature ? Ce n'est pas au profit de la grâce efficace, ni par l'entraînement d'une piété mystique, mais par l'avantage qu'il en espère pour faire rentrer l'homme tout entier dans la mécanique universelle et nécessaire des choses et pour supprimer l'âme, comme un tiers inutile entre l'artisan universel et son ouvrage. De là, en effet, il tire la conséquence que nous ne sommes qu'une machine, dont Dieu fait mouvoir tous les ressorts, et que l'âme est inutile, Dieu lui-même nous en tenant lieu. Dans les dialogues d'Évhémère et de Callicrate, il fait dire par Callicrate : « Si vous croyez que c'est Dieu qui nous tient lieu d'âme, vous n'êtes donc qu'une machine dont Dieu gouverne les ressorts, vous êtes dans lui, vous voyez tout en lui, il agit en vous. » Évhémère répond : « Quelques philosophes pensent ainsi, leur petit nombre même me porte à croire qu'ils ont raison. » Là est le secret de cette sympathie de Voltaire, non-seulement pour les beautés du style, mais encore pour la métaphysique de Malebranche. Il a parfaitement vu le lien entre le système de la nécessité universelle, dont il fut l'apôtre pendant la dernière partie de sa vie, et la doctrine qui fait de Dieu le seul acteur.

(1) Voir les réflexions qu'il met dans la bouche de l'Ingénu, après la lecture de la *Recherche* : « Quoi ! notre imagination et nos sens nous trompent à ce point ! Quoi ! les objets ne forment point nos idées et nous ne pouvons nous les donner à nous-mêmes ! Quand il eut lu le deuxième volume, il ne fut plus si content, et il conclut qu'il est plus aisé de détruire que de bâtir. »

Par le nombre de ses partisans et de ses adversaires, par toutes ces luttes qu'elle eut à soutenir, on peut juger de l'influence de la philosophie de Malebranche en France jusqu'au premier tiers du dix-huitième siècle. Plus tard, nous verrons que cette influence s'étendit jusqu'à l'étranger. Enfin pendant tout le cours du dix-huitième en France nous rencontrerons des cartésiens malebranchistes en lutte avec la philosophie de la sensation.

CHAPITRE XXI

Du cartésianisme en Allemagne. — Professeurs cartésiens dans les universités allemandes. — Réforme de la philosophie cartésienne par Leibniz. — Leibniz est-il un cartésien ? — Premières études philosophiques de Leibniz. — Scholastique et cartésianisme. — Doutes sur l'étendue essentielle à propos des controverses théologiques. — État de son esprit et de ses connaissances avant le voyage de Paris. — Ses relations avec Huygens, Arnauld, Malebranche. — C'est à Paris qu'il achève de se former. — A quelle époque il a conçu l'idée fondamentale de son système. — Leibniz mérite-t-il les reproches d'ingratitude et de jalousie à l'égard de Descartes ? — Justice rendue par Leibniz au génie de Descartes. — Opposition fondamentale entre Leibniz et Descartes, touchant la nature de la substance. — Divers arguments, tirés de la géométrie et de la métaphysique, en faveur de l'activité des substances créées. — Ce qu'entend Leibniz par la création continuée. — La force en acte essence de la substance. — Conciliation du dynamisme de Leibniz avec le mécanisme de Descartes. — Principe de la conservation de la même quantité de force substitué à celui de la même quantité de mouvement.

De la France passons à l'Allemagne et à Leibniz, en qui nous avons à considérer le disciple et l'adversaire de Descartes. Mais d'abord jetons un coup d'œil rapide sur les destinées de la philosophie de Descartes dans les universités allemandes.

Entre le péripatétisme de Mélanchton, qui domine jusqu'aux premières années du dix-huitième siècle, et la philosophie de Leibniz qui lui succède, systématisée par Wolf, le cartésianisme a eu plusieurs représentants en Allemagne. On y trouve un certain nombre de professeurs cartésiens, surtout dans les universités réformées voisines de la Hollande. Des étudiants allemands des bords du Rhin allaient perfectionner leurs études philosophiques et prendre des grades à Leyde, à Utrecht et à Groningue, d'où ils revenaient imbus des idées de Descartes, que plusieurs, devenus maîtres à leur tour, enseignèrent dans les universités de leur pays. Rappelons Clauberg qui, après avoir fait ses études en Hollande, professa avec un si grand éclat la philosophie cartésienne dans les deux universités allemandes de Herborn et de Duisbourg. De même trouvons-nous des professeurs cartésiens à Francfort-sur-l'Oder (1), à Brême (2) et à Halle (3). Leipsick est une des universités allemandes où la philosophie de Descartes semble avoir eu le plus de retentissement et de succès. André Pétermann, professeur d'anatomie dans cette université (4), publia une réfutation de la *Censure* de Huet (5). Il n'y a rien trouvé, dit-il, qui ne soit emprunté à Gassendi, à Morus, à Parker, à Schuler, etc., et qui n'ait été déjà réfuté ou par Descartes lui-même, ou par Antoine Legrand, ou par Bassecour (6) ; si donc il se décide à publier cette réfutation, c'est uniquement pour satisfaire au vœu de ceux qu'il dirige dans leurs études. Il oppose d'excellentes et brèves réponses aux principales objections de Huet, dédaignant, comme Régis, de répondre aux injures. Il ne se montre pas moins bon cartésien dans des thèses

---

(1) Jean Placentius, professeur de mathématiques, qui défendit Descartes par ses écrits et dans des discussions publiques. Il est l'auteur d'un ouvrage intitulé : *Renatus Cartesius triumphans*, dédié à l'électeur de Brandebourg, qui le protégea.

(2) Daniel Lipstorpius, auteur des *Specimina philosophiæ cartesianæ*, in-4°. Lugd. Batav., 1653, et Eberhard Scheveling, professeur de droit et de philosophie, qui a réfuté la *Censure* de Huet, *Exercitationes cathedrariæ in Huetii Censuram*, etc.

(3) Jean Sperlette. Voici ce qu'en dit Jordan dans son *Histoire littéraire*, in-12, p. 67 : « La *Philosophie* que M. Sperlette a donnée au public est toute pillée. Sa *Logique* est presque traduite mot à mot de l'*Art de penser*, et je sais de bonne part que le reste n'est autre chose que ce que dictait Desgabets à ses écoliers. »

(4) Né en 1649. Après s'être fait recevoir docteur à Altorf, il s'établit à Leipsick en 1680 et y mourut en 1703.

(5) *Philosophiæ cartesianæ adversus Censuram Petri Danielis Huetii vindicatio.* Lipsiæ, 1690, petit in-4°.

(6) Bassecour est aussi l'auteur d'une *Defensio cartesiana*.

sur les principes des connaissances de l'homme, que son fils publia après sa mort (1). Avec Pétermann nous citerons encore, à Leipsick, Michaël Rhegenius et Gabriel Wagner, qui soutinrent en faveur de Descartes une polémique contre Christian Thomasius (2).

Si le cartésianisme n'a pas eu une aussi grande influence en Allemagne qu'en Hollande ou en France, il n'en fut pas de même de la philosophie de Leibniz, qui se rattache si étroitement à la philosophie cartésienne. Notre intention n'est pas de faire ici une étude complète de Leibniz, mais de l'étudier, pour ainsi dire, en regard de Descartes, de montrer en quoi il le suit et en quoi il le combat et le corrige.

Jusqu'à quel point peut-on faire de Leibniz un cartésien? Leibniz est, sans doute, un adversaire et un disciple de Descartes. Mais la question est de savoir en quelle proportion il est l'un et l'autre. Or, à tout bien considérer, n'est-il pas un adversaire encore plus qu'un disciple? Malgré ce qu'il retient de Descartes, et malgré ce qu'il lui a emprunté, comment nier qu'il est en complet désaccord avec lui sur les principes mêmes de l'essence des choses? Comment faire passer au compte de l'influence cartésienne, sinon par voie de réaction ou de contradiction, la réforme de la substance et la monadologie? Or quoi de plus essentiel dans la philosophie de Leibniz, comme dans toute philosophie (3)? Il

(1) Ces thèses sont au nombre de 20. Leips., 1708, in-8.

(2) Michaël Reghenius était transylvanien ; en 1688, il publia un spécimen de logique cartésienne et un abrégé de la philosophie de Clauberg.— Parmi les ouvrages cartésiens allemands, je citerai encore : *Exegesis meditationum prima philosophia Renati Descartes*, par Fabianus Zankl. Vienne 1754. Il ne faut pas oublier Sturmius d'Altorf, auteur d'une dissertation *de Idolo naturæ*, où il soutient le mécanisme cartésien et reproche à l'idée qu'on se fait communément de la nature d'être empreinte de paganisme. Leibniz le réfute dans le fragment, *de ipsa Natura sive de vi insita*, etc. Erdm., p. 154.

(3) Nous croyons que nous n'avions pas tenu assez de compte de ces différences fondamentales en disant, d'après M. Cousin, dans nos précédentes éditions, que la philosophie de Leibniz est aux trois quarts celle de Descartes.

faut remonter jusqu'à Platon et à Aristote pour trouver deux adversaires aussi illustres que Descartes et Leibniz, et en une opposition aussi profonde sur la question des principes des choses. D'un autre côté, malgré cette dissidence fondamentale, combien de traces de la philosophie de Descartes dans Leibniz?

Si Leibniz n'a pas été à l'école de Descartes, comme Aristote à celle de Platon, s'il n'a pas été initié à la philosophie par les ouvrages de Descartes, il les a connus de bonne heure, il a vécu au milieu des discussions qu'ils suscitaient de toutes parts en Allemagne, comme en France et en Hollande, et enfin il a achevé de se former à Paris, ce centre brillant du cartésianisme, pendant le dernier tiers du dix-septième siècle.

« Comme j'ai commencé, dit-il, à méditer lorsque je n'étais pas encore imbu des opinions cartésiennes, cela m'a fait entrer dans l'intérieur des choses par une autre porte et découvrir de nouveaux pays (1). » En effet il eut pour maître Jacques Thomasius, savant dans l'histoire de la philosophie, dont il donna le goût à son élève, et particulièrement attaché à Aristote. Aussi Leibniz, comme lui-même nous le raconte, s'était livré d'abord à Aristote et aux scolastiques : « J'avais pénétré bien avant dans le pays des scolastiques, lorsque les mathématiciens et les auteurs modernes m'en firent sortir encore bien jeune (2). » Quels sont ces auteurs modernes qui l'affranchirent si jeune, suivant son expression, du joug d'Aristote? En première ligne il faut mettre les ouvrages de Descartes qui, d'après M. Guhrauer, lui tombèrent entre les mains dès 1661.

(1) Correspondance de Leibniz et de Malebranche. M. Cousin, *Fragments philosophiques*, Philosophie moderne, II° partie, 5° édit., 1866.
(2) *Système de la Nature et de la Grâce.* Édit. Erdm, p. 124. Il en sortit aussi par Platon, que plus tard il préféra à Aristote. Il écrit à Bourguet en 1414. « De tous les philosophes anciens Platon me revient le plus, rapport à la métaphysique, » Erdm., p. 723. Il a composé en latin un abrégé du Phédon et du Théétète qui ont été publiés par M. Foucher de Careil. (*Nouvelles Lettres et Opuscules de Leibniz*, in-8, 1857.)

Dès lors commence une seconde phase de la pensée philosophique de Leibniz, qu'il décrit ainsi lui-même : « Leurs belles manières d'expliquer la nature mécaniquement me charmèrent, et je méprisais avec raison la méthode de ceux qui n'emploient que des formes ou facultés dont on n'apprend rien (1). » Ici sans doute se placent ces promenades dans le bois de Rosenthal, aux environs de Leipsick, où il nous apprend qu'à l'âge de quinze ans, il mettait en balance Aristote et Platon, les formes substantielles et les atomes. Mais il est probable que Descartes, plutôt que Démocrite, opéra cette conversion au mécanisme où Leibniz devait, malgré quelques doutes, persévérer encore un certain nombre d'années, jusqu'à ce qu'il se fût aperçu « de l'impossibilité de trouver les principes d'une véritable unité dans la matière seule ou dans ce qui n'est que passif (2). »

Mais alors même qu'il en était encore au mécanisme cartésien, alors même que, dans un fragment du *de Vita beata*, il reproduisait les idées de Descartes sur la morale et le bonheur, paraphrasait les règles de sa morale par provision et traduisait ses quatre règles de logique, il se défendait d'être cartésien, et déclarait trouver plus à approuver dans la physique d'Aristote que dans les *Méditations* de Descartes : *dicere non vereor*, écrit-il en 1669 à Jacques Thomasius, *plura me probare in libris Aristotelis* περὶ φυσικῆς ἀκροασέως *quam in meditationibus Cartesii... me fateor nihil minus quam cartesianum esse* (3). Ainsi Leibniz, avant 1672, c'est-à-dire avant son voyage à Paris, avait connu Descartes, et sans doute en avait subi l'influence en abandonnant, pour le mécanisme, les formes substantielles de la scolastique. Mais à voir les éloges, aussi bien que les critiques qu'il en fait, à voir les noms, et particulièrement celui de Hobbes, qu'il met à côté du sien, on peut affirmer qu'il ne le connaît

(1) *Système de la Nature et de la Grâce.*
(2) *Ibid.*
(3) Cette lettre sert de préface à la dissertation sur le style philosophique de Nizolius. Erdm., p. 148.

encore qu'imparfaitement, et qu'il n'a pas approfondi sa doctrine. Lui-même il est encore loin du système auquel il doit attacher son nom, et si déjà il laisse percer quelques doutes sur la possibilité d'expliquer les corps avec la seule étendue, il semble, chose singulière, qu'il n'y soit amené que par les controverses théologiques, où volontiers il se mêle, et par le désir de faciliter l'explication rationnelle de certains mystères. Nous avons vu comment les cartésiens s'étaient fourvoyés dans leurs prétendues explications eucharistiques. Leibniz pour suivre la mode du temps, et peut-être aussi dans l'espoir de se faire bien venir des théologiens des deux églises, entreprend de donner son explication, non de la transsubstantiation, mais de la présence réelle qui est le dogme des luthériens. Or c'est pour échapper aux inconvénients de l'étendue essentielle, dans les explications eucharistiques cartésiennes, qu'il commence à introduire la force dans la notion de la matière (1).

Mais, outre la philosophie, combien d'autres sciences, avant l'âge de vingt-six ans où il vint à Paris, n'avaient pas déjà attiré sa vaste et précoce intelligence! Son âme ardente, comme il le dit lui-même, ne respirait que pour la gloire des lettres, la connaissance des pays étrangers, et celle des sciences (2). Il connaissait la théologie, il avait approfondi la jurisprudence où il rêvait d'opérer une réforme géné-

---

(1) *Demonstratio possibilitatis mysteriorum eucharistiæ*, opuscule de 1671, découvert par M. Guhraner et publié dans sa biographie de Leibniz. Il reproche encore plus tard à la notion cartésienne du corps de n'être pas moins incompatible avec les phénomènes de la nature qu'avec les mystères de la foi, non magis naturæ phenomenis quam fidei mysteriis inconciliabilis. (*De vera methodo philosophiæ et theologiæ*, 1670, Erdm., p. 110.) M. Nourrisson a bien mis en lumière ce rapprochement curieux entre la théologie et le dynamisme de Leibniz, dans son ouvrage *sur la Philosophie de Leibniz*, où il expose avec beaucoup d'exactitude les premiers développements philosophiques de Leibniz et l'état de sa pensée avant son voyage en France.

(2) *Vita Leibnitii ab ipso breviter delineata*, curieux fragment d'autobiographie découvert et publié par M. Foucher de Careil, *Nouvelles Lettres et Opuscules*, in-8, 1857.

rale pour le bonheur du genre humain ; il avait le projet d'une langue universelle qui devait peindre les pensées, et moyennant laquelle tous les êtres raisonnables pourraient s'entendre et raisonner en métaphysique ou en morale, comme en géométrie et en analyse (1); il s'était exercé à des essais de physique et de chimie, il avait étudié les mathématiques, quoiqu'il n'y eût pas encore, de son propre aveu, pénétré bien avant. A la jurisprudence il avait joint l'histoire ; il avait fouillé dans les archives, il avait fait des recherches historiques sur les origines et les droits des peuples et des princes (2). Enfin il s'était occupé aussi de diplomatie, et c'est même une sorte de mission diplomatique de l'électeur de Mayence (3) qui l'amena à Paris où, sauf une courte excursion à Londres, il devait passer quatre ans, de 1672 à la fin de 1676.

« Il arrivait à Paris, dit M. Cousin, avec des notions générales sur toutes choses, une curiosité immense et une passion de gloire servie par le plus admirable génie dont le caractère distinctif était une pénétration infinie. Il n'y fut d'abord qu'un jeune homme d'une grande espérance, il en sortit presque achevé (4). » C'est à Paris, pendant ces quatre années, si décisives et si fécondes, au centre même et au foyer de cette rénovation de toutes les sciences

---

(1) Lettre à l'abbé Galloys, Ier volume des *Écrits mathématiques*, publiés par M. Gerardht.

(2) Plus tard il ne s'occupera plus d'histoire qu'autant qu'il y sera contraint par ses fonctions auprès des princes ; et il dira même comme Malebranche : « Si j'avais le choix, je préférerais l'histoire naturelle à la civile et les coutumes et lois que Dieu a établies dans la nature à ce qui s'observe parmi les hommes. » Erdm., p. 193.

(3) Il s'agissait de persuader à Louis XIV de diriger ses armes sur l'Egypte au lieu de faire la guerre avec l'Allemagne. Le projet d'expédition de Leibniz en Égypte ou *Consilium Ægyptiacum* a été publié par M. Foucher de Careil, dans les volumes déjà parus de son édition complète de Leibniz. Voir sur le *Consilium Ægyptiacum* le mémoire de M. Mignet dans les comptes rendus de l'Académie des sciences morales et politiques, mai 1864.

(4) *Fragments de Philosophie moderne*, IIe partie, page 3, 5e édition.

par le cartésianisme, qu'il pénétra, sous la direction d'Huygens (1), dans cette géométrie profonde où il n'était pas encore versé, et qu'il s'éleva, pour parler comme lui, à ces dernières raisons des choses qu'on ne peut trouver dans les mathématiques, et qu'il faut chercher dans la métaphysique. C'est là qu'il acheva de connaître Descartes, soit par une étude approfondie de ses ouvrages, soit par un commerce intime avec les principaux représentants du cartésianisme, surtout avec Malebranche et avec Arnauld. On le voit aussi recueillir avidement tous les renseignements sur la vie et les écrits de ce grand homme, prendre connaissance des originaux chez Clerselier, et fournir à Baillet lui-même des notes pour l'histoire de Descartes (2). C'est là qu'il se pénètre de son esprit, de sa méthode, des grandes vérités de sa métaphysique et de sa physique, mais c'est là en même temps qu'il se convainc de la fausseté, et des conséquences dangereuses de certains principes cartésiens, et qu'il conçoit la notion fondamentale de sa propre philosophie, à laquelle cependant il faudra encore quelques années de méditation pour arriver à une entière maturité (3).

A quelle date précise doit-on placer la conception de ce dynamisme par lequel Leibniz a renouvelé la mé-

---

(1) Lettre de 1716 à la comtesse de Kilmanseg, Dutens, tome III, p. 456. M. Foucher de Careil, d'après des feuillets de recherches mathématiques qu'il a retrouvés, croit que c'est à Paris, en approfondissant les ouvrages mathématiques de Descartes, avant son voyage en Angleterre, et ses relations avec Newton, qu'il se mit en possession de la notation de son calcul infinitésimal. Ritter dit aussi : « Un examen récent de ses papiers a établi que, dès le 29 octobre 1675, il avait ébauché les traits principaux du calcul différentiel. »

(2) Remarques sur la vie de Descartes par Baillet, où il rectifie et ajoute un certain nombre de faits (*Nouvelles lettres*, etc., publiées par M. Foucher de Careil), 1857.

(3) En songeant à tout ce qu'il a acquis pendant ces quatre années de séjour à Paris, Leibniz regrette de n'y avoir pas été élevé comme Pascal. « Si Parisiis egissem pueritiam ut Pascalius forte maturius ipsas scientias auxissem. Erdm., p. 163.

taphysique ? Il nous semble que le plus sûr est de s'en rapporter à lui-même. Or il écrit en 1697 à Thomas Burnet : « La plupart de mes sentiments ont été enfin arrêtés après une délibération de vingt ans, car j'ai commencé bien jeune à méditer... J'ai changé et rechangé sur de nouvelles lumières, et ce n'est que depuis environ douze ans, que je me trouve satisfait et que je suis arrivé à des démonstrations sur ces matières qui n'en paraissent pas capables. »

C'est donc à l'année 1685 que Leibniz fixe lui-même, sinon le complet développement, au moins la première formation de son système métaphysique. Cette année est celle du *Discours métaphysique* et de la correspondance avec Arnauld (1), où on trouve en effet, avec l'hypothèse de la concomitance, les principes sur lesquels se fonde la monadologie. Il est vrai qu'il ne se sert pas encore du mot de monade, qui ne paraîtra que quelques années plus tard, et qu'il emploie la vieille expression scolastique de forme substantielle ; il est vrai encore qu'il restreint les formes substantielles aux êtres organisés ou, comme il le dit, « aux substances corporelles plus que machinalement unies, » mais on voit déjà assez clairement qu'il tend à les substituer à l'étendue inerte pour en faire les principes uniques des choses (2).

Jamais il n'y eut de génie plus équitable et plus bien-

---

(1) Publiés en Allemagne par M. Grotefend et en France pour la première fois par M. Foucher de Careil. *Nouvelles lettres*, etc., de Leibniz.

(2) Il ne nous paraît pas exact de dire, comme M. Nourrisson, qu'il y a un abîme entre les formes substantielles indivisibles, que Leibniz veut faire agréer à Arnauld et les monades que, quelques années plus tard, il mettra à leur place. Les formes substantielles et les monades sont également des principes actifs et indivisibles des choses. Il est d'ailleurs possible que, pour ménager un cartésien aussi zélé, Leibniz ne laisse pas paraître encore sa pensée tout entière et dissimule sous un vieux mot une partie de son dynamisme. Qui, d'ailleurs, nous le répétons, peut prétendre mieux savoir que Leibniz lui-même, quand ses principales idées philosophiques ont été arrêtées ?

veillant envers les efforts de ses devanciers. Il était, dit Charles Bonnet, possédé de l'esprit de conciliation. Quelle est la doctrine si décriée où il ne découvre quelque bon côté, et qui ne lui semble susceptible d'un sens favorable par où il faut la prendre? Il cherche à concilier les systèmes anciens et les modernes, et à les comprendre dans un éclectisme supérieur. Fontenelle a dit : « On ne sent aucune jalousie dans M. Leibniz (1). » Cet éloge serait-il donc mérité à l'égard de tous, à l'exception de Descartes dont la gloire et l'originalité, comme on l'a dit, lui auraient porté ombrage? Nous craignons d'avoir jugé autrefois trop sévèrement, avec M. Cousin et avec M. Saisset, certaines attaques de Leibniz contre Descartes et contre les cartésiens. Adversaire de la métaphysique de Descartes, dont certains principes lui semblent faux et dangereux, auteur d'une métaphysique nouvelle qu'il veut mettre à sa place, dans l'intérêt de la science et de la vérité, est-il donc nécessaire de faire intervenir de petits sentiments de jalousie, pour expliquer son antagonisme contre Descartes et son école? En face de ces cartésiens qu'anime l'esprit de secte, qui, à leur tour, jurent sur la parole du maître, qui ne cherchent plus rien, croyant que tout est trouvé, et qui voudraient empêcher la science d'aller au delà de Descartes, faut-il s'indigner de quelques paroles ironiques et amères qui lui échappent pendant la lutte, et de quelques jugements, trop sévères ou même injustes, qu'il ne faut pas isoler d'autres qui les tempèrent? Lui ferons-nous un crime de quelques sympathies manifestées, dans des correspondances privées, en faveur de Huet et des jésuites qui combattent, de leur côté et à leur façon, le même ennemi, et qui lui semblent propres à servir ses desseins philosophiques en affaiblissant l'autorité du cartésianisme?

On lui reproche d'avoir insinué contre Descartes l'accusation d'athéisme à propos de l'exclusion des causes finales (1). Le reproche n'est pas nouveau, puisqu'un car-

---

(1) Erdm., p. 139.

tésien anonyme le lui adresse dans le journal des savants, à propos d'une lettre écrite à l'abbé Nicaise (1). Mais pourquoi ne pas citer en regard la réponse de Leibniz (2)? Il maintient, il est vrai, le blâme touchant le rejet des causes finales, mais il ajoute : « la lettre qu'on réfute n'a pas été écrite pour le public….. Je n'ai garde d'attaquer la religion et la piété de M. Descartes, comme on m'impute injustement. J'avais protesté le contraire en termes exprès; car une doctrine peut être dangereuse, sans que celui qui l'enseigne ou qui la suit, en remarque et en approuve les conséquences. Cependant il est bon de les faire connaître afin qu'on s'en donne de garde. »

Il se défend avec chaleur contre l'accusation, renouvelée aujourd'hui, de vouloir établir sa réputation sur les ruines de celle de M. Descartes : « c'est de cela que j'ai droit de me plaindre. Bien loin de vouloir ruiner la réputation de ce grand homme, je trouve que son véritable mérite n'est pas assez connu, parce qu'on ne considère et qu'on n'imite pas assez ce qu'on a eu de plus excellent. On s'attache ordinairement aux plus faibles endroits parce qu'ils sont le plus à la portée de ceux qui ne veulent point se donner la peine de méditer profondément et voudraient pourtant entendre le fond des choses. »

D'ailleurs, pour faire compensation à quelques appréciations peu bienveillantes, combien ne peut-on pas citer d'autres passages où Leibniz rend une entière et éclatante justice au génie de Descartes, à ses méthodes, à ses découvertes et enfin à toute cette philosophie dont il avait coutume de dire : « qu'elle est l'antichambre de la vérité (3). » Ces remarques suffisent, à ce qu'il nous semble, sinon pour justifier toutes les attaques de Leibniz contre Descartes, au

---

1) *Réflexions d'un anonyme* sur une lettre de M. Leibniz Erdm., p. 140.

(2) *Réponses aux Réflexions*, etc. Erdm., p. 142.

(3) « J'ai coutume de dire que la philosophie cartésienne est l'antichambre de la vérité, et qu'il est difficile de pénétrer bien avant, sans avoir passé par là. » (*Ibid.*)

moins pour le disculper de ces reproches d'ingratitude, de jalousie, de noirceur, de complicité avec les ennemis de la philosophie, que ne lui ont pas épargnés quelques historiens contemporains (1). Mais, sans nous arrêter plus longtemps à des questions de mesure et de convenance, il nous faut aller au fond même de cette polémique, pour voir ce que Leibniz reprend dans Descartes, et ce qu'il prétend y substituer.

Formes substantielles, forces primitives, âmes ou formes, atomes formels, points métaphysiques ou de substance, et enfin monades, voilà, sous des noms divers, l'idée fondamentale de la métaphysique de Leibniz, voilà par où il est en opposition complète avec Descartes. De bonne heure l'histoire de la philosophie, le désir de concilier Démocrite, Aristote et Platon, diverses considérations géométriques et physiques et, comme nous l'avons vu, les controverses théologiques elles-mêmes, avaient attiré ses méditations sur les principes des choses et sur la nature de la substance. Mais il fut excité à des méditations encore plus profondes par les abîmes où, sur les traces de Spinoza, il voyait se perdre la métaphysique de Descartes. Tandis que la plupart des cartésiens de France ou de Hollande déclamaient contre Spinoza plutôt qu'ils ne le réfutaient, sans s'apercevoir en aucune façon du lien de leur propre doctrine avec celle de l'*Éthique*, Leibniz signale la cause première du mal dans certaines tendances de la métaphysique cartésienne. Nous persistons quant à nous à tenir comme aussi vrais que profonds ces jugements si souvent cités : « L'erreur de Spinoza ne vient que de ce qu'il a poussé les suites de la doctrine qui ôte la force et l'action aux créatures (1); » ou encore : « celui qui soutient que Dieu est seul acteur pourra aisément se laisser aller à dire, avec un auteur moderne fort décrié, que Dieu est l'unique substance et que

---

(1) M. Foucher de Careil a pris avec raison la défense de Leibniz contre ces exagérations. (*Lettres Nouvelles*, etc., introduction.)
(2) Edit. Dutens, t. II, p. 91.

les créatures ne sont que des modifications passagères, car jusqu'ici rien n'a mieux marqué la substance que la puissance d'agir (1). » Ailleurs, il écrit à l'abbé Nicaise : « Spinoza n'a fait que cultiver certaines semences de la philosophie de M. Descartes (2). » Il a dit encore, dans le même sens : « le spinozisme est un cartésianisme immodéré (3), » c'est-à-dire, la conséquence extrême de cette doctrine qui, en ôtant la force et l'action aux créatures, les réduit à n'être que de pures modifications de la substance divine.

Le mal connu, il s'agit d'en chercher le remède. Or on ne peut le trouver que dans une réforme entière de la métaphysique par la notion de substance qui en est le fondement.

Il est impossible, nous le répétons, d'imaginer une opposition plus absolue que celle de Descartes et de Leibniz sur les principes des choses. Toutes les substances créées, selon Descartes, sont passives; toutes les substances créées, selon Leibniz, sont actives. D'abord il démontre, contre Descartes, par des raisons tirées de la mécanique, que l'idée de la matière est autre que celle de l'étendue, et qu'il faut admettre dans le corps quelque autre chose que ce qui est purement géométrique, à savoir, autre chose que l'étendue et les changements dont elle est susceptible. En effet l'étendue, indifférente par elle-même au mouvement et au repos, ne saurait rendre raison de ce qu'on appelle l'inertie naturelle des corps, c'est-à-dire, « de ce qui fait que la matière résiste au mouvement, ou bien de ce qui fait qu'un corps qui se meut déjà

---

(1) Édit Dutens, t. II, p. 100.
(2) Édit. Erdm., p. 139.
(3) Édit. Dutens, t. I, part. II, p. 392. Citons encore les passages suivants : « Spinoza, qui n'admet qu'une seule substance, ne s'éloigne pas beaucoup de la doctrine d'un esprit universel unique, et même, les nouveaux cartésiens qui prétendent que Dieu seul agit l'établissent quasi sans y penser. » Erdm., p. 179. — Ita sequeretur nullam substantiam creatam, nullam animam eamdem numero manere, nihilque a Deo conservari, ac proinde res omnes esse tantum evanidas quasdam sive fluxas unius divinæ substantiæ permanentis modificationes et phasmata, etc. *De ipsa natura sive de vi insita*, etc. Erd., p. 154.)

ne saurait emporter avec soi un autre qui repose, sans en être retardé (1). »

A ces raisons il en ajoute d'autres, tirées de la métaphysique et du rapport des êtres créés avec Dieu. Dieu, en créant les êtres, a dû leur conférer une certaine activité, une certaine force, désormais inhérente à leur nature même, et en vertu de laquelle ils persévèrent, une fois créés, dans l'existence. Le décret, par lequel Dieu les fait passer à l'existence, doit aussi mettre en elles un certain principe, une certaine impression, *impressionem perdurantem aut legem insitam*, d'où découlent par après toutes leurs modifications et tous leurs actes. Nier que Dieu ait pu donner à un être une impulsion qui se continue au delà de l'instant même de son décret, c'est porter atteinte à l'efficacité de la volonté divine, car c'est affirmer qu'elle est incapable d'étendre et de prolonger son action au delà du moment présent. Ainsi Dieu ne pourrait produire un effet qui eût de la durée, ni laisser, après l'acte même de sa volonté, aucune marque dans les choses de l'exercice de sa puissance, et pour donner de la permanence à ses décrets il serait réduit à les renouveler sans cesse ! Nous devons donc croire que les décrets de Dieu laissent une trace imprimée sur les substances créées, c'est-à-dire qu'ils y déposent une certaine efficacité, une certaine force, principe ultérieur de toutes leurs manifestations, et qui les distingue de simples phénomènes ou de modifications passagères d'une substance unique (2).

Mais il s'agit d'examiner si, en donnant ainsi de la consistance et de la réalité aux créatures, on ne porte pas quelque atteinte à leur dépendance à l'égard de Dieu. Il est vrai qu'elles agissent, qu'elles sont causes, qu'elles accomplissent des actes véritables, mais elles n'en sont pas moins dé-

---

(1) Lettre sur la question, si l'essence des corps consiste dans l'étendue Erdm., p. 112 et 113.

(2) Voir surtout les deux fragments, *de ipsa Natura seu de vi insita actionibusque creaturarum* Erdm., p. 154 et *de primæ philosophiæ Emendatione et de notione substantiæ* Erdm., p. 121.

pendantes du créateur, parce que c'est de lui que vient primitivement la force en vertu de laquelle elles agissent. C'est toujours à Dieu qu'il faut remonter pour trouver l'origine de ce qu'elles ont en elles de force et de mouvement. Aussi Leibniz soutient que le dynamisme ne porte aucune atteinte à la preuve du premier moteur. Loin de méconnaître, ou même d'affaiblir cette dépendance, il lui arrive de l'exprimer si énergiquement que, malgré cette activité essentielle qu'il donne aux créatures, il semble parfois ne pas leur laisser plus de réalité que Geulincx ou Malebranche. En effet il veut que chaque créature dépende de Dieu, non pas seulement en tant que créée, mais en tant qu'elle est, et en tant qu'elle agit. C'est Dieu, dit-il, qui produit continuellement dans la créature tout ce qu'il y a en elle de bon, de positif, de parfait (1). Il semble même prendre parti en faveur de la création continuée, comme Descartes et les cartésiens. « Dans le fond, leur conservation n'est autre chose qu'une création continuelle, comme les scolastiques l'ont fort bien reconnu (2)... » Dieu, dit-il ailleurs, opère immédiatement sur toutes les créatures en les produisant continuellement (3).

Cette continuité dans la création lui semble une suite de la notion de l'être dépendant. L'être dépendant ne doit pas l'être davantage, au premier moment de son existence que dans tous ceux qui suivent (4). Il va jusqu'à dire, avec Clauberg, que les créatures dépendent de Dieu comme les pensées de notre esprit : « il est manifeste que les substances créées dépendent de Dieu qui les conserve, et même qui les produit continuellement par une manière d'émanation comme nous pro-

---

(1) *Essais de Théodicée*, Ire partie, § 31.
(2) *Nouveaux Essais sur l'entendement humain*, liv. IV, chap. X.
(3) *Ibid.*, chap. XXIII, Wolf, de même que Leibniz, dit que la conservation est une création continuée : conservatio continuata creatio est. (*Theologia naturalis*, cap. v.)
(4) *Animadversiones ad Wegelium*, M. Foucher de Careil, *Nouvelles lettres*, etc., p. 157.

duisons nos pensées (1). Mais à ces passages on peut en opposer d'autres, tirés de ses derniers écrits, où il combat les arguments de Descartes en faveur de la création continuée, et surtout les conséquences exagérées qu'en tirent certains cartésiens, entre autres Weigel et Bayle. Ainsi il critique une preuve de l'existence de Dieu de Weigel fondée sur la création continuée : « L'existence des choses, dit-il, n'est pas une production nouvelle à chaque moment de la durée, en ce sens que les choses elles-mêmes sont annihilées et créées à chaque moment. Et je m'étonne qu'on ait érigé en principe ce qui par soi-même a tant besoin d'être prouvé (2). »

Dans les *Essais de Théodicée* (3), il blâme Bayle d'avoir porté le concours de Dieu si loin, qu'il refuse l'action aux créatures, et les fait toujours naissantes et toujours mourantes, en vertu de la création continuée. Il ne trouve pas solide l'argument de l'absence de toute liaison nécessaire entre les moments du temps, dont s'est servi Descartes. « On peut répondre qu'à la vérité il ne s'ensuit pas nécessairement de ce que je suis, que je serai, mais cela suit pourtant naturellement, c'est-à-dire de soi, *per se*, si rien ne l'empêche. » Enfin il conclut : « ce qu'on peut dire d'assuré sur le présent sujet est que la créature dépend continuellement de l'opération divine et qu'elle n'en dépend pas moins depuis qu'elle a commencé que dans le commencement. Cette dépendance porte qu'elle ne continuerait pas d'exister si Dieu ne continuait d'agir... Or rien n'empêche que cette action conservative ne soit appelée production et même création si on veut. » On voit que Leibniz, à la différence des cartésiens, n'entend par création continuée que la dépendance continuelle de l'opération divine, opération qui maintient la créature dans l'être, mais sans la laisser à chaque instant retomber

---

(1) *Animadversiones ad Weigelium, Discours métaphysique*, § 14.
(2) *Ibid.*
(3) III⁰ partie, n⁰⁸ 382, 383, 384.

dans le néant, pour à chaque instant l'en retirer de nouveau. S'il identifie l'acte conservateur et l'acte créateur, ce n'est pas au regard de la créature, mais seulement au regard de Dieu. Que deviendraient en effet cette réalité et cette causalité que Leibniz veut restituer aux créatures, que signifierait l'activité qu'il leur donne pour essence, si elles étaient continuellement créées et annihilées, si cette activité n'était que le continuel écoulement de l'activité même de Dieu (1)?

Non-seulement il restitue la force et l'activité aux substances créées, mais il en fait leur essence même. Ce qui n'agit pas ne mérite pas le nom de substance, *quod non agit substantiæ nomen non meretur* (2). On ne peut mieux démontrer que Leibniz qu'un être absolument passif qui recevrait tout, et qui n'aurait rien de lui-même, serait un pur néant. Or cette force, qui est l'essence même de la substance, n'est nullement une force en puissance, une simple possibilité d'agir qui, pour passer à l'acte, aurait encore besoin de quelque excitation étrangère. La puissance que Leibniz attribue à la substance est actuellement active et agissante, et ne ressemble en rien à la puissance nue d'école. La puissance de l'école signifiait seulement une possibilité prochaine d'agir incapable, sans une impulsion extérieure, de passer à l'acte, mais la force active, véritable entéléchie, a en elle-même tout ce qu'il faut pour agir, elle enveloppe l'effort, elle est comme un milieu entre la faculté et l'acte lui-même. Pour agir, elle n'a besoin ni d'aiguillon ni de secours, elle ne réclame que l'enlèvement de l'obstacle. Telle est la vertu que Leibniz attribue à toutes les substances, sans exception, tout aussi bien à celles qui constituent les corps qu'à celles qui sont des esprits (3). Descartes avait séparé la notion de force et celle de substance, Leibniz non-seulement les unit de nouveau, mais les identifie.

(1) T. I, IIe partie, p. 392. Edit. Dutens.
(2) *De primæ philosophiæ emendatione et notione substantiæ*, Édit. Erdm., p. 121.

Remarquons que le dynamisme de Leibniz se concilie parfaitement avec le mécanisme cartésien. Leibniz qui, d'ailleurs, est un admirateur des tourbillons (1), conserve et approuve le mécanisme de Descartes, et ne songe nullement à lui substituer une autre méthode, au point de vue de la physique, et dans l'explication des phénomènes de la nature. Mais le mécanisme lui semble insuffisant pour le philosophe qui veut remonter jusqu'aux dernières raisons des choses. Le mécanisme explique sans doute comment se comportent les phénomènes les uns à l'égard des autres, et rend compte de la nature entière par les seules lois du mouvement, mais il ne donne pas la raison de ces lois, et par conséquent ne s'explique pas lui-même (2). S'arrêter au mécanisme, c'est donc, selon Leibniz, s'arrêter à la surface, sans pénétrer jusqu'au fond même des choses (3). Tout se fait, dit-il, en même temps mécaniquement et métaphysiquement dans les phénomènes de la nature, mais les raisons dernières du mécanisme ne se trouvent que dans la métaphysique, c'est-à-dire dans la vraie notion de la substance, et non dans les mathématiques. Ainsi, loin qu'il y ait contradiction entre le mécanisme cartésien et le dynamisme de Leibniz, on peut dire, avec M. Janet, que le second est le complément du premier (4).

Un des grands principes de Descartes est la conservation de la même quantité de mouvement. Par des démonstrations tirées de la physique et de la mécanique (5), Leibniz prouve que ce n'est pas le mouvement qui se conserve toujours le même, mais la force qu'on ne doit pas estimer par la quantité du mouvement. Cette substitution de la

---

(1) « Les tourbillons en général sont une chose fort belle. *Nouvelles Lettres*, etc., publiées par M. Foucher de Careil, p. 20.
(2) *Lettre de Montmort*. Édit. Erdm., p. 702.
(3) C'est sans doute en ce sens que Leibniz a dit : « le cartésianisme est l'antichambre de la vérité. »
(4) *Introduction aux œuvres philosophiques de Leibniz*, 2 vol. in-8, Ladrange, 1866.
(5) Erdm., p. 193.

quantité de force absolue à la quantité du mouvement se rattache, on le voit, au dynamisme de Leibniz et, sous le nom de conservation de l'énergie, elle demeure un des fondements de la physique moderne.

CHAPITRE XXII

Monadologie. — Les monades substances simples ou unités de substance. — Critique de la divisibilité à l'infini. — Critique des atomes matériels. — Retour aux formes substantielles. — Transformation des formes substantielles en monades. — Origine psychologique de la monade. — L'unité substituée à la dualité du monde cartésien. — L'étendue phénomène résultant des monades. — L'espace et le temps rapports de coexistence et de succession entre les monades. — Principe des indiscernables. — Actions internes, perceptions et appétitions. — Chaque monade miroir de l'univers. — Loi de la continuité. — Toutes les actions d'une monade viennent de son propre fonds. — Rien n'y entre du dehors et rien n'en sort. — Différence entre les esprits et les corps. — A quelles monades Leibniz réserve le nom d'âmes. — Différence de degré, de position, et non de nature, entre les unes et les autres. — Monade humaine. — Préexistence dans les germes. — Évolutions successives depuis l'état d'âme végétative jusqu'à celui d'âme raisonnable. — La même âme principe de la vie et de la pensée. — Polémique de Leibniz contre Stahl. — Critique de la notion cartésienne de l'esprit. — La pensée n'est pas l'essence, mais l'acte de l'âme.

L'originalité de Leibniz consiste moins dans la restitution de l'activité aux substances créées que dans la détermination de l'unité de substance, ou de la substance simple, premier principe de toutes les choses, en même temps que dernier élément auquel aboutit l'analyse des substances composées (1). Il y a en effet, dans la nature, des

(1) Glisson, célèbre médecin anglais, auteur du *Tractatus de natura substantiæ energetica seu de vita naturæ*. Londin. 1672, que Leibniz a pu connaître, suivant la conjecture de M. Cousin, pendant son voyage à Londres de 1675, a bien rendu l'activité à la substance, mais n'a pas déterminé en quoi consiste l'unité de substance (voir mon ouvrage sur le *Principe vital et l'Ame pensante*, p. 193). De même en est-il de Mercure Van Helmont, un autre contemporain de Leibniz, qui repousse l'idée d'une manière inerte comme incompatible avec l'essence vivante de Dieu, laquelle ne peut rien produire qui lui ressemble, mais qui ne détermine

composés, des agrégations, des mélanges dont l'essence, dit Leibniz, paraît être *plusieurs*, et qui supposent des unités. Comment admettre la divisibilité à l'infini des cartésiens qui conduit à cette conséquence absurde de multitudes sans unités, de composés sans élément? Mais quelles seront ces unités de substance?

Ce n'est pas tout d'abord que Leibniz est arrivé à la conception de cette vraie unité. Lui-même il a raconté les différentes phases, par lesquelles son esprit a passé sur cette grande question des principes des choses, avant de s'arrêter aux monades. Au commencement, lorsqu'il se fut affranchi d'Aristote, il avait donné dans le vide et les atomes, car c'est, dit-il, ce qui remplit le mieux l'imagination. Plus tard, tout en louant les atomistes d'avoir compris qu'il fallait une unité, il les blâme de l'avoir placée là où elle ne peut pas être. Comment en effet trouver les principes d'une véritable unité dans la matière et dans ce qui est passif? Il fallut donc rappeler et comme réhabiliter, dit-il, les formes substantielles, si décriées aujourd'hui, mais d'une manière qui les rendit intelligibles et qui séparât de l'abus l'usage qu'on en doit faire. Ainsi le voit-on prendre contre Arnauld la défense des formes substantielles, au grand scandale de toute l'école cartésienne qui croyait les avoir pour jamais bannies de la science (1). Il démontre par des raisons, suivant nous, irrésistibles, la nécessité de revenir à ces unités de plan et de vie, comme il les appelle, sans lesquelles il n'y a pas d'être véritable. C'est par les formes substantielles, et non, comme on l'a dit, par les idées de Platon, que Leibniz a été conduit aux monades. Il s'est emparé des formes substantielles, et il les a en quelque sorte simplifiées et universalisées en les faisant

---

pas, ou détermine d'une manière fort confuse l'unité de substance. (Voir dans l'histoire de la philosophie moderne de Ritter le chapitre sur M. Van Helmont.

(1) Voir la correspondance avec Arnauld, *Œuvres philosophiques* de Leibniz publiées par M. Janet, Ier volume.

les éléments uniques, à la fois forme et matière, de toute réalité.

Les monades sont des atomes formels ou spirituels, et par conséquent réellement indivisibles, qu'il oppose aux atomes matériels de Démocrite. Elles sont aussi, dit-il, des formes substantielles, puisque, sans elles, il n'y aurait point de lien entre les phénomènes. Enfin il appelle entéléchies, d'un nom emprunté à la philosophie d'Aristote, ces forces simples et irréductibles, pour marquer qu'elles se suffisent à elle-mêmes, et qu'elles ont en elles le principe et la source de toutes leurs actions. Mais le nom qu'il a définitivement adopté est celui de monade, à cause de l'unité et de la simplicité absolue de ces éléments de toutes choses. Les monades, selon Leibniz, se distinguent des points physiques qui ne sont indivisibles qu'en apparence, et des points mathématiques qui sont exacts, mais ne sont que des modalités. Ce sont des points métaphysiques ou de substance, à la fois réels et exacts, et sans lesquels il n'y aurait rien de réel, puisque, dans les véritables unités, il n'y aurait pas de véritable multitude (1). Les monades, voilà donc les vraies et réelles substances, les individualités irréductibles que Leibniz oppose à Spinoza. « Sans les monades, écrit-il au père Bourguet, Spinoza aurait raison. »

La géométrie, la physique, la théologie elle-même, par des voies différentes, ont amené Leibniz à croire qu'avec l'étendue toute seule, sans la force, on ne peut expliquer tous les phénomènes. La scolastique aussi avec les formes substantielles l'a mis sans nul doute sur la voie des monades. Mais c'est dans la science de l'âme humaine que, de son propre aveu, il a directement puisé la notion de cette force simple, irréductible, ayant en elle le principe de ses actes, et de cette unité vivante qui est l'élément de toute

---

(1) *Système nouveau de la Nature*. Erdm., p. 124. Pour la théorie des monades voir surtout la *Monadologie* et les *Principes de la Nature et de la Grâce*.

réalité. Il a conçu, comme il le dit, ses monades à l'imitation des âmes. Nous avons conscience de la puissance interne de produire des actions immanentes ou, ce qui est la même chose, d'agir d'une manière immanente; tout nous porte à concevoir les autres substances à l'image de nous-mêmes, et d'après le type de l'unique substance qui nous soit immédiatement connue (1).

On objecte que la force ne nous est connue que par ses effets, et non telle qu'elle est en soi. Leibniz répond qu'il en serait ainsi si nous n'avions pas une âme, et si nous ne la connaissions : « C'est seulement, dit-il, par le dedans que nous avons la connaissance du dehors (2). » Cette origine psychologique des monades paraîtra encore davantage par les actions internes dont il les a douées et par où il les distingue les unes des autres.

Les monades sont les seuls éléments qui entrent dans l'univers de Leibniz. La dualité de l'étendue et de la pensée, de la matière et de l'esprit, qui est le fond même de la métaphysique de Descartes, a disparu pour faire place à l'unité. Ce sont des monades qui constituent les corps, et ce sont aussi des monades, mais des monades d'élite, et pour ainsi dire privilégiées, qui sont les âmes ou les esprits.

Voyons comment avec les seules monades Leibniz explique l'univers matériel. Aux cartésiens, qui font de l'étendue l'essence de la matière il reproche de renverser l'ordre des paroles et des pensées, de prendre un phénomène pour le sujet d'un phénomène, ou l'effet pour la cause. Mais si l'étendue n'est pas une substance, Leibniz reconnaît en elle un phénomène très-réel ou, suivant son expression, un phénobien fondé, dont il faut rendre compte. Qu'est-ce donc que l'étendue? L'étendue ne signifie qu'une répétition ou multiplicité de ce qui est répandu, une pluralité, continuité, coexistence des parties et elle suppose nécessaire-

---

(1) *De ipsa Natura*, etc. Erdm., p. 157.
(2) Externa non cognoscit nisi per ea quæ sunt in se ipso.

ment un sujet auquel il appartienne d'être répété et continué. Sans cette substance répétée et continuée, dont la notion est antérieure à l'étendue, il est impossible d'expliquer la nature du corps. Otez les principes premiers qui la constituent, l'étendue ne serait qu'un flux de phénomènes sans consistance ou, ce qui est contradictoire, une pluralité sans unités (1).

Mais voici la grande objection.

Comment des monades inétendues, et séparées les unes des autres, nous donneront-elles la perception de l'étendue et de la continuité? Cette perception n'est, selon Leibniz, que la perception d'une continuité indistincte de résistance produite par la connexion, la coordination, la limitation mutuelle des monades au sein de l'univers. Avec des organes moins obtus, et avec une vue plus claire des choses, au lieu de cette continuité indistincte, nous percevrions l'ordre, la liaison et les limites de chacune de ces forces, de même qu'au lieu d'apercevoir un cercle de feu, lorsqu'un charbon enflammé tourne dans la fronde, nous verrions un point lumineux occuper successivement diverses parties dans l'espace.

L'étendue n'est donc, selon Leibniz, qu'un phénomène qui résulte de la coordination des monades et de leurs rapports avec nos organes. Quant au monde entier, il faut le concevoir comme un système de forces simples, coordonnées les unes par rapport aux autres, et s'influençant réciproquement, suivant les lois de la mécanique qui, comme nous l'avons déjà dit, loin d'être en opposition avec le dynamisme, trouvent en lui seul leur source et leur raison dernière (2).

Nous n'ajouterons pas une grande importance à la dis-

---

(1) La doctrine des monades est tout entière résumée dans deux petits écrits de la fin de la vie de Leibniz, la *Monadologie* et les *Principes de la Nature et de la Grâce*, édit. Erdm., p. 705 et 714.

(2) Leibniz se raille de la prétendue clarté avec laquelle les cartésiens prétendent concevoir l'étendue essentielle : Boni illi cartesiani quidquid jactent de sua clara et distincta perceptione, mihi nec extensionem

tinction de matière première et de matière seconde qu'on trouve dans quelques écrits de Leibniz, et par laquelle il semble avoir surtout pour but de faire un rapprochement entre sa philosophie et celle de l'école. La matière première, dit-il, est quelque chose de purement passif, *non est nisi potentia passiva primitiva*. Mais que peut-il y avoir de passif dans les monades qui sont, d'après ce qui vient d'être dit, des forces essentiellement actives ? Cette passivité n'est que la limite même de chacune de ces forces, limite au delà de laquelle elles ne peuvent plus agir, c'est le point où leur activité fait défaut. La matière première n'est donc qu'une abstraction de l'esprit, puisque ce qui n'agit pas ne peut exister, et elle ne se sépare pas de la matière seconde qui est la puissance active des monades. Elle est concréée avec l'entéléchie pour constituer une substance complète. La matière seconde elle-même n'est pas une substance, mais le résultat d'innombrables substances complètes, dont chacune a son entéléchie et sa matière première (1); c'est la substance composée, l'agrégat qui résulte de la combinaison des substances simples. Matière première, et matière seconde, ne signifient donc que deux points de vue différents sous lesquels on peut considérer les monades.

Sur cette grande question de la nature des corps, avec un certain nombre de philosophes et de savants contemporains (2) nous osons prendre le parti de Leibniz contre

---

quidem sic percipere videntur. (Epist. 86 ad Joh Bern., *Écrits mathématiques*, publiés par M. Gerardht, t. III, IIe partie, p. 552.)

(1) Materia secunda resultatum est ex innumeris substantiis completis, quarum quævis habet suam entelechiam et suam materiam primam. Voir les lettres 7 et 12, au P. Des Bosses, la lettre 84 à Joh Bernouilli dans le recueil des *Écrits mathématiques* de M. Gerardht. Pour plus de détails sur cette question, nous renvoyons à la savante thèse de M. Lemoine : *Quid sit materia apud Leibnitium*. Paris, 1850.

(2) Dans les théories atomistiques elles-mêmes, ce sont les forces, dont on a soin de munir les atomes, et par où on les tient à distance les uns des autres, qui jouent le principal, sinon l'unique rôle dans l'explication des phénomènes. (Voir M. Cournot, *Essai sur les fondements des Connais-*

Descartes. Les forces seules, sans l'étendue, sans atomes, sans molécules quelconques, nous semblent suffire à l'explication de tous les phénomènes du monde matériel. M. Cousin objecte qu'avec des parties inétendues il n'est pas moins impossible d'obtenir de l'étendue qu'avec des zéros un nombre, quelque petit qu'il soit. Mais il n'y a nulle comparaison à faire entre des zéros qui ne sont rien, et ces forces très-réelles qui se pressent et s'entre-croisent, dans le système de Leibniz. Supposer qu'avec l'étendue on puisse faire l'inétendu, c'est-à-dire de vrais atomes, voilà ce qui est contradictoire ; mais rien n'empêche de concevoir qu'avec l'inétendu répété, avec un système de points résistants, on obtienne cette perception de la continuité de la résistance à laquelle l'analyse ramène la notion de l'étendue.

La pluralité, suivant une comparaison de Leibniz, n'est pas dans l'unité, et cependant l'unité ajoutée à elle-même produira la pluralité. De même l'étendue n'est pas dans l'inétendu, mais plusieurs forces agissant simultanément pourront nous donner cette notion de l'étendue, qui ne saurait en effet dériver d'une monade unique, pas plus que la pluralité de l'unité. Des forces qui résistent, qui agissent et réagissent, suffisent à expliquer tous les phénomènes matériels. sans avoir elles-mêmes aucun besoin, ni de matériaux étrangers qu'elles mettent en œuvre, ni de mobiles qu'elles fassent mouvoir et poussent devant elles, ni de supports sur lesquels elles reposent, ou de véhicules qui les portent. Pourquoi les associer, par un lien incompréhensible et sans nulle nécessité, pour l'explication des

---

sances humaines, 1er vol., p. 852. M. Laugel se prononce en faveur du système des forces dans ses *Problèmes de la Nature*. Parmi les philosophes du parti de Leibniz sur cette question nous citerons : M. de Rémusat, *Essai sur la Matière*, t. II des *Essais de Philosophie*, 2 vol. in-8, 1842. M. Vacherot, *Métaphysique positive*, 5e entretien. — M. Janet, *Introduction aux Œuvres philosophiques*. — M. Lévêque, *La Nature et la Philosophie idéaliste*, Revue des Deux-Mondes, 15 janvier, 1867. — M. Magy, *de la Science et de la Nature*, 1 vol. in-8, Ladrange, 1865.

phénomènes, avec cette étendue inerte qui n'a pour elle ni l'expérience interne; ni même l'expérience externe d'après les théories les plus accréditées aujourd'hui de la physique et de la chimie, et qui bientôt sans doute disparaîtra de la philosophie et des sciences physiques, convaincue de n'être qu'une chimère de l'imagination, pour faire place à ces forces simples avec lesquelles Leibniz a construit le monde des corps non moins solidement que celui des esprits?

Voici encore deux autres grands phénomènes, l'espace et le temps, qu'il explique par les rapports des monades les unes avec les autres, au lieu de leur donner une réalité en dehors des choses elles-mêmes. Comme Descartes, il est pour le plein, et pour l'infinité de l'univers. Un univers avec du vide et avec des limites lui semble incompatible avec la perfection infinie de Dieu. Comment concevoir que sa main toute-puissante n'ait pas semé des êtres partout où il y avait une place pour les recevoir? Si Dieu n'avait pas créé autant qu'il pouvait créer, aurait-il manifesté sa toute-puissance? Mais tandis que, selon Descartes, l'espace n'est autre chose que l'étendue matérielle elle-même, selon Leibniz, c'est simplement un rapport de coexistence entre toutes les monades réelles ou possibles. Il suffit de considérer leurs rapports, leurs règles de changement, pour se faire l'idée de place, et par conséquent d'espace, sans qu'il soit nécessaire d'imaginer une réalité quelconque indépendante des choses elles-mêmes. Dans sa polémique contre Clarke Leibniz accumule avec une force irrésistible toutes les difficultés qui s'élèvent contre cette conception de l'espace.

Il en est du temps comme de l'espace; ce n'est qu'un simple rapport, non plus de coexistence, mais de succession entre les monades. Le temps et l'espace ne sont pas des choses, dit Leibniz, mais des ordres des choses, *ordines rerum, non res* (1); l'espace est un ordre de phénomènes coexistants

---

(1) *Réfutation de Spinoza.*

et le temps un ordre de phénomènes successifs, *spatium fit ordo coexistentium phœnomenorum, ut tempus successivorum* (1). Si notre raison conçoit le temps avec des caractères d'infinité et de nécessité, c'est à cause de l'impossibilité de ne pas admettre le plein de l'univers, et de donner des bornes à cette coexistence, ou à cette suite des monades, sans aller contre la perfection infinie de Dieu.

Après avoir considéré les monades dans ce qu'elles ont de commun, il faut examiner par où, malgré leur simplicité, elles se distinguent les unes des autres. En effet non-seulement toutes les monades ne sont pas semblables, mais, dans leur multitude infinie, il n'en est pas deux qui se ressemblent, et qui ne se discernent l'une de l'autre. C'est un grand principe de la philosophie de Leibniz, que deux indiscernables ne sauraient exister, leur existence étant incompatible avec la sagesse divine et avec l'ordre des choses où rien ne se fait sans raison. Il faut qu'il y ait plus qu'une différence numérique entre deux êtres quelconques, parce que chaque chose a un rapport au point de vue qu'elle aura dans l'univers. S'ils n'ont pas la même situation dans l'espace, s'ils ont des rapports différents les uns avec les autres, cela ne peut être sans raison. « Quand je nie qu'il y ait deux gouttes d'eau entièrement semblables ou deux autres corps indiscernables, je ne dis pas qu'il soit impossible absolument d'en poser, mais que c'est une chose contraire à la sagesse divine et qui par conséquent n'existe pas. J'avoue que, si deux choses parfaitement indiscernables existaient, elles seraient deux, mais la supposition est fausse et contraire au grand principe de la raison (2). » Identité des indiscernables, principe des indiscernables, ou principe de dissimilitude, tels sont les noms divers par lesquels Leibniz marque ce caractère propre et individuel essentiel à chaque monade (3). Mais si toutes les

---

(1) *Nouveaux Essais*, § 12.
(2) *Lettres à Clarke.* Édit. Erdm., p. 767.
(3) Montaigne avait dit dans le même sens : « Nature s'est obligée à ne rien faire autre qui fût dissemblable. » Chapitre de l'expérience.

monades diffèrent les unes des autres, nous verrons comment toutes elles se rapprochent et s'enchaînent par la loi de la continuité.

Par où les monades se distingueront-elles les unes des autres ? Ce ne sera pas par le dehors et par des changements extérieurs puisqu'elles sont simples, mais par l'intérieur, par les seules actions internes. « La simplicité de la substance n'empêche pas la multiplicité des modifications, comme dans un centre ou point, tout simple qu'il est, se trouvent une infinité d'angles formés par les lignes qui y concourent (1). » Leibniz appelle toutes ces actions internes, sans aucune exception, du nom de perception. Correspondance de l'interne et de l'externe, ou représentation de l'externe dans l'interne, du composé dans le simple, de la multitude dans l'unité, voilà comment il définit ces perceptions communes à toutes les monades.

Ce mot de perception n'a donc pas chez Leibniz le même sens que chez les psychologues modernes qui entendent par perception un phénomène du moi, c'est-à-dire un fait de conscience. Selon Leibniz, la conscience n'est qu'un certain degré de perfection dans la perception, et ne constitue pas son essence même. C'est seulement à un certain degré de la hiérarchie des êtres que la conscience, plus ou moins obscure, ou plus ou moins claire, selon qu'on monte plus ou moins haut, vient s'ajouter à la perception. Voilà comment il attribue des perceptions à toutes les monades sans exception, non-seulement aux plus élevées, mais aux plus infimes de toutes. Quoique non accompagnées de conscience, les perceptions ou représentations des monades inférieures n'en sont pas moins réelles, et même elles les impressionnent confusément, comme nous impressionne le bruit confus de la mer, bien que nous ne puissions distinguer le bruit de chaque vague en particulier. C'est en vertu de ce pouvoir représentatif que

---

(1) *Principes de la Nature et de la Grâce.*

chaque monade, suivant une parole célèbre de Leibniz, est un miroir de l'univers. Telle est en effet la liaison de toutes les choses créées, les unes avec les autres, « que chaque substance simple a des rapports qui expriment toutes les autres et qu'elle est par conséquent un miroir vivant perpétuel de l'univers (1). »

Ce sont, dit-il encore, différentes concentrations de l'univers présenté selon les divers points de vue qui les distinguent. Toutes, à différents points de vue, représentent l'univers, et toutes pourraient le voir tout entier au dedans d'elles-mêmes, si elles avaient une conscience suffisamment claire de leurs perceptions (2).

Avec la perception il met dans chaque monade une tendance à passer d'une perception à une autre qui est le principe de tous ses changements et qu'il appelle appétition. L'appétition répond à la perception, comme en nous la volonté répond à l'intelligence. Ces noms de perception et d'appétition montrent clairement qu'il a pris l'idée de ces qualités des monades, comme de leur essence même, dans l'âme et dans la conscience. Remarquons aussi dès à présent, pour mieux nous rendre compte plus tard de l'harmonie préétablie, que la force qu'il leur attribue est une force purement représentative, semblable à la pensée, et qui ne peut exercer aucune influence au dehors sur le corps ou sur les objets.

Cette diversité infinie de perceptions et d'appétitions en vertu de laquelle il n'y a pas deux monades au monde qui se ressemblent est néanmoins assujettie à une loi qui joue un grand rôle dans toute la philosophie de Leibniz, et, dans ses découvertes mathématiques, la loi de la continuité. Leibniz en parle avec une sorte d'enthousiasme, et l'élève à la hau-

---

(1) *Monadologie.* Erdm., p. 709.
(2) Diderot n'admire rien tant, dans Leibniz, que cette idée d'un miroir représentatif ou concentrique de l'univers dans chaque monade : « Cette idée que les petits esprits prendront pour une vision est celle d'un homme de génie, il n'y a qu'à la rapprocher de son principe d'enchaînement et de dissimilitude. » (*Encyclopédie*, article *Leibniz*).

teur d'un principe d'ordre universel et d'une méthode générale. « J'ai fait voir qu'il s'y observe (dans les lois que Dieu a choisies) cette belle loi de la continuité, que j'ai peut-être mise le premier en avant, et qui est une espèce de pierre de touche dont les règles de M. Descartes, du P. Malebranche et d'autres ne sauraient soutenir l'épreuve. En vertu de cette loi il faut qu'on puisse considérer le repos comme un mouvement évanouissant après avoir été continuellement diminué, et de même l'égalité comme une inégalité qui s'évanouit aussi, etc. (1). »

On peut revendiquer pour Aristote l'honneur d'avoir mis le premier en avant cette loi de la continuité, mais on ne peut contester à Leibniz de lui avoir donné une étendue et une portée que ni les anciens ni les modernes n'avaient soupçonnées. Il en fait les plus fécondes applications non-seulement à la série des êtres organisés, mais à la physique, à la mécanique et à la géométrie (2). Nous laisserons de côté la physique, la mécanique et la géométrie, pour ne la considérer que dans ses rapports avec la suite des êtres organisés, des perceptions et des âmes.

Leibniz se plaît à répéter que la nature ne fait pas de saut, *non facit saltum, non agit saltatim* (3). Elle ne va que par degrés insensibles, en sorte que tout naît de petits commencements, qu'il y a des germes de tout, point de vide et point de cahots. Plus on pénètre dans l'observation de la nature, surtout à l'aide du microscope, dont Leibniz tire un si grand parti en faveur de ses infiniment petits et de l'infinité des êtres organisés, et plus on s'assure que la nature suit cette loi, à partir de la plus infime monade jusqu'à la monade raisonnable. Du dernier jusqu'au plus parfait des êtres organisés, de l'âme la plus inconsciente jusqu'à celle qui a la plus claire conscience

---

(1) *Théodicée*, Ire partie, § 348.
(2) Sur les diverses applications de cette loi, consulter la note étendue et savante que M. Foucher de Careil a mise à la suite de ses *Nouvelles Lettres*, etc.
(3) *Nouveaux Essais*, avant-propos.

d'elle-même, il y a des degrés et des transitions insensibles par où l'on va de l'une à l'autre. Tout se tient, tout est lié ; le passage même d'un règne à un autre ne se fait pas sans intermédiaires. Ces intermédiaires entre le règne animal et le règne végétal n'étaient pas connus du temps de Leibniz ; cependant telle est sa foi en cette loi de la continuité qu'il n'hésite pas à affirmer qu'ils existent et que la science un jour les découvrira, prédiction bientôt après confirmée par la découverte des zoophytes.

Mais il faut considérer les limites où demeurent enfermées les actions internes des monades, car là est le fondement sur lequel, comme nous le verrons, repose l'hypothèse de l'harmonie préétablie. Ces actions internes ou perceptions, par lesquelles toutes les monades se distinguent de toutes les autres et prennent leur rang dans la hiérarchie des êtres, sous l'empire de la loi de la continuité, sortent du fond même de la substance qui les produit, et ne dépendent, selon Leibniz, en aucune façon de ses rapports avec les autres substances. Les perceptions et les appétitions d'une monade dépendent uniquement de la force qui est en elle et qui la constitue. Dieu lui-même, dès le commencement, a mesuré cette force, et en a prédéterminé toutes les actions. Aucune monade au monde ne peut donc modifier la série fatale des actions qui doit sortir de son sein. « Toutes les perceptions et expressions des choses extérieures arrivent à l'âme en vertu de ses propres lois, comme dans un monde à part, et comme s'il n'existait rien que Dieu et elle (1). » Chaque substance contient en elle la loi de la série de ses opérations, et se développe comme si elle était seule au monde (2) ou comme si elle était un monde à part, indépendant de toute chose, hors de Dieu. Alors même que toutes les autres monades seraient anéanties, et qu'elle resterait seule dans l'univers, une monade continuerait d'être, d'agir, de se mouvoir de la même façon, comme si rien de nouveau

---

(1) *Système nouveau de la nature*, Erdm., p. 124.
(2) 2ᵉ *Lettre* de la correspondance avec Arnauld.

n'était survenu. Toutes, sans excepter l'âme ou la monade humaine, renferment en elles, sitôt qu'elles ont l'être, tout ce qui leur arrivera à jamais, toutes sont des automates, et des automates des plus justes, comme dit Leibniz, où tout se déroule nécessairement en un rapport exact avec ce qui se passe dans toutes les autres substances et dans l'univers entier. C'est en ce sens qu'il a dit : le présent est gros de l'avenir, *præsens gravidus futuro*. Les monades, suivant son expression, n'ont point de fenêtres par lesquelles quelque chose puisse entrer et sortir. Chaque monade étant un petit monde absolument clos et se comportant, comme si aucun autre monde n'existait, c'est dans son intérieur et non en dehors d'elle, qu'il faut chercher la raison de tous les effets qu'elle produit, comme aussi de tous les obstacles qu'elle rencontre (1).

Mais si la simplicité de la monade exclut tout changement par altération, ou composition de parties, Leibniz ne démontre nullement, à ce qu'il semble, qu'elle ne puisse être aidée ou empêchée dans son développement, et par conséquent modifiée, par l'action d'une autre force, quoiqu'elle n'ait point de fenêtres par où quelque chose puisse entrer ou sortir, suivant sa pittoresque mais inexacte métaphore.

Pour Leibniz, il n'y a donc qu'un seul monde, celui de la force ou de la vie régi par cette grande loi de la continuité. Mais ce monde unique n'en comprend pas moins des esprits et des corps, qui, tout en ayant une même essence, quoique faits, pour ainsi dire, d'une même étoffe, n'en diffèrent pas moins profondément les uns des autres par la nature et le degré de leurs perceptions. Il semble, à parler rigoureusement, que les corps soient plus en péril que les esprits, puisque toutes les monades sont simples, indivisibles, actives, et excluent également toute notion de matérialité. Toutefois, par déférence pour la langue vul-

---

(1) *Impeditur etiam substantia simplex, sed naturaliter non nisi intus a se ipsa.* Dutens, t. II, 1re partie, p. 319.

gaire, Leibniz réserve le nom d'âmes à celles qui président à un certain nombre d'autres, à celles qui ont conscience, à un degré quelconque, de leurs perceptions. Les monades dénuées de conscience, qui entrent comme simples éléments dans une substance composée ou dans un agrégat, voilà les monades qui constituent le corps ; les monades douées de conscience, les monades dominantes par rapport auxquelles toutes les autres sont ordonnées, voilà les âmes (1) proprement dites. Le corps organisé est une agrégation de monades nues, régie par une âme ou monade supérieure. Ainsi corps bruts, corps organisés, âmes ou esprits, tout n'est que monades, dans l'univers leibnizien, et les monades sont les éléments uniques de toute réalité.

---

(1) Gœthe était partisan des monades de Leibniz, comme on le voit d'après ce passage de ses *Conversations* :

« Les derniers éléments primitifs de tous les êtres, et pour ainsi dire les points initiaux de tout ce qui apparaît dans la nature, se partagent en différentes classes ; on peut les appeler des âmes puisqu'elles animent tout, mais appelons-les plutôt monades ; gardons cette vieille expression leibnizienne pour mieux exprimer la simplicité de l'essence la plus simple. Il y en a de si petites et de si faibles qu'elles ne sont propres qu'à une existence et à un service subordonnés ; d'autres, au contraire, sont très-puissantes et très-énergiques. Celles-ci attirent de force dans leur cercle tous les éléments inférieurs qui les approchent et les font devenir ainsi parties intégrantes de ce qu'elles doivent animer, soit d'un corps humain, soit d'une plante, soit d'un animal, soit d'une organisation plus haute, par exemple, d'une étoile. Elles exercent cette puissance attractive jusqu'au jour où apparaît formé le monde tout entier, petit ou grand, dont elles portent en elles-mêmes la pensée. Il n'y a que ces monades qui méritent vraiment le nom d'âmes. Il y a des monades de mondes, des âmes de mondes, comme des monades et des âmes de fourmis. Ces âmes si différentes sont, dans leur origine première, des essences, sinon identiques, au moins parentes par leur nature. Chaque soleil, chaque planète porte en soi-même une haute idée, une haute destinée qui rend son développement aussi régulier et soumis à la même loi que le développement d'un rosier qui doit être tour à tour feuille, tige et corolle. Vous pouvez nommer cette puissance une idée, une monade, comme vous voudrez, pourvu que vous compreniez bien que cette idée, cette intention intérieure est invisible, est antérieure au développement qui apparaît dans la nature et qui émane d'elle... (*Conversations de Gœthe*, trad. de M. Émile Débrot, p. 311.)

En dehors des monades et des phénomènes qui en résultent, il n'y a rien ; voilà la doctrine que Leibniz ne cesse de reproduire sous les formes les plus diverses. Il a cependant écrit un certain nombre de lettres adressées à un jésuite, au P. Des Bosses, où il est question d'un lien substantiel, *vinculum substantiale*, qui unit et rapproche les éléments du corps composé, et qui semble jouer un rôle analogue à celui des formes substantielles de la philosophie scolastique (1). Faut-il donc supposer que Leibniz, en contradiction avec tous ses principes, ait véritablement admis quelque chose de réel, en outre des monades ? Remarquons d'abord qu'il n'est question du lien substantiel que dans ces lettres au P. Des Bosses, où, à l'exemple des cartésiens, il voudrait bien persuader à un père jésuite que les monades s'accommodent avec la transsubstantiation, dans l'espoir de le rallier lui et les siens à sa philosophie. Ce lien des monades, principe substantiel, distinct et indépendant, qui peut subsister seul, qui peut être transporté d'un ensemble de monades à un autre, et qui permettrait de concevoir que la substance du corps de Jésus-Christ pût être substituée à celle du pain et du vin, ne nous semble qu'un expédient, plus ou moins ingénieux, imaginé par Leibniz pour donner quelque satisfaction au vif désir qu'avait ce bon père de trouver une conciliation entre les monades et la transsubstantiation (2).

Une différence de position, une différence de degré de perfection et non de nature, voilà les corps et les âmes. Dans tout corps vivant, dans tout être organisé, il n'y a d'autre lien qu'une monade centrale unique, une monade maîtresse et unificatrice, par rapport à laquelle tout est coordonné et de laquelle toutes les autres dépendent. Cette monade centrale est l'âme qui, entendue en son

---

(1) Erdm., p. 689 et 739.
(2) Voir la thèse déjà citée de M. Lemoine et l'étude sur la théodicée de Leibniz, par M. Bonifas, in-8.

sens le plus général, comme le dit Leibniz, dans sa lettre à Wagner sur la force active, est un principe d'organisation et de vie. Quant à l'âme raisonnable, ce n'est plus l'âme en général, mais l'âme en un sens particulier et restreint, l'âme parvenue à un degré de vie plus noble et plus élevé (1). Une âme est plus ou moins élevée dans la hiérarchie suivant l'ajustement plus ou moins heureux des organes. L'activité, la force organisatrice, l'énergie vitale, voilà, d'après Leibniz, le caractère commun essentiel de toutes les âmes, depuis les plus humbles jusqu'à l'âme raisonnable.

Selon Descartes il n'y a pas d'autre âme que l'âme humaine dont la pensée est l'essence ; selon Leibniz, il y a une âme dans l'animal, dans la plante elle-même, dans tous les êtres organisés sans exception : « Je crois, écrit-il à Arnauld, que le nombre des âmes est tout à fait infini. Vouloir enfermer dans l'homme presque seul la véritable unité ou substance, c'est être aussi borné en métaphysique que l'étaient en physique ceux qui enfermaient le monde dans une boule (2). » En faveur de cette multiplicité des âmes, il invoque les découvertes récentes du microscope et même la perfection de Dieu, dont rien ne témoigne mieux dans toute la création. Leibniz n'est donc nullement partisan des bêtes-machines : « Il vous sera difficile, écrit-il à Arnauld, d'arracher au genre humain cette opinion reçue toujours et partout, et catholique s'il en fût jamais, que les bêtes ont du sentiment. » Avec le sentiment il leur accorde une certaine intelligence purement

---

(1) Quæris deinde definitionem animæ meam. Respondeo posse animam sumi late et stricte. Late anima idem erit quod vita, seu principium vitale, nempe principium actionis internæ in re simplici seu monade existens, cui actio externa respondet... Stricte anima sumitur pro specie vitæ nobiliore, seu pro vita sensitiva, ubi non nuda est facultas percipiendi sed et præterea sentiendi... Quemadmodum vicissim mens est animæ species nobilior. (*Epist ad Wagnerum de vi activa*, Erdm., p. 466.)

(2) 5ᵉ lettre à Arnauld, *Nouvelles lettres*, etc., par M. Foucher de Careil.

empirique, comme il le dit, incapable de tout raisonnement et de toute proposition générale et nécessaire, restreinte aux sensations, à la mémoire, à de simples consécutions d'idées. Il leur donne même l'immortalité, en raison de leur simplicité, mais une immortalité métaphysique, c'est-à-dire sans conscience et sans souvenir, qui ne diffère pas de l'indestructibilité de l'atome, tandis qu'il réserve l'immortalité morale, c'est-à-dire consciente d'elle-même, aux âmes raisonnables (1).

C'est ainsi que, de degrés en degrés, on arrive des monades inférieures à la monade humaine. Mais, avant de considérer l'âme de l'homme dans son état actuel, il faut remonter jusqu'à ses origines. Les monades étant simples ne sont sujettes ni à la naissance ni à la mort ; elles ne peuvent commencer que par la création, elles ne peuvent finir que par l'annihilation, en vertu de décrets de la toute-puissance divine. Dans l'univers entier il n'y a pas une monade de plus, et il n'y a pas une monade de moins, depuis le jour de la création. Tout se développe, tout se transforme, mais rien ne naît et rien ne périt. Il semble qu'ici Leibniz se mette en manifeste contradiction avec les deux grands phénomènes de la naissance et de la mort. La naissance n'apporte-t-elle donc rien de nouveau sur la scène du monde, et la mort ne replonge-t-elle rien dans le néant ? Avant l'apparition du corps humain, auquel elles devaient être unies, où étaient les âmes humaines (2)? Suivant Leibniz, elles ont existé de tout temps ; et de même que toutes les autres monades, elles ont, depuis le commencement, préexisté dans les germes. Elles ne naissent pas, elles ne sont pas créées ; elles ne font que se développer et entrer dans une phase nouvelle, au moment de la formation du corps, et à mesure que se perfectionnent les organes auxquels elles sont indissolublement liées. Mais si de tout

---

(1) Avant-propos des *Nouveaux essais*.

(2) J'emprunte ici quelques passages au chapitre sur Leibniz, de mon ouvrage du *Principe vital et de l'Ame pensante*.

temps elles ont préexisté dans les germes, ce n'est pas telles qu'elles sont aujourd'hui, c'est-à-dire ce n'est pas en qualité d'âmes raisonnables. Cette âme, élevée aujourd'hui à la dignité d'âme humaine, ne s'est d'abord manifestée que comme âme végétative, puis elle a dû traverser encore la condition d'âme sensitive, avant d'atteindre la dignité d'âme raisonnable (1). Dans cette hypothèse, selon laquelle l'âme a de tout temps préexisté dans les germes, mais non pas telle qu'elle est aujourd'hui, Leibniz voit comme un milieu entre la doctrine de la création des âmes, au fur et à mesure des générations, et celle d'une préexistence entière.

Mais comment a lieu cette métamorphose ascendante d'âmes végétatives en âmes sensitives et en âmes raisonnables ? Est-ce bien la même âme qui, en se développant, ajoute la raison à la sensibilité, ou bien, suivant l'opinion de saint Thomas, l'âme végétative ou l'âme sensitive s'annihile-t-elle, au moment même de cette transformation, pour laisser la place à une nouvelle âme, l'âme raisonnable immédiatement sortie des mains de Dieu ? Leibniz semble d'abord avoir hésité entre ces deux alternatives, et même avoir penché pour la première, comme on le voit dans la correspondance avec Arnauld (2). Mais plus tard, dans les *Essais de Théodicée*, conformément à l'esprit et aux principes généraux de sa métaphysique, il incline au contraire à se passer du miracle et à croire que ce n'est pas une âme nouvelle, mais la même âme qui est promue à la raison par le développement naturel d'un germe que, dès l'origine, elle portait en elle-même (3). C'est donc la même âme qui, selon Leibniz, surajoute, ou plutôt superpose aux fonctions végétatives et sensitives les facultés de l'âme raisonnable; c'est la même âme en qui réside à la fois la puissance vitale et la puissance

---

(1) Gottlieb Hanschius rapporte, d'après Condillac, dans un commentaire sur les *Principes de Leibniz*, que ce philosophe lui avait dit, en prenant du café, qu'il y avait peut-être dans sa tasse une monade qui deviendrait raisonnable. (*Traité des Systèmes.*)

(2) 4ᵉ lettre.

(3) *Essais de Théodicée*, § 91 et 618.

raisonnable. S'il est essentiel, dit-il, à l'âme humaine de penser et de vouloir, elle a en outre des opérations qui lui sont communes avec l'âme des brutes : *Essentialis fateor humanæ animæ operatio est rationem et voluntatem exercere, sed alias præterea operationes exercet cum animabus brutorum* (1). Ainsi la monade humaine devenue pensante n'en demeure pas moins principe d'organisation et de vie. Ici encore Leibniz est en une opposition profonde avec Descartes.

Il est vrai que Leibniz a combattu Stahl; mais ce qu'il reproche à Stahl, comme nous l'avons établi ailleurs (2), n'est pas d'avoir placé dans l'âme raisonnable le principe de la vie, mais de lui avoir attribué quelque action sur le corps. Comme Stahl, il met dans l'âme pensante la source de toutes les actions vitales, *omnis actionum vitalium fons in anima*. Mais, selon Stahl, l'âme produit la vie par son action efficace, tandis que, selon Leibniz, c'est par sa seule présence, par la seule concordance de ce qui se passe dans le corps avec ce qui se passe en dedans d'elle-même. Donc d'après Leibniz, comme d'après Stahl, c'est une seule et même âme qui produit la pensée et la vie, ou, pour parler plus exactement, c'est à l'âme pensante seule que répondent tous les phénomènes de la vie, d'après les lois de l'harmonie préétablie.

Ainsi la théorie des monades change la notion cartésienne de l'esprit, de même qu'elle change celle de la matière. Leibniz, d'ailleurs, adresse à la notion cartésienne de l'âme des critiques analogues à celles par lesquelles il a combattu la notion de la matière. Définir l'âme par la pensée, de même que définir le corps par l'étendue, c'est les définir par leur acte, et non par leur essence. On ne peut s'en tenir à la pensée, phénomène pur; il faut remonter au sujet de ce phénomène, c'est-à-dire à quelque chose qui pense. Or ce quelque chose est une force simple, essentiel-

---

(1) *Responsiones ad Stahlianas observationes*, Dut., II, part. 2, p. 131.
(2) *Le Principe vital et l'Ame pensante*, p. 209.

lement active, une monade dont les actions internes se distinguent des actions des autres monades par le degré de conscience et de lumière dont elles sont accompagnées.

Telle est donc, d'après l'auteur de la monadologie, la nature de l'âme humaine, et telles sont les opérations qui lui sont communes avec les monades inférieures, voyons maintenant celles qui lui sont propres, et qui l'élèvent incomparablement au-dessus de toutes les autres âmes, malgré ce qu'elle a de commun avec elles.

CHAPITRE XXIII

Activité essentielle de l'âme. — La liberté. — Continuité de la pensée. — Origine des idées. — Leibniz cartésien et adversaire de Locke sur la question des idées. — Caractère particulier de sa doctrine des idées. — Idées qui viennent des sens et idées innées. — Opposition de la raison et de l'expérience. — Général primitif, absolu, donné en même temps que l'individuel au sein de la conscience. — Principes absolus *à priori* dans la spéculation et la pratique. — Siége des vérités éternelles en Dieu. — Communication de tous les esprits avec Dieu. — Harmonie entre les lois de la nature et celles de la raison. — Distinction de vérités *à priori* suivant l'ordre de la convenance et suivant celui de la nécessité. — Destinée de l'âme avant et après cette vie. — Indissoluble union de l'âme avec des organes. — Préexistence, dans les germes de l'animal tout entier, de l'âme et du corps. — Évolutions progressives. — Du séjour des bienheureux. — De l'accord de l'âme et du corps et de toutes les substances. — Influence du cartésianisme. — Passage des causes occasionnelles à l'harmonie préétablie. — Critique des causes occasionnelles. — Harmonie préétablie. — Accord de l'âme et du corps. — Efforts de Leibniz pour accommoder son hypothèse avec la contingence et la liberté. — L'harmonie préétablie est-elle en accord ou en contradiction avec la monadologie ?

L'âme est essentiellement active. Le plus ou moins de clarté, le plus ou le moins de confusion dans les perceptions, voilà, selon Leibniz, la seule différence entre agir et pâtir, entre nos actions et nos passions. Cette activité essentielle de l'âme est une activité volontaire et libre, selon Leibniz qui entend la liberté d'une autre manière que Descartes. Dans l'homme, comme dans Dieu, la liberté d'indifférence lui semble quelque chose d'impossible et de contradictoire. Il traite même d'illusion, comme Spinoza, « le sentiment vif interne » invoqué par les cartésiens, en faveur de cette liberté également capable d'agir dans un sens et dans un autre. C'est parce que nous ne sentons pas la force qui nous détermine à agir que nous nous attribuons une liberté de cette sorte. Mais si Leibniz ne veut pas de la liberté, telle que l'entend Descartes, encore moins veut-il de la liberté telle que l'entend Spinoza. C'est à égale distance de la nécessité et de l'indifférence qu'il s'efforce de maintenir la vraie nature de la liberté. Il ne faut pas, dit-il, abandonner ces axiomes, que la volonté suit le plus grand bien et fuit le plus grand mal. Jamais nous n'agissons sans un motif, même dans les circonstances les plus insignifiantes, et le motif qui, entre tous les autres, nous détermine est toujours celui qui nous paraît le meilleur. Combattre les passions qui aveuglent l'intelligence, retenir notre jugement jusqu'à ce que nous ayons discerné le meilleur réel du meilleur apparent, voilà en quoi consiste la liberté. Est-ce à dire que le motif le meilleur entraîne la volonté comme le poids le plus fort fait nécessairement trébucher la balance? Leibniz n'accepte nullement cette comparaison, chère aux fatalistes, ce ne sont pas les motifs qui entraînent la volonté, mais la volonté qui se détermine sur les motifs. En d'autres termes, nous sentons en nous le pouvoir soi-mouvant, voilà ce qui rend fausse toute assimilation avec une balance et avec les poids qui entraînent ses plateaux. Mais d'ailleurs on ne peut, sans contradiction, supposer que l'homme, être intelligent, ne se détermine pas en vue du meilleur. Le choix constant et infaillible du meilleur est l'idéal de la liberté. Si on le nie, il faut admettre, ce qui est absurde, que chez l'homme faible qui tantôt fait le bien et tantôt fait le mal, dans le fou et l'insensé qui agissent contre tout motif raisonnable, il y a plus de vraie liberté que chez le sage et le saint qui font toujours le bien et n'agissent jamais que conformément à la raison. Or je doute, dit très-bien Leibniz, que, pour l'amour d'une telle liberté, personne voulût être fou et insensé (1). Nous verrons plus tard, comment il essaye de concilier cette liberté avec la prédétermination des actions

(1) *Nouveaux essais sur l'entendement humain*, livre II, chap. xx

internes de chaque monade et avec l'harmonie préétablie.

L'âme étant une force consciente d'elle-même et sans cesse produisant quelque effet, ne peut pas ne pas penser toujours. Leibniz défend cette doctrine cartésienne contre les objections de Locke. L'erreur de Locke est de croire que l'âme ne pense, ou n'a pensé, que lorsqu'elle s'aperçoit ou se souvient distinctement de la pensée. Mais n'y a-t-il pas dans l'âme une foule d'impressions et de perceptions qui nous échappent, soit à cause du défaut d'attention, soit parce qu'elles sont trop faibles, soit parce qu'elles ne se distinguent pas suffisamment les unes des autres? Non-seulement ces perceptions insensibles existent dans l'âme, mais encore elles y exercent une certaine influence qui, pour n'être pas remarquée, n'en est pas moins réelle. Les supprimer dans la science de l'entendement humain, dit Leibniz, serait commettre une erreur égale à celle du physicien qui ne tiendrait nul compte des corpuscules. Ce sont les perceptions insensibles qui font ces goûts, ces humeurs, ces dispositions d'esprit, dont nous cherchons en vain la cause, et qui sont la raison d'une foule de déterminations que nous croyons à tort n'avoir aucun motif. Ce sont elles, dit encore Leibniz, qui, au moment de la mort, lorsque toutes nos perceptions s'obscurcissent et se confondent, rattachent l'une à l'autre, par une chaîne non interrompue, l'existence qui finit à celle qui commence (1).

Mais d'où viennent toutes ces idées dont l'âme ne cesse pas un seul instant d'être remplie? Leibniz a traité la question de l'origine des idées surtout dans les *Nouveaux Essais sur l'entendement humain*, qui sont une réfutation, chapitre par chapitre, de l'*Essai* de Locke. Ici, jusqu'à un certain point, et avec bien des nuances propres, il est un disciple de Descartes, en même temps qu'un adversaire de Locke. En effet sa doctrine reçoit un caractère particulier du principe que toutes les actions internes d'une monade sortent irrésis-

(1) Voir le chapitre sur les perceptions insensibles dans mon ouvrage sur le *Principe vital*, etc.

tiblement de son propre fonds, sans aucune influence du dehors, d'où il suit, en effet, que toutes les idées, sans exception, sont innées. S'il distingue des idées qui viennent des sens, et d'autres qui n'en viennent pas, c'est pour s'accommoder au langage vulgaire, comme les coperniciens, dit-il, parlent avec les autres hommes du coucher et du lever du soleil. Cependant il reconnaît que, même à son point de vue, cette distinction a un certain fondement, les unes représentant ce qui se passe dans le sens, et les autres ce qui ne s'y passe pas. Mais il veut démontrer que Locke a tort, même dans le système vulgaire de la communication des substances, et qu'il faut admettre des idées gravées, pour ainsi dire, dans le fond de l'âme. Les philosophes qui conçoivent l'âme comme inerte et matérielle, semblable à une cire molle sur laquelle tout s'imprime, ont pu seuls s'arrêter à cette comparaison chimérique de l'âme avec une table rase, antérieurement à l'expérience. Veulent-ils dire que l'âme n'a d'abord que des facultés en puissance? Mais toute faculté ou force n'est jamais sans agir, sans produire quelques effets plus ou moins considérables, des facultés qui n'agissent pas ne sont que des abstractions et des chimères. Non-seulement nous recevons des images dans le cerveau, mais nous en formons de nouvelles quand nous combinons nos idées, donc l'âme n'a jamais été une table rase ou unie.

Quels caractères y sont donc naturellement empreints? De même que Descartes, Leibniz n'entend pas par idées innées des notions toujours présentes à l'esprit, mais des dispositions et virtualités naturelles. Il ne faut pas, dit-il, s'imaginer qu'on puisse, en tout temps, et à livre ouvert, lire dans l'âme ces éternelles lois de la raison, comme l'édit du préteur dans son album. Ces vérités sont innées à l'âme de la même manière qu'une figure d'Hercule, tracée par les veines d'un bloc de marbre, pourrait être dite innée à ce marbre, quoique, pour la dégager, il fallût la travailler et la polir. Les idées innées sont enfouies dans l'âme, jusqu'à ce que l'expérience vienne les faire paraître à la lumière et les rendre présentes à l'esprit.

Universalité et nécessité, tels sont les deux caractères qui les distinguent des idées représentatives de ce qui est dans le sens. Ce qui est du domaine des sens et de l'expérience est marqué d'un caractère de contingence, et limité par le temps et par l'espace. L'expérience ne donne que ce qui est, et non ce qui doit être. Ses principes sont fondés sur des faits; or, quelque grand qu'en soit le nombre, on ne peut jamais en faire sortir un caractère de nécessité universelle. La terre a tourné bien des fois autour du soleil, cependant on n'a pas droit d'en conclure que ce soit un fait nécessaire; nul procédé de l'esprit ne peut faire rendre à l'individuel ce qu'il ne contient pas. Si, comme Locke le prétend, tout fait primitif de conscience était une notion individuelle, une notion générale ne serait qu'un tout collectif ultérieurement composé par notre intelligence, et aucune généralisation expérimentale n'étant assurée de comprendre la somme des faits individuels, il faudrait renoncer à toute démonstration mathématique et à la certitude absolue, c'est-à-dire donner gain de cause aux sceptiques. D'ailleurs toute généralisation, même expérimentale, quelque bornée qu'elle soit, ne peut s'opérer qu'en vertu d'idées générales antérieures, d'où Leibniz conclut à l'existence d'un général primitif absolu donné, en même temps que l'individuel, au sein de la conscience; ce qui revient à dire, avec Malebranche, qu'il y a le sentiment et l'idée au sein de toute connaissance.

Telle est l'origine que donne Leibniz aux principes qui sont le fondement des mathématiques, de la physique et de la métaphysique, principes qui embrassent tous les temps et tous les lieux, s'étendent à toutes les intelligences et fondent des démonstrations d'une vérité absolue. Il constate l'existence de pareils principes non-seulement dans la spéculation, mais encore dans la pratique, et il défend particulièrement contre Locke la réalité d'une loi éternelle et nécessaire de justice gravée dans toutes les âmes. Que prouvent toutes ces coutumes monstrueuses alléguées par l'auteur de l'*Essai sur l'entendement*? De ce qu'une loi a été méconnue et violée, il ne suit pas qu'elle n'existe pas. Les vérités innées peuvent être obscurcies par les besoins du corps, par les perceptions confuses des sens, mais non jamais être entièrement effacées.

De même que Malebranche, il place l'exemplaire de ces vérités éternelles et nécessaires, gravées au fond de toutes les âmes humaines, dans l'entendement divin avec lequel il fait entrer tous les esprits et tous les génies en communication par la raison (1). C'est en Dieu, dit-il, qu'est le siége de ces vérités, types immuables du bon, du beau et du vrai, qu'il a suivies dans la conception du plan de l'univers (2). Mais comme ces vérités nécessaires sont aussi le fond même de notre raison, il arrive que les mêmes principes par lesquels Dieu a ordonné le monde, ont un reflet dans notre intelligence : *cum Deus calculat et cogitationem exercet fit mundus* (3); or, la raison est la faculté d'imiter ce calcul divin. De là une merveilleuse rencontre entre l'ordre des faits de la nature et les déductions de notre raison, entre les lois de l'être et de la pensée; de là la possibilité de pénétrer jusqu'à un certain point dans la pensée de Dieu et dans le plan divin de l'univers en consultant ces vérités. Tel est le fondement de la confiance de Leibniz à ces principes *à priori*, puisés dans l'idée de la perfection de Dieu, qu'il applique à l'interprétation de la nature, et tel est aussi le sens dans lequel il a dit : « la vraie physique doit être puisée à la source des perfections divines. » C'est en effet de là que découlent ces principes de la convenance avec la perfection divine, de la raison suffisante, de la continuité, de la moindre action, etc., qui jouent un si grand rôle dans la métaphysique et la physique de Leibniz. « Il s'ensuit de la perfection suprême de Dieu qu'en produisant

---

(1) *Principes de la nature et de la grâce.*
(2) *Principia philosophiæ*, édition Dutens. tom. II, p. 21.
(3) *Dissertatio de stylo philosophico.*

l'univers, il a choisi le meilleur plan possible, où il y ait la plus grande variété avec le plus grand ordre, le terrain, le lieu, le temps le mieux ménagés, le plus d'effet produit par les voies les plus simples, le plus de puissance, le plus de connaissance, le plus de bonheur et de bonté dans les créations, que l'univers ne pouvait admettre. »

Toutefois il ne met pas ces vérités de la raison, fondées sur la considération de ce qui convient à la perfection infinie de Dieu, au même rang que les vérités éternelles qui sont absolument nécessaires et dont le contraire implique contradiction. Les premières n'appartiennent qu'à l'ordre de la convenance, et n'ont qu'une nécessité morale, les secondes dépendent du principe de contradiction et sont d'une nécessité géométrique ou métaphysique (1). En résumé, selon Leibniz, il y a beaucoup d'inné dans l'âme, l'âme même tout entière est innée à elle-même, car dès l'origine elle contient en elle-même le germe, les conditions, les lois de tout son développement ultérieur. C'est là ce qu'il exprime si énergiquement, en ajoutant à la vieille maxime des écoles, *nihil est in intellectu quod non prius fuerit in sensu*, cette grande et célèbre restriction, *nisi ipse intellectus*.

Sur la question de la destinée de l'âme, après et avant cette vie, Leibniz se montre beaucoup moins sobre et moins réservé que Descartes. Signalons d'abord la doctrine de l'indissoluble union de l'âme avec des organes, avant et après, comme pendant cette vie. Selon Leibniz, jamais l'âme n'a été ni ne sera séparée du corps; un esprit pur serait un déserteur de l'ordre universel d'après lequel toute âme est liée à un corps en vertu d'une harmonie préétablie. « On comprend assez avec un peu de réflexion que cela est raisonnable et qu'un saut d'un état à un autre infiniment différent ne saurait être naturel (2). Je m'étonne

(1) *Discours de la conformité de la foi et de la raison.*
(2) « La métempsycose serait contre la règle que rien ne se fait par sauts. Un brusque passage de l'âme d'un corps dans un autre ne serait pas moins étrange que le déplacement d'un corps qui d'un bond irait d'un

qu'en quittant la nature sans sujet, les écoles aient voulu s'enfoncer exprès dans des difficultés très-grandes, et fournir matière aux triomphes apparents des esprits forts, dont toutes les raisons tombent tout d'un coup par cette explication des choses dans laquelle il n'y a pas plus de difficulté à concevoir la conservation des âmes et de l'animal tout entier que le changement de la chenille en papillon et la conservation de la pensée dans le sommeil (1). » L'animal tout entier, âme et corps, a de tout temps préexisté dans le germe, et survit tout entier à la mort. « Non-seulement les âmes, mais encore les animaux sont ingénérables et impérissables, ils ne sont que développés, enveloppés, revêtus, dépouillés, transformés, les âmes ne quittent jamais tout leur corps et ne passent jamais dans un corps qui leur soit entièrement nouveau. » Si nous ne voyons pas ce corps, c'est qu'il nous échappe par sa petitesse infinie.

Telle est aussi la loi de l'homme et de l'âme humaine. Nous avons déjà vu que l'âme de chaque homme a préexisté dans le germe, quoique de tout temps elle n'ait pas été ce qu'elle est aujourd'hui, c'est-à-dire une âme humaine et raisonnable. La mort venue, elle ne passe pas dans un nouveau corps, mais garde celui auquel elle était unie pendant cette vie, réduit à ce qu'il a d'essentiel, et à l'état d'infiniment petit, par la destruction de ses parties grossières. L'âme et le corps ayant passé par des évolutions progressives avant d'arriver à leur état actuel, passeront après cette vie, sans doute, par de nouvelles évolutions. Quoique Leibniz ne le dise pas expressément, il semble le conjecturer, en vertu de la loi de la continuité (2).

lieu dans un autre, sans cependant traverser l'intervalle. » (*Réfutat.* de *Spinoza*, p. 77, publiée par M. Foucher de Careil.)

(1) Tome II, p. 22, édition Dutens.

(2) *Essais de Théodicée*, § 341. « Il y a peut-être en quelques endroits de l'univers des animaux plus parfaits que l'homme... Il se peut qu'avec le temps le genre humain parvienne à une plus grande perfection que celle que nous pouvons nous imaginer présentement. »

Il va plus loin dans ses conjectures, et s'abandonne à une sorte de poétique rêverie sur le séjour des âmes dans leur destinée suprême. Après avoir démontré le peu d'importance de notre planète relativement à l'univers entier, il ajoute : « Comme il n'y a nulle raison de croire qu'il y a des étoiles partout, ne se peut-il pas qu'il y ait un grand espace au delà de la région des étoiles? Que ce soit le ciel empyrée ou non, toujours cet espace immense qui environne toute cette région pourra être conçu comme l'océan où se rendent les fleuves de toutes les créatures bienheureuses, quand elles seront venues à leur perfection dans le système des étoiles (1). »

L'évolution progressive des êtres sous la loi de la continuité, et l'union indissoluble de l'âme avec des organes, voilà les deux idées fondamentales qu'il faut remarquer au milieu de ces téméraires conjectures sur la destinée des êtres en général et de l'homme en particulier (2). La seconde semble une réaction contre le spiritualisme de Descartes, si souvent accusé d'affranchir l'âme du corps, et de faire de l'homme, dès cette vie, un esprit pur.

Il nous reste à considérer les monades, non plus en elles-mêmes, mais dans leurs rapports les unes avec les autres, et particulièrement l'âme humaine dans ses rapports avec le corps. Ce problème de la communication des substances lui paraît plus difficile que tous ceux qu'il a déjà résolus : « Après avoir établi ces choses, je croyais entrer dans le port, mais lorsque je me mis à méditer sur l'union de l'âme avec le corps, je fus comme rejeté en pleine mer, car je ne trouvais aucun moyen d'expliquer comment le corps fait passer quelque chose dans l'âme, ou *vice versâ*, ni comment une substance peut communiquer avec une

---

(1) *Essais de Théodicée.* On peut rapprocher ces rêveries de celles de quelques penseurs contemporains, des voyages que Jean Raynaud fait faire aux âmes à travers les astres dans *Ciel et terre*, et de la dissertation du P. Gratry, sur le lieu de l'immortalité dans la *Connaissance de l'Âme*.

(2) Charles Bonnet, dans sa *Palingénésie philosophique*, a adopté, sauf de légères modifications, et développé ces deux idées de Leibniz.

substance créée (1). » Comment en effet les faire communiquer les unes avec les autres, chaque monade étant comme un monde à part, absolument clos, où rien ne peut entrer et d'où rien ne peut sortir?

La philosophie cartésienne a mis Leibniz sur la voie de l'hypothèse de l'harmonie préétablie ou des accords (2). Lui-même il reconnaît combien était facile le passage des causes occasionnelles à l'harmonie préétablie (3). Descartes ayant bien reconnu qu'il y a une loi de la nature qui porte que la même quantité de mouvement se conserve dans le monde, il ne lui manquait, selon Leibniz, pour arriver à l'harmonie préétablie, que de connaître cette nouvelle loi de la nature, en vertu de laquelle, non-seulement la même quantité de force totale des corps, mais encore leur direction totale se conserve (4). « Descartes, dit-il, avait quitté la partie là-dessus, autant qu'on peut le connaître par ses écrits; mais ses disciples, voyant que l'opinion commune est inconcevable, jugèrent que nous sentons les qualités des corps, parce que Dieu fait naître des pensées dans l'âme, à l'occasion des mouvements de la matière, et, lorsque notre âme veut remuer le corps, ils jugèrent que c'est Dieu qui le remue pour elle. Et comme la communication des mouvements leur paraissait inconcevable, ils ont cru que Dieu donne le mouvement à un corps à l'occasion d'un autre corps. C'est ce qu'ils appellent le système des causes occasionnelles, qui a été mis fort en vogue par les belles réflexions de l'auteur de la *Recherche de la vérité* (5). » Malebranche est encore bien plus près de l'harmonie préétablie que Descartes; or Leibniz n'a nullement renié le lien étroit qui existe entre les causes occasionnelles et sa propre hypothèse : « Je ne trouve pas que les sentiments du P. Ma-

---

(1) *De la nature et de la communication des substances*, tome II, p. 54, édit. Dutens.
(2) Il l'appelle aussi hypothèse de la concomitance.
(3) Lettre à M. de Montmort, tom. V, p. 13, édit. Dutens.
(4) Tome II, p. 40, édit. Dutens.
(5) *De la nature et de la communication des substances*.

lebranche soient trop éloignés des miens, le passage des causes occasionnelles à l'harmonie préétablie ne paraît pas très-difficile (1). » La cause de l'accord est en Dieu : *Causa consensus in Deo quærenda est,* d'après Malebranche, comme d'après Leibniz (2).

Pourquoi Leibniz ne s'est-il pas arrêté aux causes occasionnelles? C'est qu'elles lui ont paru contraires à la perfection divine et au véritable esprit de la science. Au lieu d'exalter Dieu, elles le rabaissent en le faisant semblable à un ouvrier malhabile, sans cesse obligé de retoucher à son ouvrage pour y maintenir l'ordre et l'harmonie. La science consiste dans la recherche des causes secondes; n'est-ce pas la détruire que de faire intervenir immédiatement la cause première pour expliquer un fait qui, comme tous les autres, doit avoir sa règle et sa raison ? Il rejette donc les causes occasionnelles, et il résume ainsi son jugement sur les travaux de ses devanciers : « Il faut avouer qu'ils ont bien pénétré dans la difficulté en disant ce qui ne se peut point, mais il ne paraît pas qu'on l'ait levée en disant ce qui se fait effectivement. » Que se fait-il donc effectivement?

Leibniz le rend sensible par la comparaison ingénieuse de l'accord de deux horloges placées en face l'une de l'autre (3). Pour expliquer leur accord, on ne peut faire que ces trois suppositions : ou le balancier de l'une est attaché à celui de l'autre et le met en mouvement, ce qui est la voie de l'influence réciproque; ou un ouvrier habile va sans cesse de l'une à l'autre, occupé à les régler, ce qui est la voie des causes occasionnelles; ou elles ont été fabriquées avec tant d'art qu'elles continuent par la suite à se correspondre exactement, sans

---

(1) Lettre du 26 août 1714, édit. Dut., tom. V, p. 13. Les cartésiens ont aussi de leur côté reconnu cette parenté. Ainsi Arnauld juge que « l'harmonie préétablie convient avec les causes occasionnelles. *Correspond. avec Leibniz,* lettre 5.

(2) Ed. Dut., IIe vol., p. 131.

(3) **On trouve aussi cette comparaison dans Geulinex.**

influence et sans intervention, ce qui est la voie de l'harmonie préétablie, la seule vraie, selon Leibniz, la seule qui rende compte de l'accord des substances et se concilie avec la perfection de Dieu. Toutes les substances s'accordent, non parce qu'elles agissent les unes sur les autres, ou parce que Dieu les met d'accord par une intervention continuelle, mais parce que toutes sont l'ouvrage d'un même être souverainement parfait qui les a créées, qui les a mises en regard les unes des autres, avec une entière prévision de la série de leurs actions internes et de leur rapport exact avec la suite des actions de toutes les autres monades. Si, à la rencontre d'une première bille, une seconde se met en mouvement, ce n'est pas qu'elle soit mue par la première ou que Dieu lui-même la meuve, à l'occasion du choc, mais c'est qu'il entre dans le plan du monde, réglé de toute éternité par Dieu, que la seconde bille se mette en mouvement à ce point précis du temps et de l'espace où elle devait être rencontrée par la première. Considérons plus particulièrement l'harmonie préétablie dans son application aux rapports de l'âme et du corps.

Ni le corps n'agit sur l'âme, ni l'âme sur le corps, mais tous deux agissent isolément, à part l'un de l'autre, suivant une série prédéterminée d'actions que rien ne peut modifier. L'accord résulte d'un parallélisme ou d'une harmonie préétablie entre les actions de l'un et de l'autre. Les lois qui lient les pensées de l'âme produisent des images qui se rencontrent et s'accordent avec les impressions du corps sur nos organes; les effets des lois du mouvement dans les corps se rencontrent aussi tellement avec les pensées, que le corps se trouve porté à agir au temps et de la manière que l'âme veut. « Tout ce que la passion ou l'ambition fait faire à l'âme de César est aussi représenté dans son corps, et tous les mouvements de ces passions viennent des impressions des objets joints aux mouvements internes, et le corps est fait en sorte que l'âme ne prend jamais de résolution que les mouvements du corps ne s'y accordent, les raisonnements même les plus abstraits y trouvant leur jeu par le moyen des caractères qui les représentent à l'imagination (1). » Tel est le sens précis, rigoureux, et nullement métaphorique, que donne Leibniz à son harmonie préétablie (2). Le génie de Leibniz semble se complaire dans cette hypothèse à laquelle il trouve le double avantage de résoudre toutes les difficultés sur l'accord des substances et sur l'union de l'âme et du corps, et de nous donner la plus haute et la plus magnifique idée de la providence que jamais les hommes aient conçue.

Bayle reproche à l'harmonie préétablie de pécher, parce qu'elle exige de Dieu trop de puissance et de prévoyance pour régler à l'avance tous les détails, c'est-à-dire les rapports à l'infini de chaque monade avec toutes les autres, de chaque pensée de l'âme avec chaque mouvement du corps. Il nous semble que le vice de l'harmonie préétablie n'est pas d'exiger trop de Dieu en fait de prévoyance, mais de réduire l'homme à n'être qu'un automate. Si toute la série de nos actes est prédéterminée, et en rapport avec toutes les séries d'actes également prédéterminés du corps et de toutes les monades de l'univers, n'est-il pas clair que nous ne sommes plus que des automates spirituels, suivant une expression échappée à Leibniz lui-même, c'est-à-dire des êtres qui témoignent sans doute de la perfection de Dieu, mais à un bien moindre degré que des êtres moraux et libres? Quelle que soit la clarté de cette conséquence, Leibniz n'a jamais voulu l'avouer; non-seulement il a toujours prétendu que son système se conciliait avec la liberté, mais même qu'il lui faisait une part plus grande que tous les autres systèmes. Il est vrai qu'il s'appuie sur

---

(1) Tom. II, p. 83, édition Dutens.

(2) C'est ainsi que Leibniz l'entend partout lui-même, c'est ainsi que l'ont entendue en Allemagne, en Hollande et en France ses adversaires, ses disciples et ses principaux interprètes. Nous nous étonnons que M. Foucher de Careil ait cru pouvoir lui donner une autre interprétation et lui enlever toute originalité pour la changer en une simple vue, qu'on rencontrerait partout, de l'harmonie admirable qui règne dans l'univers.

une notion de la liberté qui ressemble beaucoup à celle de Spinoza qui prétend laisser à Dieu la liberté souveraine, parceque la nécessité, à laquelle il est soumis, n'est autre que celle de sa propre nature. Ainsi Leibniz veut-il faire consister notre liberté uniquement dans l'indépendance à l'égard des causes extérieures, dans la faculté de tout tirer de son propre fonds, ou, suivant son expression, dans la spontanéité d'action accompagnée de la conscience, sans distinguer si cette spontanéité est libre ou nécessaire. Voic la définition en vertu de laquelle il veut prouver l'accord de l'harmonie préétablie avec la liberté : *Libertas est spontaneitas intelligentis, itaque quod spontaneum est in bruto vel alia substantia intellectus experte, id in homine vel in alia substantia intelligente altius assurgit et libera appellatur* (1). Sans doute cette spontanéité nécessaire d'action pourra très-bien se concilier avec l'harmonie préétablie, mais nullement avec la notion de la vraie liberté qui exclut la nécessité interne, non moins que la nécessité externe. Qu'importe que nous soyons indépendants à l'égard du dehors, en serons-nous plus libres, si nous sommes nécessités par le fait même de notre nature? La nécessité venant du dehors est, il est vrai, incompatible avec la liberté, mais à bien plus forte raison la nécessité interne qui la tarit dans sa source, et l'anéantit immédiatement dans son essence même. Donc la nécessité interne, qui est la condition de l'harmonie préétablie, est incompatible avec la liberté.

Une harmonie préétablie, une harmonie admirable règne sans doute entre les agents, les lois, les diverses classes d'êtres de l'univers, mais elle suppose, loin de l'exclure, l'action réciproque des substances ainsi que les lois générales qui les régissent. Comment ne pas croire à la réalité de cette action réciproque, si clairement attestée par la

(1) *Tantum vero abest ut hoc libertati præjudicet ut potius, si quid unquam, illi maxime faveat... Præterea cum juxta hoc systema quidquid in anima conflt, ab ipsa sola pendeat, et status sequens non nisi ab ipsa et statu ejus præterito oriatur, quâ, quæso, ratione ipsi majorem tribuere independentiam potuerimus ?* (Tom. I, p. 103, édit. Dutens.)

conscience à l'égard de cette substance qui seule tombe directement sous notre observation? Quoi que disent Leibniz ou Malebranche, et Hume, et tous les adversaires plus modernes de l'idée de cause, entre la volonté de lever mon bras, et mon bras qui se lève, il y a plus qu'un rapport de succession, il y a un rapport de causalité. Il faut ou nier notre propre causalité, ou admettre, ce qui en est inséparable, qu'elle produit quelque effet, et sur nous-mêmes et sur ce qui n'est pas nous, sur notre corps, et, par son intermédiaire, sur les autres corps. L'ignorance du comment ne porte pas préjudice à la certitude du fait lui-même qui suffit à ruiner les hypothèses contraires, l'harmonie préétablie, comme les causes occasionnelles.

Au moins, dans cette erreur commune, le cartésianisme a-t-il l'avantage d'être conséquent avec ses principes sur la nature des substances. Autant de la doctrine de l'étendue essentielle et de la passivité absolue des substances créées, se déduit naturellement la négation d'une action réciproque, autant paraît-il étrange de voir sortir la même conséquence du principe opposé de l'activité essentielle des substances. Qui n'admirerait qu'ayant si bien réformé la notion cartésienne de la substance, Leibniz en garde néanmoins les conséquences? Comment comprendre que ces forces essentiellement actives n'agissent pas plus que les substances inertes du cartésianisme? Qu'était-il besoin de rendre aux créatures la force et la causalité, pour les convertir de nouveau, par l'harmonie préétablie, en de simples automates? On a soutenu, il est vrai, que l'harmonie préétablie présupposait la monadologie, loin d'être en contradiction avec elle. Sans doute, à prendre la monadologie dans son entier, et en admettant que les monades ont en elles la série prédéterminée de toutes leurs actions, et qu'elles ne peuvent agir les unes sur les autres, l'harmonie préétablie pourra s'en déduire. Mais c'est cela même qu'il est difficile d'accorder avec la conception de la monade. Est-il possible en effet de concevoir une force autrement que comme un principe de mouvement?

Or qu'est-ce qu'un principe de mouvement qui ne meut pas, sinon une véritable contradiction ?

Élevons-nous maintenant avec Leibniz jusqu'à la monade des monades qui seule contient en elle la raison suffisante de l'univers.

CHAPITRE XXIV

Théodicée de Leibniz. — Preuve *à posteriori* de l'existence de Dieu. — Preuve *à priori*. — Prétendu perfectionnement de la preuve de Descartes. — Attributs de Dieu. — Conciliation de ses perfections entre elles, avec l'homme et avec le monde. — Intelligence infinie de Dieu. — Accord de la prescience infinie avec notre liberté. — De la liberté de Dieu. — Critique de la liberté d'indifférence. — Nécessité morale. — De la divine Providence. — Réfutation de l'objection du mal. — De la cause du mal. — Mal métaphysique. — Le mal moral suite du mal métaphysique. — Le mal physique suite du mal métaphysique et du mal moral. — Dieu absous du concours physique et du concours moral à la production du mal. — Distinction en Dieu d'une volonté antécédente et d'une volonté conséquente. — Immutabilité et généralité des voies de Dieu. — Critique de Leibniz contre Malebranche. — Conciliation de cette immutabilité avec les miracles et avec les prières. — Optimisme. — Comment Leibniz entend que tout est au mieux. — Idée du perfectionnement sans fin de l'univers. — Antécédents de l'optimisme de Leibniz dans la théodicée cartésienne. — Rapprochement avec Malebranche. — *Discours de la conformité de la raison et de la foi.*

Leibniz, dans ses *Essais de Théodicée*, a répondu aux attaques de Bayle contre la Providence. C'est ici surtout qu'il a fait des emprunts à la philosophie cartésienne; pour les preuves de l'existence de Dieu, il n'a réellement rien ajouté à Descartes; pour la Providence, les *Essais de Théodicée* ne vont guère au delà des *Méditations chrétiennes* et des *Entretiens métaphysiques* de Malebranche.

Leibniz démontre l'existence de Dieu de deux manières, *à posteriori* et *à priori*. Il démontre Dieu *à posteriori*, comme la première raison des choses, en vertu du principe de la raison suffisante. Le monde entier n'est que l'assemblage de toutes les choses bornées et contingentes, dont aucune, malgré l'activité essentielle des monades, ne porte avec elle la raison de son existence. Il faut donc chercher cette raison suffisante et dernière du monde, qui est l'assemblage entier des choses contingentes, en dehors du monde, dans une substance qui, ayant en elle la raison de son existence, soit éternelle et nécessaire (1). Il montre que, même dans l'hypothèse de l'éternité du monde, on n'échappe pas à cette nécessité de placer une raison dernière des choses en dehors des choses elles-mêmes (2).

Arrêtons-nous davantage à examiner sa preuve *à priori*, ou plutôt les critiques qu'il adresse et les prétendus perfectionnements qu'il apporte à la preuve de Descartes. Entre les différentes formes sous lesquelles cette preuve a été exposée par Descartes, Leibniz semble ne prêter attention qu'à celle qui, de l'idée de l'être souverainement parfait, déduit, par un syllogisme, la vérité de l'existence de cet être, sans doute parce qu'il la juge la plus concluante et la moins imparfaite. D'abord il l'avait accueillie, dit-il, avec une foi pleine et entière, comme une démonstration non moins rigoureuse qu'aucune de celles de la géométrie (3); mais, plus tard, il conçut des doutes et des scrupules, et, sans se mettre du parti de ceux qui ne voulaient y voir qu'un sophisme, il n'approuva plus ceux qui la tenaient pour une démonstration achevée. Il loue Descartes d'avoir remis en honneur l'argument de saint Anselme, méprisé par les scolastiques, et même par le Docteur angélique, il admire la beauté de sa démonstration, mais il juge qu'elle a besoin d'être simplifiée et complétée. Loin de reprocher à Descartes de dénaturer par un syllogisme, qui ne prouve que ce qu'on sait déjà, le procédé naturel, l'intuition immédiate par où l'esprit humain se saisit de Dieu, Leibniz le reprend de l'avoir pas mis suffisamment en œuvre, et de ne pas s'être enfoncé plus avant dans les subtilités de la logique.

D'abord, il prétend rendre la démonstration plus rigou-

---

(1) *Essais de Théod.*, Ire partie, 7.
(2) *De rerum originatione radicali*, Erdm., p. 147.
(3) *De vitâ beatâ*, Ire partie de l'édition d'Erdmann.

reuse et plus simple, en substituant l'idée de l'être nécessaire à celle de l'être souverainement parfait. De la seule définition de l'être nécessaire, il suit en effet qu'un tel être existe, s'il est possible, tandis qu'on peut élever des difficultés sur la compatibilité des perfections entre elles, et sur la possibilité de la perfection infinie. Il aime donc mieux dire : *Ens necessarium seu ens de cujus essentia est existentia, sive ens a se, existit, ut ex terminis patet. Jam Deus est ens tale, ergo Deus existit* (1). Il nous semble que par ce changement, que l'on trouve d'ailleurs aussi dans Descartes, il ne réussit qu'à mieux mettre en évidence, non pas la vérité de l'existence de Dieu, mais l'inutilité du syllogisme lui-même, puisque, antérieurement à tout raisonnement, l'existence est encore plus manifestement contenue dans l'idée d'un être nécessaire que dans celle de la perfection souveraine. Cette démonstration, selon Leibniz, est considérable et présomptive; un être, quel qu'il soit, et surtout Dieu, devant être réputé possible jusqu'à preuve du contraire; mais néanmoins elle est imparfaite, parcequ'elle est subordonnée à quelque chose qu'elle ne prouve pas, à la possibilité même de l'être dont il s'agit de démontrer l'existence réelle. Voici donc comment, selon Leibniz, il faut compléter l'argument cartésien : *Ens ex cujus essentia sequitur existentia, si est possibile, id est si habet essentiam existit (est axioma identicum seu indemonstrabile), atqui Deus est ens ex cujus essentia sequitur existentia (est definitio), ergo si Deus est possibilis, existit* (2).

Pour nier cet argument, on est donc réduit à nier la possibilité de l'être en soi et, pour mettre à l'abri de tous les doutes l'existence de Dieu, il suffit d'établir que cette existence est possible. Or cette possibilité résulte, sans nulle autre preuve, de ce que rien ne l'empêche, de ce que Dieu

---

(1) *Leibnitzii animadversiones ad Cartesii principia*, publié par le docteur Guhrauer, in-8. Bonn. 1844. — Voir la *Défense de Descartes contre Leibniz* par M. Cousin, *Fragments philosophiques*, IIIe volume, 5e édit., 1866.

(2) Lettre à Bierling, 1710, édit. Erdmann, p. 177.

par là même qu'il est sans limites, n'enferme ni négation ni contradiction (1). Leibniz démontre encore la possibilité de l'être en soi, par le principe de la raison suffisante. Si l'être de soi est impossible, tous les êtres par autrui le sont aussi, parce qu'ils ne sont que par l'être de soi, et ainsi rien ne saurait exister. En d'autres termes, si l'être nécessaire n'est point, il n'y a point d'être possible. Ainsi Leibniz se vante d'avoir porté cette démonstration plus loin que personne avant lui, et de lui avoir donné le dernier degré de perfection.

Mais il nous semble qu'il n'a ni perfectionné ni corrigé Descartes par ce complément prétendu de la possibilité. On peut d'abord lui répondre, ce que Descartes lui-même avait déjà répondu aux adversaires qui lui faisaient le même reproche : « Pour que nous puissions assurer que nous connaissons assez la nature de Dieu pour savoir qu'il n'y a pas de répugnance qu'elle existe, il suffit que nous entendions clairement et distinctement toutes les choses que nous apercevons en elle. »

Quant à la question des attributs de Dieu et de sa providence, Leibniz va au delà de Descartes, sinon de Malebranche. Comme Descartes, c'est dans la conscience qu'il prescrit de chercher l'idée première des perfections de Dieu. Descartes avait dit : « Pour connaître la nature de Dieu, autant que la mienne en est capable, je n'ai qu'à considérer de toutes les choses dont j'ai en moi quelque idée, si c'était perfection ou non de les posséder, et j'étais assuré qu'aucune de celles qui marquaient quelque imperfection n'était en lui, mais que toutes les autres y étaient. » Leibniz développe la pensée de Descartes : « Pour aimer Dieu, il suffit d'en envisager les perfections, ce qui est aisé, parce que nous trouvons en nous leurs idées. Les perfections de Dieu sont celles de nos âmes; mais il les possède sans bornes; il est

---

(1) *Principes de la nature et de la grâce.* « Il est absurde, dit Spinoza, d'imaginer une contradiction dans l'être absolument infini et souverainement parfait. » *Ethic.*, lib. I, prop. X.

un océan dont nous n'avons reçu que des gouttes; il y a en nous quelque connaissance, quelque bonté, mais elles sont tout entières en Dieu. » Quiconque raisonne sur un autre fondement ne raisonne que sur des chimères. Intelligence, puissance ou liberté, sagesse ou bonté, tels sont, suivant Leibniz, les attributs de Dieu (1). Sa puissance va à l'être, son entendement au vrai et sa volonté au bien.

Il entreprend, pour réfuter Bayle, de nous donner quelque idée de ces attributs infinis, de les concilier entre eux et avec les imperfections du monde, de répondre aux difficultés qui naissent de l'apparente incompatibilité de la liberté de l'homme avec la nature de Dieu, et à celles qui regardent la conduite de Dieu par rapport à l'homme. Avec l'aide de Dieu qui ne peut, dit-il, lui manquer, dans un dessein entrepris pour sa gloire et pour le bien des hommes, il espère les lever toutes et pouvoir dire à ses adversaires :

Aspice quam mage sit nostrum penetrabile telum.

Puisque l'homme est intelligence, Dieu est une intelligence infinie, dont nous ne pouvons nous retracer quelque ombre, qu'en retranchant tout ce qui atteste quelque limitation en notre intelligence, pour ne laisser subsister que ce qui est perfection en soi. Donc cette intelligence infinie n'aura besoin, ni de comparer, ni d'abstraire, ni de raisonner, ni d'induire; l'intuition, qui seule est essentielle à l'intelligence, voilà l'unique mode sous lequel nous devons concevoir l'exercice de l'entendement divin. Seul, entre tous les êtres, Dieu a le privilége de n'avoir que des connaissances intuitives (2). D'un seul et même regard il embrasse toutes les choses réelles et possibles et tous leurs rapports. L'hypothèse de l'harmonie préétablie fournit à Leibniz un nouvel argument en faveur de l'infinité de l'intelligence de Dieu.

(1) *Essais de Théodicée*, Ire partie.
(2) *Nouveaux essais sur l'ent. hum.*, liv. IV, chap. XVII.

Mais comment concilier cette intelligence infinie, qui est une prescience à l'égard des créatures, avec la liberté de l'homme, ou même avec la contingence des choses? Leibniz fait les plus grands efforts, mais sans succès, pour montrer que cette conciliation est possible. Il réussit mieux à mettre d'accord la liberté de Dieu avec son immutabilité.

Descartes semble parfois attribuer à Dieu une liberté d'indifférence, Hobbes et Spinoza l'assujettissent à une nécessité absolue. Selon Malebranche, Dieu, quoique souverainement libre, ne peut agir que suivant sa nature, suivant la loi de l'ordre et de la raison. Bossuet et Fénelon essayent en vain de chercher un milieu entre la liberté d'indifférence de Descartes et la liberté de Malebranche invinciblement assujettie à l'ordre. Leibniz fortifie et précise la solution de Malebranche par sa distinction de la nécessité métaphysique et de la nécessité morale. Dans l'indifférence par rapport au bien et au mal, il ne voit pas la marque de la toute-puissance, mais un défaut de bonté ou de sagesse. Que serait un Dieu indifférent entre le bien et le mal, entre la vérité et l'erreur, sinon le plus odieux des tyrans, sans autre règle, sans autre loi que son caprice? Où est la garantie que ce qu'il a voulu être la vérité et la justice par un décret arbitraire, il le voudra encore demain? Étant souverainement intelligent, Dieu ne peut pas ne pas voir le meilleur; étant souverainement sage, il ne peut pas ne pas le faire. Sa volonté est l'expression, et non le principe, de la vérité et de la justice. A ceux qui disent, comme Descartes, que c'est faire peser un *fatum* sur la divinité, il répond que ce prétendu *fatum* n'est autre chose que la propre nature de Dieu, son propre entendement qui fournit des règles à sa sagesse et à sa bonté. Une nécessité, sans doute, préside à toutes les déterminations de Dieu, mais une nécessité qui résulte de sa sagesse, une nécessité morale en laquelle se concilient admirablement sa sagesse et sa liberté souveraine (1).

(1) Voir principalement la seconde partie des *Essais de Théodicée*.

Cependant, au premier abord, la liberté d'indifférence ne semble-t-elle pas mieux s'accorder avec le spectacle du monde, que cette liberté allant toujours vers le meilleur et toujours réglée par l'ordre et la sagesse? A voir le train des choses de ce monde, ne dirait-on pas que Dieu a été à tout le moins indifférent entre le bien et le mal, entre l'ordre et le désordre? En expliquant la nature du mal, et les voies par lesquelles la providence gouverne l'univers, en rattachant ce petit monde à l'ensemble des choses, en suivant les traces de Malebranche, Leibniz cherche à justifier la sagesse et la bonté infinie de Dieu.

S'il ne faut pas, dit-il, être facilement du nombre des mécontents dans la république où l'on vit, il ne faut pas l'être du tout dans la cité de Dieu, où l'on ne peut l'être qu'avec injustice. Ceux qui accusent la divine providence ont d'abord le tort d'exagérer singulièrement la proportion des maux en ce monde. Nous ne remarquons pas les biens s'ils ne sont pas mêlés à quelques maux; si nous ne sommes quelquefois malades, nous n'apprécions pas le grand bien de la santé. Quel homme, à la mort, ne consentirait à recommencer la vie avec la condition de passer par la même proportion de biens et de maux? Mais, en quelque proportion qu'il soit avec le bien, le mal existe, or il faut concilier son existence avec la bonté souveraine de Dieu.

Les anciens attribuaient la cause du mal à une matière incréée et indépendante de Dieu, mais les modernes, qui font dériver tout l'être de la nature de Dieu, sont obligés d'en faire dériver aussi le mal lui-même. Leibniz lui donne pour origine la nature idéale de la créature, en tant qu'elle est contenue dans les vérités éternelles qui sont dans l'entendement de Dieu, indépendamment de sa volonté (1). En effet, dans sa nature idéale, la créature, de cela seul qu'elle est créature, est nécessairement imparfaite et limitée. Être créé et être infini, sont des termes contradictoires; la puissance de Dieu ne va pas jusqu'à

---

(1) *Essais de Théodicée*, Ire partie, §§ 20 et 21.

produire une créature infiniment parfaite, car elle ne va pas jusqu'aux contradictions. Cette limitation essentielle aux créatures, Leibniz l'appelle mal métaphysique. Or, ce mal métaphysique, qu'on ne peut imputer à Dieu, est la racine même du mal moral et du mal physique. A proprement parler, le mal physique n'est pas une troisième espèce de mal, mais une conséquence du mal métaphysique et du mal moral. Si nous n'étions pas limités, nous ne serions sujets ni à la douleur, ni au péché, ni à l'erreur.

Toutefois, tandis que le mal métaphysique est nécessaire, le mal physique et le mal moral ne sont que possibles. Je ne puis concevoir une créature sans limitation, mais je puis la concevoir sans la souffrance, l'erreur et le péché. De là deux sortes d'objections contre la divine providence. Si Dieu, suivant l'opinion la plus répandue, donne toujours à la créature tout ce qu'elle a de réel, et produit tout ce qui se passe en elle, comment lui épargner le reproche de concourir physiquement à la production du mal, et, tout au moins, comment ne pas lui imputer le concours moral, puisque rien n'arrive dans le monde qu'il ne l'ait voulu?

Avec la plupart des scolastiques et des théologiens, Leibniz absout Dieu du concours physique au mal, en faisant du mal une simple négation. C'est Dieu qui est la cause de tout ce qu'il y a dans la créature de positif et de réel, c'est Dieu qui lui donne l'être, la force et la perfection, mais les imperfections qui s'y rencontrent ne sont que des négations dont la source est la négation fondamentale essentielle à la créature. Donner au mal une réalité, ce serait retourner au manichéisme. Leibniz montre qu'en effet le péché, de même que l'erreur, n'est qu'une négation. J'aperçois une tour qui de loin me paraît ronde, quoique carrée. Si je juge immédiatement qu'elle est telle qu'elle me paraît, je fais un faux jugement et je tombe dans l'erreur ; mais si je suspends mon affirmation, si je pousse plus loin l'examen, je m'aperçois que les apparences me trompent, et me voilà revenu de mon erreur.

L'erreur consiste en un défaut d'attention, en une paresse et une négligence qui nous empêche de considérer toutes les faces d'un fait ou d'une question ; l'erreur est donc une négation et non une réalité.

Il en est de même du mal moral. Il y a en nous une volonté qui nous porte vers le bien en général, vers Dieu qui est la perfection suprême. En vertu de cette tendance, qui est bonne en elle-même, notre volonté se porte vers tous les biens particuliers qui lui apparaissent. Mais si elle s'arrête à ces biens particuliers, si, d'un moindre bien, elle ne veut pas aller à un plus grand bien, elle s'égare et tombe dans le péché. Limitation à un bien particulier de la tendance qui l'entraîne au bien général, voilà la cause et la nature du péché. Le formel du mal, dit Leibniz, avec les scolastiques, n'a point de cause efficiente, car il consiste dans la privation, c'est-à-dire, dans ce que la cause efficiente ne fait point, il n'a qu'une cause déficiente, à savoir, la limitation essentielle des créatures (1). Donc Dieu, quoique auteur et père de toutes choses, n'est cependant pas l'auteur et le père du mal.

Mais comment le justifier du concours moral? S'il n'a pas tout prédéterminé, il a tout su, tout permis, et rien n'arrive qu'il ne l'ait voulu. Il savait quels maux engendrerait la liberté, et néanmoins il a fait à l'homme ce don fatal! Il savait ce qu'enfermaient de perturbations, de désordres, de douleurs, les lois de cet univers, et néanmoins il a établi ces lois ! Mais Leibniz, comme Malebranche, distingue entre la volonté du mal et la permission du mal; autre chose est vouloir le mal, autre chose est le permettre. Dieu permet le mal indirectement, mais il ne le veut pas positivement et directement. A rigoureusement parler, Dieu ne veut que le bien, et cette tendance à aller au bien, essence même de notre volonté, existe en lui à un degré infini. Par une volonté antécédente, Dieu tend à tout bien en tant que bien, il ne veut que le bien,

---

(1) *Essais de Théodicée*, 1re partie, § 20.

il veut le bonheur, le salut de tous les hommes, il veut exclure le mal et le péché. S'il n'était retenu par quelque raison plus forte, cette inclination aurait infailliblement son effet. Mais le succès n'appartient qu'à la liberté conséquente, et non à cette volonté générale et première. La volonté conséquente, celle qui se détermine en tenant compte de tous les résultats de l'action et de toutes les conséquences qui doivent suivre, est seule décisive et irrévocable. Antécédemment Dieu veut le bien, conséquemment le meilleur possible (1). Ainsi Dieu manquerait à sa perfection, si, ne suivant pas toujours le grand résultat de ses tendances au bien, il ne choisissait pas ce qui est absolument le meilleur, nonobstant le mal qui s'y trouve enveloppé par une nécessité suprême. Quand donc il permet le mal, c'est en lui sagesse et vertu; il ne pourrait pas ne pas le permettre, sans cesser d'être souverainement sage (2).

Mais pour bien saisir cette distinction entre le bien voulu et le mal qui n'est que permis, il faut considérer la nature des voies de la Providence. Comme Malebranche, Leibniz insiste sur l'inconvenance des volontés particulières par rapport à la perfection infinie de Dieu, et sur les avantages qu'en peuvent tirer les athées et les impies et il met sans cesse en regard la généralité des voies comme seule digne de Dieu, et toutes les facilités qui en découlent pour répondre aux objections contre la Providence. Mais, à la différence de Malebranche, sans cependant nier absolument les miracles, il déclare ne pas admettre en Dieu une seule volonté particulière : « Je suis d'accord avec le P. Malebranche que Dieu fait les choses de la manière la plus digne de lui; mais je vais un peu plus loin que lui à l'égard des volontés générales et particulières. Comme Dieu ne saurait rien faire sans raison, lors même qu'il agit miraculeusement, il s'ensuit qu'il

---

(1) Cette distinction de la volonté antécédente et de la volonté conséquente se trouve dans S. Thomas, *Summa theol.*, 1e pars, quæst. 19, art. 6.

(2) *Essais de Théodicée*, Ire partie, §§ 25 et 26.

n'a aucune volonté sur les événements individuels qui ne soit une conséquence d'une vérité ou d'une volonté plus générale. Ainsi je dirai que jamais Dieu n'a de volontés particulières telles que ce Père l'entend, c'est-à-dire, particulières, primitives. Je crois même que les miracles n'ont rien en cela qui les distingue des autres événements, car des raisons d'un ordre supérieur à celui de la nature le portent à les faire. Ainsi je ne dirai point avec ce Père que Dieu déroge aux lois générales toutes les fois que l'ordre le veut; il ne déroge à une loi que par une autre loi plus applicable, et ce que l'ordre veut ne saurait manquer d'être uniforme à la règle de l'ordre, qui est du nombre des lois générales. Le caractère des miracles pris dans le sens le plus rigoureux, est qu'on ne saurait les expliquer par la nature des choses créées (1). »

Leibniz veut aussi concilier la généralité absolue des volontés divines et l'immutabilité de l'ordre du monde avec l'efficacité des prières et des bonnes actions. Ces prières et ces bonnes actions étaient, suivant lui, idéalement devant Dieu, lorsqu'il a pris la résolution de régler les choses ; elles étaient renfermées dans l'idée même du monde possible avec tous leurs effets et toutes leurs suites. Dieu a donc pu disposer toutes choses, le châtiment, la récompense, l'endurcissement, la grâce, par rapport à ces prières qu'il savait, et à ces bonnes ou mauvaises actions de toute éternité, devoir se produire. Prévoyant ce qui devait arriver en vertu de la liberté, il a réglé là-dessus tout le reste des choses par avance. Toute prière, en même temps que son effet, tous les miracles prévus et réglés par Dieu de toute éternité, faisaient donc partie du plan de l'univers (2).

(1) *Essais de théodicée*, 2ᵉ partie, §§ 206 et 207.
(2) Descartes dit la même chose dans la 6ᵉ lettre à la princesse Élisabeth : « S'il faut prier Dieu suivant la théologie, ce n'est pas pour lui enseigner de quoi nous avons besoin, ni pour opérer un changement dans ses décrets, c'est seulement pour que nous obtenions ce qu'il a voulu de toute éternité être obtenu par nos prières. »

Il nous fait assister en quelque sorte aux conseils de la sagesse infinie de Dieu, alors que tous les mondes possibles, au moment de la création, comparurent par devant le Créateur comme autant de prétendants à l'existence. En vertu de sa toute-puissance il pouvait sans doute indifféremment réaliser l'un ou l'autre, mais, en vertu de sa sagesse, il ne pouvait choisir que le meilleur. Pour discerner entre tous ce monde le meilleur, sans s'arrêter aux détails, il considère l'ensemble, et son choix se fixe sur celui qui, toutes choses considérées, l'emporte en perfection sur tous les autres. « Il suit de la perfection suprême de Dieu qu'en produisant l'univers il a choisi le meilleur plan possible, où il y ait la plus grande variété avec le plus grand ordre, le terrain, le lieu, le temps le mieux ménagés, le plus d'effet produit par les voies les plus simples, le plus de puissance, le plus de connaissance, le plus de bonheur et de bonté dans les créatures que l'univers en pouvait admettre (1). » Donc le monde actuel, ce monde dont l'humanité fait partie, est nécessairement le meilleur des mondes possibles.

Mais l'expérience ne semble-t-elle pas protester contre ces déductions rigoureuses de la raison ? Quoi ! ce monde si plein d'imperfections et de misères serait le meilleur des mondes possibles ! Notre faible intelligence conçoit une humanité meilleure, et Dieu ne pouvait la concevoir et l'exécuter ! Voici la réponse de Leibniz. Il le pouvait sans doute ; mais le monde, dont cette humanité plus parfaite et plus heureuse eût fait partie, n'aurait pas été, considéré dans son ensemble, le meilleur des mondes possibles. Toutes les parties se tiennent et s'enchaînent dans le plan divin de l'univers ; l'univers est tout d'une pièce comme l'Océan, et Dieu ne pouvait rien changer à la condition de l'humanité, sans changer en même temps tout le reste. c'est-à-dire sans choisir un monde qui, dans son ensemble, aurait contenu moins de perfection et de bonheur. L'humanité n'est qu'un détail dans l'ensemble des choses,

---

(1) *Principes de la nature et de la grâce.*

la terre n'est qu'un atome en comparaison de ces mondes innombrables qui peuplent l'espace ; Dieu donc n'a pas pu se proposer, comme unique but de la création, le bonheur et la perfection de l'homme. Notre expérience ne porte que sur une imperceptible portion du monde ; il se peut donc que nos imperfections et nos misères ne soient qu'un néant au prix de la perfection et du bonheur du reste de l'univers.

Étendu à l'univers entier, l'optimisme de Leibniz s'élève au-dessus des objections tirées des imperfections de ce monde et de l'humanité, mais n'est pas encore affranchi du reproche d'incompatibilité avec la toute-puissance de Dieu. Il faut convenir que tout meilleur fixe et immobile, si loin qu'on le recule, serait en effet une borne. Mais le monde le meilleur, choisi par Dieu entre tous, n'est pas, selon Leibniz, le monde tel qu'il est, actuellement, le monde en acte ; c'est le monde en puissance, tel qu'il devient et deviendra sans cesse dans la progression sans fin de ses développements. Leibniz ne craint pas de dire qu'appelé à parcourir une série sans fin de degrés de perfection, pendant toute l'éternité, le monde est un infini : « Quelqu'un dira qu'il est impossible de produire le meilleur parce qu'il n'y a point de créature parfaite et qu'il est toujours possible d'en produire une qui le soit davantage. Je réponds que ce qui se peut dire d'une créature ou d'une substance particulière, qui peut toujours être surpassée par un autre, ne doit pas être appliqué à l'univers, lequel se devant étendre par toute l'éternité future, est un infini (1). » Ailleurs il explique en quel sens il entend que l'univers doit s'étendre dans toute l'éternité future : « On pourrait dire que toute la suite des choses à l'infini peut être la meilleure qui soit possible, quoique ce qui existe par tout l'univers dans chaque partie du temps ne soit pas le meilleur. Il se pourrait donc que l'univers allât toujours de mieux en mieux, si telle était la nature des choses qu'il ne fût point permis d'atteindre au meilleur

(1) *Essais de théodicée*, § 195.

d'un seul coup (1). » Déjà on a vu dans la doctrine de la préexistence des âmes une sorte d'application particulière de cette doctrine de la perfectibilité sans fin de l'univers.

Si tout est au mieux, selon Leibniz, ce n'est donc pas au regard de chacun, ni même au regard de l'humanité et de ce petit monde. Tout est au mieux, non pas même au regard de la création tout entière, considérée en un point fixe du temps, mais au regard de ses développements dans toute l'éternité future. Élevé à cette hauteur, l'optimisme brave non-seulement les objections, les railleries vulgaires, tirées du train ordinaire des choses, et de la considération exclusive de ce petit monde, mais l'objection non moins redoutable de l'incompatibilité avec la toute-puissance de Dieu (2). Nous accordons à Fénelon que tout maximum fixe et borné de perfection paraît incompatible avec la perfection infinie de Dieu. Mais le meilleur selon lequel, d'après Leibniz, Dieu se détermine, n'est borné ni par le temps ni par l'espace ; ce n'est pas un degré fixe quelconque de perfection, mais une suite de degrés s'étendant à l'infini par toute l'éternité, la suite des choses à l'infini, et non l'univers dans chaque partie du temps. Ainsi dans cette suite infinie de degrés, il n'en est aucun qui limite la puissance ou la bonté de Dieu, et au-dessus duquel il n'y en ait pas un autre plus élevé qui sera réalisé, comme tous ceux qui le précèdent, et qui ne rentre dans le plan du monde que Dieu a préféré à tous les autres.

Il ne faut pas faire honneur à Leibniz seul de cette doctrine de l'optimisme. Pour ne pas remonter jusqu'à Platon ou Aristote, le germe en était dans Descartes, et ce germe avait été admirablement développé par Malebranche. Leibniz lui-même, en rapprochant son optimisme de celui de Malebranche, reconnaît que la différence est plutôt dans la forme que dans le fond : « Les voies de Dieu sont les plus simples et les plus uniformes, parce qu'il choisit

---

(1) *Essais de théodicée*, § 202.
(2) Voir le chapitre 13, sur Fénelon.

des règles qui se limitent le moins les unes les autres. Elles sont aussi les plus fécondes par rapport à la simplicité des voies. C'est comme si l'on disait qu'une maison a été la meilleure qu'on ait pu faire avec la même dépense. On peut même réduire ces deux conditions, la simplicité et la fécondité, à un seul avantage qui est de produire le plus de perfection qu'il est possible, et, par ce moyen, le système du P. Malebranche en cela se réduit au mien. Car si l'effet était supposé plus grand, mais les voies moins simples, je crois qu'on pourrait dire que, tout pesé et tout compté, l'effet lui-même serait moins grand en estimant non-seulement l'effet final, mais aussi l'effet moyen. Car le plus sage fait en sorte le plus qu'il se peut que les moyens soient fins aussi en quelque façon, c'est-à-dire, désirables non-seulement par ce qu'ils font, mais par ce qu'ils sont. Les voies les plus composées occupent trop de terrain, trop d'espace, trop de lieu, trop de temps qu'on aurait pu mieux employer. Or tout se réduisant à la plus grande perfection, on revient à notre loi du meilleur (1). » Mais il est cependant une différence dont Leibniz ne tient pas compte et qui est, suivant nous, tout entière à son avantage. Pour faire le monde digne de Dieu, Malebranche imagine de faire intervenir la théologie et le mystère de l'incarnation, tandis que Leibniz atteint le but par la seule raison, et avec l'idée purement philosophique d'un perfectionnement sans fin de l'univers.

En cherchant à démontrer les vérités qui servent de fondement à la religion naturelle, Leibniz, de même que Malebranche et la plupart des cartésiens français et hollandais, fait effort pour opérer l'union de la philosophie et de la théologie, de la raison et de la foi. Tel est le but du *Discours de la conformité de la raison et de la foi* qui sert d'introduction aux *Essais de Théodicée*. De toutes les contradictions où le scepticisme de Bayle se complaît, il en est une, celle de la raison et de la foi, sur laquelle il

---

(1) *Théodicée*, 2ᵉ partie, § 208.

insiste d'une manière toute particulière. Dans ce discours préliminaire, comme dans tout le reste de sa *Théodicée*, c'est surtout Bayle que Leibniz a en vue. Pas plus que la *Théodicée* elle-même, le *Discours de la conformité de la raison et de la foi* ne manque d'antécédents au sein de l'école cartésienne. Mais, entre tous les essais du même genre, en France et en Hollande, il se distingue par l'étendue des connaissances, par la hauteur des vues, par une sorte de sérénité et d'impartialité qui domine le sujet. On ne peut respecter et ménager davantage la foi, on ne peut mieux en même temps sauvegarder les droits de la raison. Leibniz admet qu'il y a des choses au-dessus de la raison, mais il déclare, comme Locke, dans le *Christianisme raisonnable*, que rien de ce qui est contre la raison ne peut être article de foi. Sans doute il croyait non pas seulement à la conformité mais à l'identité de la foi avec la raison, de la religion avec la philosophie. « On l'accuse, dit Fontenelle, de n'avoir été qu'un grand et rigide observateur du droit naturel. Ses pasteurs lui en ont fait des réprimandes publiques et inutiles (1). »

Arrivé au terme de cette étude sur Leibniz, il faut que nous rappelions, pour justifier ce qu'elle a d'incomplet, qu'elle a été faite seulement en vue du cartésianisme. La réforme de la notion cartésienne de la substance, la force et la réalité restituées aux substances finies, la conception de substances vraiment simples, l'identité d'essence de

---

(1) On a fait récemment quelque bruit d'un *Systema theologicum* de 150 pages, écrites de la main de Leibniz, traduit en français et publié pour la première fois en 1819 par M. de Genoude, et dont une nouvelle édition plus exacte a été donnée par M. l'abbé Lacroix qui, avec M. Albert de Broglie, a cru y voir une preuve du catholicisme de Leibniz. C'est se méprendre sur la nature et le but de cet écrit qui n'est pas une profession de foi de Leibniz, mais un exposé raisonné de la doctrine catholique, destiné à servir de base aux négociations pour la réunion. D'après M. Guhrauer, le titre devrait être : Exposition par un protestant de la doctrine de l'Église catholique pour rétablir la paix de l'Église. MM. Saisset, Foucher de Careil et Nourrisson en ont porté le même jugement.

tous les êtres, corps ou âmes, à la place de la dualité de l'étendue et de la pensée, voilà l'originalité de Leibniz, voilà les traits fondamentaux de sa philosophie.

Ainsi, sans méconnaître de nombreuses et profondes traces de l'influence directe du cartésianisme dans l'ensemble des spéculations philosophiques de Leibniz, il faut voir dans sa métaphysique, une réaction contre celle de Descartes, et l'opposition la plus absolue sur la question des principes des choses.

CHAPITRE XXV

Du rôle de Bayle dans le mouvement cartésien. — Circonstances qui ont favorisé son inclination au doute et à la dispute. — *Système de philosophie*. — Querelle avec Poiret. — Critique superficielle de Spinoza. — Défense suspecte de Descartes et de Malebranche. — Admiration pour Malebranche. — Intervention en sa faveur contre Arnauld dans la question des plaisirs. — Défense des causes occasionnelles contre l'harmonie préétablie. — L'automatisme, la négation des qualités sensibles dans les corps, tournés au profit du pyrrhonisme. — Intervention dans la querelle de l'eucharistie. — Raison du zèle de Bayle en faveur de la création continuée. — Polémique contre Leclerc et les natures plastiques de Cudworth. — Doutes sur la liberté et sur la spiritualité. — Incompréhensibilité de la nature humaine et de la nature divine. — Attaques contre la Providence. — Prétendu triomphe du manichéisme sur tous les autres systèmes. — Lutte entre l'origéniste de Leclerc et le manichéen de Bayle. — Tactique de Bayle contre la foi. — Doctrine de la supériorité infinie de la foi sur la raison et de l'incompréhensibilité des mystères retournée contre les théologiens. — Deux thèses célèbres de Bayle. — Comment il défend la cause de la tolérance. — En quoi il se distingue des purs sceptiques et se rattache au cartésianisme.

Venu après les luttes de la philosophie de Descartes contre l'École et contre Gassendi, témoin des disputes et des contradictions entre les systèmes divers qu'elle avait suscités, Bayle représente cette tendance au scepticisme qui se développe ordinairement à la suite des grands dogmatismes. On le voit intervenir, du fond de la Hollande, dans toutes les querelles étrangères ou intestines du cartésianisme français. S'il a une doctrine, c'est sans doute le cartésianisme, mais la question est de savoir si réellement il en a une. Diverses circonstances avaient pu contribuer à développer en lui l'inclination pour le doute et la dispute. Né protestant et d'une famille de ministres (1), il se fait

(1) Né en 1647, mort en 1706.

catholique dans le collége des jésuites de Toulouse, où ses parents l'avaient envoyé achever sa philosophie, et dédie ses thèses *Virgini Deiparæ,* puis bientôt après, sous l'influence des siens, il retourne au protestantisme. Cependant il ne serait pas juste de comparer ces changements si rapides de religion à ceux de la jeunesse de Jean-Jacques Rousseau. Chez Bayle ils n'ont eu pour mobile ni l'intérêt, ni le besoin, mais d'abord la dialectique et les séductions des jésuites, puis la dialectique et les larmes de sa famille. Obligé pendant quelque temps de quitter la France pour éviter les peines dont les relaps étaient menacés, il se réfugie à Genève, où il change de philosophie, comme il avait changé à Toulouse de religion.

Il y arrivait zélé péripatéticien, dévoué à la philosophie de l'École, que lui avaient enseignée les jésuites, et pour laquelle il avait combattu à Toulouse, comme il le dit lui-même, *unguibus et rostro.* Longtemps ennemie des nouveautés philosophiques, non moins que Rome elle-même, Genève devenue plus tolérante, laissait alors pénétrer dans son université le cartésianisme enseigné par Chouet avec un grand éclat (1). Bientôt, par les leçons de ce maître habile, Bayle fut converti d'Aristote à Descartes, non sans plus d'une discussion, où il fit preuve d'une habileté qu'il rappelle avec complaisance, quelques années plus tard, dans une lettre à Basnage : « C'était un temps où je disputais assez bien. Je venais frais émoulu d'une école où on m'avait bien enseigné la chicanerie scolastique, et je puis dire sans vanité que je ne m'en acquittais pas mal (2). » Leclerc, avec lequel il devait rompre, en Hollande, plus d'une lance, avait été aussi un disciple de Chouet (3).

Ainsi Bayle, jeune encore, de péripatéticien est devenu zélé cartésien, de protestant catholique, et de catholique redevenu protestant ; il a séjourné dans les

---

(1) Voir sur Chouet le chapitre suivant.
(2) Lettre à Basnage, 5 mai 1675.
(3) Né à Genève en 1657. Son père était médecin et professeur de grec à l'Université.

camps les plus opposés, il a vu de près le fort et le faible, le pour et le contre de chaque parti et de chaque système, d'où il a pris un penchant à croire que nulle part ne se rencontre le vrai absolu. Élevé, et en quelque sorte nourri au milieu de tant de discussions et de controverses religieuses et philosophiques, travaillant sans cesse à se perfectionner de plus en plus dans cet art de la dispute dont déjà il se fait gloire, il sera dialecticien plutôt que philosophe, non pas au sens platonicien, pour arriver à la vérité absolue, mais pour entretenir sur toute question la dispute et le doute, non pas pour fonder, mais plutôt pour ébranler et détruire.

Toutefois, au milieu de ces guerres, de ces controverses sans nombre où se passe toute sa vie, et dans lesquelles, pour mieux embarrasser ses adversaires, il revêt tour à tour les personnages les plus divers, il faut reconnaître en lui une certaine fidélité, au moins apparente, à Descartes. Il semble même d'abord tout à fait cartésien dans la chaire de philosophie de l'université de Sédan qu'il avait emportée au concours (1), et ensuite dans l'école illustre de Rotterdam, où il trouva un asile après la suppression de l'académie de Sédan. A côté des accusations politiques et religieuses que ses ennemis, Jurieu en tête, accumulèrent contre lui, se placent aussi les griefs philosophiques de bon nombre de ministres très-irrités du tort qu'il faisait à Aristote et des prosélytes qu'il gagnait à Descartes. Non-seulement dans l'enseignement, mais aussi dans la polémique, il a joué le plus ordinairement le rôle d'un cartésien et employé

---

(1) Les concurrents eurent pour sujet de thèse, la nature du temps. Bayle publia plus tard cette thèse sous le titre de *Disquisitio metaphysica de tempore quam intra diem composuit ad cathedram disputandam*. « Ce sont, dit-il, des thèses à la fourche que nous convînmes de faire sans livres et sans préparation entre deux soleils pour prévenir la supercherie que des troupes auxiliaires eussent pu nous jouer, si on eût eu la liberté de les composer chez soi. Par malheur il nous échut une matière extrêmement épineuse. » (Lettre à Constant, Sédan, le 17 octobre 1675.) Bayle soutient que le temps est distinct du mouvement, qu'il est absolu, mais que sa nature est inexplicable. (Œuvres diverses, t. IV, p. 559.)

contre ses adversaires des armes cartésiennes. Mais, par l'usage qu'il en fait, il semble que le cartésianisme soit pour lui un instrument de polémique, plutôt qu'une doctrine à laquelle il ait foi, et le degré de sincérité de ses convictions cartésiennes n'est pas facile à déterminer.

A n'en juger que par son *Système de philosophie* (1), recueil des leçons dictées à ses élèves de Sédan et de Rotterdam, il ne faudrait pas hésiter à le classer parmi les plus fidèles et les plus purs cartésiens. Il les avait lui-même soigneusement revues et en avait fait un livre qui ne fut publié qu'après sa mort. Sur un certain nombre de questions, les plus sujettes à la controverse, tels que le mode de concours de la cause première avec les créatures, la divisibilité de la matière à l'infini, l'identité de l'espace avec l'étendue matérielle, il se borne, il est vrai, à mettre en regard le pour et le contre, mais en cela il paraît faire preuve de sagesse plutôt que de scepticisme. D'ailleurs, sur toutes les questions fondamentales relatives à l'âme et à Dieu, il est dogmatique tout autant qu'aucun autre disciple de Descartes. Ce n'est pas assurément un sceptique qui professe que la seule lumière naturelle suffit pour connaître si une conclusion est certaine et indubitable, que la clarté et l'évidence sont des signes irrésistibles de la vérité, et que, comme la lumière se manifeste par elle-même, de même la vérité des premiers principes se reconnaît par sa propre clarté.

Il fait aussi reposer la morale, sur des axiomes d'une éternelle vérité, sur une lumière naturelle qui nous découvre le bien et le mal dans les mœurs. Cartésien en physique, sauf quelques réserves, il l'est plus encore en métaphysique. Sur l'âme et sur Dieu, il est impossible

---

(1) Il comprend, avec la traduction française, 322 pages in-folio, du 4º volume des Œuvres diverses. Les éditeurs disent dans l'avertissement qu'il le composa pour remplir les devoirs de professeur de philosophie, d'abord à Sédan et puis à Rotterdam. Il était écrit en latin, mais ils se sont procuré une traduction française qu'ils ont placée en regard de l'original. M. Damiron en a donné une excellente analyse dans son *Mémoire sur Bayle*.

d'être plus irréprochable et plus dogmatique. Il développe, il confirme même par de nouveaux arguments, la démonstration de la spiritualité de l'âme de Descartes. Contre l'opinion épicurienne, renouvelée par Gassendi, il prend la défense des idées innées. On reconnaît non-seulement la philosophie de Descartes, mais aussi celle de Malebranche, dans la manière dont il résout la question des rapports de l'âme et du corps. Aux preuves de l'existence de Dieu de saint Thomas, il ajoute celle de Descartes par l'idée de l'infini, et il la défend contre les diverses critiques dont elle a été l'objet. En vertu de l'axiome cartésien, que pour conserver il ne faut pas moins que pour produire, il admet la création continuée dont nous le verrons plus tard se faire une arme contre les défenseurs de la liberté et de la providence.

Cet ouvrage a aussi une valeur historique. Versé dans la philosophie de l'École, Bayle en retient plusieurs choses excellentes, et il met en regard, sur les questions les plus importantes, la philosophie ancienne et la philosophie nouvelle. En résumé, il faut assigner au *Système de philosophie* de Bayle une des premières places parmi ces excellents cours de philosophie, ou ces Traités de la connaissance de Dieu et de soi-même, inspirés par la philosophie de Descartes.

Mais comment ajouter une foi entière à ce dogmatisme, quand partout ailleurs nous voyons Bayle chercher à ébranler ces mêmes vérités qu'ici il prétend démontrer? Nous ne l'accuserons pas cependant de mauvaise foi ; nous aimons mieux croire que, n'ayant rien de bien arrêté dans son esprit, comme le dit Leibniz (1), il a subi, dans la chaire, plus ou moins à son insu, l'influence des nécessités dog-

---

(1) « Il passait aisément du blanc au noir, non pas dans une mauvaise intention ou contre sa conscience, mais parce qu'il n'avait encore rien de bien arrêté dans son esprit sur la question dont il s'agissait. Il s'accommodait de ce qui lui convenait pour contrecarrer l'adversaire qu'il avait en tête, son but n'étant que d'embarrasser les philosophes et de faire voir la faiblesse de notre raison, et je crois que jamais Arcésilas ni Carnéade

matiques de l'enseignement, tandis que, hors de la chaire, controversiste, journaliste, critique, il fait la guerre à tout dogmatisme philosophique et religieux, n'ayant de préférence que pour les hypothèses cartésiennes d'où il peut tirer le plus de difficultés contre la certitude de nos connaissances, contre la liberté ou contre la providence. Il ne prend en main la défense d'une doctrine que pour mieux en ruiner d'autres, sauf à montrer ensuite qu'elle-même, elle n'a pas plus de solidité que celles qu'elle a servi à détruire.

Partout ailleurs en effet toute sa philosophie semble n'être que dispute et controverse. Quel philosophe célèbre de son temps n'a-t-il pas provoqué à la discussion, et quelle doctrine a-t-il laissée en repos ? Suivons-le rapidement au travers de ces diverses polémiques qui se succèdent, sans interruption, dans tout le cours de sa vie. Une des premières est contre Poiret. Étant professeur à Sédan, à la prière d'un ami commun, Ancillon, ministre de Metz, il rédigea des observations critiques sur les *Cogitationes rationales*. Ces observations étaient accompagnées d'une lettre à Ancillon, dans laquelle il se plaignait que ses leçons ne lui eussent pas permis d'y consacrer plus de temps. Il le priait aussi de féliciter Poiret de sa part, et de l'assurer de son admiration pour toutes les choses nouvelles par lesquelles il avait éclairci et confirmé la doctrine des cartésiens. Poiret, dans la seconde édition des *Cogitationes*, fit imprimer les objections de Bayle avec une réponse qui n'est pas moins polie que l'attaque (1). Les objections de Bayle ne sont, comme il le dit lui-même, que des notes jetées à la hâte sur le papier en lisant, la plume à la main, l'ouvrage de Poiret. C'est une suite d'observations, de difficultés, d'objections, sur chaque chapitre, tantôt à un point de vue et tantôt à un autre. Ainsi il lui reproche de n'avoir pas suffisamment réfuté ceux

n'ont soutenu le pour et le contre avec plus d'éloquence et d'esprit. » (*Essais de théodicée.*)

(1) Ces objections de Bayle se trouvent aussi dans le 4ᵉ volume des *Œuvres diverses de Bayle*.

qui identifient Dieu avec l'espace, comme Morus et quelques autres anti-cartésiens. Contre Descartes et contre Poiret, il soutient que les essences des choses sont nécessaires et immuables, et que Dieu ne peut rien faire qui soit contraire à ce qu'il a décrété. Il distingue la durée de la succession des pensées de l'âme. La durée est indépendante de notre opinion, et l'heure, quoique courte à ceux qui se réjouissent, et longue à ceux qui s'affligent, est toujours en elle-même une portion fixe et déterminée du temps. Il critique les ambages au sujet de la liberté et prend en main la défense des causes finales. Viennent ensuite des objections ou des difficultés contre la spiritualité de l'âme, contre son immortalité et contre la preuve de l'existence de Dieu. Dieu, en raison de sa toute-puissance, dit Bayle avant Locke, ne peut-il rendre le corps conscient de lui-même ou d'autre chose? Si nous ne savons comment Dieu agit sur les esprits pour y produire une modification, de quel front affirmer qu'il ne peut produire dans un corps la modification de la pensée?

Il n'y a rien à remarquer dans la réponse de Poiret, sinon qu'il donne gain de cause à son adversaire au sujet des causes finales, en avouant que c'est un point sur lequel il a trop concédé à Descartes. Mais cette polémique, commencée de part et d'autre avec tant de modération et de politesse, finit par des invectives et des injures, surtout de la part de Poiret blessé de ce que Bayle avait dit n'avoir rien trouvé dans sa réponse qui fût digne de remarque, et de ce qu'il avait omis de le citer parmi les adversaires les plus considérables de Spinoza. L'article sceptique et ironique du *Dictionnaire critique* sur Antoinette Bourignon, le ridicule jeté sur sa personne, sur ses révélations et ses prophéties vinrent mettre le comble à l'indignation de Poiret, qui, dans ses emportements, reproche à Bayle « de trouver un ragoût singulier à satyriser cette femme divine, » l'accuse d'athéisme, d'impiété, d'hypocrisie, et prétend qu'il n'a réfuté Spinoza que par feinte ou pour mieux donner le change. En tête de la troisième édition des *Cogita-*

tiones il plaça une dissertation intitulée : *De simulato Petri Baylii contra Spinozæ atheismum certamine.* Bayle garde plus de sang-froid ; il poursuit de son ironie ce théosophe enragé et lui conseille charitablement de ne pas se borner à modérer ses appétits externes, mais aussi d'appliquer un cautère sur ses appétits internes (1).

Bayle, en effet, est l'auteur d'une réfutation de Spinoza à laquelle on peut reprocher, sinon la feinte, au moins le défaut d'équité et de profondeur. Le Dieu de Spinoza étant étendu doit être sujet à la division et à la corruption, voilà le grand argument que Bayle retourne en tous les sens (2). Spinoza eût sans doute répondu, que son Dieu est la substance unique, infinie, qu'il est indivisible, par là même qu'il est l'infini, que ce sont les modes de la substance, et non la substance elle-même, qui sont divisibles et corruptibles. L'eau peut bien se diviser en tant qu'eau, mais en tant que substance, d'après Spinoza, elle est indivisible. Sous les modes divers et changeants par lesquels elle se manifeste à nous, la substance unique et infinie demeure une, indivisible et immuable. Mais si la critique de Bayle pèche par le défaut de justesse à l'égard du système, elle pèche encore plus par le défaut d'équité à l'égard de l'auteur. Qui ne s'étonnerait de voir Bayle si sceptique, si indifférent, si suspect lui-même, en fait d'orthodoxie, prodiguer à Spinoza les injures et les anathèmes, comme le plus intolérant des théologiens ? L'orthodoxie de Bayle était-elle donc si sincère et si pure ? N'était-il pas, lui aussi, en butte à ces mêmes accusations, plus ou moins méritées, d'athéisme et d'impiété ? Leclerc, irrité de la réfutation de son *Origéniste* et de ses natures plastiques, s'était emporté

---

(1) Voir les *Réflexions sur le jugement du public*, par Bayle, la *Lettre sur les mystiques de Poiret* (Amsterdam, 1701), et les articles Roy, note C, et Sadeur, dans le *Dictionnaire critique*.

(2) *Dictionnaire critique*, article Spinoza. Il y a du vrai dans ce que dit Voltaire : « J'ai toujours eu quelque soupçon que Spinoza avait entendu autre chose que ce que Bayle entend et que par conséquent Bayle peut avoir raison sans avoir confondu Spinoza. »

jusqu'à le traiter d'athée. Lui convient-il, réplique Bayle, de se donner comme un homme rongé du zèle de la maison du Seigneur, lui qui sans cesse attaque les théologiens et sur qui plane l'accusation de socinianisme (1)? A meilleur droit encore un disciple de Spinoza eût pu récriminer de la même façon contre Bayle lui-même. Faut-il donc croire que Bayle, par cette attaque violente, voulait obtenir pour son propre compte quelque indulgence, dont assurément il avait grand besoin, de la part des théologiens?

Par la manière même dont il défend Descartes et Malebranche, Bayle ne paraît pas moins suspect que dans ses attaques contre Spinoza. Nous ne doutons pas de la sincérité de son admiration pour le génie de l'un et de l'autre, mais nous doutons fort de la solidité de son attachement pour leurs doctrines. Il semble faire une estime particulière du génie de Malebranche auquel il applique les beaux vers par lesquels Lucrèce célèbre Épicure : « Homme d'une sublimité de génie étonnante, qui, non content d'avoir mesuré la terre, la mer et le sable sans nombre, d'être monté jusque dans le ciel, et d'avoir parcouru par l'esprit la demeure des dieux, a pénétré au delà des murs enflammés du monde et a considéré la nature intelligible et le monde archétype, d'où il nous a rapporté ce que sont les esprits et comment ils agissent (2). » Il considère le *Traité de la nature et de la grâce*, comme un ouvrage d'un génie supérieur, et l'un des plus grands efforts de l'esprit humain (3). Quoiqu'il dise ne pas comprendre que les idées par lesquelles nous connaissons les objets sont en Dieu, et non dans notre âme, il fait pencher la balance en faveur de Malebranche contre Arnauld dans ses *Nouvelles de la République des lettres*. Arnauld reproche même à Malebranche cette prédilection de l'auteur de la *République des*

---

(1) *Dissertation pour prouver que l'essence de la matière consiste dans l'étendue*. (Œuvres diverses.)
(2) *Réponse à un provincial*, chap. CLI.
(3) Œuvres diverses, tome IV, Lettres, p. 862.

lettres, « qui vous favorise comme à son ordinaire (1). » Voici le jugement de Bayle sur l'accusation d'épicuréisme contre Malebranche : « On ne trouvera pas très-raisonnable la longue dispute où est entré M. Arnauld contre le P. Malebranche sur les plaisirs des sens. Ceux qui auront tant soit peu compris sa doctrine s'étonneront qu'on lui en fasse des affaires, et s'ils ne se souviennent du serment de bonne foi que M. Arnauld vient de prêter dans la préface du dernier livre, ils croiront qu'il a fait des chicanes à son adversaire pour le rendre suspect du côté de la morale (2). » De là une polémique directe entre Arnauld et Bayle. Arnauld publia contre Bayle un petit écrit intitulé : *Avis à l'auteur de la République des lettres*, où il reproduisait ses objections contre la maxime de Malebranche. Bayle fit une assez longue réponse, à laquelle Arnauld répliqua par une dissertation, *Sur le prétendu bonheur des sens*.

Bayle prend aussi la défense des causes occasionnelles contre l'harmonie préétablie (3). Une des principales objections de Leibniz contre les causes occasionnelles, c'est l'intervention continuelle de Dieu, et les miracles non moins continuels qu'elles exigent pour expliquer la correspondance des substances les unes avec les autres. Selon Bayle, cette intervention continuelle, à l'occasion de chaque mouvement de la matière et de chaque pensée de l'esprit, n'a plus rien de miraculeux, du moment qu'elle est l'effet d'une loi générale (4). Que cette intervention, contrairement à la loi, fût un seul instant suspendue, alors seulement il y aurait un miracle.

En défendant les causes occasionnelles, il attaque

---

(1) 5ᵉ lettre des *Neuf Lettres* de 1685.
(2) *Nouvelles de la République des lettres*, août 1685.
(3) Notes de l'article RORARIUS, du *Dictionnaire critique*.
(4) Arnauld défend de la même manière les causes occasionnelles contre Leibniz, qui ne se tient pas pour satisfait, et répond : « Dieu, dit-il, fait toujours un miracle lorsqu'il fait une chose qui surpasse les forces qu'il a données aux créatures et qu'il l'y conserve. » Corresp. de Leibniz et d'Arnauld, 5ᵉ lettre.

l'harmonie préétablie. Il y a des choses, dit-il, qui font de la peine dans cette hypothèse, quoiqu'elle marque l'étendue du génie de son auteur. Rien, d'ailleurs, n'est à remarquer dans cette polémique, sauf cette objection, plus ingénieuse que solide : si l'âme pensait en vertu d'une impulsion primitive donnée par le Créateur, et sur laquelle rien ne pourrait agir, elle persévérerait toujours dans son premier sentiment, dans sa première pensée, comme l'atome mis en mouvement persévère toujours dans la ligne droite, quand rien ne contrarie sa direction. Mais Leibniz ne paraît pas mériter ce reproche. D'après son hypothèse l'âme n'est-elle pas un automate spirituel dans lequel, dès l'origine, tout a été organisé pour produire une certaine série d'actes divers qui se déroulent, pour ainsi dire, les uns après les autres, comme en vertu d'un ressort. En outre Bayle a le tort de mettre en doute que la puissance et l'intelligence de Dieu soient capables de maintenir ces combinaisons et ces accords infinis que suppose l'harmonie préétablie.

Il en est des autres doctrines cartésiennes, dont il prend la défense, comme des causes occasionnelles ; il semble ne s'y attacher qu'en raison du parti qu'il en tire pour semer les doutes et les disputes, pour ébranler quelque croyance du genre humain, et pour embarrasser les théologiens. Ainsi se déclare-t-il en faveur de l'automatisme des bêtes, et fait-il ressortir avec une grande habileté toutes les difficultés du système contraire qui leur accorde du sentiment et de l'intelligence. Les actions des bêtes sont, dit-il, un des plus profonds abîmes sur quoi notre raison se puisse exercer, et je suis surpris que si peu de gens s'en aperçoivent (1). Il loue donc les cartésiens d'y avoir pénétré plus avant que tous les autres, et d'avoir compris que si on n'admet pas l'automatisme, on ne peut se dispenser de donner une âme aux bêtes, âme qui sera nécessairement matérielle ou spirituelle. Si elle est maté-

---

(1) *Dictionnaire critique*, article BARBE.

rielle, comment réfuter ceux qui veulent que l'âme de l'homme soit de même nature et finisse avec le corps ? Sera-t-elle au contraire spirituelle, il faudra bien la faire immortelle comme l'âme humaine. Mais après avoir ainsi accordé à l'hypothèse de Descartes l'avantage sur toutes les autres, il se hâte malignement d'ajouter, que l'automatisme a lui-même son point vulnérable qui est le rabat-joie des cartésiens, à savoir la possibilité de se servir des mêmes arguments pour soutenir que tout dans l'homme se fait aussi par pur mécanisme (1). Enfin la nouveauté même de cette doctrine, si contraire à ce que tous les hommes ont cru jusqu'à présent, lui fournit un sujet de défiance contre la raison humaine. Tous les hommes avaient cru jusqu'à Descartes que les bêtes sentent, et voici que le cartésianisme démontre le contraire, à quelle opinion désormais se fier ?

Il cherche aussi à exploiter au profit du scepticisme, la doctrine qui enlève aux objets les qualités sensibles pour les donner à l'âme. Descartes a fortifié par de nouvelles raisons les vieux arguments des sceptiques contre la certitude de l'existence du monde extérieur, il a prouvé que la chaleur, l'odeur, la couleur, etc., n'existent que dans notre âme, et non dans les corps où il n'y a que de l'étendue et du mouvement. Mais, qui nous assure que nous ne sommes pas aussi dans l'illusion, quand nous jugeons de l'étendue et du mouvement des corps ? Que de sujets de triomphe, s'écrie Bayle, pour le pyrrhonisme (2) !

Contre le P. Valois il prend le parti de l'étendue essentielle, mais de telle façon qu'il semble plutôt avoir le dessein de s'en servir comme d'une arme contre les théologiens catholiques et le concile de Trente, que de la défendre sincèrement contre ses adversaires. A Sédan, il fit soutenir par ses élèves des thèses contre le livre du P. Valois, que lui-même il résuma et publia en une dissertation « où on défend contre les péripatéticiens les

---

(1) *Ibid.* art. RORARIUS.
(2) *Dictionnaire critique*, art PYRRHON.

raisons par lesquelles quelques cartésiens ont prouvé que l'essence du corps consiste dans l'étendue (1). » Donner raison aux cartésiens sur l'étendue essentielle, et à leurs adversaires touchant l'incompatibilité de cette doctrine avec le concile de Trente, voilà la tactique perfide de Bayle. « Il y a déjà eu des cartésiens, à ce qu'on dit, et sans doute il y en aura encore qui, intéressés à prouver qu'ils s'accordent avec le concile de Trente, n'ont rien oublié et n'oublieront rien pour détourner cet orage de dessus leurs têtes. Pour nous que ce soin n'inquiète pas, nous nous chargerions volontiers de la seconde partie de leur apologie, en prouvant la conformité de leur hypothèse par rapport à la droite raison. »

La plupart des pièces contenues dans le même recueil, se rapportent à cette même question. « Il est clair, dit-il dans la préface, que le concile de Trente a décidé non-seulement que le corps de Jésus-Christ est présent partout où il y a des hosties consacrées, mais aussi que toutes les parties de son corps sont pénétrées les unes avec les autres. Il est clair, par le livre de M. Delaville, que cette décision est absolument incompatible avec la doctrine qui pose que l'étendue fait toute l'essence de la matière; il est clair par le dissertation du professeur de Sédan, qu'il est aussi impossible que la matière soit pénétrée, qu'il est impossible que deux choses soient égales, lorsque l'une est plus grande que l'autre. Donc il est clair que le concile de Trente a décidé une fausseté quand il a parlé de la présence du corps de Notre-Seigneur sur les autels. » De là il tire aussi l'infinité du monde qu'il défend contre les objections des théologiens. Selon Bayle, le christianisme n'oblige pas à rejeter l'infinité de la matière, car l'infinité numérale des créatures n'empêche pas qu'elles ne soient un corps borné. Un corps n'est pas plus parfait pour exis-

(1) Cette dissertation a été publiée en français et en latin. On la trouve en latin dans le *Recueil des pièces curieuses concernant la philosophie de M. Descartes*, in-12, Amst., 1684, et en français dans le 4ᵉ volume des Œuvres diverses.

ter avec un nombre infini d'autres corps. Une infinité numérale, communiquée, précaire, ne préjudicie point à la doctrine que Dieu seul est infini.

Mais c'est à défendre la création continuée qu'il montre le plus d'ardeur, à cause des difficultés qu'elle fait naître au sujet de la liberté et de la providence. « En ce moment où je parle, je suis tel que je suis, avec toutes mes circonstances, avec telle pensée, telle action, assis ou debout. Que si Dieu me crée en ce moment tel que je suis, comme on doit nécessairement le dire dans ce système, il me crée avec telle action, tel mouvement, telle détermination (1). » Comment donc comprendre que nous soyons libres et responsables, comment éviter de faire Dieu l'auteur du péché ? A la création continuée, Leclerc, pour sauver la liberté, avait imaginé d'opposer les natures plastiques de Cudworth qui, tout en admettant l'étendue essentielle de Descartes, repoussait son mécanisme (2). Selon Cudworth, la matière, qui n'est que de l'étendue, ne peut se mouvoir et s'ordonner elle-même ; or Dieu, sans s'abaisser, ne peut directement s'appliquer à la production de tous les phénomènes du monde. Ainsi l'auteur du *Vrai Système intellectuel* croit devoir placer en chaque être des principes de vie et d'organisation, qu'il appelle natures plastiques, pour servir de médiateurs entre Dieu et la nature. Ce n'est pas Dieu, d'une manière directe, mais ces natures plastiques qui, sans conscience de leur œuvre, et sous la main de Dieu, créent, organisent et conservent les créatures. Mais un tel système, selon Bayle, fait merveilleusement les affaires de l'athéisme, et renverse les meilleures preuves de l'existence de Dieu, tirées du système physique de Descartes (3). Ou les natures plastiques ne sont que des instruments maniés par la main de Dieu, comme la hache et le marteau par la main de l'ouvrier, ou, jusqu'à un certain point, elles se suffisent à elles-

---

(1) *Rép. à un prov.*, chap. CXLI.
(2) *Bibliothèque choisie*, t. V, art. 4 ; t. VI, art. 7 ; t. VII, art. 7.
(3) *Continuation des pensées diverses sur la comète*, t. I, p. 90, 1704, et *Réponse aux questions d'un provincial*, chap. LXIX.

mêmes. Que Dieu crée les êtres et les conserve, avec ou sans instrument, les créatures demeurent dans la même dépendance à son égard, et il n'est pas moins difficile de concilier la liberté avec cette dépendance. Que si, au contraire, on les suppose douées d'une certaine indépendance, c'est presque donner gain de cause à l'athéisme. En effet, si un être intelligent et libre a pu être produit par une force aveugle et fatale, pourquoi pas l'univers tout entier (1)? Mais après avoir fait triompher la création continuée des natures plastiques, Bayle prend plaisir à revenir sur les difficultés non moins grandes qui s'ensuivent au sujet de la liberté et de la providence.

Il compare la liberté au plateau d'une balance qui trébuche nécessairement du côté du poids le plus fort. Qui nous assure que ce sentiment intime, sur la foi duquel nous croyons à notre liberté, n'est pas une illusion? Alors même que nous ne serions qu'un sujet passif à l'égard de la volonté, ne croirions-nous pas néanmoins agir par nous-mêmes? Enfin, selon Bayle, « le libre arbitre est une matière si embarrassée, et si féconde en équivoques, que lorsqu'on la traite à fond, on se contredit mille fois, et que la moitié du temps on tient le même langage que ses antagonistes, et que l'on forge des armes contre sa propre cause, pour des propositions qui prouvent trop, qui peuvent être rétorquées, qui s'accordent mal avec d'autres choses qu'on a dites (2). »

Si, dans son *Système de philosophie,* il se prononce nettement en faveur de l'immatérialité de l'âme, partout ailleurs, on le voit amasser des nuages sur ce point capital. Avec Locke, il soutient que nous ne savons rien de la substance, et que les arguments en faveur de la spiritualité et de la matérialité se valent et se balancent (3). Somme toute, il déclare

---

(1) Voir la thèse de M. Janet sur Cudworth, *de plastica naturæ vi*, etc. Paris, 1848.
(2) *Réponse à un provincial.*
(3) *Ibid.*, 4ᵉ vol.

incompréhensible la nature de l'homme : « L'homme est le morceau le plus difficile à digérer qui se présente à tous les systèmes. Il est l'écueil du vrai et du faux ; il embarrasse les naturalistes, il embarrasse les orthodoxes... Il y a là un chaos plus embrouillé que celui des poëtes. »

Mais cependant plus incompréhensible encore lui paraît la nature divine. Quand même les hommes s'entendraient sur l'existence de Dieu, jamais ils ne s'entendraient sur ses attributs. Il est impossible d'accorder sa liberté avec son immutabilité, et l'immatérialité avec son immensité. C'est surtout contre sa providence, et contre l'accord de la perfection infinie avec l'existence du mal que Bayle a aiguisé toutes ses armes et déployé toutes les subtilités de sa dialectique. Pour mieux embarrasser ses adversaires et pour se mettre lui-même à l'abri, il imagine de prendre le rôle d'un manichéen. Entre tous les systèmes sur l'accord de la liberté, du mal et de la providence, il veut démontrer que le manichéisme est le plus difficile à combattre, et que, quelque parti qu'on adopte, les difficultés manichéennes n'en sont pas affaiblies. Les Pères de l'Église n'eussent pas triomphé du système des deux principes, si l'affaire, dit Bayle, eût été entre les mains d'un homme d'autant d'esprit que Descartes, ou d'un païen nourri à la dispute, et non d'un Manès, d'un Cerdon, d'un Marcion, qui ne pouvaient se bien servir de leurs avantages, soit parce qu'ils admettaient l'Évangile, soit parce qu'ils n'avaient pas assez de lumière pour éviter les explications les plus sujettes aux grands inconvénients. Bayle reprend donc en sous-œuvre le manichéisme, pour tourner et retourner librement, en tous les sens, la grande objection du mal, et pour impunément reproduire, non sans y ajouter lui-même, toutes les vieilles difficultés contre la divine providence.

Il tient à ne pas laisser croire que, même en rejetant la création continuée et la prémotion physique, on fasse l'homme véritablement libre, et qu'on réussisse à expliquer comment, étant l'ouvrage d'un seul principe souverainement bon, nous sommes néanmoins exposés à la douleur et au mal. Selon Bayle, un Dieu bon aurait dû créer l'homme non-seulement sans mal actuel, mais sans aucune inclination au mal. Comment Dieu sachant certainement que l'homme se servirait mal de sa liberté, a-t-il pu lui faire ce don fatal? Si une bonté aussi bornée que celle des parents exige nécessairement qu'ils éloignent de leurs enfants tout ce qui peut leur être nuisible, à combien plus forte raison la bonté infinie de Dieu? Que dire d'une mère qui laisserait aller sa fille dans le lieu où elle sait qu'elle doit se perdre, ou d'un père donnant à son fils un couteau dont il sait qu'il doit se percer le sein? Tel cependant est le rôle de Dieu faisant à l'homme ce don fatal de la liberté. Mais, dit-on, sans la liberté, l'homme eût été dépourvu de dignité et de moralité; or la possibilité de pécher ne peut être séparée de la liberté. Mais quoi! répond Bayle, un être qui ne pourrait faire que le bien, un être semblable aux anges et aux bienheureux dans le ciel, serait-il donc inférieur à l'homme flottant sans cesse entre le bien et le mal et tombant de chute en chute?

Il accorde cependant que les partisans d'un seul principe l'emportent par les raisons *a priori*, et que les idées claires de l'ordre, de l'être éternel, l'aspect des cieux, l'harmonie du monde confondent l'hypothèse de deux principes, mais il la déclare victorieuse à son tour quand on considère l'homme malheureux et méchant. Les manichéens triomphent par les raisons *a posteriori*, parce qu'ils rendent mieux compte des faits et des expériences. On peut sans doute objecter mille difficultés à ce système, mais il est impossible d'en imaginer un autre plus plausible.

Il suppose un dialogue dans lequel il fait battre par Zoroastre Mélissus, partisan d'un seul principe. « Vous me surpassez, dit Zoroastre, dans la beauté des idées et dans les raisons *a priori*, et je vous surpasse dans l'explication des phénomènes et dans les raisons *a posteriori*. Et puisque le principal caractère du bon système est d'être capable de donner raison des expériences, et que la seule incapacité de les expliquer est une preuve qu'une hypothèse n'est point bonne, quelque belle qu'elle paraisse d'ailleurs, demeurez d'accord que je frappe au but en admettant deux principes, et que vous n'y frappez pas, vous qui n'en admettez qu'un. » De ce prétendu triomphe du manichéisme sur tous les autres systèmes, Bayle prend occasion de gémir sur la pauvre raison humaine : « Qui n'admirera et qui ne déplorera la destinée de notre raison ! Voilà les manichéens qui, avec une hypothèse tout à fait absurde et contradictoire, expliquent les expériences cent fois mieux que ne le font les orthodoxes avec la supposition si juste, si nécessaire, si uniquement véritable d'un premier principe infiniment bon et parfait (1) ! »

Cette apologie systématique du manichéisme suscita contre Bayle de nombreux adversaires et de graves accusations. Leclerc imagina de faire lutter contre ses manichéens, non pas un orthodoxe, mais un origéniste (2). Cet origéniste qu'il met en scène, soutient que Dieu ne nous a faits libres que pour nous donner l'occasion du mérite et de la vertu, qu'il ne damne personne pour le simple fait d'avoir péché, mais pour ne s'être pas repenti, et que les méchants, les démons eux-mêmes, après avoir plus ou moins longtemps souffert dans une autre vie, arriveront au bonheur éternel. Or, que pèsent, en comparaison de cette éternité de bonheur, des peines temporaires ? Mais Bayle met en déroute l'origéniste, comme les natures plastiques. D'abord il remarque que toute l'argumentation de l'origéniste repose sur la négation de l'éternité des peines, doctrine hétérodoxe que Leclerc lui-même n'ose avouer ; puis il fait répondre par son manichéen que, dans l'homme, de même que dans les anges et les bien-

(1) Notes de l'art. MANICHÉENS. Voir aussi les art. MARCIONITES, PAULICIENS, ORIGÈNE, PRUDENCE, du *Dictionnaire critique*.

(2) *Parrhasiana ou Pensées diverses*, par Théod. Parrhase, 2 vol. in-12, Amst., 1801, 2ᵉ édition, 1ᵉʳ vol., art. 6. « Il veut, dit-il, fermer la bouche aux manichéens en faisant parler un origéniste, car si un homme de cette sorte peut réduire un manichéen au silence, que ne feraient pas ceux qui raisonneraient mieux que les disciples d'Origène ? »

heureux, la vertu peut très-bien exister sans le vice. L'origéniste n'explique donc pas pourquoi Dieu s'est décidé à faire à la créature un don qu'il savait lui être fatal, ni pourquoi il lui fait acheter par des siècles de souffrances une éternité de bonheur.

Cependant Bayle n'a garde de professer ouvertement le manichéisme pour son propre compte, et voici les conclusions, plus ou moins sincères, dans lesquelles il résume cette discussion : 1° La lumière naturelle et la révélation nous apprennent clairement qu'il n'y a qu'un principe de toutes choses, et que ce principe est infiniment parfait; 2° la manière d'accorder le mal moral et le mal physique de l'homme avec les attributs de ce seul principe infiniment parfait de toutes choses surpasse les lumières philosophiques, de sorte que les objections des manichéens laissent des difficultés que la raison humaine ne peut résoudre; 3° nonobstant cela, il faut croire ce que la lumière naturelle et la révélation nous apprennent de l'unité et de la perfection de Dieu, comme nous croyons, par la foi et par notre soumission à l'autorité divine, le mystère de la trinité, celui de l'incarnation, etc. (1).

Disons quelques mots de la tactique de Bayle à l'encontre des dogmes de la foi. Il les ruine, sous l'apparence d'un faux respect, en retournant impitoyablement contre les théologiens eux-mêmes la distinction de la raison et de la foi et la doctrine de l'incompréhensibilité des mystères, derrière laquelle ils ont coutume de se retrancher. Ainsi il continue Pomponat et devance Voltaire. Voltaire dans sa polémique contre les théologiens sera plus spirituel, plus vif, plus piquant, mais non pas plus habile, plus perfide et plus redoutable. A la différence des théologiens et des philosophes cartésiens, à la différence surtout de Leibniz, Bayle se complaît dans la thèse de l'opposition absolue de la raison et de la foi. Il cherche non pas à les concilier, mais à les opposer l'une à l'autre, sous prétexte de rabattre la raison par la foi, tandis qu'en réalité

---

(1) *Réponse à un provincial.*

c'est la foi qu'il rabat par la raison. C'est en effet la foi qu'il infirme par la règle de l'évidence plutôt que l'évidence par la foi, dans l'article PYRRHON où il prétend qu'on ne peut se fier à l'évidence, parce que la foi oblige de rejeter des choses de la dernière clarté, soit dans la spéculation, soit dans la morale, telles que ces maximes : Trois n'égalent pas un, ou Celui-là seul qui a commis la faute mérite le châtiment. Ainsi, sous un tour ou sous un autre, s'efforce-t-il de montrer la trinité, le péché originel, l'éternité des peines, la grâce, la prédestination, tous les dogmes de la théologie en contradiction flagrante avec la raison. Enfin, selon Bayle, il n'y a aucune hypothèse contre laquelle la raison fournisse plus d'objections que contre l'Évangile (1).

Parler ainsi eût été dangereux, même en Hollande, sans le subterfuge de l'incompréhensibilité des mystères et de l'opposition nécessaire de la raison et de la foi. Avec une ironie, qu'il ne prend guère la peine de dissimuler, Bayle élève la foi tellement au-dessus de la raison, qu'entre l'une et l'autre il n'y a plus rien de commun. Grâce à cette maxime, que le propre d'un dogme révélé est de contredire la raison, les règles fondamentales de la spéculation et de la morale, et de supporter impunément des objections réellement insolubles de la part de la raison, il se permet tout impunément contre la théologie et contre la foi. Loin que la foi en souffre, elle en triomphe, suivant Bayle, et son triomphe est d'autant plus grand que la raison est plus sacrifiée et plus confondue. Singulier triomphe, dit Leibniz, semblable à ces feux de joie qu'allument les vaincus pour dissimuler leur défaite! Dans cette impuissance même de la raison à résoudre les objections contre les mystères, Bayle feint de voir la preuve éclatante de la supériorité des mystères sur les lumières philosophiques, et de la nécessité de nous soumettre aveuglément à la foi. A quoi bon la foi si la raison abandonnée à elle-même avait pu découvrir les mystères? Ne suffit-il donc pas

(1) Art. SIMONIDE.

à un bon chrétien d'être assuré que sa foi repose sur le témoignage même de Dieu? La foi s'accorde-t-elle ou ne s'accorde-t-elle pas avec la raison, ce n'est après tout qu'un accessoire peu important du christianisme (1).

Comme Pomponat, et avec une ironie encore plus apparente, Bayle déclare qu'il croit comme chrétien, ce dont il a démontré l'absurdité comme philosophe. En vain les théologiens catholiques et réformés s'alarment, en vain ils redoublent leurs attaques, Bayle les déconcerte et pare leurs coups avec leurs propres armes qu'il sait retourner si habilement contre eux. Veulent-ils renoncer à cette incompréhensibilité des mystères dont leur adversaire abuse avec tant d'audace et d'astuce, pour soutenir la thèse contraire de l'accord de la raison et de la foi, Bayle leur oppose en foule les autorités contraires des conciles, des synodes, des saints Pères, des ministres les plus accrédités de l'Église réformée, en faveur de l'incompatibilité de la raison et de la foi ; il prouve que les théologiens rationaux ont été toujours tenus pour suspects, tandis que les autres ont passé pour les vrais dépositaires de la foi et les théologiens, comme il le dit, du gros de l'arbre (2).

Rappelons, parce qu'elle se rattache à cette polémique, la thèse célèbre soutenue par Bayle : « Mieux vaut une société d'athées que d'idolâtres (3). » Dans cette idolâtrie, à laquelle il préfère si hautement l'athéisme, il est facile de reconnaître le christianisme et surtout le catholicisme. Contrairement à la science de l'homme et à l'histoire, il prétend que les croyances religieuses sont sans influence sur la volonté, et que le paganisme ne contenait en lui aucun principe réprimant, mais seulement des principes de corruption. Par contre, il imagine des athées qui

---

(1) *Rép. à un Prov.*, t. III, 5 vol. in-12. Rotterdam, 1704.
(2) *Rép. à un Prov.*, 3ᵉ vol., chap. CXXIX et CXXX.
(3) Il a développé cette thèse dans les *Pensées diverses à l'occasion de la comète de* 1780, et dans la *Continuation des pensées diverses*, en se servant de quelques arguments empruntés au *Traité de la superstition* de Plutarque.

se conduisent d'après des idées d'honnêteté plus vieilles que Moïse et l'Évangile, qui obéissent à la raison et à la justice, des athées qui sont des sages et des justes et non de vrais athées, si, comme le dit Sénèque, *nemo vir bonus sine Deo* (1).

Avoir joué le rôle d'apôtre de la tolérance, de défenseur de la cause de la liberté religieuse et des droits de la conscience, si indignement violés à l'égard de ses coréligionnaires, avoir lutté non-seulement contre le fanatisme de ses adversaires, mais contre celui des siens, voilà, sans doute, le beau côté, voilà la gloire de Bayle. Mais le scepticisme est toujours au fond de ses arguments en faveur de la tolérance. Nous n'avons pas de marque assurée pour distinguer la vérité absolue de la vérité putative ou apparente, nul ne sait s'il est bien dans le vrai, ou même s'il y a du vrai, c'est là son principal argument pour nous engager à respecter toutes les doctrines, et à nous montrer faciles et doux aux opinions qui diffèrent des nôtres.

Ainsi, partout dans Bayle, sauf dans son *Système de philosophie*, et même sous les apparences d'un certain dogmatisme cartésien, se montre la tendance au scepticisme, le goût de la dispute pour la dispute elle-même, et non comme moyen pour arriver à la vérité. Il se donne d'ailleurs fort justement à lui-même le surnom d'assemble-nuages qu'il emprunte au Jupiter d'Homère, et comme Montaigne, il se trouve parfaitement à l'aise au sein du scepticisme, dont il tire un merveilleux parti dans la discussion. « Il ne faut pas, dit-il, trouver étrange que tant de gens aient donné dans le pyrrhonisme, car c'est la chose du monde la plus commode. Vous pouvez impunément disputer contre tous venants sans craindre ces arguments *ad hominem* qui font tant de peine. Vous ne craignez point la rétorsion, puisque ne soutenant rien, vous abandonnez de bon cœur à tous les sophismes et à tous les raisonnements de la terre quelque opinion que ce soit. Vous n'êtes jamais obligé d'en

---

(1) Epist. 41.

venir à la défensive. En un mot, vous contestez et vous daubez sur toutes choses sans craindre la peine du talion (1). » Il lui semble : « que Dieu, qui est le distributeur des connaissances humaines, agisse en père commun de toutes les sectes, c'est-à-dire, qu'il ne veuille pas souffrir qu'une secte puisse pleinement triompher des autres et les abîmer sans ressource. Une secte terrassée, n'en pouvant plus, trouve toujours le moyen de se relever, dès qu'elle abandonne le parti de la défense pour agir offensivement par diversion (2). » Dans la raison humaine, il voit plutôt un principe de destruction que d'édification ; il ne la juge propre qu'à former des doutes, à se tourner à droite et à gauche pour éterniser une dispute, et à faire connaître à l'homme son impuissance (3). Enfin, comme tous les sceptiques, il a prétendu que le scepticisme ne porte aucun préjudice à la vie pratique, à la marche ordinaire des choses, ni aux sciences, ni même à la morale. Toutefois il convient qu'il peut bien donner quelques alarmes à la théologie.

Cependant Bayle est plutôt un sceptique en action, un sceptique à l'œuvre, qu'un sceptique de système, c'est-à-dire il n'attaque pas, comme Huet par exemple, la certitude de la connaissance, dans ses principes, mais plutôt dans ses applications, par la diversité et par la contradiction des doctrines qu'elle enfante sur Dieu, sur l'homme et sur la nature. Il se distingue encore des purs sceptiques par l'apparence d'un dogmatisme emprunté à Descartes. Que ce dogmatisme soit plus ou moins sincère, il n'en rattache pas moins Bayle d'une manière étroite à l'histoire du cartésianisme.

(1) *Lettre à M. Minutoli*, 1673.
(2) *Dictionnaire critique*, art. RORARIUS.
(3) *Ibid.*, art. PYRRHON.

CHAPITRE XXVI

Le cartésianisme en Suisse et en Angleterre. — Résistance des compagnies de pasteurs suisses à la philosophie nouvelle. — Robert Chouet introducteur du cartésianisme à Genève. — Succès de son enseignement. — Retour de la philosophie de Genève à l'empirisme. — Caractère particulier de l'empirisme de Genève. — Le cartésianisme en Angleterre. — Antoine Legrand, missionnaire catholique et cartésien. — Détails sur sa vie. — Ses ouvrages. — Philosophie de Descartes accommodée à l'usage des écoles. — Opposition de l'université d'Oxford contre le cartésianisme. — Samuel Parker. — Descartes confondu avec Hobbes. — Apologie de Descartes par Antoine Legrand. — Polémique contre Parker et John Sergeant. — Cudworth. — En quoi il suit Descartes et en quoi il le combat. — Succès de la philosophie cartésienne à Cambridge. — Clarke traducteur de la *Physique* de Rohault. — Nombreuses traductions d'ouvrages cartésiens. — Traductions de la *Recherche de la vérité*. — La philosophie de Malebranche en Angleterre. — John Norris. — *Théorie du monde idéal*. — La philosophie de Malebranche accusée de favoriser les quakers. — Rapports et différences entre Berkeley et Malebranche. — Les idées seuls objets immédiats de l'esprit et seuls êtres existants. — Les idées en Dieu. — Comment, d'après Berkeley, il nous les communique. — Influence de Descartes sur Locke.

Jetons maintenant un coup d'œil sur les destinées du cartésianisme à l'étranger, en Suisse, en Angleterre, en Italie, dans des contrées où il a exercé une certaine influence, mais où il s'est plus tardivement développé, et avec moins d'éclat, qu'en Hollande et en Allemagne. En Suisse, les compagnies de pasteurs, qui avaient une autorité suprême sur l'enseignement et les universités, opposèrent une longue et vive résistance en faveur d'Aristote. Le conseil de Berne, faisant droit aux plaintes du corps ecclésiastique, interdit plusieurs fois, et particulièrement en 1669 et 1680, l'enseignement de la philosophie de Descartes, soit dans les leçons publiques de l'académie, soit dans les cercles particuliers (1). Genève aussi ne se montra pas d'abord plus hospitalière pour Descartes qu'elle ne l'avait été pour Ramus, pour son disciple Arminius et pour David Derodon. En 1669 seulement, à Gaspard Wyss, zélé péripatéticien, succède Robert Chouet qui, le premier, enseigne publiquement le cartésianisme.

Robert Chouet tient une grande place dans l'histoire philosophique et politique de Genève. Après avoir suivi à Nîmes les leçons de Derodon, il revint étudier la théologie à Genève, sa patrie. Il fit ensuite un voyage à Paris, où, sans doute, il se perfectionna dans la connaissance du cartésianisme. Sur la nouvelle de la mise au concours d'une chaire de philosophie dans l'université protestante de Saumur, il partit pour la disputer, comme Bayle à Sédan, et, quoique inconnu et âgé seulement de vingt-deux ans, il remporta une éclatante victoire sur un ministre protestant français, vieilli dans toutes les subtilités de la scholastique (2). Louis Delaforge assistait et applaudissait au triomphe du jeune et brillant cartésien. Le bruit même en vint jusqu'à la cour qui s'en émut, et voulut savoir par quelle raison on avait préféré un étranger à un sujet du roi. Mais le sénéchal de Saumur répondit au secrétaire d'État en termes si honorables pour Chouet, que celui-ci, sans plus de résistance, fut mis en possession de sa chaire (3). Le premier, et avec un immense succès, il enseigna la philosophie nouvelle dans l'université de Saumur. Mais après cinq ans, forcé de quitter l'Anjou, à cause des décrets contre le cartésianisme, il revint à Genève et succéda dans la chaire de philosophie au péripatéticien Wyss, son ancien maître (4).

(1) *Histoire de Berne*, par Fillier, 1838.
(2) Il le nommait Villemandy et il était vivement soutenu par le gouverneur de la province.
(3) *Histoire de la littérature française à l'étranger*, par M. Sayous, 2 vol. in-8. Paris, 1852.
(4) *Le Cartésianisme en Anjou* par M. Dumont, dans les *Mémoires de la société académique de Maine-et-Loire*, tomes XV et XVI. On trouve aussi d'intéressants détails sur l'université de Saumur et sur la lutte entre

Il vint à Genève, en 1669, accompagné d'un grand nombre d'étudiants de Saumur qui ne purent se résigner à perdre les leçons d'un tel maître. Chouet excellait dans l'art de professer, et ses succès ne furent pas moins grands à Genève qu'à Saumur. Pendant un enseignement de vingt années il y fit de nombreuses conquêtes au cartésianisme, parmi lesquelles la plus brillante, sinon la plus solide, fut celle de Bayle. Nommé conseiller d'État en 1686, Chouet quitta l'enseignement, mais jusqu'à la fin de sa vie, il eut une part considérable dans l'administration de la république, où il se signala par les services rendus aux sciences et aux lettres (1). D'après la liste de ses ouvrages on peut conjecturer qu'il s'était adonné plutôt à la physique qu'à la métaphysique cartésienne (2). Aussi le règne de la métaphysique de Descartes ne paraît-il pas avoir été de bien longue durée à Genève. Déjà nous voyons le successeur de Chouet, Antoine Gautier, tout en combattant le sensualisme, abandonner le cartésianisme sur le point essentiel de la démonstration de l'existence de Dieu (3). La philosophie de Genève ne tarda pas à s'éloigner de plus en plus de Descartes pour se rapprocher de Locke. Dans le cours du dix-huitième siècle nous voyons l'enseignement philosophique passer aux mains de physiciens et de naturalistes qui fortifient et développent cette tendance à l'empirisme (4). Mais, à la différence de l'empirisme français et anglais, l'empirisme

Chouet et Villemandy, dans une autre brochure du même auteur : *Histoire de l'académie de Saumur*, Angers, 1862.

(1) *Histoire littéraire de Genève*, par Jean Sennebier, 3 vol. in-8. Genève, 1786. Chouet mourut en 1731, à l'âge de quatre-vingt-neuf ans.

(2) *De varia astrorum luce. — De iride. — De vacuo. — De quatuor elementis vulgo sic dictis.* Il est cependant l'auteur d'un abrégé de logique : *Brevis et familiaris institutio logica in usum studiosæ juventutis*, etc. Genève, in-8°, 1672.

(3) *Argumenta Cartesii pro existentia Dei sophismata aut inutilia*, 1719.

(4) On peut citer Étienne et Jean Jalabert, Jean-Louis Calandrini, Gabriel Cramer, de Saussure, qui tous se sont fait un nom dans les sciences mathématiques ou physiques.

s'allie à Genève au respect pour tous les principes de la morale et de la religion, souvent même à un vif sentiment religieux. Il suffit de citer les noms d'Abauzit, de Charles Bonnet, de Prévost, de Le Sage.

Passons de la Suisse à l'Angleterre. L'Angleterre, depuis Hobbes et Bacon jusqu'à Locke, depuis Locke jusqu'à Bentham, semble la patrie de l'empirisme. Cependant, dans la seconde moitié du dix-septième siècle, entre Hobbes et Locke, le cartésianisme y a pénétré, et une sorte d'école platonicienne et mystique s'y est formée, en opposition non-seulement avec la philosophie de Hobbes, mais aussi avec celle de Descartes que la plupart des mystiques et des théologiens affectaient de confondre l'une avec l'autre. Dugald Stewart cite John Smith de Cambridge, auteur de *Discours choisis*, publiés en 1660, comme un des plus anciens partisans de Descartes parmi les Anglais (1). Néanmoins c'est à Antoine Legrand que revient surtout l'honneur d'avoir introduit et propagé en Angleterre la philosophie de Descartes. Antoine Legrand, né à Douai au commencement du dix-septième siècle, appartient par sa naissance à la Belgique espagnole; mais sa vie et ses travaux le rattachent étroitement à l'histoire du cartésianisme en Angleterre. C'était un religieux de l'ordre de Saint-François, comme Bayle, Arnauld et le P. Hardouin s'accordent à le dire (2),

---

(1) *Histoire abrégée de la philosophie*, 1ᵉʳ volume, p. 183, traduction de Buchon.

(2) « Vous pouvez voir, dit Arnauld, dans une lettre à Malebranche, ce qu'en dit, dans sa *Philosophie cartésienne*, Antoine Legrand, que j'apprends être un religieux de l'ordre de Saint-François. » Hardouin, qui lui fait l'honneur de le placer à un bon rang parmi les *Athei detecti*, dit qu'il a changé son nom de Legrant en celui de Legrand, *ut Antonius Magnus esse credatur*, et que c'était un religieux de l'ordre des Récollets. Ces témoignages ne sauraient être mis en doute, fortifiés par celui de deux historiens anglais, Dodd et Anthony Wood, qui font autorité dans l'histoire ecclésiastique et universitaire. Anthony Wood (*Athenæ Oxonienses*) dit que c'est un religieux et qu'il vit actuellement retiré dans le comté d'Oxford, après quelques années passées à Londres. Dodd, dans son *Histoire ecclésiastique*, dit aussi que c'est un religieux et qu'il fut envoyé en mission en Angleterre par les résidents anglais catholiques de Douai.

et non un médecin, selon la supposition de Brucker et de Tennemann. Les catholiques anglais avaient fondé à Douai, au seizième siècle, un séminaire où ils envoyaient de jeunes Anglais faire leurs études et recevoir les Ordres pour revenir ensuite combattre l'hérésie. Ce séminaire fut converti, au dix-septième siècle, en une communauté religieuse de l'ordre de Saint-François, afin qu'il pût échapper aux jésuites qui voulaient s'en emparer. C'est ainsi qu'Antoine Legrand, membre de la communauté de Saint-François de Douai, fut envoyé en Angleterre comme missionnaire catholique, et que nous trouvons en Angleterre un franciscain prêchant à la fois le cartésianisme et le catholicisme.

Après avoir passé quelques années à Londres, Antoine Legrand vécut d'une vie très-retirée dans le comté d'Oxford où, en 1695, selon Wood, il était précepteur du fils aîné d'un riche fermier. Il a publié à Londres plusieurs ouvrages destinés à la propagation et à la défense de la philosophie de Descartes (1). Pour la faire pénétrer dans les universités il l'exposa sous une forme scolastique, dans deux ouvrages (2), dont le plus considérable a pour titre : *Institutiones philosophiæ*. C'est une exposition méthodique et complète de la philosophie de Descartes augmentée de quelques développements relatifs à la logique et à la morale. Par une réminiscence de la scolastique, il a consacré un livre entier, qui n'a rien de cartésien, aux anges et aux démons, sur lesquels il donne de très-minutieux détails tirés de son imagination ou des Écritures.

La philosophie de Descartes rencontra, en Angleterre,

---

(1) Avant d'avoir été cartésien, il aurait été attaché à la doctrine de Zénon, ressuscitée par Juste-Lipse, si l'on en juge par un ouvrage intitulé : *l'Homme sans passions*, petit in-12, publié à Paris en 1665.

(2) *Philosophia vetus e mente Renati Descartes more scholastico breviter digesta*, et *Institutiones philosophiæ secundum principia R. Cartesii nova methodo adornata et explicata*, 1 vol. in-8. Londini, 1675, 3ᵉ édition. Une édition complète de ses œuvres philosophiques a été publiée à Londres en 1694 : an entire body of philosophy according to the principles of the famous Renate Descartes, 1 vol. in-fol.

dans la vieille et puissante université d'Oxford, une vive opposition à la tête de laquelle était Samuel Parker, évêque d'Oxford (1). La philosophie de Hobbes avait profondément alarmé les philosophes spiritualistes et les théologiens de l'Angleterre qui tous se mirent en campagne contre l'athéisme. Mais quelques-uns, plus ou moins sincères, ont le tort de voir l'athéisme là même où il n'est pas, dans Descartes aussi bien que dans Hobbes. Il est vrai que Descartes, de même que Hobbes, a enseigné que tout se fait mécaniquement dans la nature. Mais, selon Hobbes, c'est par le seul effet du hasard ou de la nécessité, tandis que, selon Descartes, c'est par l'effet de la perfection infinie de Dieu qui a imprimé sur la matière ces admirables lois du mouvement par lesquelles s'explique la nature tout entière. Voilà la différence profonde dont les adversaires de Descartes en Angleterre ne veulent pas tenir compte. Dans ses *Disputationes de Deo et divina providentia* (2), à la réfutation de Hobbes Parker joint celle de Descartes qui, dit-il, marche de près sur ses traces, et qui a établi, avec plus de génie, la même philosophie. Si Descartes a dit que Dieu a créé la matière et le mouvement, Parker affirme que c'est uniquement par politique et par prudence. Cependant il veut bien accorder que peut-être il n'a pas, dès le principe, nourri dans son âme cette impiété. Mais ayant brusquement passé de la vie militaire aux lettres, sans autres connaissances que les mathématiques, il s'est imaginé qu'il en est de la construction des mondes, comme de celle des machines de guerre. Quels qu'aient été d'ailleurs les sentiments de son âme, sa philosophie, selon Parker, supprime entièrement la science d'un auteur de la nature. C'est sans doute l'influence de ce prélat qui fit bannir d'Oxford, par sentence publique, la philosophie de Descartes.

Antoine Legrand osa se mesurer contre un si puissant

---

(1) Voir sur Samuel Parker l'article du *Dictionnaire de Chauffepié*.
(2) In-4°, Lond., 1678.

adversaire et composa, pour lui répondre, une *Apologie de Descartes* (1). La préface est une réfutation de l'athéisme ; la moitié de l'ouvrage est consacrée à la défense des preuves de l'existence de Dieu et à la réfutation des objections contre l'universalité, l'innéité, la valeur ontologique de l'idée de Dieu. Si rien n'est plus évident pour l'esprit humain que sa propre existence, quelle n'est pas, selon Antoine Legrand, la solidité de la preuve de Dieu qui se déduit immédiatement de cette existence même ! Sur la fin de sa vie, il entra encore en lutte pour Descartes contre John Sergeant qui, au nom de la foi, combattait la théorie des idées (2). Enfin Antoine Legrand a composé un ouvrage spécial pour la défense de l'automatisme et annoté le *Traité de physique* de Rohault (3).

La philosophie de Descartes rencontra à Cambridge dans Cudworth un adversaire plus considérable et plus modéré que Parker. Cudworth, collègue d'Henri More au collége du Christ, est le plus illustre et le plus érudit de cette école platonicienne et religieuse dont Cambridge était alors le centre. Quoique adversaire de Descartes il est à moitié cartésien. Il pense comme Descartes, sur l'essence de la matière, il a la même aversion pour les formes substantielles et les qualités occultes, il se sert des mêmes arguments en faveur de l'âme et de Dieu. Mais il lui reproche d'assujettir les vérités éternelles aux décrets arbitraires de Dieu, et d'étendre le mécanisme

---

(1) *Apologia pro Renato Descartes contra Samuelem Parkerum*, in-12. Lond., 1679.

(2) John Sergeant est un habile et violent pamphlétaire qui d'anglican s'était fait catholique. Les catholiques se servirent souvent de sa plume contre les plus célèbres écrivains du parti opposé. Voici les titres de ses ouvrages contre Antoine Legrand : *Non ultra, lettre à un savant cartésien pour déterminer la règle de la vérité*, 1698. — *Ideæ cartesianæ expensæ*, etc., contre Anthony Legrand, 1698. Ce même Sergeant attaqua aussi Locke dans un ouvrage intitulé : *Solid philosophy asserted against the fancies of the idealist*, 1697. Dodd, dans son *Histoire de l'Église*, se borne à indiquer sous ce titre collectif : *Several smaller pieces against M. J. Sergeant*, les écrits de Legrand qui se rapportent à cette polémique.

(3) *Animadversiones in Jacobi Rohaulti tractatum physicum*.

jusqu'aux êtres organisés et vivants. La physique de Descartes, à ne considérer que la partie mécanique, lui semble conçue si habilement qu'elle dépasse tout ce que les anciens ont imaginé de mieux, mais il l'accuse de favoriser l'impiété et l'athéisme, de détruire les causes finales, la preuve de l'harmonie de l'univers, et de mettre les tourbillons et la matière subtile à la place de l'intelligence de Dieu. Il ne comprend même pas comment les cartésiens gardent encore ce Dieu désormais inutile. Cependant, à la différence de Parker, Cudworth n'accuse pas Descartes d'être un athée de propos délibéré ; il ne peut se résoudre à placer parmi les ennemis de la divinité le philosophe qui a établi tant de principes et de preuves qui les confondent (1).

Selon Cudworth, l'étendue toute seule est l'essence des corps bruts, mais non des corps organisés. Il accuse le mécanisme appliqué aux corps organisés d'accoutumer à se passer de Dieu en faisant dériver l'ordre, l'harmonie et la vie elle-même du mouvement et de la matière. Si, entre Dieu et la matière, on ne place pas une certaine nature animée d'un souffle vital, obéissante aux ordres divins, mais disposant et tempérant tout par sa propre force, il n'y a plus de vraie piété. Otez cet intermédiaire, ou la matière produira et dirigera elle-même ses mouvements, ou Dieu, de sa propre main, et sans instrument, opérera tout dans le monde; ainsi, ou on va droit à l'athéisme, ou on charge Dieu des plus petits soins et de détails infinis qui sont indignes de lui, et on le fait immédiatement responsable de tous les défauts qui sont dans son ouvrage. Cudworth restitue donc la vie au monde en lui donnant une nature plastique universelle, c'est-à-dire, une âme spirituelle par qui Dieu agit, une âme qui, aveugle et sans conscience, pénètre dans toutes les parties de la matière, et réalise avec une merveilleuse précision les plans de l'éternel architecte. Au-dessous de cette nature

---

(1) *The true intellectuel system of the universe*, gros in-folio, traduit en latin par Mosheim.

plastique, ou de cette âme du monde, il place une multitude d'autres âmes ou natures plastiques qui animent et informent, avec la sûreté de l'instinct et sans conscience, tous les corps organisés sans exception. A l'homme aussi il donne une nature plastique qui est une puissance inférieure de l'âme raisonnable. Tel est le système que Cudworth oppose à Descartes, tel est l'intermédiaire qu'il cherche à rétablir entre le pur mécanisme et la pure pensée (1).

Mais, malgré l'opposition des platoniciens et des péripatéticiens, des théologiens et des partisans de Hobbes, la philosophie cartésienne eut une certaine influence en Angleterre. Si elle est bannie de l'université d'Oxford, elle semble avoir réussi à s'établir dans celle de Cambridge. La physique de Rohault, traduite en latin et en anglais, y fut adoptée jusqu'à Newton comme un ouvrage classique. Le plus célèbre des traducteurs du Traité de Rohault est Samuel Clarke, qui en fit deux traductions, l'une en latin, l'autre en anglais (2). Celle en latin, à laquelle il joignit le commentaire d'Antoine Legrand et des notes tirées des principes de physique de Newton, eut en peu de temps six éditions. Clarke abandonna plus tard la physique de Descartes pour celle de Newton (3), mais en demeurant fidèle à l'esprit et aux grands principes de la métaphysique de Descartes, qu'il avait puisés à l'université de Cambridge.

(1) Voir la dissertation, *Upon the plastic nature*, intercalée entre le chap. III et le chap. IV du Ier livre. Pour plus de détails sur les natures plastiques nous renvoyons au chap. XII de notre ouvrage sur le *principe vital* et l'*âme pensante*.

(2) *Treatise of physics with annotations by Dr Clarke.* — *Jacobi Rohaulti physica latine vertit, recensuit, adnotationibus ex illustrissimi Isaaci Newtoni philosophia maximam partem haustis, amplificavit et ornavit Samuel Clarke.* Lond., 1723, gros in-8.

(3) Il ne prend pas, dit-il dans la préface, pour un oracle tout ce qu'avance son auteur ; plusieurs de ses assertions ont été renversées par les découvertes modernes ; mais il faut que les adversaires mêmes de l'auteur avouent, malgré eux, que la plupart sont vraies ou du moins ont la plus grande vraisemblance.

Les doctrines de Clarke sur l'âme et sur Dieu, malgré les diversités dans les détails, ont une étroite parenté avec la philosophie cartésienne. Tout en critiquant les preuves de l'existence de Dieu de Descartes (1), lui-même il s'appuie sur l'idée d'un être nécessaire, infini, qu'il croit inséparable de la conscience de notre imperfection.

La *Physique* de Rohault n'est pas le seul ouvrage cartésien français qui ait été réimprimé à Cambridge ou à Londres et traduit en latin ou en anglais. La *Logique de Port-Royal* eut aussi plusieurs éditions en anglais et en latin (2). La même année où avaient paru en France le *Traité de l'existence de Dieu* de Fénelon et la *Vie de Descartes* par Baillet, ils étaient traduits et publiés en anglais.

A la suite de la philosophie de Descartes, celle de Malebranche eut aussi quelque vogue en Angleterre. Il y eut deux traductions de la *Recherche de la Vérité*, l'une par Levassor, ancien oratorien, précédée d'une *Histoire de la querelle d'Arnauld et de Malebranche*, l'autre par Taylor, qui eut deux éditions (3). Louis Racine, dans une épître à Jean-Baptiste Rousseau, fait allusion à ce goût de l'Angleterre pour Malebranche :

> Peu contents de nos biens nous vantons ceux des autres,
> Nos voisins autrefois vantaient aussi les nôtres.

---

(1) *Traité de l'existence et des attributs de Dieu*, chap. IV, in-12, édition Carpentier, 1843, avec une introduction de M. Jacques.

(2) *Walch histor. log.*, lib. II, cap. I.

(2) L'auteur de cette traduction est Broock Taylor, mathématicien, musicien, peintre, dont l'esprit était tourné vers les spéculations philosophiques et religieuses. Secrétaire de la Société royale, il donna sa démission, en 1708, pour ne plus s'occuper que de sujets de morale et de religion. Il est l'auteur d'une *Contemplatio philosophica*, et eut une controverse avec René de Montmort sur certains points de la philosophie de Malebranche. Il est mort en 1731. A la première édition de sa traduction de la *Recherche de la Vérité* il a ajouté le *Traité de la nature et de la grâce* et la *Défense contre le P. Valois*, Lond., 1694, in-4°. La deuxième contient en outre un *Discours sur la lumière* qui, selon Taylor, est du même auteur, et lui a été communiqué en manuscrit par une personne de qualité en Angleterre. Lond., 1700, in-folio.

Éprise du plus grand de nos méditatifs,
Londres applaudissait à ces spéculatifs.
Qui dans le sein de l'être en qui tout est visible,
Contemplaient l'étendue, immense, intelligible ;
Archétype en qui seul je vois, sans le savoir,
Les objets qu'ici-bas de mes yeux je crois voir.

La philosophie malebranchiste eut même à se défendre, en Angleterre, de favoriser par ses principes la secte des quakers. Le plus célèbre des disciples anglais de Malebranche est John Norris (1), un des philosophes et des théologiens les plus distingués de la fin du dix-septième siècle en Angleterre. Dans un *Traité de l'accord de la raison et de la foi* (2), il soutient, comme Malebranche, l'unité de la vraie philosophie et de la vraie religion, fondée sur leur unité dans la raison divine. En outre, il a donné une exposition enthousiaste et poétique de la philosophie de Malebranche dans son *Essai d'une théorie du monde idéal et intelligible*. Ce titre platonicien révèle l'esprit de l'ouvrage. Il est divisé en deux parties, dont la première a pour objet ce monde idéal en lui-même, et la seconde dans son rapport avec l'entendement humain (3). Quoi de plus important, selon Norris, que ce monde idéal qui est en nous, ou en qui nous sommes, ce monde de la lumière et de la vérité, de l'ordre essentiel, de la proportion et de la beauté, et cependant quoi de moins connu ? Nul n'y a pénétré plus avant que Malebranche, le grand Galilée de ce monde intellectuel. C'est lui qui a donné le point de vue, et, quelque découverte qu'on y puisse faire après lui, ce sera par son télescope. Il a cherché la vérité dans sa vraie patrie, mais ce grand Apelle n'a peint qu'à moitié la céleste beauté, et je suis effrayé, dit Norris, de ce que cette

---

(1) Né en 1667, mort en 1711.
(2) *An account of reason and faith in relation to the mysteries of christianity*, in-8, 1697.
(3) *An essay towards the theory of the ideal or intelligible world designed for two parts, the first considering it absolutely in itself, and the second in relation to human understanding* 2 gros vol. in-8. Le premier est de 1701, et le second de 1704.

peinture aura à souffrir, quelle que soit la main qui l'achève.

Indépendamment de leur état naturel, toutes les choses ont un état idéal. Ce qui est nécessaire, permanent, immuable, ce qui est l'original de ce qui est, ce qui contient éminemment en lui, et d'une manière intelligible, tout ce qui existe dans le monde naturel, ce sur quoi se fonde et se mesure toute réalité, tout ordre et toute beauté, voilà l'état idéal des choses. Le monde idéal est en Dieu, il est Dieu lui-même; Dieu, avant de créer les choses, a dû d'abord nécessairement contempler leurs idées au sein de sa sagesse infinie ; c'est là le monde intelligible, éternel modèle d'après lequel Dieu a tout fait. Quand vous voyez sur une lettre une empreinte de cire, aussitôt vous pensez au sceau qui lui a été appliqué; à plus forte raison, l'admirable ouvrage du monde nous force-t-il de concevoir un type, un sceau d'après lequel il a été formé.

Comme, en dehors de Dieu, il n'y a rien que de temporel et de contingent, il faut bien que nous placions en lui ces idées revêtues des caractères d'éternité et de nécessité qui apparaissent à notre intelligence ; ainsi est démontrée irrésistiblement l'existence d'un monde idéal, existence bien plus certaine que celle du monde sensible. Émanation nécessaire de Dieu, le monde idéal est en effet certain *à priori* par sa cause, tandis que le monde naturel, décret arbitraire de sa toute-puissance, n'a qu'une certitude *à posteriori* par l'effet. De la raison dépend la certitude du premier, et des sens seulement la certitude du second. Il est vrai qu'en sa faveur on invoque la révélation, mais la foi aux monuments de la révélation ne repose-t-elle pas elle-même sur la foi au témoignage des sens ?

Norris conçoit ces idées comme certains degrés différents d'être et de perfection dans la divine nature, degrés qui, selon qu'ils correspondent actuellement aux choses, ou bien en tant qu'imitables et participables par elles, sont dits les formes exemplaires ou les idées de ces choses. Comme elles ne sont qu'un rapport de l'essence divine avec les choses qui existent au dehors, leur diversité et leur multiplicité ne porte nulle atteinte à la simplicité de Dieu. L'idée de matière elle-même n'altère en rien sa spiritualité, parce que la matière n'est en Dieu que par son idée, ou d'une manière éminente et purement intelligible. Norris distingue, dans les idées, l'*esse repraesentativum* par qui elles sont finies, et l'*esse reale* par qui elles sont infinies et identiques avec l'essence même de Dieu.

Entre les idées divines il y a des rapports éternels qui constituent des vérités éternelles, objets de l'entendement divin. Norris insiste sur les caractères et sur l'importance de ces vérités éternelles. Il signale, comme un point dangereux de la philosophie cartésienne, que, d'ailleurs, il proclame excellente, la dépendance où Descartes veut les mettre à l'égard de la volonté divine. Les vérités mathématiques, physiques et morales étant en effet réduites à une nécessité purement hypothétique, il n'y aurait plus de science, plus de morale, plus rien que de contingent. Pour éviter ces conséquences, il faut admettre, avec saint Augustin, dont Norris multiplie les citations, que la vérité est l'essence même de Dieu. Il appelle Arnauld anti-idéaliste pour avoir combattu cette doctrine. Enfin, un dernier chapitre de cette première partie est consacré à célébrer les beautés de ces vérités éternelles, et les douceurs de la contemplation. Heureux, s'écrie-t-il, l'homme contemplatif!

Quel est le rapport de ce monde idéal avec notre entendement? Comment pensons-nous, comment connaissons-nous les objets? Ici encore Norris suit fidèlement Malebranche. D'abord tout ce qui est dans l'esprit, sensation, volition, jugement, est immédiatement perçu par soi, sans idée, étant plus intime à l'esprit qu'aucune idée possible. En outre, parmi les objets placés en dehors de nous, il en est aussi qui sont intelligibles par eux-mêmes, tel est Dieu intimement présent à nos âmes, et que rien, en raison de son infinité, ne peut représenter, telles sont aussi les vérités éternelles, objets de la béatifique vision.

Quant aux autres êtres matériels, ou même spirituels, nous ne pouvons les connaître que par l'intermédiaire d'espèces intelligibles, ou d'idées les représentant à l'entendement. Ces idées, seuls objets de nos perceptions, résident en Dieu. Les idées par lesquelles nous voyons les choses sont donc les mêmes que celles par lesquelles Dieu les voit et les produit. De même que Malebranche, Norris distingue l'idée, qui seule est en Dieu, et seule est absolue, du sentiment qui est en nous, et qui est contingent, distinction par laquelle il explique aussi comment nous voyons tout en Dieu, sans qu'il y ait rien en lui de contingent et de mobile. Sans cesse il s'appuie de la double autorité de saint Augustin et de Malebranche, et il parle toujours de Descartes avec une sorte de vénération. Telle est la douceur de son âme qu'il craint qu'on s'autorise de l'automatisme, dont il est cependant partisan, pour maltraiter les bêtes. Il supplie qu'on continue à traiter ces pauvres créatures comme si elles avaient le sentiment et l'intelligence que le vulgaire leur attribue. De fréquentes élévations, des hymnes à la divinité sont encore un trait commun entre Norris et Malebranche. Il fut obligé par les évêques anglicans de montrer que sa doctrine de la vision en Dieu n'était pas la lumière intérieure des quakers, et de se défendre contre le soupçon d'être de leur parti. Cependant il avoue quelque part que, si les quakers entendaient bien leur propre doctrine, ils ne seraient pas éloignés de ses sentiments (1).

(1) *Thomas Backer's Reflections upon learning*. Lond., 1718, ch. XXIX.
Dans la *Seconde Lettre sur les Anglais*, Voltaire fait ainsi parler un quaker : « Quand tu fais mouvoir un de tes membres, est-ce ta propre force qui le remue ? Non sans doute, car ce membre a souvent des mouvements involontaires. C'est donc celui qui a créé ton corps qui meut ce corps de terre. Et les idées que reçoit ton âme, est-ce toi qui les formes ? Encore moins, car elles viennent malgré toi. C'est donc le créateur de ton âme qui te donne des idées ; mais comme il a laissé à ton cœur la liberté, il donne à ton esprit les idées que ton cœur mérite ; tu vis dans Dieu, tu agis, tu penses dans Dieu ; tu n'as donc qu'à ouvrir les yeux à cette lumière qui éclaire tous les hommes, alors tu verras la vérité, et la feras

Comment ne pas reconnaître aussi, à travers bien des dissemblances, un air sensible de parenté entre Malebranche et Berkeley, un des esprits les plus ingénieux, les plus hardis et les plus originaux dont s'honore la philosophie anglaise (1)? Une étude complète de la philosophie de Berkeley aurait sans doute un grand intérêt, mais il ne s'agit ici que d'un court rapprochement entre l'auteur des *Dialogues d'Hylas et de Philonoüs* et l'auteur de la *Recherche de la Vérité*.

Le but de Berkeley est de ruiner la croyance à l'existence du monde extérieur, afin de couper court aux mauvaises doctrines qui envahissaient l'Angleterre, au scepticisme et à l'athéisme, et surtout au matérialisme. Il prend pour point de départ les principes de Locke sur la connaissance humaine, mais bientôt il s'en écarte, ou du moins il en tire des conclusions que Locke n'eût sans doute pas plus acceptées que la vision en Dieu de Malebranche. L'idée d'une prétendue vraie nature des choses, ou de l'existence de la matière, est, suivant Berkeley, une idée extraordinaire, raffinée, pleine d'absurdités et de contradictions, la source du scepticisme et de tous les paradoxes des philosophes. Quand Malebranche cherchait à démontrer que

---

voir. — Eh! voilà le P. Malebranche tout pur, m'écriai-je. — Je connais ton Malebranche, dit-il, il était un peu quaker, mais il ne l'était pas assez. »

(1) Berkeley est né en Irlande en 1684. Doué d'une grande piété, il se destina à l'état ecclésiastique et prit ses grades en théologie. Il voyagea quatre ans sur le continent, et fit un assez long séjour en Sicile. C'est à son retour qu'il aurait eu, d'après Dugald-Stewart, cet entretien avec Malebranche sur l'existence ou la non-existence de la matière où celui-ci s'échauffa au point d'aggraver le mal dont bientôt après il mourut. Nous ne trouvons nulle trace de cette anecdote suspecte dans le P. André et le P. Adry. Après une mission religieuse dans les colonies anglaises, il fut nommé en 1734 évêque de Cloyne en Irlande où il résida jusqu'à sa mort en 1753. Ses principaux ouvrages philosophiques sont: le *Traité de la vision*, en 1709. — *Traité sur les principes de la connaissance humaine*, in-12, 1710. — *Dialogues entre Hylas et Philonoüs*, 1 vol. in-12, 1713. — *Alciphron ou le petit philosophe, contenant une apologie de la religion chrétienne contre ceux qu'on nomme les esprits forts*, 2 vol. in-12, 1734. Une édition en 2 vol. in-4 des œuvres complètes de Berkeley a paru à Londres en 1781.

l'esprit ne connaît immédiatement que ses idées et nullement les objets, du moins ne se faisait-il pas cette singulière illusion d'être en accord avec le sentiment du genre humain, et d'avoir en sa faveur le sens commun. Berkeley, au contraire, se persuade qu'il est le véritable interprète du sens commun contre les subtilités et les fictions de quelques philosophes. Revenir à l'idéalisme, c'est-à-dire n'admettre que l'existence des idées, c'est revenir, dit-il, aux simples leçons de la nature, après avoir erré longtemps dans les labyrinthes sauvages de la philosophie. « Je vous assure, Hylas, que je ne prétends point faire des systèmes. Je suis de la trempe ordinaire, assez simple pour en croire à mes sens et pour laisser les choses dans l'état où je les trouve (1). »

En effet, le genre humain, d'après Berkeley, croit que cela seul existe qui est aperçu par lui, et en tant qu'il est aperçu par lui. Ce qu'il voit, ce qu'il sent, ce qu'il touche, ce qui tombe sous sa conscience, et rien de plus, voilà ce qu'il juge exister réellement. Le genre humain fait donc consister toute la réalité dans ses idées, et se trouve ainsi, sans le savoir, idéaliste à la façon de Berkeley. Voici comment, dans ses dialogues, si vifs et si ingénieux, il fait raisonner Philonoüs, qui n'admet d'autre réalité que celle de l'esprit et des idées, contre Hylas, le défenseur malheureux de la matière. Les choses sensibles, qui seules peuvent être immédiatement aperçues par les sens, sont les qualités sensibles, la lumière, la chaleur, le son, la couleur, etc. Or, Philonoüs, c'est-à-dire Berkeley, prenant ces qualités les unes après les autres, démontre qu'elles sont relatives, personnelles, affectives, d'où il conclut qu'elles ne peuvent avoir d'existence que dans notre esprit. Avec la même argumentation il réduit les qualités premières elles-mêmes, l'étendue et la solidité, à de pures sensations qui ne correspondent à rien de réel en dehors de nous.

(1) *Dialogues d'Hylas et de Philonoüs*, 1er dialogue.

Qu'est-ce donc que le corps? Un corps en particulier, notre propre corps, par exemple, n'est rien de plus qu'une réunion de qualités et d'idées dont toute la réalité consiste dans la perception qu'en a notre esprit ; tous les corps en général ne sont que des collections d'idées et de sensations. Berkeley se défend néanmoins de changer les choses en idées, car tout au contraire, dit-il, ce sont les idées qu'il change en choses : « ces objets immédiats, dit Philonoüs à Hylas, qui selon vous ne sont que des apparences des choses, ce que je fais moi, c'est de les prendre pour autant d'êtres réels (1). »

De cette prétendue règle, que nous ne connaissons rien que par les idées, ou plutôt que nous ne connaissons que des idées, Berkeley, comme Malebranche, excepte l'âme et Dieu. Je sais immédiatement par la conscience que je suis un esprit ou une substance pensante. Les idées sont des choses destituées d'activité, tandis que l'esprit est actif ; or ce qui aperçoit les idées, ce qui pense et ce qui veut, ne saurait être une idée ni ressembler à une idée. Dieu, à la différence de l'esprit et des idées, ne nous est connu que par la voie de la réflexion et du raisonnement, et par l'espèce d'image pensante et active que nous en trouvons au dedans de nous (2).

Mais comment nous élevons-nous jusqu'à Dieu, et quel est le rapport de Dieu avec les idées? Les choses, selon Berkeley, ne sont que l'assemblage de certaines sensations ou idées qui se manifestent simultanément dans notre esprit ; il n'y a dans le monde que des idées, et jusqu'à présent nous ne connaissons que notre esprit qui les perçoive. Est-ce à dire qu'elles n'existent qu'au moment où nous les percevons et que, dès que nous ne les apercevons plus, dès qu'elles disparaissent, elles cessent d'exister? Berkeley n'admet pas que, notre esprit anéanti, le monde des idées lui-même soit anéanti, ou que les choses susceptibles d'être

---

(1) 3ᵉ Dialogue.
(2) *Ibid.*

aperçues n'existent plus, du moment que nous avons cessé de les apercevoir. Les idées des choses sont en nous, mais elles ne viennent pas de nous; elles sont indépendantes de notre volonté, elles se produisent, elles disparaissent sans nous et malgré nous. Il faut donc leur attribuer une autre qualité que celle d'être aperçue par nous, c'est-à-dire leur donner une existence indépendante de notre esprit. Mais des idées ne peuvent exister ailleurs que dans un esprit; il y a donc nécessairement d'autres esprits qui contiennent les idées des choses sensibles, pendant les intervalles qui s'écoulent entre les moments où nous les apercevons, des esprits où elles résidaient avant que nous fussions, et où elles résideront quand nous ne serons plus. Mais ces autres esprits, finis comme le nôtre, ces esprits qui commencent et qui finissent, qui sont sujets à des intermittences et à des défaillances, ne peuvent eux-mêmes offrir aux idées, et encore à quelques idées seulement, qu'une résidence instable et passagère. S'il n'y avait que de pareils esprits pour leur servir d'asile, un nombre infini d'idées périrait à chaque instant, et la réalité des choses sensibles, soumise à de continuelles fluctuations, serait bientôt anéantie. Tel est le fondement d'une preuve de l'existence de Dieu qui semble à Berkeley aussi simple, aussi décisive et claire qu'originale.

Si les idées existent réellement, si elles ne viennent et ne dépendent pas de nous, ne faut-il pas nécessairement conclure qu'il y a un esprit infini, qui en est le siége, dans lequel elles résident, et qui aperçoit éternellement toutes les idées possibles, tandis que nous ne les apercevons que partiellement et par intervalles? Autant donc il est certain que nos idées du monde sensible existent réellement, autant il est certain qu'il existe un esprit infini, et présent partout, qui contient et soutient le monde tout entier des idées et qui nous les représente, suivant les règles qu'il s'est prescrites à lui-même, règles que nous appelons les lois de la nature. Telle est la démonstration irrésistible par laquelle il se flatte de confondre infailliblement les partisans de l'athéisme. Quoi, en effet, dit-il, de plus simple que de conclure de l'existence d'idées dans notre esprit, à un esprit infini en qui résident toutes les idées possibles et qui les communique à nos esprits bornés (1) ?

Enfin, de même que Malebranche, Berkeley considère Dieu comme le seul agent et comme l'auteur unique et immédiat, conformément aux Écritures, de tous ces effets que quelques païens et philosophes de nos jours ont coutume d'attribuer à la nature.

Telle est, au premier abord, la ressemblance entre cette doctrine et celle de Malebranche, que chacun dirait avec Hylas : « N'êtes-vous donc pas aussi du sentiment que nous voyons toutes choses en Dieu ? Si je ne me trompe, ce que vous avancez revient à peu près à cela. » Cependant Berkeley proteste contre le sentiment qu'Hylas lui attribue, et il insiste sur certaines différences entre sa doctrine et celle de Malebranche (2). Il pense, il est vrai, que les choses que nous apercevons sont connues par l'entendement d'un esprit infini, et produites en nous par sa volonté, mais il ne dit pas, ce qui lui semble impossible à comprendre, que nous voyons les choses en apercevant les attributs de la substance intelligible de Dieu qui peuvent nous les représenter. Ainsi nous ne voyons pas, selon Berkeley, les choses en Dieu, mais Dieu produit en nous les choses que nous voyons et qui sont toutes contenues dans son entendement. Enfin Berkeley reproche à Malebranche d'avoir conservé la réalité sensible, quoique dans son système, comme dans le sien, elle n'ait aucune utilité ni aucun but. Que penser, dit-il, d'une opinion dans laquelle le monde entier a été créé en vain (3) ? Quoi qu'il

(1) Voir le 2ᵉ et le 3ᵉ dialogue.

(2) Il proteste de la même façon dans *Alciphron* : « Je me tenais en garde contre une certaine hypothèse métaphysique suivant laquelle nous voyons toutes choses en Dieu par l'union de l'âme humaine avec l'esprit divin. — Pour ce qui regarde cette hypothèse, répond Euphanor, je vous assure que je suis aussi peu tenté de l'admettre que vous (4ᵉ dialogue). »

(3) Malebranche ne conservait le monde que sur la foi de la Bible et de la révélation ; Berkeley, interprétant la Bible à sa façon, prétend que Dieu n'a pas créé le monde, mais les idées ou les images que nous nous faisons du monde.

en soit de ces différences, Berkeley se rattache néanmoins étroitement à Malebranche par les deux grands principes qui sont les fondements de sa doctrine, à savoir, que les seuls objets immédiats de nos perceptions sont les idées, et que les idées sont en Dieu (1).

Ainsi, après avoir franchi le détroit avec Antoine Legrand, le cartésianisme a eu une certaine influence en Angleterre, surtout à l'université de Cambridge, pendant la période philosophique qui s'écoule à partir de Bacon et de Hobbes, jusqu'à Locke et à Newton. Dans Locke lui-même et dans l'*Essai sur l'entendement humain* il ne serait pas difficile de découvrir plus d'une trace de l'influence de Descartes. Ce sont les ouvrages de Descartes, Locke l'avoue, qui avaient fait briller à ses yeux une lumière nouvelle, et l'avaient ramené à l'étude de la philosophie, dont il s'était tout d'abord dégoûté à l'université d'Oxford (2). Un philosophe anglais, Dugald-Stewart, constate lui-même l'heureuse influence, sur la méthode psychologique de Locke, de cette distinction si nette entre l'esprit et la matière, par laquelle Descartes lui seul, dit-il, a fait faire à la science de l'esprit un plus grand pas que tous les au-

---

(1) « Les *Dialogues d'Hylas et de Philonoüs*, dit Dugald-Stewart, ne sont, pour ainsi dire, qu'un développement élégant et ingénieux de quelques-uns des principes de Malebranche poussés à des conséquences paradoxales, mais naturelles, que Malebranche paraît avoir parfaitement aperçues sans vouloir les avouer. » *Histoire abrégée des sciences métaphysiques*, t. II, p. 260, traduit par Buchon.

A la suite de Berkeley, parmi les philosophes anglais qui se sont plus ou moins inspirés de Malebranche, il faut placer Arthur Collier, son contemporain, qui, en 1713, publia un ouvrage intitulé *Clavis universalis*, où, dans l'intérêt de la religion, il cherche à démontrer la non-existence du monde extérieur, avec cette épigraphe empruntée à Malebranche : Vulgi assensus et approbatio circa materiam est certum argumentum falsitatis istius opinionis cui assentitur. Cet ouvrage très-rare, dit Reid, a été réimprimé à Londres, en 1837, dans le *Recueil des traités métaphysiques du dix-huitième siècle*.

(2) « Les premiers livres qui donnèrent quelque goût de l'étude de la philosophie à M. Locke, comme il l'a raconté lui-même, furent ceux de Descartes. » (Leclerc, Éloge de Locke, *Bibliothèque choisie*, t. VI.)

tres philosophes ensemble. Aussi n'hésite-t-il pas à dater l'origine de la vraie philosophie de Descartes plutôt que du *Novum organum* de Bacon et de l'*Essai* de Locke (1). Dans ce que l'école écossaise a de meilleur, combien plus encore ne trouverions-nous pas de réminiscences cartésiennes !

Ainsi nous pouvons faire honneur au cartésianisme d'avoir modéré, en Angleterre, la tendance des esprits vers un empirisme excessif, et d'avoir introduit dans la philosophie anglaise la méthode psychologique ignorée de Bacon et de Hobbes. Si on considère avec impartialité ce que Locke, pour la science de l'entendement humain, et Newton, pour celle du monde, doivent à Descartes, il est juste de dire avec d'Alembert : « Concluons de toute cette histoire que l'Angleterre nous doit la naissance de cette philosophie que nous avons reçue d'elle (2). »

(1) *Histoire des systèmes philosophiques*, 1er vol., p. 194 et 216.
(2) A la fin du discours préliminaire de l'Encyclopédie.

CHAPITRE XXVII

Du cartésianisme en Italie. — Naples théâtre principal du cartésianisme italien. — Persécutions contre les cartésiens de Naples. — Tomaso Cornelio. — Borelli. — Gregorio Coloprese. — Mattia Doria. — Michel Ange Fardella le plus grand cartésien de l'Italie. — Sa vie. — Voyage à Paris. — Liaison avec les principaux cartésiens et surtout avec Malebranche. — Influence de Malebranche sur Fardella. — La philosophie de Descartes dans la bouche de saint Augustin. — *Logique* de Fardella. — Impossibilité de démontrer par la raison l'existence du corps. — Polémique avec Mateo Giorgi touchant la nature du corps et de l'espace. — Défense de l'étendue essentielle contre la doctrine d'une pure étendue distincte des corps. — Réponse à l'objection de l'infinité et de la nécessité du monde. — Doutes de Fardella sur la vérité absolue du principe cartésien de l'essence des corps. — Constantin Grimaldi. — L'abbé Conti. — Le P. Fortunati. — Benoît Stay, poëte cartésien.

Le contre-coup de la réforme religieuse, fatal au génie de l'Italie, lui fit perdre, au dix-septième et au dix-huitième siècle, le sceptre de la philosophie, des lettres et des arts qu'elle avait tenu avec tant d'éclat pendant la période de la renaissance. Le pouvoir ecclésiastique plein de soupçons et d'alarmes redoubla de rigueur et d'intolérance, les académies furent fermées et persécutées, l'inquisition fut armée de pouvoirs formidables, aucun livre ne put paraître sans sa permission. La terreur comprima les opinions hétérodoxes, mais aussi en même temps éteignit le feu sacré des lettres et de la philosophie. De là la décadence de l'esprit italien, et ce triste contraste de son dix-septième siècle avec le seizième. Cependant, malgré la condamnation des œuvres philosophiques de Descartes, le cartésianisme y a pénétré. Brucker prétend que jamais, à cause de l'esclavage de la pensée et des censures de Rome, la philosophie de Descartes n'a pu s'implanter en Italie; mais Buonafede combat l'assertion de Brucker, et cite un certain nombre de cartésiens italiens, sur lesquels malheureusement il ne donne aucun détail (1). Baillet, de son côté, rapporte le témoignage de quelques Italiens, d'après lesquels la philosophie de Descartes aurait plus de sectateurs que d'adversaires, même dans ce pays, où elle semblerait devoir rencontrer plus d'obstacles que partout ailleurs (2).

Ce témoignage, sauf quelque exagération, était vrai, sinon de toutes les parties de l'Italie, au moins du royaume de Naples. La terre de Naples qui, pendant les deux siècles précédents, avait été si féconde en libres et hardis penseurs, en réformateurs et martyrs de la philosophie, la patrie des Telesio, des Bruno, des Campanella, eut encore l'honneur, au dix-septième siècle, d'être le siège et le foyer principal du cartésianisme italien. La plupart des cartésiens italiens sont de Naples, ou sont venus s'y établir, et c'est aussi à Naples que nous rencontrerons Vico, le plus illustre des adversaires de Descartes en Italie. Un collaborateur de Mabillon, Michel Germain, écrivait de Naples en France, en 1685 : « Descartes a les plus beaux esprits de Naples pour sectateurs. Ils sont avides des ouvrages faits pour sa défense et pour éclaircir sa doctrine (3). » C'est la philosophie cartésienne à Naples qui avait opéré cette révolution presque générale dans les études contre laquelle protesta si vivement Vico. On y avait pris en dédain les orateurs, les historiens et les poëtes, on avait abandonné les langues, l'histoire, l'antiquité pour les mathématiques et la physique. La plupart des cartésiens napolitains furent en effet plutôt des physiciens que des métaphysiciens. Si nous en croyons l'auteur de la vie de Vico, dire à Naples, d'un

---

(1) *Ristaurazione di ogni filosophia*, 3 vol. in-8. Ven., 1789, II° vol., p. 83.

(2) Baillet, tome II, p. 499.

(3) Lettre de Michel Germain à Placide Porcheron, dans la *Correspondance inédite de Mabillon et de Montfaucon*, publiée par Valéry, 1er vol., p. 154.

philosophe qu'il comprenait les *Méditations*, c'était faire le plus grand éloge de la portée de son esprit (1).

Cette révolution philosophique ne se fit pas sans exciter les alarmes du pouvoir ecclésiastique. A différentes reprises, les évêques et l'inquisition inquiétèrent les nouveaux philosophes. En 1661, le prélat Piazza, de sa seule autorité, et sans l'intervention du bras séculier, procéda contre des prévenus d'hérésie, parmi lesquels furent compris plusieurs savants et plusieurs philosophes. Plus tard, pendant le règne de Charles II d'Espagne, nous voyons l'Académie des investiganti dénoncée et persécutée, et les partisans de la philosophie de Gassendi et de Descartes soumis à la surveillance d'un inquisiteur particulier. Plusieurs furent obligés de se cacher ou de désavouer leurs principes (2). Néanmoins le cartésianisme se maintint à Naples, où nous le retrouverons jusqu'au milieu du dix-huitième siècle.

Il y fut introduit par Tomaso Cornelio, né en 1614, dans la province de Cosenza. Membre de l'Académie des investiganti, professeur de mathématiques, médecin et poëte, il enseigna la médecine d'après Descartes, et répandit ses ouvrages encore peu connus. Il fut en butte à des accusations d'impiété et à des persécutions dont il finit par triompher, grâce à de puissants protecteurs. La plupart de ses ouvrages, publiés en 1688, après sa mort, ont la physique pour objet (3).

Le plus illustre des savants et des médecins cartésiens de Naples est Borelli, qui a passé une grande partie de sa vie à Florence, mais qui est né à Naples (4). Déjà nous avons dit qu'il fit l'application du mécanisme de Descartes à la physiologie dans son grand ouvrage sur le mouvement des animaux (5). Comme Tomaso Cornelio, Gregorio

---

(1) Voir la Vie de Vico, en tête de ses *Opuscules*, recueillis et publiés par Carlantonio de Rosa, 3 vol. in-8, 1818, Naples.
(2) *Mémoires d'Orloff sur Naples*, t. IV, p. 288.
(3) *Vie de Vico*, par Carlantonio de Rosa.
(4) Né à Naples en 1608, mort en 1679.
(5) *De motu animalium*, opus posth. Rom., 1680, 2 vol. in-4.

Caloprese, autre cartésien de Naples, est né dans la province de Cosenza, et fut médecin et poëte. Il a laissé une réfutation inédite de Spinoza et, quoique cartésien, il fut lié avec Vico (1).

Citons encore un cartésien, ami de Vico, Paolo Mattia Doria. Mattia Doria, gentilhomme génois, s'établit à Naples où il publia un grand nombre d'ouvrages sur les mathématiques, la géométrie, la mécanique, la physique et la métaphysique (2). Par la variété et l'étendue de ses connaissances, il obtint une considération qu'il fit tourner au profit de la philosophie de Descartes. Vico a mis, en tête de son traité de *Antiquissima Italorum sapientia*, une dédicace à son ami Paolo Doria. Une traduction italienne de l'*Abrégé de la vie de Descartes de Baillet*, par Paolo Francone, lui est aussi dédiée. Non-seulement il fut un des plus considérables défenseurs de Descartes en Italie, mais encore un des premiers adversaires de Locke. Il reproche à l'auteur de l'*Essai sur l'entendement* de renouveler le matérialisme et le sensualisme de Gassendi, de ne rien comprendre à la question des idées innées, et d'exclure tout d'abord, sans aucune preuve, la vraie métaphysique. Doria s'éloigne quelquefois de Descartes pour se rapprocher de Platon, c'est-à-dire qu'il dissimule plus ou moins son cartésianisme sous une tendance platonicienne (3).

Nous devons nous arrêter plus longtemps à Michel-Ange Fardella, un des premiers et des plus célèbres

---

(1) Né en 1650, mort en 1715.

(2) Le *Giornale dei litterati* affirme qu'ils ont été imprimés à Naples, quoiqu'ils portent presque tous l'inscription de Venise. Voici les titres de ceux qui ont rapport à la philosophie : *La vita civile e l'educazione del principe*, 2ᵉ édition, in-4°, 1711. — *Considerazioni sopra il moto e la meccanica dei corpi insensibili e dei corpi sensibili*, 1711. — *Discorsi critici filosofici intorno alla filosofia degli antichi e dei moderni e in particolare intorno alla filosofia di Renato Descartes, con un progetto di una metafisica*, 224 pages. — *Difesa della metafisica contro il signor Giovanni Locke*, 1732.

(3) *Filosofia di Paolo Mattia Doria, nella quale si sclarisce quella di Platone*, 2 vol. in-4°. Genève, 1728.

cartésiens de l'Italie, quoique son nom et ses ouvrages aient été jusqu'à présent à peine mentionnés dans la plupart des histoires de la philosophie. Grâce aux indications de M. le docteur Bertinaria, professeur de métaphysique à l'université de Turin, nous pouvons donner quelques détails nouveaux sur sa personne et ses ouvrages (1). Né en Sicile, à Trapani, en 1650, il entra dans l'Ordre de Saint-François qui s'était toujours signalé par son zèle pour saint Augustin et pour l'idéalisme. Dans la préface d'un de ses ouvrages (2), il raconte que, jeune encore, après avoir vainement étudié Aristote, Platon, Épicure, après avoir interrogé tous les sages contemporains de la Sicile, il n'avait trouvé de lumière sur l'âme, sur sa nature, sur la méthode pour l'étudier, que dans saint Augustin. Professeur de philosophie à Messine, à l'âge de vingt ans, il y rencontra Borelli qui l'initia à la philosophie de Descartes. Dans sa lettre à Magliabecchi, il appelle Borelli un incomparable géomètre et philosophe, et son maître chéri pour les sciences métaphysiques. C'est en France même qu'il alla se perfectionner dans la connaissance de la métaphysique de Descartes. De 1677 à 1680, il fit un séjour de trois ans à Paris, pendant lesquels il vécut dans le commerce des plus illustres cartésiens, tels que Régis, Arnauld, Bernard Lamy, Malebranche. Il s'attacha surtout à Malebranche, dont il loue la *Recherche de la Vérité* comme un incomparable livre (3), et dont il reproduisit, comme nous le verrons, les principales doctrines.

De Paris il alla à Rome enseigner la théologie scolastique et morale dans un couvent de son Ordre. Bientôt dégoûté d'un enseignement si peu en rapport avec ses goûts et ses sentiments, il ouvrit une académie de physique expé-

---

(1) Voir, sur Fardella, son Éloge dans le *Giornale dei litterati d'Italia*, XXXII° vol., p. 455, le *Journal des savants* de juillet 1696, et l'article de M. Bertinaria dans le *Supplément à la nouvelle Encyclopédie*. Turin, 1850.

(2) *Animæ humanæ natura ab Augustino detecta.*

(3) Lettre à Magliabecchi. *Galeria di Minerva*, II° vol. Venet., 1697.

rimentale où accoururent tous les meilleurs esprits, et qui n'eut pas moins de succès à Rome que les conférences de Rohault et de Régis à Paris. La renommée de Fardella s'étant répandue dans toute l'Italie, le duc de Modène, François II, lui offrit une chaire dans l'université qu'il venait de fonder. Fardella accepta, mais il abandonna bientôt Modène pour Venise où il donna des leçons à quelques jeunes patriciens. A Venise, avec la dispense du pape, il quitta l'habit de Saint-François pour entrer dans le clergé séculier. Nous le voyons ensuite professeur d'astronomie, puis de philosophie, pendant plusieurs années, à l'université de Padoue où il reçut la visite de Leibniz. En 1709, il fit un voyage en Espagne appelé par l'archiduc Charles qui lui donna une pension et le retint à sa cour de Barcelone, en qualité de mathématicien et de théologien royal. Mais, en 1712, forcé de quitter l'Espagne, perdue pour son protecteur, il alla s'établir à Naples, où il obtint une chaire de philosophie à la recommandation de Leibniz. C'est là qu'il mourut en 1708, et non à Padoue, comme le dit Tennemann.

A Naples, comme à Paris, Fardella se trouva, pour ainsi dire, en plein cartésianisme. Déjà Tomaso Cornelio était mort, mais il put y connaître Gregorio Caloprese, Majello, Paolo Doria, en même temps que Vico. Les biographes de Fardella louent la vivacité de son esprit et l'universalité de ses connaissances. Comme Malebranche, il donnait, après la métaphysique, le premier rang aux études mathématiques, parce qu'en habituant l'âme à faire abstraction des corps, elles l'aident à se connaître elle-même (1). Ses méditations étaient tellement profondes que souvent il paraissait hors de lui, et tombait dans une sorte d'extase.

Sous l'influence de saint Augustin, son cartésianisme incline plutôt vers Malebranche que vers Arnauld et Régis. Mais il n'est cartésien et malebranchiste qu'avec une

---

(1) *Animæ humanæ natura*, etc., fin de la Ire partie.

certaine circonspection. Comme André Martin, il cherche à faire passer pour un simple commentaire de saint Augustin la philosophie de Descartes et de Malebranche. Tel est le but de son grand ouvrage, *Humanæ animæ natura ab Augustino detecta*, etc. (1), qui, pour le fond et pour la forme, présente de grandes analogies avec la *Philosophia christiana* d'André Martin. Fardella, à son exemple, a aussi imaginé, par une salutaire fiction, comme il le dit dans la préface, de ne pas parler en son nom et de donner la parole à saint Augustin lui-même. Dans le *De animæ quantitate*, dans le dixième livre du *De Trinitate*, dans le *De animæ immortalitate*, il retrouve, ou croit retrouver tout ce qu'il y a d'essentiel dans les doctrines de Descartes et de Malebranche. Ainsi, avec les arguments de saint Augustin, il prouve que la connaissance de l'âme est plus claire que celle du corps, que l'âme est spirituelle, que l'âme pense toujours, que Dieu est le lieu des esprits, la patrie et l'habitation de l'âme. Selon saint Augustin, et selon Fardella, il y a une idée de Dieu sublime, innée, représentant l'être infini, idée qui se cache en chacune de nos pensées, et par laquelle Dieu nous est connu comme les axiomes en mathématiques. Chaque mode de la pensée enveloppe en effet nécessairement la notion de l'être infini et souverainement parfait. L'âme ne peut se penser sans penser ce qui est, *idea sui in ideam Dei veluti tota immergitur*. Dieu est l'exemplaire souverain de toutes choses, l'âme est faite à son image, et reproduit, non pas en totalité, mais en partie, quelques-unes de ses perfections. Ces vestiges des idées divines créées avec l'esprit fini, c'est

---

(1) *Animæ humanæ natura ab Augustino detecta in libris de animæ quantitate, decimo de Trinitate et de animæ immortalitate, exponente Michaele Angelo Fardella Drepanensi sacræ theologiæ doctore ac in Patavino lycæo astronomiæ et meteorum professore; opus potissimum elaboratum ad incorpoream et immortalem humanæ naturæ indolem adversus Epicuri et Lucretii sectatores, ratione prælucente, demonstrandam.* Venet., 1698, in-fol. Il est précédé d'une dédicace au cardinal Norris, zélé défenseur des doctrines augustiniennes.

la raison. L'âme vit donc en Dieu, comme en son exemplaire et son archétype. Fardella, comme la plupart des cartésiens, se plaît à développer le texte de saint Paul : *In ipso enim vivimus, movemur et sumus.*

A la suite de la troisième partie de son ouvrage, il met aux prises Épicure et saint Augustin dans un traité intitulé : *Mentis et carnis conflictus seu Augustinus et Epicurus invicem pugnantes.* Il fait parler la chair par la bouche d'Épicure et de Lucrèce, dont il cite et réfute les arguments en faveur de la *mortalité de l'âme : Caro sive Epicurus in libro tertio Lucretii de rerum natura pro animæ mortalitate certans.* En réponse à la chair, l'esprit parle par la bouche de saint Augustin : *Mens sive Augustinus pro sempiterna mentis humanæ natura pugnans.* Cette discussion est entre l'esprit et la chair une réminiscence, pour les idées et pour la forme, de la polémique de Descartes et de Gassendi et de leur fameuse antithèse, *o mens, o caro.*

A l'exemple de Régis, Fardella se proposait de publier un système entier de philosophie. Mais la première partie seule, la *Logique*, a paru (1). Cette logique est tout entière imitée de l'*Art de penser*. Les divisions, l'esprit et la méthode sont les mêmes. Non-seulement l'auteur soutient qu'il y a des idées innées, mais qu'aucune idée ne dérive des sens. Un appendice est consacré à combattre ce que Fardella appelle le triple sophisme des écoles, à savoir la croyance à l'existence en dehors de nous d'objets conformes à nos idées, ou, en d'autres termes, à l'existence des corps. Il rejette, comme Malebranche, l'argument de la véracité divine de Descartes. Dieu n'est pas obligé de nous apprendre infailliblement qu'il y a des corps, et, si nous en avons une certitude plus que morale, c'est la foi seule qui nous la

(1) Le titre de cet ouvrage n'est pas *Logica*, comme l'indique Tennemann, mais *Universæ philosophiæ systema in quo nova quadam et extricata methodo naturalis scientiæ et moralis fundamenta explanentur, tomus primus, rationalis et emendatæ dialecticæ specimen tradens, cui accedit appendix de triplici scholarum sophismate detecto et rejecto, opus in tironum gratiam elucubratum,* in-12. Venet., 1691.

donne. Dans sa polémique avec Giorgi il renvoie à sa *Dialectique* pour prouver qu'on ne peut démontrer avec évidence l'existence des corps.

Cette polémique, qui a pour principal objet la nature des corps et de l'espace, est ce qu'il y a de moins connu et de plus intéressant dans la philosophie de Fardella. Mateo Giorgi, professeur de médecine et de philosophie à Gênes, avait composé un certain nombre d'ouvrages contre la philosophie de Descartes. Fardella réfute un *Essai sur la nouvelle doctrine de Descartes* (1), dans lequel Giorgi résumait en douze propositions ses difficultés sur les principes de la philosophie cartésienne relativement au corps et à l'espace.

L'étendue essentielle, l'espace identifié avec l'étendue matérielle, l'infinité de l'étendue matérielle, voilà, selon Giorgi, les grandes erreurs de Descartes.

Il entreprend de prouver que nous n'avons point d'idée claire du corps, en tant que simple étendue, que ce n'est pas la raison, mais l'imagination qui nous fait prendre l'étendue matérielle pour l'espace, et nous la représente comme sans limites. Comment rendre compte de la mobilité des corps avec l'idée de pure étendue qui n'enferme que l'immobilité? L'immensité de Dieu nous force à concevoir une pure étendue immense, immobile, où il demeure immobilement, et le mouvement local nous force à concevoir un lieu ferme et permanent qui, abandonné par un corps, soit aussitôt occupé par un autre; donc il y a un espace, une pure étendue distincte de l'étendue matérielle. Un mode de l'être, une conception abstraite de l'être en acte dans le monde, et, par delà le monde, une conception abstraite de l'être possible, voilà ce

---

(1) *Saggio della nuova doctrina di Renato Descartes*, in-12. Gen., 1694. Il est aussi l'auteur d'autres ouvrages de philosophie : *Mattæi Giorgii philosophiæ ac medicinæ doctoris summa supremæ partis philosophiæ bipartita, seu de homine libri duo.* Gen., 1713, in-4°. — *Disputa intorno ai principi di Renato delle Carte, ripigliata e finita contro l'autore della riposta alla terza lettera di Benedetto Aletino.* Gen., 1713.

qu'est l'espace, selon Giorgi. En dehors du monde, l'espace n'est que le lieu possible d'un être possible. C'est à ces lieux possibles qu'appartient l'infinité, et non au lieu actuel du monde créé et fini. Mais ces lieux possibles, ces espaces imaginaires ne sont que pure négation en dehors de l'immensité de Dieu.

Quoiqu'il prenne la défense de Descartes (1), Fardella n'ose pas cependant s'avouer hautement cartésien. Il déclare qu'il ne veut faire les affaires d'aucune secte, mais seulement de la vérité, qu'il n'est aveuglément épris ni de ce qui est ancien ni de ce qui est nouveau. Il dit même qu'il n'a pas prétendu prouver d'une manière absolue que Descartes a raison, mais seulement que Giorgi a tort, abstraction faite de la vérité ou de la fausseté de la doctrine de Descartes. Si nous avions l'idée claire de l'étendue en tant que corps, tout le monde ne serait-il pas d'accord sur la nature de l'étendue? Pur sophisme, répond Fardella à Giorgi : je puis avoir une idée claire d'une chose tandis que les autres l'ont obscure. Devra-t-on donc douter de l'existence de Dieu parce qu'il y a des athées? Pour donner une preuve sérieuse, il fallait prouver que la raison, après examen rigoureux, trouve autre chose dans le corps que l'étendue. Giorgi accuse Descartes de s'être laissé séduire par l'imagination quand il attribue de la réalité à l'espace, et enlève toute limite à la substance matérielle. Fardella s'étonne d'un tel reproche contre un philosophe qui, mieux qu'aucun autre, a distingué la raison de l'ima-

---

(1) *Lettera del signor abate Michel-Angelo Fardella al signor Antonio Magliabecchi, in cui brevemente s'esaminano e rigettano l'opposizioni proposte contra in principii della cartesiana filosofia dal dottissimo signore Matteo Giorgi nella sua epistola* ; *Saggio della nuova dottrina di Renato Descartes*. — *Lettera del dottor Matteo Giorgi, in cui si risponde alle opposizioni fatte alla sua epistola del signor Fardella*. Gen., 1695. — *Lettera del signor Fardella, in cui repplica alle opposizioni fatte alla sua prima lettera in difesa dei principii della cartesiana filosofia dal signor Giorgi*. Toutes ces pièces se trouvent dans la *Galeria di Minerva*, IIe vol. Venet. in-4, 1697.

gination. Ce n'est pas lui, c'est Giorgi qui les confond, c'est lui qui, aveuglé par les préjugés d'enfance, se refuse à voir un corps là où rien ne tombe sous les sens, et qui prend pour le néant un corps dépouillé de toutes les qualités sensibles.

Fardella presse surtout Giorgi touchant cette notion d'une pure étendue distincte du corps et son rapport avec l'immensité divine. Pour nier l'identité de l'espace et du corps, Giorgi s'appuie sur l'immensité et l'immobilité de Dieu, d'où il prétend faire dériver la nécessité d'une pure étendue immobile qui soit comme le lieu de cette immensité. Qu'entend-il donc par cette pure étendue? Si c'est une simple négation, une pure privation de corps possibles, infinis en nombre, ce n'est plus que le néant, et il faudra dire que Dieu est immobile et immense dans ce qui n'est pas, qu'il est présent au néant, qu'il remplit le néant. Confond-il au contraire cette étendue, ce qui paraît son sentiment, avec l'immensité même de Dieu, il ne peut éviter de donner à Dieu les trois dimensions et la divisibilité. Mais c'est une manière de concevoir Dieu, empruntée aux choses sensibles et à l'imagination. Quelle est cette monstrueuse et paradoxale immensité, dit Fardella, qui le rend besoigneux* d'un lieu en dehors de lui, où s'étende et demeure sa substance infinie. Il est contradictoire de supposer un esprit étendu suivant sa substance, car c'est en faire un corps. Dieu est immense parce qu'il se suffit pleinement à lui-même; il remplit l'espace par son opération, et non par la diffusion de sa substance.

Distinguer l'espace du corps, comme le contenant du contenu, et le corps, pris suivant la simple étendue, du corps modifié, n'est qu'un préjugé d'enfance. C'est l'espace lui-même qui, par le mouvement local et la configuration des parties, devient tel ou tel corps particulier. Tout corps étant une portion de l'espace infini porte avec lui son espace particulier; tout corps est en même temps son contenant et son contenu. Réclamer un espace immobile pour le mouvement local, c'est concevoir l'espace comme un corps, dans lequel se meut le corps contenu, sans que le vase lui-même s'agite.

Mais, à son tour, il faut que Fardella se défende touchant l'infinité et la nécessité du monde, qui semble résulter de l'identité de l'étendue et de l'espace. Dieu ne pourrait donc détruire tous les corps, à l'exception du seul globe terrestre? Erreur étrange, impie, qui condamne Dieu à ne pouvoir faire qu'un monde infini! Telle est la grande objection de Giorgi. Selon Fardella, elle n'aurait pas d'autre fondement que la confusion de l'étendue que nous imaginons et de l'étendue que nous concevons. Le corps, suivant la modification particulière de l'étendue qui le constitue, peut sans doute être séparé de tous les autres, et être détruit; mais le corps, dans son genre, dans son essence, en tant que pure étendue, est inséparable de l'espace infini dont il est une partie. Y a-t-il un seul corps, il faut de toute nécessité qu'il y en ait d'autres infinis, parce qu'au delà de l'étendue, il y a toujours l'étendue, sans aucun préjudice pour la puissance de Dieu, parce que c'est lui qui l'a ainsi voulu.

Mais si la substance du corps est infinie, et si les espaces imaginaires sont une vraie étendue, ne suit-il pas que cette substance doit être antérieure à la création, indépendante, éternelle, nécessaire? Il est vrai qu'espace et corps étant une même chose, on ne peut, selon Fardella, concevoir l'espace avant le monde; mais si nous ne pouvons concevoir le monde sans l'espace, c'est que l'espace et le monde sont une seule et même chose. La nécessité n'appartient qu'au concept de Dieu, et n'est nullement comprise dans l'idée que nous avons du monde; en conséquence, malgré l'identité du corps et de l'étendue, malgré l'infinité de l'étendue, le monde n'est pas nécessaire. D'ailleurs donner l'infinité à l'univers, c'est ne lui donner que ce qui se trouve, même dans la moindre des choses, où nous sommes toujours obligés d'admettre des parties et des propriétés infinies. Pour éviter l'infinité du monde, Giorgi avait distingué, entre les espaces mondains, qui sont un mode de l'être, et les espaces extramondains, qui ne sont que pure négation, en dehors de l'immensité de Dieu. Mais Fardella objecte que ce n'est pas l'existence ou la non-existence d'un corps compris en son sein qui peut changer la nature de l'espace, et le convertir d'une réalité en une négation, d'où il suit que Giorgi lui-même est contraint d'admettre une étendue infinie.

A voir ainsi Fardella défendre la doctrine de Descartes, on croirait qu'il tient réellement l'étendue, en vrai cartésien, pour l'unique essence du corps. Cependant, à la fin de sa première lettre, il ajoute qu'il y a encore dans la matière, outre l'étendue, quelque chose qui la précède et qui en est le sujet, d'où Giorgi, dans sa réplique, ne manque pas de tirer avantage. N'avait-il donc pas raison de prétendre que l'étendue ne donne pas une notion claire de la substance corporelle, puisque Fardella lui-même est contraint d'avouer la nécessité d'une autre attribut qui la précède et qui la fonde ? Mais Fardella ne veut pas que son adversaire triomphe de cet aveu. Il n'y a pas été, dit-il, contraint par la force de ses raisonnements, qui ne peuvent embarrasser en rien les vrais cartésiens, mais par des motifs dont il n'a pas été question dans leur polémique. En parlant ainsi, il a laissé de côté les principes de Descartes et l'objet de la discussion, pour se laisser conduire par un principe de beaucoup de poids qui en grande partie se rapporte à l'autorité.

Quoiqu'il ne s'explique pas davantage, on peut conjecturer que, comme Bossuet, il abandonnait ici Descartes à cause des difficultés eucharistiques (1). Sans doute il concevait cet attribut comme une force simple et indivisible, en se rapprochant, soit des monades de Leibniz, soit des points métaphysiques de Vico. C'est pourquoi Leibniz écrit à

---

(1) Il annonce bien qu'il en fera peut-être l'objet d'une dissertation spéciale, mais il ne paraît pas l'avoir publiée. C'est dans le *De humanæ animæ natura*, postérieur à cette polémique, qu'il faut chercher son vrai sentiment.

l'abbé Nicaise en parlant de Fardella : « Un savant abbé italien, professeur de mathématiques à Padoue, qui donne fort dans ma nouvelle hypothèse, donnera un ouvrage sur saint Augustin, *De quantitate animæ*, qu'il dédie au cardinal Norris (1). » En outre, dans le *De humanæ animæ natura*, etc., publié deux ans plus tard, Fardella, d'après saint Augustin, dit-il, prend le point comme le principe et la source de l'étendue (2). Avec les réserves et la circonspection que lui commande sa double qualité d'Italien et de prêtre, Fardella a été, on le voit, au delà des Alpes, un des plus habiles partisans de la philosophie de Descartes et de Malebranche, sauf en ce qui regarde la nature du corps, où il semble avoir subi l'influence de Leibniz.

Nous pouvons citer des cartésiens à Naples jusqu'au milieu du dix-huitième siècle. Parmi les plus zélés se distingue Constantin Grimaldi, qui fit la guerre au péripatétisme des écoles. J'ai vu, dit Buonafede, en 1740, les restes vivants du cartésianisme napolitain dans la personne du célèbre Grimaldi. En d'autres parties de l'Italie nous trouvons l'abbé Conti et le P. Fortunati. L'abbé Conti, vénitien, soutint contre Leibniz le principe cartésien de la conservation de la même quantité de mouvement dans l'univers. Il a écrit sur les sujets les plus divers, sur les belles-lettres, les beaux-arts, les mathématiques, la physique; il a même composé des poésies philosophiques, parmi lesquelles on remarque un poème en faveur de l'optimisme, intitulé le *Bouclier de Pallas*. Ajoutons qu'il est l'auteur d'*une Explication du Parménide* (3). A Brescia, le P. Fortunati publia une logique cartésienne, imitée de l'*Art de penser*, comme

---

(1) Cousin, *Fragments philosophiques*, t. III, p. 137. Voir aussi une lettre de Leibniz à Fardella, en 1697, où il est question des monades. (Éd. Dutens, t. II, part. I, p. 234.) M. Foucher de Careil a publié deux lettres inédites de Leibniz à Fardella en 1690, où il est principalement question de la nature du corps.

(2) « Etsi inextensum et insectile punctum est, ex ipso tamen tanquam ex fonte extensio omnis ortum ducit. » Page 76.

(3) *Prose e poesie del signor abate Antonio Conti*, in-4º, 1727.

celle de Fardella, où il se propose, dit-il dans la préface, de substituer aux questions inutiles et difficiles de bonnes règles de critique. A Rome, le P. Venturelli osa prendre la défense de Descartes contre le bibliothécaire Agnani (1). Comptons aussi Muratori parmi les philosophes italiens qui ont été favorables à Descartes. Muratori a réfuté le scepticisme de Huet et les principaux articles de sa *Censure de la philosophie cartésienne* (2).

Nous citerons encore à Rome, et à la cour même des papes, un émule du cardinal de Polignac, l'auteur d'un poëme latin en l'honneur de Descartes, Benoît Stay (3). Stay expose en vers le système de Descartes, qu'il proclame le plus grand philosophe qui ait jamais existé, et qu'il célèbre avec non moins d'enthousiasme que l'auteur de l'*Anti-Lucrèce*. Après avoir, dans le troisième livre, décrit tous les avantages matériels et intellectuels de la France, il ajoute que tout cela n'est rien en comparaison de la grandeur et de la majesté des découvertes de Descartes :

> Ejus qui nobis rationem invenit eam qua
> In cœlo quidquid peragi terraque videtur,
> Verius ex adyto divini pectoris edit
> Sacri quam tripodes, laurus cortinaque Phœbi ;
> Gallus et hic, magno se Gallia tollit alumno.

Voici en vers italiens, par un poëte et philosophe contemporain (4) que Gerdil cite, sans le nommer, la preuve cartésienne de l'existence de Dieu par l'idée de l'infini :

---

(1) *Lettera del P. Venturelli a P. Maestro Agnati, bibliotecario casarettense di Roma, intorno il libro*, Philosophia neopalæa. Rom., 1738.

(2) *Trattato delle forze dell' intendimento umano*, par Muratori, Ven. 1735, in-8.

(3) Né à Raguse en 1714, secrétaire pour les lettres latines de trois papes, Clément XIII, Pie VI et Pie VII, mort à Rome en 1801. Quand il publia son poëme, il n'avait pas connaissance de celui du cardinal de Polignac, qui était encore manuscrit. Il fit aussi un poëme sur la philosophie de Newton.

(4) Dans son *Traité sur les idées en général et les différentes manières d'apercevoir les objets*.

Pur nella mente ho il simulacro impresso
D'un ente perfettissimo, infinito.
E forse questo ancor vien da me stesso,
Da l'idea di me stesso in me scolpito :
Ma finito son io, ne può riflesso
Causar d'ente infinito ente finito :
Dunque infinita e fuor di mesostanza,
S'in me d'ente infinito è la sembianza.

CHAPITRE XXVIII

Vico adversaire de Descartes. — Ses plaintes sur le discrédit des langues anciennes et de l'histoire. — Critiques contre le criterium de l'évidence. — Descartes accusé d'épicuréisme pour ce qui lui appartient en propre. — Railleries contre le *Cogito, ergo sum*. — Métaphysique de Vico puisée dans la signification primitive des anciens mots latins. — Méthode ontologique. — Dieu premier vrai et premier être comprenant en lui toutes choses. — Condition de la science parfaite. — Théorie platonicienne des genres et des formes des choses. — Points métaphysiques à place de la doctrine cartésienne de la matière. — Opposition de la *Science nouvelle* et de la méthode cartésienne. — Influence de Descartes sur Vico. — Le cardinal Gerdil. — Sa vie et ses ouvrages. — Défense de la physique de Descartes. — Toutes les formes de l'athéisme combattues avec le cartésianisme. — Reconnaissance pour les services rendus par Descartes à la religion et à la morale. — Incompatibilité de ses principes avec ceux de Spinoza. — Immatérialité de l'âme démontrée contre Locke. — Malebranchisme du cardinal Gerdil. — Défense de Malebranche contre Locke. — Réfutation de l'empirisme en morale et en esthétique. Autorités invoquées en faveur de Malebranche. — Éclectisme du cardinal Gerdil.

Lorsque Vico, dans les dernières années du dix-septième siècle, quitta la solitude de Valtolla (1), après neuf ans passés dans des méditations profondes sur l'antiquité, l'histoire, les langues et la philosophie de Platon, il se trouva, à son retour à Naples, comme un étranger dans sa propre patrie. Il ne put voir, sans indignation et sans douleur, la révolution opérée dans les esprits par le triomphe du cartésianisme, le prompt et presque universel discrédit de toutes études qui lui étaient chères. Ses lettres, ses discours, ses opuscules (2), retentissent de plaintes amères sur l'aban-

(1) Il y avait fait l'éducation des enfants d'un seigneur napolitain.
(2) Je cite l'édition qu'en a donnée le marquis de Villarosa : *Opuscoli di Giovanni Battista Vico*. Nap., 1818, 3 vol. in-8.

don des langues, de l'histoire, des longues et consciencieuses recherches, et aussi de l'éloquence et de la poésie. Il gémit de voir les livres fermés sur l'autorité de Descartes qui a dit : savoir le latin, c'est ne savoir rien de plus que ce que savait en bas âge la fille de Cicéron (1) ! Si on lit encore les philosophes anciens, on ne les lit plus que dans des traductions. Qu'est-il besoin de livres, de bibliothèques, de longues recherches avec cette claire et distincte perception par laquelle, au dire des cartésiens, chaque esprit se suffit à lui-même et suffit à tout ? Cette méthode que Descartes prône partout, et veut mettre partout, a engourdi et paralysé tous les esprits. On veut bien être savant et philosophe, mais sans se donner aucune fatigue ; on ne prend plus la peine de soumettre aux expériences les spéculations sur la physique. Pour la morale, les cartésiens nous renvoient à celle de l'Évangile, comme à la seule qui soit nécessaire. Encore moins étudie-t-on ce qui regarde la politique, sous prétexte qu'elle ne réclame qu'une aptitude naturelle et une heureuse présence d'esprit. Si on fait encore des livres, ce ne sont plus que des manuels, des abrégés, des nouvelles méthodes, qui dispensent de toute recherche et de tout travail. La facilité, voilà seulement par où se recommandent les livres nouveaux, et la cause du grand succès de la méthode de Descartes qui flatte la faiblesse de la nature humaine.

Descartes, dit encore Vico, a fait ce que font tous les tyrans qui d'abord, en protestant au nom de la liberté, gagnent des partisans, et s'emparent du pouvoir, puis, devenus les maîtres, exercent une plus dure tyrannie que celle qu'ils ont renversée. De peur de voir sa domination ébranlée, il s'efforce de faire abandonner l'étude de tous les autres philosophes, sous le prétexte que, par le secours de la seule

(1) « Saper di latino non è saper piu di quello che sapea la fante di Cicerone. *Opuscoli*, etc., t. II, p. 139. » Je ne sais sur quelle autorité Vico attribue à Descartes cette boutade contre les langues anciennes, mais elle a quelque analogie avec d'autres rapportées par Sorbière et Baillet.

lumière naturelle, un homme peut savoir tout ce que les autres hommes ont su. Une jeunesse naïve et désireuse de s'épargner du travail n'est que trop disposée à goûter cette doctrine. Mais en réalité, selon Vico, comme selon Huet, Descartes, quoiqu'il le dissimule avec beaucoup d'art, était très-savant et très-érudit, versé en toute sorte de science et de philosophie, et le plus grand mathématicien du monde. D'ailleurs il vivait toujours dans la méditation et la retraite, et enfin, ce qui importe le plus, il avait une intelligence telle qu'on n'en rencontre pas deux en un même siècle. Qu'un homme ainsi doué suive son propre jugement, il le peut, mais ce n'est pas une raison pour qu'un autre le puisse. Qu'on lise Platon, Aristote, Épicure, saint Augustin, Bacon, Galilée, et non pas seulement Descartes, qu'on médite autant que Descartes a médité, et alors seulement pourront se former dans le monde des philosophes d'un mérite égal au sien. Mais c'est ce que Descartes n'a pas voulu, par un conseil digne de la perfide politique des tyrans.

Vico n'est pas un sceptique, comme Huet; il n'attaque pas en lui-même le criterium de l'évidence, mais l'application universelle que voulaient en faire les cartésiens, et cette méthode géométrique à laquelle ils prétendaient soumettre tout ordre d'idées et de questions. Il veut que, tout en faisant la part de la raison individuelle, on fasse aussi celle de l'autorité ; il veut qu'à côté de la méthode géométrique, qui rectifie et démontre, mais ne découvre pas, à côté de l'évidence, qui ne peut s'appliquer à toutes choses, on donne une place à l'induction et à ces puissantes conjectures par où on arrive à la vérité, et dans lesquelles éclate le génie. Il accuse les cartésiens de faire sortir les mathématiques de leurs véritables confins pour étouffer l'induction, pour tuer l'histoire, la physique, l'éloquence, les arts, tout ce qui n'est pas susceptible d'une démonstration exacte et d'une certitude absolue. Qu'on cherche, dit Vico, l'évidence dans les nombres, dans la géométrie, mais qu'on ne l'exige pas dans la vie, dans la politique, dans les sociétés. L'histoire qui explique l'homme, la politique qui le conduit, l'éloquence qui l'entraîne, la morale qui le perfectionne, ne sont pas l'œuvre d'un raisonnement géométrique, mais de l'induction et de la conjecture. Ce n'est pas à sa méthode, mais à son génie, que Descartes doit ses découvertes. Quant à sa méthode, elle n'a rien produit que des mathématiciens et des critiques. Mais il a beau s'isoler dans sa géométrie, abolir le passé, mépriser les œuvres des grands hommes, l'érudition perce au travers de ses raisonnements, il affecte l'indépendance et l'originalité, et on voit qu'il n'est puissant que pour avoir médité ses devanciers. Vico blâme donc Descartes d'être tombé dans l'excès contraire à ceux qui ne juraient que sur l'autorité du maître. Il a eu raison de s'élever contre l'ancien esclavage de la pensée, mais il est allé trop loin en prétendant faire régner le propre jugement de chacun, à l'exclusion de toute autorité. Il serait temps enfin d'éviter l'un et l'autre excès, de suivre son propre jugement, mais sans rejeter entièrement l'autorité, d'avoir de l'ordre et de la méthode, mais seulement autant que le comporte chaque espèce de connaissance (1). Enfin le criterium de la vérité n'est pas seulement dans la raison individuelle, mais dans le sens commun, lequel se compose de jugements sans réflexion communs au genre humain tout entier. Ces critiques de Vico n'atteignent, on le voit, que des abus et des excès, et non pas le principe même de la méthode cartésienne.

A la métaphysique de Descartes il oppose l'esquisse d'une métaphysique dont les traits principaux sont empruntés à Pythagore, à Platon et à Leibniz. Le spiritualisme de Descartes est sublime, mais il est pris tout

(1) Ces diverses critiques sont éparses dans les lettres et les opuscules de Vico. Voir particulièrement, *Dissertatio de nostri temporis studiorum ratione*, les Lettres au P. Vitri, de la Compagnie de Jésus, *Opuscoli di Vico* (t. II, p. 215), à Francesco Solla (t. II, p. 195), à Tomaso Rossi (t. II p. 236) et sa réponse à un article du *Giornale dei letterati italiani* contre son traité *De antiquissima Italorum sapientia* (t. II, p. 30).

entier à Platon ; l'épicuréisme, voilà, selon Vico, le caractère de tout ce qui lui appartient en propre, soit en physique, soit en métaphysique. A son *Traité des passions*, il reproche d'être du domaine de la médecine plutôt que de la morale. A combien de sophismes Descartes n'a-t-il pas recours pour assigner à l'âme une résidence matérielle dans le corps, et la loger dans la glande pinéale, comme une araignée dans sa toile ! Avec tout cela, il n'aboutit qu'à établir une contradiction systématique entre l'âme et le corps, qu'Épicure, plus conséquent, faisait disparaître en niant l'existence de l'esprit. En témoignage de cette tendance épicurienne de Descartes, Vico allègue encore une preuve fort inattendue, celle du grand nombre d'images tirées des choses matérielles dont Descartes se sert dans les *Méditations*. A Malebranche il reproche d'établir un parallélisme entre les propriétés de la matière et les facultés de l'âme ou les propriétés de l'esprit (1).

Vico désapprouve fort ces dogmatiques qui veulent subordonner toute certitude à la métaphysique, et prescrivent, pour y arriver, de faire d'abord table rase de l'intelligence. Il condamne le doute méthodique, et il se raille du *Cogito, ergo sum*, qu'il n'a garde, il est vrai, de contester, mais qu'il estime non moins insignifiant qu'incontestable. Grâce à Descartes, nous voilà donc, dit Vico, à tout jamais assurés de notre existence. Mais ce beau raisonnement n'est-il pas tout entier emprunté au Sosie de l'*Amphytrion* de Plaute qui, troublé dans le sentiment de son identité par Mercure revêtu de sa propre figure, comme par le génie trompeur de Descartes, se fonde et se rassure sur cette démonstration ?

Sed quum cogito, equidem certo idem sum qui semper fui.

Vico a reproduit plusieurs fois contre Descartes cette plaisanterie plus spirituelle que juste (2), s'obstinant à ne

---

(1) Lettre à Tomaso Rossi, t. II, p. 236.
(2) *De antiquissima Italorum sapientia*, cap. II.

voir dans cette première vérité si féconde une connaissance insignifiante et vulgaire, dont un idiot est susceptible, et non une haute vérité qu'un métaphysicien seul puisse découvrir. Qu'est-ce que le *Cogito*, selon Vico ? Rien qu'un pur phénomène, un fait de conscience, que les sceptiques n'ont jamais nié, mais non un fait de science, parce qu'il ne nous donne pas la raison et la cause de notre être.

Au lieu de procéder comme Descartes, Vico suit une méthode ontologique, et, à l'exemple de son compatriote Jordano Bruno, nous transporte immédiatement au sein du premier être (1). La philosophie dans laquelle on établit d'abord l'être et le vrai, ou pour mieux dire, le vrai être, pour en déduire par après l'origine et le criterium de toutes les sciences subalternes, voilà, selon Vico, la seule vraie philosophie. Il prétend retrouver tout entière cette métaphysique profonde dans la signification primitive des anciens mots de la langue latine, fidèles dépositaires de la sagesse antique des premiers sages de l'Italie, sans doute par opposition à Descartes, et pour démontrer contre les cartésiens l'importance des langues et des traditions. De là son traité *De antiquissima Italorum sapientia ex linguæ latinæ originibus eruenda*, imitation du *Cratyle* où Platon cherche aussi une philosophie dans les origines du langage (2).

Laissons de côté ces étymologies arbitraires, pour exposer sa métaphysique elle-même. Identité du vrai et du fait, ou du vrai et de l'être, voilà le premier principe de son système. Dieu seul est le premier vrai, parce qu'il est le premier facteur de toutes choses, et parce qu'il comprend en lui tous leurs éléments. Dieu est éminemment toutes choses ; il est l'être infini, et toutes choses ne sont

---

(1) Nous extrayons ce court aperçu de la *Métaphysique* de Vico, du traité *De antiquissima Italorum sapientia* et des *Défenses* qu'il en a faites.

(2) Il a été traduit en italien par le marquis de Villarosa (3ᵉ volume des *Opuscoli*) et en français par M. Michelet.

par rapport à lui que des dispositions et des participations de l'être. De là sa science souveraine. Il sait tout parfaitement parce qu'il contient tout en lui, parce que seul il met tout en œuvre. Il n'y a en effet de science parfaite que de ce dont on connaît les causes et les origines, que de ce qu'on a fait soi-même. Les seules connaissances vraies sont celles dont les éléments sont choisis, disposés par nous et contenus en nous, à l'imitation de la connaissance divine. Vico ramène toutes les sciences à cette idée du vrai, et mesure sur elle leur degré de vérité. L'homme ne sait parfaitement que les mathématiques, parce que lui-même il les construit, comme Dieu construit l'univers (1).

Mais si Descartes ne réussit pas à confondre les sceptiques par le doute méthodique et le *Cogito*, comment Vico espère-t-il les réduire au silence et les contraindre à admettre tout d'abord ses principes sur Dieu, sur le vrai et sur l'être? Les sceptiques ne nient pas qu'il y ait des apparences et des effets; or, selon Vico, cela suffit pour les contraindre à confesser qu'il y a des causes et une compréhension de ces causes, laquelle recueille en soi toutes les manières et les formes avec lesquelles les choses se sont produites, vérité première et infinie, qui est Dieu, mesure à laquelle se rapportent toutes les vérités humaines, point de départ de la vraie métaphysique. Faute d'avoir vu que la vraie cause doit contenir en elle tous les éléments des choses et qu'elle n'a besoin que d'elle-même pour produire son effet, les métaphysiciens, selon Vico, sont tombés dans les plus graves erreurs. Tantôt ils nous représentent Dieu comme opérant à la façon d'un ouvrier, tantôt ils supposent que les choses créées peuvent à leur tour être causes d'autres choses. Vico est en effet d'accord avec les cartésiens pour faire de Dieu l'unique cause de tous les mouvements de l'âme et du corps.

---

(1) Geometrica ideo demonstramus quod facimus. Physica si demonstrare possemus, faceremus; hinc impiæ curiositatis notandi qui Deum a priori probare student. (*De antiquissima Italorum sapientia.*)

De Dieu, il descend au monde, aux formes et aux genres des choses. Rejetant les universaux de l'École, il considère, à la suite de Platon, les formes physiques comme des simulacres des formes métaphysiques, qui sont les idées en Dieu ou les types éternels des choses, le sceau dont les genres ne sont que l'empreinte. Quant aux qualités sensibles, comme les cartésiens, il ne leur donne d'existence que dans l'âme ; comme eux aussi il change les animaux en de simples machines. Il prétend même retrouver l'automatisme dans l'étymologie de *brutum*, qui d'abord aurait signifié immobile, preuve, suivant lui, que les anciens croyaient que les brutes sont des machines mues par des causes agissant du dehors, tandis que l'homme est mû par une cause intérieure.

Entrant ensuite, comme il le dit, dans le champ des essences, il substitue, de même que Leibniz et Fardella, la notion de force à celle d'une étendue matérielle inerte, et à ce qu'il appelle l'épicuréisme physique de Descartes. Si Descartes semble réussir mieux qu'Épicure dans l'explication des phénomènes particuliers, c'est uniquement, selon Vico, à cause de sa grande habileté en géométrie et en mécanique ; mais sur les principes, il n'est pas moins embarrassé qu'Épicure lui-même. Il y a nécessité d'admettre quelque chose d'antérieur à l'étendue qui la produise et la soutienne. De même qu'il faut distinguer le mouvement et l'effort, il faut distinguer l'extension et une vertu d'extension qui précède l'étendue, mais n'est pas elle-même étendue, et, en conséquence, est indivisible. Caractériser la matière par la seule étendue, c'est la caractériser, selon Vico, comme selon Bossuet, par ce qu'elle est en acte et non pas par son essence. Or, antérieurement à l'acte, il y a l'essence, laquelle nous est connue par la métaphysique qui dépasse la physique, et qui donne la raison des choses qu'elle considère. On est donc obligé de concevoir un principe inétendu et indivisible d'extension et de mouvement, car il ne serait pas digne de la sagesse de Dieu de séparer en deux éléments ce qu'il a pu réunir en un seul.

C'est à ce principe simple, indivisible d'étendue et de mouvement, que Vico donne le nom de point métaphysique. Il définit les points métaphysiques : une vertu indéfinie d'extension et de mouvement, laquelle se retrouve toujours égale sous les étendues les plus diverses, et sous les mouvements les plus inégaux. En suivant les cartésiens, comment faire dériver de Dieu la réalité de la matière, sans le faire lui-même étendu et divisible? L'étendue en essence est bien en lui, mais non l'étendue en acte, ce qui veut dire qu'il contient une vertu indéfinie d'extension et de mouvement. Telle est la théorie des points de Vico, qui est la partie la plus remarquable de sa métaphysique. Quoiqu'il prétende la tenir de Pythagore et de Zénon et la retrouver dans la synonymie de *punctum* et de *momentum*, il est difficile de ne pas y voir plus directement l'influence de la monadologie de Leibniz.

Nous avons signalé les traits les plus importants de la métaphysique de Vico dans ses rapports et dans son opposition avec celle de Descartes. La principale gloire et la grande originalité de Vico est dans la *Science nouvelle*, et non dans cette métaphysique incomplète qui semble ne pas avoir laissé de trace en Italie (1). La critique de la *Science nouvelle* nous emporterait hors de notre sujet. Nous nous bornerons à faire remarquer que la *Science nouvelle* est une philosophie fondée sur l'histoire et les langues, en opposition, à ce qu'il semble, au dédain affecté par les cartésiens pour toute espèce d'érudition. Vico a raison sans doute de reprocher aux cartésiens leur mépris pour l'histoire, mais il a tort de mettre en opposition la philosophie qui étudie l'homme en lui-même et la philosophie qui étudie l'homme en société. Comment la philosophie de l'histoire trouvera-t-elle les lois de l'humanité, comment remontera-t-elle à ses origines, sinon avec l'indispensable lumière de la connaissance de la nature humaine?

---

(1) Voir le discours du docteur Bertinaria, *Sull' indole e le vicende della filosofia italiana*. Torino, 1846, in-12, 100 pages.

Quelle est cette base commune des nations qui, suivant lui, en est l'objet, quel est ce sens commun qui en est la règle, sinon les tendances communes de la nature humaine et les idées universelles de la raison? Le grand mérite de Vico est d'avoir éclairé les vieilles chroniques du monde, les origines et les lois de l'humanité, avec ces lumières empruntées à la science de la nature humaine. Entre la *Science nouvelle* et les *Méditations*, il n'y a donc pas opposition, comme il le croit, mais seulement diversité de point de vue, de même qu'entre l'homme individuel et l'humanité.

Nous terminerons ce coup d'œil rapide sur le cartésianisme italien par le cardinal Gerdil, le plus fidèle, le plus zélé des disciples de Descartes et de Malebranche que nous ayons encore rencontré par delà les monts. Le cardinal Gerdil dans ses écrits en faveur de Descartes s'autorise de l'exemple du cardinal de Polignac (1). Mais combien ne l'emporte-t-il pas par ses connaissances, sa piété, son autorité, sinon par les grâces et par l'esprit, sur le brillant auteur de l'*Anti-Lucrèce?* Gerdil

---

(1) Né en Savoie à Samoens, en 1718. Il entra très jeune dans la congrégation des Barnabites. Il fit son cours de théologie et de philosophie à Bologne où il eut pour maître Zanotti. Après avoir enseigné la philosophie à Macerata et à Casal, il eut une chaire de philosophie et de morale dans l'université de Turin. Chargé par le roi, Charles-Emmanuel III, de l'éducation de son petit-fils, il composa, comme Bossuet et Fénelon, un certain nombre d'ouvrages pour son royal élève. Il fut nommé cardinal, en 1777, par Pie VI et résida à Rome jusqu'à ce qu'il en fût chassé par l'occupation française, en 1798. A la mort de Pie VI, il se rendit au conclave de Venise où il aurait été élu pape sans le veto de l'Autriche qui ne voulut pas d'un candidat savoyard, devenu français par les victoires de la république. Après l'élection de Pie VII, il retourna à Rome et y mourut en 1802. Il faut consulter, pour la vie et les œuvres de Gerdil, son éloge en italien, prononcé dans l'assemblée générale des Arcades en 1804, par le P. Fontana depuis cardinal. Cet éloge qui a été traduit en français et accompagné de notes par l'abbé d'Auribeau, est en tête de ses œuvres complètes. C'est sous les auspices du cardinal Fontana qu'ont été publiées, à Rome, de 1806 à 1820, les Œuvres complètes de Gerdil, en 15 vol. petit in-4°. J'indique aussi une thèse en italien sur ses ouvrages et sa philosophie par l'abbé Giovanni Francesco Bosco, in-8°, de 220 pages. Turin, 1856.

a écrit en trois langues, le français, l'italien, le latin, avec une égale facilité, et sur les sujets les plus divers. Ce n'est pas seulement un théologien, un philosophe, un moraliste, un jurisconsulte, mais aussi un mathématicien et un physicien. Il a publié plusieurs dissertations sur les plus hautes questions des mathématiques et de la physique. En faveur de l'étendue essentielle de Descartes, il a combattu les principes de la philosophie wolfienne sur la notion de l'étendue et de la force. Il est auteur d'une *Dissertation sur l'incompatibilité de l'attraction et de ses différentes lois avec les phénomènes* (1) où, selon Montucla, se trouvent rassemblées les objections les plus pressantes et les mieux fondées contre l'attraction newtonienne. D'Alembert le juge un des plus habiles adversaires de Newton ; Mairan le loue de l'esprit géométrique qui règne en tous ses ouvrages. Pas plus que Fontenelle et Mairan, Gerdil ne rejette les calculs de Newton, mais il repousse la cause qu'il assigne aux phénomènes, si réellement il a fait de l'attraction, comme quelques-uns des siens le lui attribuent, une qualité inhérente à la matière : « C'est, dit-il dans la préface, uniquement contre ces sortes de charmes, de tendances, de vertus inconnues et mystérieuses désavouées par Newton, rejetées hautement par Maclaurin, que j'ose élever ma voix. » A cette mystérieuse et obscure attraction, il oppose la clarté avec laquelle se conçoit la tendance des corps les uns vers les autres, en vertu de la masse de la matière, par qui le mouvement se communique successivement, et sans interruption, de l'un à l'autre.

Mais les sciences philosophiques et morales, la métaphysique, la morale, l'esthétique, les principes de la jurisprudence et de l'éducation, l'histoire de la philosophie tiennent la place la plus considérable dans les Œuvres de Gerdil. Il s'est proposé dans tous ses écrits philosophiques, particulièrement dans une suite de dissertations spéciales, de combattre l'athéisme sous toutes les formes qu'il a revêtues

---

(1) Paris, 1754, in-4°.

au dix-huitième siècle (1). Selon Gerdil, tous les systèmes de l'athéisme et de l'incrédulité se ramènent à ce seul principe, qu'il n'y a qu'une seule substance qui réunit en elle tout ce qu'il y a de perfections et qui, en vertu du mouvement, qu'elle tient de la même nécessité d'où elle tient son existence, se donne sans cesse à elle-même, et reçoit cette infinité de modifications dont le monde est composé. Dans une première dissertation, il démontre mathématiquement l'impossibilité d'une suite actuellement infinie de termes soit permanents, soit successifs ; il démontre, dans la seconde, que l'existence et l'ordre de l'univers ne peuvent être déterminés, ni par les qualités primitives des corps, ou la spontanéité des éléments, ni par les lois du mouvement.

La philosophie du dix-huitième siècle se plaisait à rapprocher l'homme des animaux ; Gerdil la combat dans une troisième dissertation intitulée : *Essai sur les caractères distinctifs de l'homme et des animaux.* Sans dissimuler sa prédilection pour l'automatisme, il veut montrer que, même en accordant le sentiment aux animaux, il y a un abîme entre le premier des animaux et le dernier des hommes. L'intelligence des bêtes à tous ses degrés, depuis l'insecte jusqu'au singe, est renfermée dans la sphère du sensible. Supposez que la sagacité du singe augmente à l'infini, elle pourra embrasser une plus grande variété d'objets sensibles, elle fournira plus de moyens pour les saisir, mais rien de plus. Si on ne la change pas dans son essence, elle n'aura pas fait un pas vers la connaissance de

(1) *Recueil de dissertations sur quelques principes de philosophie et de religion*, in-12. Paris, 1760. Ajoutons que Gerdil a combattu dans un ouvrage spécial l'*Émile* de Rousseau : *Anti-Émile ou Réflexions sur la théorie et la pratique de l'éducation*, 1763. Rousseau a dit de cet ouvrage : « Parmi tant de brochures imaginées contre ma personne et mes écrits, il n'y a que celle du P. Gerdil que j'ai eu la patience de lire jusqu'à la fin ; il est fâcheux que cet auteur estimable ne m'ait pas compris. » En 1750, il avait combattu Montesquieu dans un discours d'ouverture en latin où il soutient cette thèse : Virtutem politicam ad optimum vitæ statum non minus regno quam reipublicæ interesse.

l'abstrait et du vrai, qui sont le propre de l'intelligence humaine ; l'homme n'est donc pas un anneau de cette chaîne.

A tous les systèmes athées et matérialistes, à Locke lui-même dont les principes sur la connaissance humaine lui semblent enfermer les conséquences les plus pernicieuses pour la morale et la religion, la seule philosophie qu'oppose le cardinal Gerdil est celle de Descartes et de Malebranche. Dans son admiration il ne les sépare pas l'un de l'autre ; la *Recherche de la vérité* lui paraît le complément naturel du *Discours de la Méthode* et des *Méditations*. Après tant d'illustres témoignages, que nous avons déjà rapportés, en faveur de la philosophie de Descartes et des secours qu'elle apporte aux vérités essentielles de la religion et de la morale, voici encore celui du cardinal Gerdil : « Quelque grand que soit Descartes par tant de sublimes découvertes, il l'est plus encore par sa *Méthode* et ses *Méditations ;* ce sont des chefs-d'œuvre de raison et des ouvrages dignes de l'antiquité (1). » Il dit ailleurs : « Il est étonnant que la prévention contre le père de la nouvelle philosophie ait tant pu dans l'esprit de quelques docteurs chrétiens que, par attachement à leurs préjugés et à leurs erreurs philosophiques qu'il a combattus avec tant de force, et dont il a enfin triomphé si glorieusement, ils n'aient pas craint de l'accuser d'impiété pour avoir fourni à la religion une nouvelle arme invincible contre les athées, ajoutant aux preuves qu'on avait déjà de l'existence de Dieu, une démonstration si belle et si lumineuse que jusqu'ici on n'a rien su y opposer que d'absurde et de puéril. Quelle gloire pour ce grand philosophe que les premiers principes sur lesquels il établit sa métaphysique dans ses *Méditations*, servent aussi de fondement inébranlable aux deux vérités capitales de la religion, l'existence de Dieu et l'immatérialité de l'âme (2) !

Gerdil tient surtout à justifier la doctrine de Descartes

---

(1) *Histoire des sectes des philosophes*, 1ᵉʳ vol. des œuvres complètes.
(2) *Immatérialité de l'âme démontrée contre M. Locke*, in-4, Turin, 1747, p. 230.

de toute parenté avec celle de Spinoza. L'*Incompatibilité des principes de Descartes et de Spinoza*, est le titre de la quatrième dissertation du recueil que nous avons déjà cité. On ne peut mieux se moquer que le cardinal Gerdil de ceux qui, dans leur zèle affecté contre Descartes, exagèrent d'un ton pathétique toute l'horreur du spinozisme qu'ils prétendent en être la funeste conséquence : « Il est beau aux auteurs de certaines pièces fugitives pleines d'impiété de vouloir nous éloigner, par esprit de religion, d'une philosophie qui a fourni au cardinal Polignac les armes victorieuses avec lesquelles il a triomphé de Lucrèce et de ses sectateurs. » Il ne confond pas cependant avec ces écrivains, qu'il ne nomme pas, des auteurs de bonne foi qui, tout en rendant justice aux sentiments de Descartes, penchent à croire que Spinoza s'est appuyé sur ses principes poussés trop loin. Ce sont eux qu'il se propose de réfuter, car il s'est pleinement assuré, en lisant Spinoza, que rien n'est plus éloigné des principes de Descartes que le monstrueux système de cet auteur. On ne peut en effet mieux mettre en relief les oppositions fondamentales entre la méthode et la doctrine de ces deux philosophes. La définition que Descartes donne de la substance n'a rien de commun avec celle de Spinoza, et au fond n'est que celle des scolastiques. Dans la notion de substance, il n'enferme que l'idée d'une existence propre, et il n'exclut que l'inhérence en un autre sujet. L'indépendance qu'il lui donne est au regard d'un sujet d'inhérence, et non de la cause efficiente, *non ut a causa efficiente, sed ut a subjecto inhæsionis*. Spinoza au contraire y enferme l'idée d'une existence non-seulement propre, mais nécessaire, et exclut non-seulement l'inhérence en un autre sujet, mais aussi la dépendance qui convient à un effet par rapport à sa cause. Est-ce donc d'après Descartes, qui les sépare si profondément, que Spinoza a imaginé de réunir la pensée et l'étendue en un même sujet ? Ces incompatibilités et d'autres encore sont sans doute très-réelles, mais n'en laissent pas moins subsister, à notre avis, les semences de spinozisme signalées par Leibniz.

Gerdil oppose Descartes à Locke, dans un grand ouvrage, en faveur de l'immatérialité de l'âme (1). D'abord il insiste sur l'utilité d'une preuve démonstrative de l'immortalité de l'âme, fondée sur son immatérialité, indépendamment de la foi. Or, cette preuve il la trouve dans Descartes, dans ce puissant génie qui, en démêlant mieux, dit-il, qu'on ne l'avait jamais fait, ce qui appartient au corps de ce qui appartient à l'esprit, a fixé les limites de la matière, et prouvé l'immortalité de l'âme par son immatérialité. Il met Locke en contradiction avec lui-même en montrant que ses arguments en faveur de l'immatérialité de Dieu, prouvent également l'immatérialité de l'âme.

Gerdil n'est pas seulement cartésien, mais il est malebranchiste, et même malebranchiste excessif. Il suit Malebranche, sans nulle réserve ni restriction, dans deux ouvrages où il défend contre Locke, la vision de Dieu, le système des idées et l'étendue intelligible (2) et les causes occasionnelles. Il ne renie même pas les plus hardies interprétations, si témérairement hasardées par Malebranche, pour accommoder les mystères avec la raison. L'explication de la transmission du péché originel par la transmission des vestiges du cerveau, explication empruntée d'ailleurs à Malebranche par Nicole dans ses *Instructions sur le symbole*, lui semble une des plus belles choses de la *Recherche*. A ce propos il rapporte non sans naïveté qu'il a ouï dire à une personne de génie, qu'il ne nomme pas, qu'un temps viendrait peut-être où on emploierait utilement la doctrine de Malebranche contre cet esprit de libertinage qui ne se manifeste déjà que

---

(1) *Immatérialité de l'âme démontrée contre M. Locke*, par les mêmes principes par lesquels ce philosophe démontre l'existence et l'immatérialité de Dieu.

(2) Le plus considérable est intitulé : *Des idées en général et des différentes manières d'apercevoir les objets*; l'autre : *Défense du sentiment du P. Malebranche sur l'origine et la nature des idées contre l'examen de Locke*. Cet ouvrage est dédié à l'abbé de Lignac. L'un et l'autre se trouvent à la suite de l'*Immatérialité de l'âme démontrée*, édit. de Turin, 1747, et dans le 4ᵉ vol. des Œuvres complètes.

trop. Il semble cependant éviter de s'expliquer sur la providence générale si vivement attaquée par Arnauld.

Mais, dans la spéculation et dans la morale, il s'inspire plus heureusement de la doctrine de la raison, avec laquelle il a combattu l'empirisme, non-seulement en métaphysique, mais dans la morale, la jurisprudence, la science de l'éducation et l'esthétique. Dans sa *Défense des Éclaircissements de la Recherche*, il oppose l'immutabilité des vérités morales aux opinions monstrueuses de tant de philosophes anciens et modernes qui nient toute différence essentielle entre le juste et l'injuste. « Le P. Malebranche, dit-il, fait voir que cette différence essentielle est une conséquence nécessaire de ses principes sur les idées; je veux dire qu'on ne peut reconnaître qu'on voit toutes choses en Dieu, sans reconnaître aussi qu'on y voit l'ordre éternel qui est la loi naturelle et la règle immuable de toutes les intelligences. »

Gerdil a composé, d'après ce principe, plusieurs ouvrages de morale, dont le plus considérable a pour titre : *De l'origine du sens moral* (1). C'est dans l'ordre qu'il fait consister la forme immuable de l'honnête, sur laquelle il établit non-seulement la morale, mais aussi la jurisprudence. Comme le P. André et le P. Roche, Gerdil fait l'application de cette doctrine à l'esthétique en rattachant à la connaissance de l'ordre celle d'un beau absolu, réellement fondé dans la nature des choses.

En faveur de Malebranche, il invoque Descartes, il invoque l'antiquité et saint Augustin. D'abord il nous montre en lui le continuateur de Descartes. Descartes avait préparé les voies à la vision en Dieu en distinguant les propriétés de l'âme de celles du corps, et en prouvant que les qualités sensibles sont des modifications de notre âme

---

(1) *Dell' origine del senso morale ossia dimostrazione che vi ha nell' uomo un naturale criterio di approvazione o di biasimo riguardante l'intrinseca morale differenza del giusto e dell' ingiusto*, etc. Voir aussi sur le même sujet les *Principes de la morale chrétienne* et un *Mémoire sur l'ordre*. (4e vol. des Œuvres complètes.)

et non de la matière. Mais en outre, Gerdil cherche à démontrer que l'antiquité elle-même dépose en faveur de cette doctrine. Selon lui, il y a deux sortes d'anti malebranchistes, les esprits forts, puis les savants et les théologiens, qui ne s'éloignent de Malebranche qu'autant qu'ils s'imaginent que cet auteur, emporté par la vivacité de son génie, s'est éloigné lui-même de l'antiquité (1). Afin de justifier Malebranche dans l'esprit de ces derniers, il s'attache à montrer dans Platon, et surtout dans saint Augustin, les fondements de sa philosophie. Si saint Augustin n'a pas dit, comme Malebranche, qu'on voit les corps en Dieu et s'il ne nous y fait voir que les vérités éternelles, c'est uniquement parce qu'il ignorait, ce que Descartes nous a appris, que les qualités sensibles n'ont d'existence que dans notre âme.

A ces autorités, Gerdil en ajoute une autre moins illustre, mais plus récente, celle du P. Thomassin. On accuse Malebranche d'être visionnaire, pourquoi ne traite-t-on pas de la même façon le célèbre P. Thomassin qui a prévenu le sentiment de son confrère, et démontré que nous voyons en Dieu, par une vue directe et immédiate, les propriétés de nombres et des figures, les règles du droit naturel. Il espère donc qu'on voudra bien désormais épargner à Malebranche les titres odieux de rêveur et de visionnaire dont on l'a chargé pour avoir soutenu et éclairci le sentiment de saint Augustin et de Platon sur la nature et l'origine de nos idées. Enfin voici son jugement général sur la vision en Dieu : « Ce système a cet avantage sur les autres qu'il est très-simple et appuyé sur des principes incontestables. Il est incontestable que les idées de toutes choses sont en Dieu, et qu'il peut les représenter à l'esprit par son action sur lui, au lieu que, dans tout autre système, il faut supposer, ou que Dieu crée des êtres représentatifs, dont la nature est absolument inintelligible, aussi bien que leur

---

(1) *Défense du sentiment du P. Malebranche sur la nature et l'origine des idées, contre Locke.*

union avec l'esprit, ou que l'âme se modifie de façon à devenir la ressemblance parfaite de ce qu'elle aperçoit, ce qu'on ne peut éviter dans le sentiment de M. Locke, qui admet que les idées ou perceptions sont des dispositions ou des modalités de l'âme. Or il a été démontré dans tout le cours de cet ouvrage que l'un et l'autre est également impossible. Il faut donc avouer que le sentiment du P. Malebranche sur les idées est à tous égards le plus vraisemblable de tous ceux qui ont été proposés jusqu'ici, et peut-être qu'en lisant avec attention les preuves qu'il en donne, on se convaincra qu'il est essentiellement vrai (1). »

Dans son *Histoire des sectes des philosophes*, et dans l'*Introduction à l'étude de la religion* (2), le cardinal Gerdil montre la même bienveillance et le même défaut de critique à l'égard des systèmes anciens. L'*Histoire des sectes des philosophes* n'est qu'une série de notices sur tous les philosophes anciens et modernes. Ces notices très-courtes ne prennent un peu d'étendue et d'intérêt qu'en ce qui touche des philosophes du dix-septième siècle. L'*Introduction à l'étude de la religion*, dont la première partie seule a été achevée, est un ouvrage plus important. Il s'y propose de montrer l'alliance de la vraie philosophie et de la religion, de venger l'une et l'autre contre les impostures de ceux qui ont cherché à obscurcir ces étincelles de vérité qui rappellent l'homme à la connaissance et au culte d'un Dieu auteur de l'univers, par l'exposition des vrais sentiments des premiers philosophes sur Dieu et l'immortalité qui sont les fondements de la religion. Il prétend démontrer que tous les philosophes anciens, même les Ioniens, à l'exception d'Archélaüs, ont cru à la Providence, à la spiritualité et à l'immortalité des âmes humaines. Mais cette revue historique ne va pas au delà de

---

(1) *Des idées en général et des différentes manières d'apercevoir les objets.*

(2) *Introduzione allo studio della religione.* Turin, 1755 (3ᵉ volume des Œuvres).

l'école ionienne et de l'école italique où il croit retrouver toutes les vérités du Christianisme. Cet ouvrage a beaucoup d'analogie avec celui du P. Thomassin sur la *Méthode pour étudier solidement et chrétiennement la philosophie.* Ainsi le cardinal Gerdil s'est efforcé de réconcilier le cartésianisme en Italie avec la cour de Rome et la congrégation de l'Index. Il semble y avoir réussi, car la philosophie de Descartes, si nous sommes bien informés, et même celle de Malebranche, s'enseignent aujourd'hui librement, sans encourir aucun blâme, sous les yeux mêmes de la congrégation et du Saint-Siége (1).

(1) Voici ce que répondait en 1829 le P. Jésuite Rozaven aux partisans de Lamennais qui prétendaient que la mise à l'index de Descartes portait sur la *Méthode* : « D'où les partisans du nouveau système savent-ils donc que la condamnation porte sur la *Méthode*? Ce qui pourrait nous persuader du contraire, c'est que la *Méthode* de leur aveu a prévalu dans les écoles catholiques et qu'aujourd'hui encore, à Rome même, il est très-permis de la suivre publiquement et de la professer sous les yeux de la congrégation, et sous ceux du Saint-Siége, sans encourir aucun blâme. » *Ami de la religion*, t. CXI, p. 175.

CHAPITRE XXIX

Révolution philosophique du dix-huitième siècle. — Causes du triomphe de Locke. — Association de sa philosophie avec la cause des réformes et de la liberté. — Le cartésianisme étranger au mouvement social et politique, protégé par l'autorité, et combattu par les libres penseurs comme un obstacle aux progrès de la raison. — Discrédit des spéculations métaphysiques. — Enthousiasme pour la méthode expérimentale des sciences physiques. — Négation de ce qui dépasse la sphère de l'expérience sensible. — Tendance de la philosophie du dix-septième siècle à absorber tout en Dieu. Tendance contraire de celle du dix-huitième à éliminer Dieu de la science et du monde. — Voltaire chef de cette révolution philosophique. — Voltaire apôtre de Locke et de Newton. — *Lettres anglaises*. — Guerre contre le spiritualisme de Descartes et contre les idées innées. — L'existence de Dieu et celle d'une justice absolue défendue par Voltaire. — Scepticisme sur les attributs de Dieu et sa providence. — Optimisme et fatalisme. — Physique de Newton opposée à celle de Descartes. — Maupertuis, *Discours de la figure des astres*. — *Éléments de philosophie de Newton* par Voltaire. — Privilége refusé par d'Aguesseau. — Défenseurs de la physique de Descartes. — Fontenelle. — *Dialogues sur la pluralité des mondes*, *Éloge de Newton*, *Tourbillons cartésiens*. — L'attraction traitée de qualité occulte. — Mairan. — Éloge de Privat de Molières. — Aveu des difficultés inhérentes aux tourbillons. — Vains efforts pour sauver les principes de la physique de Descartes.

A partir de Bayle s'arrêtent les progrès, les développements originaux et les conquêtes du cartésianisme français. Mais nous avons encore à suivre son histoire jusqu'à la fin du dix-huitième siècle, et à exposer les principales causes de sa décadence. Au milieu du dix-huitième siècle, comme au milieu du dix-septième, tout change en France sur la scène philosophique. Le cartésianisme ne disparaît pas, mais il tombe au second rang. Une autre philosophie prend la faveur et l'empire ; une autre métaphysique, une autre physique entraînent et passionnent tous les esprits. Le grand Descartes n'est plus qu'un rêveur, les idées innées et les tourbillons sont des chimères, non moins méprisées que la philosophie scolastique elle-même.

Voltaire croit pouvoir fixer à l'année 1730 le commencement de cette décadence de la philosophie de Descartes : « Ce n'est guère, dit-il, que depuis l'année 1730 qu'on a commencé à revenir en France de cette philosophie chimérique, quand la géométrie et la physique expérimentale ont été plus cultivées (1). » Cette date coïncide en effet avec l'introduction à l'Académie des sciences du système de Newton qui fut, comme nous le verrons, une des principales causes de l'abandon et du discrédit du cartésianisme, non-seulement pour la physique, mais aussi, par contre-coup, pour la métaphysique. On ne peut voir sans quelque étonnement l'étroite et superficielle philosophie de Locke triompher si facilement de celle de Descartes, et enthousiasmer les vives et généreuses intelligences du dix-huitième siècle.

Disons tout de suite, à l'honneur du dix-huitième siècle, que s'il a embrassé avec tant d'ardeur la philosophie sensualiste, c'est peut-être moins en raison de sa valeur intrinsèque, et par pur amour des négations qu'elle renferme, qu'à cause des auspices heureux sous lesquels elle se présentait à des esprits avides d'indépendance et de progrès. Les persécutions religieuses, les revers et les désastres de la France avaient tristement marqué la fin du grand siècle. De là une réaction dans laquelle fut enveloppé le cartésianisme lui-même. On oublia qu'il avait été persécuté, pour ne plus voir en lui qu'une philosophie goûtée d'un assez grand nombre de théologiens et de membres du parlement, et l'héritage en quelque sorte officiel du règne dont il avait été une des plus grandes gloires. Assurément le cartésianisme avait agi avec prudence et sagesse, au dix-septième siècle, en se bornant, suivant l'exemple et le précepte de

---

(1) *Catalogue des écrivains du siècle de Louis XIV*.

Descartes, à la réforme de la philosophie, et en protestant contre toute arrière-pensée de régenter l'État. Mais ce qui lui a servi au dix-septième siècle, lui porte préjudice au dix-huitième, alors que tous les esprits se tournaient du côté des réformes sociales et politiques. La réforme de la philosophie et la réforme de l'individu avaient été la préoccupation exclusive du dix-septième siècle; la réforme de la société devait être la préoccupation non moins exclusive du dix-huitième. Ainsi le cartésianisme parut-il aux penseurs du dix-huitième siècle comme le représentant de l'esprit ancien, comme indifférent, sinon hostile à l'esprit nouveau, à l'esprit de réforme, aux progrès de la liberté et de la justice dans les sociétés. Quelle ne devait pas être, au contraire, la faveur du sensualisme se présentant comme le champion de cette grande cause, sous le patronage de Locke et de Voltaire !

Non-seulement le cartésianisme n'était plus persécuté, sauf dans le sein de quelques Ordres religieux, tels que les jésuites, et seulement dans le cas d'une alliance, vraie ou supposée, avec le jansénisme, mais même il était protégé, et il avait en quelque sorte passé de l'opposition au pouvoir. S'il perdait du terrain dans les académies, il en gagnait dans la Sorbonne et dans le Parlement, dans les écoles et dans les *cursus philosophici*. Mairan fait l'aveu de cette protection officielle de la philosophie de Descartes, dans son éloge de Privat de Molières, en 1741 : « Il est vrai que le cartésianisme n'est plus interdit aujourd'hui, ni persécuté comme autrefois, il est souffert, peut-être est-il protégé, et peut-être est-il important qu'il le soit à certains égards ; mais il a vieilli, mais il a perdu des grâces que lui donnait une persécution injuste, plus piquantes encore que celles de la jeunesse. »

Voltaire, Condorcet, Diderot se raillent de ces anciens adversaires des idées innées qui, tout d'un coup, en sont devenus les zélés protecteurs, des dévots qui veulent en faire un article de foi, après les avoir prises si longtemps pour une dangereuse hérésie. L'abbé de Prades demande à ses censeurs de la Sorbonne depuis quand les idées innées font partie du *Credo* (1). Nous verrons des chanceliers cartésiens refuser des priviléges à des livres de pure physique, uniquement parce qu'ils sont newtoniens ; nous verrons la Sorbonne, le parlement, des évêques intervenir en faveur des idées innées dans la fameuse thèse de l'abbé de Prades en 1751. Ainsi par la protection du pouvoir et par l'engouement aveugle d'un certain nombre de disciples qui s'étaient mis à jurer sur la parole du maître, comme ces péripatéticiens dont ils s'étaient moqués, le cartésianisme sembla être devenu, à son tour, un obstacle aux progrès de la raison. De là la vivacité extraordinaire avec laquelle il fut attaqué par les libres penseurs du dix-huitième siècle.

Il porta aussi durement la peine, comme nous l'avons vu par Bayle, des spéculations et des hypothèses téméraires où il s'était égaré. Descartes avec son spiritualisme abstrait, avec son automatisme et d'autres paradoxes, Spinoza avec son panthéisme, Malebranche avec son étendue intelligible et ses causes occasionnelles, Leibniz avec son harmonie préétablie, avaient dégoûté un certain nombre d'esprits de la métaphysique. De peur des chutes et des visions on ne voulut plus, pour ainsi dire, quitter la terre du pied, et l'expérience, par laquelle on voyait les sciences physiques accomplir de si étonnants progrès fut proclamée l'unique vraie méthode, l'unique voie de salut. Le titre de philosophie expérimentale que se donna la nouvelle philosophie, la méthode d'observation et d'analyse qu'elle prenait pour drapeau, furent une des principales causes de son succès. Toutes les questions sur Dieu, sur l'âme, sur la destinée de l'homme, la nature des êtres, toutes celles enfin qui ne se résolvent pas par des données purement sensibles, ou ne s'en déduisent pas immédiatement, furent reléguées parmi les chimères. Ce qui dépasse la sphère de l'expérience sen-

---

(1) Voir l'*Éloge de Voltaire* par Condorcet, le *Tombeau de la Sorbonne* par Voltaire, l'*Apologie de l'abbé de Prades*, la *Suite de l'Apologie de l'abbé de Prades* par Diderot.

sible, le dix-huitième siècle le nie, ou bien, pour en savoir des nouvelles, il nous renvoie plus ou moins ironiquement à la révélation.

Signalons encore quelques autres traits de la philosophie du dix-huitième siècle, en opposition avec celle du dix-septième. Nous avons vu l'idée de Dieu dominer dans le cartésianisme au point d'absorber l'homme et le monde. Par contre la philosophie du dix-huitième siècle, lorsqu'elle ne nie pas Dieu, tend à l'écarter et à l'éliminer pour mettre à sa place, sous le nom de nature, l'homme et le monde. Que d'efforts sincères n'avait pas faits la philosophie du dix-septième siècle pour vivre en bonne intelligence avec la théologie et démontrer l'accord de la raison et de la foi ! Le dix-huitième siècle au contraire, à la suite de Bayle, se plaît malignement à les mettre en contradiction, et à tourner en ridicule la théologie tout entière par un perfide emploi de la distinction des vérités de la foi et de la raison. Égaré non-seulement par une fausse métaphysique, mais par une haine aveugle, dans cette guerre à outrance contre la théologie, il ne fera pas plus grâce aux vérités fondamentales de la religion et de la morale naturelle qu'aux subtilités de la métaphysique. La crainte de voir s'élever quelque pouvoir surnaturel qui s'impose à la libre raison, lui donne une sorte d'aversion pour le divin. Où finit ce qui se voit et se touche, là commence à ses yeux le mysticisme. Il portera cette horreur du mysticisme, et de toute espèce de joug, dans la morale elle-même, au point de proscrire l'idée même de la justice pour mettre à sa place, sans nul déguisement, celle de l'amour-propre et de l'intérêt, ou même de prêcher l'émancipation des passions non moins ardemment que celle de la raison.

Telles furent les principales causes de la défaveur où tomba le cartésianisme, et tel fut l'esprit de réaction qui explique, sans les justifier, certains égarements de la philosophie du dix-huitième siècle. Pourquoi cet entraînement vers les doctrines matérialistes, athées, égoïstes, cette fièvre de négation et de scepticisme, cet acharnement contre les plus nobles croyances confondues à plaisir avec les superstitions et les préjugés? Encore une fois il n'en faut pas chercher d'autre cause que la guerre ardente de l'esprit nouveau contre l'esprit ancien. Si les libres penseurs du dix-huitième siècle semblent si fort se plaire à toutes les négations de l'empirisme, c'est pour chagriner et ébranler l'orthodoxie religieuse et politique, au risque d'ébranler en même temps tous les fondements sans lesquels il n'y a plus ni société ni morale. Une machine de guerre contre le vieil édifice social, voilà ce que fut avant tout la philosophie de la sensation entre les mains des plus puissants réformateurs de l'époque, bien plutôt qu'une doctrine philosophique à la vérité de laquelle ils aient eu une foi profonde. De là en grande partie, suivant nous, le succès de la philosophie de Locke en France au dix-huitième siècle.

Le chef de cette guerre contre le cartésianisme fut Voltaire. C'est lui qui, l'attaquant à la fois par la métaphysique et la physique, porte les plus terribles coups; c'est lui qui donne le ton à toute la polémique anticartésienne du dix-huitième siècle, l'alimente d'arguments et de plaisanteries, c'est lui enfin qui donne la vogue aux doctrines qui allaient remplacer la philosophie de Descartes et de Malebranche.

Locke et Newton, il est vrai, avaient déjà pénétré en France par la traduction de Coste (1), et par des discussions au sein de l'Académie des sciences. Maupertuis avait publié son *Discours sur la figure des astres*. Mais, malgré Coste et Maupertuis, Locke et Newton, avant qu'ils eussent franchi le détroit sur les ailes brillantes et légères de l'imagination de Voltaire, comme dit M. Cousin, n'étaient guère connus que d'un petit nombre de savants. Voltaire se fit leur interprète et, pour ainsi dire, leur héraut, dans ses *Lettres sur les Anglais* qui révélèrent à la France un nou-

---

(1) Cette traduction, faite sous les yeux de Locke, est de 1700. Coste réfugié protestant, traduisit aussi, en 1722, l'*Optique* de Newton.

veau monde politique, littéraire et philosophique (1). Les trois lettres sur Locke, Newton et l'attraction furent le signal de la réaction contre le cartésianisme. Voltaire annonçait Locke à la France, encore cartésienne, comme le sage et le philosophe par excellence, et il sacrifiait sans façon tous les anciens et tous les modernes à l'auteur de l'*Essai sur l'entendement humain* : « Tant de raisonneurs, dit-il, ayant fait le roman de l'âme, un sage est venu qui en a fait l'histoire. »

Tout le dix-huitième siècle redira après lui, que la philosophie de Locke est à celle de Descartes et de Malebranche ce que l'histoire est aux romans (2). Non-seulement dans les *Lettres anglaises*, mais dans tous ses ouvrages, Voltaire professe la même admiration pour Locke : « Locke seul a développé l'entendement humain dans un livre où il n'y a que des vérités, et, ce qui rend ce livre parfait, toutes ces vérités sont claires...... Ce grand homme est dans la métaphysique ce que Newton est dans la connaissance de la nature (3). » D'Alembert, dans le discours préliminaire de l'*Encyclopédie*, dit aussi : « Locke créa la métaphysique à peu près comme Newton la physique. » Selon Voltaire, Locke est l'Hercule qui a posé les bornes de la métaphysique (4). En 1770, dans le *Philosophe ignorant*,

---

(1) Les *Lettres sur les Anglais* furent d'abord publiées à Londres et ne parurent en France qu'en 1734.

(2) Diderot, dans l'*Encyclopédie*, art. Locke, Buffier, dans ses *Remarques sur divers traités de métaphysique*.

(3) *Catalogue des écrivains du siècle de Louis XIV.*

(4) Il écrit à Walpole en 1768 : « Je peux vous assurer que personne avant moi ne connaissait en France la poésie anglaise ; à peine avait-on entendu parler de Locke. J'ai été persécuté pendant trente ans par une nuée de fanatiques pour avoir dit que Locke est l'Hercule de la métaphysique. » Dans le poème sur la loi naturelle, il dit de Locke :

> Et ce Locke, en un mot, dont la main courageuse
> A de l'esprit humain posé la borne heureuse.

Ayant appris que sa nièce lit Locke : « Je suis comme un vieux bonhomme de père qui pleure de joie de ce que ses enfants tournent au bien. Dieu soit béni de ce que je fais des prosélytes dans ma famille ! » (Lettre à Thuriot, 1787.)

comme en 1728, dans ses *Lettres sur les Anglais*, il le proclame le philosophe par excellence : « Après tant de courses malheureuses, fatigué, harassé, honteux d'avoir cherché tant de vérités et trouvé tant de chimères, je suis revenu à Locke comme l'enfant prodigue qui retourne chez son père, je me suis rejeté entre les bras d'un homme modeste qui ne feint jamais de savoir ce qu'il ne sait pas, qui, à la vérité, ne possède pas des richesses immenses, mais dont les fonds sont bien assurés et qui jouit du bien le plus solide sans aucune ostentation, etc. »

Combien ne sait-il pas rendre cette philosophie attrayante et spécieuse par une certaine apparence de bon sens, par une merveilleuse lucidité, par ces formes légères et piquantes qu'il varie à l'infini ! Cependant il ne suit pas toujours avec fidélité les traces de son philosophe par excellence ; il s'en écarte, tantôt pour améliorer et corriger sa doctrine, tantôt pour l'empirer. Il le loue d'avoir osé quelquefois parler affirmativement, mais il le loue plus encore de savoir douter, et surtout d'avoir osé dire, que jamais peut-être nous ne pourrons savoir si un être matériel est capable de penser ou non. Voilà ce que Voltaire semble goûter et admirer, par-dessus tout le reste, dans la philosophie de Locke, et ce qu'il vante comme le dernier mot de la sagesse humaine. Il s'empare de ce doute, que Locke n'avait fait qu'insinuer en passant, pour le tourner contre le spiritualisme cartésien.

Qu'est-ce que l'âme ? Rien, selon Voltaire, qu'une simple faculté de la matière et des organes, et non une personne ; rien qu'une propriété, et non une substance, une abstraction réalisée, semblable à la déesse Mémoire des anciens. Autant vaudrait-il faire un Dieu du pouvoir secret par lequel la nature forme le sang. Combien n'a-t-il pas fallu que la raison de l'homme fût corrompue par la métaphysique, pour s'imaginer qu'il était un composé de deux êtres, l'un visible, palpable, mortel, l'autre invisible, impalpable, immortel (1) ! Il se plaît à exercer sa verve contre « cet

---

(1) *De l'âme*, par Soranus.

être autrefois nommé souffle et aujourd'hui esprit, contre ce personnage étranger qui habite le cerveau humain, contre ce petit dieu qui si souvent devient un petit diable..... Je serais la boîte dans laquelle serait un être qui ne tient point de place ! Moi, étendu, je serais l'étui d'un être non étendu ! Je posséderais quelque chose qu'on ne voit jamais, de laquelle on ne peut avoir la moindre image, la moindre idée ! Il faut être bien hardi pour se vanter de posséder un tel trésor (1). »

L'analogie avec les bêtes, voilà un des plus grands arguments de Voltaire contre le spiritualisme. D'abord il se moque, non sans raison, de l'automatisme : « Si ces bêtes ne sont que de pures machines, vous n'êtes certainement auprès d'elles que ce qu'une montre à répétition est en comparaison du tournebroche dont vous parlez, ou si vous avez l'honneur d'une âme spirituelle, les animaux en ont une aussi, car ils sont ce que vous êtes (2). » A l'encontre des cartésiens, et avec l'arrière-pensée d'en tirer un argument en faveur du matérialisme, Voltaire, comme Gassendi, est plutôt disposé à exagérer qu'à rabaisser les facultés de l'animal.

Cependant, en attaquant ainsi le spiritualisme de Descartes, il voudrait, dans un intérêt de conservation sociale, sauver la croyance à la possibilité, sinon à la certitude de l'immortalité et d'un Dieu rémunérateur et vengeur. « Le patriarche, dit Grimm dans sa correspondance, ne veut pas se départir de son rémunérateur et vengeur. » Voltaire, d'ailleurs, quintessencie et subtilise de telle façon cet atome de matière, qu'il veut mettre à la place de l'âme spirituelle, qu'on ne voit plus guère par où il se distingue de la monade immatérielle de Leibniz. Il lui arrive même de lui donner aussi ce nom de monade : « Mais si dans l'animal raisonnable, appelé homme, Dieu avait mis une étincelle invisible, impalpable, quelque chose de plus intangible qu'un atome d'élément, ce que les philoso-

---

(1) *Lettres de Memmius à Cicéron.*
(2) *Traité de métaphysique*, chap. v.

phes grecs appellent une monade, si cette monade était indestructible, si c'était elle qui pensât et qui sentît en nous, alors je ne vois plus qu'il y ait d'absurdité à dire : cette monade peut exister, peut avoir des idées et du sentiment quand le corps dont elle est l'âme sera détruit (1). » S'il en est ainsi, que deviennent donc toutes les plaisanteries de Voltaire contre cet être dont nous ne pouvons nous faire aucune image, qui ne se voit pas et ne se touche pas ?

Il ne fait pas une guerre moins vive aux idées innées qu'au spiritualisme. Ici encore, c'est lui qui, s'inspirant de Locke, donne le ton à tous les philosophes du dix-huitième siècle. Tous ont la table rase pour devise, tous combattent les idées innées comme la plus folle des visions, et comme le plus grand obstacle aux progrès de la vraie métaphysique et de l'esprit humain. Voltaire puise dans le premier livre de l'*Essai sur l'entendement humain*, ses arguments et même ses railleries contre les idées innées, et, comme Locke, il leur attribue un sens qui n'est pas celui de Descartes. Toutes nos idées viennent des sens, toutes sont filles des objets aperçus ou des images, et la connaissance tout entière se ramène à des éléments purement sensibles (2), voilà le grand principe de Voltaire. Aucun autre ne lui paraît mieux démontré dans toutes les mathématiques : « Personne ne me fera jamais croire que je pense toujours, et je ne suis pas plus disposé que Locke à imaginer que, quelques semaines après ma conception, j'étais une âme fort savante, sachant alors mille choses que j'ai oubliées en naissant, et ayant fort inutilement possédé dans l'utérus des connaissances qui m'ont échappé dès que j'ai pu en avoir besoin et que je n'ai jamais pu reprendre depuis (3). » Dans le conte de *Micromégas* il fait dire à un philosophe cartésien : « L'âme est un esprit pur qui a reçu dans le ventre de sa mère toutes les idées métaphysiques, et qui en sortant de là est obligée d'aller de nouveau à

---
(1) *Dialogue de Callicrate et d'Évhémère.*
(2) *Dictionnaire philosophique*, art. Idée.
(3) *Lettres sur les Anglais*, XIII.

l'école et d'apprendre tout de nouveau ce qu'elle a si bien su et qu'elle ne saura plus. — Ce n'était donc pas la peine, répond Micromégas, que ton âme fût si savante dans le ventre de ta mère pour être si ignorante quand tu aurais de la barbe au menton. » En ce sens, il est vrai de dire, avec Voltaire, que nous n'avons pas plus d'idées innées que Michel-Ange et Raphaël n'apportèrent en naissant des couleurs et des pinceaux, ou qu'Homère ne naquit avec l'Iliade dans sa tête (1).

Mais à les prendre dans leur vrai sens, Voltaire s'éloigne de Locke, et se rapproche de Descartes, beaucoup plus sans doute qu'il ne le pense lui-même. Est-ce donc ce grand adversaire des idées innées qui se fait le défenseur d'une raison commune nous enseignant à tous les mêmes principes, dont le premier est, qu'il y a une justice naturelle, la même dans tous les temps et dans tous les lieux? N'est-il pas curieux de le voir si vivement aux prises avec Locke en faveur de l'innéité de la justice, en même temps qu'il combat les idées innées? Qu'il est peu révérencieux pour la crédulité avec laquelle son maître en sagesse accueille les plus absurdes récits et les faits contre nature, pour prouver que la justice n'est qu'une affaire de mode et d'opinion! Nul peut-être mieux que Voltaire, n'a réfuté cette partie du premier livre de l'*Essai sur l'entendement*. Ni Malebranche ni Fénelon n'ont mis plus de force et d'éloquence à démontrer l'universalité et l'immutabilité de la loi morale. « La notion de justice me semble si naturelle, si universellement acquise par tous les hommes, qu'elle est indépendante de toute loi, de tout pacte, de toute religion (2). » Partout violée, nulle part elle n'est abrogée : « qu'on me montre un pays où il soit honnête de me ravir le fruit de mon travail, de violer sa promesse, de mentir pour nuire, de calomnier, d'assassiner, d'empoisonner,

---

(1) *Le Philosophe ignorant.*
(2) *Le Philosophie ignorant.*

d'être ingrat, etc. (1). » Que de vives et éloquentes protestations, dans la prose et les vers de Voltaire, contre cette triste doctrine de Locke (2) ! Combien ne s'est-il pas heureusement inspiré de cette croyance à une justice naturelle et à une raison commune dans sa critique historique, dans sa guerre contre l'intolérance et la superstition, contre les iniquités de l'ancienne société ! Malheureusement Voltaire a plutôt réussi, parmi les philosophes de son école, à décréditer les idées innées, et à les couvrir de ridicule, qu'à faire admettre cette exception au principe de la table rase en faveur d'une justice naturelle et universelle.

Cette raison commune non-seulement nous enseigne, selon Voltaire, qu'il y a une justice, mais encore qu'il y a un Dieu. Il faut savoir gré à Voltaire de n'avoir pas moins tenu ferme pour l'existence de Dieu que pour celle d'une justice naturelle, deux vérités singulièrement compromises au sein de la philosophie de la sensation. Il est impossible de mieux mettre l'athéisme aux prises avec le bon sens et de revêtir de formes plus vives et plus saisissantes la démonstration tirée de l'art de la nature, ou la nécessité de conclure d'un admirable ouvrage à l'existence d'un admirable ouvrier. Il n'y a pas de nature, il n'y a que l'art qui partout révèle un artisan infini, voilà ce qu'il oppose admirablement à ceux qui voulaient mettre la nature à la place de Dieu (3).

Tout en rejetant les preuves métaphysiques, cependant, il admet comme complément de la preuve tirée de l'art de la nature, celle de Clarke, qui est, dit-il, pour ainsi dire, la plus métaphysique des preuves physiques. Il y voit une belle démarche de l'entendement humain, un élancement divin de la raison, dont la portée est supérieure à celle qui se tire uniquement de l'ordre du monde (4). Mais toute sa théo-

---

(1) *Dictionnaire philosophique*, art. LOI NATURELLE.
(2) Voir la *Philosophie de Voltaire*, par M. Bersot, in-12, 1847.
(3) *Dialogue entre un Philosophe et la Nature*.
(4) *Traité de métaphysique et Lettre au P. Tournemine*, de 1735.

dicée se borne à l'affirmation de l'existence d'un Dieu, cause première et architecte du monde. Dieu lui paraît démontré, mais il ne lui paraît pas moins démontré que nous ne sommes pas faits pour le comprendre. S'il est de la folie de nier Dieu, il est, selon lui, de la démence d'entreprendre de le définir. Il prend plaisir à soulever des doutes sur la providence, et à tourner en ridicule l'optimisme de Leibniz qu'il ne dénature pas moins que les idées innées de Descartes.

Voltaire qui se moque tant de l'optimisme est lui-même optimiste, mais au détriment de l'infinité de Dieu. Comme Leibniz, il soutient que ce monde est le meilleur des mondes que Dieu pût faire, mais par cette raison que, sans doute, la puissance de Dieu ne lui permettait pas d'aller au delà : « J'aime mieux tenir Dieu pour borné que pour méchant. » La raison s'accommode-t-elle donc mieux de la première que de la seconde pensée ?

Rappelons encore que, quoiqu'il borne ainsi la perfection divine, Voltaire, d'un autre côté, semblerait se rapprocher du cartésianisme, et en particulier de Malebranche, par la prédilection qu'il témoigne pour la doctrine que Dieu fait tout en nous. Nous sommes dans la main de Dieu comme l'argile dans la main du potier, avait dit Spinoza. La comparaison ne paraît pas encore assez forte à Voltaire ; il veut qu'on dise que nous sommes mille millions de fois plus soumis à Dieu que l'argile au potier. Mais ce qui lui plaît surtout dans cette dépendance, c'est l'avantage qu'il en tire en faveur de la nécessité universelle, dont il s'est fait le défenseur dans la dernière partie de sa vie, après avoir déserté la cause du libre arbitre, que d'abord il avait défendue, avec tant d'esprit et de bon sens, contre le prince royal de Prusse.

En même temps que Voltaire opposait Locke à la métaphysique de Descartes, il opposait Newton à sa physique, battant ainsi en brèche le cartésianisme par deux côtés à la fois. Dans la première édition de la *Henriade*, en 1723, on lisait ces vers en l'honneur de Descartes :

> Descartes, répandant sa lumière féconde,
> Franchit d'un vol hardi les limites du monde.

Il les effaça dans les éditions suivantes, et, à leur place, il mit les vers magnifiques, que chacun connaît, en l'honneur de l'attraction.

Si Voltaire n'a pas rendu justice à la métaphysique, et même à la physique de Descartes, au moins il rend justice à son génie. Il tourne en ridicule ces Anglais, fanatiques admirateurs de Newton, qui croient que, si l'on ne s'en tient plus à l'horreur du vide, si l'on sait que l'air est pesant, si l'on se sert de lunettes d'approche, c'est à Newton qu'on le doit; il ne peut souffrir qu'on ait osé avancer que Descartes n'est pas un grand géomètre. « Ceux qui parlent ainsi peuvent se reprocher de battre leur nourrice, Descartes a fait un aussi grand chemin du point où il a trouvé la géométrie jusqu'au point où il l'a poussée, que Newton en a fait après lui..... Je ne crois pas qu'on ose, à la vérité, comparer en rien sa philosophie avec celle de Newton : la première est un essai, la seconde est un chef-d'œuvre, mais celui qui nous a mis sur la voie de la vérité vaut peut-être celui qui a été depuis au bout de cette carrière (1). Je rends autant de justice à Descartes que ses sectateurs, je l'ai toujours regardé comme le premier génie de son siècle; mais autre chose est d'admirer, autre chose est de croire (2). » Tous les newtoniens français du dix-huitième siècle ne seront pas aussi justes envers le génie de Descartes; exceptons toutefois d'Alembert, qui regarde l'explication de la pesanteur par les tourbillons comme la plus belle hypothèse que la philosophie ait jamais imaginée.

Dans ses *Lettres anglaises*, Voltaire annonçait et célébrait Newton, en même temps que Locke, mais il indiquait seulement en gros les contrariétés des deux systèmes, de l'attraction et des tourbillons. Quelques années plus tard

---

(1) *Lettres sur les Anglais*, lettre XIV.
(2) *Défense du newtonianisme*.

il expose et démontre le nouveau système dans ses *Éléments de philosophie de Newton*. Il serait injuste de passer sous silence Maupertuis qui déjà avait attaqué les tourbillons, et que Voltaire lui-même, avant la brouille de Berlin, proclamait son maître en Newton, le Colomb d'un monde nouveau, l'apôtre de Locke et de Newton. « Maupertuis, dit d'Alembert, fut le premier qui ait osé parmi nous se déclarer ouvertement newtonien. Il a cru qu'on pouvait être bon citoyen sans adopter aveuglément la physique de son pays, et pour attaquer cette physique, il a eu besoin d'un courage dont on doit lui savoir gré (1). » C'est, en effet, Maupertuis qui, le premier, avec Clairault, osa insinuer dans l'Académie des sciences, des doutes contre les tourbillons. Avant les *Lettres anglaises*, il avait publié, en 1732, le *Discours sur la figure des astres*, où il combat Descartes et défend Newton, mais avec la plus grande circonspection, et prétendant seulement vouloir mettre sous les yeux du public les pièces de ce grand procès, sans le juger lui-même. Maupertuis d'ailleurs nous apprend dans une de ses lettres quel fut le peu de succès du *Discours sur la figure des astres* : « Il a fallu plus d'un demi-siècle pour apprivoiser les académies du continent avec l'attraction ; elle demeurait enfermée dans son île, ou si elle passait la mer, elle ne paraissait que la reproduction d'un monstre qui venait d'être proscrit ; on s'applaudissait tant d'avoir banni de la philosophie les qualités occultes, on avait tant peur qu'elles ne revinssent, que tout ce qu'on croyait avoir avec elles la moindre ressemblance effrayait ; on était si charmé d'avoir introduit dans l'explication de la nature une apparence de mécanisme, qu'on rejetait, sans l'écouter, le mécanisme véritable qui venait s'offrir. Ce n'était pas une grande gloire de venir présenter à ses compatriotes une découverte faite par d'autres depuis cinquante ans. Ainsi, je puis dire que je suis le premier qui osa, en France,

---

(1) Discours préliminaire de l'*Encyclopédie*.

proposer l'attraction, du moins comme un principe à examiner : ce fut dans le *Discours sur la figure des astres*. On y peut voir, avec quelle circonspection je présentais ce principe, la timidité avec laquelle j'osais à peine le comparer à l'impulsion, la crainte où j'étais en faisant sentir les raisons qui avaient porté les Anglais à abandonner le cartésianisme. Tout cela fut inutile, et si ce discours fit quelque fortune dans les pays étrangers, il me fit des ennemis personnels dans ma patrie. » Mais il ajoute : « Les choses depuis ce temps-là sont bien changées ; l'attraction s'est tellement établie qu'il n'est à craindre que de lui voir prendre un trop universel empire (1). » Or, c'est à Voltaire et à ses *Éléments de la philosophie de Newton*, chef-d'œuvre de clarté, d'élégance et de discussion scientifique, que revient le principal honneur de cette révolution scientifique.

Mais, par un singulier retour de la fortune, le cartésianisme, comme nous l'avons dit, était alors protégé ; le chancelier d'Aguesseau refusa le privilége à un livre où Descartes était attaqué (2), ne voulant pas même l'accorder à la partie purement physique. « M. le chancelier, écrit Voltaire à Thuriot, n'a pas cru devoir m'accorder le privilége des *Éléments de Newton;* peut-être dois-je lui en être obligé. Je traitais la philosophie de Descartes comme Descartes a traité celle d'Aristote.... Je n'aurais eu que de nouveaux ennemis, et je garderai pour moi les vérités que Newton et S'Gravesande m'ont apprises. » Élevé dans le cartésianisme, d'Aguesseau ne concevait pas, dit Voltaire, qu'on pût adopter les découvertes de l'Angleterre sans être ennemi de la patrie et de la raison (3). « On a voulu, dit-il ailleurs, faire un crime à l'auteur d'avoir enseigné des découvertes faites

---

(1) *OEuvres de Maupertuis*, 4 vol. in-8, Lyon, 1756, 2ᵉ vol., lettre 12.

(2) L'ouvrage avait d'abord paru incomplet en Hollande en 1738. Voltaire ne put le publier en France qu'en 1741 avec une permission tacite et sous l'adresse de Londres. Il y ajouta une troisième partie sur la métaphysique de Newton, où il lui impute fort arbitrairmenet les principes métaphysiques et les doutes de Locke, ainsi que les siens.

(3) *Mémoires*.

en Angleterre... Ils ont prétendu que c'est être mauvais Français que de n'être pas cartésien. Quelle révolution dans les opinions des hommes! La philosophie de Descartes fut proscrite en France, tandis qu'elle avait l'apparence de la vérité, et que ses hypothèses ingénieuses n'étaient point démenties par l'expérience, et aujourd'hui que nos yeux nous démontrent ses erreurs, il ne sera pas permis de les abandonner (1)! » Cependant l'ouvrage parut complet en France en 1741 ; il était dédié à son illustre et savante amie, la marquise du Châtelet, qui, elle aussi, contribua à faire connaître Newton par la traduction de ses *Principes* avec un commentaire algébrique. Ce n'est point ici une marquise ni une philosophie imaginaire, dit Voltaire dans la préface, par une maligne allusion à la *Pluralité des mondes* de Fontenelle.

Non-seulement Voltaire a démontré Newton, mais il l'a chanté, et jamais il n'a été mieux inspiré que dans ses beaux vers en l'honneur de l'attraction (2). Tandis qu'il chante la physique de Newton, voici comment il plaisante aux dépens de la physique de Descartes : « Celui qui a fait le plus de fracas après mon homme d'Étrurie (Galilée) a été un Gaulois nommé Cardestes (Descartes). Il était fort bon géomètre, mais mauvais architecte ; il ne demandait à Dieu pour bâtir cet univers que de la matière ; il en a fait des dés à six faces, et il les a poussés de façon que, malgré l'impossibilité de remuer, ils ont produit tout d'un coup des soleils, des étoiles, des planètes, des comètes, des terres, des océans. Il n'y avait pas un mot ni de physique, ni de géométrie dans cet étrange roman ; mais les Gaulois n'en savaient pas davantage ; ils étaient fort renommés pour les grands romans ; ils ont adopté celui-là si universellement qu'un descendant d'Ésope en droite ligne a dit :

Descartes, ce mortel dont on eût fait un dieu (3)... »

(1) *Défense du newtonianisme.*
(2) Dans l'Épître à madame du Châtelet, et dans la *Henriade.*
(3) *Dialogue d'Évhémère et de Callicrate.*

Cependant, jusqu'au milieu du dix-huitième siècle, les tourbillons ne manquèrent pas d'habiles défenseurs. Nous n'avons pas la prétention d'exposer, encore moins de juger, ce grand débat qui appartient à l'histoire des mathématiques et de la physique, et non à celle de la métaphysique. Nous voulons seulement indiquer le point de vue où se placèrent les plus habiles cartésiens pour défendre la physique de Descartes contre celle de Newton.

Au premier rang des défenseurs de la physique cartésienne dans le dix-huitième siècle, il faut mettre Fontenelle et Mairan. Jusqu'au bout de sa longue carrière, qui commence à la mort de Descartes et finit à l'époque de la plus grande renommée de Voltaire, Fontenelle a défendu les tourbillons, avec autant d'esprit et d'habileté que de persévérance, dans trois écrits remarquables, la *Pluralité des Mondes* en 1686, à l'âge de vingt-neuf ans, l'*Éloge de Newton* en 1727, et la *Théorie des tourbillons* en 1752, à l'âge de quatre-vingt-quinze ans (1). L'enjouement, remarque M. Flourens dans son *Étude sur Fontenelle*, domine dans le premier, une raison supérieure dans le second, un peu d'humeur chagrine dans le dernier. Le ton y suit la fortune des tourbillons ; ils régnaient d'abord sans partage, puis ils luttaient contre l'attraction, et puis enfin ils étaient vaincus.

Entre les nombreux ouvrages, publiés sous toutes les formes par les cartésiens, pour faire comprendre et goûter des gens du monde les principes de Descartes, la *Pluralité des mondes*, petit chef-d'œuvre d'esprit, de clarté, d'élégance, fut pour la physique de Descartes ce que furent pour Newton les *Éléments de physique* de Voltaire. De quelle

---

(1) *Théorie des tourbillons cartésiens avec des réflexions sur l'attraction*, in-12, 1752. Montucla dit que c'est un ouvrage de sa jeunesse qu'il ne publia qu'à quatre-vingt-quinze ans, cédant aux instances de quelques cartésiens obscurs.

« M. de Fontenelle, dit l'abbé Trublet, avait de la répugnance à le publier, à cause des partisans de Newton dans l'Académie ; il n'y consentit qu'à la condition de n'y pas mettre son nom. C'est Falconnet qui en fut l'éditeur et qui en fit la préface. »

vive lumière, de quel attrait et de quels charmes Fontenelle n'a-t-il pas su éclairer et embellir cette grande hypothèse des tourbillons! Il a l'art d'expliquer, comme en se jouant, les plus abstruses vérités et les plus hauts principes de la physique cartésienne, et particulièrement le mécanisme qui en est le caractère essentiel. Notre intention n'est pas de le suivre dans ses spirituels entretiens, au clair de la lune, avec la belle marquise. Nous nous bornerons à faire remarquer une conjecture, que déjà nous avons signalée dans Descartes, mais à laquelle Fontenelle donne plus de développement et semble attacher plus d'importance, celle d'innombrables habitants répandus dans ces innombrables mondes dont la physique cartésienne proclame l'existence. Fontenelle semble affirmer, ce que Descartes n'avait fait qu'insinuer, et se plaît à déployer tout son esprit et toute son imagination en faveur de cette hypothèse. Quant aux difficultés théologiques qu'elle soulève, il pense plus ou moins sincèrement se mettre en règle par ce tour ingénieux : « Les gens scrupuleux pourraient s'imaginer qu'il y a du danger, par rapport à la religion, à mettre des habitants ailleurs que sur la terre et des hommes qui ne soient pas fils d'Adam. L'objection roule tout entière sur les hommes de la lune. Mais ce sont ceux qui la font qui mettent des hommes dans la lune; moi je n'y en mets point, j'y mets des habitants qui ne sont point du tout des hommes. Que sont-ils donc? Je ne les ai point vus; il est même impossible qu'il y en ait selon l'idée que j'ai de la diversité que Dieu doit avoir mise dans ses ouvrages (1). »

L'éloge de Newton à l'Académie des sciences de Paris, par le plus habile et le plus constant défenseur de Descartes,

(1) L'ouvrage de Fontenelle est antérieur à l'ouvrage analogue de Huygens, qui parut en 1698 : *Cosmotheros sive de terris cœlestibus, earumque ornatu conjecturæ ad Constantinum Hugenum fratrem*. Laplace fait la même conjecture que Fontenelle et Huygens : « Il n'est pas naturel de penser que la matière dont nous voyons la fécondité se développer en tant de façons est stérile sur une aussi grosse planète que Jupiter qui, comme

avait excité une grande attente et une vive curiosité des deux côtés du détroit. Tout y fut digne de Newton, de Descartes et de Fontenelle : Tout y est marqué, dit M. Flourens, d'un caractère particulier de grandeur et de délicate réserve. Fontenelle, sans sacrifier en rien Descartes, rend toute justice à Newton, dans un parallèle remarquable par l'impartialité et par la profondeur : « Tous deux génies du premier ordre, nés pour dominer sur les autres esprits et fonder des empires. Tous deux, géomètres excellents, ont vu la nécessité de transporter la géométrie dans la physique. L'un, prenant un vol hardi, a voulu se placer à la source de tout, se rendre maître des premiers principes, par quelques idées claires et fondamentales, pour n'avoir plus qu'à descendre aux phénomènes de la nature comme à des conséquences nécessaires. L'autre, plus timide ou plus modeste, a commencé sa marche par s'appuyer sur les phénomènes pour remonter aux principes inconnus, résolu de les admettre, quels que les pût donner l'enchaînement des conséquences. L'un part de ce qu'il entend nettement, pour trouver la cause de ce qu'il voit ; l'autre part de ce qu'il voit pour en trouver la cause, soit claire, soit obscure. » Mais dans cet éloge, dans celui de Pierre Remond de Montmort, dans ses *Réflexions sur les tourbillons cartésiens*, Fontenelle cherche à mettre les esprits en garde contre la séduction du newtonianisme, et fait la guerre à l'attraction, principe, suivant lui, très-contestable et très-obscur du système de Newton. Partout il la traite de qualité occulte, en lui opposant l'idée claire de l'impulsion, fondement de la physique de Descartes. « Il est certain, que si l'on veut entendre ce que l'on dit, il n'y a que des impulsions, et si on ne se soucie pas de l'entendre, il y a

---

le globe terrestre, a ses jours, ses nuits et ses années et sur lequel les observations indiquent des changements qui supposent des forces très-actives. L'homme fait pour la température dont il jouit sur la terre ne pourrait pas, selon toute apparence, vivre sur les autres planètes ; mais ne doit-il pas y avoir une infinité d'organisations relatives aux diverses températures des globes de cet univers ? » *Système du monde*, liv. V, chap. VI.

des attractions et tout ce qu'on voudra ; mais alors la nature nous est si incompréhensible, qu'il est peut-être plus sage de la laisser là (1). » Si de l'attraction mutuelle on prétend faire une propriété essentielle aux corps, quoique nous ne l'apercevions pas, n'en pourra-t-on pas dire autant des sympathies, des horreurs, de tout ce qui fait l'opprobre de l'ancienne philosophie scolastique (2)? Il ne méconnaît pas la force des objections de Newton, mais il espère que la lumière se fera.

Tel est aussi le langage d'un autre savant cartésien, Falconnet, dans la préface qu'il a mise en tête des *Tourbillons cartésiens* de Fontenelle. « En excluant notre fluide, les newtoniens ont été obligés de ramener ce qu'il y a de plus absurde chez les anciens, le vide et les qualités occultes, c'est-à-dire de recourir à des causes plus incompréhensibles que les intelligences et le premier mobile. En vain les newtoniens s'écrient : Le calcul de Newton pourrait-il être aussi juste, si cette cause occulte et indépendante de tout mécanisme, appelée gravitation, n'existait réellement ? N'adoptons-nous pas, répliquons-nous, le même calcul ? Mais nous le tirons de causes réelles, et vous ne le tirez que d'êtres supposés. Disconvenons-nous de l'existence de la gravitation ? Mais de cette existence s'ensuit-il que la gravitation soit une qualité essentielle de la matière ? C'est le simple nom d'un effet comme Newton l'a d'abord reconnu. Cet effet ne peut avoir de cause dans le vide ; où peut-il donc la trouver sinon dans le tourbillon ? »

Mairan, secrétaire de l'Académie des sciences, après Fontenelle, chercha aussi, sinon avec plus d'esprit, au moins avec autant de force, à sauver les principes fondamentaux de la physique de Descartes. Il était en quelque sorte sous le charme de l'admirable simplicité du mécanisme de l'univers de Descartes, de la grandeur

---

(1) *Éloge de Montmort.*
(2) *Théorie des tourbillons.*

et de la beauté des tourbillons, sans néanmoins méconnaître la difficulté de les concilier avec certains phénomènes, et en rendant justice à la vérité des calculs, comme au génie de Newton. Dans l'éloge de Privat de Molières, physicien cartésien et ami de Malebranche, il était amené à juger la physique de Descartes, à parler de ses destinées et des redoutables objections sous lesquelles elle avait à se débattre. Il le fait avec une élévation d'esprit, avec une grandeur de vues, et même avec une impartialité qu'on ne saurait trop louer, non sans laisser percer un sentiment de découragement, comme Fontenelle dans ses *Réflexions sur les tourbillons cartésiens*. Il avoue les difficultés inhérentes aux tourbillons, difficultés « qui en rendent le système fort douteux, ou du moins fort difficile à concilier avec les observations astronomiques; mais le système opposé qui fait mouvoir les corps célestes dans un vide immense, comme livrés à eux-mêmes ou retenus dans leur sphère par une force métaphysique inconnue, et dont il est impossible de se former une idée, n'a-t-il point aussi ses difficultés, et peut-être aussi plus accablantes ? » Il rend hommage à l'habileté de ses adversaires, newtoniens aguerris, d'après Descartes même, sous les étendards de Newton, et grands géomètres à l'exemple de leur chef ; il gémit sur la ruine imminente du cartésianisme, malgré la protection dont il est, dit-il, devenu l'objet.

Cependant, comme Fontenelle, il ne croit pas impossible de concilier les découvertes et les calculs de Newton avec les grands principes de la physique de Descartes, et, pour atteindre ce but, il supplie qu'on fasse les derniers efforts. « Quelle que soit la destinée des tourbillons, c'est une très-grande et belle idée qui mérite qu'on fasse les derniers efforts pour la maintenir et la délivrer des objections pressantes dont les partisans du vide tâchent depuis cinquante ans de l'accabler. » Il recommande de tenir aux principes et non aux applications particulières, et surtout au premier ou plus grand de tous qui est le mécanisme. « Le mécanisme comme cause immédiate de tous les phénomènes de la nature est devenu, dans ces derniers temps, le signe distinctif des cartésiens, car à quoi les reconnaîtrait-on sans cela, lorsqu'ils font profession de recevoir toutes les découvertes modernes et principalement celles de Newton? C'est donc là l'esprit du cartésianisme ; les explications particulières que nous a laissées Descartes n'en sont, pour ainsi dire, que le marc. Si ce grand génie revenait au monde, fidèle à ses leçons, il se féliciterait du progrès qu'elles nous ont fait faire, il admirerait la sagacité de Newton dans ses calculs sur la physique céleste..... Je n'ai pas ignoré, dirait-il, que mon principe ouvrait une carrière sans bornes, et dans laquelle ceux qui commenceraient leur course où j'ai fini la mienne, iraient plus loin que moi. »

Mais, en dépit de tous les efforts pour concilier Descartes avec Newton (1), en dépit de tous les raccommodements qu'on leur fit subir, les tourbillons succombèrent sous l'attraction. D'Alembert parut avoir démontré qu'ils étaient impuissants à rendre compte des divers phénomènes de la pesanteur et acheva leur défaite. Les physiciens, de même que les astronomes et les géomètres, se tournaient aussi contre les cartésiens, parce qu'au lieu de consulter la nature, ils avaient une tendance à se perdre dans les abstractions et dans les déductions stériles de certains principes physiques de Descartes dont ils abusaient. Ils reprochaient aux cartésiens, qui avaient tant accusé les péripatéticiens de donner pour argent comptant une infinité de termes obscurs et barbares, de les payer à leur tour de la même monnaie. La matière éthérée, les parties cannelées, les différents moules pour y mouler toute sorte de corps de leur matière de nouvelle fabrique, ne valent guère mieux, disaient-ils, que les termes barbares des péripatéticiens et ne sont qu'un pompeux

---

(1) *Système général de philosophie*, extrait des ouvrages de Descartes et de Newton, par le P. Paulian, 4 vol. in-12. Avignon, 1769. Le P. Paulian se propose de donner un système newto-cartésien.

galimatias pour couvrir une ignorance glorieuse (1).

A côté de Fontenelle et de Mairan, il faut, comme nous venons de le voir, placer aussi le cardinal Gerdil parmi les derniers et les plus habiles défenseurs de la physique de Descartes (2). Néanmoins, et sauf cette exception, Grimm, à la mort de Fontenelle, pouvait écrire : « Aujourd'hui que le newtonianisme a triomphé en France comme dans le reste de l'Europe éclairée, il n'y a plus guère ici de partisans de Descartes que M. de Mairan et quelques vieux académiciens peu connus (3). » Rendons plus de justice qu'on ne le fait ordinairement à ces derniers défenseurs des tourbillons. Si quelques-uns ont eu le tort de rejeter les expériences et les calculs de Newton, tous ils ont raison de rejeter cette cause occulte de l'attraction, et de demeurer attachés avec opiniâtreté à ce point de vue supérieur de l'impulsion et du mécanisme auquel s'est de nouveau placée la science du dix-neuvième siècle (4).

Tel est l'ensemble des causes qui, pendant la première moitié du dix-huitième siècle, furent fatales à la domina-

---

(1) *Éclaircissements sur les conjectures physiques*, par Nicolas Hartsoeker. Amst., 1610, 1 vol. in-4°.

(2) *Dissertation sur l'incompatibilité de l'attraction et de ses différentes lois avec les phénomènes.* (Voir le 5ᵉ vol. de ses Œuvres, édition de Rome.) Montucla en fait le plus grand éloge. Citons encore Villemot, curé de La Guillotière à Lyon, auteur de *Nouveau système ou Nouvelle Explication du mouvement des planètes*, in-12, 1707, dont il est dit dans l'*Encyclopédie*, à l'article CARTÉSIANISME, que c'est le meilleur ouvrage en faveur de Descartes. Falconnet l'a traduit en latin.

(3) *Correspondance*, Lettre du 1ᵉʳ février 1754.

(4) Voici comment ce grand débat est jugé dans de savants articles de la *Revue des Deux-Mondes*, 15 octobre 1866, sur la physique moderne, signés Edgard Savenay : « Pour nous qui regardons maintenant ce débat historique à travers l'apaisement des années, nous voyons le terrain où les deux doctrines ennemies pouvaient se concilier. La gravitation newtonienne et tous les faits qu'elle embrasse nous apparaissent, conformément au principe cartésien, comme des conséquences de mouvements matériels. Ces deux principes, si longtemps ennemis, s'unissent et se confondent dans l'idée générale que nous pouvons maintenant nous faire du système du monde. » Nous venons de voir que ce langage était aussi celui de Mairan.

tion du cartésianisme, et tel a été le rôle considérable de Voltaire dans cette grande révolution philosophique. Mais si la philosophie de Descartes fut détrônée, elle ne fut pas anéantie, et, comme nous allons le voir, elle a compté encore d'honorables représentants et exercé une influence salutaire jusqu'à la fin du siècle.

CHAPITRE XXX

Cartésiens du dix-huitième siècle. — Fontenelle cartésien en physique, mais non en métaphysique. — Son jugement sur la révolution opérée par Descartes dans les sciences et les lettres. — *Doutes sur le système physique des causes occasionnelles.* — Mairan, élève de Malebranche. — Discussion avec Malebranche sur les analogies de sa doctrine avec Spinoza. — Portrait de Malebranche par Mairan. — Le cardinal de Polignac. — Ses thèses philosophiques au collège d'Harcourt. — L'*Anti-Lucrèce.* — Cartésianisme de l'*Anti-Lucrèce.* — Daguesseau. — Jugements sur Descartes et Malebranche. — Application du cartésianisme aux principes de la jurisprudence. — *Méditations métaphysiques sur les vraies ou fausses idées de la justice.* — Existence et nécessité d'une justice naturelle. — Passage à travers la métaphysique pour arriver à la morale. — De la liberté et du principe que Dieu fait tout en nous. — De la vérité et de la certitude. — Dieu auteur de toutes nos idées. — Différence des connaissances acquises et innées. — Caractères essentiels des idées innées. — Deux ordres de vérités innées. — Analyse du sentiment de la conservation. — L'amour-propre éclairé auxiliaire de la morale. — Daguesseau s'est-il contredit touchant le vrai principe de la morale ?

Nous arrivons aux derniers cartésiens et malebranchistes du milieu et de la fin du dix-huitième siècle. Il faut d'abord revenir sur Fontenelle et Mairan dont il n'a été encore parlé que comme les défenseurs de la physique de Descartes. A vrai dire cependant, Fontenelle n'est guère cartésien que pour la physique. Dans les Éloges de Leibniz et de Malebranche, il rapporte, non sans y mêler une certaine nuance d'ironie, les théories métaphysiques sur l'âme, sur les idées et sur Dieu, en s'abstenant de les juger parce qu'il s'agit, dit-il, de choses qui échappent à toute expérience, et en conséquence à toute critique. « L'Académie des sciences s'abstient totalement de la métaphysique parce qu'elle paraît trop incertaine et trop contentieuse, ou du moins d'une utilité trop peu sensible. »

Ce scepticisme à l'égard de la métaphysique de Descartes, de Leibniz et de Malebranche, se lie, dans l'esprit de Fontenelle, à l'empirisme à la mode du dix-huitième siècle, comme on le voit par des fragments, sur la connaissance de l'esprit humain, sur l'origine des idées, sur l'instinct, sur la liberté, qui n'ont été publiés qu'après sa mort (1). Tandis qu'il repousse Newton en physique, il donne les mains à Locke et à Condillac en métaphysique, et il se plaint que de l'ancienne philosophie, qui n'avait pas toujours tort, on n'ait pas conservé au moins la maxime, que tout ce qui est dans l'esprit a passé par le sens. La sensation, et le travail de l'esprit sur les données de la sensation, voilà, selon Fontenelle, comme selon Locke, l'unique origine de toutes les idées sans exception. Dans l'idée de l'infini, il ne voit qu'une ampliation de l'idée du fini, et les axiomes ne sont pour lui que des vérités tirées d'une expérience qui n'a pas besoin d'être répétée. Pour ne rien laisser de naturel et d'inné dans l'âme, il convertit, avant Condillac, l'instinct en habitude. Non moins opposé à Descartes sur la nature des bêtes, que sur celle de l'homme, il combat aussi l'automatisme (2).

Mais, s'il abandonne Descartes pour la métaphysique, il apprécie bien haut l'influence de son génie et de sa méthode, non-seulement sur les sciences physiques et mathématiques, mais sur les lettres elles-mêmes et sur les progrès généraux de l'esprit humain. Dans ses deux belles préfaces de l'histoire de l'Académie, c'est à Descartes qu'il attribue le renouvellement des mathématiques et de la

---

(1) Tome IX des Œuvres de Fontenelle, édit. de 1761 ou 11 vol. in-12. Le traité sur la liberté incline au fatalisme et a été réfuté par l'abbé de Lignac dans un supplément à la suite du II° vol. du *témoignage du sens intime*.

(2) Aussi Boullier qui, cartésien en d'autres points ne l'est pas en celui-ci, lui dédia-t-il la 2° édition de son *Essai philosophique sur l'âme des bêtes*.

physique, la ruine de cette physique stérile qui, depuis plusieurs siècles, en était toujours au même point, et le règne des choses substitué à celui des termes et des mots, le règne de la raison à celui de l'autorité (1). Mais il le loue davantage encore d'être le premier auteur d'un nouvel art de raisonner plus parfait qui, de proche en proche, s'est répandu dans toutes les branches de la littérature et de la science : « Quelquefois un grand homme donne le ton à tout un siècle, et celui à qui on pourrait le plus légitimement accorder la gloire d'avoir établi un nouvel art de raisonner, était un excellent géomètre (2). » Ailleurs encore il dit : « C'est lui qui a amené cette nouvelle manière de raisonner beaucoup plus estimable que sa philosophie elle-même, dont une bonne partie est fausse ou fort incertaine, suivant les propres règles qu'il nous a apprises (3). »

Fontenelle a combattu les causes occasionnelles de Malebranche dans un petit livre intitulé : *Doutes sur le système physique des causes occasionnelles*, par lequel il intervint dans la querelle entre Arnauld et Malebranche (4). Il s'est, dit-il, décidé à publier ces objections parce que Ma-

---

(1) Préface de l'*Histoire de l'Académie* de 1666.
(2) Préface de 1699.
(3) *Digression sur les anciens et les modernes*.
(4) In-12. Rotterdam, 1686, sans nom d'auteur. Il fut longtemps assez rare, et l'auteur inconnu. Mais l'abbé Trublet rapporte que Fontenelle lui avait dit avoir confié le manuscrit à MM. Basnage qui le firent imprimer et lui en envoyèrent quelques exemplaires à Rouen. Fontenelle semble y faire une modeste allusion dans l'Éloge de Malebranche, lorsqu'après avoir raconté sa querelle avec Régis et Arnauld, il ajoute : « Nous ne parlons point de quelques autres adversaires moins illustres qu'il a eus. » Dom Lamy a réfuté Fontenelle dans la 6ᵉ de ses lettres philosophiques : *Éclaircissements sur un petit traité intitulé :* Doutes, etc., Malebranche lui-même y a répondu. Trublet affirme que les deux petits écrits : *Réflexions sur le livre des Doutes*, etc., et *Réflexions sur la Lettre de l'auteur des Doutes*, lettre à laquelle Fontenelle avait répliqué, sont certainement de Malebranche, quoiqu'il y parle à la tierce personne ; ce qu'il ignorait quand il les a fait insérer à la suite de l'ouvrage de Fontenelle, dans le 9ᵉ vol. de ses Œuvres. (*Mémoires pour servir à l'histoire de la vie et des ouvrages de Fontenelle*, par l'abbé Trublet, in-12, 2ᵉ édition. 1759.)

lebranche, qu'il appelle le plus grand génie du siècle, ne semble pas les avoir prévues, et parce qu'Arnauld ne s'en est pas servi.

Il commence par l'histoire des causes occasionnelles dont il regarde Descartes comme le premier auteur. Descartes fut, dit-il, obligé de les inventer à cause de la difficulté de rapprocher deux êtres aussi éloignés que l'âme et le corps. Ayant en main les causes occasionnelles qui devaient naissance au système de l'âme, il les appliqua aux corps, à cause de l'impossibilité de concevoir le passage du mouvement d'un corps dans un autre. Ensuite vint Malebranche qui les transporta dans la théologie. « Ainsi les causes occasionnelles furent faibles dans leur naissance et inventées pour subvenir à un besoin pressant, mais peu à peu la commodité dont on les a trouvées les a fait porter infiniment plus loin que la première nécessité ne demandait. »

Abandonnant à Arnauld le soin de les chasser de la théologie, il veut se renfermer dans le domaine de la physique, sans même toucher à la communication de l'âme et du corps. Il considérera seulement deux corps qu'on dit être l'un à l'autre causes occasionnelles du mouvement; il fera voir pourquoi il lui paraît que ce sont des causes véritables et non des causes occasionnelles, puis il prouvera que ce système, quoi que dise Malebranche, ne fait agir Dieu ni plus simplement, ni par des voies plus générales, ni plus en souverain que le système commun. D'abord qu'est-ce qu'une cause véritable, en opposition à une cause occasionnelle? Il définit une cause véritable, celle entre laquelle et son effet on voit une liaison nécessaire, ou qui précisément, parce qu'elle est telle ou telle, fait qu'une chose est ou est telle. Une cause occasionnelle au contraire est celle qui ne fait rien précisément parce qu'elle est telle ou telle, mais parce que, quand elle est telle ou telle, une cause véritable agit, en sorte qu'entre elle et son effet il n'y ait point de liaison nécessaire. Or, indépendamment de tout décret, par lequel Dieu s'obligerait à transporter, à l'occasion du choc, le mouvement d'un corps dans un autre, soit dans l'hypothèse du plein, soit dans celle du vide, il résulterait, selon Fontenelle, de la seule nature des corps, de leur masse, de leur mouvement, de leur impénétrabilité, qu'ils doivent par le choc changer leurs mouvements. Il prouve par des raisonnements de mécanique, que de la seule impénétrabilité dérive la force mouvante des corps. Il ne suivra pas sans doute de l'impénétrabilité un mouvement qui n'était point, mais il s'en suivra qu'un corps fera passer du mouvement dans un autre corps. En vain on objecte qu'on ne conçoit pas ce passage du mouvement d'un corps dans un autre. Pour établir une cause véritable, il suffit, selon Fontenelle, d'apercevoir une liaison nécessaire entre elle et son effet; car s'il fallait entendre ces sortes de comment-là, nous ne trouverions pas que Dieu lui-même fût la cause d'aucun effet.

Ni Fénelon ni Arnauld n'ont mieux mis en lumière l'abus que fait Malebranche du principe de la simplicité des voies, et surtout le désaccord des causes occasionnelles avec cette simplicité. Il est certain que Dieu est sage dans ses desseins et dans leur exécution. Mais la sagesse de l'exécution consiste en deux choses, d'abord à pleinement exécuter son dessein, et ensuite seulement avec le moins d'action possible. C'est là, selon Fontenelle, le point important, et c'est en cela que Malebranche paraît s'être toujours trompé. Cet ordre de l'univers n'est pas en soi le plus parfait, quoique Dieu l'ait voulu tel, à cause de la simplicité des voies dont il ne lui est pas permis de s'écarter, voilà ce que Malebranche ne cesse de répéter. Perpétuel sophisme, répond Fontenelle. S'il me faut dix roues pour construire une machine qui sonne les heures juste, je les mettrai. Sans doute avec cinq roues la machine serait plus simple, mais le but que je me suis proposé ne serait pas atteint. Selon Malebranche, Dieu aurait fait le monde imparfait pour le faire simple, au lieu de le faire d'abord parfait, puis après le plus simple possible. Si les monstres, quoique n'étant pas du dessein de Dieu, sont une conséquence nécessaire du plan du monde, ne suit-il pas que le dessein de Dieu n'est pas sage, puisqu'il n'a pu être pleinement exécuté ? C'est la simplicité qui l'emporte, tandis que ce devrait être la sagesse. Malebranche admet cependant que Dieu sort quelquefois de la simplicité quand l'ordre le demande ; pourquoi pas pour bannir les monstres ? Bizarre système où tantôt la sagesse l'emporte sur la simplicité, et tantôt la simplicité sur la sagesse !

Il ne montre pas moins bien que les causes occasionnelles ne sont favorables, ni à la simplicité elle-même, ni à la vraie uniformité des voies. La force mouvante ôtée au corps, il ne reste plus à Dieu que deux moyens d'exécuter ses desseins, ou de les mouvoir directement, ne s'assujettissant qu'à son dessein, ou d'établir une cause occasionnelle et de s'y assujettir. Or il est évident que cette cause occasionnelle est un circuit et va contre la simplicité. A-t-elle au moins l'avantage de l'uniformité ? Mais il y a plusieurs sortes d'uniformité, dont celle-là seule est digne de Dieu qui est accompagnée de la plus grande intelligence et de la plus grande sagesse, or telle n'est pas l'uniformité qui résulte des causes occasionnelles, ce que Fontenelle rend sensible par une ingénieuse comparaison. Je veux faire avec des pièces de métal une machine qui sonne les heures juste ; que je la construise de telle sorte qu'elle n'ait besoin pour les sonner, que d'un premier mouvement, une fois imprimé, ou que j'aille à chaque fois les lui faire sonner de ma main, ou enfin que, sans avoir fait de machine, je les sonne en frappant l'une contre l'autre deux pièces de métal, voilà trois actions également uniformes, mais dont la première seule est parfaite. Si, obligé de faire sonner les heures moi-même, j'établis un homme qui me fasse toujours signe d'y aller, quoique je sache très-bien moi-même quand il le faut, je rends mon action plus uniforme, mais non pas plus parfaite. La connaissance de ce rapport arbitraire, établi sans nécessité, ne me rend pas plus intelligent, tout en me rendant moins sage. Donc l'uniformité des causes occasionnelles n'est pas digne de Dieu.

Il reproche, en outre, à Malebranche de ne pas même

faire réellement agir Dieu par des lois générales. Exécuter un dessein selon la nature du sujet, voilà le propre des lois générales, tandis que le propre des lois particulières est de l'exécuter au delà, ou contre la nature du sujet. Or, si les corps sont privés de toute action mouvante, et que Dieu veuille qu'ils transmettent les mouvements, il leur demande quelque chose contre leur nature, il tombe dans l'un des deux inconvénients des lois particulières, qui est de n'avoir pas proportionné son dessein à la nature du sujet. La communication des mouvements n'étant pas naturelle, les proportions de cette communication ne le sont pas davantage, et Dieu n'a pu les établir que par des lois particulières. On ne remédie à rien en faisant le choc cause occasionnelle. Le choc cause occasionnelle, c'est cet homme, dont il était question tout à l'heure, qui me fait signe d'aller sonner les heures, quoique je sache parfaitement quand il faut les sonner. On ne répare pas par là l'imperfection de l'action, qui consiste en ce qu'elle n'est pas selon la nature du sujet, on ne fait pas que l'action ait un rapport plus parfait ni à la nature du sujet, ni au dessein. Cette nouvelle uniformité est donc tout à fait superflue. Il ne faut pas en effet confondre la généralité et l'uniformité, comme le font les cartésiens ; l'uniformité n'enferme que la continuation du même rapport, tandis que le propre de la généralité est de déterminer ce rapport à être le plus parfait qu'il se puisse. « Voilà, je crois, conclut Fontenelle, l'endroit faible des causes occasionnelles et le nœud de toutes les difficultés qui peuvent être faites sur cette matière. »

Dans l'hypothèse de l'impuissance des corps, Dieu eût agi plus parfaitement en supprimant le choc comme cause occasionnelle, et en les remuant inégalement à chaque instant, suivant son dessein ; tout comme si je ne pouvais faire de machine sonnant les heures, le mieux serait de ne pas m'amuser à en faire une qui ne servît à rien, de ne point établir un homme dont les signes fussent cause occasionnelle, et de sonner l'heure moi-même avec deux pièces de métal, puisque je saurais bien quand il faut les sonner. Certainement Dieu ne l'a pas fait, car son action doit être générale et non particulière. Il faut donc admettre dans les corps une force mouvante agissant selon les diverses proportions de leur grosseur et de leur vitesse, et croire que Dieu les a arrangés de telle sorte que la seule communication naturelle de leurs mouvements amène à chaque instant ce qu'il veut qui arrive.

Enfin, pour répondre à un des grands arguments de Malebranche, Fontenelle prouve que Dieu n'est pas plus souverain dans ce système que dans celui de la force mouvante des corps. Cette force ne sera-t-elle pas toujours infiniment au-dessous de Dieu? L'action des corps ne produit pas le mouvement, elle ne fera jamais que le transmettre. Une force mouvante et réellement distinguée de Dieu dans les créatures ne va pas plus que l'existence distinguée elle-même des créatures contre la souveraineté de Dieu. « Tout ce que vous me direz contre la force des créatures, je vous le retorquerai contre leur existence. » L'existence dépendante et participée des créatures a un caractère qui la met infiniment au-dessous de l'existence de Dieu; de même en est-il de leur force mouvante. La force mouvante de Dieu produit un mouvement qui n'était point; la force mouvante des créatures consiste seulement à faire passer dans un autre corps un mouvement qui était déjà et qu'elles n'ont point produit. Cette force mouvante, d'ailleurs, ne change rien à l'action de Dieu, qui n'est déterminée qu'à produire tant de mouvement dans la masse de la matière, et non dans chaque corps particulier. Tels sont les principaux arguments de Fontenelle contre les causes occasionnelles dans l'ordre physique. Toute cette critique est remarquable par la finesse, la justesse et le bon sens. Aucun des adversaires de Malebranche n'a mieux fait ressortir, à notre avis, certains vices du système des causes occasionnelles, aucun n'a mieux démontré qu'elles ne sont qu'une vaine complication, et qu'elles n'ont aucun des prétendus avantages que Malebranche leur attribue.

Rappelons encore ici, à l'honneur de Fontenelle, qu'il est un de ceux qui, sous l'influence de l'esprit cartésien, ont le plus nettement dégagé la doctrine de la perfectibilité du sein de la querelle des anciens et des modernes, et qu'il a même su distinguer, ce que la plupart des défenseurs des modernes confondaient, les sciences, qui sans cesse se perfectionnent, de la poésie et de l'éloquence que les anciens ont pu porter tout d'abord à leur plus haut degré de perfection, parce qu'elles dépendent surtout des dons naturels et de la vivacité de l'imagination.

Je ne séparerai pas Fontenelle de Mairan qui lui a succédé comme secrétaire de l'Académie des sciences (1). Jeune encore, Mairan vint à Paris où il connut Malebranche qui l'initia à l'analyse des infiniment petits de son ami le marquis de l'Hôpital. Mairan en garda toute sa vie une vive reconnaissance pour Malebranche et une grande admiration pour son génie. Comme Fontenelle, il fut un des derniers et des plus habiles défenseurs des tourbillons. S'il a moins d'esprit et de grâce, il a peut-être plus de force et de gravité. « Il me semble, dit Voltaire, que M. de Mairan possède en profondeur ce que M. de Fontenelle avait en superficie (2). » Il a pénétré plus avant, sinon dans la physique, au moins dans la métaphysique de Descartes, de Spinoza et de Malebranche, comme on le

---

(1) Jean-Jacques d'Ortous, sieur de Mairan, né à Béziers en 1678. Il entra en 1715 à l'Académie des sciences et plus tard à l'Académie française. Comme Fontenelle, il mourut dans un âge très-avancé. Il avait déjà plus de soixante ans quand il succéda à Fontenelle comme secrétaire de l'Académie des sciences. L'universalité de ses connaissances et son talent d'écrivain le désignaient aux suffrages de l'Académie. Mais il ne put en remplir les fonctions que pendant trois ans, de 1741 à 1743. Il a fait les éloges des académiciens morts pendant ces trois années, parmi lesquels, les éloges de l'abbé Privat de Molières et de l'abbé de Polignac intéressent particulièrement l'histoire du cartésianisme. Ces éloges ont été publiés en 1 vol. in-12. Paris, 1758. Voir l'éloge de Mairan dans les mémoires de l'Académie des sciences, année 1771. Voir aussi une étude sur sa vie et ses travaux par M. J. Duboul dans les mémoires de l'académie de Bordeaux 1863, 2ᵉ trimestre.

(2) *Corresp.*, édit. Beuchot, vol. LXV, p. 478.

voit dans une correspondance avec Malebranche récemment découverte et publiée (1).

Il écrit de Béziers, en 1713 et 1714, à son ancien maître pour le consulter sur Spinoza. Après avoir étudié la philosophie de Descartes, il s'y reposait, croyant la concilier avec la foi, quand la lecture de Spinoza a tout à coup troublé ce repos et cette harmonie. D'une part attiré par l'enchaînement, par la rigueur apparente des déductions, de l'autre épouvanté des conséquences, il éprouve un trouble intérieur qu'il supplie Malebranche de guérir en lui montrant le point précis de l'erreur, le paralogisme de Spinoza ou le premier pas qui conduit au précipice. « J'ai vu, dit-il, les prétendues réfutations qu'on en a données, elles ne font que blanchir contre lui. On ne l'entend pas et il est clair qu'on ne s'est pas donné la peine de l'entendre. » Malebranche, déjà vieux, semble peu se soucier d'entrer dans cette grave et délicate discussion ; il prétexte qu'à peine il a lu Spinoza, et il y a déjà longtemps, il allègue la difficulté de discuter et de s'entendre par lettres, et ne fait d'abord qu'une assez courte et superficielle réponse où il n'est guère question que de l'horreur des conséquences. Mais Mairan insiste respectueusement, et, revenant à la charge, il presse Malebranche de le satisfaire, d'autant qu'il a cru remarquer dans sa propre doctrine de quoi autoriser les principes et les conclusions de l'*Éthique* (2). L'horreur des conséquences ne suffit pas pour le convaincre dans une question de métaphysique. L'horreur et les autres mouvements de cette nature ne partent que de préjugés bons ou mauvais et ne sauraient entrer en parallèle avec l'évidence de la démonstration. Malebranche n'a-t-il pas dit lui-même : « Nous ne devons suivre dans nos

---

(1) Voir cette correspondance, avec l'intéressant commentaire qui l'accompagne, dans le IIe vol. des *Fragments de philosophie moderne*, de M. Cousin, 5e édit., 1866.

(2) Voltaire, ami de Mairan, dit aussi, dans son *Traité de métaphysique*, chap. III : « Pour réduire le système de Malebranche à quelque chose d'intelligible, on est obligé de le réduire au spinozisme. »

jugements libres que la lumière et l'évidence. » Cette étendue intelligible, laquelle est infinie, dont l'étendue créée, dont tous les corps sont des modes, ne revient-elle pas à la doctrine de Spinoza ?

Malebranche poussé à bout, et obligé, pour se défendre lui-même, d'aborder sérieusement la discussion, signale à Mairan le paralogisme de Spinoza dans la définition qu'il donne de Dieu. C'est là, dit-il, qu'est renfermée son erreur fondamentale : « Cette définition pourrait passer en la prenant dans un sens, mais il la prend dans un autre, de sorte qu'il suppose ce qu'il doit prouver. » Malebranche met ici en effet le doigt sur un des points fondamentaux par où manque l'édifice tout entier, mais il se défend moins bien contre la pressante dialectique de Mairan au sujet des analogies de sa propre doctrine avec celle de Spinoza. Pour préserver son étendue intelligible de ces dangereux rapprochements, il se retranche derrière la distinction de l'idée et de l'idéat de l'étendue ; l'idée est en effet nécessaire et infinie, mais ce qui est vrai de l'idée ne l'est pas de son idéat, qui peut-être même n'existe pas. Que devient donc, demande Mairan, le grand principe, que tout ce qui est clairement enfermé dans l'idée d'une chose peut être affirmé de cette chose ? Ne pourra-t-on pas retourner contre l'idéat de l'idée de Dieu ce que Malebranche applique à l'idéat de l'étendue ? Malebranche se sent mal à l'aise dans cette discussion à laquelle il coupe court par un apologue, fort ingénieux sans doute, et qui a sa valeur au point de vue pratique, mais qui n'en a aucune au point de vue de la théorie et de la démonstration. Enfin il termine brusquement en invitant ce jeune et libre esprit à s'adresser à l'auteur de toute vérité, à ne pas écouter certaines objections, quand il s'agit de la foi, à se mettre en garde contre la prétention de tout démontrer et de ne se rendre qu'à l'évidence, car il ne peut y avoir d'évidence quand on ne part pas d'idées claires, or nous n'avons pas d'idées claires des attributs de Dieu.

Mairan ne paraît ni éclairé ni persuadé. En qualité de

fidèle, il voudrait bien pouvoir faire comme un bon mahométan qui ne songe à défendre sa religion que le sabre à la main, sans autre discussion, cela lui épargnerait bien de la peine; mais on n'est pas toujours maître de ne raisonner plus quand on a raisonné jusqu'à un certain point. Néanmoins il garda toujours la plus grande vénération pour Malebranche dont, dans sa vieillesse, il faisait ce bel éloge : « Disciple zélé de Descartes, commentateur original, chef de secte lui-même par les idées neuves et sublimes qu'il prêtait à la philosophie cartésienne, il pouvait être mal entendu, critiqué, contredit, mais on ne pouvait s'empêcher d'admirer la beauté et l'étendue de son génie dans l'enchaînement de ces dogmes mêmes auxquels on refusait de souscrire. Grand maître dans l'art de penser et d'amener les autres à sa pensée (1). »

Le cardinal de Polignac, non moins célèbre comme l'auteur élégant et facile de l'*Anti-Lucrèce* que comme l'habile négociateur de la paix d'Utrecht, fut un cartésien avoué en physique et en métaphysique, avec une teinte de malebranchisme, ainsi que la plupart des cartésiens du dix-huitième siècle. Il fit sa philosophie au collége d'Harcourt où les objections de son professeur, zélé péripatéticien, lui firent connaître et goûter Descartes. Quand il fut question de soutenir des thèses, un débat s'éleva entre le maître qui voulait qu'elles fussent, selon la coutume, en l'honneur de son enseignement, et son élève infidèle qui les voulait en l'honneur de Descartes, s'offrant à défendre seul publiquement les principes de la philosophie nouvelle, sans le secours d'un président. La querelle agita tout le pays latin, et ne fut terminée que par un accommodement assez singulier. Il fut convenu qu'il y aurait deux thèses différentes, deux jours de suite, la première en l'honneur de Descartes, et la seconde en l'honneur d'Aristote. L'élève dut arranger lui-même, en forme de thèse, les principes de la philosophie de Descartes, car c'était la première thèse cartésienne sou-

---

(1) *Éloge de l'abbé Privat de Molières.*

tenue dans l'université de Paris. Le premier jour, le jeune Polignac enchanta tout le monde en défendant la cause de Descartes, et le lendemain il défendit Aristote aux applaudissements de tous les péripatéticiens. Sa prédilection ne se fit sentir, dit Mairan, que par la force des raisons qui la justifiaient. Le professeur avait obtenu qu'Aristote serait le dernier en faveur duquel il parlerait, de peur que les auditeurs, sous le charme d'une parole si facile et si éloquente, ne se retirassent prévenus en faveur de Descartes (1).

Toute sa vie le brillant élève du collége d'Harcourt demeura fidèle à Descartes. Des conférences qu'il eut avec Bayle, lorsqu'il passa en Hollande à son retour de l'ambassade de Pologne, et les objections de ce grand douteur contre la Providence, appuyées de citations de Lucrèce, lui donnèrent la première pensée de l'*Anti-Lucrèce*, auquel il commença à travailler pendant la disgrâce de quelques années qui suivit cette ambassade. Dès lors, à différentes époques de sa vie, dans les loisirs que lui laissèrent les affaires de l'Église et de l'État, il se remit à l'œuvre et continua, sans pouvoir l'achever, le poëme qu'il n'avait d'abord qu'ébauché. On ne saurait croire quelle fut la vogue de l'*Anti-Lucrèce* encore manuscrit, et connu seulement par quelques fragments publiés dans les gazettes de France et de Hollande, ou recités par le cardinal lui-même à la cour de France et à la cour de Rome. Le pape, qui n'était pas cartésien, admirait quel parti le cardinal avait su tirer du cartésianisme contre Lucrèce. A la cour de France, on était avide d'en entendre quelques passages de la bouche même du cardinal. Les ducs de Bourgogne et du Maine en traduisirent quelques chants, Louis XIV voulut les connaître, et la duchesse du Maine se les faisait expliquer par l'auteur lui-même. Quand le cardinal mourut, en 1741, sur douze chants dont le poëme devait se composer, huit seulement étaient ter-

---

(1) Voir les deux éloges du cardinal de Polignac, par M. de Boze et par Mairan.

minés, le neuvième était incomplet. Il légua le soin de le publier à l'abbé Rothelin qui mourut peu de temps après. Le poëme ne fut imprimé qu'en 1747, par les soins de Lebeau, célèbre professeur de l'Université de Paris, qui avait aidé l'abbé Rothelin à le revoir.

C'est en l'honneur de la philosophie cartésienne que le cardinal de Polignac composait son poëme, et c'est Descartes qu'il voulait opposer à Lucrèce. Aussi ne se mit-il à l'ouvrage qu'après avoir consulté les principaux cartésiens avec lesquels il vivait familièrement à Paris, et surtout Malebranche auquel il soumit le plan et les premières parties de son poëme, et dont il mit à profit les avis et les critiques. Longtemps après, c'est aussi un cartésien, le chancelier Daguesseau, que consulta l'abbé Rothelin sur la dernière forme à lui donner. L'*Anti-Lucrèce* tout entier est marqué non-seulement de l'empreinte de Descartes, mais de celle de Malebranche auquel l'auteur l'avait communiqué (1). Le cartésianisme le plus rigide et le mieux conçu, dit Mairan, brille dans le développement de toutes les grandes questions qui sont le sujet de chacun des chants du poëme (2). Comme Lucrèce, dont il cherche à imiter les vers en combattant les doctrines, le cardinal débute par une invocation; mais, au lieu de Vénus, il invoque la sagesse divine, règle de toutes choses, et lumière de tous les esprits :

> Te causa et regula mundi
> Omnipotens æterna Dei sapientia virtus
> Et mens et ratio vitæ dux optima nostræ,

---

(1) *De iis quæ chartis mandaverat, cum Malebranchio metaphysicorum principe communicavit. Is et propositum operis et magis opus ipsum admiratus, quædam tamen reprehendit, id enim impune licebat apud eum qui moneri se quam laudari mavult et ex perspicacissimi philosophi monitis nonnulla auctor ipse emendavit.* Lebeau, préface de l'*Anti-Lucrèce*. Nous avons vu le cardinal servir d'intermédiaire entre Malebranche et Fénelon dans l'affaire du P. Tournemine.

(2) *De voluptate, de inani, de motu, de mente, de belluis, de seminibus, de mundo, de terra et mari,* tels sont les titres des neuf chants du poëme.

> Ipsaque lux animi, te solam in vota vocabo,
> Incute vim dictis propriamque ulciscere causam.

Il n'a pas moins d'enthousiasme pour Descartes que Lucrèce pour Épicure :

> Quo nomine dicam
> Naturæ genium, patriæ decus, ac decus ævi
> Cartesium nostri, quo se jactabit alumno
> Gallia fœta viris ac duplicis arte Minervæ.
> Ante suos tacitura duces ac fulmina belli
> Quam veri auctorem eximium mentisque regendæ.
> (Livre VIII, v. 55.)

Comme Fontenelle et Mairan, il soutient la physique de Descartes contre Newton, le plein contre le vide, et l'idée claire de l'impulsion contre l'attraction qu'il traite de qualité occulte (1). Citons encore Mairan : « Zélé cartésien par choix, par habitude, et même par principe de religion, le newtonianisme, tel qu'il le concevait, lui avait toujours paru dangereux par sa conformité avec les points fondamentaux de la physique d'Épicure. Mais on lui a reproché de s'étendre beaucoup trop longuement sur la physique d'Épicure, tandis qu'il ne fait qu'une brève et superficielle critique de Newton. Le vide, l'espace éternel et infini, parsemé seulement d'atomes ou de corpuscules indivisibles qui s'y meuvent par eux-mêmes, et dont la rencontre produit le monde, les générations spontanées, le hasard maître du monde, voilà les monstres épicuriens que combat un peu trop longuement le cardinal de Polignac. De la réfutation du vide et des atomes il passe à l'origine du mouvement. Le mouvement n'étant pas essentiel à la matière, il en déduit l'existence d'un premier moteur. C'est à la démonstration de l'existence de Dieu qu'il fait aboutir la physique, comme toute la métaphysique.

Le cinquième chant où il traite de la spiritualité de l'âme,

---

(1) Daguesseau reproche au poëme du cardinal de Polignac de faire intervenir la religion dans la question du plein et du vide et d'avoir faiblement réfuté Newton. (Lettre 4, t. XII des Œuvres, édition de 1783.)

de sa distinction d'avec le corps, de son unité, qui la rend indestructible à tout agent naturel, semble une traduction des *Méditations* en vers latins. Il combat d'abord Spinoza, qui fait de l'étendue et de la pensée les modes d'une même substance, et ensuite Locke, qui prétend que, dans l'ignorance où nous sommes de la nature de la matière, il nous est impossible d'affirmer que Dieu ne pourrait la faire penser. Au-dessus des idées qui viennent des sens, il en admet d'autres qui viennent de l'entendement pur :

> Quanquam ergo fateor cognosci plurima sensu,
> Plurima sunt etiam quæ pura mente videntur.
> (CHANT V.)

D'ailleurs, comme Malebranche, Bossuet et Fénelon, il croit que nous ne pouvons voir le fini que par l'infini dont il est la privation :

> Neque ipse
> Finiti quidquam caperes, nisi semper adesset
> Nota infiniti teque illustraret imago,
> Ut tenebras nemo, nisi noto lumine, nosset ;
> Namque infiniti tantum est absentia finis,
> Qui monstrat non id quod adest, sed plurima deesse.
> (CHANT IX.)

Il revient dans le neuvième chant à cette sagesse qu'il invoque au début de son poëme. Il y a en nous, dit-il, une raison innée, *est ratio nobis innata*, exemplaire et règle du vrai et du juste absolus. Mais quelle est cette loi et quelle est cette raison ? Selon le cardinal de Polignac, comme selon Malebranche, c'est la raison et la volonté de Dieu même. L'écouter, c'est écouter la voix même de Dieu.

> Lex igitur primæva Dei mens atque voluntas,
> Et legem hanc sentire Deum est audire loquentem.

A Dieu seul il donne l'action, ne nous laissant en partage que le désir, ce qu'il exprime en un seul vers :

> Illius efficere est, nostra est optare facultas.

Il accuse Spinoza d'avoir renouvelé la doctrine insensée de Straton, d'avoir fabriqué un Dieu, amalgame confus de toutes choses, d'avoir appelé le monde un Dieu, pour se dispenser d'admettre un Dieu souverain de l'univers, comme si l'édifice et celui qui l'a élevé n'étaient qu'une seule et même chose :

> Vesana Stratonis
> Restituit commenta suisque erroribus auxit
> Omnigeni Spinoza Dei fabricator, et orbem
> Appellare Deum, ne quis Deus imperet orbi,
> Tanquam esset domus ipsa, domum qui condidit, ausus.

Le sixième chant est consacré à la question de l'âme des bêtes. Le cardinal de Polignac penche évidemment vers le machinisme ; toutefois il évite de se prononcer d'une manière absolue : « Tout cartésien qu'il était, dit Mairan, il n'avait jamais été bien décidé sur ce point ; il sentait parfaitement les avantages du pur machinisme des bêtes, et combien on aplanissait par là de difficultés ; mais il voyait en même temps ce machinisme exposé à de grandes objections. Le parti qu'il avait coutume de prendre dans ce conflit de sentiments contraires était de montrer que, dans l'un et l'autre cas, la spiritualité de notre âme n'en était pas moins certaine... C'est aussi le parti qu'il prend dans son poême. » En effet, il expose l'une et l'autre hypothèse, enrichissant sa matière, sous forme d'objection, de tout ce que l'histoire naturelle apprend de plus curieux sur les mœurs, les ruses et l'industrie des animaux ; mais il s'en tient à cette conclusion, qui est aussi celle de Fénelon dans le *Traité de l'existence de Dieu*, que l'un et l'autre système fait également éclater la grandeur et la sagesse de Dieu : Bougainville, le traducteur en français de l'*Anti-Lucrèce*, n'a

> Quæ sive carentia sensu
> Sive instructa putes, mirare et numen adora (1).

---

(1) Voltaire lui reproche de citer des traits fabuleux de l'intelligence des bêtes pour conclure en faveur de l'automatisme, voir dans les Œuvres de Louis Racine, en 6 vol., Paris 1808, au II° vol. p. 47, une lettre où le cardinal répond à Louis Racine qui l'avait consulté sur cette question à l'occasion de ses deux épîtres sur l'âme des bêtes.

pas dit, sans une grande exagération, que ce poëme ne serait pas désavoué par Virgile, mais il n'exagère rien en affirmant qu'il ne serait pas désavoué par Descartes. C'est en effet la philosophie de Descartes que le cardinal oppose comme nous l'avons vu, aux doctrines renouvelées de Lucrèce.

A côté du cardinal de Polignac, voici un autre personnage non moins célèbre, le chancelier Daguesseau, qui mérite aussi une place dans l'histoire du cartésianisme du dix-huitième siècle. C'est lui qui le premier a cherché à appliquer la philosophie de Descartes et de Malebranche aux principes de la jurisprudence. Il est vrai que le grand ouvrage de Domat, *des Lois civiles dans leur ordre naturel* (1), a précédé la publication des *Méditations métaphysiques sur les vraies et les fausses idées de la justice*, qui n'ont paru qu'après la mort de Daguesseau (2). Mais c'est Daguesseau qui, quoique jeune encore, avait aidé Domat de ses conseils et lui avait persuadé de chercher en Dieu le principe des lois civiles (3). Dans sa *Première instruction* à son fils, il le félicite de trouver tout fait ce précieux ouvrage, qu'il a vu croître, dit-il, et presque naître en ses mains par l'amitié que l'auteur avait pour lui.

Magistrat philosophe, il ne sépare pas l'étude de l'éloquence et des lois positives de celle de la philosophie dans les belles instructions qu'il donne à son fils et au barreau tout entier (4). La *Méthode* de Descartes, le dernier livre de l'*Art de penser*, le sixième de la *Recherche de la vérité*, voilà les modèles qu'il propose au jeune avocat (5).

(1) Paris, 1694, 3 vol. in-4.
(2) Daguesseau est né en 1668 et mort en 1750. Consulter le *Chancelier Daguesseau*, par M. Francis Monier, in-8, 1860.
(3) Voir l'Examen critique, à la suite des *Méditations* de Daguesseau.
(4) *Instructions sur les études propres à former un magistrat*, Ier vol. des OEuvres complètes, édition de 1759, en 13 vol. in-4°. Voir aussi dans ce même volume le *Discours sur la connaissance de l'homme*, auquel il avait d'abord donné pour titre, dans la première édition de ses *Discours* (Amst., 1759), *Union de la philosophie et de l'éloquence*.
(5) 4e Instruction.

« Entre tous les ouvrages où l'on peut trouver des exemples d'une méthode parfaite, les *Méditations* de Descartes et le commencement de ses *Principes* peuvent tenir le premier rang. Il a été également le maître et le modèle de ceux mêmes qui l'ont combattu, et l'on dirait que ce soit lui qui ait inventé l'art de faire usage de la raison. Jamais homme, en effet, n'a su former un tissu plus géométrique et en même temps plus ingénieux et plus persuasif, de pensées, d'images et de preuves, en sorte qu'on trouve en lui le fond de l'art des orateurs joint à celui du géomètre et du philosophe (1). » Dans une lettre où il défend éloquemment la métaphysique contre un de ses détracteurs, il parle encore avec plus d'enthousiasme de Descartes et des *Méditations*. « Quand la métaphysique n'aurait servi qu'à produire les six *Méditations* de Descartes, ne devriez-vous pas lui adresser cette invocation de Cicéron : *O vitæ philosophia dux, o virtutum indagatrix expultrixque vitiorum* (2) ! »

Il recommande aussi et loue Malebranche, tout en le plaçant à une grande distance au-dessous de Descartes. « Mais comme Malebranche a su joindre l'imagination au raisonnement, ou, si l'on veut, le raisonnement à l'imagination qui dominait chez lui, la lecture de ses ouvrages peut être avantageuse à ceux qui se destinent à un genre d'éloquence où l'on a souvent besoin de parler à l'imagination pour faire mieux entendre la raison. Ce n'est donc pas ce qui est du ressort de la pure métaphysique que l'on doit chercher dans le P. Malebranche : mais ce qui a le plus de rapport à la morale, comme plusieurs chapitres du livre de la *Recherche de la vérité*, où il traite de l'imagination, le livre de l'Imagination et celui des Passions, ou, si l'on veut, quelque chose qui soit encore plus travaillé, ses *Entretiens métaphysiques*, qu'on peut regarder comme son chef-d'œuvre, soit pour l'arrangement des idées, soit pour le style

---

(1) 4e Instruction.
(2) Lettre 6e sur la substance, t. XII.

et la manière d'écrire (1). » Il dit ailleurs du même auteur : « Ce n'est certainement pas un auteur sans défaut, mais où sont ceux qui n'en ont point, mais il n'est pas aussi sans vertu (2). » Enfin, dans une autre lettre à propos du traité de l'*Infini créé*, il dit encore : « Il faut avouer qu'au milieu de plusieurs bonnes choses il est échappé à ce philosophe non-seulement des expressions, mais les dogmes philosophiques dont on peut abuser aisément pour soutenir une partie des raisonnements qui sont dans le traité de l'*Infini créé* (3). » Néanmoins, malgré ces réserves à l'égard de Malebranche, nous reconnaîtrons dans Daguesseau plus d'une trace de ses doctrines. Rappelons que son zèle cartésien l'a égaré, comme chancelier, jusqu'à refuser le privilége à des ouvrages newtoniens.

Il s'était préparé à Descartes et à Malebranche par Platon, qui, depuis sa jeunesse, avait été, avec Cicéron, son auteur favori. Il encourage l'abbé Sallier à faire une édition complète des œuvres de Platon dont il lui donne le plan (4). Lui-même il avait traduit le *Criton*, et l'on trouve quelque trace de cette étude assidue de Platon dans ses *Méditations*.

L'origine de l'idée de justice, les fondements de la morale et du droit, voilà la question métaphysique qui a occupé, et qui devait occuper par-dessus toutes les autres, l'esprit d'un jurisconsulte philosophe. Tel est l'objet de

---

(1) 4º Instruction.
(2) Lettre 6º, t. XII.
(3) Lettre 9º, t. XII.
(4) « Je serais très-content si nous avions une édition en grec et en latin d'un petit volume in-8, en beaux caractères et dont le texte fût revu avec une extrême diligence. Je souhaiterais aussi qu'on corrigeât les endroits qui ont besoin d'être retouchés dans la traduction de Marsile Ficin, et qu'au lieu d'argument on mît à la tête de chaque dialogue une analyse courte et serrée qui fît sentir toute la méthode et tout l'artifice du dialogue : enfin, si de toutes ces analyses particulières on pouvait en former une générale qui fût comme un tableau de toute la doctrine de Platon digérée par ordre et par matière, je ne verrais rien de plus à désirer pour la satisfaction du public. » Lettre 29, t. XII.

ses *Méditations métaphysiques sur les vraies ou les fausses idées de la justice* (1), ouvrage posthume et malheureusement inachevé. De là, sans doute, beaucoup de répétitions et de longueurs, quoique, comme Arnauld, il affecte souvent les formes du syllogisme et une marche géométrique. Cependant la forme de l'ouvrage se recommande en général par une diction pure et harmonieuse, par la facilité et l'abondance, par une foule de traits ingénieux, d'exemples, d'images et de citations heureuses qui reposent agréablement l'esprit du lecteur.

Daguesseau se propose de réfuter un de ses amis, M. de Valincourt, qui louait fort le système de Hobbes et qui avait publié des Dialogues pour prouver que la raison, par ses forces et sans le secours de la foi, ne peut discerner le juste de l'injuste (2). Il prend contre Valincourt le parti de la raison humaine et de la philosophie, et, tout en rendant hommage à sa piété et à la sainte jalousie qu'il témoigne pour la loi divine, il le blâme sévèrement de se plaire à rabaisser et à décrier la loi naturelle, comme si Dieu n'était pas également l'auteur de l'une et de l'autre, comme s'il n'avait pas à craindre de prêter des armes à ceux qui ne nient la loi naturelle que pour dispenser la raison de la peine de combattre contre la passion. Il veut donc prouver que nous trouvons en nous, indépendamment de la foi, une connaissance claire et certaine de la justice. Y a-t-il une telle justice, nous avons une mesure commune de tous nos devoirs, une règle sûre, suivant laquelle nous devons travailler à notre perfection et à celle des autres. Si, au contraire, il n'y en a pas, la mesure de

---

(1) Voici le titre complet : « Où l'on essaye d'éclaircir et de résoudre cette question importante, si l'homme trouve en lui des idées naturelles du juste et de l'injuste, et si c'est par la conformité avec ces idées qu'il juge de la justice ou de l'injustice des actions morales, ou seulement par la conformité de ces actions avec la volonté positive d'un supérieur légitime et nécessaire, ou avec le désir naturel de sa conservation. » Les *Méditations* remplissent tout un volume in-4°, qui est le t. XI de ses Œuvres.

(2) Trousset de Valincourt, membre de l'Académie française et secrétaire-général de la marine, janséniste, ancien ami de Boileau et de Racine, mort en 1730.

nos devoirs devient incertaine, la règle est douteuse, il n'y a plus ni vices ni vertus, ni ordre ni désordre, et nous vivons tous au hasard dans le sein des ténèbres. Ni les lois positives, ni le désir naturel de la conservation ne peuvent tenir lieu de cette justice éternelle.

Contre les philosophes qui la nient, Daguesseau invoque le témoignage d'une foule de sages anciens et modernes, de jurisconsultes, de législateurs, de nations policées qui nous crient qu'il y a une justice naturelle, une loi du genre humain, dont les premiers principes sont connus par eux-mêmes de tous les hommes, comme des axiomes de la géométrie. En vain on objecte les doutes, les contradictions des peuples et des individus au sujet de la justice et la pratique du commun des hommes, pour prouver qu'il n'y a pas de devoir universellement reconnu. De ce que les hommes qui se servent mal de leur raison n'aperçoivent pas l'idée de justice, peut-on conclure que ceux qui s'en servent bien ne l'aperçoivent pas davantage? Prétendre qu'il n'y a point d'idée de justice parce que les hommes sont souvent injustes, c'est raisonner comme si on disait, les hommes tombent souvent dans l'erreur, donc ils n'ont pas l'idée de la vérité.

Daguesseau, pour remonter jusqu'aux principes, passe par la métaphysique avant d'arriver à la morale, qui en dépend. Il traite de la liberté, du principe de la certitude et de la vérité, de l'origine de nos connaissances, de la distinction des idées acquises et des idées innées, de Dieu, de la connaissance qui lui est propre, de sa perfection, de son bonheur, de son amour, dans leurs rapports nécessaires avec les fondements de la morale, non-seulement en disciple de Descartes, mais aussi en disciple de Malebranche. La liberté lui paraît un sentiment dont aucune subtilité ne peut affaiblir l'évidence. Mais comment la concilier avec les causes occasionnelles et avec le principe de Malebranche, que Dieu fait tout en nous, c'est-à-dire comment expliquer que, Dieu faisant tout, l'homme néanmoins fait quelque chose? « En parcourant, dit-il, tous les degrés par lesquels je passe pour arriver à la connaissance claire et certaine de la vérité, je trouve que tout ce qui est de moi et m'appartient réellement est le désir ou la capacité de désirer dans tel degré qu'il me plait, avec le secours de l'opération de Dieu qui augmente mes désirs, selon mes désirs mêmes, qui, à leur occasion, me présente de nouveaux objets, par lesquels ils s'enflamment de plus en plus jusqu'à ce qu'ils soient parvenus à jouir de la vérité. Il est donc vrai que je fais quelque chose et que Dieu fait tout (1). »

Mais si la justice, en tant que précepte, suppose la liberté, elle suppose, en tant que vérité, la certitude de nos connaissances en général. Daguesseau recherche donc, dans la quatrième méditation, ce que c'est que vérité et certitude. Comme il faut juger de la copie par l'original, il remontera d'abord jusqu'à la source du vrai pour le contempler au sein de la Divinité même, « ayant une inclination naturelle à suivre l'opinion de ces philosophes qui prétendent que c'est dans l'infini que nous découvrons le fini. » Dieu voit dans son essence les idées de tous les êtres et de toutes les manières d'être possibles. Sa connaissance, toujours pleinement claire et parfaite, est une vision complète et immédiate de toutes choses. Telle est la source où Daguesseau puise l'idée et la définition d'une connaissance vraie : « une connaissance claire et parfaite de ce qui est. » La connaissance du vrai doit en effet conserver le même caractère, soit qu'on la considère dans sa perfection originale, au sein même de Dieu, soit qu'on la considère dans les intelligences créées, quoiqu'il y ait une distance infinie entre le faible rayon qui éclaire notre esprit et la plénitude de la lumière qui est en Dieu.

Mais l'évidence ne peut-elle nous tromper? Daguesseau, répond, comme Descartes et Malebranche, aux objections des pyrrhoniens contre l'évidence. Ce n'est pas l'évidence

---

(1) 3ᵉ Méditation.

réelle, mais la vraisemblance qui seule nous trompe. Demander une autre preuve de l'évidence que l'évidence elle-même, c'est demander quelle est la lumière qui nous fait voir le jour. La force de l'évidence paraît précisément en ce qu'elle ne peut être prouvée que par elle-même, c'est-à-dire, en ce qu'elle n'a pas besoin de preuve pour être prouvée et qu'elle se suffit à elle-même. Si nous nous trompions en suivant la seule lumière que Dieu nous ait donnée, Dieu serait la cause de notre erreur, Dieu se serait joué de sa créature. En effet la plus légère attention sur nous-mêmes suffit à nous faire sentir que ce n'est pas nous qui sommes notre lumière, et que Dieu est la lumière de notre esprit, comme le soleil est la lumière de notre corps.

Après s'être assuré de l'existence de la vérité et de son criterium, il recherche si, indépendamment des vérités d'expérience, il n'y a pas des vérités connues naturellement qui soient comme un don de Dieu à tous les hommes. Il distingue des connaissances innées et des connaissances acquises, qui toutes viennent également de Dieu, et ne diffèrent entre elles que par la manière dont elles nous sont données : « Dieu, lumière éternelle de toutes les intelligences et souverain modérateur des esprits comme des corps, m'affecte par des idées ou par des sentiments à l'occasion des objets que j'aperçois ou des désirs que je forme dans mon âme ; il excite mon attention, et mon attention excitée obtient de lui ce secours, et, si j'ose le dire, l'illumination nécessaire pour me conduire de clarté en clarté jusqu'à un certain terme où mon esprit est frappé d'un sentiment qui le fixe et qui éteint en lui le désir de voir, parce qu'il voit ce qui est et qu'il possède ce qu'il désire (1). » Toutes les idées ont ce caractère commun d'être données par Dieu, mais elles se distinguent les unes des autres par des caractères particuliers. Les idées innées sont comme un apanage de notre nature, un bien gratuit

---

(1) 5ᵉ Méditation.

distribué à tous quand elles sont nécessaires ; c'est, dit ingénieusement Daguesseau, le talent dont Dieu fait, pour ainsi dire, l'avance à notre raison en nous imposant l'obligation de le faire valoir. Universalité, certitude inébranlable, même sans la compréhension claire de tout ce qu'elles contiennent, tels sont les seuls caractères essentiels d'une idée innée. Ce sont, d'après Daguesseau, les adversaires des idées innées qui veulent perfidement leur imposer d'autres caractères, qui veulent qu'elles représentent parfaitement leur objet, qu'elles soient ineffaçables, invincibles, incapables d'altération et d'affaiblissement, afin d'en avoir meilleur marché.

Il distingue, d'ailleurs, deux ordres de vérités innées ; les unes toujours distinctement aperçues par la conscience, et revêtues d'une clarté invincible et permanente, les autres douées de certitude et d'universalité, mais pas toujours aperçues par la conscience. Après avoir réfuté, non sans quelque diffusion, les arguments de Locke contre les idées innées, il en donne une énumération confuse dans laquelle il mêle des idées primitives avec des idées composées, des principes empiriques, et même des instincts, avec des principes réellement rationnels et absolus. Ainsi, parmi les vérités innées du premier ordre, il met la connaissance de notre existence, la conscience de toutes les modifications de notre âme, le sentiment de la conservation, l'amour de la béatitude, le sentiment de notre liberté, et enfin la connaissance du monde visible : « Malebranche, ayant, dit-il, prouvé en cent manières différentes qu'il faut éternellement en douter, ou concevoir que Dieu seul nous l'apprend. »

Quant aux vérités du second ordre, il les rapporte les unes à ce qui est sensible, comme les jugements naturels de distance et de figure qui accompagnent la perception, les autres à la connaissance du vrai, comme l'amour de la vérité et la foi à l'évidence, sentiments innés et universels, d'autres enfin à la cause même de l'existence, comme ces deux principes, que rien n'est sans raison, et qu'il n'y a pas d'effet sans cause, où l'on reconnaît, dit-il, la vive et agissante impression du créateur. Du second principe il voit naturellement découler la croyance à l'existence de Dieu, alors même qu'on n'admettrait pas une idée innée de Dieu, d'où il conclut contre Locke, que tous les hommes, même les sauvages, ont la connaissance de Dieu. Il admet encore des principes innés relatifs à la conservation de notre être, tels que le désir de la conservation, avec ce droit de repousser la force par la force, dont Cicéron a dit, *non scripta, sed nata lex*, le désir de domination, le désir d'estime.

Ensuite il recherche de quelle espèce est l'idée du juste et de l'injuste. Est-elle vraiment innée, évidente par elle-même à tous les hommes, ou évidente, du moins pour ceux qui la considèrent avec attention, ou enfin n'y a-t-il rien de réel dans cette idée que la conformité ou l'opposition d'un jugement, d'un sentiment ou d'une action avec le désir de notre conservation, ou avec une loi positive, établie par un supérieur légitime? D'abord il analyse ce désir de la conservation, ou cette inclination fondamentale qui nous porte continuellement à l'être et au bien-être. Il semble ici vouloir démontrer que l'amour-propre éclairé, et non corrompu par la passion, est un législateur parfait et universel. Serait-il donc infidèle au principe qu'il a d'abord proclamé, et après avoir démontré la nécessité de fonder la morale sur une loi absolue de justice, après avoir réfuté les objections contre l'existence de cette loi, voudrait-il la mettre à l'écart et fonder sur l'amour-propre éclairé le code entier de la morale, de même que l'avaient fait avant lui quelques cartésiens du dix-septième siècle, tels que Régis en France et Welthuysen en Hollande? Daguesseau ne nous paraît pas coupable d'une pareille contradiction. Il établit la conformité entre ce que l'amour-propre éclairé nous conseille et ce que la justice nous commande, mais il ne confond pas ces deux principes l'un avec l'autre. Autre chose est de prouver, comme il le fait, que l'amour-propre n'est pas l'ennemi des devoirs, autre chose de les en faire dériver comme de leur principe. Il a voulu d'abord combattre Hobbes sur son propre terrain, avec ses propres principes, en s'inspirant de cette pensée de Domat : « Qui croirait que d'une aussi méchante cause que notre amour-propre, et d'un poison si contraire à l'amour mutuel, qui devait être le fondement de la société, Dieu en ait fait un des remèdes qui la soutiennent ? » Voici, d'ailleurs, ce que dit Daguesseau lui-même à la fin de la dixième Méditation, à laquelle s'arrête l'ouvrage inachevé : « Mais après tout ne saurais-je entrer dans le sanctuaire de la justice que par la porte de mon amour-propre ? Ne peut-il pas m'être permis de l'étudier, de la contempler en elle-même, et d'en découvrir la nature par des idées claires, lumineuses, indépendamment des dispositions et des mouvements que l'amour-propre de moi-même m'inspire pour mon véritable bonheur? C'est le dernier point que je dois approfondir dans ma Méditation suivante. » Malheureusement cette Méditation n'existe pas. « Il entrait encore, disent les éditeurs, dans le plan de M. Daguesseau, de montrer qu'indépendamment de nos intérêts et de nos opinions, il existe un ordre supérieur, une règle éternelle... Cette importante partie de son plan est malheureusement restée sans exécution. Il n'en existe que des matériaux épars, qui font entrevoir son dessein et doivent causer bien des regrets. » Enfin l'auteur du *Jugement critique*, publié à la suite des *Méditations*, nous apprend aussi que Daguesseau devait prouver qu'indépendamment de nos intérêts et de nos opinions, il y a un ordre éternel, immuable qui est Dieu. Regrettons donc avec lui que ce Traité de métaphysique et de morale n'ait pas été conduit à sa perfection.

Ainsi la morale de l'amour-propre éclairé n'était pour Daguesseau qu'une sorte d'initiation à celle de la justice absolue. Il se proposait, pour reproduire ses expressions, d'entrer ensuite dans le sanctuaire de la justice par une autre porte que celle de l'amour-propre, de contempler en elle-même cette justice absolue, qu'il avait défendue contre Locke, dans ses premières Méditations, et de fonder toute la morale, comme Malebranche, sur un ordre immuable qui est Dieu même. Thomas, dans son éloge, a donc raison de dire : « Je crois le voir élever d'abord ses regards vers la Divinité, pour y contempler la justice telle qu'elle est dans sa source, uniforme, immuable, éternelle, descendre de là jusqu'aux lois des hommes et les juger sur ce modèle sublime. » Quoi qu'il en soit, nous avons réparé une injustice ou un oubli à l'égard de Daguesseau, en lui faisant une place parmi les meilleurs représentants de la tradition cartésienne dans le dix-huitième siècle.

CHAPITRE XXXI

Suite des cartésiens du XVIIIe siècle. — Jean Terrasson. — Réflexions sur Descartes et sur Newton. — Idée de la perfectibilité. — *Traité de l'infini créé*. — Quel en est l'auteur? — Infinité du monde. — Infinité des essences de la matière et de l'esprit. — Origine des conceptions générales et des conceptions particulières. — Infinité dans le nombre, la succession et la durée. — Infinité des créatures intelligentes. — Solution des difficultés théologiques. — Incarnation universelle. — Éternité du monde. — Antécédents du *Traité de l'infini créé* dans l'école cartésienne. — De Kéranflech. — Son malebranchisme original. — *Essai sur la raison*. — De la vision intellectuelle et sensible. — Dieu seul objet immédiat de l'âme. — Nature divine de la raison. — En quel sens Dieu est l'être universel. — La théologie mêlée avec la philosophie. — L'abbé de Lignac. — Sa vie et ses ouvrages. — Pourquoi il a abandonné Descartes et Malebranche. — Ce qu'il en a gardé. — Éloge de l'optimisme et des causes occasionnelles. — Essai d'éclectisme entre Locke et Malebranche. — Nouveau système des idées. — Jugement sur le système de l'abbé de Lignac.

L'abbé Jean Terrasson (1), littérateur et géomètre, est aussi un philosophe cartésien, plus ou moins malebranchiste, comme on en peut juger par la *Philosophie applicable à tous les objets de l'esprit et de la raison* (2). C'est un ouvrage

---

(1) Né à Lyon en 1670. Son père conseiller en la sénéchaussée, et présidial de Lyon, le fit entrer à dix-huit ans à l'Oratoire, contre sa vocation. Aussitôt son père mort, il en sortit n'étant que sous-diacre. Il fut membre de l'Académie française et de l'Académie des sciences, lecteur et professeur de philosophie au Collége de France. Il mourut en 1750. Il ne faut pas le confondre avec ses deux frères, Gaspard et André de l'Oratoire, célèbres prédicateurs, ni avec ses deux cousins, Matthieu et Antoine Terrasson, qui se firent une réputation dans l'éloquence du barreau. Voir son *Éloge* par d'Alembert, une lettre de Moncrif de l'Académie française, et une lettre de l'éditeur de la *Philosophie applicable à tous les objets de la raison*, en tête de cet ouvrage.

(2) In-12, Paris, 1754.

composé de réflexions détachées. Il est divisé en trois parties, introduction à la philosophie, philosophie des mœurs, philosophie de l'esprit. Au milieu de quelques pensées affectées, contestables ou fausses, on rencontre des jugements remarquables sur l'influence de la philosophie cartésienne, et sur le génie de son auteur, à une époque où il était de mode de dénigrer Descartes, et de le sacrifier à Locke et à Newton.

La philosophie de ce recueil, dit Terrasson, consiste à préférer dans les doctrines humaines l'examen à la prévention et la raison à l'autorité. C'est surtout à ce point de vue qu'il célèbre la philosophie de Descartes. Qu'est-ce que la philosophie selon Terrasson ? « L'esprit de Descartes cultivé et porté à son plus haut point par l'Académie des sciences, cet esprit qui, se répandant peu à peu dans le public, laisse dans la boue tout ce qui lui est opposé ou même n'y participe pas. » Descartes a enseigné dignement parce qu'il a dit à ses disciples : Rentrez en vous-mêmes et consultez-y la raison, et à l'égard des phénomènes de la nature, ayez recours à l'observation et à l'expérience, en un mot, je ne prétends pas être votre maître, mais votre guide.

A Descartes revient la gloire de l'invention de la philosophie, mais à l'Académie des sciences, selon Terrasson, revient celle de son établissement, car c'est l'Académie qui a fait recevoir les nouvelles méthodes géométriques par le zèle de ses plus jeunes sujets, malgré les plus anciens de ses membres qui tentaient de s'y opposer. Elle a aussi contribué à perfectionner le goût en établissant, d'après Descartes, les vrais principes du jugement, comme l'Académie française l'a perfectionné par le choix des termes et l'élégance du style. En effet, Terrasson aperçoit partout dans les lettres l'heureux contre-coup de l'influence de Descartes sur la philosophie et sur les sciences. Le raisonnement littéraire, par où il entend la méthode, l'ordre, la précision dans les ouvrages de l'esprit, n'est sorti, dit-il, de l'enfance qu'à partir de Descartes. C'est à la philosophie de Descartes qu'il fait honneur « de l'exclusion des préjugés, du goût du vrai et du fil du raisonnement qui règne dans les bons écrits modernes depuis l'établissement des trois académies. »

Newton est loin d'avoir exercé la même influence sur l'esprit anglais, parce que sa philosophie, quoique merveilleuse, ne s'est pas trouvée propre à toute espèce de doctrines, et que son système est purement physique et géométrique, tandis que celui de Descartes est philosophique. Tout en rendant justice au génie de Newton, il ne veut pas qu'on lui sacrifie Descartes : « Newton n'a point détruit Descartes, et Descartes n'a point détruit les anciens philosophes dans ce qu'ils pouvaient avoir de bon. Ce sont les hommes sans philosophie, et qui n'admettent point les progrès de l'esprit humain par la suite des siècles qui ont voulu détruire Descartes par Aristote et qui veulent aujourd'hui détruire Descartes par Newton. Descartes est le premier auteur de tout ce qu'il y a de bon dans le newtonisme, et cela dans les points même où le newtonisme lui est contraire. » Il condamne les physiciens qui jurent aveuglément sur la parole de Descartes : « Ces gens-là sont dans la nouvelle philosophie sans en avoir l'esprit, et ils vont contre l'intention de Descartes même qui a voulu faire non des cartésiens, mais des philosophes. »

A la différence de tant de cartésiens, ignorants et dédaigneux de tout ce qui a précédé et préparé leur maître, Terrasson considère la philosophie de Descartes comme un progrès préparé par les systèmes antérieurs, et comme à son tour destinée à en préparer d'autres ; il y voit un effet et une preuve éclatante de la perfectibilité. Rappelons ici que, comme Fontenelle, il a porté cet esprit philosophique dans la querelle des anciens et des modernes, et qu'il est un de ceux qui ont le mieux déterminé la loi de la perfectibilité des œuvres de l'esprit humain.

Mais voici un ouvrage plus original et plus hardi, le *Traité de l'Infini créé*, que nous croyons devoir aussi attribuer à Terrasson. Le *Traité de l'Infini créé* a paru sans nom d'auteur. Quelques éditeurs, il est vrai, ont osé y mettre le nom de

Malebranche (1). Mais il suffit d'y jeter les yeux pour s'assurer que c'est par erreur ou par supercherie. En effet, le ton général du livre, et certaines idées, y sont en une manifeste contradiction avec ses véritables sentiments. Quelles que soient les hardiesses de Malebranche dans l'application de la philosophie à la théologie, il n'est jamais allé jusqu'où va l'auteur de l'*Infini créé*. Loin qu'il pousse à l'extrémité l'idée de l'infinité appliquée au monde, on le voit prendre une foule de biais pour éviter le reproche de faire le monde infini. Encore moins le vrai Malebranche se permet-il, comme l'auteur de l'*Infini créé*, de gourmander la respectueuse timidité de Descartes à l'égard des mystères de la foi (2). Il est également impossible de voir dans le *Traité de l'Infini créé*, comme le voudrait Daguesseau, une spirituelle ironie d'un adversaire de Malebranche, pour montrer l'abus qu'on pourrait faire de certains principes de sa philosophie.

Évidemment c'est l'œuvre d'un cartésien et d'un malebranchiste fort sincère, parfaitement convaincu de l'infinité

(1) *Traité de l'Infini créé, avec l'explication de la possibilité de la transsubstantiation, et un petit Traité de la confession et de la communion*, par le P. Malebranche, de l'Oratoire, in-12. Amst. 1769. L'éditeur raconte dans la préface qu'une édition qui en avait été préparée en France en 1767 a été arrêtée et supprimée, ce qui l'oblige de l'imprimer à l'étranger.

(2) Le P. Adry, dans son catalogue des ouvrages de Malebranche, donne la description et fait l'histoire de ce traité. Malebranche, selon lui, n'en est certainement pas l'auteur ; on y trouve des expressions qu'il n'a jamais employées et qui n'ont été en usage que sous la régence. Le *Traité du Naturel* y est souvent cité ; il faudrait savoir, dit-il, ce qu'est ce Traité, et d'ailleurs Malebranche citait peu. Le P. Adry conjecture, mais sans en donner aucune preuve, que l'ouvrage pourrait bien être de Boullainvilliers.

(3) Lettre 9e, tome XII des Œuvres complètes. Rapprochons de cette conjecture de Daguesseau, une lettre extraite du journal de Verdun, et citée par le P. Adry, dont l'auteur s'indigne contre la supposition que l'ouvrage est de Malebranche et prétend avoir découvert que c'était le délire du sieur Pierre Faydit qui s'était efforcé de persuader que Malebranche faisait la matière éternelle. Mais c'est là encore une conjecture entièrement dénuée de preuves.

du monde, et faisant de grands efforts pour démontrer qu'elle se concilie avec la théologie chrétienne. Quant à nous, nous ne voyons aucune bonne raison pour ne pas admettre l'assertion d'une lettre à l'éditeur de la *Philosophie applicable*, etc., qu'on trouve en tête de l'ouvrage : « L'abbé Terrasson avait composé deux ouvrages philosophiques qui n'ont jamais vu le jour. L'un est un *Traité de l'Infini créé*, dans lequel on prétend qu'il avait concilié la religion la plus exacte avec la philosophie la plus recherchée. Il avait laissé de son vivant prendre quelques copies de ce traité, dont le manuscrit original ne s'est trouvé ni dans ses papiers ni ailleurs. » Cette assertion est d'ailleurs confirmée par le témoignage de Granjean de Fouchy le successeur de Mairan à l'Académie, des sciences, dans l'éloge de Terrasson : « On a trouvé dans ses papiers un traité manuscrit de l'infini créé où il porte au plus haut point l'étendue et la magnificence des ouvrages de Dieu sans s'éloigner des principes de la plus exacte théologie. »

Ajoutons que dans les réflexions sur la physique de la *Philosophie applicable*, etc., on trouve des idées et des tendances fort analogues à celles du *Traité de l'Infini créé*. « L'esprit humain ne peut s'empêcher de concevoir un espace infini dans lequel il y a quelque chose ou rien, et un temps infini pendant lequel il s'est passé quelque chose ou rien. Dans la supposition métaphysique qu'il y ait rien, je ne laisserais pas de sentir qu'il resterait du moins la place et le temps nécessaire non-seulement pour quelque chose de borné, mais encore pour quelque chose d'infini en étendue et en durée. Mais dans le cas de cette place seule, le néant serait infini, et l'étendue infinie serait zéro, absurdité métaphysique que le Créateur a prévenue. » Or telle est bien, comme on va le voir, la pensée mère du *Traité de l'Infini créé*.

Pour porter la philosophie nouvelle au plus haut point, il faut, dit l'auteur, établir une vérité que Descartes a aperçue, mais qu'il n'a pas osé proclamer, à savoir qu'il y a un infini créé, que tout ce qu'il y a dans la nature, matière, esprit, nombre, durée, est actuellement et positivement infini. Dieu positivement parfait n'a qu'une manière de faire les choses, et cette manière ne peut se trouver qu'en allant tout d'un coup jusqu'à l'infini. Si Dieu ne peut faire le monde infiniment grand, le voilà réduit à ne pouvoir le faire qu'infiniment petit. L'auteur se propose donc de démontrer que tout, matière et esprit, nombre et durée, est infini dans le monde. Les philosophes se sont tourmentés pour mettre des bornes à l'univers, or nous n'avons qu'à nous laisser aller pour comprendre qu'il n'y en a point. La matière n'est que l'étendue, et l'étendue c'est l'infinité, puisqu'on ne peut concevoir que quelque part il n'y ait pas de place, c'est-à-dire pas d'étendue, et par conséquent pas de matière. Dans l'hypothèse d'un infini actuel en grandeur s'évanouissent les difficultés de la divisibilité à l'infini, ou de l'infini en petitesse. Aux prétendues contradictions reprochées à la doctrine de l'infinité du monde, telles, par exemple, que l'impossibilité de deux infinis, Terrasson oppose la distinction de plusieurs sortes d'infinis, les uns plus grands que les autres. L'infini est un abîme de grandeurs qui en renferment d'autres, lesquelles peuvent encore être infinies ou bornées. Ainsi autre est l'infinité des créatures, autre est l'infinité de Dieu. L'infinité de Dieu seule est absolue, elle existe également à tous les points de vue et dans tous les ordres de perfection. Il n'en est pas ainsi de l'infinité de la matière, qui elle-même n'est pas celle de l'esprit.

Après la démonstration de l'infinité de la matière, vient celle de l'infinité de l'esprit. Si la matière est infinie, comment l'esprit, qui l'emporte infiniment sur elle, ne le serait-il pas aussi? De cela seul que l'esprit conçoit l'infinité de Dieu et celle de la matière, il faut qu'il ait des facultés infinies quant à leur objet, et une puissance infinie pour s'y rattacher. Mais si l'esprit est infini, comment sera-t-il borné dans ses conceptions, comment sera-t-il faillible, comment ne sera-t-il pas l'égal de Dieu lui-même? La réponse est dans ce grand article du système, d'après lequel les essences, comme disaient les anciens, selon l'auteur, sont infinies, et les essences seules sont infinies. De même que l'infinité de la matière réside dans son essence, et non dans telle ou telle de ses configurations, de même c'est dans son essence que l'âme est infinie, en tant que cette essence est une en soi, et séparée de tout le reste des créatures, quoique le corps déterminé auquel elle est unie la soumette à des bornes et à des restrictions.

De là deux sortes de conceptions, les unes générales, et les autres particulières. Les conceptions générales sont l'être en général, Dieu, l'étendue, conceptions infinies que l'âme tient de sa nature même et de son essence. Quant aux particulières, elles sont bornées parce qu'elles dépendent des esprits animaux et de la relation avec le corps. Ces deux sortes de connaissances sont nécessaires à l'âme et contribuent à sa perfection. Si l'âme n'avait qu'une connaissance infinie, elle demeurerait dans le vague, et si elle n'avait que celle des choses particulières, elle serait misérablement bornée. Or, de ce que les connaissances particulières sont nécessaires pour perfectionner les générales, l'auteur tire cette conclusion, assez peu cartésienne, que l'âme avec le corps est plus parfaite que sans le corps. Malgré l'obscurité de cette doctrine de l'infinité de l'esprit, on entrevoit cependant que l'auteur tend à faire de tous les esprits particuliers, comme quelques cartésiens hollandais, des modes d'une essence infinie de l'esprit, de même que de tous les corps des modes de l'étendue infinie.

Ces deux fondements généraux de sa doctrine établis, l'auteur, passant aux particularités, démontre la nécessité d'admettre l'infinité dans le nombre, dans la succession et dans la durée. D'abord il se prononce en faveur de l'infinité des créatures intelligentes qu'il défend hardiment contre les objections théologiques. Que servirait une matière infinie si Dieu, qui fait tout ce qu'il fait pour sa gloire, ne l'eût pas mise partout à l'usage de créatures intelligentes pour chanter la magnificence de son ouvrage? Indépendamment des hommes, qui ne profitent que de l'espace très-borné de cet univers, il faut qu'il y ait d'autres créatures intelligentes qui profitent du reste. Or, ce reste étant infini, infinies en nombre seront les créatures intelligentes qui l'habitent. Tout ce que l'auteur de la *Pluralité des mondes* a avancé touchant les habitants des planètes est, dit-il, une affaire faite pour nous, et, en supposant une infinité de planètes habitées, nous n'apprenons rien aux vrais cartésiens, nous parlons seulement plus positivement. Nous ne disons pas que le nombre en est indéfini, mais qu'il est infini, parce que Dieu est infiniment, et non pas indéfiniment puissant. Fontenelle avait spirituellement éludé les difficultés touchant la rédemption en ôtant la nature humaine aux habitants des planètes, sous le prétexte de la variété qui règne dans les œuvres de la nature. L'auteur de l'*Infini créé* soutient contre Fontenelle que la variété dans les œuvres de la nature ne porte que sur les choses accidentelles, tandis que l'uniformité est au fond. Quant à la difficulté théologique, il cherche plus ou moins sincèrement à s'en tirer par un système bizarre et assurément, quoi qu'il prétende, peu orthodoxe, en supposant que dans chaque planète le Verbe s'est uni hypostatiquement à un homme de cette planète, qui en est devenu le chef et le rédempteur, de sorte qu'il y a autant d'Hommes-Dieu que de planètes, et qu'il y a une incarnation universelle. « Comment concevoir que, parce qu'une planète n'aurait pas eu besoin de rédempteur, elle ait été privée du plus grand honneur et du plus grand bienfait que Dieu ait jamais pu faire à l'homme? Quel spectacle admirable que de se représenter non-seulement les habitants de cette terre, qui ne sont qu'une poignée d'hommes, mais des hommes en nombre infini distribués en une infinité de planètes, chantant les louanges du Seigneur, chaque troupeau de chaque planète dans le nom de son Homme-Dieu ! »

Le monde, l'esprit, la matière, sont éternels comme ils sont infinis. Chaque tourbillon finira, mais non la génération des tourbillons. Chaque esprit est précédé ou suivi par un autre, mais la succession des esprits est éternelle. Cette éternité ne porte pas préjudice à celle de Dieu, parce qu'elle n'existe que par voie de succession. Mais l'infinité de nouveaux esprits qui se succéderont pendant un temps infini, exige aussi la création d'une infinité de corps nouveaux, comment donc dire que le monde est actuellement infini, si le monde peut être indéfiniment augmenté ? Selon l'auteur de l'*Infini créé*, il n'y aurait aucune difficulté à comprendre non-seulement l'existence d'un infini actuel, mais un accroissement infini de cet infini. Il conclut donc dans le même sens, mais plus hardiment que Leibniz, qu'un monde infini, qu'un monde dont l'infinité augmente indéfiniment, est seul digne de la puissance de Dieu, et qu'une éternité tout entière de créations infinies ne saurait l'épuiser.

L'idée mal définie d'une essence unique et infinie de l'esprit, par laquelle il se rattache à Geulincx et à Spinoza, les imaginations théologiques et l'incarnation universelle, voilà ce qui est propre au *Traité de l'Infini créé*. Quant à l'infinité de l'univers, à la pluralité des mondes, et même à l'infinité des créatures intelligentes, ce sont des doctrines qui lui sont communes avec Descartes, Régis, Fontenelle et la plupart des cartésiens. Malebranche, d'ailleurs, n'avait-il pas aussi fait intervenir nécessairement l'incarnation dans le plan du monde, plutôt que de refuser à l'univers une sorte d'infinité ? Avec quelle force Pascal n'a-t-il pas exprimé la pensée fondamentale de l'*Infini créé*, quand il dit : « La nature est une sphère infinie dont le centre est partout et la circonférence nulle part ! » Comme l'auteur du *Traité de l'Infini*, nous pensons qu'il n'y a pas de milieu entre un monde infiniment grand et un monde infiniment petit, ou, ce qui revient au même, entre l'infini créé et l'infini incréé. Le *Traité de l'Infini créé* se distingue donc, au sein de l'école cartésienne, non pas tant par la nouveauté des idées que par l'audace de certaines affirmations, et par l'effort pour aborder de front et pour résoudre la difficulté théologique.

A côté de l'auteur, quel qu'il soit, de l'*Infini créé*, nous placerons un des plus originaux malebranchistes du dix-huitième siècle, Kéranflech (1). Peu connu de son temps, et aujourd'hui à peu près entièrement ignoré, Kéranflech a cependant passé, au jugement de quelques cartésiens contemporains, pour un métaphysicien sublime et pour le plus profond des disciples de Malebranche. Son principal ouvrage, l'*Essai sur la raison* (2), a été jugé par des critiques du temps le monument le plus considérable de la philosophie malebranchiste dans le dix-huitième siècle (3). Après l'avoir lu attentivement, nous comprenons qu'il ait fait une vive impression sur les derniers disciples de Malebranche. Kéranflech en effet ne manque pas d'une certaine originalité dans la façon dont il interprète et dont il exprime certaines pensées de Malebranche. Sa langue, quoique parfois obscure, et embarrassée de termes scolastiques, met souvent en relief les idées les plus métaphysiques par de vives images.

Qu'est-ce que la vision de la lumière, soit intellectuelle, soit sensible, et, par suite, quelle est la nature de la raison,

(1) Kéranflech (Charles-Hercule de), né à Plusquellec, mort dans un château des environs de Guingamp. C'est à peu près, avec l'indication de ses ouvrages, tout ce que nous apprennent sur ce philosophe les *Notices sur les écrivains et artistes de la Bretagne*, par M. de Kerdanet, in-8, 1818, et le 1er volume de la *Biographie bretonne*, publiée à Rennes en 1852. Nous tenons d'un membre de sa famille qu'il était seigneur de plusieurs villages, qu'il est né en 1714 et mort dans un âge avancé au commencement de la Révolution.

(2) *Essai sur la raison, ou nouvelle manière de résoudre une des plus belles et des plus difficiles questions de la philosophie moderne*, in-12. Rennes, 1768. Il a publié en 1765 : *Suite de l'essai sur la raison*, avec un nouvel examen de la question de l'âme des bêtes, in-12, Rennes, où il défend l'automatisme contre la singulière hypothèse du P. Bougeant.

(3) Ces éloges lui sont prodigués par l'abbé Joannet, qui est aussi un disciple de Descartes et de Malebranche, dans son ouvrage *de la Connaissance de l'homme*, 2 vol. in-8, Paris, 1775. Voir les comptes rendus du *Journal des savants*, octobre 1765, novembre 1766, octobre 1768. Voici le jugement de l'auteur des *Notices sur les écrivains de la Bretagne* : « Il y a beaucoup d'art, de connaissance et de profondeur dans cet *Essai*, mais l'auteur, dit Fréron, ne peut se flatter d'avoir produit autre chose qu'un système rempli de force et d'imagination. »

telle est la matière, déjà traitée par tant de grands métaphysiciens, qu'il a l'ambition de rendre claire et facile pour tous. Le P. Malebranche est pour Kéranflech, comme pour Norris, le Christophe Colomb de ce monde nouveau : « Il y a fait, dit-il, beaucoup de grandes et merveilleuses découvertes. Mais peu d'autres après lui y ont voyagé, et les chemins qui les y ont conduits sont encore actuellement impratiqués ou impraticables. Je m'en suis frayé un tout seul, je l'ai tracé sensiblement, j'ai tâché de le rendre solide. »

Il s'attache à ce qui est le fond même de la philosophie de Malebranche, c'est-à-dire à prouver que Dieu seul est nécessairement l'objet immédiat de l'âme. Qu'il s'agisse d'un objet intellectuel ou sensible, d'un objet présent ou absent, l'esprit n'a pour objet que l'idée. Quant à l'objet connu en lui-même, que Kéranflech appelle l'objet terminatif, il est absolument invisible. Les idées sont le premier objet, l'objet immédiat et représentant de l'âme, de vrais milieux entre les choses et nous. Kéranflech en donne, d'après Malebranche, diverses démonstrations. Voici trois principes, qui lui paraissent certains, sur la nature des idées ou de la raison, qui n'est que les idées elles-mêmes : 1° on peut affirmer d'une idée ce que l'on aperçoit clairement comme enfermé dans son objet ; 2° l'idée d'une chose est cette chose même réellement, l'idée d'un triangle est un triangle ; 3° il n'y a pas d'autre façon de se représenter un objet que d'être cet objet. C'est de là que se déduisent les propriétés des idées.

Il y a des idées infinies, nécessaires, immuables, indépendantes, éternelles, puisqu'il y a des objets terminatifs qui ont ces caractères, les uns infinis en grandeur et étendue, les autres en tout sens comme Dieu. Qu'on nous interroge sur la nature de cet infini, nous savons parfaitement distinguer ce qui lui convient de ce qui ne lui convient pas, donc il faut reconnaître que nous concevons un tel infini. Mais comment un esprit fini peut-il connaître l'infini ? Selon Kéranflech, la limitation de notre esprit ne fait que diminuer, mais non détruire la réalité de la perception de l'infini. Ainsi une quantité absolue de mouvement demeure la même, quoique toujours moindre, dans chaque partie d'un plus grand corps. Il y a d'autres objets terminatifs nécessaires, indépendants, tels que les vérités géométriques, qui ne peuvent être des choses créées, car tout ce qui est créé est particulier. Or, on ne peut tirer le général du particulier, mais seulement le particulier du général. De là une distinction profonde entre nos idées et nos modalités, de là ce grand principe, que la raison est en nous, mais n'est pas nous.

Il n'y a qu'une raison, un seul sens commun, et cette raison est celle de Dieu même, unique lumière éclairant tous les esprits. La raison, dit Kéranflech, est l'élément des esprits, le lieu des intelligences, le monde qu'habitent les âmes, l'air, pour ainsi dire, que respire tout ce qui pense. Pourquoi serait-il impossible que les intelligences eussent leur monde particulier, et qu'il y eût un milieu pour elles que n'embarrassât nullement le milieu ou le monde des corps, comme il y a un milieu particulier pour la lumière et le son ? L'homme donc est amphibie, et il n'y a que lui proprement qui le soit. Les animaux qu'on appelle amphibies ne vivent que successivement en différents milieux ; l'homme seul habite deux mondes à la fois, seul il jouit de deux soleils, seul il a deux vies. La nature divine de la raison étant démontrée : « je vois bien, dit-il, maintenant pourquoi il faut respecter la raison, mais je ne voyais pas pourquoi il fallait respecter nos propres modalités. Je craignais d'imiter en cela le statuaire de Jupiter qui redouta son propre ouvrage, et trembla misérablement devant l'image qu'il venait de faire. »

Selon Kéranflech, Dieu est l'être. Tandis que l'être et le néant confinent dans les finis, il est l'être universel sans restriction. Mais si Dieu est tout être, s'il est tous les êtres qu'il a faits, il n'est pas qu'eux seulement, et sa réalité, comme sa perfection, dépasse infiniment celle qui est en eux. A ceux qui, comme le P. Dutertre, soutenaient, contre Malebranche, que Dieu est un être singulier, le plus singulier de tous les êtres, Kéranflech répond que Dieu, quoique l'être universel, n'en est pas moins très-singulier, mais en ce sens qu'il est distingué de tous les êtres créés, et qu'il est seul de sa catégorie. Dépouiller son essence des réalités qui sont dans les êtres de l'univers, ce serait le faire singulier aux dépens de ses attributs. Il renferme les essences des corps sans être corps, et l'essence de l'esprit sans être esprit. Veut-on se le représenter comme un être particulier, quelles difficultés pour concevoir qu'il est l'élément et le lieu de tout ce qui pense, et quels embarras touchant la création et la Trinité !

Comme Malebranche, Kéranflech mêle la philosophie avec la théologie. Dans la *Suite de l'Essai sur la raison* (1), il invoque l'Écriture en faveur de son système, et croit y découvrir la preuve que la raison qui nous éclaire est une personne divine, qu'elle s'est faite homme, qu'elle est Jésus-Christ lui-même, et que par conséquent Jésus-Christ est Dieu. Comme Malebranche, il voit dans l'eucharistie un symbole de cette nourriture divine de la raison (2).

Dans ce même ouvrage, il combat les partisans de Locke, tout en cherchant à se les concilier par une sorte d'éclectisme. Personne ne leur conteste que les sens et l'expérience ouvrent l'esprit, et sont les causes occasionnelles de la lumière; mais il reste à dire quelle est cette lumière qui nous éclaire, quelles sont les idées en elles-mêmes : « Mon système étant démontré, le leur subsiste, et, le leur étant démontré, le mien subsiste aussi. »

Kéranflech se félicite d'avoir achevé cette démonstration d'un système d'où il espère les plus grands avantages pour la religion et la morale : « Voilà donc enfin ce système

---

(1) Il a publié, probablement dans le même esprit, quelques ouvrages sur des matières de théologie, que nous n'avons pu nous procurer : *Dissertation sur les miracles*, 1773. — *Explication de l'Acopalypse*, Rennes, 1782, in-12. — *Idée de l'ordre surnaturel*, Rennes, Vatar, 1785, in-12.

(2) A la fin du IIe livre de l'*Essai sur la raison*.

intelligible et absurde devenu palpable et tout clair. Loin de douter s'il est probable, on ne voit plus que lui qui le soit. On ne peut pas concevoir sans lui comment notre esprit aperçoit des choses nécessaires, infinies, indépendantes et éternelles ; on ne peut pas concevoir sans lui l'infaillibilité des connaissances humaines, l'immutabilité de l'ordre, comment il y a une morale fixe, une raison indépendante, un juste, un injuste absolus, une vérité, une fausseté, une loi naturelle et un droit qui ne dépendent ni d'aucune coutume, ni des opinions des hommes ; on ne peut pas concevoir comment nous connaissons la règle que Dieu doit suivre, ce que doivent penser les autres intelligences, en un mot quelle est la règle que doivent suivre tous les êtres qui pensent. » En physique il est aussi du parti de Malebranche. Il a écrit un livre en faveur des petits tourbillons (1), où il veut, dit-il, démontrer que la physique, qui doit sa naissance aux tourbillons, ne peut être perfectionnée qu'en poussant le principe qui l'a fait naître.

L'abbé de Lignac se rattache aussi, quoique d'une manière moins étroite, à Descartes et à Malebranche. Il a un système sur les idées qui lui est propre, et avec lequel il combat la philosophie de Locke et de Condillac. Ses ouvrages, malgré leur mérite, ont eu de son temps peu de succès, comme il l'avoue lui-même, à cause de leur opposition avec la philosophie à la mode. Ils méritaient un meilleur sort, et peut-être, de nos jours, n'ont-ils pas été encore assez remarqués (2).

(1) *Hypothèse des petits tourbillons justifiée par ses usages*, in-12. Rennes, 1761. Il a publié aussi des *Observations sur le cartésianisme* pour servir d'éclaircissement au livre de l'*Hypothèse des petits tourbillons*. Rennes, Vatar, 1745, in-12.

(2) Cependant dans son cours de 1816, M. Cousin l'a opposé à Condillac sur la question de l'unité et de l'identité du moi ; M. Franck l'a apprécié d'une manière plus étendue et plus complète dans le *Dictionnaire des sciences philosophiques*. Enfin une thèse considérable vient d'être consacrée à la philosophie de l'abbé de Lignac, par M. Le Goff, in-8, 1865. Voici quelques détails sur sa vie, que je puise dans la préface de l'édition de la

Il avait d'abord adopté le système de Malebranche, comme lui-même nous l'apprend en plusieurs passages de ses ouvrages, et, jusqu'à l'âge de trente ans, il avait été grand partisan des idées innées vues en Dieu. « Je dois être d'autant moins aigri, réplique-t-il au P. Roche, contre les partisans des idées innées vues en Dieu que moi-même j'ai eu toutes les peines du monde à me déprendre de ce système auquel j'ai été très-affectionné jusqu'à l'âge de trente ans. Cette opinion saisie dans sa plus grande généralité m'élevait l'âme par la sublimité des expressions qui la font valoir dans les ouvrages du père Malebranche. » D'où vient

---

Présence corporelle de l'homme en plusieurs lieux prouvée possible. Joseph-Adrien Le Large de Lignac naquit, au commencement du xviii° siècle, à Poitiers, où il fit ses études. Il entra à l'Oratoire en 1732, il enseigna la théologie aux séminaires de Mâcon et du Mans, et fut supérieur à Nantes. On ne sait en quel temps et pourquoi il quitta la Congrégation. En 1752, il fit un voyage en Italie dans l'intention d'étudier les phénomènes du Vésuve. Il fut parfaitement accueilli à Rome par le Pape et par quelques cardinaux, entre autres par le cardinal d'York, qui lui donna une abbaye. Au retour, il s'arrêta à Turin où il fit connaissance avec Gerdil qu'il loue dans ses ouvrages. Il mourut à Paris en 1762. Voici ses principaux ouvrages : *Lettres à un Américain sur l'Histoire naturelle* de Buffon, 9 vol., de 1751 à 1756. *Éléments de la métaphysique tirés de l'expérience, ou Lettre à un matérialiste sur la nature de l'âme,* in-12, Paris. 1753. — *Témoignage du sens intime et de l'expérience, opposé à la loi profane et ridicule des fatalistes modernes,* 3 vol. in-12, Auxerre, 1760. *Examen sérieux et comique du livre* de l'Esprit, 2 vol. in-8. — *Présence corporelle de l'homme en plusieurs lieux prouvée possible par les principes de la bonne philosophie, Lettres où, relevant le défi d'un journaliste hollandais* (Boullier), *on dissipe toute ombre de contradiction entre les merveilles du dogme de l'eucharistie et les notions de la saine philosophie,* in-12, Paris, 1764. — Ce bizarre ouvrage se rattache à la discussion sur l'eucharistie, suscitée par le cartésianisme. L'abbé de Lignac fait consister l'identité du corps dans un germe préexistant, qu'il appelle le corps primitif propre, prototype, de telle sorte que la matière accidentelle ne peut altérer en rien cette identité. Enfin il avait achevé une *Analyse des sensations* qu'il cite souvent dans le *Témoignage du sens intime,* mais qu'il n'a pas publiée, découragé, dit-il lui-même, par le peu de succès de ses ouvrages antérieurs. Il paraît que les *Éléments de métaphysique,* le *Témoignage du sens intime, l'Analyse des sensations* étaient destinés à servir d'introduction à un grand ouvrage qui devait être l'exécution du plan ébauché par Pascal dans ses *Pensées.*

que plus tard il s'en est détaché? « Il n'a pu comprendre ce qu'il entendait par son étendue intelligible qu'il croyait voir en Dieu et sur les parties de laquelle il mettait des couches de sensation de couleur pour y distinguer des figures. » Il n'a pu, dit-il encore, s'accoutumer à considérer nos idées comme des pièces distinctes aperçues sur la surface de la divinité et concilier leur Diversité avec la simplicité de l'essence de Dieu (1).

Après avoir été d'abord cartésien en physique, il a aussi abandonné Descartes pour Newton. Voici comment il s'exprime au sujet de cette autre conversion : « Ceux qui ont déjà voulu suivre mes faibles ouvrages s'apercevront que je suis devenu newtonien. Ce n'est pas sans peine ni sans répugnance que je m'y suis déterminé. J'ai été si longtemps cartésien ! J'ai été si longtemps touché de voir notre nation s'assujettir à penser à l'anglaise ! C'en est assez pour comprendre que la vérité seule me rend déserteur du cartésianisme, et je ne fais cet humble aveu que pour faire voir que, si je rejette Locke, ce n'est point par jalousie nationale, puisque je sacrifie tant de préjugés à la vérité en faveur de Newton (2). »

En effet l'abbé de Lignac n'est pas moins opposé à Locke qu'à Malebranche. S'il accuse Malebranche de ne pouvoir échapper à cette alternative de placer en Dieu la variété infinie des choses, ou de placer en dehors de lui des réalités éternelles, il ne reproche pas moins vivement à Locke de supprimer l'idée de l'infini et d'enlever aux idées tout caractère d'éternité et de nécessité. Il loue Malebranche de rapporter à Dieu toute lumière, mais il le blâme de placer en lui les types des choses. Il approuve Locke de vouloir que toutes nos idées empruntent quelque chose de nos perceptions, mais il le blâme de ne pas voir qu'il faut y ajouter la présence divine pour en former des idées.

(1) Mémoire contre le P. Roche à la suite de la 1re partie du *Témoignage*, chap. IV. Voir aussi le 1er chapitre de la IIe partie.
(2) Mémoire contre Collins, à la suite de la IIe partie du *Témoignage du sens intime*.

Ce qui a aussi contribué à le désabuser de Malebranche, c'est le fameux paradoxe, que nous n'avons point d'idée de notre âme; mais il n'a pas moins d'éloignement contre « l'opinion monstrueuse » de Locke et de ses disciples qui réduisaient l'âme à un gros de manières d'être ou à une collection de sensations. Contre l'un et contre autre il en appelle à l'expérience du sens intime. Reid n'a pas plus vivement recommandé cette expérience du sens intime que l'abbé de Lignac invoque sans cesse contre tous ses adversaires. La métaphysique, dit-il, est la physique des esprits et elle doit être traitée comme la science de la nature. Or tandis que, « dans la physique des corps on commence à tenir fidèlement la route de l'expérience ; dans la physique des esprits il semble qu'on affecte de s'en éloigner (1). »

En s'observant lui-même, il découvre tout d'abord un fait de la plus haute importance qui a échappé à Locke et à Malebranche, et qui sera la base de tout son système, à savoir, le sentiment de l'existence individuelle ou personnelle, indépendante de toute modification, une et identique, active et libre. Sous le torrent de nos manières d'être, suivant son expression, nous reconnaissons toujours le même fond d'être invariable qui est nous-même. Ce sentiment fondamental inné, toujours présent à la conscience, ce sens intime de notre individualité est l'essence même de notre âme qu'il définit : « le sens intime de l'existence numérique, identique, continue, sous toutes les modifications passagères que nous éprouvons (2). » Il faut savoir gré à l'abbé de Lignac d'avoir remis en lumière la vérité, alors si généralement méconnue, de l'aperception immédiate par la conscience de l'être individuel, un, identique, qui en est le sujet, c'est-à-dire de l'être propre et de la substance de l'âme. C'est un point sur lequel il combat victorieusement

(1) *Témoignage du sens intime*, Ire partie, chap. II. Voir aussi la 1re lettre à un matérialiste dans les *Éléments de métaphysique*.
(2) *Témoignage*, etc., IIIe partie, chap. XI, et *deuxième lettre* à un matérialiste.

l'école de Locke et de celle de Malebranche (1). Mais nous nous bornons à indiquer cette polémique pour insister davantage sur son système des idées.

Non-seulement l'âme se sent elle-même, non-seulement aussi elle sent le corps, c'est-à-dire le volume de matière auquel elle est liée et qui lui est propre, mais en même temps elle sent Dieu : « Nous sentons essentiellement et perpétuellement, dit-il, deux êtres, Dieu et nous (2). » En même temps que nous sentons la réalité de notre existence, nous sentons la réalité d'une cause qui nous fait exister : « Car nous nous sentons un effet et dans le fond et dans toutes les manières de notre être. Or se sentir un effet et sentir une cause présente, c'est la même chose (3). » Il croit à une sorte de contact entre Dieu et l'intelligence humaine. Dieu, dit-il, nous touche et l'idée de Dieu sort de ce contact. Aussi appelle-t-il sens de la présence divine la perception que nous en avons. « Malebranche reconnaissait ce contact immédiat de la Divinité et de l'intelligence humaine que j'ai appelé le sens de la présence de Dieu, et cette vue, que je lui dois, m'a mis en état de définir plus exactement notre âme (4). »

Néanmoins, selon de Lignac, il n'y a pas d'idée innée de Dieu. Rien n'est inné que la perception ou le sentiment que nous avons de Dieu, inséparable de notre propre exis-

---

(1) Nous devons louer aussi l'abbé de Lignac d'avoir constaté, sous le nom de sens de la coexistence, un fait méconnu par tant de psychologues du XVIIIe et du XIXe siècle, à savoir la perception constante du corps. Ce sens constamment en exercice est, dit-il, indissolublement lié avec celui de l'existence personnelle. Par lui nous connaissons le corps, pour ainsi dire du dedans au dehors, tandis que les sens extérieurs ne le saisissent que du dehors au dedans et seulement par la superficie. Sur ce point curieux de la psychologie de l'abbé de Lignac, il faut consulter ses *Éléments de la métaphysique* et le chap. II de la thèse de M. Le Goff.

(2) *Mémoire contre le P. Roche.*

(3) *Témoignage*, etc., tome II, p. 190.

(4) *Témoignage*, etc., IIIe partie, chap. XI. Le P. Gratry se sert de ces mêmes expressions, point de contact, toucher divin, dans la *Connaissance de Dieu*.

tence, mais non l'idée qui s'en forme par la réflexion. L'innéité n'appartient pas à l'idée de Dieu, mais à ses éléments contenus dans le sentiment, et dans la perception de sa présence dont la réflexion fera plus tard une idée. Les enfants, les hommes grossiers sentent sans nul doute la présence de Dieu, mais comme ils sont incapables d'y réfléchir, ils n'ont aucune espèce de notion de son essence, de l'infinité, de l'aséité, c'est-à-dire ils n'en ont aucune idée. « Donc, dit l'abbé de Lignac, l'idée de Dieu n'est pas plus innée en nous que ne l'est la facilité de saisir des rapports et de nous rendre attentifs (1). » Ainsi il évite les objections de Locke contre l'innéité et l'universalité de l'idée de Dieu. D'une part le sentiment de notre existence, de l'autre, l'idée de Dieu, voilà le double fondement de la nouvelle théorie des idées.

Les idées, selon l'abbé de Lignac, ne sont point des images, c'est-à-dire des portraits d'un objet particulier, de telle ou telle figure déterminée, mais un rapport. Les deux termes de ce rapport, tous deux donnés par le sens intime, sont, d'un côté, nos perceptions singulières et individuelles, et, de l'autre, cette toute-puissance de Dieu qui nous est toujours présente et dont nous ressentons incessamment l'action. La perception des objets particuliers et de nos propres facultés, plus la perception de la présence divine, concourent à former toutes nos idées. Ces deux termes se rencontrent dans toutes nos connaissances sans exception. Qu'on analyse la plus humble, comme la plus sublime, toujours on y trouve l'impression d'une manière d'être, ou notre propre existence diversement modifiée, c'est-à-dire un terme fini avec la présence, l'action sentie de la cause par qui nous sommes, puisque nous nous sentons des êtres contingents, c'est-à-dire un terme infini.

C'est la comparaison de ces deux termes qui engendre les idées et leur donne ces caractères d'universalité, de nécessité et d'éternité qui ne peuvent venir que du

(1) *Témoignage*, etc.; Ire partie, p. 132.

rapport avec le terme où ils existent, c'est-à-dire de Dieu. En effet la comparaison de cette cause avec l'être borné, ou l'effet qui nous révèle sa présence, nous fait croire spontanément qu'elle pourrait, à raison de son infinité, multiplier tous les objets bornés de nos perceptions et les êtres semblables à nous. Ainsi l'idée d'un cercle particulier devient l'idée d'un cercle universel, parce qu'en comparant ce cercle particulier à la cause infinie, dont sa perception est accompagnée, je conçois que cette cause peut produire une infinité de cercles et faire varier leur diamètre à l'infini (1). Par le sens de la coexistence nous connaissons notre corps avec ses trois dimensions, nous savons qu'il est divisible et divisé ; or, en rapprochant cette perception particulière de la cause première et infinie, nous voyons la possibilité d'une infinité d'autres êtres semblables ayant les trois dimensions, nous regardons la matière comme simple à l'infini et susceptible d'augmentation à l'infini (2). Tel est le rapport en vertu duquel nous concevons comme universels les objets de nos perceptions, et nous changeons des perceptions particulières en idées universelles. La notion du possible, ou la croyance que la toute-puissance divine peut toujours multiplier sans terme un objet perçu par nous, voilà le fondement de nos idées. On peut comprendre maintenant la définition qu'en donne l'abbé de Lignac : « les idées sont les objets de nos perceptions considérés par l'âme comme des modèles imitables à l'infini (3). » Cette reproduction, cette imitabilité à l'infini des idées par la toute-puissance divine est leur essence même.

Mais, en outre des idées qui consistent dans le rapport de l'effet à la cause première, ou de la cause première à l'effet, il y a en nous les idées de perfection qui, toutes ne rapportant au même principe, ont cependant, selon l'abbé

---

(1) *Témoignage*, etc., IIe partie, chap. I.
(2) *Éléments de métaphysique*, 6e lettre, etc.
(3) *Mémoire contre le P. Roche.*

de Lignac, un mode particulier de formation. C'est en effet de Dieu considéré comme modèle de toute perfection, et non de Dieu considéré comme cause, que les notions morales tirent leur caractère absolu : « C'est de Dieu considéré comme souverain modèle que naissent tous les principes de la morale (1). »

Donc ce n'est pas en Dieu, ni en nous, conclut l'abbé de Lignac, mais dans le rapport de notre être à la cause toute-puissante et éternelle que nous voyons les idées. En nous comparant à la toute-puissance éternelle, nous voyons clairement qu'elle a pu produire de toute éternité en nombre infini des êtres semblables à nous et à ceux que nous apercevons. Ainsi il est inutile d'imaginer des archétypes en Dieu, et nulle idée n'est innée, l'homme naissant dans un état d'imbécillité qui ne lui permet pas de saisir un rapport ou de comparer la cause première avec les objets de nos perceptions.

En résumé, l'abbé de Lignac admet, d'accord avec Locke, que toutes nos connaissances commencent par être des perceptions et qu'il n'y a point d'idée innée, mais, en opposition avec Locke, il fait intervenir Dieu comme cause toute-puissante et comme archétype dans toutes nos idées.

Ainsi il emprunte la première partie de son système à l'auteur de l'*Essai sur l'entendement humain* et la seconde à Malebranche, reprochant à l'un et à l'autre de n'apercevoir qu'un terme dans le rapport que représentent nos idées. Malebranche ne tient compte que de l'infini, Locke au contraire ne veut voir que le fini dans les éléments de notre intelligence. Mais, en corrigeant Locke avec Malebranche, et Malebranche avec Locke, on arrive, selon de Lignac, au vrai système des idées (2). Cette tentative pour faire équi-

---

(1) *Éléments de métaphysique*, 4e lettre. — *Témoignage du sens intime*, chap. I.

(2) Voir la 6e lettre des *Éléments de métaphysique* et surtout la seconde partie du *Sens intime*.

tablement la part de la vérité et de l'erreur dans la critique des systèmes, cet ingénieux essai d'éclectisme, forment un remarquable contraste avec l'esprit exclusif des philosophes du dix-huitième siècle. Non-seulement il faut louer l'impartialité, mais la perspicacité philosophique dont l'abbé de Lignac fait preuve dans la critique de ces systèmes opposés. Il est, en effet, vrai de dire que Malebranche pèche par la préoccupation exclusive de l'infini et Locke par celle du fini. Mais le système des idées de l'abbé de Lignac ne donne, à ce qu'il semble, que l'idée de tel ou tel individu, de tel ou tel homme, par exemple, répétée à l'infini, et non pas une véritable idée générale comprenant des caractères communs à des individus différents. Quant aux idées absolues, nous croyons qu'elles sont une intuition immédiate de la raison et qu'elles ne supposent ni rapport ni calcul d'aucune sorte. L'abbé de Lignac n'en a pas moins le mérite d'avoir nettement distingué les deux termes corrélatifs du fini et de l'infini, du relatif et de l'absolu au sein de toute connaissance.

Mais s'il a rejeté la vision en Dieu de Malebranche, il est resté fidèle aux causes occasionnelles dont il ne parle qu'avec une sorte d'enthousiasme : « Cette seule découverte, dit-il, doit rendre précieuse à tous les hommes la mémoire du P. Malebranche (1). » L'abbé de Lignac va même jusqu'à prétendre que les causes occasionnelles ne sont point un système, mais un fait d'expérience (2). Il peut paraître étrange qu'après avoir opposé avec tant de force aux sensualistes et aux fatalistes le sentiment immédiat et irrésistible de l'unité substantielle, de l'activité, de la liberté de l'âme, il s'accorde néanmoins avec Malebranche pour la dépouiller de tout pouvoir d'agir sur le corps. C'est que, selon l'abbé de Lignac, la conscience atteste bien que je veux mouvoir le corps, mais nullement que je le meus en effet. Notre âme est cause efficiente du vouloir, mais de rien au delà :

---

(1) *Témoignage*, etc., IIe partie, chap. III.
(2) *Éléments de métaphysique*, 7e lettre.

notre volonté a son terme en elle-même. Sans doute il y a, dit-il, un rapport nécessaire, entre ma volonté et le mouvement de mon bras, mais ce rapport ne dépend pas de nous, car s'il en dépendait, il en dépendrait toujours, et ne serait jamais suspendu. Nous avons, il est vrai, le sentiment d'une force qui le meut irrésistiblement, mais nous nous imaginons à tort que cette force nous appartient. « L'âme agirait, sans savoir comment elle agit, quelle absurdité (1) ! » Cette correspondance essentielle n'est que l'effet de l'union de l'âme et du corps à laquelle il faut rapporter la fidélité des membres à nous servir. L'acte de la volonté est donc seulement l'occasion du mouvement produit, tandis que la vraie cause du mouvement nous échappe. Attribuer à l'âme la force motrice, c'est lui attribuer une chimère. A toutes les créatures, comme à l'âme, il refuse une efficace proprement dite, et dans la nature entière comme dans l'âme, il ne veut voir que l'action immédiate et universelle de Dieu.

L'optimisme de Malebranche ne lui plaît pas moins que les causes occasionnelles. Il critique l'optimisme de Pope et de Leibniz comme aboutissant au fatalisme, mais il loue Malebranche d'avoir évité cet écueil, et d'avoir imaginé un autre genre d'optimisme qui embrasse le plan de la révélation : « On peut dire que c'est le chef-d'œuvre de l'esprit humain d'avoir tenté de faire un corps des objets de la révélation et du spectacle de l'univers. Il suppose les mêmes principes que je viens de rapporter, et donnant l'incarnation pour fin principale de la création, il met le Fils de Dieu à la tête des ouvrages du créateur, croyant par cette voie diviniser l'ouvrage et le rendre digne de celui qui l'a formé. Mais il exclut tout fatalisme parce qu'il reconnaît que Dieu était libre de créer ou de ne pas créer (2). » On voit quels liens rattachent l'abbé de Lignac à Malebranche, ce philosophe sublime, comme il l'appelle, malgré les différences

(1) *Témoignage*, etc., IIe partie, p. 166.
(2) *Id.*, IIIe partie, chap. v.

qui les séparent, malgré sa polémique contre le P. Roche et contre la vision en Dieu (1).

(1) Voici encore les noms de quelques disciples de Descartes et de Malebranche dans la seconde moitié du xviii⁰ siècle. Le P. Monestrier, né en 1717, mort en 1776, professeur de philosophie au collège de Toulouse, auteur de la *Vraie philosophie*, in-12, Bruxelles, 1775. C'est un livre déclamatoire et qui ne mérite d'être cité qu'à cause de quelques chapitres en faveur de l'idée de l'infini et des idées primitives de la raison. L'abbé Joannet de l'académie de Nancy, mort en 1789, auteur des *Bêtes mieux connues*, où il défend l'automatisme, 2 vol. in-12, Paris, 1770, et de la *Connaissance de l'homme*, 2 vol. in-8, Paris, 1775. « Quoique le cartésianisme et le malebranchisme soient bien décrédités, je n'ai pas craint, dit-il, de montrer, en toute occasion, combien je suis attaché au système de Malebranche à l'égard des idées que nous avons du corps et de l'étendue. »

CHAPITRE XXXII

Affaire de l'abbé Prades en 1751. — Les doctrines encyclopédiques dans une thèse en Sorbonne. — Clameurs contre la thèse. — La Sorbonne obligée de condamner ce qu'elle avait solennellement approuvé. — Censure de la faculté de théologie, arrêt du Parlement, mandements d'évêques en faveur des idées innées. — *Apologie de l'abbé de Prades.* — Réforme dans l'enseignement philosophique. — Pourchot. — Dagoumer. — Cochet. — Le P. Valart. — Discussion sur le nombre des professeurs cartésiens de l'Université du dix-huitième siècle. — Éloge de Descartes proposé par l'Académie française. — Protestations de Montesquieu, de Turgot, de Rousseau, contre la philosophie de la sensation. — Éducation cartésienne de Rousseau. — Rapprochement entre le *Discours de la Méthode* et la *Profession de foi du Vicaire savoyard*. — Domination exclusive de Condillac pendant la Révolution. — Retour aux principes de la philosophie cartésienne. — Services rendus à la philosophie en France par MM. Royer-Collard et Cousin. — Révolution philosophique du xix° siècle.

A mesure qu'il déclinait dans les académies et dans le monde, le cartésianisme pénétrait dans la Sorbonne et dans les universités, et tendait à devenir la philosophie officielle de ces mêmes écoles d'où, au dix-septième siècle, il avait été si sévèrement repoussé. Il est curieux de voir, au milieu du dix-huitième siècle, la Sorbonne et le parlement prendre parti pour les idées innées, et condamner l'ancienne maxime, si longtemps consacrée dans les écoles, *nihil est in intellectu quod non prius fuerit in sensu,* au moment même où elle reprenait faveur sous les auspices de Locke, de Voltaire et de Condillac. Tel est le spectacle que nous donne la fameuse thèse de l'abbé de Prades en 1751 (1). L'abbé de Prades, jeune encore et imbu de la philosophie à la mode, avait des relations avec les encyclopédistes, et avec Diderot

(1) Né à Castel-Sarrazin, en 1720, mort en Prusse, en 1782.

lui-même (1). Quelques mois après avoir donné à l'*Encyclopédie* l'article CERTITUDE, il se présentait à la licence en Sorbonne avec une thèse qui, par son étendue, par la nouveauté et la hardiesse de quelques vues, par le mélange de la philosophie avec la théologie, par l'élégance même de la latinité, se distinguait de toutes les autres thèses du même genre (2). C'était l'esquisse d'un plan général d'apologie de la religion chrétienne dans laquelle le bachelier déployait beaucoup d'érudition et un grand zèle contre les incrédules, n'épargnant pas même Buffon et Montesquieu. Nous n'avons pas à examiner si en réalité la thèse était ou n'était pas orthodoxe ; ce qu'il y a de certain, c'est que d'abord elle avait paru irréprochable à la Sorbonne. Approuvée par le syndic, par le grand maître des études, par les censeurs, elle avait été soutenue avec le plus grand éclat par l'abbé de Prades proclamé licencié à l'unanimité, sans que, dans toute la Sorbonne, un seul docteur se fût avisé de toutes ces impiétés monstrueuses que bientôt on devait y découvrir.

Dans cette thèse, dont l'objet était la vérité de la religion, l'abbé de Prades, prenant l'homme à son origine, dans l'état de nature, décrivait d'abord le commencement et les progrès de ses connaissances, indépendamment de toute lumière surnaturelle, pour ensuite le conduire à la

---

(1) « La fameuse thèse, dit Morellet, dans ses Mémoires, chap. II, occupa Paris, pendant deux mois. L'abbé connaissait Diderot, et, en allant voir l'hérétique abbé, je trouvai chez lui le philosophe qui était bien pis qu'hérétique.

(2) Cette thèse, avec la traduction française en regard et avec toutes les pièces relatives, se trouve dans un *Recueil de pièces concernant la thèse de l'abbé de Prades*, in-4°, 1753. Les mandements et censures contre la thèse et l'apologie sont réunis dans un autre recueil intitulé : *La religion vengée des impiétés de la thèse et de l'apologie*. Montauban, 1754, in-12. — *Apologie de l'abbé de Prades*, in-12, Amsterdam, 1753. Cette apologie est divisée en trois parties. Dans la première partie est insérée la thèse même qui est en cause avec la traduction française en regard et l'histoire de sa condamnation. La deuxième contient la justification des propositions condamnées. La troisième est la réponse à l'instruction pastorale de l'évêque d'Auxerre.

religion (1). Là se montrait à découvert le disciple de la philosophie de la sensation, le collaborateur de l'*Encyclopédie*. Selon le bachelier, la sensation d'où, comme d'un tronc, sortent toutes nos idées réfléchies, est la source unique de nos connaissances, et l'expérience du besoin que nous avons les uns des autres, ou l'utilité, est l'unique fondement de la société. Il transformait l'idée de justice en un simple sentiment de réaction des faibles contre l'oppression des forts. Enfin toute cette partie de la thèse était fidèlement calquée sur le discours préliminaire de l'*Encyclopédie*. Soit amour de la vérité, soit haine de l'*Encyclopédie*, soit désir d'humilier la Sorbonne, surtout de la part des jansénistes ou appelants qui en avaient été récemment exclus, une grande clameur s'éleva contre la Sorbonne pour avoir approuvé de semblables doctrines. Le Parlement s'en émut, les évêques firent des mandements, le pape lui-même lança une bulle. On voulut y voir un horrible complot tramé par les encyclopédistes pour insulter à la religion, et faire triompher l'impiété en pleine Sorbonne.

La Sorbonne humiliée fut obligée de confesser sa faute, de condamner ce qu'elle avait approuvé et d'inventer les plus misérables prétextes, tels que la surprise, la prolixité de la thèse, et même la petitesse des caractères (2), pour expliquer au public comment elle n'apercevait qu'après coup tant de grosses et dangereuses erreurs. Par la violence de sa tardive censure elle s'efforça de faire oublier

---

(1) Il avait pris pour texte ces paroles de la *Genèse :* « Quis est ille cujus in faciem Deus inspiravit spiraculum vitæ ? »

(2) « Ce qui n'a pas empêché de la lire, dit spirituellement l'abbé de Prades dans son *Apologie*, ceux qui ont voulu prendre la peine pour la condamner. Quoi donc, la Sorbonne ne sait-elle plus distinguer la vérité de l'erreur que quand elle est imprimée en gros caractères ? D'ailleurs qu'a de commun la petitesse des caractères avec mes réponses de vive voix ? » C'est Millot, dit Voltaire, qui avait imaginé cela. Cette belle évasion fut applaudie. On oubliait que la thèse avait été examinée en manuscrit par les députés. (*Tombeau de la Sorbonne*.)

l'éclat de son approbation (1). Il est dit, dans le préambule, que la Faculté n'a pu voir sans horreur, *horruit sacra Facultas*, cet ouvrage de ténèbres enfanté par un de ses bacheliers. Au premier rang parmi les propositions condamnées, est celle qui fait dériver toutes les idées des sens : *ex sensationibus seu rami ex trunco omnes ejus cogitationes pullulant.* Quelques jours après, le Parlement, rivalisant de zèle avec la Faculté, rend un arrêt où il déclare qu'il reste à procurer au public la réparation du scandale et que des châtiments publics sont dus aux impies : « Entrer dans l'étude de nos mystères augustes par des spéculations fausses où souvent le déisme, sous le nom de la métaphysique, prétend considérer les hommes dans l'état de pure nature... Ne rien attribuer à Dieu dans les rapports qui forment la société, ni à la religion dans les lois qui la soutiennent, faire descendre la loi naturelle du vice et de l'intérêt, ne reconnaître aucun principe de bien et de mal, aucune idée primitive de vertu... C'est là, comme on le voit dans cette thèse, ce qu'une science nouvelle substitue aux dogmes de la foi et aux notions naturelles de notre raison (1). » En conséquence il était ordonné que le bachelier « serait pris et appréhendé au corps et amené èsprison de la conciergerie de cette ville, pour répondre sur lesdits faits de scandale. » L'abbé de Prades prit prudemment la fuite, et se réfugia en Prusse sous la protection de Frédéric II. Ainsi le Parlement, comme la Faculté, se déclarait pour les idées innées, pour les no-

---

(1) Les philosophes et les jansénistes se réjouirent de cette humiliation de la Sorbonne. Toutes ses contradictions, ses faux-fuyants dans cette affaire, sont impitoyablement relevés dans le *Tombeau de la Sorbonne*, qui parut en 1751, et fut attribué à Voltaire. Voltaire se moque aussi de ces palinodies de la Sorbonne dans une allégorie intitulée : *Aventure de la Mémoire.*

(2) C'est Lefèvre d'Ormesson, avocat du roi, d'une famille cartésienne, qui avait porté l'affaire devant le Parlement. « L'abbé de Prades, dit Voltaire (*Tombeau de la Sorbonne*), qui était son ami, le vit ; mais il faillit tomber de son haut quand il soutint dans le parquet qu'on ne peut sans impiété attaquer les idées innées. »

tions naturelles de la raison contre les doctrines de Gassendi, de Locke et de Condillac.

Entre tous les mandements contre la thèse, nous signalerons pour l'attachement aux doctrines de Descartes, celui de l'évêque d'Auxerre (1), un des chefs des appelants : « Nous laisserons, dit-il, à d'autres le soin de venger le célèbre Descartes et le P. Malebranche, outragés et calomniés par la thèse. » Mais ce sont leurs principes qu'il oppose à l'abbé de Prades : « Si ce que la thèse avance était fondé, il faudrait dire que la lumière vient des ténèbres, le vrai du faux, le juste de l'injuste, la vertu du vice, que nous sommes redevables aux vices de la connaissance des vertus. C'est le contraire ; nous ne connaissons le mal que par l'idée du bien, comme le néant par l'idée d'être dont il est la négation, le fini par l'infini (2). »

A tous ces adversaires, l'abbé de Prades fait face avec beaucoup d'esprit, d'habileté et même d'éloquence. Il relève les contradictions de la Sorbonne, qu'il accuse de donner un démenti à tout son passé philosophique, en condamnant la doctrine qui fait dériver toutes nos connaissances des sens. Avant Descartes, il n'était pas permis de croire qu'il y ait des idées n'ayant pas passé par les sens ; le premier il a parmi nous renouvelé les idées innées, et cette nouveauté parut suspecte. Un recueil de tout ce qui fut dit alors en Faculté contre les idées innées serait une pièce bien éloquente en sa faveur. La Sorbonne voudrait-elle aujourd'hui dédommager les idées innées de la résistance qu'elles ont éprouvées à pénétrer dans les écoles ? Prétend-on ériger en dogme l'opinion de Descartes et de Malebranche, et mettre les idées innées dans le symbole ? N'entend-elle pas la voix de tant d'anciens docteurs qui lui crient qu'ils ont défendu ce système proscrit, quoi-

---

(1) Lévis de Caylus, le dernier des évêques appelants de la constitution *Unigenitus*.

(2) Instruction pastorale de Mgr l'évêque d'Auxerre sur la vérité et la sainteté de la religion, méconnue et attaquée en Sorbonne par la thèse soutenue en Sorbonne le 18 novembre 1751.

qu'ils crussent l'âme spirituelle? « Je pourrais dire avec raison : j'ai soutenu un système que j'ai, pour ainsi dire, appris à force de l'entendre défendre dans vos écoles (1). »

L'abbé de Prades est moins heureux dans la défense de sa propre doctrine. Il paraît surtout embarrassé de justifier ce qu'il a avancé sur l'origine de la justice, en quoi ses adversaires, non sans quelque fondement, lui reprochent de se rencontrer avec Hobbes. Mais toute cette polémique ne nous intéresse qu'à cause du singulier revirement qu'elle nous montre, au milieu du dix-huitième siècle, en faveur de Descartes et des idées innées, de la part des mêmes pouvoirs qui, au dix-septième, avaient voulu les proscrire.

C'est surtout dans l'enseignement philosophique que le cartésianisme gagne alors du terrain. Sévèrement exclu des universités et des colléges, au dix-septième, alors qu'il dominait dans le monde et dans les académies, il y pénètre de toutes parts dans le premier tiers du dix-huitième, lorsqu'il commençait à décliner dans l'opinion publique. C'est un élève d'Arnauld, Pierre Barbay, qui commença à réformer le vieil enseignement péripatéticien de l'université de Paris. Mais celui qui eut l'honneur d'y introduire la méthode et les principales doctrines de la philosophie nouvelle, est le célèbre Pourchot, professeur de philosophie et recteur de l'Université (2), dont Bossuet faisait la plus grande estime. En parcourant ses *Institutions de philosophie* (3), qui ont eu

---

(1) *Apologie de l'abbé de Prades*, IIe partie.
(2) Né en 1651, aux environs de Sens, mort en 1734.
(3) *Institutiones philosophiæ ad faciliorem veterum et recentium philosophorum intelligentiam comparatæ, opera et studio Edmundi Purchoti Senonensis, universitatis Parisiensis quondam rectoris, postea syndici et emeriti philosophiæ professoris*, 5 vol. in-12, Ludg., 1733, edit. quarta. Il y eut une autre édition quelques mois après sa mort, la meilleure et la plus complète, publiée par Martin, professeur en droit, son parent et son élève. Pourchot dit dans la préface, comme Bossuet dans la *Connaissance de Dieu et de soi-même*, qu'il traitera de la philosophie *ad utilitatem communem et specialiter ad Dei ac nostri notitiam*.

une si grande vogue, on reconnaît, sous quelques formes conservées de l'ancienne philosophie, un fond tout cartésien. Ainsi on y trouve le doute méthodique, le *Cogito, ergo sum*, la création continuée, les preuves de l'existence de Dieu de Descartes avec le principe, que Dieu est seule cause efficiente. La physique de Pourchot, fondée sur l'étendue essentielle et les tourbillons, n'est pas moins cartésienne que la métaphysique. En morale il établit pour principe une loi naturelle, émanation dans l'âme de l'homme de la loi éternelle de Dieu même, qui n'est autre que l'ordre immuable. De si grandes innovations soulevèrent des orages dans l'Université et dans le Parlement, et Pourchot fut dénoncé comme impie. Mais l'arrêt burlesque de Boileau, où les pourchotistes ne sont pas oubliés, lui vint en aide. Lui-même il réussit à apaiser un peu ses adversaires, en publiant à part, sous le titre de *Series disputationum scholasticarum*, un recueil de ces questions scolastiques qu'il avait retranchées de son cours, recueil dont lui-même il se moquait, en l'appelant le *Sottisier*.

Après Pourchot, Dagoumer (1) est un des plus célèbres professeurs de philosophie de l'université de Paris, et son cours un des plus estimés (2). Quoiqu'il réfute souvent Descartes en compagnie d'Aristote, et, malgré une assez grande part laissée à la scolastique, son cours présente aussi, dans presque toutes ses parties, des traces manifestes de cartésianisme. S'il garde encore les formes substantielles, ce n'est que dans les êtres animés ; s'il n'admet pas les idées innées, il croit qu'il y a certainement dans l'entendement quelque chose qui n'a pas passé par le sens, et il en donne pour exemple l'idée de Dieu (3),

---

(1) Dagoumer est mort en 1745. Il fut principal du collége d'Harcourt et recteur de l'Université.

(2) *Philosophia ad usum scholæ accommodata*. La première édition est de 1701, la dernière de 1746.

(3) Nec enim crediderim cum cartesianis esse ideas innatas, sed est profecto aliquid in intellectu quod non fuerit in sensu.

par laquelle, comme Descartes, il démontre l'existence de Dieu.

Cochet, recteur et professeur de philosophie de l'université de Paris, nous conduit plus avant dans le dix-huitième siècle. S'affranchissant tout à fait des formes et de la langue de la scolastique, il a écrit en français un cours de philosophie fort répandu, qui est comme un abrégé de la *Logique de Port-Royal*. Selon Cochet, on ne peut nier les idées innées, sans porter atteinte à la religion et à la morale (1).

Enfin, parmi les cours de philosophie qui ont été les plus répandus et qui portent l'empreinte du cartésianisme, nous citerons dans la dernière partie du siècle, les *Institutiones philosophicæ* du P. Valart, plus connues sous le nom de *Philosophie de Lyon*. Diversement amendée et corrigée, la *Philosophie de Lyon* a été encore, sous la Restauration, la base de l'enseignement philosophique dans la plupart des colléges et des séminaires. Or, presque toute la philosophie de Descartes, et particulièrement les idées innées, y sont mises en thèse et sous forme de syllogismes réguliers.

A en croire l'abbé de Prades dans son *Apologie*, la plus grande partie des théologiens et des professeurs de philosophie de l'université de Paris seraient en faveur de la maxime, qu'il n'y a rien dans l'entendement qui n'ait passé par le sens. « Sur trente professeurs ou environ qui remplissent les chaires de philosophie dans l'Université, il y en a vingt qui rejettent les idées innées, et ce sont les plus estimés. » Mais le P. Roche conteste cette assertion. Relativement aux théologiens, il oppose la censure même de la thèse de Prades. Quant aux professeurs de philosophie, il ne nie pas que quelques-uns aient pris parti pour les idées originaires des sens. Mais ce qui est certain,

---

(1) *Œuvres de philosophie*, par Cochet, comprenant la logique ou la clef des sciences et des beaux-arts, la métaphysique, la morale, 3 vol. in-12, 1753. Cet ouvrage a eu un grand nombre d'éditions.

dit-il, c'est que les choses n'étaient pas ainsi, il y a trente ans. Il n'y avait alors aucun professeur célèbre qui embrassât ce système. Tout ce qu'il avait de partisans se réduisait à deux ou trois bons péripatéticiens qui certainement ne faisaient pas la gloire de l'Université. On a la philosophie de M. Pourchot, les cahiers de MM. de Montempuis, Guillaume, Loudier, Rivard, etc., qu'on les compulse, on n'y trouvera rien qui appuie l'axiome péripatéticien (1). » Quoi qu'il en soit du plus ou moins grand nombre des professeurs cartésiens ou sensualistes de l'université de Paris en 1752, il est certain que, dès le commencement du siècle, le cartésianisme y avait pénétré, et qu'il domine dans les cahiers et dans les cours de philosophie les plus accrédités.

En 1765, au fort même de la réaction contre le cartésianisme, l'Académie française voulut rendre un solennel hommage à Descartes en proposant son éloge comme sujet du prix d'éloquence. Voici en quels termes l'annoncent les *Affiches de Paris* : « Dans cet injurieux oubli du restaurateur de nos connaissances, l'Académie française indique pour sujet du prix d'éloquence, fondé par l'ami de Descartes, l'éloge du philosophe français. Tout se réveille alors au nom de Descartes, et l'émulation fait multiplier les éloges (2). » Il y eut en effet jusqu'à trente-six concurrents. Deux éloges furent couronnés, celui de Thomas et celui de Gaillard, membre de l'Académie des inscriptions et belles-lettres. Malgré un peu d'emphase, l'éloge de Thomas n'en est pas moins un tableau instructif, et parfois réellement éloquent, de toutes les parties de la philosophie de Des-

---

(1) Parmi les partisans des idées innées, il cite aussi Cochet, « professeur célèbre émérite, ex-recteur, qui, attaquant énergiquement ce baptême, soutient qu'on ne peut nier l'idée de Dieu, ni les idées innées, sans porter atteinte à la religion et à la morale. » Il cite encore M. Le Monnier, émérite comme le premier, et de plus membre de l'Académie des sciences, qui dans sa *Métaphysique* soutient qu'il n'y a aucune idée qui vienne des sens. (*Traité de la nature et de l'âme*, IIe vol., p. 329.)

(2) N° 43.

cartes. L'éloge de Gaillard contient une remarquable appréciation de l'influence de Descartes sur le perfectionnement de la méthode et du goût dans tous les ouvrages de l'esprit (1).

La philosophie du dix-huitième siècle, dans ses plus illustres représentants, conserve elle-même encore des traces de l'influence heureuse du cartésianisme auquel elle fait si vivement la guerre. Si Locke, et si Condillac après lui, demeurent fidèles à la méthode psychologique et évitent le matérialisme, n'est-ce pas à Descartes qu'il faut en faire honneur? Nous avons vu Voltaire lui-même, cet impitoyable railleur des idées innées, prendre à tâche de défendre l'existence d'une idée innée de justice, et sans cesse invoquer une raison universelle. Dans son *Esquisse historique des progrès de l'Esprit humain*, Condorcet en appelle aussi aux lois immuables du juste et de l'injuste, quoique d'ailleurs il prétende tout faire dériver de la source unique de la sensation.

Nous avons déjà signalé cette contradiction des philosophes du XVIII° siècle qui, en métaphysique, veulent tout ramener à la sensation, sauf à faire intervenir une raison universelle, une justice et des droits absolus dans la morale sociale et dans la politique. Cette raison que sans cesse ils invoquent pour le droit et la liberté de tous, n'est-elle pas au fond la raison de Malebranche, de Bossuet, de Fénelon nous révélant à tous les mêmes vérités et les mêmes devoirs? Enfin n'avons-nous pas vu que le XVIII° siècle tient du cartésianisme cette doctrine de la perfectibilité, dont on a voulu lui faire exclusivement l'honneur?

Avec les inspirations de la conscience et du bon sens, n'y a-t-il pas quelques heureuses réminiscences du cartésianisme, dans les éloquentes protestations des plus grands

---

(1) L'accessit fut remporté par l'abbé Couanier-Deslandes. Au nombre des concurrents malheureux était Mercier. Il en garda, à ce qu'il semble, rancune à Descartes, car étant membre des Cinq-Cents, en 1798, il prononça un discours déclamatoire qui fit échouer la proposition présentée par Chénier de transférer les restes de Descartes au Panthéon.

écrivains du siècle, tels que Montesquieu, Turgot, Rousseau, contre les principes ou les conséquences de la philosophie de la sensation? Comment croire que Montesquieu n'ait pas été un peu cartésien, quand il loue, avec tant d'enthousiasme, « ce grand système de Descartes qu'on ne peut lire sans étonnement, ce système qui vaut lui seul tout ce que les auteurs profanes ont jamais écrit, ce système qui soulage si fort la Providence, qui la fait agir avec tant de simplicité et de grandeur, ce système immortel qui sera admiré dans tous les âges et toutes les révolutions de la philosophie, qui est un ouvrage à la perfection duquel tous ceux qui raisonnent doivent s'intéresser avec une sorte de jalousie (1)? » On sait d'ailleurs combien peu Montesquieu est disciple de Locke dans la définition de la loi et de la justice : « Avant qu'il y eût des lois faites, il y avait des rapports de justice possibles... Dire qu'il n'y a rien de juste ni d'injuste que ce qu'ordonnent les lois, c'est dire qu'avant qu'on eût tracé de cercle, tous les rayons n'étaient pas égaux... Il faut donc avouer des rapports d'équité antérieurs à la loi qui les établit (2). » Il dit de même dans les *Lettres Persannes* : « La justice est un rapport de convenance entre deux choses. Ce rapport est toujours le même, quelque être qui le considère, soit que ce soit Dieu, soit que ce soit un ange, ou enfin que ce soit un homme (3). »

L'enthousiasme de Turgot pour Descartes n'est pas moindre que celui de Montesquieu. Après s'être plaint qu'on ait pris à tâche d'immoler la réputation de Descartes à celle de Newton, il s'écrie à la fin de son célèbre discours sur les progrès de l'esprit humain : « Quel mortel a osé rejeter les lumières de tous les âges et les notions mêmes qu'il a crues le plus certaines? Il semble vouloir éteindre le flambeau des sciences pour le rallumer lui seul au feu

---

(1) Œuvres posthumes, in-8, p. 102.
(2) *Esprit des Lois*, chap. I.
(3) Lettre 81.

pur de la raison. Veut-il imiter ces peuples de l'antiquité chez lesquels c'était un crime d'allumer à des feux étrangers celui qu'on faisait brûler sur l'autel des dieux ? Grand Descartes, s'il ne vous a pas été donné de trouver toujours la vérité, du moins vous avez détruit la tyrannie de l'erreur. »

A quelle source Rousseau a-t-il puisé les idées au nom desquelles il proteste contre la philosophie d'Helvétius ? Lui-même nous apprend, dans ses *Confessions*, qu'il avait été initié à la philosophie par des maîtres et par des auteurs cartésiens, pendant son séjour aux Charmettes : « Je pris beaucoup de goût aux conversations de M. Salomon, médecin et grand cartésien. Il me semblait que j'anticipais avec lui sur ces hautes connaissances que mon âme allait acquérir quand elle aurait perdu ses entraves. Ce goût que j'avais pour lui s'étendait aux sujets qu'il traitait (système du monde de Descartes), et je commençai de rechercher les livres qui pouvaient m'aider à le mieux entendre. Ceux qui mêlaient la dévotion aux sciences m'étaient les plus convenables, tels étaient particulièrement ceux de l'Oratoire et de Port-Royal. Je me mis à les lire ou plutôt à les dévorer; il m'en tomba dans les mains un du P. Lami (Bernard), intitulé *Entretiens sur les sciences*. C'était une espèce d'introduction à la connaissance des livres qui en traitent, je le lus et le relus cent fois, je résolus d'en faire mon guide (1). »

On n'a peut-être pas assez remarqué les réminiscences cartésiennes qui abondent dans la profession de foi du *Vicaire Savoyard*. En plus d'une partie, la profession du *Vicaire Savoyard*, comme le *Traité de l'existence de Dieu* de Fénelon, n'est qu'un commentaire dramatique et éloquent du *Discours de la méthode*. C'est aussi par le doute méthodique que débute Rousseau. « J'étais, dit-il, dans ces dispositions d'incertitude et de doute que Descartes exige pour la recherche de la vérité.... Mais le doute sur les choses qu'il nous importe de connaître est un état

---

(1) *Confessions*, livre VI.

trop violent pour l'esprit humain. » Il reprend donc à nouveau l'examen de toutes les connaissances qui l'intéressent, « sur une règle facile et simple qui le dispense de la vaine subtilité des arguments. » D'après cette règle, qui est celle de Descartes, formulée presque dans les mêmes termes, il se résout à « n'admettre pour évidentes que les connaissances auxquelles dans la sincérité de son cœur il ne pourra refuser son consentement. » La première vérité qu'il rencontre, et par laquelle il sort du doute, est celle de sa propre existence. « J'existe, voilà la première vérité qui me frappe. » Il abandonne ensuite, il est vrai, les traces de Descartes, pour passer immédiatement de la vérité de son existence à celle de l'existence des objets des sensations, c'est-à-dire, de la matière mue et ordonnée qui lui révèle une intelligence suprême, dont l'existence est son second article de foi. Mais bientôt il revient à Descartes pour établir son troisième article de foi, l'immatérialité de l'âme. Opposant à la pensée, essence de l'esprit, l'étendue, essence de la matière : Non, s'écrie-t-il, l'homme n'est point un ! « Pour moi, je n'ai besoin, quoi qu'en dise Locke, que de connaître la matière comme étendue et divisible, pour être assuré qu'elle ne peut penser. » Dans la liberté il voit encore une preuve de la spiritualité, et sur l'une et sur l'autre il fonde l'immortalité. Avec quelle éloquence il flétrit la morale abjecte de l'intérêt ! Il ne craint même pas de se servir de ce terme d'inné, si décrié au dix-huitième siècle, pour l'appliquer au principe de la justice. « Il est, dit-il, au fond des âmes un principe inné de justice et de vertu sur lequel, malgré nos propres maximes, nous jugeons nos actions et celles d'autrui comme bonnes ou mauvaises, et c'est à ce principe que je donne le nom de conscience. »

Ainsi, par une suite non interrompue de partisans et de défenseurs avoués, qui luttent vaillamment contre la philosophie de la sensation, la tradition cartésienne se continue à travers tout le dix-huitième siècle, jusqu'à la veille de la révolution.

Mais, après la tourmente révolutionnaire, lorsque le calme renaissant permit un retour aux études spéculatives, il sembla que la philosophie de Condillac avait seule échappé au naufrage. Elle seule en effet a la parole à l'École normale, elle seule est représentée à l'Institut. Le principe que toutes les idées viennent des sens est devenu un axiome qui n'a plus besoin de démonstration, et Cabanis commençait ainsi la lecture d'un de ses Mémoires sur les rapports du moral et du physique : « Citoyens, nous ne sommes pas réduits à prouver que la sensibilité physique est la source de toutes nos idées et de toutes les habitudes qui constituent l'existence morale de l'homme. » En 1806, l'Institut décernait solennellement un grand prix de morale au *Catéchisme universel* de Saint-Lambert. Or, cette morale couronnée était la morale fondée sur l'intérêt. Le rapporteur justifiait le choix de l'Académie par l'impossibilité d'établir une morale plus pure en dehors de la religion chrétienne. Il fallut, en 1811, une certaine audace à M. Laromiguière pour toucher à cette arche sainte du *Traité des sensations*, et pour oser mettre en doute la légitimité de la transformation de la sensation en attention.

Cependant la patrie de Descartes et de Malebranche ne pouvait longtemps rester enfermée dans l'étroite et superficielle métaphysique de Condillac. Bientôt la chaîne rompue de la tradition cartésienne fut renouée avec éclat par M. Royer-Collard, et surtout par M. Cousin, qui a été le restaurateur de la philosophie en France au commencement du dix-neuvième siècle. Sans vouloir apprécier ici l'œuvre philosophique qu'il a accomplie, nous nous bornerons à remarquer que, dans ce qu'elle a de fondamental, c'est un retour aux principes métaphysiques de Descartes, dégagés, grâce à Leibniz, de ces semences d'erreurs d'où est né Spinoza. Nous avons également signalé un retour non moins marqué aux principes cartésiens dans les théories les plus récentes et les plus accréditées de la physique contemporaine.

Un historien de la philosophie cartésienne ne peut

voir sans quelque satisfaction la science de l'homme du monde et de Dieu revenir à l'esprit, aux méthodes et aux principes de Descartes. Ce n'est donc pas une philosophie morte, c'est une philosophie encore vivante que nous venons d'étudier. A Dieu ne plaise cependant que nous ayons la pensée d'enfermer dans les bornes d'un système ancien, quelque grand qu'il soit, la philosophie de l'avenir ou même du présent. Mais s'il est bon de ne pas s'en tenir à Descartes, il est bon de commencer par lui, et de méditer cette parole de Leibniz, dont nous croyons avoir mis en évidence l'exactitude et la profondeur, : « Le cartésianisme est l'antichambre de la vérité. » Le cartésianisme est l'antichambre de la vérité, en physique, par le mécanisme, en métaphysique, par le rappel à elle-même de la pensée qui en est le vrai point de départ, et qui enferme l'inébranlable fondement de la certitude sur lequel repose toute la connaissance humaine.

FIN.

TABLE DES MATIÈRES

Chapitre Ier. — Caractères généraux de la seconde période du cartésianisme français — Antécédents de la philosophie de Malebranche dans l'Oratoire. — Constitution libérale de l'Oratoire. — Goût de l'étude et de la retraite. — Union des sciences et de la philosophie avec la théologie. — Éloge de l'Oratoire par Bossuet. — Esprit philosophique de l'Oratoire. — Prédilection pour saint Augustin et pour Platon. — Essais, antérieurs à Descartes, de philosophie platonicienne dans l'Oratoire. — Encouragements donnés à Descartes par le cardinal de Bérulle. — Les PP. de Condren, Gibieuf et La Barde, introducteurs du cartésianisme dans la congrégation. — Le P. André Martin précurseur de Malebranche. — Descartes enseigné sous le nom de saint Augustin. — Trait distinctif du cartésianisme de l'Oratoire. — Fidélité de l'Oratoire à Descartes. — Contraste entre les tendances de l'Oratoire et celles des jésuites... 1

Chapitre II. — Malebranche, sa famille, son enfance. — Ses études de philosophie et de théologie. — Son entrée à l'Oratoire. — Circonstance qui lui révèle sa vocation philosophique. — Admiration et reconnaissance pour Descartes. — Comment il corrige Descartes avec saint Augustin. — Succès de la *Recherche de la vérité*. — Malebranche dans la polémique. — Fermeté dont il fait preuve contre de puissants adversaires. — Condamnation du *Traité de la nature et de la grâce* par la congrégation de l'Index. — Sentiment de Malebranche sur cette condamnation. — Malebranche mathématicien, physicien, entomologiste. — Les petits tourbillons. — Malebranche à l'Académie des sciences. — Dédain pour l'histoire et l'érudition. — Dédain pour la poésie. — Des deux vers ridicules qui lui ont été attribués. — Du style de Malebranche. — Sa vie à l'Oratoire, ses jeux, son adresse manuelle. — Son désintéressement. — Séjours à la campagne. — *Il songe à quitter l'Oratoire*. — Correspondance avec la princesse Élisabeth. — Trois jours à Chantilly auprès du prince de Condé. — Renommée de Malebranche au commencement du dix-huitième siècle. — Sa dernière maladie et sa mort... 15

Chapitre III. — But de la *Recherche de la vérité*. — Erreurs que Malebranche se propose de combattre et vérités qu'il veut faire triompher. — De la cause et des occasions de l'erreur. — Illusions des sens et règle à suivre pour s'en préserver. — Erreurs de la vue. — Incertitude des moyens par lesquels nous jugeons de la distance des objets. — Erreurs des sens au sujet des qualités sensibles. — Erreurs indirectes dont ils sont la cause. — Visions de l'imagination. — Influence de l'imagination de la mère sur l'enfant. — Causes physiques et morales de la diversité des imaginations. — Travers des personnes d'étude, des personnes d'autorité et des théologiens. — Contagion des imaginations. — Puissance des imaginations fortes. — Entrainements des inclinations et des passions. — Comment la pensée d'un mal éternel fausse l'esprit. — Mauvais effets de l'admiration. — Contre la passion du savoir mal réglée et contre les érudits. — Abstractions de l'entendement. — Chemins qui nous conduisent à la vérité. — Règles pour ne se tromper jamais. — Parallèle de Descartes et d'Aristote. — Avis pour se conduire par ordre dans la recherche de la vérité.................................... 40

Chapitre IV. — Tendance fondamentale de la philosophie de Malebranche. — Rapprochement avec Spinoza. — Double union de l'âme avec Dieu et avec le corps. — Devoir de travailler à affaiblir la seconde et à fortifier la première. — Essence de la matière. — Réponse au P. Valois touchant l'eucharistie. — Essence de l'esprit. — Comparaison de l'entendement et de la volonté avec les propriétés de la matière. — Double fonction de l'entendement, sentir et connaître. — Du sentiment. — Impuissance des corps à produire en nous aucun sentiment. — Les qualités sensibles dans l'âme. — Dieu auteur du plaisir. — L'imagination. — Explication physiologique de l'imagination. — Les sens et l'imagination, sphère de l'erreur et des ténèbres. — La lumière dans les seules idées. — Dieu unique acteur dans la sensibilité. — Dieu auteur des idées comme des sentiments. — Vision en Dieu. — Deux parties dans la vision en Dieu. — Variations de Malebranche. — Première forme de la vision en Dieu. — L'idée seul objet immédiat de la perception. — Les petits êtres représentatifs. — Origine et lieu des idées. — Le monde intelligible, seul habité et connu par notre esprit. — Malebranche met-il le particulier en Dieu? — Seconde forme de la vision en Dieu. — L'étendue intelligible substituée aux petits êtres représentatifs. — Deux modes, l'idée et le sentiment, suivant lesquels nous connaissons les choses. — Part du sentiment et de l'idée dans toute connaissance sensible. — Le principe éternel des corps existe seul en Dieu. — Ce qu'entend Malebranche par l'étendue intelligible. — Est-elle en Dieu éminemment ou formellement? Difficultés et obscurités au sujet de l'étendue intelligible......... 60

Chapitre V. — Vision dans l'étendue intelligible des figures intelligibles et générales, sensibles et mobiles. — Le palais des idées réduit à l'étendue intelligible. — Comparaison de la seconde forme de la vision des corps en Dieu avec la première. — Autorité de Descartes et de saint Augustin invoquée par Malebranche. — Pas d'idée de Dieu. — Dieu immédiatement intelligible. — Pas d'idée de l'âme. — Malebranche d'accord avec Gassendi. — Vision en Dieu du général et de l'absolu. — De la raison. — Nature divine, unité, universalité de la raison. — Sans la raison point de vérité absolue. — Double manifestation de la raison, vérité et ordre. — Rapports de grandeur et rapports de perfection, vérités spéculatives et vérités pratiques. — De l'ordre. — L'ordre immuable loi absolue de tous les êtres raisonnables et de Dieu même. — L'amour de l'ordre principe de toutes les vertus et de tous les devoirs. — Du sentiment de Malebranche sur le plaisir. — Accusation d'épicuréisme. — Antériorité de la loi de l'ordre sur toute loi positive et religieuse. — L'amour de Dieu identique à celui de l'ordre. — *Traité de morale*. — Principe de la souveraineté. — La raison loi suprême des rois et des peuples comme des individus. — Impiété de croire que la raison puisse nous tromper. — Jésus-Christ raison incarnée et rendue visible. — L'eucharistie symbole de la nourriture divine des intelligences. — Jugement sur la vision en Dieu. — Influence de Malebranche sur l'école cartésienne... 78

CHAPITRE VI. — De la volonté. — Confusion de la volonté et de l'inclination. — Inclination fondamentale de notre nature. — Définition de la volonté. — Part de Dieu et part de l'homme dans la volonté. — Inconséquences de Malebranche au sujet de la liberté. — Les causes occasionnelles. — Rapports de l'âme avec le corps et de toutes les substances créées les unes avec les autres. — Scepticisme de Malebranche au sujet de l'existence des corps. — Rapports des corps les uns avec les autres. — La force mouvante des corps est l'efficace de la volonté divine les conservant successivement en différents lieux. — L'âme et le corps simples causes occasionnelles à l'égard l'un de l'autre. — Union de l'âme et du corps par la seule réciprocation de nos modalités en vertu des décrets divins. — Illusions de Malebranche sur les avantages religieux et moraux de cette doctrine. — Les volontés particulières augmentées, et non diminuées en Dieu, par les causes occasionnelles. — Rouage inutile des causes occasionnelles imaginé pour dissimuler la substitution du Créateur à la créature........................ 101

CHAPITRE VII. — Théologie naturelle de Malebranche. — Modification de la preuve de l'existence de Dieu de Descartes. — En quel sens Dieu est l'être universel. — Immensité et éternité de Dieu. — Distinction de l'immensité de Dieu et de l'étendue intelligible. — Attributs moraux. — Dieu substance même de la sagesse et de la justice. — De sa béatitude souveraine et de son amour infini. — Objet de cet amour infini. — Source de l'amour de la créature pour le Créateur. — De la nature de l'amour de Dieu. — *Traité de la l'amour de Dieu.* — Malebranche du parti de Bossuet contre l'amour désintéressé. — Immutabilité de Dieu. — Conciliation de son immutabilité avec sa liberté et sa sagesse. — Critique de la liberté d'indifférence. — De la création. — Impossibilité de l'éternité du monde. — Impossibilité de son anéantissement. — De la conservation des créatures. — Création continuée... 114

CHAPITRE VIII. — Du motif de la création du monde. — Tout monde fini et profane indigne de Dieu. — L'incarnation nécessaire dans le plan du monde. — Justification de l'ouvrage de Dieu. — Distinction de l'ouvrage et des voies. — Simplicité et fécondité des voies de Dieu. — Distinction de la perfection des voies et de celle de l'ouvrage. — Les volontés générales seules dignes de Dieu. — Grandeur et sagesse infinie des lois générales par lesquelles Dieu règle tout dans l'univers. — Désaccord entre Malebranche et Descartes sur la formation des êtres organisés. — Accord sur les causes finales. — La Providence générale triomphe des objections sous lesquelles succombe une Providence particulière. — Application des volontés générales à l'ordre de la grâce. — Contradictions de Malebranche au sujet de la grâce. — Accusation de pélagianisme. — Essai de conciliation des volontés générales avec les jugements ordinaires sur les desseins de Dieu, avec les prières de l'Église, avec les miracles. — Accusation de ruiner le surnaturel. — Croyance de Malebranche à l'unité essentielle de la raison et de la foi. — Subordination de la foi à la raison... 128

CHAPITRE IX. — Cartésiens qui combattent Malebranche. — Arnauld un des premiers disciples de Descartes en France. — Son cours de philosophie au collége du Mans à Paris. — Ses divers travaux philosophiques. — Talent pour la dialectique. — Attachement à Descartes. — Traces de cartésianisme même dans ses ouvrages de théologie. — Caractère particulier de son cartésianisme. — Défense de Descartes contre tous ses adversaires et surtout contre les théologiens. — Éloquente apologie de Descartes contre M. Lemoine, doyen de Vitré. — Défense de la philosophie contre l'assimilation à l'hérésie. — Péfutation de la thèse de l'aveuglement progressif de la raison et de la prétendue incertitude de toutes les opinions humaines. — Indignation contre le reproche, adressé à Descartes, d'avoir trouvé l'art de séparer plutôt que d'unir l'âme et le corps. — Reconnaissance pour les services rendus à la croyance en Dieu et à l'immortalité. — Mission providentielle de Descartes. — Rapports d'Arnauld et de Malebranche. — Estime d'Arnauld pour la *Recherche de la vérité*, et amitié pour son auteur. — De l'origine et des diverses circonstances de leur querelle au sujet de la grâce. — Qualités et avantages de l'un et de l'autre des deux adversaires dans cette lutte. — Du ton de la discussion. — Injures, personnalités, railleries. — Deux phases principales de cette controverse. — Pourquoi Arnauld attaque Malebranche sur les idées avant de l'attaquer sur la grâce. — *Des vraies et des fausses idée* 156

CHAPITRE X. — Malebranche accusé de mettre en Dieu le particulier et le contingent. — Variations et contradictions signalées. — Indignation de Malebranche contre l'accusation de faire Dieu étendu. — Railleries d'Arnauld sur les figures et les corps au sein de l'étendue intelligible. — Clarté de l'idée de l'âme défendue contre Malebranche. — Théorie d'Arnauld sur la connaissance. — Comment nos modalités finies nous représentent le général et l'infini. — Comment l'esprit aperçoit les objets présents ou absents. — Origine des idées dans l'activité de l'âme. — Double contradiction, en sens contraire, d'Arnauld et de Malebranche au sujet de l'activité et de la liberté, dans l'ordre de la nature et dans l'ordre de la grâce. — Conjectures d'Arnauld sur les idées qui viennent de Dieu. — Polémique d'Arnauld contre le sentiment que nous voyons la vérité en Dieu. — *Dissertatio bipartita*. — *Règles du bon sens*. — Tendance empirique d'Arnauld en morale, comme en métaphysique. — Critique des causes occasionnelles. — *Réflexions théologiques et philosophiques*. — Réfutation de la providence générale de Malebranche. — Critique de l'ambiguïté des termes et de la subordination des desseins de Dieu à la simplicité des voies. — Distinction des voies par lesquelles Dieu exécute ses volontés et des causes qui les déterminent. — Reproche de placer la variété des événements humains dans la dépendance de notre volonté. — Opposition de Malebranche aux Écritures et à l'Église. — Critique de son optimisme. — Critique du système sur la grâce. — Querelle incidente au sujet des plaisirs des sens et du bonheur. — Intervention d'Arnauld dans la polémique entre Malebranche et Régis. — Pamphlets de Malebranche contre Arnauld après sa mort. — Jugement général... 178

CHAPITRE XI. — Nicole. — Influence d'Arnauld sur Nicole. — Nicole moins ferme qu'Arnauld dans son attachement à la philosophie et à Descartes. — Tendance à rabattre la confiance de la raison en ses propres forces et la présomption des philosophes. — Du peu de goût de Nicole pour les *Pensées* de Pascal. — *Discours sur les preuves naturelles de l'existence de Dieu et de l'immortalité.* — De la partie philosophique des *Instructions sur le symbole.* — Attributs de Dieu. — Nature de l'homme. — Nicole partisan des causes occasionnelles et de la vue des vérités éternelles en Dieu. — Nicole et dom Lamy défenseur contre Arnauld de l'universalité des premières vérités de la métaphysique et de la morale. — Les pensées imperceptibles. — Système de la grâce générale fondé sur la doctrine d'une raison universelle. — Nicole plus janséniste qu'Arnauld. — Accord avec Arnauld contre la Providence générale et contre les essais de philosophie eucharistique. — Différence entre le cartésianisme de Nicole et celui d'Arnauld. — De la part d'Arnauld et de Nicole dans l'*Art de penser.* — Ce qu'ils empruntent aux logiques antérieures. — Des mérites propres de cette nouvelle Logique. — Divisions. — Esprit général. — Guerre à Aristote. — Continuel plaidoyer en faveur de la philosophie de Descartes. — But pratique. — Variété des exemples. — Excellentes analyses des causes morales de l'erreur. — Réfutation de Gassendi. — Lacunes.. 208

Chapitre XII. — Bossuet. — Ses ouvrages philosophiques. — Nicolas Cornet son maître en théologie et en philosophie au collège de Navarre. — Ce que Bossuet a retenu de ce premier enseignement. — Bossuet cartésien. — Réserve et restrictions à l'endroit du cartésianisme. — Il s'entoure de cartésiens pour l'éducation du dauphin. — Mécontentement contre Huet à l'occasion de la *Censure.* — Doutes au sujet de l'étendue essentielle. — Son jugement sur les explication eucharistiques des cartésiens. — Ses rapports avec Malebranche. — Vains efforts pour le ramener à son sentiment sur la grâce. — Mauvais succès d'une conférence avec lui. — Seconde conférence refusée par Malebranche. — Encouragements donnés à Arnauld et à Fénelon pour la réfutation du *Traité de la nature et de la grâce.* — Attaques indirectes. — Prévisions et alarmes au sujet d'une grande lutte de la raison et de la foi. — Lettre au marquis d'Allemans, disciple de Malebranche. — Raccommodement avec Malebranche à l'occasion du *Traité de l'amour de Dieu*.. 227

Chapitre XIII. — Philosophie de Bossuet. — *Traité de la connaissance de Dieu et de soi-même.* — Ce que Bossuet emprunte à Descartes et ce qu'il emprunte à saint Thomas. — De la raison et des vérités absolues. — Siége en Dieu des vérités éternelles. — Inspirations oratoires, images poétiques empruntées par Bossuet à cette doctrine métaphysique. — De l'éternité attribuée à toutes les idées dans sa *Logique.* — Excursion dans la philosophie de Platon. — Avant-goût de la vie bienheureuse dans ces hautes opérations intellectuelles. — *Traité du libre arbitre.* — Système de la prémotion physique. — De la correspondance, de la distinction et de l'union de l'âme et du corps. — Preuves physiques et métaphysiques de l'existence de Dieu. — *Élévations sur les mystères.* — Explication rationnelle de la Trinité. — Dieu créateur. — De la Providence à l'égard des sociétés humaines. — *Discours sur l'histoire universelle.* — Différence de la Providence de Bossuet et de celle de Malebranche. — Foi de Bossuet dans les lumières naturelles de la raison. — Période de la loi de nature. — Christianisme de nature.... 243

Chapitre XIV. — Fénelon philosophe et cartésien. — Défense de l'alliance de la religion et de la métaphysique. — Réserves à l'égard du cartésianisme. — Guerre à Malebranche. — *Réfutation du Système de la nature et de la grâce.* — Incompatibilité, selon Fénelon, entre la toute-puissance de Dieu et l'optimisme. — Point de meilleur au regard de Dieu. — Inconséquence de Fénelon au sujet de la liberté de Dieu. — Critique de la nécessité de l'incarnation. — La Providence de Malebranche en contradiction avec la Providence chrétienne. — Fénelon, partisan des causes occasionnelles, mais non de l'usage qu'en fait Malebranche par rapport à Dieu. — Sévérité de Fénelon contre le *Système de la grâce* de Malebranche. — Accusation de semi-pélagianisme. — Inconséquence de Fénelon au sujet de la grâce. — Lettre à dom Lamy contre le *Système de la grâce* de Malebranche. — *Traité de l'existence de Dieu*. — Comparaison entre Fénelon et Malebranche. — Histoire du *Traité de l'existence de Dieu*. — Dieu démontré par l'art de la nature. — Développement de l'argument des causes finales. — Dieu démontré par les merveilles de l'âme humaine. — Idée de l'infini, notions universelles et immuables. — Dieu objet immédiat de notre pensée. — Mélange de l'être infini et du néant dans toutes nos idées. — Ce que Fénelon emprunte et ce qu'il rejette de la vision en Dieu. — Divinité de la raison. — La doctrine de la raison dans le *Télémaque*.................................. 264

CHAPITRE XV. — Suite du *Traité de l'existence de Dieu*. — Commentaire éloquent du *Discours de la Méthode*. — Doute méthodique. — Irrésistible autorité de l'idée claire. — Le *je pense, donc je suis*. — Preuves intellectuelles de l'existence de Dieu. — Développement de la preuve par l'idée de l'infini. — De la nature et des attributs de Dieu. — Principe d'où découlent toutes ses perfections. — Dieu éminemment tout être. — Unité, immutabilité, éternité, immensité de Dieu. — De la science de Dieu. — Dieu voit en lui-même toutes les vérités, tous les êtres réels et possibles, tous les futurs conditionnels. — Élévations à Dieu. — Le *Traité de l'existence de Dieu* inachevé. — *Lettres sur la métaphysique et la religion*. — Effusions d'amour pour Dieu. — Toute la religion et tout le culte dans l'amour de Dieu. — Liaison du culte extérieur avec le culte intérieur. — Signe du vrai culte. — Question du pur amour. — Du quiétisme. — Querelle avec Bossuet. — *Explication des maximes des saints*. — Description de l'état du pur amour. — Sainte indifférence, désappropriation, sacrifice de la béatitude éternelle. — Retranchement des actions et des réflexions inquiètes et intéressées. — Tendance à proscrire tout effort de l'intelligence et de la volonté. — Tendance au mépris des œuvres. — État de l'âme dans le pur amour. — Critique du pur amour. — Avantage de Bossuet sur Fénelon. — Malebranche, Leibniz, Régis, La Bruyère, le P. Boursier du côté de Bossuet... 284

CHAPITRE XVI. — Un cartésien devenu mystique. — Poiret. — Sa vie. — Cartésianisme de la première édition des *Cogitationes rationales*. — Antoinette Bourignon. — Charme qu'elle exerce sur Poiret. — Mysticisme de la deuxième édition des *Cogitationes*. — Réfutation de Spinoza. — Le P. Boursier. — Du livre *De l'action de Dieu sur les créatures*. — But du P. Boursier. — Lien de la métaphysique cartésienne et de la prémotion physique. — Prémotion physique pour les actions corporelles, d'après les principes de Descartes et de Malebranche. — Prémotion physique pour les actions de l'esprit. — Confusion de l'être et des manières d'être. — Preuve, d'après les principes de Malebranche, de la nécessité d'une prémotion physique pour les idées et pour les actes de la volonté. — Preuves tirées des attributs de la nature divine. — Critique de l'optimisme de Malebranche. — Dieu auteur de tout l'être des actions mauvaises. — Union de la prédestination gratuite et de la prémotion physique. — Inconséquence du P. Boursier. — *Réflexions* sur la *prémotion physique*, par Malebranche. — *Le philosophe extravagant dans l'action de Dieu sur les créatures*, par le P. Dutertre................ 306

CHAPITRE XVII. — Influence de la philosophie de Malebranche. — Grands seigneurs et dames malebranchistes. — Conférences malebranchiste. — Mathématiciens malebranchistes. — Le marquis de l'Hôpital, Carré, Renaud d'Élisagarai, etc. — Malebranchistes dans l'Oratoire. — Le P. Thomassin. — Cartésianisme et malebranch'sme sous le voile de Platon et de saint Augustin. — Le P. Thomassin historien de la philosophie. — La raison, verbe de Dieu, prouvée par le consentement de tous les grands philosophes de l'antiquité. — Prédilection pour Platon et son école. — La théorie platonicienne des idées interprétée avec la vision en Dieu de Malebranche. — Intervention de Dieu dans toutes nos connaissances. — Commentaire cartésien des preuves de l'existence de Dieu données par les Pères de l'Église. — Le P. Bernard Lamy. — Sa vie, ses ouvrages. — Attachement courageux à Descartes et à Malebranche. — Dernière édition de ses *Entretiens sur les sciences*. — Éloge de Descartes et de Malebranche. — *Démonstration de la vérité de la morale chrétienne* d'après les principes de Malebranche. — Michel Levassor. — Le P. Claude Ameline. — Le P. Quesnel. — Le P. Roche. — *Traité sur la nature de l'âme*. — Réfutation de Locke et de Condillac....................... 328

CHAPITRE XVIII. — Suite des disciples de Malebranche. — Lelevel. — Rôle important de Lelevel dans l'histoire de la philosophie de Malebranche. — Son nom associé à celui du maître dans toutes les polémiques. — Sa *Philosophie moderne par demandes et par réponses*. — Critique des tendances empiriques de Régis. — René Fédé. — Tendance à pousser le malebranchisme vers le spinozisme. — L'abbé de Lanion. — Abrégé des *Méditations* de Descartes. — Claude Lefort de Morinière. — *Explication de la science qui est en Dieu*. — Essai de conciliation de la prescience avec la liberté, d'après les principes de Malebranche. — Miron défenseur et protecteur de la philosophie de Malebranche. — Sa réfutation du P. Dutertre. — L'abbé Genest. — Son éducation cartésienne. — Les *Principes* de Descartes en vers français. — Lettre à Régis................................ 349

CHAPITRE XIX. — Cartésiens et malebranchistes chez les bénédictins. — Dom François Lamy. — Sa vie. — Son goût pour la dispute. — Polémique contre Bossuet et contre Arnauld. — Défense des causes occasionnelles contre Régis, Fontenelle et Leibniz. — Polémique contre Malebranche au sujet du pur amour et de la Providence. — Imitation de Malebranche comme moraliste et écrivain. — Excellentes réflexions sur les difficultés et les facilités de la connaissance de soi-même. — Dieu auteur de toute action et de toute pensée. — Doutes sur certains détails de la vision en Dieu. — *Réfutation de Spinoza par l'inspection de la nature humaine*. — Sa foi dans l'excellence et l'utilité de la métaphysique. — Le P. André malebranchiste chez les jésuites. — Ce qu'il eut à souffrir de son Ordre pour cause d'attachement à Descartes et à Malebranche. — Admiration du P. André pour Malebranche. — Plan de son *Histoire de la philosophie de Malebranche*. Opposition avec l'empirisme de son Ordre. — Fanatisme et intolérance de ses supérieurs. — Formulaire philosophique qui lui est imposé. — Belle profession de foi idéaliste et malebranchiste. — Ses Œuvres philosophiques. — *Discours sur l'homme*. — *Discours sur le beau*. — Réfutation des pyrrhoniens en matière de beauté.................................. 363

CHAPITRE XX. — Adversaires anticartésiens de Malebranche. — L'abbé Foucher.

— Le scepticisme de la nouvelle académie opposé à Malebranche. — L'abbé Faydit Zoïle de Malebranche, bouffon et brouillon. — Ses diverses disgrâces. — Folies qu'il impute à Malebranche. — Virgile plus orthodoxe que Malebranche. — Malebranche meurtrier de la Providence. — Dialogue entre Tertullien et Malebranche. — Malebranche comparé à Molinos. — Horreur affectée pour les impiétés prétendues de Malebranche. — Le P. Dutertre, d'abord zélé malebranchiste, abandonne et réfute Malebranche par ordre de ses supérieurs. — Ton ironique et empirisme du P. Dutertre. — Saint Augustin blâmé à cause de son platonisme. — Le P. Hardouin. — Malebranche dans les *Athei detecti.* — Locke. — Son *Examen critique de la vision en Dieu.* — Voltaire. — *Tout en Dieu,* commentaire sur la philosophie de Malebranche. — Sympathie de Voltaire pour le *Tout en Dieu* de Malebranche. — Secret de cette sympathie.. 382

Chapitre XXI. — Du cartésianisme en Allemagne. — Professeurs cartésiens dans les universités allemandes. — Réforme de la philosophie cartésienne par Leibniz. — Leibniz est-il un cartésien? — Premières études philosophiques de Leibniz. — Scholastique et cartésianisme. — Premiers doutes sur l'étendue essentielle à propos des controverses théologiques. — État de son esprit et de ses connaissances avant le voyage de Paris. — Ses relations avec Huygens, Arnauld, Malebranche. — C'est à Paris qu'il achève de se former. — A quelle époque il a conçu l'idée fondamentale de son système. — Leibniz mérite-t-il les reproches d'ingratitude et de jalousie à l'égard de Descartes? — Justice rendue par Leibniz au génie de Descartes. — Opposition fondamentale entre Leibniz et Descartes, touchant la nature de la substance. — Divers arguments, tirés de la géométrie et de la métaphysique, en faveur de l'activité des substances créées. — Ce qu'entend Leibniz par la création continuée. — La force en acte essence de la substance. — Conciliation du dynamisme de Leibniz avec le mécanisme de Descartes. — Principe de la conservation de la même quantité de force substitué à celui de la même quantité de mouvement.. 403

Chapitre XXII. — Monadologie. — Les monades substances simples ou unités de substance. — Critique de la divisibilité à l'infini. — Critique des atomes matériels. — Retour aux formes substantielles. — Transformation des formes substantielles en monades. — Origine psychologique de la monade. — L'unité substituée à la dualité du monde cartésien. — L'étendue phénomène résultant des monades. — L'espace et le temps rapports de coexistence et de succession entre les monades. — Principe des indiscernables. — Actions internes, perceptions et appétitions. — Chaque monade miroir de l'univers. — Loi de la continuité. — Toutes les actions d'une monade tirées de son propre fonds. — Rien n'y entre du dehors et rien n'en sort. — Différence entre les esprits et les corps. — A quelles monades Leibniz réserve le nom d'âmes. — Différence de degré, de position, et non de nature, entre les unes et les autres. — Monade humaine. — Préexistence dans les germes. — Évolutions successives depuis l'état d'âme végétative jusqu'à celui d'âme raisonnable. — La même âme principe de la vie et de la pensée. — Polémique de Leibniz contre Stahl. — Critique de la notion cartésienne de l'esprit. — La pensée acte et non essence de l'âme............................ 422

Chapitre XXIII. — Activité essentielle de l'âme. — La liberté. — Continuité de la pensée — Origine des idées. — Leibniz cartésien et adversaire de Locke sur la question des idées. — Caractère particulier de sa doctrine des idées. — Idées qui viennent des sens et idées innées. — Opposition de la raison et de l'expérience. — Général primitif, absolu, donné en même temps que l'individuel au sein de la conscience. — Principes absolus *à priori* dans la spéculation et la pratique. — Siége des vérités éternelles en Dieu. — Communication de tous les esprits avec Dieu. — Harmonie entre les lois de la nature et celles de la raison. — Distinction de vérités *à priori* suivant l'ordre de la convenance et suivant celui de la nécessité. — Destinée de l'âme avant et après cette vie. — Indissoluble union de l'âme avec des organes. — Préexistence, dans les germes de l'animal tout entier, de l'âme et du corps. — Évolutions progressives. — Du séjour des bienheureux. — De l'accord de l'âme et du corps et de toutes les substances. — Influence du cartésianisme. — Passage des causes occasionnelles à l'harmonie préétablie. — Critique des causes occasionnelles. — Harmonie préétablie. — Accord de l'âme et du corps. — Efforts de Leibniz pour accommoder son hypothèse avec la contingence et la liberté. — L'harmonie préétablie est-elle en accord ou en contradiction avec la monadologie ?.. 443

CHAPITRE XXIV. — Théodicée de Leibniz. — Preuve *à posteriori* de l'existence de Dieu. — Preuve *à priori*. — Prétendu perfectionnement de la preuve de Descartes. — Attributs de Dieu. — Conciliation de ses perfections entre elles, avec l'homme et avec le monde. — Intelligence infinie de Dieu. — Accord de la prescience infinie avec notre liberté. — De la liberté de Dieu. — Critique de la liberté d'indifférence. — Nécessité morale. — De la divine Providence. — Réfutation de l'objection du mal. — De la cause du mal. — Mal métaphysique. — Le mal moral suite du mal métaphysique. — Le mal physique suite du mal métaphysique et du mal moral. — Dieu absous du concours physique et du concours moral à la production du mal. — Distinction en Dieu d'une volonté antécédente et d'une volonté conséquente. — Immutabilité et généralité des voies de Dieu. — Critique de Leibniz contre Malebranche. — Conciliation de cette immutabilité avec les miracles et avec les prières. — Optimisme. — Comment Leibniz entend que tout est au mieux. — Idée du perfectionnement sans fin de l'univers. — Antécédents de l'optimisme de Leibniz dans la théodicée cartésienne. — Rapprochement avec Malebranche. — *Discours de la conformité de la raison et de la foi*........................ 459

CHAPITRE XXV. — Du rôle de Bayle dans le mouvement cartésien. — Circonstances qui ont favorisé son inclination au doute et à la dispute. — *Système de philosophie*. — Querelle avec Poiret. — Critique superficielle de Spinoza. — Défense suspecte de Descartes et de Malebranche. — Admiration pour Malebranche. — Intervention en sa faveur contre Arnauld dans la question des plaisirs. — Défense des causes occasionnelles contre l'harmonie préétablie. — L'automatisme, la négation des qualités sensibles dans les corps, tournés au profit du pyrrhonisme. — Intervention dans la querelle de l'eucharistie. — Raison du zèle de Bayle en faveur de la création continuée. — Polémique contre Leclerc et les natures plastiques de Cudworth. — Doutes sur la liberté et sur la spiritualité. — Incompréhensibilité de la nature humaine et de la nature divine. — Attaques contre la Providence. — Prétendu triomphe du manichéisme sur tous les autres systèmes. — Lutte entre l'origéniste de Leclerc et le manichéen de Bayle. — Tactique de Bayle contre la foi. — Doctrine de la supériorité infinie de la foi sur la raison et de l'incompréhensibilité des mystères retournée contre les théologiens. — Deux thèses célèbres de Bayle. — Comment il défend la cause de la tolérance. — En quoi il se distingue des purs sceptiques et se rattache au cartésianisme 476

Chapitre XXVI. — Le cartésianisme en Suisse et en Angleterre. — Résistance des compagnies de pasteurs suisses à la philosophie nouvelle. — Robert Chouet introducteur du cartésianisme à Genève. — Succès de son enseignement. — Retour de la philosophie de Genève à l'empirisme. — Caractère particulier de l'empirisme de Genève. — Le cartésianisme en Angleterre. — Antoine Legrand missionnaire catholique et cartésien. — Détails sur sa vie. — Ses ouvrages. — Philosophie de Descartes accommodée à l'usage des écoles. — Opposition de l'Université d'Oxford contre le cartésianisme. — Samuel Parker. — Descartes confondu avec Hobbes. — Apologie de Descartes par Antoine Legrand. — Polémique contre Parker et John Sergeant. — Cudworth. — En quoi il suit Descartes et en quoi il le combat. — Succès de la philosophie cartésienne à Cambridge. — Clarke traducteur de la *Physique* de Rohault. — Nombreuses traductions d'ouvrages cartésiens. — Traductions de la *Recherche de la vérité*. — La philosophie de Malebranche en Angleterre. — John Norris. — *Théorie du monde idéal*. — La philosophie de Malebranche accusée de favoriser les quakers. — Rapports et différences entre Berkeley et Malebranche. — Les idées seuls objets immédiats de l'esprit et seuls êtres existants. — Les idées en Dieu. — Comment, d'après Berkeley, il nous les communique. — Influence de Descartes sur Locke..... 499

Chapitre XXVII. — Du cartésianisme en Italie. — Naples théâtre principal du cartésianisme italien. — Persécutions contre les cartésiens de Naples. — Tomaso Cornelio. — Borelli. — Gregorio Coloprese. — Mattia Doria. — Michel Ange Fardella le plus grand cartésien de l'Italie. — Sa vie. — Voyage à Paris. — Liaison avec les principaux cartésiens et surtout avec Malebranche. — Influence de Malebranche sur Fardella. — La philosophie de Descartes dans la bouche de saint Augustin. — *Logique* de Fardella. — Impossibilité de démontrer par la raison l'existence du corps. — Polémique avec Mateo Giorgi touchant la nature du corps et de l'espace. — Défense de l'étendue essentielle contre la doctrine d'une pure étendue distincte des corps. — Réponse à l'objection de l'infinité et de la nécessité du monde. — Doutes de Fardella sur la vérité absolue du principe cartésien de l'essence des corps. — Constantin Grimaldi. — L'abbé Conti. — Le P. Fortunati. — Benoît Stay poëte cartésien... 520

Chapitre XXVIII. — Vico adversaire de Descartes. — Ses plaintes sur le discrédit des langues anciennes et de l'histoire. — Critiques contre le criterium de l'évidence. — Descartes accusé d'épicuréisme pour ce qui lui appartient en propre. — Railleries contre le *Cogito, ergo sum*. — Métaphysique de Vico fondée sur la signification primitive des anciens mots latins. — Méthode ontologique. — Dieu premier vrai et premier être comprenant en lui toutes choses. — Condition de la science parfaite. — Théorie platonicienne des genres et des formes des choses. — Points métaphysiques à la place de la doctrine cartésienne de la matière. — Opposition de la *Science nouvelle* et de la méthode cartésienne. — Influence de Descartes sur Vico. — Le cardinal Gerdil. — Sa vie et ses ouvrages. — Défense de la physique de Descartes. — Toutes les formes de l'athéisme combattues avec le cartésianisme. — Services rendus par Descartes à la religion et à la morale. — Dissertation sur l'incompatibilité de ses principes avec ceux de Spinoza. — Immatérialité de l'âme démontrée contre Locke. — Malebranchisme du cardinal Gerdil. — Défense de Malebranche contre Locke. — Réfutation de l'empirisme en morale et en esthétique. Autorités invoquées en faveur de Malebranche. — Éclectisme du cardinal Gerdil.......................... 536

CHAPITRE XXIX. — Révolution philosophique du dix-huitième siècle. — Causes du triomphe de Locke. — Association de sa philosophie avec la cause des réformes et de la liberté. — Le cartésianisme étranger au mouvement social et politique, protégé par l'autorité, et combattu par les libres penseurs comme un obstacle aux progrès de la raison. — Discrédit des spéculations métaphysiques. — Enthousiasme pour la méthode expérimentale des sciences physiques. — Négation de ce qui dépasse la sphère de l'expérience sensible. — Tendance de la philosophie du dix-septième siècle à absorber tout en Dieu. — Tendance contraire de celle du dix-huitième à éliminer Dieu de la science et du monde. — Explication de certaines contradictions du dix-huitième siècle. — Voltaire apôtre de Locke et de Newton. — *Lettres anglaises*. — Guerre contre le spiritualisme de Descartes et contre les idées innées. — L'existence de Dieu et d'une justice absolue défendue par Voltaire. — Scepticisme sur les attributs de Dieu et la Providence. — Optimisme et fatalisme. — Physique de Newton opposée à celle de Descartes. — Maupertuis, *Discours de la figure des astres*. — *Éléments de philosophie de Newton* par Voltaire. — Privilége refusé par Daguesseau. — Défenseurs de la physique de Descartes. — Fontenelle. — *Dialogues sur la pluralité des mondes, Éloge de Newton, Tourbillons cartésiens*. — L'attraction repoussée comme qualité occulte. — Mairan. — Éloge de Privat de Molières. — Aveu des difficultés inhérentes aux tourbillons. — Vains efforts pour sauver la physique de Descartes... 555

CHAPITRE XXX. — Cartésiens du dix-huitième siècle. — Fontenelle cartésien en physique, mais non en métaphysique. — Son jugement sur la révolution opérée par Descartes dans les sciences et les lettres. — *Doutes sur le système physique des causes occasionnelles*. — Mairan, élève de Malebranche. — Discussion avec Malebranche sur les analogies de sa doctrine et de celle de Spinoza. — Portrait de Malebranche par Mairan. — Le cardinal de Polignac. — Ses thèses au collége d'Harcourt. — *L'Anti-Lucrèce*. — Cartésianisme de *l'Anti-Lucrèce*. — Daguesseau. — Jugements sur Descartes et Malebranche. — Application du cartésianisme aux principes de la jurisprudence. — *Méditations métaphysiques sur les vraies ou fausses idées de la justice*. — Existence et nécessité d'une justice naturelle. — Passage à travers la métaphysique pour arriver à la morale. — De la liberté. — Embarras pour la concilier avec le principe que Dieu fait tout en nous. — De la vérité et de la certitude. — Dieu auteur de toutes nos idées. — Différence des connaissances acquises et innées. — Caractères essentiels des idées innées. — Deux ordres de vérités innées. — Analyse du sentiment de la conservation. — L'amour-propre éclairé auxiliaire de la morale. — Daguesseau s'est-il contredit touchant le vrai principe de la morale?........ 580

CHAPITRE XXXI. — Suite des cartésiens du dix-huitième siècle. — Jean Terrasson. — Réflexions sur Descartes et sur Newton. — Idée de la perfectibilité. — *Traité de l'infini créé*. — Quel en est l'auteur ? — Infinité du monde. — — Infinité des essences de la matière et de l'esprit. — Origine des conceptions générales et des conceptions particulières. — Infinité dans le nombre, la succession et la durée. — Infinité des créatures intelligentes. — Solution des difficultés théologiques. — Incarnation universelle. — Éternité du monde.

— Antécédents du *Traité de l'infini créé* dans l'école cartésienne. — Kéranflech. — Son malebranchisme original. — *Essai sur la raison.* — De la vision intellectuelle et sensible. — Dieu seul objet immédiat de l'âme. — Nature divine de la raison. — En quel sens Dieu est l'être universel. — La théologie mêlée avec la philosophie. — L'abbé de Lignac. — Sa vie et ses ouvrages. — Pourquoi il a abandonné Descartes et Malebranche et ce qu'il en a gardé. — Éloge de l'optimisme et des causes occasionnelles. — Essai d'éclectisme entre Locke et Malebranche. — Nouveau système des idées. — Jugement sur l'abbé de Lignac... 608

Chapitre XXXII. — Affaires de l'abbé Prades en 1751. — Les doctrines encyclopédiques dans une thèse en Sorbonne. — Clameurs au dehors contre la thèse. — La Sorbonne obligée de condamner ce qu'elle avait solennellement approuvé. — Censure de la faculté de théologie, arrêt du Parlement, mandements d'évêques en faveur des idées innées. — *Apologie de l'abbé de Prades.* — Réformes dans l'enseignement philosophique. — Pourchot. — Dagoumer. — Cochet. — Le P. Valart. — Discussion entre l'abbé de Prades et le P. Roche sur le nombre des professeurs cartésiens de l'Université. — Éloge de Descartes proposé en 1765 par l'Académie française. — Protestations de Montesquieu, de Turgot, de Rousseau, contre la philosophie de la sensation. — Éducation cartésienne de Rousseau. — Rapprochement entre le *Discours de la Méthode* et la *Profession de foi du Vicaire savoyard.* — Domination exclusive de Condillac pendant la Révolution. — Retour aux principes de la philosophie cartésienne. — Services rendus à la philosophie en France par MM. Royer-Collard et Cousin. — Révolution philosophique du dix-neuvième siècle... 632

FIN DE LA TABLE DU TOME SECOND.

CORBEIL. Imprimerie de CRÉTÉ.

www.ingramcontent.com/pod-product-compliance
Lightning Source LLC
Chambersburg PA
CBHW050323240426
43673CB00042B/1509